# A MARCA ENGANOSA

MARIA MIGUEL CARVALHO

Doutora em Direito
Docente da Escola de Direito da Universidade do Minho

# A MARCA ENGANOSA

# A MARCA ENGANOSA

AUTORA
MARIA MIGUEL CARVALHO

EDITOR
EDIÇÕES ALMEDINA, SA
Av. Fernão Magalhães, n.º 584, 5.º Andar
3000-174 Coimbra
Tel.: 239 851 904
Fax: 239 851 901
www.almedina.net
editora@almedina.net

PRÉ-IMPRESSÃO
G.C. GRÁFICA DE COIMBRA, LDA.
Palheira – Assafarge
3001-453 Coimbra
producao@graficadecoimbra.pt

Junho, 2010

DEPÓSITO LEGAL
312491/10

Os dados e as opiniões inseridos na presente publicação são da exclusiva responsabilidade do(s) seu(s) autor(es).

Toda a reprodução desta obra, por fotocópia ou outro qualquer processo, sem prévia autorização escrita do Editor, é ilícita e passível de procedimento judicial contra o infractor.

---

*Biblioteca Nacional de Portugal – Catalogação na Publicação*

CARVALHO, Maria Miguel

A marca enganosa. – (Teses de doutoramento)
ISBN 978-972-40-4229-9

CDU   347
      346

*Ao meu marido, Luís
e aos meus filhos, Alexandre, Diogo e Luís*

# NOTA PRÉVIA E AGRADECIMENTOS

O estudo que agora se publica corresponde à dissertação apresentada para a obtenção do grau de Doutor em Ciências Jurídico-Empresariais, na Universidade do Minho, em 13 de Julho de 2008, discutida e aprovada por unanimidade em 20 de Julho de 2009. O júri foi composto pelos Senhores Professores Doutores Acílio Estanqueiro Rocha (na qualidade de Presidente, em representação do Senhor Reitor), Jorge Coutinho de Abreu, Luís Couto Gonçalves, Dário Moura Vicente, Ángel Garcia Vidal, Wladimir Correia Brito, Fernando de Gravato Morais e Manuel Nogueira Serens. A todos expresso o meu reconhecimento pela disponibilidade para apreciar a minha dissertação e, em especial, aos arguentes, Senhores Professores Doutores Ángel Garcia Vidal e Manuel Nogueira Serens.

Após a entrega da referida dissertação, o Código da Propriedade Industrial foi alterado pelo DL n.º 143/2008, de 25 de Julho, e a Directiva de marcas e o Regulamento sobre a Marca Comunitária codificados. Estas alterações determinaram a actualização legislativa, muito pontualmente jurisprudencial e a título excepcional bibliográfica, do texto original até à data da discussão pública da mesma.

A realização deste trabalho ao longo dos últimos anos contou com o apoio, em diferentes planos, de várias pessoas e entidades.

O primeiro agradecimento que quero manifestar publicamente cabe ao meu marido e aos meus filhos, cujo carinho, apoio e paciência me permitiram a concretização deste trabalho.

Ao Senhor Professor Doutor Luís Couto Gonçalves, meu orientador, expresso a minha profunda gratidão pela constante disponibilidade, pelo empenho e pelo apoio demonstrados durante a elaboração desta dissertação.

À Escola de Direito da Universidade do Minho devo o meu reconhecimento por me terem sido concedidos três anos de dispensa de serviço docente.

Gostaria ainda de agradecer ao Instituto de Derecho Industrial da Faculdade de Direito da Universidade de Santiago de Compostela, que me possibilitou o trabalho de investigação efectuado ao longo destes anos.

A todos os colegas, amigos e familiares que me auxiliaram com oportunas sugestões o meu sincero agradecimento.

## MODO DE CITAR

As obras citadas pela primeira vez são referidas pelo nome do autor, título, seguidos dos números indicativos do volume e das páginas para que se remete. Nas referências subsequentes o título é omitido ou substituído por uma menção abreviada.

Na lista bibliográfica indica-se apenas a primeira página do volume em que se integra cada um dos artigos citados. A ordenação das obras do mesmo autor é cronológica.

As transcrições, em regra, fazem-se em língua portuguesa. As traduções, quando não se indique outra fonte, são da responsabilidade da autora. Nalguns casos, mantém-se a expressão originária por se entender que a sua falta pode descaracterizar a ideia que o autor pretende transmitir.

# PRINCIPAIS ABREVIATURAS

| | |
|---|---|
| *ADI* | – *Actas de Derecho Industrial* |
| ADPIC | – Acordo sobre os Aspectos dos Direitos de Propriedade Intelectual relacionados com o Comércio |
| *AIPPI* | – *Association Internationale pour la Protection de la Propriété Industrielle* |
| APDI | – Associação Portuguesa de Direito Intelectual |
| *BFDUC* | – *Boletim da Faculdade de Direito da Universidade de Coimbra* |
| *BGB* | – *Bürgerlisches Gesetzbuch* |
| *BGH* | – *Bundesgerichtshof* |
| *BMJ* | – *Boletim do Ministério da Justiça* |
| *BPI* | – *Boletim da Propriedade Industrial* |
| CC | – Código Civil |
| *CI* | – *Contratto e Impresa* |
| *CJ* | – *Colectânea de Jurisprudência* |
| *CJPI* | – *Cuadernos de Jurisprudencia sobre Propiedad Industrial* |
| Col. | – *Colectânea da Jurisprudência do Tribunal de Justiça e do Tribunal de Primeira Instância* |
| CPA | – Código do Procedimento Administrativo |
| CPC | – Código de Processo Civil |
| CPI | – Código da Propriedade Industrial |
| *CPIital.* | – *Codice della Proprietá Industriale* (Itália) |
| *CPIfr.* | – *Code de la Propriété Intellectuelle* (França) |
| CPub. | – Código da Publicidade |
| CRP | – Constituição da República Portuguesa |
| CUP | – Convenção da União de Paris |
| DL | – Decreto-Lei |
| DM | – Directiva 2008/95/CE, do Parlamento Europeu e do Conselho, de 22 de Outubro de 2008, que codificou a Primeira Directiva do Conselho, de 21 de Dezembro de 1988, que harmoniza as legislações dos Estados-membros em matéria de marcas, n.º 89/104/CE |

| | |
|---|---|
| DPCD | – Directiva 2005/29/CE, do Parlamento Europeu e do Conselho, relativa às práticas comerciais desleais das empresas face aos consumidores no mercado interno |
| DPEC | – Directiva 2006/114/CEE, do Parlamento Europeu e do Conselho, de 12 de Dezembro de 2006, relativa à publicidade enganosa e comparativa |
| DR | – *Diário da República* |
| EIPR | – *European Intellectual Property Review* |
| ERCL | – *European Review of Contract Law* |
| FSR | – *Fleet Street Reports* |
| GRUR | – *Gewerblicher Rechtsschutz und Urheberrecht* |
| GRURInt. | – *Gewerblicher Rechtsschutz und Urheberrecht Internationaler Teil* |
| Harvard L.R. | – *Harvard Law Review* |
| IHMI | – Instituto de Harmonização do Mercado Interno (marcas, desenhos e modelos) |
| IIC | – *International Review of Industrial Property and Copyright Law* |
| INPI | – Instituto Nacional da Propriedade Industrial |
| IPQ | – *Intellectual Property Quarterly* |
| J.L. & Economy | – *The Journal of Law and Economics* |
| JCCL | – Juízos Cíveis da Comarca de Lisboa |
| JO L | – *Jornal Oficial da União Europeia* (legislação) |
| JPTOS | – *Journal of the Patent and Trademark Office Society* |
| LAP | – Lei sobre a participação procedimental e a acção popular |
| LDC | – Lei de defesa do consumidor |
| LM | – *Legge Marchi* (Itália) |
| LME | – *Ley 17/2001, de 7 de diciembre de marcas* (Espanha) |
| MarkenG | – *Markengesetz* (Alemanha) |
| OMC | – Organização Mundial do Comércio |
| OMPI | – Organização Mundial da Propriedade Intelectual |
| RDComm. | – *Rivista del Diritto Commerciale e del Diritto Generale delle Obbligazioni* |
| RDI | – *Rivista di Diritto Industriale* |
| RDM | – *Revista de Derecho Mercantil* |
| Rec. | – *Recueil de la Jurisprudence de la Cour* |
| RFDUL | – *Revista da Faculdade de Direito da Universidade de Lisboa* |
| RL | – Relação de Lisboa |
| RLJ | – *Revista de Legislação e de Jurisprudência* |
| RMC | – Regulamento (CE) n.º 207/2009, do Conselho, de 26 de Fevereiro de 2009, sobre a marca comunitária (versão codificada) |

| | |
|---|---|
| *ROA* | – *Revista da Ordem dos Advogados* |
| *SCT* | – *Comité Permanente sobre o direito de marcas, desenhos industriais e indicações geográficas da OMPI* |
| *SI* | – *Scientia Ivridica* |
| STJ | – Supremo Tribunal de Justiça |
| TCE | – Tratado que institui a Comunidade Europeia |
| TCL | – Tribunal de Comércio de Lisboa |
| TJ | – Tribunal de Justiça da União Europeia |
| *TMA* | – *Trade Marks Act* (Reino Unido) |
| *TMR* | – *The Trademark Reporter* |
| *TTAB* | – *Trademark Trial and Appeal Board* |
| *USPTO* | – *United States Patent and Trademark Office* |
| *UWG* | – *Gesetz gegen unlauteren Wettbewerb* (Alemanha) |
| *WZG* | – *Warenzeichengesetz* (Alemanha) |

# INTRODUÇÃO

## I. Objecto da investigação

O objecto desta dissertação consiste no estudo do sentido e alcance das normas previstas no Código da Propriedade Industrial relativas ao impedimento, à nulidade e à caducidade do registo de uma marca individual enganosa.

Tratando-se de disposições relativas ao *registo* de marcas – que tem, como é sabido, natureza constitutiva –, não cuidaremos da eventual deceptividade (e possíveis formas de reacção jurídica) das marcas livres (não registadas). Excluímos também deste estudo quer as normas inseridas noutros diplomas legais (nomeadamente no DL n.º 57/2008, de 26 de Março, que sanciona as práticas comerciais desleais, incluindo as práticas comerciais enganosas, no Código da Publicidade, na Lei de Defesa do Consumidor, no DL n.º 67/2003, de 8 de Abril, recentemente alterado, que procede à transposição da Directiva n.º 1999/44/CE, do Parlamento Europeu e do Conselho, de 25 de Maio, sobre certos aspectos da venda de bens de consumo e das garantias a ela relativas), quer as normas repressoras da concorrência desleal. Não obstante, por vezes, é feita uma referência sucinta a esses elementos legislativos, atendendo aos pontos de contacto (por vezes, até sobreposições) que se verificam com o direito de marcas e sobretudo para expormos mais facilmente o nosso ponto de vista, designadamente, quanto à necessidade de articulação ou complementação entre os diferentes elementos normativos.

Centrámos o nosso estudo, como referíamos, no regime jurídico das marcas individuais – não analisando as marcas colectivas – previsto no Código da Propriedade Industrial. Todavia, e como não poderia deixar de ser, o regime jurídico comunitário é também objecto de atenção especial, não só pela relevância das previsões que respeitam à marca comunitária plasmadas no Regulamento (CE) n.º 207/2009, do Conselho, de 26 de

Fevereiro de 2009, sobre a marca comunitária (versão codificada), mas sobretudo pelo importante papel que a Primeira Directiva do Conselho, n.º 89/104/CE, de 21 de Dezembro de 1988, que harmoniza as legislações dos Estados-membros em matéria de marcas (entretanto codificada pela Directiva 2008/95/CE, do Parlamento Europeu e do Conselho, de 22 de Outubro de 2008) desempenha (também) relativamente ao tema em análise.

Com efeito, esta Directiva contém disposições imperativas relativas ao impedimento e à causa de nulidade de registo de sinais enganosos *ab origine* e ainda à caducidade com fundamento em deceptividade superveniente da marca registada (v. arts. 3.º, n.º 1, al.ª *g*) e 12.º, n.º 2, al.ª *b*)). E se no que respeita ao impedimento (e causa de nulidade) de registo de sinais enganosos já se verificou a necessidade de introduzir alterações na legislação nacional, a previsão de caducidade por deceptividade superveniente assumiu uma relevância muito mais destacada, uma vez que não existia entre nós – tal como na generalidade das legislações nacionais dos restantes Estados-membros – uma disposição legal que, expressamente, contemplasse este fundamento de caducidade.

Esta inovação legislativa foi (e é), por isso, vista por alguma doutrina como a solução para a crise vivida pela função de indicação de origem da marca e por outros considerada como corolário do reconhecimento jurídico da função de garantia de qualidade da marca.

Independentemente das conclusões que venham a ser retiradas da investigação desenvolvida no que concerne à dogmática das funções da marca, ponto assente é o reforço do (clássico) princípio da verdade das marcas, que – importa relembrar – em relação a estas, tradicionalmente, não tem "manifestações positivas necessárias"[1].

O tema proposto, que, até agora, paradoxalmente, não tem sido objecto de muitos estudos específicos pela doutrina[2], convoca ainda a necessidade

---

[1] MARIO CASANOVA, *Impresa e Azienda (Le Imprese Commerciali)*, Torino, UTET, 1974, p. 484.

[2] As excepções, ao que julgamos saber, respeitam a três dissertações de doutoramento, sendo as duas primeiras anteriores à Directiva de marcas. Referimo-nos, por ordem cronológica, aos trabalhos de CLAUS-MICHAEL DENK, *Täuschende Marken: rechtsvergleichende Untersuchung zum deutschen, amerikanishen und französischen Recht* (Schriftenreihe rechtswissenschaftliche Forschung und Entwicklung; Band 16 herausgeben von Dr. Jur. Michael Lehmann), München, Florentz, 1981; ISABELLE MARTEAU-ROUJOU DE BOUBÉE, *Les marques déceptives – droit français, droit communautaire, droit comparé*, Collection du C.E.I.P.I. 36, Litec, Paris, 1992, e ÁNGEL MARTINEZ GUTIERREZ, *La marca*

de abordar o impacto da integração destas normas que, *prima facie*, se parecem justificar pela necessidade de conferir protecção legal ao interesse dos consumidores, dos concorrentes e ao interesse público, numa legislação, tradicionalmente, orientada para a tutela do interesse dos titulares das marcas.

Deste estudo poderá resultar que o legislador prevê a deceptividade da marca *ab origine* e superveniente de forma simétrica, diferenciando-as, fundamentalmente, pelo facto de o engano existir já no momento do registo do sinal (marca originariamente enganosa) ou surgir posteriormente a este, por causa do uso que tiver sido feito da marca pelo seu titular ou por terceiro com o seu consentimento (marca supervenientemente enganosa). Todavia, pode também resultar da investigação que as normas em apreço se distinguem, afinal, por algo mais, que poderá passar, no caso da deceptividade superveniente da marca, pelo seu uso enganoso.

Da resposta à questão relativa ao relacionamento do regime jurídico previsto para a deceptividade originária e superveniente da marca resultarão dados importantes para valorarmos os interesses efectivamente tutelados no actual direito de marcas; para o entendimento da teoria das funções da marca e, por fim, para a necessidade, ou não, de articulação com outras previsões normativas fora do direito de marcas.

## II. Sistematização adoptada

Para encetar esta investigação sem nos comprometermos, desde o início, a um tratamento unitário da matéria que, mais tarde, se os pressupostos de aplicação das regras da deceptividade originária e superveniente forem diferentes, se pode revelar desadequado, optámos por dividir o estudo em duas partes: a primeira dedicada ao regime jurídico da marca enganosa *ab origine* e a segunda ao da marca supervenientemente enganosa.

O regime jurídico da marca originariamente enganosa assenta na previsão de um impedimento de registo da marca e, caso este seja concedido,

---

*engañosa*, Estudios de Derecho Mercantil (dir. JUAN LUÍS IGLESIAS), Civitas, Madrid, 2002.

Para além destas monografias existem alguns artigos específicos sobre o tema sendo de destacar, entre nós, M. NOGUEIRA SERENS, «Aspectos do princípio da verdade da marca», in: *BFDUC*, Volume comemorativo, Coimbra, 2003, pp. 577-671, e os autores italianos citados ao longo do trabalho.

na sua nulidade. Ambas as normas são analisadas, respectivamente, no Cap. I e no Cap. II da Parte I.

A preocupação fundamental nesta parte do nosso estudo é a de analisar essas previsões determinando os respectivos requisitos de aplicação e procedendo à sua delimitação de outros motivos de recusa e causas de invalidade. Só assim conseguiremos ter uma ideia precisa acerca do âmbito de aplicação destas normas que nos permita, no final, concluir se os interesses tutelados pelas normas referidas encontram uma tutela efectiva.

Para esse juízo é indispensável apreciar a actuação concreta das normas, daí que não possamos perder de vista os reais poderes de que a entidade administrativa competente para o registo dispõe, bem como, em especial, a legitimidade dos consumidores e dos concorrentes para intervir em ambos os procedimentos.

Na Parte II procede-se a uma análise, em moldes idênticos, relativamente à previsão da caducidade com fundamento em deceptividade superveniente, dado que pretendemos determinar o modo como esta norma se relaciona com o regime previsto a propósito da deceptividade originária. Neste contexto será objecto de cuidado estudo a referência ao uso contida na previsão legal, que poderá, ou não, ampliar o âmbito de aplicação da norma em apreço.

Porém, ainda antes de encetarmos a investigação relativa ao regime jurídico da marca originária e supervenientemente enganosa, impõe-se explicitar a razão de ser da postergação do registo de sinais deceptivos, que, constituindo um *limite* estabelecido pelo legislador à protecção conferida às marcas, torna necessária uma breve referência à fundamentação da tutela jurídica destes sinais distintivos.

## III. A proibição das marcas enganosas e a fundamentação da tutela jurídica das marcas

A proibição relativa às marcas enganosas existe, desde sempre, na história do direito de marcas[3-4], embora com diferenças relativamente à forma como consta na legislação hodierna[5].

---

[3] No mesmo sentido, M. NOGUEIRA SERENS, «Aspectos do princípio...», *cit.*, pp. 577 e s.

[4] Habitualmente associa-se a origem do direito de marcas à liberdade do comércio e indústria, embora se reconheça alguma tutela jurídica da marca na fase do pré-capitalismo

A existência deste limite à tutela legalmente conferida às marcas está incindivelmente relacionada com a própria fundamentação da protecção jurídica destes sinais distintivos[6].

---

[criticamente sobre esta associação, cfr. M. NOGUEIRA SERENS, *A monopolização da concorrência e a (re-)emergência da tutela da marca*, Almedina, Coimbra, 2007, p. 683, que defende que "a (tutela da) marca não pode ser associada à liberdade de concorrência, já porque a afirmação da primeira não pressupõe a existência da segunda (...), já porque a afirmação da segunda não pressupõe a existência da primeira (...)"]. Alguns autores vão, porém, mais longe e consideram que o direito de marcas surgiu muito antes, chegando a recuar ao período do paleolítico.

Referindo-se à marca na pré-história, cfr. GERALD RUSTON, «On the origin of trademarks», 45 *TMR* (1955), pp. 127 e ss.; BENJAMIN G. PASTER, «Trademarks – their early history», in: 59 *TMR* (1969), pp. 551 e ss.; SIDNEY A. DIAMOND, «The historical development of trademarks», in: 65 *TMR* (1975), pp. 265 e ss.; THOMAS D. DRESCHER, «The transformation and evolution of trademarks – from signals to symbols to myth», in: 82 *TMR* (1992), p. 309. Entre nós, M. NOGUEIRA SERENS (*A monopolização...*, cit., pp. 587 e ss.) analisa detalhadamente a longa história das marcas, com referências ao período mencionado, concluindo que, apesar de não ser possível provar que as marcas enquanto sinais distintivos nasceram assim, a verdade é que a origem das mesmas está em tempos muito recuados na História como se pode comprovar relativamente ao Antigo Egipto e à Antiguidade Clássica.

Sem pretendermos negar as afinidades entre os aspectos regulados no direito de marcas actual e as manifestações dos sinais desde a pré-história referidos, entre outros, pelos autores citados, julgamos que a marca – tal como a conhecemos hoje – e a respectiva regulamentação jurídica surge mais tarde. Tal não nos impede, porém, de reconhecer manifestações de uma tutela jurídica desses sinais, por exemplo, na Roma antiga. Referimo-nos, p.e., à aplicação da *lex Cornelia de falsis* que permitia a protecção contra a usurpação da marca e que teria, provavelmente, «como bem jurídico protegido precisamente a fé pública, a tutela do interesse de que não se defraude, nem engane o consumidor e o público em geral e não do interesse privado e particular do usuário da marca (...)» (HERMENEGILDO BAYLOS CORROZA, *Tratado de derecho industrial (Propiedad Industrial. Propiedad Intelectual. Derecho de la Competencia Economica. Disciplina de la Competencia Desleal)*, 2.ª ed. actual., Civitas, Madrid, 1993, p. 219). Sobre esta e outras possíveis reacções jurídicas (esp. *actio iniuriarum* e *actio doli*), cfr. M. NOGUEIRA SERENS, *A monopolização...*, cit., p. 621.

[5] Numa fase inicial, como será referido *infra*, essa proibição resultava da inadmissibilidade de marcas que fossem ofensivas da moral e/ou de previsões específicas, p.e., relativas às falsas indicações de proveniência. *V.g.*, o art 4.º, § único e o art. 5.º, 2.º da Carta de Lei, de 4 de Junho de 1883, sobre marcas de fabricas ou de commercio (in: *Collecção Official da Legislação Portugueza*, anno de 1883, Lisboa, Imprensa Nacional, 1884, pp. 138 e ss.) que punia criminalmente as infracções aos referidos preceitos (art. 13.º, 4.º da referida Lei). Sobre a evolução histórica da previsão normativa das marcas deceptivas, v. *infra* Parte I, Cap. I, § 1., I., 2.1.

[6] Ao contrário do que sucede com outros direitos privativos industriais, a fundamentação da protecção jurídica das marcas não tem merecido muita atenção por parte da

A tutela jurídica das marcas constitui a resposta do legislador a necessidades que se fizeram sentir na prática e que são mais facilmente apreendidas se imaginarmos como seria para um consumidor escolher produtos num mercado sem marcas[7].

Limitando esta referência às marcas como actualmente as conhecemos[8], sublinhamos que sem estes sinais a decisão de compra do consumidor se pode tornar muito difícil e complicada, atendendo à explosão da oferta de produtos e serviços, à crescente complexidade de aspectos técnicos, ao incremento da publicidade comercial e das novas técnicas de *marketing*, entre outros factores.

Com a revolução industrial, como é sabido, impôs-se a necessidade de os produtores escoarem os seus produtos[9], fabricados em maiores quantidades e qualitativamente semelhantes graças à produção em série e me-

---

doutrina. Avançando com possíveis explicações para este facto L. BENTLY/B. SHERMAN (*Intellectual Property Law*, 2.ª ed., Oxford University Press, Oxford/New York, 2004, p. 699) referem-se à menor visibilidade dos efeitos negativos das marcas e ainda à associação do crescimento destes sinais distintivos ao sucesso do capitalismo especialmente no que respeita ao aumento da escolha do consumidor. Não obstante, como é sabido, têm aumentado as críticas ao capitalismo neo-liberal e surgido, cada vez mais, movimentos anti-marca. Sobre estes movimentos, cfr. NAOMI KLEIN, *No Logo – O Poder das Marcas* [título original: *No Logo (2000)*], traduzido por Pedro Miguel Dias, Relógio D'Água Editores, Lisboa, 2002, *passim*.

Por outro lado, os maiores problemas relativamente à justificação da tutela legal das marcas surgem, não relativamente às marcas enquanto sinais distintivos de produtos ou serviços, mas no que concerne à protecção jurídica das marcas *in se*, que não serão aqui desenvolvidos por exorbitarem do tema do presente estudo.

[7] Apesar de não ser a mais vulgar, a aproximação pela negativa à necessidade das marcas não é nova (cfr., entre outros, W. C. HOWARTH, «Are trademarks necessary?», in: 60 *TMR* (1970), pp. 228 e ss. e J. THOMAS MCCARTHY, *Trademarks and unfair competition*, 4.ª ed., vol. 1, West Group, 1997, § 2:4, pp. 2-5).

[8] Excluímos do objecto do nosso estudo as marcas tal como existiam e eram reguladas noutros momentos anteriores da história, designadamente as marcas corporativas da Idade Média. Sobre estas e a sua comparação com as actuais marcas colectivas *lato sensu*, resumidamente, cfr. MARIA MIGUEL CARVALHO, «Marcas colectivas – Breves considerações», in: AA.VV., *Direito Industrial*, vol. V, APDI/Almedina, Coimbra, 2008, p. 217, nota 6. De forma mais desenvolvida, cfr. M. NOGUEIRA SERENS, *A monopolização...*, cit., pp. 74 e ss. e 632 e ss. Cfr., ainda, J. P. REMÉDIO MARQUES, *Biotecnologia(s) e propriedade intelectual*, vol. II (*Obtenções vegetais, conhecimentos tradicionais, sinais distintivos, bioinformática e bases de dados, direitos da concorrência*), Almedina, Coimbra, 2007, pp. 426 e ss.

[9] Referimo-nos, aqui, unicamente aos produtos porque, nesta época, ainda não eram tuteladas as marcas de serviços. Em Portugal, a protecção legal das marcas de serviços foi introduzida pelo art. 7.º do DL n.º 176/80, de 30 de Maio.

canizada[10]. Para conseguirem tal desiderato esses produtores tinham de distinguir os seus bens dos demais oferecidos pelos concorrentes.

Neste contexto, e sobretudo numa altura em que existiam muitas restrições à publicidade, as marcas assumiram um papel primordial permitindo que os consumidores distinguissem (e demonstrassem a sua preferência ou satisfação, repetindo as aquisições) os produtos marcados[11].

A importância da marca neste processo intensificou-se de modo bem visível com a revolução comercial – *maxime* com os novos métodos de venda desenvolvidos[12], o recurso à publicidade[13], o acesso ao crédito[14] e as novas formas de distribuição[15] –, culminando na hodierna sociedade de consumo[16], em que é cada vez mais utilizada para "criar fidelidade além da razão"[17]. Diz-se, por isso, que estes sinais constituem uma marca distintiva da nossa cultura[18].

---

[10] Sobre as questões de responsabilidade civil do produtor perante o consumidor suscitadas, cfr., por todos, JOÃO CALVÃO DA SILVA, *Responsabilidade civil do produtor*, Almedina, Coimbra, 1990.

[11] Associando estes dados à cartelização, cfr. M. NOGUEIRA SERENS («A proibição da publicidade enganosa: defesa dos consumidores ou protecção de (alguns) dos concorrentes», in: *Comunicação e Defesa do Consumidor – Actas do Congresso Internacional organizado pelo Instituto Jurídico da Comunicação da Faculdade de Direito da Universidade de Coimbra, de 25 a 27 de Novembro de 1993*, Coimbra, 1996, p. 238) que sublinha que "o fenómeno da *cartelização* retirou ao comércio a função de regulador do processo económico: *os comerciantes deixam de vender os produtos que lhes interessa comprar e passam a comprar os produtos que aos industriais interessa vender*".

[12] *V.g.*, as vendas ao domicílio, por correspondência e na Internet. Refiram-se, ainda, as novas práticas comerciais utilizadas, p.e., as vendas com redução de preços.

[13] Sobre o importante papel da publicidade neste processo cfr. M. NOGUEIRA SERENS, «A proibição da publicidade enganosa...», *cit.*, pp. 242 e s.

[14] Sobre os contratos de crédito ao consumo, cfr. FERNANDO DE GRAVATO MORAIS, *Contratos de crédito ao consumo*, Almedina, Coimbra, 2007 e ainda, do mesmo autor, *União de contratos de crédito e de venda para o consumo*, Almedina, Coimbra, 2004.

[15] Sobre estes cfr., entre outros, MARIA HELENA BRITO, *O contrato de concessão comercial*, Almedina, Coimbra, 1990, pp. 1 e ss.; ANTÓNIO PINTO MONTEIRO (*Direito comercial – contratos de distribuição comercial* (Relatório), Almedina, Coimbra, 2002, esp. pp. 75 e ss. e, resumidamente, abordando a função da marca, cfr. FRANCESCO GALGANO, "Il marchio nei sistemi produttivi integrati: sub-forniture, gruppi di società, licenze, «merchandising»", in: *CI*, terzo anno, 1, 1987, pp. 173 e ss.

[16] ANTÓNIO PINTO MONTEIRO, *Direito Comercial...*, cit., p. 41.

[17] KEVIN ROBERTS, *Lovemarks – O futuro além das marcas*, (trad. Mónica Rosemberg), M. Books do Brasil Editora Ltda., S. Paulo, 2005.

[18] A. G. PAPANDREOU («The economic effect of trademark», in: 44 *California Law Review* (1956), p. 509 [= in: AA.VV., *The economics of intellectual property* (ed. RUTH

A análise económica das marcas[19-20], perspectiva muito divulgada sobretudo nos EUA, assenta na sua caracterização como sinais que proporcionam informação aos consumidores, especialmente importantes para corrigir a assimetria entre a informação de que estes dispõem relativamente à do vendedor[21].

---

Towse/Rudi Holzhauer), vol. III, Edward Elgar, Cheltenham/Northampton, 2002, p. 296]) refere que a publicidade, as actividades promocionais e aquilo a que chama de uso influenciativo da marca são uma marca distintiva da nossa cultura.

[19] A referência neste trabalho à análise económica das marcas é feita por se reconhecer a "utilidade de se analisar *também* economicamente o direito" (Jorge Manuel Coutinho de Abreu, *Da empresarialidade – As empresas no direito*, Coimbra, 1996, p. 18, nota 52), não olvidando, porém, que às considerações de eficiência próprias dessa análise se sobrepõem as valorações de justiça que adiante referimos. Para uma crítica metodológico-jurídica da utilização exclusiva da análise económica do direito, cfr., por todos, entre nós, Jorge Sinde Monteiro, «Análise económica do direito», in: *BFDUC*, LVII, 1981, pp. 245 e ss.

[20] Alguma doutrina defende o recurso a outra perspectiva – à da semiótica – para justificar a tutela legal conferida às marcas. Cfr., entre outros, Robin Paul Malloy, «Law and market economy: the triadic linking of law, economics, and semiotics», in: *International Journal for the Semiotics of Law*, vol. 12, 1999, n.º 3, pp. 285 e ss. e Barton Beebe, «The semiotic analysis of trademark law», in: 51 *UCLA Law Review* (2004), pp. 621 e ss. [disponível no sítio da Internet: *www.bartonbeebe.com/documents/Beebe%20-%20Semiotic %20Analysis.pdf*].

Apesar de minoritária, impõe-se uma breve referência a esta tese atendendo sobretudo à relevância que o *significado* da marca assume no regime jurídico da marca enganosa.

A semiótica é o domínio da investigação que explora a natureza e a função de sinais, bem como sistemas e processos de significação subjacente, expressão, representação e comunicação (cfr. Paul Perron, «Semiotics», in: *The John Hopkins Guide to Literary Theory & Criticism* (edts. Michael Groden/Martin Kreisworth), 1994, p. 658 *apud* Barton Beebe, *ult. op. cit.*, p. 626).

Como Andrea Semprini (*Marche e mondi possibili – Un approcio semiotico al marketing della marca* (Impresa, comunicazione, mercato – collana diretta da Giampaolo Fabris), Franco Angeli, Milano, 1993, p. 58) refere, "se o papel da marca é essencialmente aquele de gerar e difundir um universo de significações em torno de um objecto social (produto, bem, serviço, pouco importa), então ela é por definição uma instância semiótica, uma máquina para produzir significações", que podem ser de vários tipos. Porém, "os mundos evocados pela marca e a palavra de que essa se serve para os construir *são por definição sempre verdadeiros*. A marca tem, com efeito, a capacidade de instaurar uma *palavra verdadeira*. Na medida em que essa trabalha na dimensão do imaginário e do mito, os seus discursos fogem à dialéctica verdadeiro/falso e produzem um universo que segrega e instaura no seu interior a própria verdade. A legitimidade de uma identidade de marca provém mais da sua coerência interna do que da sua adequação a uma realidade externa" (Andrea Semprini, *op. cit.*, p. 84).

[21] No entanto, Stacey L. Dogan e Mark A. Lemley («Trademarks and consumer search costs on the Internet», in: 41 *Houston Law Review*, 2004, pp. 777 e ss., disponível

Esta informação, que não é analítica[22] (não indica o peso, a cor, a dimensão, a composição do produto em causa, *etc.*), está condensada num sinal, num símbolo que, funcionando como um "atalho"[23], permite ao consumidor identificar o produto ou serviço e associá-lo a determinadas características, viabilizando a distinção daquele produto ou serviço de outros semelhantes.

A teoria económica das marcas, defendida por LANDES e POSNER[24] (também apelidada de teoria da informação do consumidor[25]), sustenta

---

em http://www.houstonlawreview.org/archive/downloads/41-3_pdf/dogan.pdf) sublinham que, na prática, as marcas têm sido usadas, cada vez mais, para obstruir o fluxo de informação sobre produtos e serviços concorrentes. Os autores referem-se especialmente ao contexto *on-line* em que alguns tribunais estado-unidenses permitiram, recentemente, que os titulares de determinadas marcas bloqueiem usos daquelas, usos esses que aumentariam, em vez de diminuir, o fluxo de informação verdadeira e relevante para os consumidores.

[22] NICHOLAS S. ECONOMIDES, «The economics of trademarks», in: 78 *TMR* (1988), pp. 526 e s. Cfr. também do mesmo autor, «Trademarks», in: *The new palgrave dictionary of economics and the law*, 1998, p. 602, reimpresso em *The economics of intellectual property* (ed. RUTH TOWSE/RUDI HOLZHAUER), vol. III, Edward Elgar, Cheltenham/Northampton, 2002, p. 288.

[23] As expressões inglesas "short-hand" e "short-cut" usadas neste contexto são muito expressivas. Referindo-se a «sinal-código», F. HENNING-BODEWIG/ANNETTE KUR, *Marke und Verbraucher – Funktionen der Marke in der Marktwirtschaft*, Band I (Grundlagen), Weinheim/Bassel/Cambridge/New York, 1988, p. 9.

[24] Inicialmente formulada em «Trademark law: an economic perspective», in: 30 *J. L. & Econ.* (1987), pp. 265 e ss. e reafirmada, recentemente, em *The economic structure of intellectual property law*, The Belknap Press of Harvard University Press, Cambridge, Massachusetts and London, England, 2003, pp. 167 e ss.

Esta tese é seguida pela maioria da doutrina norte-americana que se tem ocupado do tema (cfr., entre outros, NICHOLAS S. ECONOMIDES, «The economics of trademarks», *cit.*, pp. 525 e ss.). Todavia, tem sofrido críticas quer por parte de autores que a defendem, mas consideram incompleta [cfr., entre outros, ROBERT BONE que crítica a incompletude da teoria económica da marca por não considerar os chamados *enforcement costs* (custos de defender judicialmente os seus direitos). BONE refere que, em geral, existem dois tipos de custos: os custos administrativos (ou processuais) e os custos de erro. Os primeiros incluem os custos privados e públicos do litígio através de acções de marcas. Os segundos respeitam aos custos gerados por resultados errados dos casos de marcas e podem ser falsos positivos (se uma parte obtém um resultado indevido) ou falsos negativos (se a parte não obtém um resultado que deveria ter obtido). A importância da distinção deriva do facto de eles poderem produzir custos sociais diferentes. Cfr. ROBERT G. BONE, «Enforcement costs and trademarks puzzles», in: 90 *Virginia Law Review* (2004), pp. 2123 e ss. (consultado na Internet, no sítio: http://www.virginialawreview.org/*content/pdfs/90/2099.pdf*)], quer por autores que julgam preferíveis outras abordagens. É o caso de STEPHEN L. CARTER que cri-

que a marca permite, por um lado, que os consumidores economizem «custos de procura», na medida em que diferenciando os produtos oferecidos possibilita a escolha do que preferem, promovendo o funcionamento eficiente do mercado.

Por outro lado, a marca funciona como um incentivo ao seu titular para a manutenção e mesmo para a melhoria da qualidade dos produtos ou serviços marcados[26]. Com efeito, só se o consumidor puder repetir a aquisição anterior que o satisfez se justifica que o titular da marca invista na constância ou incremento da qualidade dos produtos ou serviços assinalados com aquele sinal distintivo.

Para desempenhar este papel a marca tem de ser protegida legalmente[27]: os benefícios associados à marca pressupõem a sua protecção

---

tica a protecção das marcas que não veiculam qualquer informação, porque em relação a estas falham as razões indicadas para a sua protecção e subsistem os custos dessa protecção. O autor citado está, especialmente, preocupado com os monopólios da linguagem (STEPHEN L. CARTER, «The trouble with trademark», in: 99 *The Yale Law Journal* (1990), pp. 760 e ss. (= in: *The economics of intellectual property* (ed. Ruth Towse/Rudi Holzhauer), vol. III, Edward Elgar, Cheltenham/Northampton, 2002, pp. 374 e ss.). Cfr. ainda ROBERT FEINBERG que discute três objecções menos comuns: (i) a possibilidade de, em certos casos, os benefícios sociais serem menores do que a soma dos benefícios privados e menores do que os custos sociais da protecção da marca; (ii) a possibilidade de existir uma correlação positiva entre o grau de poder de mercado e a desconfiança na informação fornecida pela marca; (iii) a posição não-monopolista sobre um produto pode ser usada para manter o poder de monopólio relativo a um produto relacionado ou ligado (ROBERT FEINBERG, «Trademarks, market power and information», in: *The economics of intellectual property* (ed. Ruth Towse/Rudi Holzhauer), vol. III, Edward Elgar, Cheltenham/Northampton, 2002, pp. 432 e ss.). Entre nós, cfr. M. NOGUEIRA SERENS, *A monopolização...*, cit., pp. 953 e ss., nota 1975.

[25] I. P. L. PNG/DAVID REITMAN, «Why are some products branded and others not?», in: 38 *J. L. & Econ.* (1995), pp. 207 e ss. (= in: *The economics of intellectual property* (ed. RUTH TOWSE/RUDI HOLZHAUER), vol. III, Edward Elgar, Cheltenham/Northampton, 2002, pp. 355 e ss.), que validam empiricamente esta teoria.

[26] Os autores citados referem ainda um outro benefício que respeita ao incentivo para investir recursos com vista à invenção de novas palavras, símbolos ou imagens usados como marcas, mas limitam a sua análise às palavras, indicando que as marcas melhoram a linguagem de três formas: (i) aumentando o *stock* de nomes de coisas, economizando assim em custos de informação e de comunicação; (ii) criam novas palavras genéricas; (iii) criam palavras ou expressões que as pessoas valorizam pelo seu prazer intrínseco, tanto como pelo seu valor informativo (WILLIAM M. LANDES/RICHARD A. POSNER, *The economic structure...*, cit., p. 169).

[27] No entanto, por vezes, para desempenhar este papel o direito de marca tem de ser limitado. Este dado explica, p.e., a proibição relativa aos sinais genéricos e às formas fun-

legal porque o custo de violar uma marca de outrem é pequeno e o incentivo – na falta de impedimento legal – será tanto maior quanto mais forte for a marca[28]. Se este comportamento parasitário não for proibido, a informação principal incutida na marca pode ser destruída e o incentivo para desenvolver uma marca valiosa eliminado.

A decisão de proteger legalmente a marca (i.e., a decisão de conferir um direito *exclusivo* ao titular da marca), assente que se trata de um instrumento muito importante de concorrência[29], destina-se a satisfazer

---

cionais (cfr. STACEY L. DOGAN/MARK A. LEMLEY, *op. cit.*, p. 795) e explica também a proibição das marcas enganosas.

Com efeito, de acordo com a análise económica do direito de marcas exposta no texto, é óbvio que se a marca funciona como um sinal que informa – reduzindo os custos de procura e incentivando a manutenção e/ou melhoria da qualidade dos produtos ou serviços marcados –, se a marca for enganosa não cumpre estes objectivos, não merecendo tutela. Se a marca for enganosa, o consumidor adquire o produto em questão e, decepcionado, percebe que não procedeu à escolha correcta: o sinal, no qual ele confiou, defraudou-o; acabou por não poder aproveitar a referida economia porque da próxima vez que tiver de adquirir aquele produto terá de proceder a uma nova procura. Como na próxima aquisição não vai querer repetir a escolha anterior – e o titular do sinal enganoso sabe-o – a procura do produto marcado em questão vai diminuir, daí que a marca enganosa não funcione como incentivo à manutenção e/ou melhoria de qualidade dos produtos ou serviços. Neste caso, o titular do sinal enganoso pretendeu capitalizar apenas a curto-prazo o valor daquela marca, pois sabe que não vai conseguir enganar todos os consumidores por muito tempo...

[28] WILLIAM M. LANDES/RICHARD A. POSNER, *The economic structure...*, cit., p. 168. No mesmo sentido, cfr., entre outros, J. THOMAS MCCARTHY, *op. cit.*, vol. 1, § 2:4, pp. 2-6.

[29] Também o Tribunal de Justiça [TJ] tem sublinhado o papel essencial que as marcas desempenham como instrumento da concorrência. Todavia, nem sempre foi assim.

Antes da harmonização das legislações nacionais sobre marcas surgiram conflitos deste direito exclusivo quer com as normas comunitárias que defendem a livre concorrência (arts. 81.° e 82.° TCE), quer com as normas que regulam o princípio da livre circulação de mercadorias (arts. 28.° e 30.° TCE, correspondentes aos artigos 30.° e 36.° então em vigor) que permitiram que o Tribunal de Justiça se pronunciasse sobre o direito de marca.

O TJ, num primeiro momento, considerou que o direito de marca apresenta um interesse e valor inferiores a outros direitos privativos industriais (v. o n.° 7 do Acórdão, de 18 de Fevereiro de 1971, proferido no proc. C-40/70, entre Sirena S.r.l. contra Eda S.r.l. e outros, in: *Col.* 1971, p. 18) e, ao contrário desses, não se encontra sujeito a limitações de ordem temporal (n.° 11 do Acórdão, de 3 de Julho de 1974, proferido no proc. C-192/73, no âmbito do caso «Hag», entre Van Zuylen Frères e Hag AG, in: *Col.* 1974, p. 381). Esta perspectiva conduziu, de resto, a uma posição muito restritiva relativamente ao objecto específico do direito à marca no último acórdão citado que foi muito criticada pela doutrina. Para uma súmula dessas críticas, cfr., entre outros, CARLOS FERNÁNDEZ-NÓVOA, *Fun-*

sobretudo (aliás, cada vez mais, como é referido *infra*) o interesse do seu titular. Todavia, os custos inerentes a essa tutela impõem-lhe limites[30] na medida em que possam afectar o interesse público geral, o interesse dos concorrentes e os interesses dos consumidores[31].

Com efeito, o reconhecimento de um direito exclusivo ao titular da marca significa admitir um monopólio sobre aquele sinal, próprio da concorrência monopolística[32]. Esta caracteriza-se, como é sabido, já não por oferecer bens perfeitamente homogéneos, mas por disponibilizar variantes

---

*damentos de derecho de marcas*, Editorial Montecorvo, Madrid, 1984, pp. 523 e s. Todavia, nos anos seguintes a posição do Tribunal foi sendo alterada no sentido de entender o objecto específico deste direito de forma mais ampla [sobre essa evolução cfr., entre nós, PEDRO SOUSA E SILVA, *Direito comunitário e propriedade industrial – O princípio do esgotamento dos* direitos, Coimbra Editora, Coimbra, 1996, pp. 147 e ss. e M. NOGUEIRA SERENS, «Aspectos do princípio...», *cit.*, pp. 640 e ss., nota 48] e de reconsiderar a sua desconfiança inicial relativamente às marcas. Por isso, no n.º 13 do acórdão proferido no caso «Hag II», em 17 de Outubro de 1990, no âmbito do proc. C-10/89, entre SA CNL-SUCAL NV contra HAG GF AG (in: *Col.* 1990-9, pp. 3758 e ss.), já refere que este direito constitui um elemento essencial do sistema de concorrência leal que o Tratado pretende criar e manter.

Após a DM, o Tribunal tem mantido esta linha, v., por todos, o n.º 48 do acórdão, de 12 de Novembro de 2001, proferido no proc. C-206/01, que opôs o Arsenal Football Club plc a Matthew Reed, no caso «Arsenal», in: *Col.* 2002-11 (A), pp. I-10316.

[30] Como refere VITO MANGINI («Il marchio nel sistema dei segni distintivi», in: *Trattatto di diritto commerciale e di diritto pubblico dell'economia* (diretto da Francesco Galgano), vol. V (Il marchio e gli altri segni distintivi/La proprietà industriale nel mercato comune), CEDAM, Padova, 1982, p. 37), "(...) a normativa ditada para as marcas, e a tutela reconhecida relativamente a estas, constituem (...) o resultado de uma valoração historicamente operada pelo legislador com vista à compatibilidade entre o «monopólio» atribuído pela exclusividade e os princípios da liberdade de iniciativa económica e de concorrência; conflito este reconduzível às próprias origens de muitos institutos do direito industrial e individualizáveis em todas as fases da sua evolução".

[31] ADRIANO VANZETTI, «Equilíbrio d'interessi e diritto al marchio», in: *RDComm.*, 1960, parte prima, pp. 258 e ss.

Em sentido próximo, sublinhando a necessidade de o direito de marcas precisar de reconhecer e de agir na sua capacidade de construir o mercado, cfr. GRAEME DINWOODIE, «The rational limits of trademark law (2000), in: *U.S. intellectual property: law and policy (2002), plus 2005 postscript* (ed. H. Hausen), Edward Elgar Publishing, 2006, consultado no sítio da Internet: *http://works.bepress.com/cgi/viewcontent.cgi?article=1027&context= graeme_dinwoodie*.

[32] De resto, como VITO MANGINI refere, "a própria noção de marca não poderia subsistir num regime de concorrência perfeita, em que se pressupõe a homogeneidade dos produtos" («Il marchio nel sistema dei segni distintivi», *cit.*, p. 36).

diferenciadas do mesmo produto e a marca, como tivemos o ensejo de referir, é um dos instrumentos mais eficazes para se obter esta diferenciação.

Por outro lado, e na sequência do que acaba de ser dito, as marcas, na medida em que podem estimular escolhas «irracionais» (i.e., não baseadas no preço e na qualidade) e fortemente influenciadas pela utilização da marca na publicidade persuasiva[33], podem também criar barreiras à entrada de outros empresários no mercado.

Por conseguinte, têm de existir limites à tutela jurídica da marca que minimizem os possíveis danos causados à livre concorrência e que afectam não só o interesse público geral e o interesse dos concorrentes, mas também o interesse dos consumidores[34].

---

[33] Utiliza-se o adjectivo «persuasiva» para distinguir este tipo de publicidade da chamada publicidade informativa (aquela que divulga informação relativa aos preços, proveniência, etc.). NICHOLAS S. ECONOMIDES («The economics...», *cit.*, p. 533), referindo-se à publicidade que acrescenta ao produto uma imagem desejada, propõe designá-la por «perception advertising» sublinhando ainda que esta é inútil sem a marca.

Sobre a distinção entre publicidade persuasiva e informativa, cfr. RALPH S. BROWN, JR., «Advertising and the public interest: legal protection of trade symbols», in: 108 *The Yale Law Journal* (1999), pp. 1619 e ss., esp. pp. 1622 e ss. [reimpressão do artigo publicado em 57 *The Yale Law Journal* (1948), pp. 1165 e ss., v. esp. pp. 1168 e ss.] e ADRIANO VANZETTI, «La repressione della pubblicità menzognera», in: *Rivista di Diritto Civile*, Anno X, 1964, parte prima, pp. 584 e ss. Destacando a evolução da persuasão comercial da publicidade «cognitiva» (que assenta nas características e benefícios dos produtos) para a publicidade «afectiva» (que enfatiza factores de persuasão não racionais), cfr. SARAH C. HAAN, «The "persuasion route" of the law: advertising and legal persuasion», in: 100 *Columbia Law* Review, 2000, pp. 1282 e ss.

Atendendo ao objecto do nosso estudo, limitamo-nos a salientar que a publicidade persuasiva é a que estimula, mais eficazmente, a aquisição dos produtos distinguidos por uma marca, em regra, pela difusão de uma determinada imagem que lhe é associada. Nesse sentido são bem actuais as palavras de RALPH S. BROWN, JR.: "o comprador de um produto publicitado compra mais do que um pedaço de comida ou tecido; ele compra a pausa que refresca, a mão que nunca perde a sua habilidade, o ingrediente valioso que é a reputação do seu fabricante (...)" («Advertising...», *cit.*, p. 1634 = p. 1181 na versão original). Sublinhando, igualmente, a actualidade desta ideia, cfr. por todos, JESSICA LITMAN, «Breakfast with Batman: the public interest in the advertising age», in: 108 *The Yale Law Journal* (1999), pp. 1717 e ss.

Um outro aspecto, a que aludiremos *infra*, tem a ver com a possibilidade de, por vezes, ser a própria marca a constituir o veículo de persuasão (cfr. RALPH S. BROWN, JR., *op. cit.*, p. 1642 [= p. 1189 na versão original]).

[34] Afirmando igualmente a necessidade de impor limites a esta protecção, cfr., entre outros, PAULO MELERO SENDIM, «Uma unidade do direito da propriedade industrial?», in: *Direito e Justiça,* Volume de Homenagem ao Prof. Doutor Manuel Gonçalves Cavaleiro de Ferreira, vol. II, 1981/86, p. 198.

De outra perspectiva, a protecção jurídica conferida às marcas tem de atender aos eventuais *meios* de estas influenciarem as decisões de aquisição dos consumidores. Designadamente, se esta influência se fizer à custa do engano do consumidor, veiculado pela marca, a consideração do interesse dos consumidores, dos concorrentes e do interesse público geral exige, igualmente, a imposição de limites[35].

Para justificar esta ideia alguns autores invocam argumentos éticos, morais e que, em geral, apelam à ideia de justiça[36]. Todos eles re-

[35] Defendemos que subjacentes à proibição legal das marcas enganosas estão, não apenas os interesses dos concorrentes e o interesse público geral, mas também os interesses dos consumidores, o que não significa, *a priori*, que estes interesses granjeiem a mesma intensidade de tutela. A resposta, à luz do regime jurídico da marca enganosa analisado neste trabalho, terá de ser dada mais tarde. Podemos, no entanto, adiantar que o tema não colhe consenso na doutrina. Assim, entre nós, avançando com a protecção directa dos interesses dos consumidores e dos concorrentes, cfr. JORGE MANUEL COUTINHO DE ABREU, *Curso de Direito Comercial*, vol. I (Introdução, actos de comércio, comerciantes, empresas, sinais distintivos), 6.ª ed., 2006, pp. 369 e s. Divergentemente, cfr. M. NOGUEIRA SERENS, «A «vulgarização» da marca na Directiva 89/104/CEE, de 21 de Dezembro de 1988 (*id est*, no nosso direito futuro)», Separata do número especial do Boletim da Faculdade de Direito de Coimbra – «Estudos em homenagem ao Prof. Doutor António de Arruda Ferrer Correia» – 1984, Coimbra, 1995, p. 94, que afirma, referindo-se às normas da Directiva de marcas que prevêem o impedimento de registo de marcas enganosas e a caducidade com fundamento em deceptividade superveniente da marca, que "ambas as normas são expressão do mesmo princípio – o princípio da *verdade da marca*, cuja afirmação nada tem a ver com a necessidade de tutela dos interesses dos consumidores (…). Com efeito, se a marca tem que ser verdadeira, não é para impedir que o consumidor seja *prejudicado* (…), mas para evitar o *benefício* que, por força do engano do consumidor, adviria para o titular da marca deceptiva – benefício esse que, naturalmente, redundará num prejuízo para os seus concorrentes". Em «Aspectos do princípio…», *cit.*, p. 585, o autor reafirma a mesma ideia, ressalvando que a proibição de registo de marcas enganosas pode aproveitar reflexamente aos interesses dos consumidores. Para mais indicações bibliográficas relativas às diferentes posições sobre esta questão, v. *infra* Cap. I, § I., I., 3.

[36] Alguns autores invocam como fundamento da protecção jurídica das marcas o enriquecimento sem causa que adquire especial importância relativamente às chamadas marcas de prestígio, que possuem um elevado *good will*, quer por causa da boa qualidade dos produtos ou serviços que assinalam, quer pela política publicitária desenvolvida pelo seu titular. Sobre o enriquecimento sem causa no domínio do direito industrial, referindo-se à anterior legislação de marcas espanhola, cfr. CARLOS FERNÁNDEZ-NÓVOA, *El enriquecimiento injustificado en el derecho industrial*, Marcial Pons, Madrid, 1997, pp. 86-98, que, perante as insuficiências reveladas pelas normas do direito de marcas então vigente, sugeria o recurso à acção de concorrência desleal concretizada, designadamente, através do enriquecimento sem causa do infractor.

conduzíveis à ideia de que mentir ou enganar intencionalmente é censurável[37], quer pelos danos que podem ser infligidos aos consumidores, quer pela deslealdade para com os concorrentes. É, aliás, curioso observar que, nos sistemas jurídicos anglo-saxónicos, a proibição relativa aos sinais enganosos (incluindo, naturalmente, a marca) antes de ser abarcada pelo direito de marcas, já o era pela acção de *passing off*[38]. De resto, julgamos que em sistemas em que não exista (ou não seja suficiente) a proibição expressa na legislação de marcas, também o instituto da concorrência desleal poderá ser usado para a combater[39], sem prejuízo do interesse na previsão específica no direito de marcas desta proibição.

A invocação do interesse dos consumidores é também feita muitas vezes chamando à colação a liberdade de escolha e a autonomia do consumidor.

Por um lado – diz-se –, as marcas (e a publicidade), além de criarem falsas necessidades de aquisição de bens, estimulam escolhas irracionais dos consumidores. A este argumento os defensores da teoria económica do direito de marcas respondem dizendo que não se trata de escolhas irracionais, mas de uma opção do consumidor em não perder tempo e dinheiro a analisar outras ofertas relativas ao mesmo produto[40].

---

[37] Cfr. ROBERT G. BONE (*op. cit.*, pp. 2108 e ss.) que se refere a este como argumento moral. Este autor (*op. cit.*, p. 2109, nota 28) afirma que, apesar de não existir acordo entre os filósofos sobre o que torna, exactamente, o engano moralmente condenável, na maioria dos casos, a base moral para essa condenação parece relativamente clara quer com fundamento na consequência (perigo de causar prejuízos ao consumidor), quer com fundamentos deontológicos (por causa da violação da autonomia do consumidor ou na natureza intrínseca do acto de mentir). Não obstante, não advoga a existência de um direito de autonomia do consumidor, na linha do que defendemos, mais adiante, no texto (ROBERT G. BONE, *op. cit.*, pp. 2110 e s.).

[38] Cfr. L. BENTLY/B. SHERMAN (*op. cit.*, pp. 695 e 708) que referem que os tribunais começaram a proteger as marcas no séc. XVI através da *action for deceit*, e mais tarde, pela *action for passing off*. Estas acções tinham a ver com o erro quanto à proveniência empresarial, porém, os autores citados sublinham que a acção moderna de *passing off* mudou, relativamente ao caso clássico, passando a abranger, p.e., pretensões relativas à qualidade dos produtos.

Referindo a origem do *passing off* ao *deceit*, mas estabelecendo uma diferenciação entre ambos, cfr. JEREMY PHILIPS/ALLISON COLEMAN, «Passing off and the "common field of activity"», in: *The Law Quarterly Review*, vol. 101, 1985, p. 243.

[39] V. *infra* Parte I, Cap. II, 3., 3.2.2.1.

[40] J. THOMAS MCCARTHY, *op. cit.*, vol. I, § 2:38, pp. 2-69.

Por outro lado, como J. THOMAS MCCARTHY refere, o Supremo Tribunal estado-unidense defende que o consumidor tem o direito de ser protegido do engano e da confusão, independentemente de ter sofrido danos patrimoniais, porque tem o direito a que lhe seja dita a verdade – "the right to be told the truth" –, e esse direito respeita, segundo o autor citado, quer à natureza e à qualidade do produto, quer à sua origem e patrocínio[41].

Não concordamos, porém, com este argumento, pois julgamos que a autonomia do consumidor não existe nos moldes expostos: não existe, relativamente aos titulares das marcas, uma obrigação de informar os consumidores[42-43]; o que há é uma proibição de estes enganarem os consumidores servindo-se, para esse efeito, da marca (e/ou da publicidade), o que é bem diferente[44]. Aliás, concordamos com ROBERT G. BONE[45] que refere que, levada ao extremo, a protecção de um direito de autonomia do consumidor conduziria a banir todas as marcas ou, pelo menos, toda a publicidade que contivesse marcas.

De facto, as obrigações de informação (e que implicam sempre não veicular informação susceptível de enganar) resultam de corpos normativos que visam proteger *directamente* os consumidores e aplicam-se a todos os produtos ou serviços em questão, *independentemente de serem*

---

[41] J. THOMAS MCCARTHY, *op. cit.*, vol. I, § 2:33, pp. 2-59, esp. § 2:35, pp. 2-63/2-65.

[42] Sobre o direito à informação dos consumidores, cfr., entre outros, CARLOS FERREIRA DE ALMEIDA, *Direito do consumo*, Almedina, Coimbra, 2005, pp. 115 e ss. Salientando que os sinais distintivos cumprem uma função informativa mínima (que respeita à proveniência do produto ou serviço), sendo a sua principal função a de individualizar e distinguir os produtos ou serviços no mercado e que a regulamentação estabelecida no *Estatuto de la Propiedad Industrial* (então em vigor em Espanha) só indirectamente protege os consumidores, cfr., JOSÉ ANTONIO GÓMEZ SEGADE, «Notas sobre el derecho de información del consumidor», in: *Revista Jurídica de Cataluña*, n.º 3, 1980, p. 717.

[43] Aliás, não existe, em regra, um dever geral de informação pré-contratual. Para maiores desenvolvimentos, cfr. EVA SÓNIA MOREIRA DA SILVA, *Da responsabilidade pré-contratual por violação dos deveres de informação*, Almedina, Coimbra, 2006, pp. 78 e ss. Cfr., ainda, da mesma autora, resumidamente, «O dever pré-contratual de informação (algumas questões relativamente aos seus pressupostos)», in: *SI*, Tomo LI, Setembro-Dezembro 2002, n.º 294, pp. 516 e s.

[44] Tal como referimos no início desta exposição, o princípio da verdade da marca não tem manifestações positivas necessárias: para uma marca ser verdadeira só tem de não ser enganosa (MARIO CASANOVA, *op. cit.*, p. 484).

[45] ROBERT G. BONE, *op. cit.*, pp. 2110 e s.

*ou não marcados*. Pense-se, p.e., nas normas que regulam a rotulagem e a etiquetagem dos géneros alimentícios[46-47].

---

[46] *V.g.*, o DL n.º 560/99, de 18 de Dezembro (com as alterações que entretanto sofreu), cujo art. 23.º, regulamentando o modo de apresentação da rotulagem dos géneros alimentícios, prevê no n.º 1 que as indicações a figurar na rotulagem não podem ser apresentadas ou descritas por palavras, imagens ou outra forma susceptíveis de criar uma impressão errada no consumidor, nomeadamente: a) quanto às características do género alimentício (...); b) atribuindo-lhe propriedades ou efeitos que ele não possua; c) sugerindo que o género alimentício possui características especiais, quando todos os outros produtos similares possuem essas mesmas características. E no n.º 2, exceptuando os produtos destinados a uma alimentação especial e as águas minerais naturais [que têm legislação específica, v., respectivamente, o DL n.º 226/99, de 22 de Junho e o DL n.º 156/98, de 6 de Junho], preceitua que não é permitido atribuir a um género alimentício propriedades de prevenção, tratamento e cura de doenças humanas, nem mencionar tais propriedades. Esta proibição abrange a apresentação e a publicidade dos géneros alimentícios, a sua forma ou aspecto, o tamanho da embalagem utilizada, o modo como estão acondicionados, bem como o ambiente onde estão expostos (n.º 3).

Repare-se que este diploma legal, no art. 2.º, al.ª *a*), define "rotulagem" como o conjunto de menções e indicações, inclusive imagens, símbolos e marcas de fabrico ou de comércio, respeitantes ao género alimentício, que figuram quer sobre a embalagem, em rótulo, etiqueta, cinta, gargantilha, quer em letreiro ou documento acompanhado ou referindo-se ao respectivo produto.

Ainda no âmbito dos géneros alimentícios, mas relativamente a produtos mais específicos, outros diplomas legais que contêm proibições idênticas – independentemente do produto em questão ser distinguido com uma marca – são, p.e., o DL n.º 20/2003, de 3 de Fevereiro, que estabelece o regime jurídico da rotulagem dos géneros alimentícios que contenham cafeína e quinino e o DL n.º 229/2003, de 27 de Setembro, relativo ao regime jurídico da rotulagem dos géneros alimentícios que contenham cacau e chocolate.

No plano comunitário, sem cuidar da regulamentação específica consoante o tipo de género alimentício, destacamos a Directiva 2000/13/CE do Parlamento Europeu e do Conselho, de 20 de Março de 2000, relativa à aproximação das legislações dos Estados--membros respeitantes à rotulagem, apresentação e publicidade dos géneros alimentícios (in: *JO L* 109, de 6 de Maio de 2000, pp. 29 e ss., com as alterações entretanto introduzidas), que estabelece o princípio da proibição de a rotulagem (que abrange as marcas, v., art. 1.º, n.º 3, al.ª *a*)) e/ou a publicidade dos géneros alimentícios serem enganosas. Destaca-se ainda o Regulamento (CE) n.º 1924/2006 do Parlamento Europeu e do Conselho, de 20 de Dezembro de 2006, relativo às alegações nutricionais e de saúde sobre os alimentos (cuja versão rectificada consta do *JO L* 12, de 18 de Janeiro de 2007, pp. 3 e ss.).

Este Regulamento, complementando a Directiva citada, estabelece regras específicas referentes à utilização de alegações nutricionais e de saúde relativas aos alimentos a fornecer como tais ao consumidor em comunicações comerciais, visando assegurar que essas alegações não sejam enganosas (Considerandos 14 e ss. e art. 1.º). Para esse efeito faz depender a sua utilização, fundamentalmente, da comprovação científica da existência ou inexistência do nutriente ou substância no produto e, se for plausível, da compreensão pelo

Se os titulares de marcas, para além de estarem sujeitos a estas obrigações, fossem obrigados a informar os consumidores de *mais* aspectos verdadeiros sobre os seus produtos – que logicamente não lhes são benéficos (se o fossem, não seria necessária a *obrigação* de informação, pois, certamente, essa oportunidade não seria desperdiçada) –, deixariam de retirar vantagens da utilização das marcas (e da publicidade): mais vale "calar" essa informação e vender os (mesmos) produtos anonimamente...

O que acaba de ser dito não significa, porém, que o titular da marca possa usar este sinal para "informar" os consumidores do que entender. A sua liberdade depara com um limite, quando colide com outros interesses merecedores de protecção, que tem a ver precisamente com o âmbito do nosso trabalho: a liberdade do titular da marca termina quando ele escolher um sinal que diga algo que não seja exacto[48] sobre os produtos ou serviços que assinala, porque em tal hipótese a marca escolhida não pode ser – e *só não pode ser* – susceptível de induzir em erro o consumidor daqueles produtos ou serviços.

O equilíbrio de interesses referido tem sido desafiado progressivamente e de forma consolidada. As alterações legislativas que, entretanto, tiveram lugar – e referimo-nos especialmente aos ordenamentos jurídicos dos Estados-membros da União Europeia – possibilitam a afirmação de que, cada vez mais, predomina no direito de marcas a tutela dos interesses do titular da marca[49]. Pense-se, p.e., na abertura do leque de sinais suscep-

---

consumidor médio dos efeitos benéficos expressos na alegação (v. ainda os requisitos fixados no art. 5.º). Além disso, prevê a criação de um registo comunitário das alegações nutricionais e de saúde sobre os alimentos que são permitidas e as condições de utilização, restrições ou proibições das mesmas. O Regulamento estende expressamente o seu âmbito de aplicação às marcas (v. Considerando 4 e art. 1.º, n.º 3).

[47] Relativamente aos medicamentos, v. o regime jurídico dos medicamentos de uso humano constante do DL n.º 176/06, de 30 de Agosto (sobre os aspectos relativos à rotulagem e publicidade dos medicamentos previstos neste DL v. *infra* Parte II, Cap. II, § I., 3., 3.1.1.1.) e, no que concerne aos cosméticos e produtos de higiene corporal, o DL n.º 189//2008, de 24/9 (com Declaração de Rectificação n.º 45/2009, de 1/7). Importa ainda referir a regulamentação relativa à classificação, embalagem e rotulagem das preparações perigosas, que consta do DL n.º 82/2003, de 23 de Abril, e aos produtos de limpeza (v. o DL n.º 49/2007, de 28 de Fevereiro).

[48] Os pressupostos de aplicação das normas relativas às marcas originária e supervenientemente enganosas serão analisados detalhadamente *infra*, v. respectivamente, Parte I, Cap. I, § II. e Parte II, Cap. II, § I.

[49] Sublinhando a ligação do interesse do titular da marca às funções (jurídicas) distintiva e atractiva da marca, cfr. PAOLO SPADA, «Introduzione», in: AA.VV., *Diritto*

tíveis de constituir uma marca[50]; na livre transmissibilidade da marca[51]; na admissibilidade das licenças de marcas sem que esteja prevista uma obrigação legal de controlo[52] e na tutela ultramerceológica de algumas marcas[53].

Neste contexto, alguma doutrina tem-se referido à necessidade de uma reformulação do equilíbrio desses interesses que seria efectivada, precisamente, através das normas que proíbem as marcas enganosas e, em particular, da que prevê a caducidade por deceptividade superveniente da marca[54]. Todavia, o âmbito subjectivo de protecção à luz dos interesses tutelados por estas normas depende de uma análise rigorosa do seu regime jurídico (v. Partes I e II).

Perspectivando o tema de uma forma mais abrangente, a postergação das marcas enganosas neste domínio jurídico levanta ainda a importante questão da determinação do relacionamento entre esta e as proibições de engano resultantes de outras normas. A resposta, porém, dependerá, não apenas da necessidade de tutela *pelo direito de marcas* dos titulares dos interesses identificados, mas também de uma criteriosa avaliação do meio mais adequado para o conseguir[55].

---

*industriale – proprietà intellettuale e concorrenza*, G. Giappichelli Editore, Torino, 2001, p. 18.

[50] MARIA MIGUEL CARVALHO, «"Novas" marcas e marcas não tradicionais», in: AA.VV., *Direito Industrial*, Vol. VI, APDI/Almedina, 2009, pp. 217 e ss.

[51] V. *infra* Parte II, Cap. II, § I., 3.2.1.1.

[52] V. *infra* Parte II, Cap. II, § I., 3.2.2.1.

[53] A tutela ultramerceológica, entre nós, abrange unicamente as marcas de prestígio. No entanto, como tivemos oportunidade de referir noutro estudo, a tendência actual é no sentido de estender essa protecção às marcas notórias. Para maiores desenvolvimentos, cfr. MARIA MIGUEL MORAIS DE CARVALHO, *Merchandising de marcas (A comercialização do valor sugestivo das marcas)*, Almedina, Coimbra, 2003, pp. 137 e ss.

[54] Cfr., por todos, CESARE GALLI, «Protezione del marchio e interessi del mercato», in: *Studi di diritto industriale in onore di Adriano Vanzetti – proprietà intellettuale e concorrenza*, Tomo I, Giuffrè Editore, Milano, 2004, pp. 664 e ss. e 668 e ss.

[55] No sentido de o reforço das regras da publicidade, da rotulagem e da etiquetagem ser o meio mais adequado para garantir informação fiável e relevante aos consumidores, cfr., entre outros, WILLIAM CORNISH/DAVID LLEWELYN, *Intellectual property: patents, copyright, trade marks and allied rights*, 5.ª ed., Sweet & Maxwell, London, 2003, p. 589, nm. 15-27, que sublinham que o seu objectivo pode acabar por ser posto em causa quando as mesmas sejam demasiado complexas e detalhadas, e HANNES RÖSLER, «The rationale for european trade mark protection», in: [2007] 3 *EIPR*, p. 107. Defendendo que a protecção especial dos consumidores deve ser feita através de leis específicas, cfr., entre outros, ALBERTO CASADO CERVIÑO, *Derecho de marcas y protección de los consumidores – El tratamiento del error del consumidor*, Madrid, Editorial Tecnos, 2000, p. 80.

# PARTE I
# A MARCA ENGANOSA ORIGINÁRIA

# CAPÍTULO I
# O IMPEDIMENTO ABSOLUTO DE REGISTO COMO MARCA DE SINAIS ENGANOSOS

O pedido de registo como marca de um sinal que, já nesse momento, é enganoso deve ser recusado. O estudo efectuado neste Capítulo, relativamente à aplicabilidade do impedimento de registo em apreço, é feito por progressiva aproximação, justificando a subdivisão do primeiro capítulo em três secções distintas.

Na primeira, procede-se ao enquadramento deste fundamento específico de recusa do registo no quadro geral dos impedimentos ao registo como marca. Em seguida, analisaremos detalhadamente os requisitos de que depende a aplicação do impedimento absoluto de registo de sinal enganoso (§ II.). Finalmente, será estudado o processo de verificação da deceptividade do sinal no momento do registo e a consequente recusa do pedido (§ III.).

A hipótese de ter sido concedido o registo como marca a um sinal que enferma deste vício foi, no entanto, prevista pelo legislador que a considera causa de nulidade do mesmo. Deter-nos-emos sobre esta previsão no Capítulo II.

## § I. ENQUADRAMENTO DO IMPEDIMENTO ABSOLUTO DE REGISTO COMO MARCA DE SINAIS ENGANOSOS

A proibição de registo como marca de sinais enganosos surge no âmbito dos impedimentos *absolutos* de registo[56].

---

[56] Apesar de antes do registo não podermos falar em sentido técnico-jurídico de marca, por facilidade de exposição vamos utilizar, indistintamente, as expressões «impedi-

Habitualmente, a doutrina diferencia no quadro geral dos impedimentos de registo os que se baseiam em causas ou motivos *absolutos* e aqueles outros que assentam em causas ou motivos *relativos*[57].

A diferenciação é feita considerando, por um lado, os interesses que justificam a consagração desses limites à admissibilidade de registo de determinados sinais: os impedimentos absolutos de registo resultam principalmente[58]

---

mento absoluto de registo como marca de sinais enganosos» e «impedimento absoluto de registo de marcas enganosas».

[57] O recurso a esta terminologia não é nova. Os impedimentos absolutos e relativos ao registo como marca de determinados sinais são há muito referidos pela doutrina, especialmente pela germânica. Cfr., entre outros, RUDOLF BUSSE (*Warenzeichengesetz*, 2.ª ed., Walter de Gruyter & Co., Berlin, 1939, pp. 97 e ss.) que referia os *absolute Versagungsgründe*; ADOLF BAUMBACH/WOLFGANG HEFERMEHL (*Wettbewerbs- und Warenzeichenrecht*, 8.ª ed., C. H. Beck'sche Verlagsbuchhandlung, München/Berlin, 1960, pp. 820 e ss.) que utilizavam a expressão *unbedingten (absoluten) Versagungsgründe*, e OTTO-FRIEDRICH FRHR. V. GAMM (*Warenzeichengesetz*, C. H. Beck'sche Verlagsbuchhandlung, München/Berlin, 1965, pp. 167 e ss.) que já mencionava os *absolute und relative Eintragungshindernisse*.

Todavia, a previsão legal expressa com esta nomenclatura é relativamente recente. V. os arts. 7.º e 8.º do Regulamento sobre a Marca Comunitária [RMC] (Regulamento (CE) n.º 207/2009, do Conselho, de 26 de Fevereiro de 2009, sobre a marca comunitária (versão codificada), in: *JO L* 78, de 24 de Março de 2009, pp. 1 e ss.), na sequência do que fora previsto no anteprojecto de 1964 sobre a criação de uma marca comunitária do grupo de trabalhos «Marca» (v. arts. 11.º e 12.º do *Avant-Projet de Convention relatif a un droit européen des marques* publicado pela Comissão CE, em 1973). Neste sentido, v. ainda o «Mémorandum sur la création d'une marque communautaire adopté par la Commission le 6 juillet 1976» (in: *Bulletin des Communautés européennes*, Supplément 8/76, pp. 21 e s.).

Anteriormente, os impedimentos estavam previstos, sem recorrer à terminologia referida *supra*, no âmbito da Convenção de Paris para a Propriedade Industrial [CUP], de 20 de Março de 1883 [entretanto, revista em Bruxelas, em 14 de Dezembro de 1900; em Washington, em 2 de Junho de 1911; em Haia, em 6 de Novembro de 1925; em Londres, em 2 de Junho de 1934; em Lisboa, em 31 de Outubro de 1958; e em Estocolmo, em 14 de Julho de 1967]. Sobre esta previsão v. o texto mais adiante.

[58] Dizemos principalmente porque não existe uma correspondência completa entre os motivos absolutos de recusa de registo e a protecção do interesse geral, nem entre os motivos relativos de recusa e a defesa dos interesses dos titulares de direitos anteriores. O que se verifica é que, como LUÍS ALBERTO MARCO ARCALÁ (*Las causas de denegación de registro de la marca comunitaria*, Tirant lo Blanch, Valencia, 2001, pp. 112 e ss.) refere a propósito do Regulamento sobre a marca comunitária, consoante o tipo de causas ou motivos de recusa do registo, existe uma protecção mais intensa de determinados interesses (jurídico-públicos nos absolutos e jurídico-privados nos relativos), sem que isso implique ignorar os restantes interesses que confluem no direito de marcas e que também são considerados, só que de forma mais indirecta.

da tutela do interesse público, enquanto que os impedimentos relativos atendem especialmente a interesses individuais[59].

Por outro lado, a distinção entre os impedimentos de registo mencionados decorre do modo como é aferida, em concreto, a existência do motivo de recusa de registo. No âmbito dos impedimentos absolutos de registo está em causa, essencialmente[60], a apreciação do sinal *in se*, sendo a apreciação dos motivos relativos de recusa de registo feita pela comparação do sinal cujo registo é pedido com outros direitos anteriores[61].

O Código da Propriedade Industrial parece acompanhar a tese doutrinal, já que, apesar de não adoptar esta terminologia, autonomiza os impedimentos em normas diferentes (arts. 238.º e 239.º e ss. do CPI[62]) e

---

[59] No mesmo sentido, cfr., entre nós, LUÍS M. COUTO GONÇALVES, *Manual de direito industrial – Patentes, marcas, concorrência desleal*, 1.ª ed., Almedina, Coimbra, 2006, pp. 165 e s. Cfr., ainda e entre outros, CARLOS LEMA DEVESA, «Motivos de denegación absolutos», in: *Comentarios a los Reglamentos sobre la Marca Comunitaria* (Coords. Alberto Casado Cerviño/M.ª Luísa Llobregat Hurtado), vol. I (arts. 1-74), 1.ª ed. revista, Alicante, Universidad de Alicante, 1996, p. 66; MONTIANO MONTEAGUDO, «Confusión, error y engaño en el Derecho de marcas: el caso «Puma»», in: *Revista General de Derecho*, año LVI, n.º 666, Marzo 2000, p. 2359, sem especificar os diferentes interesses; ADOLF BAUMBACH/WOLFGANG HEFERMEHL, *Warenzeichengesetz und Internationales Wettbewerbs- und Zeichenrecht*, 12.ª ed., Verlag C. H. Beck, München, 1985, p. 297, nm. 1 e p. 394, nm. 1; RUDOLF BUSSE/JOACHIM STARCK, *Warenzeichengesetz nebst Pariser Verbandsübereinkunft und Madrider Abkommen*, 6.ª ed., Walter de Gruyer, Berlin/ /New York, 1990, p. 148; WILLIAM CORNISH/DAVID LLEWELYN, *op. cit.*, p. 656, nm. 17- -22; e ROBERT CLARK/SHANE SMYTH, *Intellectual property law in Ireland*, 2.ª ed., Tottel Publishing, Haywards Heath, 2005, p. 599. Para maiores desenvolvimentos sobre os interesses protegidos nas proibições de registo v. *infra* 3.

[60] Essencialmente porque mesmo a análise (de alguns) dos impedimentos absolutos implica ter em consideração os produtos ou serviços que os sinais pretendem distinguir e não apenas o sinal *in se*. No que respeita à marca enganosa v. *infra* § II., 2.

[61] Na doutrina estrangeira, cfr., entre outros, CHRISTOPHER MORCOM/ASHLEY ROUGHTON/JAMES GRAHAM/SIMON MALYNICZ, *The modern law of trade marks*, 2.ª ed., Butterworths, London/Dayaton, OH, 2005, p. 61 e ALBERTO BERCOVITZ RODRÍGUEZ- -CANO, *Introducción a las marcas y otros signos distintivos en el tráfico económico*, Aranzadi, Navarra, 2002, p. 69.

Entre nós, CARLOS OLAVO aplica este critério mas, em vez da nomenclatura que tem sido utilizada na DM, refere-se a limites intrínsecos e extrínsecos (*Propriedade industrial*, vol. I (Sinais distintivos do comércio – Concorrência desleal), Almedina, Coimbra, 2.ª edição, actualizada, revista e aumentada, 2005, p. 80).

[62] Doravante os artigos sem indicação do respectivo diploma legal devem considerar-se referidos ao Código da Propriedade Industrial (CPI), aprovado pelo DL n.º 36/2003, de 5 de Março, com as alterações introduzidas pelo DL n.º 143/2008, de 25 de Julho.

distingue duas sanções diversas aplicáveis em caso de violação dos motivos de recusa estabelecidos[63-64]: nulidade do registo concedido em violação de impedimentos absolutos e anulabilidade do registo concedido em violação de impedimentos relativos.

Como teremos oportunidade de verificar mais adiante, o facto de Portugal ser membro da União de Paris e um dos Estados-membros da União Europeia teve inequívoca influência na forma como esta matéria está prevista no Código.

A Convenção da União de Paris, apesar de também não utilizar esta nomenclatura, previu a matéria com grande rigor técnico no art. 6.º, especialmente, *ter* e *quinquies*, tendo, aliás, servido de fonte à Directiva de Marcas[65-66]. E esta, graças ao recurso a disposições imperati-

---

[63] Luís M. Couto Gonçalves (*Manual...*, cit.², p. 215) afirma que "a distinção entre proibições absolutas e relativas – se bem que já passe a revestir alguma importância, no momento do registo, apesar da dúvida assinalada [que tem a ver com a bondade da diferenciação de tratamento dos fundamentos de recusa relativos previstos nos n.ᵒˢ 1 e 2 do art. 239.º, v. nota seguinte] de não ser legalmente explícita – adquire ainda maior expressão no momento em que tal distinção se mostra, realmente, mais decisiva que é o do cancelamento, por invalidade, do registo. É esse o momento, na verdade, mais adequado à ponderação dos interesses protegidos e, em coerência, à necessidade de adopção de um regime jurídico diferenciado".

[64] Para além das diferentes sanções jurídicas, existem outros aspectos do regime jurídico que, por vezes, são diferenciados – para maiores desenvolvimentos sobre o tema, v. *infra* § 3., 1., 1.1. É o caso, p.e., da averiguação oficiosa dos motivos absolutos de recusa e a análise das causas relativas de recusa apenas quando for solicitada pelos interessados vigentes no âmbito da marca comunitária.

Em Portugal, após a alteração do CPI pelo DL n.º 143/2008, de 25/7, os impedimentos absolutos de registo (art. 238.º) e os impedimentos relativos previstos no n.º 1 do art. 239.º, são de conhecimento oficioso do INPI. Os restantes impedimentos relativos têm de ser invocados pelos interessados. Confessamos que temos dificuldade em perceber o critério que terá servido para a diferenciação, dentro dos impedimentos relativos, dos que são de conhecimento oficioso e dos que não são. No mesmo sentido, Luís M. Couto Gonçalves, *Manual...*, cit.², p. 255.

[65] Primeira Directiva do Conselho, de 21 de Dezembro de 1988, que harmoniza as legislações dos Estados-membros em matéria de marcas, n.º 89/104/CE, in: *JO L* 40, de 11 de Fevereiro de 1989, pp. 1 e ss., codificada pela Directiva 2008/95/CE, do Parlamento Europeu e do Conselho, de 22 de Outubro de 2008 (in: *JO L* 299, de 8 de Novembro de 2008, pp. 25 e ss.) [DM].

[66] Como, de resto, é expressamente assumido na proposta de Directiva de Marcas e de Regulamento da Marca Comunitária. V. «New trade-mark system for the Community – proposed Directive and Regulation», in: *Bulletin of the European Communities*, Supplement 5/80, p. 57.

vas[67], fez com que a moldura jurídica nela estabelecida – atribuição de sanções diferentes consoante o motivo de recusa seja, de facto[68], absoluto ou relativo – fosse adoptada pelos Estados-membros, embora com recurso a diferentes técnicas-legislativas.

O impedimento de registo de sinais enganosos, apesar de constituir um motivo absoluto de recusa de registo, pode estar relacionado com um dos motivos relativos de recusa: a proibição de registo de marcas confundíveis com outras anteriores. Daí que, com o intuito de enquadrar o objecto do nosso estudo com precisão, tenhamos optado por dividir o seu estudo em duas partes. A primeira concerne ao relacionamento entre o impedimento de registo de marcas enganosas e os restantes motivos *absolutos* de recusa de registo. E a segunda respeita à relação entre o impedimento (absoluto) de registo de marcas enganosas e os impedimentos *relativos* de registo de marcas.

## I. Os impedimentos absolutos de registo da marca em geral e o impedimento de registo de sinais enganosos em especial

### 1. Os impedimentos absolutos de registo em geral

Para um sinal poder constituir uma marca tem de ser susceptível de representação gráfica e tem de ser adequado a distinguir os produtos ou serviços[69] de uma empresa[70] dos de outras empresas (art. 222.º, n.º 1).

---

[67] Sem prejuízo da previsão de algumas disposições facultativas que vão ser referidas adiante (v. I., 1.).

[68] Apesar de a DM não adoptar formalmente esta terminologia (v. epígrafes dos arts.3.º e 4.º da DM), da análise dessas normas parece poder concluir-se, por um lado, que o agrupamento foi feito com referência aos critérios, *supra* referidos, relativos aos interesses subjacentes e ao carácter intrínseco ou extrínseco da sua apreciação, e, por outro lado, que lhes correspondem sanções diferentes: nulidade [absoluta] e nulidade relativa. No mesmo sentido, milita ainda o argumento histórico: no «Mémorandum sur la création...», *cit.*, pp. 21 e ss. é afirmado que "(...) é conveniente atender à distinção operada no ante-projecto de 1964 [arts. 11.º e 12.º, publicado pela Comissão da CE em 1973] entre os motivos de recusa absolutos e relativos (...)".

[69] Criticamente sobre a referência aos «produtos ou serviços», cfr., entre nós, JORGE MANUEL COUTINHO DE ABREU (*Curso...*, cit., p. 354) que a considera redundante, uma vez que «os "produtos" são bens que resultam da "produção", da actividade produtiva – bens

Esta previsão corresponde, substancialmente, ao art. 2.º da Directiva de marcas e ao art. 4.º do Regulamento sobre a marca comunitária.

A exigência da susceptibilidade de representação gráfica explica-se quer por razões de ordem técnica (uma vez que facilita, por um lado, a apreciação seja do pedido de registo como marca pela entidade competente, seja da sua eventual concessão, e por outro, a publicação oficial do pedido), quer pela necessidade de segurança jurídica (na medida em que é necessária para determinar o objecto da protecção conferida à marca)[71-72].

---

materiais ou corpóreos e bens imateriais ou serviços». Apesar de reconhecermos que a crítica é correcta, manteremos a referência aos produtos ou serviços, ao longo deste trabalho, porque até há relativamente pouco tempo a marca de serviço apenas excepcionalmente era protegida. Entre nós, como já tivemos o ensejo de referir, a protecção da marca de serviço foi introduzida pelo art. 7.º do DL n.º 176/80, de 30/5.

[70] Em rigor, como afirma JORGE MANUEL COUTINHO DE ABREU (*Curso...*, cit., p. 355), "(...) os bens assinalados por uma determinada marca não têm de ser "de uma empresa" (embora o sejam as mais das vezes); (...) podem ser produtos de não-empresa, e produtos (ainda que idênticos ou afins) de mais que uma empresa."

[71] Neste sentido, cfr., entre nós, LUÍS M. COUTO GONÇALVES, «Marca olfactiva e o requisito da susceptibilidade de representação gráfica – Ac. do Tribunal de Justiça, de 12.12.2002, P. C-273/00», in: *Cadernos de Direito Privado*, n.º 1, Janeiro/Março 2003, p. 26. Cfr., ainda, FRANCISCO J. ALONSO ESPINOSA, «Las prohibiciones de registro en la Ley 17/2001, de 7 de diciembre, de marcas», in: *RDM*, n.º 245, 2002, p. 1203 e LUTZ G. SCHMIDT, «Definition of a trade mark by the european trade marks regime – a theoretical exercise?», in: *IIC*, vol. 30, n.º 7/1999, p. 740, entre outros.

Discutindo o acerto da exigência de susceptibilidade de representação gráfica, cfr. JOSÉ MANUEL OTERO LASTRES, «La definición legal de marca en la nueva Ley Española de Marcas», in: *ADI*, Tomo XXII, 2001, pp. 204 e s.

Com muito interesse para a questão dos meios de representação dos sinais v., especialmente, no que respeita às chamadas «marcas não tradicionais», o documento SCT/17/2, de 29 de Março de 2007, preparado pela Secretaria da Organização Mundial da Propriedade Intelectual [OMPI], a pedido do Comité Permanente sobre o direito de marcas, desenhos industriais e indicações geográficas [*SCT*], sobre os «Métodos de representação e descrição dos novos tipos de marcas», disponível no sítio: *http://www.wipo.int/edocs/mdocs/sct/es/sct_17/sct_17_2.pdf*.

[72] Da jurisprudência do TJ resulta que a representação gráfica não significa que um sinal tenha de ser, em si mesmo, susceptível de ser visualmente perceptível. O que ele tem de ser é susceptível de ser *objecto de representação gráfica*, "nomeadamente através de figuras, linhas ou caracteres, que seja clara, precisa, completa por si própria, facilmente acessível, inteligível, duradoura e objectiva". V. os n.ᵒˢ 45 e 55 do Acórdão do TJ, de 12 de Dezembro de 2002, proferido no proc. C-273/00, entre Ralf Sieckmann e Deutsches Patent- und Markenamt, no caso «Sieckmann», in: *Col.* 2002-12, pp. I-11769 e pp. I--11771; o n.º 29 do Acórdão do TJ, de 6 de Maio de 2003, proferido no proc. C-104/01, entre Libertel Groep BV e Benelux-Merkenbureau, no caso «Libertel», in: *Col.* 2003-5 (A),

Se um sinal não for susceptível de representação gráfica terá de ver o pedido de registo como marca recusado (arts. 238.°, n.° 1, al.ª *a*) do CPI; 3.°, n.° 1, al.ª *a*) da DM e 7.°, n.° 1, al.ª *a*) do RMC).

Os sinais susceptíveis de representação gráfica, porém, só poderão constituir marcas «desde que sejam adequados a distinguir os produtos ou serviços de uma empresa dos de outras empresas» (art. 222.°, n.° 1, *in fine*) [itálicos nossos].

Este segundo requisito para um sinal poder constituir uma marca e, por conseguinte, ser registado como tal – e que (também) consta da Directiva de marcas e do Regulamento sobre a marca comunitária[73] – tem suscitado celeuma na doutrina motivada, fundamentalmente, pela dúbia redacção das al.as *a*) e *b*) do art. 3.°, n.° 1 da DM[74].

Com efeito, a Directiva começa por referir, na al.ª *a*) do n.° 1 do art. 3.°, como motivo de recusa absoluto "os sinais que não possam constituir uma marca" – estes são, como referimos, os que sejam insusceptíveis de representação gráfica e *desadequados para distinguir* os produtos ou serviços de uma empresa dos de outras empresas [art. 2.° da DM] – e, na al.ª *b*) do mesmo número, "as marcas desprovidas de carácter distintivo".

Perante isto é inevitável questionar o significado de cada um desses impedimentos absolutos de registo, assumindo a pergunta especial relevância pelo facto de o motivo de recusa da al.ª *a*) ser inultrapassável, enquanto que o da al.ª *b*) pode ser sanado se o sinal tiver adquirido "distintividade superveniente"[75] (v. o art. 3.°, n.° 3, da DM)[76].

---

pp. I-3835; e o n.° 55 do Acórdão, de 27 de Novembro de 2003, proferido no proc. C-283/01, entre Shield Mark BV e Joost Kist h.o.d.n. Memex, caso «Shield», in: *Col.* 2003-11 (B), pp. I-14348.

[73] V. os arts. 2.° e 4.° da DM e do RMC, respectivamente.

[74] O mesmo sucede no âmbito da marca comunitária, atento o teor do art. 7.°, n.° 1, al.as *a*) e *b*) do RMC e na legislação de vários Estados-membros que seguiram de perto a DM, incluindo – após o aditamento da al.ª *e*) do n.° 1 do art. 238.° do CPI pelo DL n.° 143/ /2008, de 25 de Julho – o Código da Propriedade Industrial português (v. al.as *a*), *b*) e *e*) do n.° 1 do art. 238.°).

[75] A expressão, como é referido mais adiante, é de JOSÉ ANTONIO GÓMEZ-SEGADE, «Fuerza distintiva y «secondary meaning» en el derecho de los signos distintivos», in: *Estudios sobre marcas*, (coords. José Justo Navarro Chinchilla/Ramón José Vázquez García), Editorial Comares, Granada, 1995, p. 352 [= «Unterscheidungskraft und "Secondary Meaning" im Kennzeichenrecht», in: *GRUR Int.* 12/1995, p. 946].

[76] De resto, esta dificuldade interpretativa já foi assinalada pelo Advogado-Geral F. G. JACOBS, nas conclusões apresentadas, em 11/3/2004, no âmbito do caso «SAT.1», proc. C-329/02P, entre SAT.1 Satelliten Fernsehen GmbH e IHMI, n.os 15 e ss., in: *Col.* 2004-8/9 (B), pp. I-8326 e s.

Esta dúvida só não se colocaria se se considerasse que o legislador comunitário se refere tautologicamente à falta de carácter distintivo como motivo de recusa absoluto de registo [uma na al.ª *a*) do art. 3.º, n.º 1 – pois as marcas que não tenham capacidade distintiva não podem constituir uma marca de acordo com o disposto no art. 2.º – e outra na al.ª *b*)][77]. No entanto, à luz dos cânones de interpretação jurídica não nos parece que seja a solução mais adequada[78].

Por isso, alguns autores defendem a interpretação restritiva da al.ª *a*) do art. 3.º, n.º 1, da DM, de forma a considerar que o impedimento de protecção do sinal aí previsto respeita apenas à insusceptibilidade de representação gráfica do sinal, relevando a falta de carácter distintivo unicamente na al.ª *b*) do art. 3.º, n.º 1, da DM[79].

---

[77] Neste sentido, cfr., quanto à norma correspondente do RMC [art. 7.º, n.º 1, al.ª *b*)], T. MOLLET-VIÉVILLE, «Absolute grounds for refusal», in: *European community trade mark: commentary to the European Community Regulations* (coord. Mario Franzosi), Kluwer Law International, The Hague/London/Boston, 1997, p. 187.

[78] Com efeito, como sublinhava J. BAPTISTA MACHADO (*Introdução ao direito e ao discurso legitimador*, Almedina, Coimbra, 1995, p. 182), "(…) na falta de outros elementos que induzam à eleição do sentido menos imediato do texto, o intérprete deve optar em princípio por aquele sentido que melhor e mais imediatamente corresponde ao significado natural das expressões verbais utilizadas, e designadamente ao seu significado técnico-jurídico no suposto (nem sempre exacto) de que o legislador soube exprimir com correcção o seu pensamento". Por outro lado, "entre várias interpretações possíveis segundo o sentido literal, deve (…) ter prevalência aquela que possibilita a garantia de concordância material com outra disposição" (KARL LARENZ, *Metodologia da ciência do direito* (tradução de JOSÉ LAMEGO), 3.ª ed., Fundação Calouste Gulbenkian, Lisboa, 1997, p. 458).

[79] Parece ser esta a posição de M. NOGUEIRA SERENS («A «vulgarização…», *cit.*, pp. 75 e s.) que vê no art. 2.º da DM uma referência explícita à capacidade distintiva e acrescenta que "(…) se isso já seria suficiente para fundamentar a recusa do registo como marcas dos sinais sem capacidade distintiva, a verdade é que o legislador comunitário não se dispensou de o dizer expressamente, estatuindo, outrossim, sobre o regime aplicável aos registos que possam vir a ser efectuados de tais sinais. *Fê-lo precisamente no art. 3.º, n.º 1, alínea b*) (…)" [itálicos nossos].

Sem assumir expressamente esta restrição, cfr. JAVIER FRAMIÑAN SANTAS, «El carácter distintivo en el sentido del art. 7.1B) del Reglamento (CE) del Consejo, de 20 de diciembre de 1993, sobre la marca comunitária [Comentario a la sentencia del tribunal de justicia (sala tercera) de 15 de septiembre de 2005, asunto C-37/03 P, BioID AG/OAMI, Rec. 2005, págs. I-7975 y ss.]», in: CARLOS FERNÁNDEZ-NÓVOA/ÁNGEL GARCIA VIDAL/ /FRANCISCO JAVIER FRAMIÑAN SANTAS, *Jurisprudencia comunitaria sobre marcas – Comentarios, recopilación y extractos sistematizados, 2005*, Editorial Comares, Granada, 2007, pp. 122 e ss.

Defendendo a referida interpretação restritiva em relação ao RMC, cfr., ALBERTO CASADO CERVIÑO, *El sistema comunitario de marcas: normas, jurisprudência y práctica*,

Outros defendem a coexistência das duas disposições, imputando-lhes sentidos diferentes e, inspirando-se na tese sufragada pela doutrina maioritária alemã, sustentam a distinção entre a susceptibilidade de distinguir abstracta (*abstrakte Unterscheidungseignung*) e a capacidade distintiva concreta (*konkreten Unterscheidungskraft*)[80-81].

O problema interpretativo de que nos ocupamos, de resto, não se coloca na lei alemã, na qual o § 8 Abs. 2 Nr. 1 *MarkenG* refere expressamente que não podem ser registados como marcas os sinais que, podendo constituir uma marca no sentido do § 3, não sejam susceptíveis de representação gráfica. Ora, o § 3 da *MarkenG*, que refere os sinais que podem constituir uma marca, exige-lhes a capacidade distintiva, mas não a representa-

---

Editorial Lex Nova, Valladolid, 2000, p. 122 e LUÍS ALBERTO MARCO ARCALÁ, *Las Causas de Denegación...*, cit., p. 148. Cfr., ainda, do último autor citado, «La tipificación de la falta de caracter distintivo como motivo de denegación en la nueva Ley Española de Marcas», in: *ADI*, Tomo XXII, 2001, pp. 133 e ss. e esp. p. 141 e «Prohibiciones absolutas», in: AA.Vv., *Comentario a la Ley de Marcas* (RODRÍGUEZ-CAÑO/GARCÍA-CRUCES GONZÁLEZ), Tomo I, 2.ª ed., Thomson/Aranzadi, Cizur-Menor, 2008, pp. 147 e ss., e esp. 151.

No direito italiano, cfr. a crítica das normas previstas nos arts. 16.º e 17.º da *Legge Marchi* (Regio Decreto 21 giugno 1942, n. 929, com as modificações entretanto sofridas em 1992, 1996 e 1999 – e que correspondem aos actuais arts. 7.º e 13.º, n.º 1 do *Codice dalla Proprietá Industriale* (*CPIital.*), aprovado pelo *Decreto Legislativo 10 febbraio 2005, n. 30*) efectuada por ADRIANO VANZETTI/CESARE GALLI, *La Nuova Legge Marchi*, 2.ª ed. act., Giuffrè Editore, Milano, 2001, p. 113.

[80] Neste sentido, cfr., entre outros, CARLOS FERNÁNDEZ-NÓVOA, *Tratado sobre derecho de marcas*, 2.ª ed., Marcial Pons, Madrid/Barcelona, 2004, p. 162; NICCOLÒ ABRIANI, «I segni distintivi», in: NICCOLÒ ABRIANI/GASTONE COTINO/MARCO RICOLFI, *Diritto industriale*, CEDAM, Padova, 2001, p. 37; DAVID T. KEELING, «About kinetic® watches, easy banking and nappies that keep a baby dry: a review of recent european case law on absolute grounds for refusing to register trade marks», in: [2003] *I.P.Q.*, n.º 2, pp. 134 e s., e ainda o Advogado-Geral F. G. JACOBS, nas conclusões apresentadas, em 11/3/2004, no âmbito do caso «SAT.1», proc. C-329/02P, entre SAT.1 Satelliten Fernsehen GmbH e IHMI, n.º 16, in: *Col.* 2004-8/9 (B), pp. I-8326.

[81] Sublinhe-se que a diferenciação referida, ainda hoje sustentada pela mais autorizada doutrina (v. nota seguinte), é anterior quer à Directiva, quer à *Markengesetz*, de 25 de Outubro de 1994 [*MarkenG*]. Na vigência da *Warenzeichengesetz* [*WZG*] era proibído o registo como marca de alguns sinais (p.e., letras e números), cobrando então especial sentido a referência à capacidade distintiva abstracta. Sobre o tema, cfr. LUÍS ALBERTO MARCO ARCALÁ, «Prohibiciones absolutas», in: *Comentarios a la Ley de Marcas* (Dirs. Alberto Bercovitz Rodríguez-Cano/José Antonio Garcia-Cruces González), Aranzadi, Cizur Menor (Navarra), 2003, p. 142. Para maiores desenvolvimentos sobre os impedimentos de registo previstos na legislação de marcas alemã anterior à *WZG*, cfr. M. NOGUEIRA SERENS, *A monopolização...*, cit., pp. 808 e ss.

ção gráfica, o que se deve ao facto de a lei alemã adoptar uma definição comum para as marcas registadas e não registadas e de a susceptibilidade de representação gráfica apenas ser exigida relativamente às marcas que pretendam obter tutela através do registo[82].

A lei alemã diferencia, por conseguinte, duas etapas relativamente ao exame do sinal cujo registo é requerido, sendo que neste caso é exigida a susceptibilidade de representação gráfica.

Numa primeira fase averigua-se se o sinal tem *abstrakte Unterscheidungseignung* (i.e., se tem aptidão para distinguir abstractamente) e, se tiver, passa-se à segunda fase – investigação sobre a eventual existência de impedimentos absolutos de registo – verificando-se se aquele sinal, que é susceptível de constituir uma marca, tem *konkreten Unterscheidungskraft*, é dizer, capacidade distintiva concreta em relação aos produtos ou serviços visados pelo pedido de registo[83].

Esta última tese foi seguida pelo Instituto de Harmonização do Mercado Interno [IHMI][84], pelo Tribunal de Primeira Instância [TPI][85] e

---

[82] Cfr. PAUL STRÖBELE/FRANZ HACKER, *Markengesetz*, 7.ª ed., Carl Heymanns Verlag KG, Köln/Berlin/Bonn/München, 2003, § 3, nm. 3, p. 8. Cfr. Ainda PAUL STRÖBELE, «Absolute Eintragungshindernisse im Markenrecht – Gegenwärtige Problem und künftige Entwicklungen», in: *GRUR* 7/2001, pp. 663 e ss.

[83] Neste sentido, cfr., entre outros, KARL-HEINZ FEZER, *Markenrecht*, Verlag C. H. Beck, München, 2001, § 3, pp. 207 e ss. nm. 203 e ss. e § 8, pp. 388 e ss.; nm. 22 e ss., PAUL STRÖBELE/FRANZ HACKER, *Markengesetz*, § 3, nm. 6 e ss., e § 8, nm. 15 e ss.; REINHARD INGERL/CHRISTIAN ROHNKE, *Markengesetz*, München, Verlag C. H. Beck, 2.ª ed., 2003, § 3, nm. 16 e ss. e § 8, nm. 15 e ss.; LUTZ G. SCHMIDT, *op. cit.*, p. 747.

[84] Com efeito, no que concerne ao método utilizado para a averiguação da susceptibilidade de registo como marca do sinal, até há pouco tempo, parecia ser possível diferenciar duas fases. Uma primeira em que se determinava se se verificavam os *dois* requisitos do art. 4.º RMC e, se tal não acontecesse, o registo era recusado com base no art. 7.º, n.º 1, al.ª *a*) da RMC. Se os pressupostos do art. 4.º RMC estivessem preenchidos, passava-se a uma segunda fase que consistia na análise dos impedimentos de registo previstos nas al.as *b*) e seguintes do art. 7.º, n.º 1 da RMC.

A diferenciação dessas duas fases foi defendida, pelo menos, nalgumas decisões quer das Câmaras de Recurso (*v.g.*, a Decisão da 3.ª Câmara de Recurso, de 3 de Outubro de 2000, proferida no procedimento R 272/1999-3, em que era recorrente Salvatore Ferragamo Itália S.p.A., relativamente à recusa do pedido de registo de marca comunitária n.º 618546, esp. n.os 20 a 22, consultada no sítio: *http://oami.europa.eu/LegalDocs/BoA/1999/it/R0272_1999-3.pdf)*, quer das Divisões de Anulação do IHMI (v., p.e., as Decisões da Divisão de Anulação, de 31 de Maio de 2005, no procedimento para a declaração de invalidade da marca comunitária «Scotchjito», disponível no sítio: *http://oami.europa.eu/LegalDocs/Cancellation/en/C002538627_457.pdf*, n.º 23, p. 5; e de 31 de Março de 2004, no procedimento para a declaração de invalidade da marca comunitária «Millennium Experience», que pode ser consultada na Internet, no sítio: *http://oami.europa.eu/LegalDocs/ Cancellation/en/C000814418_285.pdf*, n.ºs 22 e 23).

Das Directrizes relativas aos procedimentos perante o IHMI (marcas, desenhos e modelos) – Parte B – Exame, versão final: Abril de 2008 (consultadas no sítio: *http://oami. europa.eu/ows/rw/resource/documents/CTM/guidelines/examination_es.pdf*), não consta a diferenciação destas fases o que pode constituir um indício da interpretação do IHMI relativamente à (actual) posição do TJ na matéria e que será referida *infra* no texto. Por outro lado, na prática, a utilização da al.ª *a*) como fundamento *único* para justificar a recusa de um pedido de registo tem lugar, quase exclusivamente, quando está em causa a insusceptibilidade de representação gráfica, facto que também pode ser explicado com base na posição assumida pelo Instituto de ser suficiente uma capacidade distintiva mínima para que não esteja em causa a recusa do registo (v. o n.º 7.5., p. 39 das Directrizes relativas ao procedimento de exame de pedido de registo de marca comunitária, *cit.*).

De acordo com informação colhida na base de dados do IHMI (no sítio: *http://oami. europa.eu/search/LegalDocs/la/es_Refused_index.cfm*), de 42 recusas de pedidos de registo de marcas comunitárias que envolveram, como fundamento, as al.ªs *a*) e *b*) do art. 7.º, n.º 1 do RMC, o IHMI baseou *exclusivamente* na al.ª *a*) 18 recusas, sendo que uma destas decisões veio a ser revogada [referimo-nos à marca comunitária n.º 003699204, sonora, cujo despacho de recusa foi objecto de recurso (R 0295/2005-4), tendo a 4.ª Câmara de Recurso decidido, em 8 de Setembro de 2005, que o sinal em questão era susceptível de representação gráfica e tinha capacidade distintiva]. A maioria das recusas respeita a sinais olfactivos (2 casos); sonoros (2 casos, sendo um deles o já referido acima em que o registo acabou por ser concedido); bi- ou tridimensionais (3 casos), constituídos por cor *per se* (5 dos casos recusados). Quanto aos restantes, estão qualificados como «outros» 4 casos e acrescem um sinal figurativo («First for finance», para os serviços das classes 35.ª-37.ª, 39.ª e 42.ª, n.º 008544430) e um verbal («Mesh VPN», n.º 3019105).

[85] No que respeita à jurisprudência deste Tribunal, cumpre salientar que, numa fase inicial, a al.ª *b*) do art. 7.º, n.º 1 do RMC era associada ao art. 4.º do mesmo Regulamento [v., p.e., os n.ºs 32 e s. do Acórdão da 4.ª Secção do TPI, de 26 de Outubro de 2000, proferido no proc. T-345/99, entre Harbinger Corporation e IHMI (in: *Col.* 2000-9/10, pp. II--3538). Cfr., por todos, DAVID T. KEELING («About kinetic® watches...», cit., p. 135].

Posteriormente, este entendimento foi afastado. V., entre outros, o disposto no n.º 26 do Acórdão da 2.ª Secção do TPI, de 9 de Outubro de 2002, proferido no proc. T-173/00, entre KWS Saat Ag e o IHMI (in: *Col.* 2002-10, pp. II-3856), onde se afirma claramente que: "(...) a aptidão geral de uma categoria de sinais para constituir uma marca não implica que os sinais dessa categoria possuam necessariamente carácter distintivo na acepção do artigo 7.º, n.º 1, alínea *b*), do Regulamento n.º 40/94 em relação a um produto ou a um serviço determinado".

Nos últimos tempos, o Tribunal de 1.ª Instância parece ter retomado a tese inicial, adoptando as expressões utilizadas, mais recentemente, pelo TJ (e referidas, mais adiante, no texto). Por todos, v. o Acórdão da 3.ª Secção do TPI, de 10 de Outubro de 2007, proferido no âmbito do proc. T-460/05, entre Bang & Olufsen A/S e o IHMI (ainda não pu-

ainda aceite, pelo menos num primeiro momento[86], pelo próprio Tribunal de Justiça[87].

Com efeito, a primeira vez que o Tribunal do Luxemburgo se pronunciou expressamente sobre o tema foi no Acórdão, de 18 de Junho de 2002,

---

blicado na *Col.*, mas disponível no sítio: *http://curia.europa.eu/jurisp/cgi-bin/form.pl?lang=pt*), onde, no n.º 27, é afirmado: "o carácter distintivo de uma marca, na acepção do artigo 7.º, n.º 1, alínea *b*), do Regulamento n.º 40/94, significa que essa marca permite identificar o produto para o qual o registo é pedido como proveniente de uma determinada empresa e, portanto, distinguir esse produto dos de outras empresas (acórdão do Tribunal de Justiça de 29 de Abril de 2004, Henkel/IHMI, C-456/01 P e C-457/01 P, Colect., pp. I-5089, n.º 34)".

[86] A ressalva prende-se com a dúvida quanto à posição actual do TJ que será referida, mais adiante, no texto.

[87] Entretanto o TJ modificou os termos com que se referia a este problema. Todavia, como se indica mais adiante, isso não significa necessariamente uma alteração do sentido da jurisprudência. Refira-se ainda que, já antes dos acórdãos que vão ser referidos, LUÍS ALBERTO MARCO ARCALÁ («Prohibiciones absolutas», *cit.*, p. 143), apoiando-se nas críticas à tese da diferenciação entre capacidade distintiva abstracta e concreta efectuadas pelo Advogado-Geral DÁMASO RUIZ-JARABO COLOMER, nos n.ºs 38-40 das conclusões apresentadas, em 31 de Janeiro de 2002, no caso «Postkantoor» (proc. C-363/99, entre Koninklijke KPN Nederland NV e Benelux-Merkenbureau, in: *Col.* 2004-2, pp. I-1637 e s.), vaticinava uma "revolução copernicana" quando o TJ se pronunciasse sobre este caso, o que não veio a suceder, já que o TJ no Acórdão, de 12 de Fevereiro de 2004, proferido neste caso (in: *Col.* 2004-2, pp. I-1651 e ss.) evitou a questão, limitando-a à análise das al.ªˢ *b*) e *c*) do art. 3.º, n.º 1 da DM.

De qualquer modo, não podemos deixar de dizer que não partilhamos a leitura efectuada por LUÍS ALBERTO MARCO ARCALÁ da exposição do Advogado-Geral DÁMASO RUIZ-JARABO COLOMER, no caso «Postkantoor». É verdade que o Advogado-Geral lamenta a "ambiguidade do legislador, que leva a contemplar uma aptidão para «distinguir» ou carácter distintivo potencial (artigo 2.º), um carácter distintivo concreto [artigo 3.º, n.º 1, alínea *b*)] e um carácter distintivo como categoria (artigo 3.º, n.º 3) (...)" (n.º 40, das Conclusões, *cit.*, pp. I-1638). Todavia, da leitura do ponto anterior das conclusões citadas (n.º 39) parece resultar que é possível um certo carácter abstracto, precisamente, quando estiver em causa a al.ª *a*) do art. 3.º, n.º 1 ["Nos termos do artigo 3.º, n.º 1, alínea *a*) da directiva, que remete para o disposto no artigo 2.º, a autoridade competente na fase processual correspondente deve ter em conta se o sinal objecto do pedido, para além de ser adequado a distinguir, é susceptível de representação gráfica. Tratando-se, como no processo principal, de sinais verbais, é difícil imaginar que assim não seja. *Apenas este exame pode apresentar um certo carácter abstracto*" [itálicos nossos]]. Por outro lado, o Advogado-Geral acrescenta no n.º seguinte que "*imediatamente em seguida*, a autoridade terá que averiguar se o sinal reúne as condições exigidas pelas alíneas *b*), *c*) e *d*) do artigo 3.º, n.º 1, isto é, se é diferenciador para os produtos ou serviços considerados, e se não é descritivo nem genérico relativamente aos referidos produtos e serviços (...)" [itálicos nossos].

proferido no caso «Philips»[88]. Aí limitou-se, cautelosamente, a afirmar o óbvio: tal como sucede com a verificação das al.ᵃˢ b)-d), a insusceptibilidade de representação gráfica e a falta de adequação para distinguir os produtos ou serviços de uma empresa dos de outras empresas [ou seja, a previsão da al.ᵃ a)], conduzem à recusa do registo[89]. Mas esta decisão, segundo

---

[88] Proc. C-299/99, entre Philips Electronics NV v. Remington Consumer Products Limited, in: *Col.* 2002-6 (B), pp. I-5490.

Este caso foi despoletado pela Philips – titular, no Reino Unido, de uma marca tridimensional correspondente à configuração da parte superior de uma máquina de barbear eléctrica dotada de três cabeças rotativas, que formam um triângulo equilátero – que reagiu judicialmente à utilização comercial por uma sua concorrente, a Remington, de uma máquina de barbear dotada de três cabeças rotativas formando um triângulo equilátero, segundo uma configuração semelhante à utilizada pela Philips. A Remington deduziu pedido reconvencional em que requereu a anulação da marca registada pela Philips, pedido que foi julgado procedente pelo *High Court of Justice*.

Este Tribunal considerou que o sinal que compunha a marca registada a favor da Philips não era adequado para distinguir o produto em causa dos produtos de outras empresas e era desprovido de carácter distintivo, já que tal marca consistia exclusivamente num sinal que era usado no comércio para indicar o destino do produto, bem como numa forma necessária à obtenção de um resultado técnico e que conferia um valor substancial ao produto.

A Philips interpôs recurso para o *Court of Appeal* que decidiu submeter ao TJ algumas questões prejudiciais. A primeira questão colocada ao TJ pelo órgão jurisdicional de reenvio consistia em saber "se existe uma categoria de marcas cujo registo não é excluído pelo artigo 3.º, n.ᵒˢ 1, alíneas b) a d), e 3, da directiva e cujo registo está, no entanto, excluído pelo artigo 3.º, n.º 1, alínea a), da mesma, por estas marcas não serem adequadas a distinguir os produtos do titular da marca dos de outras empresas" (v. n.º 23, pp. I-5502). O TJ acabou por responder que "não existe uma categoria de marcas cujo registo não está excluído pelo artigo 3.º, n.º 1, alíneas b) a d), e n.º 3, da directiva, e cujo registo está, no entanto, excluído pelo artigo 3.º, n.º 1, alínea a), da mesma, pelo facto de estas marcas não serem adequadas a distinguir os produtos do titular da marca dos de outras empresas" (v. n.º 40, v. pp. I-5506).

[89] V., em especial, os n.ᵒˢ 37 e 38 do Acórdão *cit.* (pp. I-5506), onde se sustenta que "(...) resulta claramente da redacção do artigo 3.º, n.º 1, alínea a), e da economia da directiva que esta disposição visa essencialmente excluir do registo os sinais que não possuem aptidão geral para constituir uma marca e, portanto, que não são susceptíveis de representação gráfica e/ou não são adequados a distinguir os produtos ou os serviços de uma empresa dos de outras empresas" (n.º 37). Por conseguinte, "o artigo 3.º, n.º 1, alínea a), da directiva, tal como a regra prevista no n.º 1, alíneas b) a d), desta disposição, obsta a que sejam registados sinais ou indicações que não preenchem uma das duas condições impostas pelo artigo 2.º da directiva, isto é, aquela que exige que tais sinais sejam adequados a distinguir os produtos ou os serviços de uma empresa dos de outras empresas" (n.º 38).

cremos, permitia admitir que o TJ, implicitamente, aceitou a distinção referida *supra*[90].

Julgamos que esta diferenciação – e consequente delimitação entre as al.[as] *a*) e *b*) do art. 3.°, n.° 1, da DM –, no plano dos princípios, é a que corresponde à melhor interpretação dos preceitos, por várias razões.

A primeira é que o direito exclusivo conferido à marca assenta na sua caracterização como sinal *distintivo* de produtos ou serviços[91]. Isto significa que a exigência da adequação para distinguir os produtos ou serviços assinalados dos provenientes de outra(s) empresa(s) decorre do próprio conceito e função da marca[92]. É por essa razão que se estabelece um elenco – exemplificativo, recorde-se – de sinais que podem constituir marca e que são excluídos do acesso à protecção conferida pelo registo os sinais que não podem desempenhar a referida função *seja para que produto for*[93].

---

[90] No mesmo sentido, cfr. DAVID T. KEELING («About kinetic® watches...», *cit.*, p. 136) que assinala que, apesar da tentativa para distinguir a capacidade distintiva abstracta e concreta, o TJ parece não a compreender inteiramente.

L. BENTLY/B. SHERMAN (*op. cit.*, p. 799) sustentam que neste Acórdão o TJ parece ter defendido uma leitura conjunta das al.[as] *a*)-*d*) do art. 3.°, n.° 1 da DM que, apesar de distintas, apresentam um ponto comum que é a exclusão do registo de sinais que não têm capacidade distintiva. Acrescentam ainda que a al.ª *a*) não constitui um fundamento autónomo de recusa de registo em relação à falta de capacidade distintiva. No entanto, não excluem a diferenciação entre capacidade distintiva abstracta e concreta.

Interpretando o Acórdão referido no sentido de não ser feita qualquer distinção entre as al.[as] *a*) e *b*) do art. 3.°, n.° 1 da DM, cfr. SEIKO HIDAKA/NICOLA TATCHELL/MARK DANIELS/BONITA TRIMMER/ADAM COOKE, «A sign of the times? A review of key trade mark decisions of the European Court of Justice and their impact upon national trade mark jurisprudence in the EU», in: 94 *TMR* (2004) pp. 1107 e s.; LUÍS ALBERTO MARCO ARCALÁ, «Prohibiciones absolutas», *cit.*, p. 143.

[91] V. *supra* Introdução, II.

[92] Por isso deveria ser considerado como *pressuposto* para um sinal poder aceder ao registo de marca. Neste sentido, cfr. M. NOGUEIRA SERENS que, ainda na vigência do CPI'40, em «A "Vulgarização" da marca...», *cit.*, p. 1, nota 1, afirmava: "porque a capacidade distintiva é, por assim dizer, da essência da marca (...), ela funciona como *pressuposto* de registo, e, assim, se um sinal, *antes* do registo e *depois* do respectivo pedido, perder a sua capacidade distintiva, o registo deverá ser recusado, do mesmo jeito que se não pode efectuar o registo de um sinal que adquiriu capacidade distintiva *depois* do respectivo pedido de registo", embora destacasse que "sendo assim *de jure condito*, poderá passar a ser diferente *de jure condendo*" [e foi isso mesmo que sucedeu].

[93] À partida, "tudo o que é perceptível pelos sentidos pode constituir uma indicação para o consumidor e pode, por consequência, preencher a função de uma marca" (MARIE ANGELE PEROT-MOREL, «Les difficultés relatives aux marques de forme et a quelques types

Não está, aqui, em causa a capacidade distintiva *concreta* de um sinal (i.e., relativamente a um determinado produto ou serviço). Aliás, não discutimos que o carácter distintivo de uma marca tem de ser aferido em relação aos produtos ou serviços para os quais o registo é solicitado. Mas sublinhamos que, nesse momento, estamos a tratar da capacidade distintiva *concreta* e já estará ultrapassada a primeira fase, pois um sinal que tenha capacidade distintiva concreta tem, necessariamente e antes de mais, capacidade distintiva *abstracta*; já o inverso não pode ser afirmado: um sinal que tenha aptidão para distinguir em abstracto pode ter, ou não, capacidade distintiva concreta.

Da nossa perspectiva, o que não se pode é excluir, mesmo atendendo ao enorme leque de sinais admitidos pelo art. 2.° da DM e ainda que seja uma hipótese mais teórica do que prática, que possa ser requerido o registo como marca de um sinal que não tenha capacidade distintiva seja para que

---

particuliers de marques dans le cadre communautaire», in: *RDI*, 1996, Parte I, p. 257). Mas isso não implica que não existam sinais insusceptíveis de registo como marca por serem incapazes de distinguir *qualquer* produto ou serviço.

Não cabe no âmbito da presente dissertação a discussão relativa ao enorme leque de sinais susceptíveis de representação gráfica que poderiam, se tal fosse suficiente, ser registados como marcas. Sobre este ponto apenas salientamos a crítica da doutrina ao extremo liberalismo da DM (cfr., entre nós, M. NOGUEIRA SERENS, «A "vulgarização"...», *cit.*, p. 75 e ainda o interessante comentário de NG-LOY WEE LOON, «Time to re-think the ever expanding concept of trade marks? Re-calibrating Singapore's Trade Mark Law after the controversial US-Singapore FTA», in: [2008] *EIPR*, 4, pp. 151 e ss.) e ainda o Acórdão da 3.ª Secção do TJ, de 25 de Janeiro de 2007, proferido no processo C-321/03, no litígio que opôs a Dyson Ltd. ao Registrar of Trade Marks (ainda não publicado na *Col.*, mas que pode ser consultado no sítio: *http://curia.europa.eu/jurisp/cgi-bin/form.pl?lang=pt*).

Neste Acórdão, em que se discutia a possibilidade de uma «caixa de recolha transparente» constituir uma marca, parece haver um indício de restrição ao amplo leque de sinais admissíveis como marcas. Com efeito, o TJ declarou que: "O artigo 2.° da Primeira Directiva 89/104/CEE do Conselho, de 21 de Dezembro de 1988 [leia-se Directiva 2008/95/CE, *cit.*], que harmoniza as legislações dos Estados-membros em matéria de marcas, deve ser interpretado no sentido de que o objecto de um pedido de registo de marcas, como o apresentado no processo principal, que abrange todas as formas imagináveis de um receptáculo ou câmara de recolha transparente que faz parte da superfície externa de um aspirador, não constitui um «sinal» na acepção desta disposição e, portanto, não é susceptível de constituir uma marca na acepção do referido artigo". Sobre este acórdão, cfr., EDWARD SMITH, «Dyson and the public interest: an analysis of the Dyson trade mark case», in: [2007] *EIPR*, 11, pp. 469 e ss. e MIKE WALMSLEY, «Too transparent? ECJ rules Dyson cannot register transparent collection chamber as a trade mark», in: [2007] *EIPR*, 7, pp. 298 e ss.

produto ou serviço for (capacidade distintiva abstracta)[94]. Nesse caso, porque o sinal que não tem aptidão para distinguir *qualquer* produto ou serviço não pode cumprir a função juridicamente protegida da *marca*, não deve poder ser registado (v. *infra* 3.).

A doutrina aponta, tradicionalmente, como sinais insusceptíveis de constituírem uma marca os chamados sinais fracos[95]: as letras e algarismos

---

[94] Não concordamos, pois com os autores que defendem que a distintividade nunca pode ser aferida em abstracto, dado que terá sempre de se relacionar com os produtos ou serviços a que o sinal se refere.

No sentido por nós defendido, cfr. DAVID T. KEELING, «About kinetic® watches...», *cit.*, p. 135.

Em sentido contrário, cfr., por todos, LUÍS ALBERTO MARCO ARCALÁ, «Prohibiciones absolutas», *cit.*, pp. 141 e s. O autor parece, no entanto, entrar em contradição quando, na p. 150, a propósito da diferenciação entre sinais genéricos e sinais «banais» (que integra na disposição da *LME* correspondente ao art. 3.º, n.º 1, al.ª *b*) da DM (v. art. 5.º, n.º 1, al.ª *b*) *LME*)), afirma que "(...) existe uma sensível diferença entre carácter genérico e banalidade na sua diferente forma de apreciação: A primeira há-de ser quase sempre ponderada em relação a uns concretos produtos ou serviços, enquanto que a segunda *pode ser determinada em ocasiões à margem dos mesmos, dado que a banalidade ou simplicidade extrema é uma qualidade intrínseca ao sinal, que não depende necessariamente do objecto a distinguir*, tendo em conta, por fim, que a necessidade de permanência na livre disposição de todos os sinais banais é imposta habitualmente pelos usos linguísticos e gráficos, o que pode ir mais além de certas classes de produtos ou serviços" [itálicos nossos]. E, ao dar-se conta desta contradição, esclarece que "contudo, isso não quer dizer que a banalidade seja um caso de falta de distintividade em abstracto, pretensamente subsumível no artigo 5.1.a) LM, já que esta disfunção é desde logo independente dos produtos ou serviços distinguidos (...), mas não da situação concreta dos mercados e dos usos entre o público interessado, circunstâncias estas que, enquanto questão de facto, determinam a repetida necessidade de que os sinais usuais sejam de livre utilização (...)", concluindo que "a banalidade é, pois, mais absoluta e intrínseca, e menos relativa que o carácter genérico, mas continua a manter um certo grau de relatividade, que confirma a importância do mercado como barómetro imprescindível da distintividade (...)". Mas o exemplo que refere para ilustrar a banalidade – sinais de línguas mortas abertamente desconhecidas para o público interessado actual, tais como as letras e números do antigo Egipto –, na nossa opinião, não é ilustrativo de falta de capacidade distintiva abstracta. Por isso, mesmo que lhe faltasse, *ab origine*, capacidade distintiva, poderia adquiri-la supervenientemente pelo uso que dele fosse feito.

[95] Para maiores desenvolvimentos sobre o tema, cfr., entre nós, LUÍS M. COUTO GONÇALVES, *Manual...*[2], cit., p. 243, n. 473, que não adere expressamente à tese da diferenciação entre capacidade distintiva abstracta e concreta, mas afirma, referindo-se aos sinais fracos, que "ao contrário dos sinais descritivos, que também podem ser considerados sinais fracos em sentido amplo, estes sinais são fracos para distinguir *quaisquer* produtos ou serviços. Trata-se de uma incapacidade absoluta para distinguir enquanto que os sinais

isolados, os simples sinais de pontuação e linhas geométricas, *sem qualquer particularidade que os torne aptos a cumprirem a função distintiva da marca*. Ora, nestes casos, cremos que não faz sentido analisar a eventual verificação de outro(s) impedimento(s) de registo, devendo o mesmo ser recusado, com fundamento, respectivamente, nos arts. 238.°, n.° 1, al.ª *b*), do CPI[95bis] e 7.°, n.° 1, al.ª *a*), do RMC, consoante o pedido de registo se refira a marca nacional ou comunitária.

Um outro fundamento da posição defendida radica no facto de a (principal) crítica apontada à tese sufragada – de não ser inteiramente correcto dizer que só podem constituir uma marca os sinais que "sejam apropriados para distinguir...", uma vez que é admitida a possibilidade excepcional de proteger sinais que originariamente não o são[96] – nos parecer merecer reservas.

Com efeito, os sinais em relação aos quais está [*rectius*, deve estar] prevista a possibilidade de adquirirem supervenientemente capacidade distintiva são sinais que são aptos, em abstracto, para distinguir produtos ou serviços como provenientes de determinada empresa (imagine-se que é pedido o registo do sinal «Cristal»). O problema que podem enfrentar, antes de estar concluído o processo de *secondary meaning*, tem a ver com a sua incapacidade distintiva *concreta* (i.e., relativamente àqueles produtos ou serviços que pretende asssinalar), p.e., porque são constituídos exclusivamente por indicações descritivas (no exemplo referido, suponha-se que «Cristal» pretende assinalar copos em cristal), mas que pode não existir se se destinarem a distinguir produtos ou serviços diferentes (voltando ao exemplo que mencionamos, imagine-se que «Cristal» pretende assinalar vestuário).

Por outro lado, como teremos oportunidade de referir *infra*, pensamos que nem todos os sinais desprovidos *ab origine* de capacidade distintiva podem adquiri-la supervenientemente pelo uso que deles tiver sido feito – é o que (deve) sucede(r) com os sinais a que falte capacidade distintiva abs-

---

descritivos "sofrem", normalmente, de uma incapacidade relativa" (*ult. op. cit.*, p. 243, nota 473 [itálicos nossos]).

[95bis] Agora, para quem não concordar com a opinião que sustentamos, com base na al.ª *e*) do n.° 1 do art. 238.°.

[96] Cfr. José Antonio Gómez-Segade, «Fuerza Distintiva...», *cit.*, pp. 348 e s. [= «Unterscheidungskraft...», *cit.*, pp. 945 e s.], que defende que é mais correcto afirmar que podem constituir uma marca os sinais que *sejam apropriados para distinguir ou que distingam*. Sobre o *secondary meaning* v. *infra* neste ponto. Criticando também a referida distinção da capacidade distintiva, cfr., ainda, Mario Stella Richter Jr., «I segni registrabili», in: *Commento Tematico della Legge Marchi*, G. Giapichelli Editore, Torino, 1998, p. 162.

tracta[97]. Daí que seja assinalada como vantagem da tese defendida "a limitação do talvez excessivamente amplo âmbito de aplicação da distintividade superveniente no Direito comunitário"[98].

---

[97] E, como referiremos mais adiante neste ponto, com o sinal genérico, a que falta capacidade distintiva concreta.

[98] LUÍS ALBERTO MARCO ARCALÁ, «La tipificación...», cit., p. 137.

O problema em apreço agudiza-se, na nossa opinião, pela interpretação, referida mais adiante no texto, que equipara a al.ª b) do art. 3.º, n.º 1 à parte final do art. 2.º, ambos da DM, e que permite que sinais que jamais deveriam ser registados para *quaisquer* produtos ou serviços possam sê-lo mediante prova de terem adquirido distintividade superveniente.

Muito recentemente, a 1.ª Secção do TJ parece ter afastado esta possibilidade no Acórdão, de 8 de Maio de 2008, proferido no âmbito do proc. C-304/06P, que opôs a Eurohypo, AG ao IHMI, ainda não publicado na *Colectânea*, mas disponível na Internet, no sítio: *http://curia.europa.eu/jurisp/cgi-bin/form.pl?lang=pt*.

Neste caso estava em discussão a recusa do IHMI em registar como marca comunitária o sinal «Eurohypo» para serviços da classe 36.ª (negócios financeiros, negócios imobiliários, serviços financeiros e financiamento) por ter entendido que o mesmo era descritivo (art. 7.º, n.º 1, al.ª c) RMC) e desprovido de carácter distintivo (art. 7.º, n.º 1, al.ª b) RMC) pelo menos nos países de língua alemã.

O TJ, apesar de considerar o sinal em questão desprovido de carácter distintivo (n.º 70), critica a decisão do TPI por ter analisado o sinal «Eurohypo» sem ter em consideração, em particular, o interesse público que o art. 7.º, n.º 1, al.ª b) do RMC [idêntico ao art. 3.º, n.º 1, al.ª b) DM] visa especificamente proteger, *id est*, a garantia da identidade de origem do produto ou serviço designado pela marca (n.º 59) e por ter utilizado um critério errado para apreciar se a marca em causa podia ser registada (n.º 60). Com efeito, segundo o TJ, o critério de uma marca composta por elementos descritivos poder reunir as condições de registo se o vocábulo tiver entrado na linguagem corrente e aí adquirido um significado próprio apenas é pertinente no âmbito do art. 7.º, n.º 1, al.ª c) RMC e não é um critério ao abrigo do qual a al.ª b) da mesma norma deva ser interpretada (v. n.º 61 do Ac. *cit*.). A justificação avançada reside no facto de que "o referido critério permit[e] excluir que uma marca seja utilizada para descrever um produto ou serviço, [mas] não permite determinar se uma marca pode garantir ao consumidor ou ao utilizador final a identidade de origem do produto ou do serviço que designa".

A nossa dúvida quanto ao afastamento pelo acórdão em apreço da possibilidade de *secondary meaning* – que seria, recorde-se, contrária à lei (é o n.º 3 do art. 7.º que permite aplicá-la também no âmbito da al.ª b)) – adensa-se não só por este resultado *contra legem*, mas também pela enigmática expressão utilizada – «se o vocábulo tiver entrado na linguagem corrente e aí adquirido um significado próprio» –, já que se a última parte faz lembrar a possibilidade de aquisição superveniente de capacidade distintiva, o mesmo não sucede com a primeira parte, cuja expressão evoca a al.ª d) do art. 7.º, n.º 1 do RMC que não foi analisada no litígio.

Independentemente do sentido do acórdão (que esperamos ver esclarecido pelo TJ oportunamente), a verdade é que subjacente está a dificuldade suscitada pela interpretação

Importa ainda referir que a diferenciação entre a capacidade distintiva abstracta e concreta, na nossa opinião, é a que melhor se compagina, em ter-

---

que tem sido feita da al.ª *b*) e que seria evitada pela diferenciação da capacidade distintiva abstracta e concreta, como é referido no texto.

A interpretação referida coloca ainda um problema ulterior que tem a ver com a não sujeição aos limites legalmente estabelecidos ao direito exclusivo do titular da marca (v. art. 6.° da DM) e que foi apreciado, também recentemente, pelo TJ.

Referimo-nos ao Acórdão, de 10 de Abril de 2008, proferido pela 1.ª Secção do TJ, no âmbito do proc. C-102/07, que opôs a Adidas AG e Adidas Benelux BV à Marca Mode CV, C&A Nederland, H&M Hennes & Mauritz Netherlands BV e Vendex KBB Nederland BV (ainda não publicado, mas disponível no sítio da Internet: *http://curia.europa.eu/jurisp/ cgi-bin/form.pl?lang=pt*).

A Adidas – titular de marcas figurativas constituídas por três riscas verticais paralelas, com igual largura, apostas lateralmente em peças de vestuário desportivo e informal, cuja cor constrasta com a cor principal desse vestuário – intentou uma acção judicial com vista à proibição de empresas suas concorrentes utilizarem o mesmo motivo ou um motivo semelhante (como no caso, duas riscas verticais paralelas) em vestuário desportivo e informal. As empresas concorrentes reagiram invocando, fundamentalmente, o imperativo de livre disponibilidade como limite ao direito exclusivo da Adidas.

O *Hoge Raad* submeteu ao TJ as seguintes questões prejudiciais: "1. Para definir o alcance da protecção de uma marca composta por um sinal que não tem carácter distintivo *ab origine* ou por uma indicação que corresponde às definições do artigo 3.°, n.° 1, alínea *c*), da directiva, mas que adquiriu a natureza de marca mediante um processo de familiarização do público e foi registado enquanto tal, deve ter-se em conta o interesse geral em não restringir indevidamente a disponibilidade de determinados sinais para os restantes operadores que oferecem os produtos ou serviços em causa (*Freihaltebedürfnis*)?

2. Em caso de resposta afirmativa à primeira questão: é relevante, para esse efeito, que os sinais referidos, cuja disponibilidade deve ser mantida, sejam apreendidos pelo público relevante como sinais distintivos de produtos ou como simples elementos decorativos de um produto?

3. Em caso de resposta afirmativa à primeira questão: é ainda relevante, para esse efeito, que o sinal impugnado pelo titular da marca seja desprovido de carácter distintivo na acepção do artigo 3.°, n.° 1, alínea *b*), da directiva, ou que se componha de uma indicação descrita no artigo 3.°, n.° 1, alínea *c*), da referida directiva?".

Nas conclusões apresentadas, em 16 de Janeiro de 2008, pelo Advogado-Geral DÁMASO RUIZ-JARABO COLOMER no âmbito deste processo (ainda não publicadas, mas que podem ser consultadas no sítio da Internet: *http://curia.europa.eu/jurisp/cgi-bin/form.pl? lang=pt*), este sustentou que o imperativo de livre disponibilidade não constitui a *ratio* do impedimento da al.ª *b*) do art. 3.°, n.° 1 da DM, ao contrário do que sucede, nomeadamente, com a al.ª *c*) do mesmo preceito. E é isso que justifica a sua omissão no art. 6.° da DM. Por isso, no n.° 56 das conclusões citadas afirma que "(…) tal protecção [no n.° anterior referira-se às al.ᵃˢ *c*), *d*) e *e*)] não deve ser alargada aos sinais que, não sendo descritivos, não possuem, por outras razões, um carácter distintivo específico. Não seria lógico invocar um qualquer interesse geral em manter no domínio público sinais que não são adequados

mos literais, sistemáticos e históricos, com as normas em cotejo (al.ᵃˢ *a*) e *b*) do art. 3.º, n.º 1 da DM⁹⁹).

De facto, é isso que parece também resultar da diferença entre a redacção da al.ª *b*) do art. 3.º, n.º 1 da DM (que se refere às "marcas desprovidas de carácter distintivo") e a do art. 6.º *quinquies* B, 2.º da CUP – que lhe serviu de fonte –, que menciona expressamente as marcas "desprovidas de *qualquer* carácter distintivo" (itálicos nossos).

O afastamento da letra da norma da CUP pode ser interpretado no sentido de a hipótese da falta de distintividade abstracta estar prevista na al.ª *a*) do art. 3.º, n.º 1 da DM e, assim, não ser suficiente para não aplicar a al.ª *b*) a presença de um qualquer carácter distintivo, antes se exigindo a verificação da capacidade distintiva *concretamente para os produtos ou serviços* que o sinal, cujo registo como marca é pedido, visa distinguir[100].

Independentemente de pensarmos que deve ser estabelecida uma diferenciação entre capacidade distintiva abstracta e concreta com base em todos os argumentos expostos, não podemos deixar de referir que da jurisprudência seguida nos últimos tempos pelo Tribunal de Justiça resulta alguma incerteza no que respeita ao ponto em análise que se deve, fundamentalmente, ao facto de a expressão utilizada não ser unívoca permitindo interpretações distintas.

Nos acórdãos posteriores ao caso «Philips», o Tribunal de Justiça, baseando-se no n.º 35 deste Acórdão, tem defendido que "por força da regra

---

para indicar a origem empresarial dos bens ou serviços que designam. Consequentemente, uma vez culminado o esforço de um comerciante em obter a partir de um sinal insignificante uma marca reconhecida pelo público, devido ao seu uso ou à sua publicidade, o cunho do direito de propriedade industrial impõe a sua recompensa pelo facto de ter conseguido anular a ausência de carácter distintivo do seu sinal, habilitando-o a cumprir a função de informar acerca da origem empresarial dos produtos ou serviços. *A transferência da bagatela para o âmbito da propriedade imaterial é feita através do artigo 3.º, n.º 3, da directiva*" [itálicos nossos].

O TJ no Acórdão proferido no âmbito deste caso evitou abordar estas questões, declarando simplesmente que "a Primeira Directiva 89/104/CEE do Conselho, de 21 de Dezembro de 1988 [leia-se agora Directiva 2008/95/CE, *cit.*], que harmoniza as legislações dos Estados-membros em matéria de marcas, deve ser interpretada no sentido de que, ao apreciar o âmbito do direito exclusivo do titular de uma marca, não se pode ter em conta o imperativo de disponibilidade, excepto na medida em que for aplicável a limitação dos efeitos da marca definida no artigo 6.º, n.º 1, alínea *b*), da referida directiva" (v. parte decisória do Ac. *cit.*).

[99] O mesmo vale, *mutatis mutandis*, para as al.ᵃˢ *a*) e *b*) do art. 7.º, n.º 1 do RMC.

[100] Outra questão relevante respeita à delimitação das al.ᵃˢ *b*), *c*) *d*) e *e*) do art. 3.º, n.º 1 da DM (a que correspondem as al.ᵃˢ *b*), *c*), *d*) e *e*) do n.º 1 do art. 7.º do RMC), mas que, atendendo ao objecto do presente estudo, não é aqui desenvolvida.

prevista no artigo 3.º, n.º 1, alínea *b*), da directiva, será recusado o registo ou ficarão sujeitos a declaração de nulidade, uma vez efectuados, os registos relativos às marcas desprovidas de carácter distintivo", acrescentando que "o carácter distintivo de uma marca na acepção da referida disposição *significa que esta marca é adequada a identificar o produto para o qual é pedido o registo como sendo proveniente de uma empresa determinada e, portanto, a distinguir esse produto dos das outras* empresas (...)"[101] [itálicos nossos].

Daqui pode resultar uma modificação[102] da jurisprudência anterior no sentido de se entender que não há fundamento para diferenciar capacidade distintiva abstracta e concreta, já que é o Tribunal que parece convocar a

---

[101] V. os n.os 39 e 40 do Acórdão do TJ, de 8 de Abril de 2003, proferido nos processos apensos C-53/01 – C-55/01, entre Linde AG (C-53/01)/Winward Industries Inc. (C-54/01)/Rado Uhren AG e Deutsches Patent- und Markenamt, in: *Col.* 2003-4, pp. I-3193.
Na mesma linha, posteriormente, v., p.e., o n.º 48 do Acórdão proferido, em 12 de Fevereiro de 2004, no âmbito do proc. C-218/01, entre Henkel KgaA e Deutsches Patentund Markenamt, in: *Col.* 2004-2, pp. I-1755; o n.º 34 do Acórdão, de 29 de Abril de 2004, proferido no âmbito dos procs. C-456/01P e C-457/01P, in: *Col.* 2004-4 (C), pp. I-5230 e s.; o n.º 42 do Acórdão, de 21 de Outubro de 2004, relativo ao proc. C-64/02P, entre IHMI e Erpo Möbelwerk GmbH, caso «Das Prinzip der Bequemlichkeit», in: *Col.* 2004-10 (B), pp. I-10067; o n.º 66 do Acórdão, de 8 de Maio de 2008, no proc. C-304/06 P, entre Eurohypo AG e IHMI, *cit.*, ainda não publicado na *Col.*, mas disponível na Internet no sítio: *http://curia.europa.eu/jurisp/cgi-bin/form.pl?lang=pt*.

[102] Aparentemente, decorre dos acórdãos citados na nota anterior que a posição do TJ sobre este ponto se mantém idêntica à do Acórdão proferido no caso «Philips», proc. C-299/99, *cit.*. Todavia, não foi essa a interpretação que fizemos deste Acórdão (v. *supra*), daí a referência no texto à «modificação» da jurisprudência.
Apoiando a interpretação que defendemos relativamente ao Acórdão proferido no caso «Philips», v. o Acórdão proferido pela 3.ª Secção do TJ, em 25 de Janeiro de 2007, no âmbito do proc. C-321/03 (ainda não publicado na *Col.*, mas disponível no sítio: *http://curia.europa.eu/jurisp/cgi-bin/form.pl?lang=pt*), relativo à (im)possibilidade de registo como marca de uma «caixa de recolha transparente», caso «Dyson», citado *supra*. Neste Acórdão o TJ afirma expressamente que "(...) por força do artigo 3.º, n.º 1, alínea *a*), da directiva, será recusado o registo ou ficarão sujeitos a declaração de nulidade, uma vez efectuados[,] os registos relativos aos sinais que não possam constituir uma marca. Assim, esta disposição obsta a que sejam registados os sinais que não preencham as condições impostas pelo artigo 2.º da directiva, a qual tem por objecto definir os tipos de sinais susceptíveis de constituir uma marca (v., neste sentido, acórdão Philips, já referido, n.º 38)" e acrescenta que "daqui resulta que, para ser susceptível de constituir uma marca nos termos do artigo 2.º da directiva, o objecto de qualquer pedido deve preencher três requisitos. Em primeiro lugar, deve constituir um sinal. Em segundo lugar, o referido sinal deve ser susceptível de representação gráfica. Em terceiro lugar, o sinal deve ser adequado a distinguir os produtos ou serviços de uma empresa dos de outras empresas (...)".

aptidão distintiva prevista no art. 2.º da DM para a aplicação não da al.ª *a)*, mas da al.ª *b)* do art. 3.º, n.º 1 da Directiva. A ser assim, prevaleceria a tese que defende a interpretação restritiva da al.ª *a)* do n.º 1 do art. 3.º da DM, no sentido de cingir a sua aplicação à insusceptibilidade de representação gráfica.

Todavia, ainda é possível ver na expressão utilizada pelo Tribunal de Justiça uma alusão à capacidade distintiva concreta já que não se afirma simplesmente que "o carácter distintivo de uma marca na acepção da referida disposição significa que esta marca é adequada a distinguir esse produto dos das outras empresas", antes se dizendo que "o carácter distintivo de uma marca na acepção da referida disposição significa que esta marca é adequada a identificar o *produto para o qual é pedido o registo* como sendo proveniente de uma empresa *determinada* e, portanto, a distinguir esse produto dos das outras empresas" (itálicos nossos)[103].

Atendendo à relevância da questão, entendemos ser imprescindível que o Tribunal de Justiça esclareça, sem margens para dúvidas, o sentido das al.ᵃˢ *a)* e *b)* do art. 3.º DM que deve ser – pelos argumentos expostos e pela consideração da diferente razão de ser das alíneas *a)* e *b)* do n.º 1 do art. 3.º da DM (v. *infra* 3.), que justifica um regime jurídico específico (pensamos na impossibilidade ou não de aquisição superveniente do carácter distintivo e, neste último caso, na aplicação ou não do art. 6.º da DM) – no sentido de proceder à diferenciação entre capacidade distintiva abstracta e concreta.

Até aqui temo-nos referido apenas à Directiva e ao Regulamento sobre a marca comunitária porque, até à alteração do Código da Propriedade Industrial, pelo DL n.º 143/2008, de 25 de Julho, a dúvida interpretativa de que temos estado a falar, aparentemente, não se deveria colocar[104].

---

[103] Bem antes da jurisprudência referida no texto, LUTZ G. SCHMIDT (*op. cit.*, p. 747) afirmava que, de uma leitura atenta dos arts. 2.º DM e 4.º RMC "que *não* referem o poder distintivo do sinal em relação aos produtos ou serviços *do requerente*, mas a capacidade do sinal de distinguir "*os produtos ou serviços de uma empresa do de outras empresas*", resulta que é sugerida, nesta fase, uma análise "isolada" da própria marca, independentemente dos produtos ou serviços para que será registada. (…). Ao invés, no art. 3.º, n.º 1, al.ª *b)* DM a apreciação do carácter distintivo teria de ser feita à luz dos produtos ou serviços do requerente.

[104] Aliás, até ao actual Código não existia uma norma que estabelecesse a proibição *expressa* do registo como marca de sinal sem capacidade distintiva, a não ser nas hipóteses correspondentes às do actual art. 223.º, al.ᵃˢ *b)-e)*. M. NOGUEIRA SERENS extraía do art. 79.º do CPI'40 – que estabelecia, precisamente, os sinais que podiam constituir marca –, a recusa do registo de sinal que não fosse adequado para distinguir os produtos («A "vulgarização"…», cit., p. 40).

No entanto, por força do referido diploma, foi introduzida uma nova alínea – al.ª *e*) – no elenco do n.º 1 do art. 238.º que, referindo-se às "marcas que contrariem o disposto no art. 222.º", faz com que o texto legal incorra na mesma crítica apontada às normas comunitárias.

Com efeito, na versão original do Código, o legislador ao limitar a previsão do art. 238.º, n.º 1, al.ª *a*) aos sinais insusceptíveis de representação gráfica, a al.ª *b*) aos sinais desprovidos de qualquer carácter distintivo e a al.ª *c*) à marca constituída, exclusivamente, por sinais ou indicações referidos nas al.ᵃˢ *b*) a *e*) do n.º 1 do artigo 223.º parecia evitá-la.

Todavia, a redacção do art. 223.º e do art. 238.º, n.º 3 podia, *prima facie*, levantar algumas dificuldades a tal interpretação. Atendendo a que a redacção destas normas não sofreu alterações mantém interesse a sua análise.

Por um lado, a utilização da expressão usada no art. 6.º *quinquies* B, 2.º da CUP na redacção da al.ª *a*) do art. 223.º, n.º 1 (marcas «desprovidas de qualquer carácter distintivo») pode levar a pensar que o legislador não distingue capacidade distintiva abstracta e concreta. Apesar disso, é preciso não perder de vista que a Convenção não distingue capacidade distintiva abstracta e concreta *porque não contém nenhuma norma que indique quais os sinais que podem constituir uma marca*, ao contrário do que sucede com o Código português (e, como já foi referido, com a Directiva e com o Regulamento sobre a marca comunitária).

Por outro lado, o n.º 3 do art. 238.º prevê que "não é recusado o registo de uma marca constituída, exclusivamente, por sinais ou indicações referidos nas alíneas *a*), *c*) e *d*) do n.º 1 do artigo 223.º se esta tiver adquirido carácter distintivo" [itálicos nossos]. De acordo com esta norma, a aquisição superveniente de capacidade distintiva é admitida também para as "marcas desprovidas de qualquer carácter distintivo" (al.ª *a*) do n.º 1 do art. 223.º), o que – para ser compatível com o art. 3.º, n.º 3, 1.ª parte da DM (que é imperativo) – significa que a al.ª *a*) do art. 223.º, n.º 1 tem de corresponder à al.ª *b*) do n.º 1 do art. 3.º da DM, referindo-se, na nossa opinião, à capacidade distintiva concreta.

Poder-se-ia defender que o facto de a al.ª *c*) do n.º 1 do art. 238.º não incluir a al.ª *a*) do art. 223.º, n.º 1, na remissão que efectua para aquele preceito, pode ser justificada pelo facto de esta última corresponder à al.ª *b*) do n.º 1 do art. 238.º (que prevê a recusa do registo quando a marca for constituída por sinais desprovidos de qualquer carácter distintivo), o que significa não existir diferenciação entre capacidade distintiva abstracta e concreta. No entanto, não cremos que seja assim.

Com efeito, existe uma ténue – mas muito relevante – diferença literal entre a al.ª *b*) do n.º 1 do art. 238.º e a al.ª *a*) do n.º 1 do art.223.º: é que a primeira prevê a recusa do registo de uma marca quando esta seja constituída por *sinais* desprovidos de qualquer carácter distintivo [o que faz lembrar a al.ª *a*) do n.º 1 do art. 3.º da DM], enquanto que a segunda se refere às *marcas* desprovidas de qualquer carácter distintivo [assemelhando-se à al.ª *b*) do n.º 1 do art. 3.º da DM].

Do exposto resulta que também no Código português, antes e após a alteração legal referida, se pode distinguir, afinal, capacidade distintiva abstracta (art. 238.º, n.º 1, al.ª *b*)) e concreta (art. 223.º, n.º 1, maxime al.ª *a*))[105-105bis]. No entanto, a introdução da al.ª *e*) no n.º 1 do art. 238.º em nada clarifica a solução legal.

---

[105] Diga-se, porém, que a referência à falta de adequação para distinguir os produtos ou serviços de uma empresa dos de outras empresas (i.e., a capacidade distintiva abstracta) a propósito da apreciação da capacidade distintiva concreta parece estar a ser seguida por alguns tribunais portugueses. Nesse sentido, v., p.e., a sentença do TCL proferida, em 31 de Março de 2006, no processo de registo de marca (tridimensional) internacional n.º 806382, onde é afirmado que "a alínea a) do mesmo preceito [art. 223.º, n.º 1, que corresponde à al.ª *b*) do art. 3.º, n.º 1 da DM] aplica-se a toda e qualquer marca (...), como aliás não poderia deixar de ser uma vez que se limita a consagrar uma proibição que decorre da própria definição legal da marca – sinal que seja adequado a distinguir os produtos ou serviços dos produtos ou serviços de outras empresas. Ora qualquer sinal que seja desprovido de carácter distintivo não pode ser registado como marca porque não é apto a satisfazer a função primordial destes sinais" (in: *BPI*, de 22 de Junho de 2007, p. 30, disponível na Internet no sítio: *http://www.marcasepatentes.pt/files/collections/pt_PT/49/55/58/86/2007-06-22.pdf*). Apesar de concordarmos que a al.ª *a*) do art. 223.º se aplica a toda e qualquer marca, pelos motivos indicados no texto, cremos que o resultado a que o Tribunal chegou seria atingido de forma tecnicamente mais correcta pela aplicação da al.ª *b*) do n.º 1 do art. 238.º do CPI, o que não foi feito no caso *sub judice* porque o Tribunal entendeu que "face ao disposto no art. 222.º a marca *abstractamente* é registável uma vez que é composta por um sinal que reproduz a forma do produto que pretende assinalar, sendo perfeitamente pacífico que as formas tridimensionais são registáveis" [itálicos nossos] (Sentença *cit.*, p. 29).

[105bis] Refira-se ainda que a confusão na interpretação da norma surge evidenciada no *Guia de Exame dos Sinais Distintivos de Comércio – versão provisória para consulta* (versão Jan./2009), elaborado pelo INPI (e disponível no sítio:*http://www.marcasepatentes. pt/files/collections/pt_PT/43/206/Guia%20de%20Exame%20de%20Sinais%20distintivos %20de%20comércio_Fev_2009.pdf*) onde, a propósito da al.ª *a*) do n.º 1 do art. 223.º, é referido que: "existem sinais que, não obstante não serem compostos unicamente por indicações genéricas, descritivas ou usuais, não estão aptos a cumprir a função distintiva inerente às marcas.

Trata-se de marcas que apenas diferem ligeiramente das que se limitam a descrever o tipo ou as características de produtos ou serviços, ou das que são correntemente utilizadas na prática comercial, não chegando, todavia, essa discrepância para lhes imprimir o necessário carácter distintivo.

Os pedidos de registo de sinais que se enquadrem nestas situações devem ser indeferidos, nos termos da alínea *b*) do n.º 1 do artigo 238.º do Código da Propriedade Industrial e com fundamento na alínea a) do n.º 1 do artigo 223.º".

Perante um sinal susceptível de representação gráfica e que tenha aptidão distintiva é necessário analisar se o mesmo reveste carácter distintivo (concreto) relativamente aos produtos ou serviços que visa assinalar (o que pode não acontecer, p.e., se for genérico, descritivo ou usual) e se é lícito[105ter].

Antes de encetarmos essa análise impõe-se, porém, sublinhar, numa perspectiva comparativa relativamente ao direito internacional e comunitário, três aspectos referentes aos impedimentos absolutos de registo em geral.

Um respeita ao facto de as normas previstas no Código da Propriedade Industrial, além de observarem o disposto na CUP, corresponderem às disposições imperativas e dispositivas da DM, à excepção da faculdade prevista no art. 3.°, n.° 2, al.ª d), relativa à má fé do requerente do registo[106-106bis].

Outro concerne ao compromisso assumido internacionalmente pelo nosso país no âmbito do Acordo sobre os Aspectos dos Direitos de Propriedade Intelectual relacionados com o Comércio [ADPIC][107].

---

[105ter] Referimo-nos à chamada licitude "residual", pois não ignoramos que os restantes impedimentos de registo que estamos a analisar também são requisitos de licitude. No mesmo sentido, cfr. JORGE MANUEL COUTINHO DE ABREU, *Curso de Direito Comercial*, cit., p. 376, nota 100 e p. 161.

[106] A previsão deste motivo de recusa – que para alguns autores não é sequer um motivo absoluto de recusa de registo de marcas [cfr., neste sentido, CHARLES GIELEN, «Harmonization of trade mark law in Europe: the first trade mark harmonisation Directive of the European Council», in: [1992] 8 *EIPR*, p. 265] – segundo LUÍS M. COUTO GONÇALVES (*Manual*..., cit., p. 261) teria permitido evitar a consagração como causa de anulabilidade do registo de marca a concorrência desleal objectiva nos arts. 239.°, n.° 1, al.ª e) e 266.°, n.° 1, al.ª b) do CPI. Criticamente sobre esta solução, cfr. LUÍS M. COUTO GONÇALVES, «O uso da marca», in: AA.VV., *Direito Industrial*, vol. V, APDI/Almedina, Coimbra, 2008, pp. 370 e s.

Sobre o tema na legislação e na prática europeias de marcas, cfr. SUSIE MIDDLEMISS//JEREMY PHILLIPS, «Bad faith in european trade mark law and practice», [2003] 9 *E.I.P.R.*, pp. 397 e ss. Refira-se que, de acordo com os autores citados, o registo de uma marca posterior com conhecimento de uma marca anterior é um dos casos que se integram nesta hipótese, embora sublinhem que as diferentes legislações conferem peso diferente à exigência do conhecimento da marca anterior.

[106bis] V. ainda o Acórdão do TJ (1.ª Secção), de 11 de Junho de 2009, proferido no âmbito do proc. C-529/07, entre Chocoladefabriken Lindt & Sprüngli AG e Franz Hauswirth GmbH (ainda não publicado, mas disponível no sítio: *http://curia.europa.eu/jurisp/cgi-bin/form.pl?lang=pt*), que apreciou o tema pela primeira vez.

[107] O ADPIC (ou TRIPs) foi concluído em Marraquexe, em 15 de Abril de 1994, como anexo IC do Acordo que criou a Organização Mundial do Comércio [OMC]. Em

Este Acordo contém regras, no âmbito das normas respeitantes às indicações geográficas[108], que estabelecem motivos de recusa de registo como

---

Portugal, foi aprovado, em 15 de Dezembro desse ano, pela Resolução da Assembleia da República n.º 75-B/94; ratificado, em 22 de Dezembro, pelo Decreto do Presidente da República n.º 82-B/94; e publicado no 5.º Suplemento ao DR, I.ª Série-A, n.º 298/94, de 27 de Dezembro.
    Com este Acordo a Convenção de Paris encontra renovado interesse, dado que o art. 2.º do ADPIC amplia o âmbito subjectivo de aplicação da CUP, pois no que respeita, nomeadamente, às normas relativas à marca passa a abranger todos os membros da OMC, e já não apenas os membros da União de Paris. Desvalorizando esta afirmação, cfr. JOSÉ LUÍS BARBERO CHECA, «El Acuerdo ADPIC (TRIPS) y las marcas», in: *Los Acuerdos ADPIC (TRIPS), TLT y Protocolo del Arreglo de Madrid y su incidencia en la legislación española,* Grupo Español de la AIPPI, 1998, p. 49.
    No que concerne ao aspecto que irá ser abordado no texto, importa referir que a relação entre marcas e indicações geográficas foi (e é) um dos pontos mais conflituosos do ADPIC. Neste sentido, cfr. BERNARD O'CONNOR, *The law of geographical indications*, Cameron May, 2004, p. 116.
    [108] O ADPIC define "indicações geográficas" no art. 22.º, n.º 1. Aí refere que "para efeitos do disposto no presente Acordo, entende-se por indicações geográficas as indicações que identifiquem um produto como sendo originário do território de um Membro, ou de uma região ou localidade desse território, caso determinada qualidade, reputação ou outra característica do produto seja essencialmente atribuível à sua origem geográfica". Para maiores desenvolvimentos sobre este conceito, cfr., entre outros, ROLAND KNAAK, «Der Schutz geographischer Angaben nach dem TRIPS-Abkommen», in: *GRURInt.*, 1995, n.ºs 8/9, pp. 646 e ss. e, entre nós, ALBERTO FRANCISCO RIBEIRO DE ALMEIDA, «Indicação geográfica, indicação de proveniência e denominação de origem (os nomes geográficos na Propriedade Industrial)», in: AA.VV., *Direito Industrial*, vol. I, APDI/Almedina, Coimbra, 2001, p. 33.
    JOSÉ DE OLIVEIRA ASCENSÃO («Questões problemáticas em sede de indicações geográficas e denominações de origem», in: AA.VV., *Direito Industrial*, vol. V, APDI/Almedina, Coimbra, 2008, pp. 72 e ss. [= in: *RFDUL*, vol. XLVI, n.º 1, 2005, pp. 256 e ss.]) equipara a «indicação geográfica» do ADPIC à denominação de origem, embora admita que existem diferenças relativamente à denominação de origem do Reg.(CE) n.º 510//2006, do Conselho, de 20 de Março de 2006, *cit.* e do Acordo de Lisboa para a protecção das denominações de origem e seu registo internacional, de 31 de Outubro de 1958, e considera que as meras indicações geográficas estão excluídas de protecção pelo ADPIC. Em sentido diferente, cfr. ALBERTO FRANCISCO RIBEIRO DE ALMEIDA que reconhece que a indicação geográfica do CPI e do ADPIC "aparenta[m] uma fisionomia semelhante à denominação de origem", mas diferenciam-se desta pela estrutura mais débil (no que concerne ao "elo que une o produto à região determinada") e elástica (que "(...) resulta (...) da não exigência de que todas as operações de produção, transformação e elaboração ocorram na área determinada (como se estabelece para a denominação de origem), bastando que uma delas ocorra na área delimitada", ALBERTO FRANCISCO RIBEIRO DE ALMEIDA, «Indicações de proveniência, denominações de origem e indicações

marca quando estejam em causa sinais que entrem em conflito com indicações geográficas relativas a vinhos e bebidas espirituosas[109].

---

geográficas», in: AA.VV., *Direito Industrial*, vol. V, APDI/Almedina, Coimbra, 2008, pp. 12 e s.
  Referindo-nos especificamente ao confronto do conceito de indicação geográfica do ADPIC com o do direito comunitário, sublinhamos que, apesar de ter sido prevista uma alteração (v. COM (2005) 698 final/2, de 5 de Janeiro de 2006, n.º 13) ao conceito de indicação geográfica constante do art. 2.º do Reg. (CEE) n.º 2081/92, do Conselho, de 14 de Julho de 1992, relativo à protecção das indicações geográficas e denominações de origem dos produtos agrícolas e dos géneros alimentícios (in: *JO L* 208, de 24 de Julho de 1992, pp. 1 e ss.), então vigente, no sentido de o compatibilizar com o do ADPIC, e de realmente ter sido alterada a redacção do art. 2.º, a verdade é que a modificação parece não ter afectado, em termos substanciais, a referida definição (v. o art. 2.º, n.º 1, al.ª *b*) do Reg. (CE) n.º 510/2006, do Conselho, de 20 de Março de 2006, in: *JO L* 93, pp. 12 e ss., que substituiu o citado Reg. (CEE) n.º 2081/92) estabelecendo um regime semelhante). No mesmo sentido, cfr. L. BENTLY/B. SHERMAN, «The impact of european geographical indications on national rights in member states», in: 96 *TMR* (2006), p. 850, nota 1.
  Porém, e uma vez que o Reg. (CE) n.º 510/206, *cit.*, respeita às indicações geográficas e denominações de origem dos produtos agrícolas e dos géneros alimenticios e a norma em questão do ADPIC tem a ver com as indicações geográficas de *bebidas espirituosas*, importa aqui assinalar que o recente Reg. (CE) n.º 110/2008, do Parlamento Europeu e do Conselho, de 15 de Janeiro de 2008, relativo à definição, designação, apresentação, rotulagem e protecção das indicações geográficas das bebidas espirituosas e que revoga o Reg. (CEE) n.º 1576/89, do Conselho (in: *JO L* 39, de 13/2/08, pp. 16 e ss.) adopta, para efeitos deste Regulamento, uma definição de indicação geográfica substancialmente idêntica à que consta do ADPIC (v. art. 15.º do Regulamento n.º 110/2008, cit. e, em especial, os Considerandos 13 e 14).
  [109] A versão portuguesa do ADPIC refere-se, no art. 23.º, a vinhos e bebidas alcoólicas. Mas o texto em inglês usa a expressão *spirits*. Como, muito bem, é destacado por ALBERTO FRANCISCO RIBEIRO DE ALMEIDA («Denominações geográficas», in: *Direito Industrial*, vol. III, APDI/Almedina, Coimbra, 2003, p. 319, nota 93), "não se trata apenas de um problema de tradução, mas da amplitude merceológica da norma. A expressão "bebida alcoólica" tem um sentido amplo, abrangendo vinhos, cervejas, aguardentes, etc., mas a expressão bebida espirituosa opõe-se a vinho identificando um conjunto certo de bebidas [rum, whisky, aguardentes, brandy, vodka, licores (...)]".
  A questão que se coloca é, então, a de saber se o art. 23.º ADPIC engloba apenas vinhos e bebidas espirituosas ou se abrange vinhos e outras bebidas alcoólicas.
  ALBERTO FRANSCISCO RIBEIRO DE ALMEIDA («Denominações geográficas, *cit.*, pp. 319 e s., nota 93), com quem concordamos, defende a interpretação restritiva com base em três argumentos. Um primeiro consiste no facto de muitas traduções (como é o caso das inglesa, francesa e espanhola) referirem vinhos e bebidas espirituosas; o segundo assenta na definição de *spirits* pelos dicionários ingleses que aponta para um tipo específico de bebidas alcoólicas. Finalmente, invoca que "(...), da interpretação conjugada dos arts. 22.º, 23.º

Com efeito, o ADPIC estabeleceu, no art. 23.°, para essas indicações uma protecção *adicional* relativamente à que resulta do art. 22.° para as indicações geográficas em geral. Quer dizer, para além da protecção contra a susceptibilidade de induzir em erro quanto ao local de origem (art. 22.°, n.° 3 ADPIC), o ADPIC, no art. 23.°[110], estabelece um regime *especial* para as indicações geográficas relativas a vinhos e bebidas espirituosas. Esse regime é um *plus* comparativamente com o que resulta da norma *supra* referida porque prescinde da susceptibilidade de engano[111].

---

e 24.° do Acordo TRIP's resulta que os autores do Acordo quiseram consagrar dois níveis de protecção para as IG: um nível de protecção base (regulado no art. 22.° e que abrange todos os produtos) e um nível de protecção adicional (estabelecido no art. 23.° e que engloba apenas alguns produtos) (...)".

Sobre a definição de bebidas espirituosas, v. ainda o art. 2.° do Reg. (CE) n.° 110//2008, citado na nota anterior.

[110] O art. 23.°, n.° 1 do ADPIC preceitua que "cada Membro proporcionará os meios legais necessários para que as partes interessadas possam impedir a utilização de uma indicação geográfica que identifique vinhos, para vinhos não originários do local indicado pela indicação geográfica em questão ou de uma indicação geográfica que identifique bebidas alcoólicas [leia-se, espirituosas], para bebidas alcoólicas [leia-se espirituosas] não originárias do local indicado pela indicação geográfica em questão, *mesmo nos casos em que a verdadeira origem dos produtos seja indicada ou em que a indicação geográfica seja utilizada, traduzida ou seja acompanhada de expressões como «género», «tipo», «estilo», «imitação» ou afins*" (itálicos nossos), ou seja, a proibição subsiste mesmo que não haja susceptibilidade de indução em erro. E o n.° 2 acrescenta que "o registo de uma marca para vinhos que inclua ou consista numa indicação geográfica que identifique vinhos, ou o registo de uma marca para bebidas alcoólicas [leia-se espirituosas] que inclua ou consista numa indicação geográfica que identifique bebidas alcoólicas [leia-se espirituosas], será recusado ou invalidado, oficiosamente se a legislação do Membro o permitir ou a pedido de uma parte interessada, relativamente aos vinhos ou bebidas alcoólicas [leia-se espirituosas] que não tenham essa origem".

Sublinhamos ainda que na sequência da nova ronda de negociações iniciada na Conferência Ministerial de Doha está (ainda) em discussão a possibilidade de estender esta protecção a produtos diferentes dos vinhos e bebidas espirituosas. Sobre o tema cfr. o interessante artigo de IRENE CALBOLI, «Expanding the protection of geographical indications of origin under TRIPS: "old" debate or "new" opportunity?», in: *Marquette Intellectual Property Law Review*, vol. 10, n.° 2, pp. 181 e ss., BURKHART GOEBEL, «Geographical indications and trademarks – the road from Doha», in: 93 *TMR* (2003), pp. 964 e ss. e ainda TUNISIA L. STATEN, «Geographical indications protection under the TRIPS Agreement: uniformity not extension», in: *JPTOS*, vol. 87, March 2005, n.° 3, p. 226.

[111] JOSÉ DE OLIVEIRA ASCENSÃO («Questões problemáticas...», *cit.*, p. 74 [= in: *RFDUL*, vol. XLVI, n.° 1, 2005, p. 257]) referindo-se ao ADPIC, afirma que "o que se impõe é apenas que os interessados possam impedir a utilização de qualquer meio enga-

Ora, não existe nenhum impedimento *absoluto* de registo como marca deste tipo de sinais no nosso Código, ao contrário do que sucede no Regulamento sobre a marca comunitária e noutros ordenamentos jurídicos[112]. E o mesmo também não resulta das normas relativas às denominações de

---

noso quanto à origem geográfica do produto; a que acresce a protecção contra a concorrência desleal (art. 22.º/2). A protecção é algo reforçada a seguir para as bebidas alcoólicas, sem todavia alterar essencialmente a natureza dos meios de defesa.

Isto significa que o ADPIC se limita ainda a estabelecer meios que se reconduzem à concorrência desleal. Não chega à atribuição de um direito privativo, que faça depender o uso por outrem de uma autorização. Tudo gira em torno da prevenção ou proibição de actos de indução em erro".

Todavia, atendendo ao teor do art. 23.º do ADPIC, pensamos que a protecção a conferir às indicações geográficas relativas às *bebidas espirituosas* é claramente ampliada na medida em que não se cinge à prevenção ou proibição de actos de indução em erro e recordamos ainda que é possível que, se e quando a ronda de negociações iniciada na Conferência Ministerial de Doha estiver concluída, esta tutela venha a aplicar-se também a outros produtos.

[112] V., p.e., a previsão do art. 5.º, n.º 1, al.ª *h)* da *LME* e o art. 7.º, n.º 1, al.ª *j)* do RMC. Este último prevê a recusa do registo de marcas de vinhos que contenham ou consistam em indicações geográficas que identifiquem vinhos ou de marcas de bebidas espirituosas que contenham ou consistam em indicações que identifiquem bebidas espirituosas, em relação a vinhos ou bebidas espirituosas que não tenham essa origem. Esta previsão foi introduzida pelo Regulamento (CE) n.º 3288/94, do Conselho, de 22 de Dezembro de 1994 (in: *JO L* 349, de 31 de Dezembro de 1994, pp. 83 e s.) e justificada pela necessidade de adaptar o RMC à norma do ADPIC já referida (art. 23.º, n.º 2).

Não obstante, a sua implementação no RMC foi criticada por ALBERTO CASADO CERVIÑO (*El sistema comunitario...*, cit., pp. 142 e s.) que defende que teria sido preferível inclui-la nos regulamentos comunitários específicos sobre vinhos e indicações geográficas, para garantir o equilíbrio entre a protecção jurídica conferida às marcas e às indicações geográficas, ou pela alteração do art. 142.º RMC [que corresponde ao actual art. 164.º RMC] incluindo neste a referência a outros regulamentos comunitários em matéria de vinhos.

Como referimos *supra*, essa previsão no âmbito dos regulamentos comunitários em matéria de vinhos e, mais especificamente, de *bebidas espirituosas* veio a concretizar-se no Reg. (CE) n.º 110/2008, do Parlamento Europeu e do Conselho, de 15/1/08, *cit.* Neste Regulamento a protecção conferida a estas indicações geográficas está prevista no art. 16.º (em termos compatíveis com os que resultam dos arts. 22.º e 23.º do ADPIC) e o art. 23.º regula o potencial conflito entre aquelas e as marcas. Sobre este conflito, v. *infra*, II., esp. 1., 1.2.1.

Ao contrário do que sucede no nosso CPI – onde o impedimento é relativo, embora de apreciação oficiosa, v. o art. 239.º, n.º 1, al.ª *c)* do CPI e *infra* II. –, no âmbito do RMC a proibição de registo é absoluta. A opção parece-nos estar ligada ao facto de no sistema da marca comunitária só se proceder à apreciação oficiosa dos motivos *absolutos* de recusa, que aparenta ser a via preferida pelo ADPIC (art. 23.º, n.º 2).

origem e indicações geográficas, embora esteja prevista a proibição de utilização[113] e respectivas sanções[114].

Aliás, à luz dos critérios que subjazem à classificação dos motivos de recusa em absolutos e relativos, a inclusão desta previsão no âmbito dos impedimentos absolutos de registo não nos parece defensável[115].

Por uma banda, a apreciação do motivo de recusa em questão tem de ser feita pela comparação do sinal, cujo registo como marca é solicitado, com outros direitos privativos industriais. E, por outra, a dispensa da susceptibilidade de indução em erro parece fazer afastar a hipótese da vontade de proteger o interesse dos consumidores, manifestando uma maior preocupação em conferir uma protecção absoluta aos usuários das indicações geográficas em causa. Daí que nos pareça que tal hipótese deve ser integrada num dos motivos *relativos* de recusa de registo: na proibição de registo de sinais que constituam infracção de direitos de propriedade industrial [art. 239.º, n.º 1, al.ª c)][116].

---

[113] Do art. 312.º CPI resulta apenas a proibição de utilização. O art. 312.º, n.º 1, al.ª a) confere ao titular do registo das denominações de origem ou das indicações geográficas o direito de impedir "a utilização, por terceiros, na designação ou na apresentação de um produto, de qualquer meio que indique, ou sugira, que o produto em questão é originário de uma região geográfica diferente do verdadeiro lugar de origem". O n.º 2 estipula que "as palavras constitutivas de uma denominação de origem ou de uma indicação geográfica legalmente definida, protegida e fiscalizada não podem figurar, de forma alguma, em designações, etiquetas, rótulos, publicidade ou quaisquer documentos relativos a produtos não provenientes das respectivas regiões delimitadas". E acrescenta, no n.º 3, que "esta proibição subsiste ainda quando a verdadeira origem dos produtos seja mencionada, ou as palavras pertencentes àquelas denominações ou indicações venham acompanhadas de correctivos, tais como «género», «tipo», «qualidade» ou outros similares (…)".

[114] V. o art. 325.º do CPI.

[115] No âmbito do RMC deparamos com o absurdo de um determinado sinal anterior actuar como impedimento de registo absoluto ou relativo consoante o tipo de produto em questão. A este propósito, cfr. LUÍS ALBERTO MARCO ARCALÁ (*Las causas…*, cit., p. 434) que sublinha que "o carácter fragmentário da regulação comunitária das IGs e das DOs foi mais acentuado quando se acrescentaram estes Regulamentos à já dividida e complexa normativa comunitária sobre tais sinais para vinhos e licores. A diferença fundamental no tratamento jurídico destes sinais depende, pois, dos seus produtos: se forem vinhos ou licores, operam como causa de recusa absoluta; no caso contrário, poderia aplicar-se o art. 8.4. RMC ou os Regulamentos referidos".

[116] A este propósito – e porque da leitura do art. 23.º, n.º 2 do ADPIC parece resultar uma preferência pela apreciação oficiosa deste motivo de recusa de registo – convém lembrar que, no nosso ordenamento jurídico, o Instituto Nacional da Propriedade Industrial [INPI] tem competência para apreciar os motivos de recusa de registo absolutos e alguns dos relativos (arts. 237.º, n.º 3, 238.º e 239.º, n.º 1). O mesmo não acontece, como referiremos *infra*, com o IHMI que só averigua oficiosamente os impedimentos de registo absolutos (v. § III., 1., 1.1.).

De qualquer forma o que parece seguro é que, entre nós, não foi consagrada no *Código da Propriedade Industrial* uma tutela especial para as denominações de origem e indicações geográficas relativas a vinhos e a bebidas espirituosas. No entanto, atendendo a que o Reg. (CE) n.º 110/2008, do Parlamento Europeu e do Conselho, de 15 de Janeiro de 2008, relativo à definição, designação, apresentação, rotulagem e protecção das indicações geográficas das bebidas espirituosas, é *directamente aplicável* em todos os Estados-membros e que o mesmo contém uma disposição – o art. 23.º – que regula o conflito entre indicações geográficas registadas relativas a estes produtos e marcas[117], a referida tutela especial (que decorre do art. 16.º do Regulamento citado) passou a existir também no âmbito do ordenamento jurídico português desde 20 de Maio de 2008 (v. art. 30.º do Reg. *cit.*).

Finalmente, impõe-se destacar que no âmbito do Regulamento sobre a marca comunitária existe ainda um outro impedimento absoluto de registo que na nossa legislação surge no âmbito dos impedimentos relativos. Referimo-nos ao art. 7.º, n.º 1, al.ª *k*)[118].

Esta norma estipula a recusa do registo de marcas que contenham (ou sejam compostas de) uma denominação de origem ou (por) uma indicação geográfica registada quando corresponderem a uma das situações referidas no art. 13.º do Regulamento (CE) n.º 510/2006[119] e disserem respeito ao mesmo tipo de produtos, desde que o pedido de registo da marca seja apresentado *posteriormente* à data do depósito do pedido de registo da denominação de origem ou da indicação geográfica na Comissão.

Aparentemente, esta norma pretende regulamentar o possível conflito entre um pedido de marca e uma denominação de origem ou indicação geográfica registada. No entanto, cumpre lembrar que a regulamentação jurídica deste conflito já existia (v. o art. 14.º do Reg. (CE) n.º 2081/92, do Conselho, de 14 de Julho de 1992 e o art. 159.º RMC versão anterior à codificação) e consta, actualmente, do art. 14.º do Reg. (CE) n.º 510/2006, do Conselho, de 20 de Março de 2006 (v. ainda o art. 164.º do RMC que pre-

---

[117] Sobre a regulamentação deste potencial conflito, v. *infra* II., 1., 1.2.1.

[118] Introduzido pelo Regulamento (CE) n.º 422/2004, do Conselho, de 19 de Fevereiro de 2004, in: *JO L* 70, de 9 de Março de 2004, pp. 1 e ss.

Da base de dados do IHMI (disponível no sítio: *http://oami.europa.eu/search/ LegalDocs/la/es_Refused_index.cfm*) resulta que a mesma foi invocada como fundamento de recusa de pedido de registo de marca comunitária em quatro casos (v. pedidos n.os 005134986 («dehesa de Huelva»); 005642145 («Olympus Feta Trational Greek Cheese»); 005217567 («Valtellina Casera») e 005550165 («Casearia Altopiano di Asiago»).

[119] Reg. (CE) n.º 510/2006, do Conselho, de 20 de Março de 2006, relativo à protecção das indicações geográficas e denominações de origem dos produtos agrícolas e dos géneros alimentícios, *cit.*, que revogou o Reg. (CEE) n.º 2081/92, *cit.*

ceitua que as disposições do referido Regulamento, e em especial o art. 14.°, não são afectadas pelo presente Regulamento).
Ora é precisamente o art. 14.° do referido Regulamento que estabelece as regras que dirimem os possíveis conflitos entre pedidos de marcas e denominações de origem ou indicações geográficas registadas. E neste já está prevista esta hipótese com a mesma solução, no art. 14.°, n.° 1, *in fine*, pelo que não se percebe bem a razão de ser da introdução da al.ª k) no n.° 1 do art. 7.° do RMC[120].

De outra perspectiva, também aqui é criticável a inclusão nos impedimentos de registo absolutos se se atender aos interesses que lhe estão subjacentes.

Os impedimentos absolutos de registo previstos na nossa lei implicam que não pode ser concedido o registo como marca a sinais desprovidos de capacidade distintiva *para o produto ou serviço* que se pretende assinalar[121-122].

---

[120] Refira-se ainda que, de acordo com a Proposta de Regulamento do Conselho sobre a protecção de indicações geográficas e denominações de origem de produtos agrícolas e produtos alimentares (COM (2005) 698 final/2, de 5 de Janeiro de 2006, *cit.*), o art. 14.° estabelecia a mesma regra, mas diferenciando, no que respeita ao momento da apresentação do pedido de registo da marca, duas situações: uma, para o caso de denominações de origem e indicações geográficas registadas ao abrigo do art. 17.° do Reg. (CE) n.° 2081/92, *após o registo*; outra, no caso de denominações de origem e indicações geográficas registadas ao abrigo deste Regulamento, *após a data de apresentação do pedido de registo* à Comissão. No entanto, esta diferenciação foi eliminada, não constando da versão definitiva do Reg. (CE) n.° 510/2006, do Conselho, de 20 de Março de 2006, *cit.*, e voltando o art. 14.°, n.° 1 a coincidir com a redacção do RMC.

[121] De acordo com informação colhida na base de dados do IHMI (disponível in: *http://oami.europa.eu/search/LegalDocs/la/es_Refused_index.cfm*), o Instituto recusou 14.524 pedidos de registo de marcas comunitárias que envolveram (apenas ou também) o fundamento de recusa previsto na al.ª b) do art. 7.°, n.° 1 do RMC. Foi o que sucedeu, p.e., ao pedido n.° 001414176 de registo do sinal PLAY2WIN para produtos e serviços das classes 16.ª, 36.ª e 41.ª, que foi recusado com fundamento, exclusivamente, na al.ª b) do n.° 1 do art. 7.° RMC.

[122] Da jurisprudência comunitária resulta que a capacidade distintiva deve ser apreciada tendo por base uma análise duplamente concreta, i.e., atendendo à marca (às suas características; natureza e significado) e aos produtos ou serviços para os quais é solicitado o registo, de acordo com a percepção que o consumidor médio (normalmente informado e razoavelmente atento) desses produtos ou serviços tem do conjunto, bem como de todos os factos e circunstâncias pertinentes. V.g., os n.ºs 32 e 34 do Acórdão do TJ, de 12 de Fevereiro de 2004, proferido no âmbito do proc. C-363/99 relativo ao caso «Postkantoor», *cit.*, pp. I-1667; o n.° 63 do Acórdão, de 18 de Junho de 2002, relativo ao proc.299/99, caso

Os casos mais frequentes de sinais sem capacidade distintiva são os sinais exclusivamente descritivos[123]; usuais[124] e as formas técnicas,

---

«Philips», *cit.*, pp. I-5512 e o n.° 31 do Acórdão, de 16 de Julho de 1998, proferido no âmbito do proc. C-210/96, entre Gut Springenheide GmbH/Rudolf Tusky e Oberkreisdirektor des Kreises Steinfurt, in: *Col.* 1998-7, pp. I-4691. No que respeita à relevância da impressão do conjunto, v., entre outros, o n.° 44 dos Acórdãos, de 29 de Abril de 2004, proferidos nos procs. apensos C-468/01P a 472/01P e C-473/01P e 474/01P, ambos entre Procter & Gamble Company e IHMI, in: *Col.* 2004-4 (C), pp. I-5166 e pp. I-5197; o n.° 20 do Acórdão proferido, em 7 de Outubro de 2004, no caso «Mag», proc. C-136/02P, entre Mag Instrument Inc. e IHMI, in: *Col.* 2004-10 (A), pp. I-9195 e o n.° 22 do Acórdão, de 30 de Junho de 2005, proferido no âmbito do proc. C-286/04 P, entre Eurocermex SA e IHMI, in: *Col.* 2005-6 (B), pp. I-5809.

Estes critérios de apreciação do carácter distintivo concreto valem, em geral, para todos os tipos de marcas e o TJ teve oportunidade de fixar esta orientação a propósito quer das marcas de forma (v., por todos, o n.° 48 do Acórdão proferido no proc. 299/99, relativo ao caso «Philips», *cit.*, pp. I-5509), quer das marcas constituídas por *slogans* (v. o n.° 32 do Acórdão proferido no proc. C-64/02P relativo ao caso «Das Prinzip der Bequemlichkeit», *cit.*, *Col.* 2004-10 (B), pp. I-10064). Mas, atendendo aos interesses subjacentes a cada um dos impedimentos absolutos de registo, devem ser tidos em conta critérios complementares relativamente a alguns deles. No que concerne especificamente à apreciação do carácter descritivo, cfr. MARIA MIGUEL CARVALHO, «A marca descritiva apreciada pelo Tribunal de Justiça no Acórdão Postkantoor», in: *SI*, Tomo LIII, n.° 300, Setembro-Dezembro 2004, pp. 515 e ss. (= "La marca descriptiva apreciada por el Tribunal de Justicia en la Sentencia *«Postkantoor»*", in: *ADI*, Tomo XXV, 2005, pp. 699 e ss.).

[123] V. o art. 223.°, n.° 1, al.ª *c) ex vi* art. 238.°, n.° 1, al.ª *c)* do CPI; o art. 3.°, n.° 1, al.ª *c)* da DM e o art. 7.°, n.° 1, al.ª *c)* do RMC.

De acordo com a informação disponível na base de dados do IHMI (acessível na Internet no sítio: *http://oami.europa.eu/search/LegalDocs/la/es_Refused_index.cfm*), o IHMI recusou 9.710 pedidos de registo de marcas comunitárias com fundamento na al.ª *c)*, considerada isolada ou conjuntamente com outras alíneas do art. 7.°, n.° 1 do RMC. Foi o que sucedeu, p.e., aos pedidos de registo n.os 001574714 (Euroshipment) para os produtos e serviços das classes 16.ª, 20.ª, 35.ª e 39.ª; 001400787 (Telepharmacy) para produtos da classe 9.ª e 001206192 (Surf Europe) para produtos das classes 9.ª e 16.ª.

Para maiores desenvolvimentos sobre este impedimento de registo v. *infra* 2., 2.2. Sobre a diferenciação entre as al.as *b)* e *c)* do art. 3.°, n.° 1 da DM, v. *infra* 3.

[124] V. o art. 223.°, n.° 1, al.ª *d) ex vi* art. 238.°, n.° 1, al.ª *c)* do CPI; o art. 3.°, n.° 1, al.ª *d)* da DM e o art. 7.°, n.° 1, al.ª *d)* do RMC.

Discutia-se, até há pouco, o âmbito de aplicação desta norma estando sobretudo em causa a questão da sua aplicabilidade aos sinais genéricos e aos sinais que são habitualmente usados na publicidade. Sobre a questão, relativamente ao § 8 Abs. 2 Nr. 3 da *MarkenG*, cfr., entre outros, KARL-HEINZ FEZER, *Markenrecht*, cit., § 8, nms. 257 e ss., pp. 528 e ss. Para uma visão comparada dos direitos alemão e italiano, cfr. MAURIZIO AMMENDOLA, «I segni divenuti di "uso comune" e la loro inappropriabilità come marchi», in: *Studi di*

funcionais ou esteticamente necessárias[125]. Mas estes não esgotam o âmbito de aplicação da norma relativa à capacidade distintiva[126-127],

---

*diritto industriale in onore di Adriano Vanzetti – Proprietà intellettuale e concorrenza*, Tomo I, Giuffrè Editore, Milano, 2004, pp. 1 e ss.
    Entretanto o TJ teve ocasião de se pronunciar sobre a interpretação da al.ª *d)* do art. 3.°, n.° 1 da DM, no Acórdão, de 4 de Outubro de 2001, proferido no âmbito do proc. C-517/99, intentado por Merz & Krell GmbH & Co., relativo ao caso «Bravo» (in: *Col.* 2001-10 (A), pp. I-6978 e ss.).
    O litígio resultou da diferente redacção do § 8 Abs. 2 Nr. 3 da *MarkenG* relativamente à al.ª *d)* do art. 3.°, n.° 1 da DM, pois a primeira inclui uma menção «aos produtos ou serviços» que não surge no texto da Directiva, facto que, de resto, já motivara divergências na jurisprudência alemã. Referimo-nos à diferente interpretação do preceito pelo Tribunal Federal de Patentes alemão e pelo Supremo Tribunal alemão evidenciada, entre outros, no caso «Bónus», v. *GRUR* 11/1995, pp. 737 e ss. e *GRUR*, 1998, pp. 465 e ss., respectivamente.
    O TJ defendeu que "(...) o artigo 3.°, n.° 1, alínea *d)*, da directiva deve ser interpretado no sentido de que apenas se opõe ao registo de uma marca quando os sinais ou as indicações de que a marca é exclusivamente constituída se tenham tornado usuais na linguagem corrente ou nos hábitos leais e constantes do comércio *para designar os produtos ou os serviços relativamente aos quais é apresentado o registo da referida marca*" (n.° 31, *Col.* 2001-10 (A), pp. I-6988) [itálicos nossos]. Assim, é irrelevante que sejam utilizados como *slogans* publicitários, indicações de qualidade ou expressões que incitem a comprar os produtos ou serviços (n.° 39 do Acórdão *cit, Col.* 2001-10 (A), pp. I-6990).
    Segundo os dados disponíveis na base de dados do IHMI (consultada na Internet no sítio *http://oami.europa.eu/search/LegalDocs/la/es_Refused_index.cfm*), o Instituto recusou 212 pedidos de registo de marcas comunitárias invocando a al.ª *d)* do art. 7.°, n.° 1 RMC isolada ou conjuntamente com outros fundamentos. Destacamos, a título de exemplo, a recusa do pedido n.° 004722922, relativo à marca verbal «Sunshineblond», para assinalar produtos da classe 3.ª (que inclui produtos de *toilette*).

[125] V. o art. 223.°, n.° 1, al.ª *b) ex vi* art. 238.°, n.° 1, al.ª *c)* do CPI. V., ainda, o art. 7.°, n.° 1, al.ª *e)* do RMC e o art. 3.°, n.° 1, al.ª *e)* da DM.
    O TJ debruçou-se sobre esta disposição, p.e., nos Acórdãos, de 18 de Junho de 2002, proferido no proc. 299/99 no caso «Philips», *cit.*; de 8 de Abril de 2003, relativo ao proc. C-53/01, caso «Linde», *cit.*; de 12 de Fevereiro de 2004, no âmbito do processo C-218/01, em que era parte Henkel KgaA, *cit.*, in: *Col.* 2004-2, pp. I-1737 e ss.; de 29 de Abril de 2004, concernentes aos casos «Procter & Gamble» (procs. C-468/01 P a C-472/01 P e C-473/01 P e C-474/01 P), *cit.*; de 7 de Outubro de 2004, proferido no caso «Mag Instrument», proc. C-136/02P, *cit.*; e de 30 de Junho de 2005, relativo ao caso «Eurocermex», proc. C-286/04P, *cit.*
    Sobre o tema, cfr., entre nós, M. Nogueira Serens, «Marcas de forma – parecer», in: *CJ*, ano XVI, Tomo IV, 1991, pp. 59 e ss. e Luís T. Couto Gonçalves, «Marca tridimensional», in: *Nos 20 anos do Código das Sociedades Comerciais – Homenagem aos Profs. Doutores A. Ferrer Correia, Orlando de Carvalho e Vasco Lobo Xavier*, vol. I,

que abarca outros sinais, como é o caso, na nossa opinião, dos sinais genéricos[128].

---

Faculdade de Direito da Universidade de Coimbra, Coimbra Editora, Coimbra, 2007, pp. 139 e ss.

No que tange à marca comunitária, o IHMI recusou 43 pedidos de registo de marcas comunitárias com base neste fundamento, quase sempre associado ao da al.ª b) do art. 7.°, n.° 1 do RMC e, por vezes, também a outros fundamentos de recusa. Referindo-se apenas às al.ªs b) e e) do art. 7.°, n.° 1 RMC, v., p.e., o pedido n.° 001334044 (sinal tridimensional) para produtos da classe 20.ª. Os dados referidos foram retirados da base de dados do IHMI, consultada na Internet, no sítio: *http://oami.europa.eu/search/LegalDocs/la/es_ Refused_index.cfm*, em 15 de Junho de 2008.

[126] Parece ser este o sentido da jurisprudência comunitária sobre o tema. O TJ tem afirmado que os motivos de recusa de registo mencionados no artigo 3.°, n.° 1, da DM são independentes entre si (exigindo exame separado), embora exista uma sobreposição evidente entre eles [especialmente entre as al.ªs b), c) e d)], já que considera que se um sinal cai no âmbito de aplicação da al.ª c) (por ser exclusivamente descritivo) ou da al.ª d) (por ser exclusivamente usual) isso significa que não tem capacidade distintiva para os produtos ou serviços em questão, aplicando-se igualmente a al.ª b). Por outro lado, reconhece que uma marca pode ser destituída de carácter distintivo relativamente a determinados produtos ou serviços "(...) por outras razões para além do seu eventual carácter descritivo" [n.° 86 do Acórdão, de 12 de Fevereiro de 2004, proferido no âmbito caso «Postkantoor», proc. C-363/99, *cit.*, pp. I-1683] ou do seu carácter usual [v. n.° 40 do Acórdão, de 21 de Outubro de 2004, proferido no proc. C-64/02P, no âmbito do caso «Das Prinzip der Bequemlichkeit», *cit.*, *Col.* 2004-10 (B), pp. I-10067].

[127] No mesmo sentido, cfr., entre outros, Luís M. Couto Gonçalves, *Manual...*, cit., p. 171.

[128] Em sentido diferente, v. o Acórdão do TJ, de 16 de Setembro de 2004, proferido no proc. C-404/02, entre Nichols plc e Registrar of Trade Marks, relativo ao caso «Nichols» (in: *Col.* 2004-8/9 (B), pp. I-8517 e ss.) que, no n.° 30, afirma que "tal como um termo da linguagem corrente, um apelido comum pode garantir a função de origem da marca e distinguir os produtos ou os serviços em causa, *desde que não lhe seja oponível um motivo de recusa de registo diferente do previsto no artigo 3.°, n.° 1, alínea b), da Directiva 89/104, a saber, por exemplo, o carácter genérico* ou descritivo da marca, ou a existência de um direito anterior" (itálicos nossos). Daqui parece resultar que o TJ exclui o sinal genérico do âmbito da al.ª b).

Defendendo a integração do sinal genérico na al.ª a), cfr. Alberto Bercovitz Rodríguez-Cano, *Introducción a las Marcas...*, cit., p. 73, embora este autor refira ainda três modalidades de sinais genéricos relativamente às al.ªs b) (sinais genéricos em sentido estrito); c) (sinais genéricos descritivos) e d) (sinais genéricos usuais).

Outros autores defendem que os sinais genéricos estão incluídos no impedimento de registo de marcas previstos na al.ª d) do art. 3.° DM relativo aos sinais usuais. Neste sentido, cfr. Carlos Fernández-Nóvoa, *Tratado...*, cit., p. 201, referindo-se à alteração introduzida na nova *LME* (art. 5.°, n.° 1, al.ª d)). Esta interpretação parece colher apoio no Acórdão proferido, em 4 de Outubro de 2001, no caso «Bravo», proc. C517/99, *cit.* e

Todavia, estes impedimentos de registo não se aplicam se o sinal tiver adquirido, pelo uso que dele tiver sido feito, carácter distintivo (*secondary meaning*[129])[130]. Com efeito, o legislador português transpôs as dispo-

---

é expressamente admitida nas *Directrizes relativas aos procedimentos perante o IHMI (marcas, desenhos e modelos), Parte B – Examen*, cit., n.º 7.7., p. 57.

No sentido defendido no texto, cfr., entre nós, Luís M. COUTO GONÇALVES, *Manual...*, cit., p. 172.

Sobre a (im)possibilidade de aquisição superveniente de capacidade distintiva relativamente aos sinais genéricos, v. *infra* nota 130.

[129] O *secondary meaning* é "um fenómeno, que implica mutações semânticas ou simbólicas, em virtude do qual um sinal originariamente desprovido de capacidade distintiva, por consequência fundamentalmente do uso, aos olhos dos consumidores converte-se em identificador dos produtos ou serviços de um determinado empresário" (JOSÉ ANTONIO GÓMEZ-SEGADE, «Fuerza Distintiva...», *cit.*, p. 352, = «Unterscheidungskraft...», *cit.*, p. 946).

Por força deste fenómeno, oposto à vulgarização da marca, o uso assume relevância jurídica no sentido de permitir a tutela legal de um sinal que, anteriormente carecia de capacidade distintiva (p.e., por ser descritivo), mas que adquiriu um significado *secundário* – assim designado por ter sido conseguido em segundo lugar – que lhe permite ter distintividade. Sublinhando, precisamente, o *significado temporal* da expressão, cfr. J. THOMAS MCCARTHY, *Trademarks and Unfair Competition*, 4.ª ed., vol. 2, West Group, 1997, § 15:6, pp. 15-10.

Uma vez que é através do *uso* que o sinal adquire essa "distintividade superveniente" [a expressão é de JOSÉ ANTONIO GÓMEZ SEGADE, «Fuerza Distintiva...», *cit.*, pp. 352 e s.; e «Unterscheidungskraft...», *cit.*, pp. 946 e s.] é natural que o *secondary meaning* tenha surgido, inicialmente, nos países em que o direito de marca se adquiria com base no uso prévio do sinal.

Como é referido por JOSÉ ANTONIO GÓMEZ SEGADE («Fuerza Distintiva...», *cit.*, p. 356 = «Unterscheidungskraft...», *cit.*, p. 948), o seu reconhecimento parece ter ocorrido, pela primeira vez, nos EUA, onde a expressão pode ter sido usada, em 1872, no caso «Wotherspoon v. Currie», seguindo-se, em 1896, o Reino Unido, no caso *Camel Hair Belting* [citado por WILLIAM CORNISH/DAVID LLEWELYN, *Intellectual Property...*, cit., nm. 16-12, p. 599]. Para maiores desenvolvimentos sobre o estádio actual do *secondary meaning* nos EUA e no Reino Unido, cfr., respectivamente, MCCARTHY, *op. cit.*, vol. II, § 15, pp. 15-1 e ss., e DAVID KITCHIN/DAVID LLEWELYN/JAMES MELLOR/RICHARD MEADE/THOMAS MOODY-STUART/DAVID KEELING, *Kerly's law of trade marks and trade names*, 14.ª ed., Sweet & Maxwell, London, 2005, pp. 195 e ss.

No âmbito dos ordenamentos jurídicos europeus continentais, a Alemanha já no domínio da *Warenzeichengesetz* o reconhecia expressamente (§ 4 III *WZG*). Para maiores desenvolvimentos, cfr. ADOLF BAUMBACH/WOLFGANG HEFERMEHL, *Warenzeichenrecht*, *cit.*, nm. 108, pp. 360 e s. Nos restantes países, a jurisprudência e a doutrina maioritárias também o admitia, recorrendo ao art. 6.º *quinquies*, C (1), da CUP, que preceitua que "para apreciar se a marca é susceptível de protecção deverão ter-se em conta todas as circunstâncias de facto, principalmente a duração do uso da marca". Nesse sentido, cfr., entre outros, LUIGI SORDELLI, *Marchio e «secondary meaning»*, Giuffrè, Milano, 1979, p. 33

(com mais indicações bibliográficas na nota 11) e, entre nós, M. NOGUEIRA SERENS, "A «Vulgarização»...", cit., p. 80.

Não obstante, é indubitável que a DM desenvolveu um papel decisivo no que respeita à consagração legislativa do *secondary meaning* nos ordenamentos jurídicos dos seus Estados-membros. Sobre as disposições da DM relativas ao tema, cfr., entre nós, LUÍS M. COUTO GONÇALVES, *Manual...*, cit., pp. 194 e ss., M. NOGUEIRA SERENS, «Aspectos...», *cit.*, pp. 581 e ss. Cfr. ainda CARLOS FERNÁNDEZ-NÓVOA, *Tratado...*, cit., pp. 203 e ss.

O TJ também teve oportunidade de se pronunciar sobre esta questão. *V.g.*, o Acórdão, de 4 de Maio de 1999, proferido nos procs. C-108/97 e C-109/97, entre Windsurfing Chiemsee Produktions- und Vertriebs GmbH (WSC) v. Boots- und Segelzubehör Walter Huber e Windsurgfing Chiemsee Produktions- und Vertriebs GmbH (WSC) v. Franz Attenberger, respectivamente, no caso «Chiemsee», in: *Col.* 1999-5, pp. I-2810 e ss.; o Acórdão, de 7 de Julho de 2005, proferido no proc. C-353/03, no caso «Have a break», entre Société des produits Nestlé SA e Mars UK Ltd, in: *Col.* 2005-7 (A), pp. I-6149 e ss.; o Acórdão, de 7 de Setembro de 2006, relativo ao proc. C-108/05, proferido no litígio entre Bovemij Verzekering NV e IBM, no caso «Europolis», in: *Col.* 2006-8/9 (A), pp. I-7624 e ss. e o Acórdão proferido, em 20 de Setembro de 2007, no âmbito do proc. C-371/06, que opôs Benetton Group SpA à G-Star International BV, ainda não publicado na *Col.*, mas que pode ser consultado na Internet, no sítio: *http://curia.europa.eu/jurisp/cgi-bin/form.pl?lang=pt*. Sobre a jurisprudência do TJ nesta matéria, cfr., entre outros, CARLOS FERNÁNDEZ--NÓVOA, *Tratado...*, cit., pp. 205 e ss. e ÁNGEL GARCÍA VIDAL, «El *secondary meaning* de un signo como consecuencia de su uso en una marca compuesta [Comentario a la sentencia del TJCE (Sala Segunda) de 7 de julio de 2005, asunto C 353/03, *Société des produits Nestlé SA y Mars UK Ltd.*, Rec. 2005, pags. I-6135 y ss.]», in: CARLOS FERNÁNDEZ-NÓVOA/ /ÁNGEL GARCIA VIDAL/FRANCISCO JAVIER FRAMIÑAN SANTAS, *Jurisprudencia comunitaria sobre marcas – Comentarios, recopilación y extractos sistematizados, 2005*, Editorial Comares, Granada, 2007, pp. 109 e ss.

Sobre a inaplicabilidade do *secondary meaning* às hipóteses de sinais enganosos, v. *infra* e a alguns casos de falta de capacidade distintiva v. nota seguinte.

[130] Não obstante, o *secondary meaning* não abrange todos os sinais desprovidos de capacidade distintiva. É o que resulta, desde logo, da limitação expressa que consta das normas da DM, do CPI e do RMC (arts. 3.°, n.° 3; 238.°, n.° 3; 7.°, n.° 3, respectivamente), que o cingem às hipóteses das al.[as] *b*), *c*) e *d*) dos arts. 3.°, n.° 1 da DM; *a*), *c*) e *d*) do art. 223.° do CPI e 7.°, n.° 3 do RMC, excluindo os casos de marcas de forma.

No nosso Código, é também excluída a marca de cor *per se* (art. 223.°, n.° 1, al.ª *e*)). No entanto, a vinculação à interpretação declarada pelo TJ parece determinar que, também no nosso ordenamento jurídico, seja admitida a possibilidade de as marcas de cor *per se* poderem adquirir capacidade distintiva. No mesmo sentido, cfr. CARLOS OLAVO, *Propriedade industrial*, cit., p. 88.

Com efeito, a jurisprudência comunitária admite que a cor (ou combinação de cores) *per se* tem capacidade distintiva [*V.g.*, o n.° 41 do Acórdão, de 6 de Maio de 2003, proferido no caso «Libertel», proc. C-104/01, cit. in: Col. 2003-5 (A), pp. I-3838; os n.ᵒˢ 37 e ss. do Acórdão, de 24 de Junho de 2004, proferido no proc. C-49/02, relativo ao caso «Heidelberg», em que era parte Heidelberger Bauchemie GmbH, in: Col., 2004-5/6, pp. I-6165 e s. e ainda os n.ᵒˢ 78 e ss. do Acórdão, de 21 de Outubro de 2004, proferido no âmbito do Proc. C-447/02P, entre KWS Saat AG e IHMI, in: Col. 2004-10 (B), pp. I-10154]. No entanto, no n.º 66 do Acórdão proferido no caso «Libertel», é afirmado que "no caso de uma cor só por si, a existência de um carácter distintivo antes de qualquer utilização só é de conceber em circunstâncias excepcionais e, designadamente, quando o número de produtos ou serviços para os quais é pedida a marca é muito limitado e o mercado muito específico" (Col. 2003-5 (A), pp. I-3844).

No que respeita ao registo de marcas comunitárias constituídas por cor foram já recusados 197 pedidos, de acordo com a informação disponível na base de dados do IHMI, acessível na Internet no sítio: *http://oami.europa.eu/search/LegalDocs/la/es_Refused_index.cfm*. Mas o IHMI já registou algumas marcas constituídas por uma cor por si só. V., p.e., a marca comunitária n.º 31336, cor lilás/púrpura (da *Milka*) para produtos da classe 30.ª (chocolates).

Por outro lado, importa assinalar uma relevante diferença comparativamente com o ordenamento jurídico estado-unidense. Neste último o *secondary meaning* apenas releva *juridicamente* para o efeito de protecção como *marca* registada quando se trate de sinais *descritivos*. Isto não significa, porém, que, *na prática*, outros sinais não possam adquirir capacidade distintiva – esta última hipótese corresponde à doutrina denominada *de facto secondary meaning* –, só que o mesmo não releva para efeitos de granjear protecção jurídica através do direito de marca (mas não impede o recurso ao *passing off*).

De acordo com esta doutrina, a aquisição de capacidade distintiva "de facto" jamais pode transformar um termo genérico numa marca. Foi esta tese que fundamentou, entre outras, a recusa do registo como marca da conhecida denominação «Shredded Wheat» por ser considerado um sinal genérico [v. Kellogg Co. v. National Biscuit Co.», 305 U.S. 111 (1938), apud J. THOMAS MCCARTHY, *op. cit.*, vol. II, § 12:47, pp. 12-93]. Por outras palavras, como é referido por MARC C. LEVY («From genericism to trademark significance: deconstructing the de facto secondary meaning doctrine», in: 95 *TMR* (2005) p. 1198), «"de facto" secondary meaning não é necessariamente igual a "de jure" *secondary meaning*. Tal reconhecimento "de jure" é excluído para marcas que não são legalmente tuteláveis, tais como marcas genéricas ou funcionais».

O autor citado defende, porém, a aplicação da *de facto secondary meaning doctrine* aos casos em que a marca foi em tempos genérica, mas já não o é (*op. cit.*, p. 1198) e indica, nas pp. 1208 e ss., decisões do *USPTO*, do *TTAB* e dos tribunais federais que concederam o registo como marca nestas condições. Todavia, como J. THOMAS MCCARTHY (*op. cit.*, vol. II, § 12:46, pp. 12-91) refere, «como é que se poderia produzir prova de secondary meaning para um termo que é genérico? Uma vez determinado ser genérico, qualquer prova de secondary meaning parece contraditória ao próprio conceito de "genérico"».

sições (imperativa[131] e facultativa[132]) da Directiva (art. 3.°, n.° 3 DM), consagrando expressamente a teoria do *secondary meaning* (v. art. 238.°, n.° 3 CPI).

A razão da exclusão da relevância jurídica no que concerne aos sinais genéricos que, mesmo que *de facto*, tenham adquirido capacidade distintiva superveniente, justifica-se pelo interesse geral em manter livremente disponíveis tais sinais. Com efeito, em relação a esses sinais, como muito bem sublinha M. NOGUEIRA SERENS, para além da falta de capacidade distintiva, coloca-se a questão da necessidade de se manterem livres no sentido de poderem ser adoptados por todos os concorrentes. Existe pois, o chamado «imperativo de livre disponibilidade», pelo que, mesmo que o sinal, pelo uso que dele tiver sido feito, adquira um novo significado não-genérico, o seu registo não deve ser admitido por causa do interesse em não restringir indevidamente a sua utilização pelos restantes concorrentes. Sobre o tema, para maiores desenvolvimentos, cfr. M. NOGUEIRA SERENS, "A «vulgarização» da marca...", *cit.*, p. 86.

Atendendo à razão de ser da proibição de registo dos sinais genéricos, defendemos a interpretação restritiva do preceito que prevê a possibilidade de aquisição superveniente de capacidade distintiva de forma a não ser susceptível de aplicação relativamente a estes sinais [no mesmo sentido, cfr., entre nós, M. NOGUEIRA SERENS, "A «vulgarização»...", *cit.*, p. 86, referindo-se à norma da DM e ainda LUÍS M. COUTO GONÇALVES, *Manual...*, cit., p. 198, nota 416]. E isso quer se inclua o sinal genérico na al.ª *b*), como consideramos mais correcto (porque, na nossa opinião, a al.ª *d*) do n.° 1 do art. 3.° da DM, parece referir-se aos sinais que se *tornaram* usuais, i.e., que tiveram capacidade distintiva mas que a perderam, e quando falamos em sinais genéricos estamos a pensar em hipóteses em que originariamente o sinal não tem capacidade distintiva), quer na al.ª *d*), como parece resultar da jurisprudência comunitária (v. nota anterior).

Outros autores, para evitarem precisamente a aplicação da teoria do *secondary meaning* aos sinais genéricos, integram-nos na proibição de registo de sinais sem capacidade distintiva abstracta (cfr., p.e., CARLOS LEMA DEVESA, «Motivos de denegación absolutos», *cit.*, pp. 69 e ss.). No entanto, parece-nos que esta não é a solução mais correcta dado que o sinal genérico tem capacidade distintiva abstracta (pense-se, p.e., no sinal «Apple» [maçã] para distinguir computadores), não tem é capacidade distintiva para os produtos ou serviços cujo nome constitui o sinal (imagine-se o sinal «Apple» para distinguir maçãs [classe 29.ª]).

Em sentido contrário, defendendo que os sinais genéricos são abrangidos pelo *secondary meaning* cfr., entre outros, MARCO RICOLFI, «I fatti costitutivi del diritto al marchio, I soggetti», in: AA.VV., *Diritto industriale – Proprietá intellettuale e concorrenza*, G. Giappichelli Editore, Torino, 2001, pp. 87 e s.; GREGORIO ROBLES MORCHON, *Las marcas en el derecho español (adaptación al derecho comunitario)*, Estudios de Derecho Mercantil (Dir. Juan Luís Iglesias), Editorial Civitas, Madrid, 1995, pp. 105 e ss., e, entre nós, JORGE MANUEL COUTINHO DE ABREU, *Curso...*, cit., pp. 372 e s., nota 89 [ao que designamos no texto como sinais «genéricos», o autor citado refere-se como sinais «específicos»].

[131] O art. 3.°, n.° 3 da DM, na 1.ª parte preceitua, imperativamente, que "não será recusado o registo de uma marca ou este não será declarado nulo nos termos do n.° 1, alíneas *b*), *c*) ou *d*), se, antes da data do pedido de registo e após o uso que dele foi feito,

Além da falta de capacidade distintiva, o legislador prevê como fundamento absoluto de recusa do registo de marca os sinais ilícitos.

Esta ilicitude, entendida numa acepção lata[133], exige a observância quer do princípio da verdade (que se traduz na necessidade de as marcas não serem enganosas[134] e a que nos referiremos de forma detalhada *infra*, uma vez que constitui o objecto desta dissertação), quer dos ditames da moral ou dos bons costumes e da ordem pública[135], quer de estipulações legais ainda que não respeitem especificamente às marcas[136].

---

a marca adquiriu um carácter distintivo". Esta disposição foi transposta para o direito nacional pelo art. 188.°, n.° 3 do Código da Propriedade Industrial anterior, aprovado pelo DL n.° 16/95, de 24 de Janeiro [CPI'95], que equivale ao actual art. 238.°.

[132] O art. 3.°, n.° 3 da DM, na 2.ª parte, prevê duas faculdades relativamente à relevância jurídica do *secondary meaning*. A primeira – o registo não será recusado ou não será declarado nulo, nos termos do n.° 1, alíneas *b*), *c*), ou *d*), se, após o pedido de registo e antes da concessão do mesmo, e depois do uso que tiver sido feito do sinal, a marca tiver adquirido carácter distintivo – já constava do CPI'95 (art. 188.°, n.° 3). A segunda – o registo não será declarado nulo, nos termos do n.° 1, alíneas *b*), *c*), ou *d*), se, após o registo, e depois do uso que tiver sido feito do sinal, a marca tiver adquirido carácter distintivo – foi acolhida com o actual CPI no art. 265.°, n.° 2. Relativamente ao RMC, v. o art. 7.°, n.° 3.

[133] Esta acepção lata não é acolhida, como teremos oportunidade de verificar *infra* (Cap. II, 3., 3.2.2), no art. 336.°, n.° 1 do CPI.

[134] V. o art. 238.°, n.° 4, al.ª *d*) e o art. 265.°, n.° 1, al.ª *a*) do CPI; os arts. 7.°, n.° 1, al.ª *g*); 52.°, n.° 1, al.ª *a*) do RMC, e art. 3.°, n.° 1, al.ª *g*) da DM.

[135] Sobre a relação entre o impedimento de registo de sinal enganoso e o impedimento de registo de sinal contrário à ordem pública e aos bons costumes, v. *infra* 2.3.

[136] V. art. 238.°, n.° 4, al.ª *c*) e art. 265.°, n.° 1, al.ª *a*) do CPI.

Repare-se que a redacção do art. 238.°, n.° 4, al.ª *c*) do CPI é mais ampla do que o estipulado imperativamente no art. 3.°, n.° 1, al.ª *f*) da DM, dado que o nosso legislador parece ter aproveitado a mesma disposição normativa para prever duas situações diferenciadas pela DM: a primeira, respeitante à disposição imperativa do art. 3.°, n.° 1, al.ª *f*) da DM (contrariedade à ordem pública ou aos bons costumes) e a outra, concernente à norma facultativa prevista no art. 3.°, n.° 2, al.ª *a*) da Directiva referida (proibição do uso da marca por força de legislação que não seja a legislação em matéria de direito de marcas do Estado-membro interessado ou da Comunidade).

Do 7.° Considerando da DM resulta que este impedimento abrange as disposições legais que não estão abrangidas pelo direito de marcas (*v.g.*, relativas à concorrência desleal, à responsabilidade civil ou à defesa dos consumidores). Sublinhamos ainda que a CUP, no art. 6.° *quinquies* 3.°, dispõe que "fica entendido que uma marca não poderá ser considerada contrária à ordem pública pela simples razão de que infringe qualquer disposição da legislação sobre as marcas, salvo o caso de a própria disposição respeitar à ordem pública".

Por conseguinte, a menção do art. 238.°, n.° 4, al.ª *c*) à proibição do registo de sinais que contenham, em todos ou alguns dos seus elementos, expressões ou figuras ofensivas

O impedimento de registo como marca abarca ainda os sinais constantes das al.ᵃˢ *a)* e *b)* do n.º 4 do art. 238.º. A primeira respeita às marcas que, sem a competente autorização, sejam constituídas por (i) sinais abrangidos pelo art. 6.º *ter* da CUP[137]; (ii) bandeiras, emblemas ou outros sinais do Estado, municípios ou outras entidades públicas ou particulares, nacionais ou estrangeiras, independentemente de estarem abrangidas pelo art. 6.º *ter* da CUP[138]; e (iii) emblema ou denominação da Cruz Vermelha

---

da legislação nacional ou comunitária, deve ser interpretada restritivamente no sentido de não abarcar as disposições legais específicas sobre marcas, com a ressalva – expressa na CUP – de estas contrariarem a ordem pública.

No que respeita à marca comunitária, v. o art. 7.º, n.º 1, al.ª *f)* e o art. 52.º, n.º 1, al.ª *a)* do RMC.

O IHMI recusou 32 pedidos de registo de marcas comunitárias em que invocou este fundamento (dados colhidos na base de dados do IHMI acessível na Internet no sítio: *http://oami.europa.eu/search/LegalDocs/la/es_Refused_index.cfm*). Em 30 usou-o como único fundamento de recusa do registo. Foi o que sucedeu, p.e., nos pedidos n.ᵒˢ 002223907 (Bin Ladin) para produtos e serviços das classes 9.ª, 12.ª, 14.ª, 18.ª, 25.ª, 28.ª, 35.ª e 41.ª; 001535947 (Dick & Fanny) para produtos e serviços das classes 9.ª, 14.ª, 16.ª, 18.ª, 21.ª, 24.ª, 25.ª, 28.ª-30.ª, 32.ª-34.ª; e 000499103 (BOLLOX) para produtos da classe 28.ª.

[137] Sobre a relação entre este impedimento absoluto de registo e o que concerne aos sinais enganosos, v. *infra* 2., 2.4.

No que respeita ao RMC, v. art. 7.º, n.º 1, al.ª *h)*. O IHMI recusou 67 pedidos de registos de marcas comunitárias com este fundamento, dos quais 61 foram baseados, exclusivamente, naquele. Foi o que sucedeu, p.e., com os pedidos n.ᵒˢ 002793495, (River Woods – sinal figurativo), para produtos e serviços das classes 18.ª, 25.ª e 40.ª; 003149556 (EUROPAHAUS) para produtos e serviços das classes 7.ª, 19.ª, 35.ª, 37.ª e 40.ª; 002673010 (EUR IUX ABOGADOS – sinal figurativo) para os serviços da classe 42.ª; e 001956937 (Swedish Navy – sinal figurativo) para produtos da classe 25.ª. Estes dados foram colhidos na base de dados do IHMI, consultada na Internet no sítio: *http://oami. europa.eu/search/LegalDocs/la/es_Refused_index.cfm.*

Sobre a interpretação do art. 7.º, n.º 1, al.ª *h)* do RMC, v. ainda o acórdão do TJ, de 16 de Julho de 2009, proferido no âmbito dos processos apensos C-202/08 e C-208/08, em que foram partes American Clothing Associates NV e o IHMI (ainda não publicado mas disponível na Internet no sítio: http://curia.europa.eu/jurisp/cgi-bin/form.pl?lang=pt), em que estava em causa a viabilidade do registo como marca comunitária de um sinal composto pela imagem de uma folha de ácer e pelo conjunto das letras «RW» colocado sob essa imagem para produtos e serviços. Os problemas analisados assentaram na protecção a conferir ao emblema de um Estado (Canadá) e à aplicação do art. 6.º *ter* da CUP a serviços.

[138] V. os arts. 238.º, n.º 4, al.ª *c)* e 265.º, n.º 1, al.ª *a)* do CPI. Esta hipótese corresponde à transposição da norma facultativa prevista no art. 3.º, n.º 2, al.ª *c)* da DM.

Sobre a difícil concretização das hipóteses em questão a propósito do RMC, cfr. Luís Alberto Marco Arcalá (*Las causas de denegación*, cit., pp. 272 e ss.) que refere, entre

ou de outros organismos semelhantes. A segunda prevê a recusa do registo com fundamento na composição da marca por sinais com elevado valor simbólico, nomeadamente religiosos, salvo autorização[139].

---

outras, as menções verbais ou siglas dos Estados-membros da UE; as condecorações das administrações, autoridades e instituições da União Europeia e de cada um dos seus Estados membros e até os hinos oficiais dos Estados e Organizações Internacionais.
No que respeita à marca comunitária, v. o art. 7.°, n.° 1, al.ª *i*) ["marcas que incluam emblemas, insígnias ou escudos que não os abrangidos pelo artigo 6.° *ter* da Convenção de Paris e que apresentem um interesse público particular, a não ser que as autoridades competentes tenham autorizado o respectivo registo"] e o art. 52.°, n.° 1, al.ª *a*) do RMC. Diferentemente do que sucede no RMC, a DM não utiliza o adjectivo "particular" (art. 3.°, n.° 2, al.ª *c*)). Segundo LUÍS ALBERTO MARCO ARCALÁ (*Las causas de denegación*, cit., pp. 271 e s.), o uso daquele adjectivo na al.ª *i*) do RMC é apenas uma referência à intensidade do interesse público, querendo significar, numa interpretação restritiva concordante com o carácter proibitivo destas normas, que se há-de tratar de um interesse público fora do comum. Por isso, e apesar das divergências, o Autor citado entende que este requisito se deve estender a ambas as disposições, para delimitar em parte o interesse público como conceito jurídico indeterminado.
No que respeita à aplicação desta norma pelo IHMI, sublinha-se que a mesma foi referida em 16 recusas de registo de marcas comunitárias e em 4 dessas como único fundamento da recusa. V., p.e., os pedidos n.os 003141116 (MEDONE – sinal figurativo) para serviços das classes 35.ª, 43.ª e 44.ª; 002601631 (sinal figurativo) para distinguir produtos das classes 9.ª, 14.ª e 25.ª; e 001092576 (DERME+D EXTRA – sinal figurativo) para produtos das classes 3.ª e 25.ª. Estes dados foram obtidos a partir da base de dados do IHMI consultada na Internet no sítio: *http://oami.europa.eu/search/LegalDocs/la/es_Refused_index.cfm*.
Salientamos ainda que, nalguns casos, tem sido usado o mesmo fundamento conjuntamente com o da al.ª *g*), relativo à marca enganosa, para a recusa de registo de sinais constituídos por estrelas e cores azul e amarela, por lembrarem (e serem susceptíveis de induzir em erro) o símbolo da União Europeia (v., p.e., a recusa de registo de um sinal figurativo como marca comunitária pedido sob o n.° 001014117, para distinguir produtos e serviços das classes 9.ª, 35.ª a 39.ª e 42.ª, ou a recusa de registo de um sinal figurativo como marca comunitária pedido sob o n.° 000462275, para distinguir serviços das classes 35.ª, 36.ª, 38.ª e 41.ª). Sobre esta hipótese de deceptividade, v. *infra* § II., 5., 5.2.
[139] V. os arts. 238.°, n.° 4, al.ª *b*) e 265.°, n.° 1, al.ª *a*) do CPI.
Esta norma corresponde à transposição da faculdade prevista no art. 3.°, n.° 2, al.ª *b*) da DM – de recusar o registo quando da marca faça parte um sinal de elevado valor simbólico e, nomeadamente, um símbolo religioso –, solução que não foi acolhida no Regulamento sobre a marca comunitária. Não obstante, a doutrina maioritária tem entendido que a proibição de registo como marca comunitária deste tipo de sinais é abrangida pela proibição da al.ª *i*) do art. 7.°, n.° 1 do RMC ("marcas que incluam emblemas, insígnias ou escudos que não os abrangidos pelo art. 6.° *ter* da Convenção de Paris e que apresentem um interesse público particular, a não ser que as entidades competentes tenham autorizado

Refira-se ainda que o DL n.º 143/2008, de 25 de Julho, introduziu "novos"[139bis] fundamentos de recusa que respeitam à bandeira nacional. Com efeito, no n.º 5 do art. 238.º repudia-se o registo como marca de sinais compostos *exclusivamente* pela bandeira nacional ou por alguns dos seus elementos e no n.º 6 é contemplada a hipótese de o sinal que se pretende registar conter – entre outros elementos – a bandeira nacional. Nesta última situação determina-se a recusa do registo quando se verificar alguma das situações previstas nas al.ªs *a)* a *c)* do n.º 6 do art. 238.º, ou seja, quando o sinal for susceptível de induzir o público[139ter] em erro sobre a proveniência geográfica (al.ª *a)*) ou a proveniência de entidade oficial (al.ª *b)*) e quando produzir o desrespeito ou desprestígio da bandeira nacional ou de alguns dos seus elementos.

Não cremos, todavia, que estas previsões fossem necessárias na medida em que as mesmas decorrem quer da proibição de registo de sinais enganosos, quer do impedimento absoluto de registo de sinais ofensivos da lei ou da ordem pública. A autonomização – sobretudo da previsão da al.ª *a)* do n.º 4 do art. 238.º – parece ficar a dever-se à vontade do legislador de esclarecer que nestes casos – n.ºs 5 e 6 do art. 238.º – não é possível a autorização para o registo[139quater].

Reportando-nos ainda às alterações nesta matéria resultantes do DL n.º 143/2008, de 25 de Julho, não podemos deixar de saudar a revogação

---

o respectivo registo") ou até mesmo pela proibição da al.ª *f)* do RMC ("marcas contrárias à ordem pública ou aos bons costumes"). Defendendo a integração na al.ª *i)*, cfr., por todos, LUÍS ALBERTO MARCO ARCALÁ, *Las causas de denegación*, cit., p. 274 e CARLOS LEMA DEVESA, «Motivos de denegación absolutos», *cit.*, p. 91, que admite, ainda, a possibilidade de se obstar a tal pedido de registo com base na al.ª *f)* do art. 7.º, n.º 1.

[139bis] As aspas pretendem evidenciar que, em rigor, como é explicitado *infra* não se trata de fundamentos de recusa novos, uma vez que já existiam antes desta alteração embora de forma não autonomizada.

[139ter] Na al.ª *a)* é feita referência ao «público» enquanto que na al.ª *b)* é mencionado o consumidor. Não obstante, cremos que o que se pretende é aludir ao público consumidor dos produtos ou serviços marcados. Sobre este no que respeita ao impedimento absoluto de registo de sinais enganosos v. *infra* § II., 4.

[139quater] Assim, a propósito da alteração assinalada, na p. 25 do documento «Quadro explicativo com as principais alterações agrupadas por modalidade», elaborado pelo INPI (disponível no sítio: *http://www.marcasepatentes.pt/files/collections/pt_PT/43/199/Quadro %20com%20principais%20alterações%20por%20modalidade.pdf*) sublinha-se a "dispensa de autorização para inclusão da bandeira nacional, passando o INPI a zelar pela dignidade do símbolo nacional, aferindo, designadamente, se a utilização requerida o desprestigia ou se induz o público em erro".

da al.ª *e*) do art. 239.° (versão original) relativa às medalhas de fantasia ou desenhos susceptíveis de confusão com as condecorações oficiais ou com as medalhas e recompensas concedidas em concursos e exposições oficiais, uma vez que, na nossa opinião, tal fundamento era e é abarcado pela proibição de registo de sinais enganosos.

Na tese de doutoramento apresentada em data anterior à referida alteração (e que agora é publicada), referíamos que esta proibição teria, provavelmente, a sua génese nos arts. 85.°, 6.° e 7.° da Lei da Propriedade Industrial, de 15 de Dezembro de 1894, que estipulava a recusa do registo de marca que contivesse o desenho de condecorações concedidas pelo governo português e que apresentasse desenhos de medalhas ou se referisse a diplomas ou menções honrosas a que não tivesse direito[140].

Por sua vez, a fonte da referida norma parecia encontrar-se na versão inicial do art. 6.°-*ter*, n.° 10 da CUP, que incluía a palavra "condecorações" e abrangia as distinções honoríficas e medalhas concedidas pelo Estado em relação a certos produtos[141].

Na Conferência Diplomática de Lisboa (1958) – posterior, sublinhe-se, ao CPI'40 –, essa referência foi eliminada do texto da CUP, sem que tenha sido dada qualquer explicação a esse respeito. Mas, como refere STEPHEN LADAS, provavelmente "(...) pensou-se que devia haver consistência entre este parágrafo e o primeiro parágrafo do artigo 6.°-*ter*. A omissão da menção às condecorações no primeiro parágrafo do artigo foi explicada pelo Comité Geral da Conferência de Haia com base no facto de o elevado número de condecorações existentes tornar difícil a execução da obrigação de recusar ou invalidar tais marcas"[142].

No âmbito do RMC, LUÍS ALBERTO MARCO ARCALÁ parece incluir a hipótese em análise no âmbito da proibição prevista na al.ª *i*) do art. 7.°, n.° 1[143-144] [marcas que incluam emblemas, insígnias ou escudos que não

---

[140] Essa previsão foi posteriormente repetida no art. 85.°, 6.° e 7.° da Lei de 21 de Maio de 1896, daí passando para os arts. 93.°, n.° 5 do CPI'40 e 189.°, n.° 1, al.ª *e*) do CPI'95.

[141] Cfr. STEPHEN P. LADAS, *op. cit.*, p. 1247.

[142] Cfr. STEPHEN P. LADAS, *op. cit.*, p. 1247.

[143] E que corresponde à faculdade prevista no art. 3.°, n.° 2, al.ª *c*) da DM.

[144] Nesta hipótese, o impedimento de registo poderia enquadrar-se na faculdade prevista no art. 3.°, n.° 2, al.ª *c*) da DM que estipula que "qualquer Estado-membro pode prever que seja recusado o registo de uma marca ou que o seu registo, uma vez efectuado, fique sujeito a ser declarado nulo quando e na medida em que a marca inclua emblemas, distintivos e escudos diferentes dos referidos no artigo 6.° B da Convenção de Paris e que

os abrangidos pelo artigo 6.°-*ter* da Convenção de Paris e que apresentem um interesse público particular, a não ser que as entidades competentes tenham autorizado o respectivo registo], pois ao concretizar os casos aí subsumíveis refere "as condecorações das administrações, autoridades e instituições da UE e das autoridades e administrações de cada um dos seus Estados membros (...), incluídas no art. 6.°-*ter* CUP até à sua revisão de 1958 em Lisboa"[145]. Acolhendo esta posição chegar-se-ia à conclusão de que a al.ª *e*) seria inútil porquanto desnecessária uma vez que a mesma já resultava da al.ª *a*) do art. 239.° (parte final)[145bis].

---

apresentem interesse público, salvo se o seu registo tiver sido autorizado em conformidade com a legislação do Estado-membro pela autoridade competente".

Assim, para além de ter adoptado esta possibilidade relativamente aos sinais previstos no art. 239.°, al.ª *a*) do nosso CPI [versão original] – que respeitava a sinais do Estado (directa ou indirectamente) e organizações (nacionais ou estrangeiras) –, o legislador nacional aproveitava a faculdade para abranger na proibição sinais de entidades *privadas*. [Esta ideia surge, hoje, reforçada pela referência expressa na al.ª *a*) do n.° 4 do art 238.° do CPI a "entidades públicas ou *particulares*" (itálicos nossos)].

Se não se concordasse com esta leitura, considerando-se que a proibição em causa [al.ª *e*) do art. 239.° da versão original do CPI] não fazia parte do elenco da DM, podia-se questionar se a sua previsão pelo Código Português não seria criticável do ponto de vista comunitário.

Na verdade, é o [actual] 8.° Considerando da DM que reconhece que "(...) a realização dos objectivos prosseguidos pela aproximação pressupõe que a aquisição e a conservação do direito sobre a marca registada sejam, em principio, subordinadas às mesmas condições em todos os Estados-membros; (...) que os motivos de recusa ou de nulidade relativos à própria marca (...) ou relativos aos conflitos entre a marca e os direitos anteriores, devem ser enumerados de modo exaustivo, mesmo que alguns desses motivos sejam enumerados a título facultativo para os Estados-membros, que poderão assim mantê-los ou introduzi-los na sua legislação (...)". Todavia, é o mesmo Considerando que admite que "os Estados-membros poderão manter ou introduzir nas respectivas legislações motivos de recusa ou de nulidade relacionados com condições de aquisição ou de conservação do direito sobre a marca, para as quais não existe qualquer disposição de aproximação (...)". E, de facto, como resulta do que é referido no texto *supra*, o motivo de recusa absoluto consagrado [na versão original] no art. 239.°, al.ª *e*) do nosso Código (mantido de Códigos anteriores) parecia justificável, embora, na nossa opinião, pudesse ser incluído no âmbito da proibição de registo de sinal enganoso (al.ª *l*) da versão original do art. 239.° CPI).

[145] Luís Alberto Marco Arcalá, *Las causas...*, cit., pp. 273 e s. Aliás, antevendo as dificuldades que, provavelmente, levaram à sua exclusão do texto da CUP, o Autor defende que o seu âmbito de aplicação deve ser restringido às imitações de tais condecorações do ponto de vista heráldico (*ult. op. cit.*, p. 274).

[145bis] De resto, admitimos que se possa defender esta posição após a alteração introduzida no CPI pelo DL n.° 143/2008, de 25 de Julho. Com efeito, é possível sustentar que a hipótese até agora prevista na al.ª *e*) do art. 239.° (versão original) é abarcada pela al.ª *a*)

Independentemente desta leitura, defendíamos, face à lei anteriormente vigente e mantemos essa opinião após a alteração legislativa referida, que tal impedimento de registo é abarcado pela proibição de registo de sinais enganosos, pois as "medalhas de fantasia ou desenhos susceptíveis de confusão com as condecorações oficiais ou com as medalhas e recompensas concedidas em concursos e exposições oficiais" são sinais susceptíveis de induzir o público em erro, nomeadamente sobre a qualidade, características ou proveniência geográfica dos produtos ou serviços que pretendem distinguir. Em suma, a previsão da al.ª *e)* era absolutamente desnecessária.

Elencados os impedimentos absolutos de registo em geral, podemos avançar para a análise específica de um deles – o que se refere aos sinais enganosos –, com vista a delimitá-lo, posteriormente, com precisão dos demais motivos (absolutos) de recusa do registo.

## 2. O impedimento de registo da marca enganosa em especial

### 2.1. *Breve excurso histórico*

O Código da Propriedade Industrial estabelece que é recusado o registo de marcas que contenham, em todos ou alguns dos seus elementos, "sinais que sejam susceptíveis de induzir o público em erro, nomeadamente sobre a natureza, qualidades, utilidade ou proveniência geográfica do produto ou serviço a que a marca se destina" (art. 238.º, n.º 4, al.ª *d)*[146]).

---

do n.º 4 do actual art.238.º que se refere aos "símbolos, brasões, emblemas ou *distinções* do Estado, dos municípios ou de outras entidades públicas ou particulares, nacionais ou estrangeiras (...) salvo autorização" (itálicos nossos).

[146] AMÉRICO DA SILVA CARVALHO, *Direito de marcas,* Coimbra Editora, Coimbra, 2004, p. 282, certamente por lapso, afirma "não sabemos a razão por que o nosso Código, não estabelece que as marcas susceptíveis de enganar o público, constitui um dos motivos absolutos de recusa das marcas, como o faz a alínea *g)* do n.º 1 do art. 7.º do R.M.C. Assim este preceito deve considerar-se aplicável no nosso direito". Como resulta do exposto nesta dissertação essa proibição de registo existe no CPI, e como veremos já em seguida, existe há muito.

Relativamente à marca comunitária, v. o art. 7.º, n.º 1, al.ª *g)* do RMC que dispõe que "será recusado o registo: (...) *g)* de marcas susceptíveis de enganar o público, por exemplo sobre a natureza, a qualidade ou a proveniência geográfica dos produtos ou serviços (...)".

Como já tivemos o ensejo de referir, este preceito corresponde ao art. 3.º, n.º 1, al.ª *g*) da Directiva de marcas, cuja transposição foi efectuada pelo art. 189.º, n.º 1, al.ª *l*) do CPI'95[147], embora no nosso Código, tal como sucede no Regulamento sobre a marca comunitária[148], a previsão da nulidade do registo de marcas enganosas esteja contemplada noutro artigo[149].

Não se julgue, porém, que a proibição de registo de marcas enganosas surgiu apenas em 1995. Na verdade, como referimos, na maior parte dos ordenamentos jurídicos esta proibição é bem antiga[150] e, entre nós, remonta a 1883, data da primeira Lei de marcas portuguesa[151].

Efectivamente, e apesar de a proibição de registo de marcas enganosas não surgir nesta Lei de forma autónoma[152] e expressa[153], o art. 5.º, 2.º

---

[147] No CPI'95 estava prevista no mesmo artigo a possibilidade de concessão de marca confundível com outra anteriormente registada com o consentimento do titular (v. n.º 2 do art. 189.º CPI'95). No actual Código esta matéria sofreu alterações relevantes que serão referidas *infra* (v. II., 2.).

[148] V. art. 52.º, n.º 1, al.ª *a*) do RMC.

[149] O art. 265.º, n.º 1, al.ª *a*) preceitua que "para além do que se dispõe no artigo 33.º, o registo de marca é nulo quando, na sua concessão, tenha sido infringido o previsto: (...) *a*) Nos n.ᵒˢ 1 e 4 a 6 do artigo 238.º'". O estudo desta norma vai ser efectuado de forma detalhada *infra* (v. Capítulo II). Neste momento, pretendemos apenas realçar que a consagração explícita desta consequência é uma novidade do actual Código. No CPI'95 a sanção era esta, mas decorria da aplicação da norma geral do art. 32.º CPI'95. Sobre a interpretação desta disposição, cfr. LUÍS M. COUTO GONÇALVES, «Invalidade do registo da marca», in: *Estudos em Homenagem a Francisco José Velozo*, Universidade do Minho/Associação Jurídica de Braga, 2002, pp. 363 e s.

[150] V. *supra* Introdução, II.

[151] Carta de Lei, de 4 de Junho de 1883, sobre marcas de fabricas ou de commercio (in: *Collecção Official da Legislação Portugueza*, anno de 1883, Lisboa, Imprensa Nacional, 1884, pp. 138 e ss.). V. ainda o Regulamento para a execução da lei de 4 de Junho de 1883, aprovado por Decreto de 23 de Outubro de 1883 (in: *Collecção Official da Legislação Portugueza*, anno de 1883, Lisboa, Imprensa Nacional, 1884, pp. 303 e ss.).

[152] Como veremos adiante (v. 2.3.), a proibição relativa às marcas enganosas poderia ainda fundar-se no art. 4.º, § único que estabelecia que não se admitiam marcas que contivessem palavras ou desenhos ofensivos da moral e dos bons costumes.

Na CUP (cuja versão original é, recorde-se, de 20 de Março de 1883) a referência expressa à proibição de registo de sinais enganosos apenas foi introduzida na Conferência Diplomática de Londres, em 1934. Antes dessa data a única possibilidade de obstar a tal registo seria recorrendo ao impedimento de registo de sinais ofensivos da ordem pública (v. *infra* 2.3.).

[153] Na Proposta de Lei n.º 10-F, da sessão da Câmara dos Senhores Deputados, de 15 de Janeiro de 1883 (que pode ser consultada na Internet, no sítio: *http://debates.parla-*

dispunha que "na adopção das marcas de fabrica ou de commercio deverão observar-se os seguintes preceitos: (...) a ninguém é lícito incluir na marca dos productos da sua industria ou dos objectos do seu commercio, a indicação de um paiz, de uma região ou de uma localidade onde não hajam sido produzidos, a não ser que, por costume tradicional, se dê aos productos de uma determinada região do paiz a designação especial de uma localidade pela qual sejam geralmente conhecidos; a designação de uma fabrica ou de um estabelecimento mercantil, que os não tenha fabricado ou negociado; ou, emfim, a inscripção de uma firma ou de um nome proprio de que não possa legitimamente usar".

Da mesma forma o Decreto n.° 6, de 15 de Dezembro de 1894, sobre a Propriedade Industrial[154] dispunha que "será recusado pela repartição de industria o registo da marca: (...) 8.° quando faça falsas indicações de proveniencia" (art. 85.°)[155], disposição que permaneceu inalterada na Lei, de 21 de Maio de 1896, da Propriedade Industrial (v. art. 85.°, 8.°)[156].

O CPI'40[157] previa a recusa do registo das marcas que, em todos ou alguns dos seus elementos, contivessem falsas indicações sobre a natureza, qualidades ou utilidade dos produtos a que a marca se destina (art. 93.°, 10.°) e falsas indicações de proveniência, quer do país, região ou localidade, quer da fábrica, propriedade, oficina ou estabelecimento (art. 93.°, 11.°)[158-159].

---

*mento.pt/?pid=r3*), constava das respectivas Considerações que "as restricções que a lei impõe á adopção das marcas dos industriaes e commerciantes são unicamente dictadas pelo espirito de verdade que, para honra e crédito seu, deve presidir a todas as suas transacções", acrescentando que "é com esse intuito que a lei prohibe toda a falsa indicação de nomes, fabricas, estabelecimentos mercantis ou localidades de producção; e que até em determinados casos exige que o nome ou a firma do industrial ou do commerciante se inscreva na marca de que fizer uso" (p. 57 da Acta da Sessão de 15 de Janeiro de 1883).

[154] *Diário do Governo* n.° 286, de 17 de Dezembro de 1894, pp. 1048 e ss. V. ainda o Regulamento (para a execução do referido Decreto), de 28 de Março de 1895 (in: *Diário do Governo*, de 28 de Março de 1895, pp. 388 e ss.).

[155] Do art. 85.°, 3.° constava a proibição de registo de marca que ofendesse os bons costumes ou a religião.

[156] *Diário do Governo* n.° 119, de 28 de Maio de 1896, pp. 402 e ss.

[157] Código da Propriedade Industrial aprovado pelo Decreto n.° 30 679, de 24 de Agosto de 1940.

[158] O art. 122.° do CPI'40 estabelecia a anulação do registo se tivesse sido infringido o art. 93.°.

[159] Além destas normas, também a que obrigava à utilização da língua portuguesa (v. art. 78.° CPI'40) constituía um corolário do princípio da verdade. Destacando o carác-

Da simples comparação da norma actualmente em vigor (e da norma que constava do CPI'95) com as estipulações normativas anteriores constata-se a importante influência exercida pela Directiva na matéria em análise[160].

Com efeito, graças à Directiva sobre marcas, foram introduzidas alterações significativas na norma que prevê a recusa de registo de marca enganosa no nosso ordenamento jurídico. Estas consistiram, por um lado, na eliminação da exigência de que a marca contivesse elementos *falsos* e na sua substituição pela *susceptibilidade*[161] de engano e, por outro, na estipulação de um elenco aberto na enumeração das características sobre as quais pode incidir o engano, não se limitando desta forma às falsas indicações de proveniência[162].

De facto, uma marca pode enganar por conter efectivamente elementos falsos, mas os casos, porventura, mais frequentes – e que permitiriam, precisamente, escapar à aplicação da norma – são aqueles de sinais que não contendo referências falsas, aludem ou evocam características inexistentes, ou existentes mas não nos moldes sugeridos, e que, por isso, enganam ou *podem* enganar o público.

A maior amplitude da formulação adoptada na Directiva de marcas, *et pour cause* no nosso Código, reforça desta forma o princípio da verdade da marca com claros benefícios para o interesse público geral e, em especial, para os consumidores e concorrentes.

Para este resultado também contribui significativamente a técnica legislativa adoptada: cláusula geral (são proibidos os sinais "susceptíveis de enganar o público") seguida de enumeração exemplificativa ("*por exemplo* no que respeita à natureza, à qualidade ou à proveniência geográfica" [itálicos nossos])[163]. Isto significa que os sinais susceptíveis de induzir em

---

ter preventivo desta norma por comparação com o intuito repressivo da Lei de 1896, que qualificava como concorrência desleal a sua violação, cfr. M. NOGUEIRA SERENS, «A "vulgarização"...», *cit.*, p. 4, nota 1.

[160] Embora a inovação mais importante respeite à previsão da caducidade do registo das marcas que se tenham tornado enganosas pelo uso que delas tiver sido feito. Sobre esta v. *infra* Parte II.

[161] Como teremos oportunidade de verificar, isto não significa, porém, que baste a mera susceptibilidade de engano para se aplicar a norma em questão (v. *infra* § II., esp. 3.).

[162] Sobre as características relevantes para efeitos de aplicação do preceito em análise, v. *infra* § II., 5., 6. e 7.

[163] Sobre as diferenças de redacção do art. 238.º, n.º 4, al.ª *d*) e o texto da DM, v. *infra* Parte II, Cap. II, § I., 6.

erro relativamente a quaisquer características relevantes[164] dos produtos ou serviços em questão são considerados enganosos e, por isso, não é admitido o seu registo como marca.

Vamos focar a nossa atenção no momento em que é apresentado o pedido de registo de um sinal como marca. Começaremos por delimitar o âmbito de aplicação deste impedimento absoluto de registo do de outros que com este estão profundamente relacionados. Esta necessidade decorre, desde logo, da letra do artigo que refere exemplificativamente, como acabamos de verificar, possíveis objectos do engano (*v.g.*, qualidades, utilidade, proveniência geográfica) que lembram outros impedimentos de registo, nomeadamente, o que respeita aos sinais descritivos.

## 2.2. *A delimitação entre o impedimento absoluto de registo de marca enganosa e o de marca descritiva*

### 2.2.1. *O impedimento absoluto de registo de marcas descritivas*

O registo como marca é recusado quando o sinal seja constituído, exclusivamente, por indicações que possam servir no comércio para designar a espécie, a qualidade, a quantidade, o destino, o valor, a proveniência geográfica, a época ou meio de produção do produto ou da prestação do serviço, ou outras características dos mesmos[165].

Esta proibição justifica-se por duas razões atinentes ao próprio sistema concorrencial. Uma respeita ao facto de não possuírem capacidade distintiva, pois referem-se às propriedades e características de produtos ou serviços daquele tipo. Outra reporta-se à necessidade de manter livremente disponíveis – o chamado imperativo de disponibilidade (*Freihaltebedürfnis*)

---

[164] Sobre esta restrição v. *infra* § II., 5.
[165] V. o art. 238.º, n.º 1, al.ª *c*) e o art. 223.º, n.º 1, al.ª *c*) do CPI. No que respeita à marca comunitária, v. o art. 7.º, n.º 1, al.ª *c*) do RMC.
A norma em análise refere os aspectos descritivos mais frequentemente utilizados, mas indica de forma expressa que se trata de um elenco exemplificativo ("ou outras características dos mesmos"), seguindo a técnica legislativa utilizada na DM [art. 3.º, n.º 1, al.ª *c*)] e da fonte de ambas – o art. 6.º *quinquies* B, 2.º da CUP. Sobre as diferenças entre as normas da DM e da CUP, bem como o seu diferente circunstancialismo, cfr. LUÍS ALBERTO MARCO ARCALÁ, «La tipificación...», *cit.*, pp. 123-125; CARLOS FERNÁNDEZ-NÓVOA, *Tratado...*, *cit.*, p. 156, nota 8 e, entre nós, M. NOGUEIRA SERENS, «Aspectos...», *cit.*, pp. 578 e s., nota 5.

– os sinais descritivos para que todos os empresários que operam no sector correspondente do mercado os possam utilizar[166].

Voltando à previsão legal em análise, sublinhamos que o que está proibido é o registo de sinais compostos *exclusivamente* por estas indicações, o que significa que se estas integrarem uma marca com outros elementos (marca complexa) e o conjunto tiver capacidade distintiva, o problema da descritividade já não se coloca. Assim como também não existe se, entretanto, o sinal tiver adquirido capacidade distintiva pelo uso que dele tiver sido feito (*secondary meaning*)[167]. Em qualquer caso isto não quer dizer que o registo do sinal venha, de facto, a ser concedido, pois poderá(ão) existir outro(s) impedimento(s) de registo (p.e., por o sinal ser enganoso).

2.2.2. *Cotejo do âmbito de aplicação dos impedimentos de registo de sinais enganosos e de sinais descritivos*

Do exposto no número anterior resulta que o âmbito de aplicação do impedimento de registo de marca enganosa não se confunde com, e inclusivamente ultrapassa, o da marca descritiva.

Não se confunde porque se o sinal descrever os produtos ou serviços de forma verdadeira (exacta), não se coloca a questão da proibição do registo de marca enganosa, mas apenas de marca descritiva.

Mas pode haver, aparentemente, concorrência entre os referidos impedimentos, e essa existirá sempre que a marca for enganosa por referir características inexactas dos produtos ou serviços. Cremos, contudo, que esse concurso de normas é aparente, pois entendemos que se uma indicação referir características inexactas ou falsas de um produto não há lugar à aplicação do impedimento de registo relativo ao sinal descritivo, mas apenas à proibição de registo de sinal enganoso[168].

---

[166] Como já tivemos oportunidade de referir noutro local (cfr. MARIA MIGUEL CARVALHO, «A Marca Descritiva...», cit., p. 512, nota 11 = «La Marca Descriptiva...», cit., p. 696, nota 2), pensamos que deve ser feita uma distinção entre os sinais que não podem ser registados como marca por lhes faltar capacidade distintiva e os sinais que não podem ser registados como marca por existir em relação a estes um imperativo de livre disponibilidade (i.e., por ser necessário que os operadores económicos no mercado em questão possam usar livremente aquele sinal). Esta distinção não é, porém, pacífica e vai ser abordada novamente *infra* (v. 3.).

[167] V. art. 238.º, n.º 3 CPI e art. 7.º, n.º 3 RMC e *supra* 1.

[168] No mesmo sentido, cfr. ISABELLE MARTEAU-ROUJOU DE BOUBÉE, *op. cit.*, p. 18, e, entre nós, M. NOGUEIRA SERENS, «Aspectos...», *cit.*, p. 579, que sublinha que "como é

Por outro lado, podemos dizer que o impedimento de registo da marca enganosa ultrapassa o impedimento de registo das marcas descritivas porque abrange situações em que a última proibição referida não impede o registo de marca. É o caso de o sinal – cujo registo como marca é solicitado – não ser composto exclusivamente por indicações descritivas. Nessa hipótese o sinal pode não incorrer no impedimento relativo ao carácter descritivo, mas pode, ainda assim, ser susceptível de induzir o público em erro sobre determinadas características dos produtos. Basta pensar nas inúmeras marcas *sugestivas*...

As marcas sugestivas – diferentemente das marcas descritivas (que se referem directa ou explicitamente a determinadas características dos produtos ou serviços[169]) – procedem à evocação ou sugestão dessas qualidades (*lato sensu*)[170] e, por isso, escapam à aplicação da proibição relativa às marcas descritivas. Mas se as características que evocam ou sugerem forem susceptíveis de induzir o público em erro ficam impossibilitadas de ser registadas como marcas por causa do impedimento de registo de marcas enganosas[171].

Além disso, e voltando às marcas descritivas, vimos anteriormente que pode acontecer que esse impedimento seja ultrapassado se o sinal tiver adquirido capacidade distintiva pelo uso que dele tiver sido feito (*secondary meaning*). Mas se o sinal for susceptível de induzir o público em erro incorre noutro impedimento: o dos sinais enganosos, caso em que o registo não pode ser concedido já que em relação a estes não é relevante o facto de terem adquirido carácter distintivo[172].

---

evidente, nem todas as marcas descritivas são marcas deceptivas. Mas, se considerarmos que as marcas não deixam de descrever as características (*lato sensu*) dos respectivos produtos ou serviços quando as descrevem de forma enganosa, ter-se-á de concluir que todas as marcas deceptivas são marcas descritivas".

[169] Neste sentido, cfr. Luís M. Couto Gonçalves, *Manual...,* cit., p. 173 e Jorge Manuel Coutinho de Abreu, *Curso...,* cit., p. 371.

[170] Como Carlos Fernández-Nóvoa (*Tratado...,* cit., p. 187) refere, "(...) a fim de captar a mensagem informativa encoberta por uma denominação sugestiva, o consumidor tem que realizar um esforço intelectual ou imaginativo. Pelo contrário, uma denominação descritiva comunica imediatamente ao consumidor médio a correspondente informação sobre as características do produto ou do serviço".

[171] Naturalmente desde que se verifiquem os requisitos para a aplicação da norma que são analisados *infra* (v. § II.).

[172] Como já tivemos oportunidade de referir, o *secondary meaning* é um fenómeno relevante para efeitos de aquisição de capacidade distintiva. No caso de sinais enganosos a questão que se coloca não é de falta de capacidade distintiva, mas de licitude (v. *supra* 1.).

O caso mais relevante de marcas descritivas na prática é, indubitavelmente, o que se refere aos sinais que contenham nomes geográficos, que constituem também um dos mais frequentes instrumentos de engano veiculado pelas marcas.

Como CAROLINE BUHL refere, "(...) a marca geográfica tem vocação, por causa da sua essência particular, para cair na proibição dos sinais desprovidos de carácter distintivo, desde logo se ela indica a proveniência geográfica efectiva do bem sobre o qual ela tende a ser aposta, ou a ser ilícita por ser de natureza a induzir o público em erro sobre a origem geográfica do produto designado se, pelo contrário, o nome do lugar escolhido a título de sinal distintivo não corresponde ao lugar de onde provém o produto"[173]. Impõe-se, por isso, o tratamento mais detalhado deste tema.

---

[173] CAROLINE BUHL, *Le droit des noms geographiques*, Collection du C.E.I.P.I. 42, Paris, Litec, 1997, p. 123.

Nos EUA, quando os sinais contêm termos geográficos, esta forte ligação entre sinais enganosos e descritivos é bem evidente nas chamadas «deceptively misdescriptive geographic marks». Estas são marcas que contêm indicações que referem uma proveniência geográfica que não é exacta e que se distinguem das chamadas «primarily geographically descriptive marks» [que correspondem a indicações que se referem à real proveniência do bem (caso contrário, estaríamos perante uma «deceptively misdescriptive geographic mark» ou «deceptive mark») e que denotam, principalmente, essa ligação geográfica].

O interesse da diferenciação entre as «deceptively misdescriptive geographic marks» e as «deceptive marks», antes das alterações introduzidas no *Lanham Act* pelo *1993 NAFTA Amendments*, respeitava à possibilidade de inscrição das primeiras no *Principal Register*, se tivessem adquirido *secondary meaning* ou, se não respeitassem esta condição, no *Supplemental Register*, enquanto que as «deceptive marks» nunca podiam ser registadas, nem no *Principal Register*, nem no *Supplemental Register*.

Com efeito, a lei estado-unidense, antes da referida alteração, previa que as marcas insusceptíveis de registo no Registo principal e que não fossem proibidas pela Secção 1052 (*a*)-(*d*) eram susceptíveis de registo no Registo suplementar, desde que a marca tivesse capacidade distintiva dos produtos ou serviços no comércio. A finalidade do Registo suplementar é permitir ao titular da marca que ainda não tenha adquirido *secondary meaning* a obtenção de registo nos países em que seja exigido o registo no país do domicílio e ajudar a prevenir pirataria estrangeira dessas marcas. Todavia, o registo no *Supplemental Register* não concede os benefícios que acompanham o registo no *Principal Register* (cfr. PETER A. ALCES/HAROLD F. SEE, *The commercial law of intellectual property*, Little, Brown and Company, Boston/New York/Toronto/London, 1994, § 6.7.2.1., p. 213, BEVERLY W. PATTISHALL/DAVID C. HILLIARD/JOSEPH N. WELCH II, *Trademarks and unfair competition – deskbook*, 2.ª ed., LexisNexis, 2003, § 3.03 [1] e s., pp. 45 e ss. e ainda, resumidamente, ARTHUR R. MILLER/MICHAEL H. DAVIS, *Intellectual*

## 2.2.2.1. As marcas constituídas por nomes geográficos inexactos

A relevância do uso de nomes[174] geográficos manifesta-se na influência que estes sinais comummente têm nas escolhas dos consumidores[175] e, consequentemente, na sua ampla utilização pelos agentes económicos, em especial no que respeita a produtos agro-alimentares[176-177].

---

*property – patents, trademarks and copyright in a nutshell*, 3.ª ed., West Group, St. Paul, Minn., 2000, pp. 186 e s.).

Actualmente, o interesse prático da distinção entre as «deceptively misdescriptive geographic marks» e as «deceptive marks» é nulo já que por força das alterações introduzidas deixou de existir um regime diferenciado, o que significa que, actualmente, as «deceptively misdescriptive geographic marks» não podem ser registadas em nenhum dos *Registers*. Sobre o tema, cfr. ainda J. THOMAS MCCARTHY, *op. cit.*, vol. II, §§ 14:26 e ss., pp. 14-42 e ss.

[174] Optamos por utilizar a expressão "nomes geográficos", mas não queremos cingi--la aos sinais nominativos. De facto, a associação com um determinado local geográfico pode ser desencadeada quer por sinais nominativos (p.e., Paris), quer por sinais figurativos [imagens de monumentos (p.e., Torre Eiffel) ou de trajes típicos muito conhecidos (p.e., o traje típico holandês), etc.]. CARLOS FERNÁNDEZ-NÓVOA faz esta distinção utilizando as expressões «denominação geográfica directa» e «denominação geográfica indirecta» (*La protección internacional de las denominaciones geograficas de los productos*, Editorial Tecnos, Madrid, 1970, p. 2) e esta classificação foi seguida por outros autores, cfr., entre outros, MANUEL AREAN LALÍN, «Definición y protección jurídica de las indicaciones geograficas», in: *ADI*, Tomo XIV, 1991-92, p. 68. Apenas pretendemos evitar o uso da expressão "indicações geográficas" ou "denominações" para que se não confunda com um dos direitos privativos industriais reconhecidos, que teremos oportunidade de referir (v. *infra* II., 1., 1.2.1.).

[175] Cfr. CAROLINE BUHL (*op. cit.*, p. 99) que refere que "os nomes geográficos representam, com efeito, sinais cobiçados pelos eventuais requerentes por causa da sua conotação histórica, sentimental, exótica ou prestigiosa. Assim, os topónimos cuja acepção raramente é neutra permitem àqueles que se apropriam deles aproveitar ao mesmo tempo o conteúdo pré-existente que eles veiculam, evitando o esforço publicitário de início que consiste em dotar de um significado semântico um termo abstracto ou de fantasia". No mesmo sentido, cfr. J. THOMAS MCCARTHY, *op. cit.*, vol. II, § 14:36, pp. 14-57.

[176] Neste sentido cfr., por todos, SILVIA MAGELLI, «Marchio e nome geografico», in: *Studi di Diritto Industriale in onore di Adriano Vanzetti – Proprietà Intellettuale e Concorrenza*, Tomo II, Giuffrè Editore, Milano, 2004, p. 910 (=*Il Futuro dei Marchi e le Sfide della Globalizzazione* (AA.VV.), Università degli Studi di Parma, 1/2002, Padova, CEDAM, p. 56). Cfr., ainda, J. P. REMÉDIO MARQUES, *op. cit.*, p. 430.

Sobre os interesses predominantemente públicos ou privatísticos envolvidos na questão, sobretudo da perspectiva da legislação comunitária sobre produtos agro-alimentares, cfr. o interessante estudo de ANDREA NERVI, «Le denominazioni di origine protetta ed i marchi: spunti per una ricostruzione sistemática», in: *RDComm.*, anno XCIV (1996), parte prima, pp. 987 e ss.

A problemática das marcas que contenham este tipo de sinais é discutida desde há muito[178] e as diferentes soluções adoptadas nos variados ordenamentos jurídicos, mais do que lutas entre os países desenvolvidos e em desenvolvimento[179], traduzem "uma fricção entre as sensibilidades do 'Velho Mundo' e do novo, bem como um cisma ideológico entre as diferentes perspectivas nacionais noutras áreas do direito, tais como anti-trust; algumas jurisdições favorecem a protecção do consumidor sobre a protecção do produtor"[180]. Por isso, temos alguns ordenamentos jurídicos em que praticamente são recusados os pedidos de registo como marcas de sinais constituídos por nomes geográficos, enquanto que noutros o registo é admitido mediante certas condições.

A nossa abordagem incide, em especial, sobre as previsões normativas nacional e comunitária, sem considerar, por agora, a eventual existência de denominação de origem ou indicação geográfica registada[181].

No que respeita às marcas compostas por nomes geográficos, o princípio geral estabelecido, em ambas, é que a marca não pode ser composta exclusivamente por nomes geográficos[182], nem pode ser composta por nomes geográficos enganosos. Esta solução justifica-se quer pela necessidade de respeitar o interesse colectivo em manter disponíveis esses

---

[177] Porém, isto não impede que a referida alusão geográfica seja relevante também para produtos não agro-alimentares. V. o exemplo referido por MOLLY TORSEN («Apples and oranges (and wine): why the international conversation regarding geographic indications is at a standstill», in: *JPTOS*, January 2005, p. 33) relativo à indústria de perfumes.

[178] Na verdade, como CAROLINE BUHL (*op. cit.*, p. 99) refere, alguns autores defendem que o nome geográfico não é apto para formar uma marca porque a sua vocação natural é designar um lugar e não distinguir produtos. E, por outro lado, porque "(...) os nomes geográficos são indispensáveis na vida quotidiana, pertencem ao domínio público e pode considerar-se que nenhum indivíduo tem o direito de se apropriar deles, registando-os como marca" (GEORGES BONET, «La marque constituée par un nom géographique en droit français», in: *Rapport au Colloque organisée le 26 avril 1990 par l'ADIP II*, JCP, 1990, éd. Ent.II n.º 15931 *apud* CAROLINE BUHL, *op. cit.*, pp. 99 e s.).

[179] Defendendo que o ADPIC representa um compromisso entre os países industrializados e aqueles em vias de desenvolvimento, cfr. TUNISIA L. STATEN, *op. cit.*, p. 221.

[180] MOLLY TORSEN, *op. cit.*, p. 32.

[181] V. *infra* II., 1., 1.2.1.

[182] Para além dos motivos indicados no texto, alguns autores referem a falta de capacidade distintiva. Relativamente à prática estado-unidense, cfr. J. THOMAS MCCARTHY, *op. cit.*, vol. II, § 14:1, p. 14-2, que afirma que estes sinais são vistos como não sendo "inerentemente distintivos" e, por isso, exige-se-lhes a prova de *secondary meaning* para poderem ser registados.

nomes[183] – que implica que esses possam ser usados por todos os agentes económicos que exerçam a sua actividade económica naquele local[184], quer pela premência de evitar a susceptibilidade de indução em erro do público consumidor – que torna indispensável que os nomes geográficos correspondam à proveniência geográfica dos produtos ou serviços em causa.

Sendo estes os motivos que justificam o impedimento de registo como marcas dos nomes geográficos e, sem perder de vista a importância sócio-económica que a utilização dos mesmos acarreta no domínio comercial, compreende-se que não exista uma proibição *tout court* do registo destes sinais como marcas: os limites à concessão do registo dependem da verificação, em concreto, da existência de um dos (ou de ambos) fundamentos que a justificam.

Ora, esses fundamentos não se verificam, desde logo, se se tratar de uma marca *colectiva* de associação ou de certificação. Estas podem ser compostas exclusivamente por nomes geográficos (v. art. 228.°, n.° 2 do CPI)[185], porque não conferem ao seu titular o direito de proibir que um terceiro use esses sinais ou indicações no comércio, desde que o faça em conformidade com as práticas honestas em matéria industrial ou comercial[186].

Vamos então cingir a nossa análise às marcas individuais, relativamente às quais também se verificam situações que escapam à proibição referida. Pense-se em sinais constituídos exclusivamente por nomes geográficos que não referem com exactidão a proveniência geográfica dos produtos que distinguem e que são susceptíveis de registo como marcas, precisamente, porque em relação a esses não se verifica nenhuma das ra-

---

[183] Vigora aqui o já referido imperativo de livre disponibilidade que, com características diferentes e sob a veste do interesse geral, encontrou algum apoio no Acórdão do TJ, de 4 de Maio de 1999, proferido no caso *Chiemsee*, no âmbito dos procs. C-108/97 e 109/97, *cit.* (v. n.° 26, in: *Col.* 1999-5, p. 2823).

[184] Cfr. ARPAD BOGSCH, «Conflitto fra denominazioni di origine e marchi», in: *RDI*, 1978, I, p. 189, relativamente às preocupações dos países em desenvolvimento.

[185] Relativamente ao RMC, v. os arts. 64.° e ss. Sobre este tema, cfr. MARIA MIGUEL CARVALHO, «Marcas Colectivas...», *cit.*, pp. 215 e ss.

[186] E isto apesar de o nosso legislador se ter "esquecido" de consagrar expressamente esta limitação, pois corresponde a uma disposição imperativa da DM (art. 15.°, n.° 2) o que possibilita a sua aplicação directa. Sobre esta questão cfr. ALBERTO FRANSCISCO RIBEIRO DE ALMEIDA, *Denominação de origem e marca*, Coimbra Editora, Coimbra, 1999, p. 363 e MARIA MIGUEL CARVALHO, «Marcas Colectivas...», cit., p. 236.

zões indicadas que justificam a recusa do registo. É o caso das chamadas *marcas de fantasia* ou usadas fantasiosamente – sinais que não têm um significado concreto ou tendo-o não são relacionadas com o mesmo – de que são exemplos clássicos: *Ártico* para distinguir bananas ou *Montblanc* para assinalar canetas[187].

Também nas hipóteses de os sinais serem constituídos exclusivamente por nomes geográficos, que refiram com exactidão a proveniência geográfica dos produtos, escapam à proibição geral de registo como marca aqueles compostos pelo nome de um local que pertence ao requerente do registo, pois aqui não se verifica um imperativo de livre disponibilidade[188].

Excluindo da nossa análise as hipóteses que acabámos de referir, podemos afirmar que, em princípio, é recusado o registo de sinais compostos *exclusivamente* por nomes geográficos, a não ser que o requerente prove que este adquiriu capacidade distintiva pelo uso que dele tiver sido feito[189]

---

[187] KARL-HEINZ FEZER (*Markenrecht*, § 8 Abs, nm. 311, p. 545) refere como sendo susceptível de registo, para além das marcas compostas por indicações de origem geográfica fantasiosas, aquelas em que, por existirem condições especiais, fica excluída a hipótese de o tráfico entender as indicações de proveniência geográfica como correspondentes à origem do produto. É o caso, referido pelo autor citado, de a indicação de proveniência geográfica transmitir apenas uma imagem geral de luxo e exclusividade do produto.

STEPHAN P. LADAS (*Patents, trademarks, and related rights – national and international protection*, vol. II, Harvard University Press, Cambridge, Massachusetts, 1975, pp. 1011 e s.) refere que também não existem dúvidas quanto à protecção de nomes geográficos que correspondem ao nome de uma pequena vila ou cidade residencial em que não existem indústrias, bem como se o nome geográfico tem um outro significado, sendo este muito mais conhecido [o Autor refere como exemplo a palavra Magnólia que é o nome de uma pequena estância veraneia do Massachussets, mas que é mais conhecido como nome de uma árvore]. No mesmo sentido, cfr. MARIO LIBERTINI («Indicazioni geografiche e segni distintivi», in: *RDComm.*, anno XCIV (1996), parte prima, p. 1045) que justifica a excepção relativa aos nomes geográficos que designam pequenas localidades pela improbabilidade de surgirem conflitos de interesses entre a pluralidade dos produtores, faltando, por conseguinte, as justificações da proibição de uso em marcas de nomes geográficos.

[188] Neste sentido, cfr. LUÍS M. COUTO GONÇALVES, *Manual...*, cit., p. 176 e M. NOGUEIRA SERENS, «Aspectos...», *cit.*, p. 590, nota 20.

[189] Criticando a falta de distinção expressa pelo TJ no Acórdão relativo aos procs. C-108/97 e C-109/97, caso «Chiemsee», *cit.* [e pela DM], para efeitos de aplicação do *secondary meaning*, entre marcas cujo registo foi recusado por lhes faltar capacidade distintiva no sentido do art. 3.º, n.º 1, al.ª *b*) da DM e aquelas que tinham capacidade distin-

e, mesmo nesta hipótese, sem prejuízo da aplicação do impedimento de registo de sinais enganosos[190].

No que respeita especificamente à proibição de registo como marca de sinais enganosos quanto à proveniência geográfica, o problema principal com que deparamos consiste em determinar quando é que estamos perante um nome geográfico enganoso, insusceptível de ser registado como marca.

Como refere J. THOMAS MCCARTHY[191], ao usar uma marca geográfica em produtos não provenientes do local referido pela marca, o usuário tem de se mover cuidadosamente entre o uso meramente arbitrário e o uso enganoso. Na verdade, se há casos que não suscitam dúvidas por ser evidente o carácter fantasioso do sinal (p.e., *Pólo Norte* para distinguir bananas) sendo possível o registo, outros existem em que essa distinção não se afigura tão fácil.

Atendendo à *ratio* da proibição geral – imperativo de livre disponibilidade dos nomes geográficos para os concorrentes instalados no local em questão e a proibição de engano do público consumidor – julgamos que o impedimento de registo deve abranger os (mas também limitar-se aos) casos em que o nome geográfico que figure da marca seja susceptível de influenciar a decisão de compra do público consumidor[192-193].

---

tiva nesse sentido, mas cujo registo foi recusado por existir um imperativo de livre disponibilidade, cfr. M. NOGUEIRA SERENS, «Aspectos...», *cit.*, pp. 592 e ss., nota 23.

[190] E também sem prejuízo da aplicação de algum dos impedimentos relativos de recusa do registo, em especial o previsto na al.ª c) do n.º 1 do art. 239.º, que será referido *infra* em II., 1., 1.2.1.

[191] J. THOMAS MCCARTHY, *op. cit.*, vol. II, § 14:7, p. 14-13.

[192] Neste sentido, cfr. J. THOMAS MCCARTHY, *op. cit.*, vol. II, § 14:7, pp. 14-12 e ss.; KARL-HEINZ FEZER, *Markenrecht,* cit., § 8 Abs. 2, nm. 310, p. 545.

Sobre este requisito, v. esp. *infra* § II., 5.

[193] Em sentido diferente, cfr. ALBERTO FRANCISCO RIBEIRO DE ALMEIDA, «Denominações geográficas e marca», in: AA.VV., *Direito Industrial,* vol. II, 2002, pp. 386 e s., que, invocando o imperativo da livre disponibilidade dos nomes geográficos, vai mais longe, sustentando que "(...) ainda que não "passe pela cabeça" do consumidor que naquele local se produzem mercadorias idênticas ou similares àquelas que a marca pretende distinguir, o nome geográfico deverá ser reservado para os actuais e futuros interessados (comerciantes, produtores, etc.) daquele local. E, mesmo que o público desconheça que o nome com o qual a marca se pretende constituir é um nome geográfico (desconhece completamente a sua existência), este deverá, do mesmo modo, ficar reservado para os actuais e futuros interessados daquele local".

No que tange a este requisito específico – que só se verificará, obviamente, se esse nome não for desconhecido[194] do público consumidor –, pensamos que não deve ser exigido um «elemento valorativo de conexão» entre o nome invocado e os produtos assinalados, sendo suficiente que o consumidor possa *razoavelmente* admitir que aqueles produtos têm a proveniência geográfica invocada pela marca *e* esse factor seja susceptível de influenciar a sua decisão de compra[195-196]. É esta a solução que decorre do

---

[194] Não se exige que a localidade e os seus produtos sejam (bem) afamados ou com reputação reconhecida no mercado (CARLOS FERNÁNDEZ-NÓVOA, *Tratado...*, cit., p. 192).
 Aplicando a proibição de registo mesmo tratando-se de nomes geográficos desconhecidos para o consumidor, cfr. ALBERTO FRANSCISCO RIBEIRO DE ALMEIDA, «Denominações geográficas e marca», *cit.*, pp. 386 e s.
[195] Neste sentido, cfr., M. NOGUEIRA SERENS, «Aspectos...», *cit.*, p. 614. Sobre a exigência do «elemento valorativo de conexão» ao abrigo do CPI'40, v. *infra* nota 197.
[196] Da mesma forma parece ser este o entendimento, sufragado maioritariamente, na jurisprudência nacional desde a vigência do CPI'95. Nesse sentido, *v.g.*, o Acórdão, de 23 de Janeiro de 2001, proferido pelo STJ, no processo de registo da marca nacional n.º 211728 (*Budweiser*), in: *BPI* 9/2001, pp. 3240-3249, que recusou o registo da marca pedida pela Anheuser-Busch para produtos da classe 5.ª (cerveja, cerveja branca, cerveja presta, bebidas não-alcoólicas e xaropes para fazer bebidas) por se tratar da tradução para alemão da cidade České Budějovice da ex-República Socialista da Checoslováquia. [Sobre este caso, cfr. ANTÓNIO CORTE-REAL, «The Budweiser case in Portugal», in: [2002] 1 *EIPR*, pp. 43 e ss. e *infra* II., 1.2.1.]. Na mesma linha, v. ainda o Acórdão da RL, de 1 de Abril de 2003, proferido no processo de registo da marca nacional n.º 318949 (*Queijo de Cabra Puro – Palhais*), in: *BPI* 10/2003, pp. 3477-3480, e as sentenças do TCL proferidas no âmbito do processo que acabamos de referir e, em 9 de Fevereiro de 2004, no processo de registo da marca nacional n.º 325255 (*Queijo Ilha Graciosa Picante*), in: *BPI* 7/2004, pp. 2392-2393.
 Também na sentença da 4.ª Vara Cível da Comarca de Lisboa, de 14 de Julho de 2000, proferida no processo de registo da marca n.º 641766 (*Sintra*), in: *BPI* 11/2002, p. 3729, parece ter sido abandonado o anterior critério jurisprudencial, embora no caso concreto com o resultado surpreendente de se recusar o registo da marca *Sintra* para automóveis e partes destes por se ter considerado que "(...) dificilmente uma marca que apenas contenha a expressão «Sintra» deixará de ser associada aquela região, não obstante não tenha nada a ver com a mesma.
 Assim sendo, verifica-se a forte possibilidade de confusão (...) sobre a proveniência do produto que a recorrente pretende assinalar" (v. sentença cit., p. 3729).
 Em sentido diferente, nos tribunais de 1.ª Instância ainda se encontram algumas sentenças em que é referido o elemento valorativo de conexão entre o produto e o nome geográfico cujo registo é solicitado. *V.g.*, as sentenças do TCL, proferidas nos processos de registo das marcas internacionais n.º 704450, *Quénia*, de 4 de Novembro de 2002 (in: *BPI*, 4/2003, pp. 1185-1187) que concedeu o registo para produtos da classe 5.ª (produtos farmacêuticos, à excepção das preparações para o tratamento de doenças tropicais e outras

CPI[197], por força das alterações entretanto introduzidas e que são objecto de análise detalhada adiante (§ II.).

doenças especialmente relacionadas com o Quénia ou África), por faltar o referido elemento valorativo de conexão e n.º 712 220, *Suiss*, de 15 de Julho de 2002, (in: *BPI*, 12/2003, pp. 4394-4396) para cervejas, águas minerais gasosas e outras bebidas não alcoólicas; bebidas de frutos e sumos de frutas, xaropes e outras preparações para fazer bebidas, pedido por uma empresa espanhola [o registo foi concedido precisamente por se julgar não existir qualquer elemento valorativo de conexão). V. ainda a sentença do TCL, proferida no processo de registo da marca nacional n.º 358 739, s/d (in: *BPI*, de 26/12/2007, pp. 7 e ss.) que, relativamente ao sinal «Duportiz» para assinalar produtos da classe 33.ª (bebidas alcoólicas, excepto cerveja), afirma: "não temos qualquer dúvida que, para o grande público consumidor, a quem se destinam estes produtos, não há imediatamente uma relação óbvia entre eles e a região demarcada do Douro – ao contrário do que sucederia, *v.g.* se falássemos de vinho, em todas as suas variantes e aguardentes vínicas e bagaceiras.

Não sendo a região demarcada do Douro conhecida pela produção de outras bebidas alcoólicas, o sinal em causa seria susceptível de genericamente ser apreendido como denominação de fantasia e não como indicação da proveniência do produto" (sentença *cit.*, p. 12). O Tribunal acabou, porém, por revogar o despacho de concessão do registo por considerar que há violação da denominação de origem registada «Porto» e susceptibilidade de indução em erro sobre a natureza e qualidades dos produtos assinalados. Sobre o impedimento de registo de sinais que constituam infracção de direitos de propriedade industrial, v. *infra* II., 1.2.1.

Também a Relação de Lisboa defendeu a necessidade do elemento valorativo de conexão no Acórdão, de 29 de Junho de 2004, proferido no âmbito do processo de registo da marca nacional n.º 355 383, *Ipanema d'Ouro* (in: *BPI* 5/2005, pp. 1603 e ss.), recusando o seu registo para café, sucedâneos de café e bebidas à base de café. Aqui apesar de reconhecer expressamente que "(...) o público consumidor associa com facilidade Ipanema com o Brasil em geral e o Rio de Janeiro em particular, exactamente por ser uma praia muito conhecida (...)", atende ao facto de "esta região não ser associada à produção ou comercialização de café, pelo que, directamente, a marca registanda não seria associada a essa localidade. Não teria, pois, um significado geográfico, susceptível de conduzir à recusa do registo de marca, por não ser susceptível de induzir em erro o consumidor (...)". Mas acaba por recusar o registo porque "(...) sendo essa praia muito conhecida e sabendo-se que se situa no Rio de Janeiro, logo, no Brasil, parece que deverá entender-se que o público faz uma associação entre a marca e o café produzido no Brasil, sendo assim induzido em erro. É que não parece que seja absolutamente necessário que o local ou região seja conhecido em si como relacionado com o produto. Bastará que esse local seja associado, por exemplo, ao país de origem, desde que este seja muito conhecido como produtor do bem em causa, como sucede com o Brasil relativamente ao café (...)".

[197] Na vigência do CPI'40 – cujo art. 93.º preceituava que "será recusado o registo das marcas que (...) em todos ou alguns dos seus elementos, contenham: (...) 11.º Falsas indicações de proveniência, quer do país, região ou localidade, quer da fábrica, pro-

Assim, é proibido o registo de uma marca que contenha um nome geográfico – que não é desconhecido do público consumidor e que influencie ou possa influenciar a sua decisão de compra – se for susceptível de induzir em erro quanto à proveniência geográfica e/ou qualidade dos produtos ou serviços em questão[198].

---

priedade, oficina ou estabelecimento; (...)" –, a questão em apreço era muito controvertida.
    O STJ interpretou a referida disposição afirmando que "(...) para os efeitos do n.º 11 do artigo 93.º do Código da Propriedade Industrial em vigor, as falsas indicações de proveniência só são relevantes à recusa do registo da marca *quando haja um elemento valorativo de conexão do produto com a localidade ou região*, e não uma mera referência à localidade ou região que, neste caso, é irrelevante, por não haver falsa indicação de proveniência" (itálicos nossos) (V. Acórdão do STJ, de 20 de Fevereiro de 1970, relativo ao pedido de registo da marca *Scotch-Tred*, in: *BMJ* 194, pp. 261 e ss. e, esp. 263). E esta tese foi sufragada pela maioria da jurisprudência (V., entre outros, o Acórdão da RL, de 30 de Janeiro de 1985, in: *BPI* 7/1988, pp. 2616 e ss., relativo ao pedido de registo da marca *Bristol*).
    Não obstante, por um lado, algumas sentenças não exigiam o referido elemento [v., p.e., a sentença do 10.º JCCL, de 17 de Maio de 1983 (in: *BPI* 7/1988, pp. 2616 e ss.), proferida no processo de registo da marca *Bristol*; a sentença do 2.º JCCL, de 22 de Outubro de 1982 (in: *BPI* 11/1986, pp. 3493 e s.) proferida no processo de registo da marca *Bulgarie*; a sentença do 10.º JCCL, de 13 de Fevereiro de 1981 (in: *BPI* 18/1987, pp. 2231 e ss.) proferida no processo de registo da marca *Áustria-Madison*; a sentença da 5.ª Vara Cível da Comarca de Lisboa, de 10 de Outubro de 1970 (in: *BPI* 12/1970, pp. 2162 e s.), proferida no processo de registo da marca *Helvetia*; e a sentença do 5.º JCCL, de 22 de Dezembro de 1962 (in: *BPI* 1/1963, p. 7) proferida no processo de registo da marca *Arc de Triomphe*] e, por outro, alguma doutrina criticava esta interpretação restrita. Neste sentido, cfr. M. NOGUEIRA SERENS («Vulgarização...», *cit.*, pp. 47 e ss., nota 14 e, mais recentemente, embora ainda na vigência do CPI'95, «Aspectos...», *cit.,* pp. 615 e s.) que defende que "(...) mesmo que se continuasse a entender que o art.93.º, n.º 11.º, só contemplava a hipótese de a marca registada integrar o nome de um lugar que, por si só, caracterizasse e recomendasse os produtos em causa aos olhos da clientela (indicação de proveniência em sentido estrito), sempre se teria de recusar o registo de marcas compostas com nomes geográficos que, pelo seu impacto publicitário, recomendassem os produtos (embora os não caracterizassem), como aconteceria se o nome geográfico em causa fosse (como tal) conhecido dos círculos relevantes do tráfico e uma parte não insignificante desses círculos admitisse que o seu lugar de produção podia ser aquele que a marca indicava. Em última instância (...), para fundamentar esta solução, imposta pelo (correcto entendimento do) principio da verdade da marca, poder-se-ia recorrer à cláusula geral do art. 212.º do Código da Propriedade Industrial então em vigor ou mesmo às disposições do Código da Publicidade (...), respeitantes à proibição da publicidade enganosa (...)".
    [198] Relativamente à possibilidade de serem integradas denominações de origem e indicações geográficas em marcas individuais, v. *infra* II., 1., 1.2.1.

## 2.3. O impedimento de registo de sinal enganoso e o impedimento de registo de sinal contrário à ordem pública e aos bons costumes

A razão de ser da proibição de registo de marcas enganosas tem a ver com a ideia de licitude que subjaz aos conceitos de veracidade[199] e lealdade que são os pilares jurídicos do sistema económico vigente. A marca enganosa deve ser proibida porque, não sendo verdadeira, induz (ou pode induzir) os consumidores em erro e porque, se assim não fosse, seria desleal para com os restantes operadores económicos no mercado, que veriam a clientela ser desviada por meios eticamente inaceitáveis. É pois, natural que a fronteira entre a proibição da marca enganosa e as proibições das marcas contrárias aos bons costumes (ou moral) e à ordem pública[200] possa ser difícil de estabelecer.

A relação próxima entre o impedimento de registo de sinais enganosos e de sinais contrários à ordem pública e aos bons costumes é, ainda, evidenciada pelo facto de muitos autores defenderem que o primeiro se integra no segundo.

---

[199] Em sentido idêntico, cfr. GREGORIO ROBLES MORCHON, op. cit., p. 95.

[200] Algumas normas referem-se à proibição de sinais contrários à moral e à ordem pública [v. o art. 6.º quinquies, B, 3.º da CUP. Sobre esta norma, cfr., entre outros, STEPHEN P. LADAS, op. cit., pp. 1211 e ss. e G. H. C. BODENHAUSEN, Guia para la aplicación del Convenio de Paris para la protección de la propiedad industrial revistado en Estocolmo en 1967, BIRPI, 1969, pp. 124 e ss.], enquanto outras referem a contrariedade aos bons costumes e à ordem pública [v., p.e., o art. 3.º, n.º 1, al.ª f) da DM].

A ordem pública, acolhendo a definição de CARLOS ALBERTO MOTA PINTO, consiste no "conjunto dos princípios fundamentais, subjacentes ao sistema jurídico, que o Estado e a sociedade estão substancialmente interessados em que prevaleçam e que têm uma acuidade tão forte que devem prevalecer sobre as convenções privadas" (MOTA PINTO, Teoria Geral do Direito Civil, 3.ª ed. actualizada, 4.ª reimpressão, Coimbra, Coimbra Editora, 1990, p. 551, a propósito do objecto dos negócios jurídicos. Em sentido próximo, cfr. CARLOS FERNÁNDEZ-NÓVOA, Tratado..., cit., p. 231). Os bons costumes "são uma noção variável, com os tempos e os lugares, abrangendo o conjunto de regras éticas aceites pelas pessoas honestas, correctas, de boa fé, num dado ambiente e num certo momento" (MOTA PINTO, op. cit., p. 552). Este último conceito pode ser entendido, num certo plano, com referência à moral, daí que consideremos as variações na redacção das normas irrelevantes.

Por razões de simplificação, quando aludimos aos motivos de recusa previstos na 1.ª parte do art. 238.º, n.º 4, al.ª c) e no art. 3.º, n.º 1, al.ª f) da DM, utilizamos a expressão «ordem pública e bons costumes».

Com efeito, há quem considere que as marcas contrárias à ordem pública abarcam as marcas enganosas[201], e esta interpretação é especialmente justificada à luz da sistematização adoptada nalgumas normas que englobam as duas proibições de registo. É o que sucede, p.e., na CUP, onde, além de surgirem na mesma norma[202], a redacção é extremamente dúbia, dado que o art. 6.° *quinquies* B 3.° estipula que é proibido o registo das marcas que "(...) forem contrárias à moral ou à ordem pública e, *especialmente, as que forem susceptíveis de enganar o público* (...)" (itálicos nossos). São, por conseguinte, possíveis diferentes interpretações no que respeita à relação entre os impedimentos de registo aí referidos. Se, por um lado, se pode defender que a marca enganosa é um sub-tipo de marca contrária à moral ou à ordem pública[203], por outro, pode-se entender que são conceitos distintos, ficando, desta forma, explicada a alteração introduzida na norma no sentido de prever expressamente a hipótese de marca enganosa[204].

Noutros textos legais os impedimentos referidos surgem em disposições normativas autónomas. É o caso da DM [art. 3.°, n.° 1, al.ªˢ *f)* e *g)*], do nosso CPI [art. 238.°, n.° 4, al.ªˢ *c)* e *d)*] e do RMC [art. 7.°, n.° 1, al.ªˢ *f)* e *g)*]. A previsão em normas distintas parece apoiar a ideia de que se trata, afinal, de dois conceitos diferentes[205]. De resto, o facto de existir uma relação entre ambos não implica necessariamente que um englobe o outro.

Na nossa opinião, trata-se de impedimentos autónomos, embora próximos. Eles diferenciam-se, fundamentalmente[206], porque a marca enga-

---

[201] Cfr. CLAUDETTE VIGIER, *Le dépôt et l'enregistrement des marques de fabrique, de commerce et de service selon la loi du 31 décembre 1964*, Collection du C.E.I.P.I., Paris, Litec, 1980, p. 128 e ALOIS TROLLER, *Précis du droit de la propriété immatérielle* (traduction française par Kamen Troller et Vladimir J. Vesely), Éditions Helbing & Lichtenhahn, Bale et Stuttgart, 1977, p. 93.

[202] Inicialmente só constava da CUP a proibição de registo de sinais contrários à moral ou à ordem pública. Mas, na Conferência Diplomática de Londres (1934), foi introduzida a referência à marca enganosa.

[203] Neste sentido, cfr. a interpretação de G. H. C. BODENHAUSEN, *op. cit.*, p. 128.

[204] Neste sentido, cfr. STEPHEN P. LADAS, *op. cit.*, p. 1236, que refere precisamente como razão de ser desta inserção o facto de se julgar que o conceito de marca enganosa pudesse não caber no conceito de moralidade ou de ordem pública.

[205] No mesmo sentido, cfr. ISABELLE MARTEAU-ROUJOU DE BOUBÉE, *op. cit.*, p. 19.

[206] PAUL ROUBIER (*Le droit de la propriété industrielle*, vol. 2, Éditions du Recueil Sirey, Paris, 1954, p. 559, nota 1) defende ainda que a marca enganosa causa um prejuízo pecuniário, enquanto que a marca escandalosa provoca um prejuízo moral.

nosa só o será para determinados produtos ou serviços (p.e., o sinal *Cristalis* será enganoso para distinguir copos de vidro, mas já não o será se assinalar copos de cristal), enquanto que a marca contrária aos bons costumes e à ordem pública será proibida para qualquer produto ou serviço[207] (p.e., *Marijuana* – o nome de um estupefaciente[208]).

Reconhecemos, no entanto, que se não existir uma proibição específica relativa aos sinais enganosos a recusa do registo pode ser, nalguns casos, fundamentada com a proibição das marcas contrárias à ordem pública e aos bons costumes[209]. Neste sentido, milita ainda o facto de o próprio Tribunal de Justiça ter referido que a proibição de marca enganosa tem por base um *interesse de ordem pública* que se traduz em proteger o consumidor do engano[210].

### 2.4. O impedimento de registo de sinal enganoso e o impedimento de registo dos sinais previstos na al.ª a) do n.º 4 do art. 238.º do CPI

A alínea *a*) do n.º 4 do art. 238.º do Código da Propriedade Industrial congrega impedimentos diferentes entre si, mas que apresentam um mínimo denominador comum que justifica o seu tratamento no mesmo ponto. Estes impedimentos, em princípio, só o são se não existir autorização por parte da entidade competente. Por brevidade, vamos referir-nos ao caso particular do impedimento resultante do art. 6.º-*ter* da CUP[211].

A norma unionista *sub judice* prevê, na al.ª *a*) do n.º 1, a protecção de armas, bandeiras e outros emblemas do Estado dos países da União [e agora, por força do ADPIC, dos membros da OMC], estipulando a proi-

---

[207] Este é o entendimento de ISABELLE MARTEAU-ROUJOU DE BOUBÉE, *op. cit.*, p. 20.

[208] Sobre a admissibilidade de registo da marca «Opium» para assinalar perfumes, cfr. ALBERT CHAVANNE/JEAN JACQUES BURST (*Droit de la propriété industrielle*, 4.ª ed., Dalloz, Paris, 1993) que referem que, apesar de inicialmente o pedido de registo ter sido recusado com fundamento no encorajamento ao uso de estupefacientes, o registo acabou por ser concedido.

[209] No mesmo sentido, cfr. CLAUDETTE VIGIER, *op. cit.*, p. 120.

[210] V. o n.º 46 do Acórdão do TJ (3.ª Secção), de 30 de Março de 2006, proferido no proc. C-259/04, relativo ao caso «Elizabeth Emanuel» (in: *Col.* 2006-3 (B), pp. I-3125 e ss.), objecto de referência mais detalhada *infra* (v., nesta Secção, II., 1., 1.1.).

[211] No que tange à previsão actualmente mais ampla da al.ª *a*) do n.º 4 do art. 238.º do CPI, v. *supra* 1.

bição da sua utilização como marca, sem a competente autorização, bem como a recusa do pedido de registo e a invalidade deste se tiver sido concedido. Além disso, essa protecção vigora relativamente aos casos de "imitação do ponto de vista heráldico"[212].

A mesma tutela está ainda prevista relativamente aos sinais e punções oficiais de controlo e de garantia adoptados pelos referidos Estados, desde que as marcas que os incluem se destinem a ser usadas em mercadorias do mesmo género ou de género semelhante (v. al.ª *a*) do n.º 1 e n.º 2), bem como quando estiverem em causa as armas, bandeiras, e outros emblemas, iniciais ou denominações de organismos internacionais intergovernamentais de que um ou vários países da União [ou da OMC] sejam membros, desde que os referidos sinais não sejam objecto de acordos internacionais em vigor, destinados a assegurar a sua protecção (v. al.ª *b*) do n.º 1)[213-214].

Porém, por um lado, estabelece que os países da União [e os membros da OMC] não estão vinculados a aplicar esta tutela se o uso ou registo da marca não for de natureza a, com verosimilhança, induzir o público em erro sobre a existência de ligação entre o utente e a organização (art. 6.º-*ter* n.º 1, al.ª *c*), *in fine* da CUP), por outro, preceitua que "os países da União

---

[212] Todavia, a exigência de que se trate de imitação *do ponto de vista heráldico* reduz em grande medida os casos subsumíveis a esta disposição, já que, como refere LUÍS ALBERTO MARCO ARCALÁ (*Las causas de denegación...*, cit., p. 267), as únicas imitações deste tipo serão emblemáticas, cuja semelhança afecte em especial a forma, grafia e apresentação do símbolo e não apenas um ou vários dos seus elementos. No mesmo sentido, v. o n.º 13 do Doc. SCT/15/3, de 14 de Outubro de 2005, preparado pela Secretaria da OMPI, relativo à 15.ª reunião do *SCT* (artigo 6.º-*ter da Convenção de Paris: aspectos jurídicos e administrativos*), disponível no sítio: http://www.wipo.int/edocs/mdocs/sct/fr/sct_15/sct_15_3.pdf.

[213] De acordo com a primeira parte da al.ª *c*) do n.º 1 do art. 6.º-*ter* nenhum país da União [ou membro da OMC] é obrigado a aplicar esta protecção em detrimento de direitos adquiridos de boa-fé antes da entrada em vigor nesse país da CUP.

[214] O objectivo desta exclusão é evitar conflitos com as previsões dessas Convenções. V., por exemplo, a protecção jurídica do símbolo da Cruz Vermelha pelas Convenções de Genebra, de 12 de Agosto de 1949, da qual Portugal faz parte (v. a ratificação pelo DL n.º 42 991, de 26 de Maio de 1960); o Protocolo Adicional, de 8 de Junho de 1977, e de acordo com a qual vigoram no nosso ordenamento normas que regulam esse símbolo (v. DL n.º 281/2007, de 7/8); e a protecção do símbolo olímpico pelo Tratado de Nairobi, de 26 de Setembro de 1981, ao qual o nosso país aderiu em 24 de Setembro de 1981.

Sobre a previsão específica de recusa de registo de sinal composto pelo emblema ou denominação da Cruz Vermelha (bem como de outros organismos a que o Governo tenha concedido direito exclusivo ao seu uso), v. a al.ª *a*) do n.º 4 do art. 238.º.

obrigam-se a impedir o uso não autorizado, no comércio[215], das armas de Estado dos outros países da União, quando esse uso possa induzir em erro acerca da origem dos produtos" (art. 6.º *ter*, n.º 9).

A razão de ser da proibição estabelecida na norma unionista em apreço encontra-se, como se pode constatar, na protecção do interesse de cada Estado/organização em controlar a utilização dos símbolos respeitantes à sua identidade[216], daí que apenas seja possível a utilização e o registo como marca se tiver sido obtida a autorização competente. Mas, além desta, justifica-se igualmente pela necessidade de impedir a indução do público em erro e daí a referência especial a estas disposições no âmbito deste trabalho.

Com efeito, se fosse possível o registo como marca, p.e., de uma bandeira de um Estado ou das iniciais de um organismo internacional, o público poderia pensar tratar-se de produtos ou serviços oriundos de um determinado território ou com a autorização de determinada entidade[217].

Se a razão de ser desta norma coincide parcialmente com a proibição de registo de sinais enganosos (e também de sinais contrários à moral e ordem pública), por que motivo se prevê autonomamente o impedimento de registo[218] de sinais e símbolos oficiais? Porque no caso dos sinais e símbolos oficiais há uma possibilidade de estes serem registados como marcas: se tiverem sido autorizados pelas autoridades competentes[219].

Não se julgue com isto que, afinal, o interesse em proteger o público da indução em erro não releva. Na verdade, a proibição de registo de sinais enganosos é extremamente importante neste âmbito. Aliás, é o próprio art. 6.º-*ter*, n.º 10 da CUP que, expressamente, afirma a possibilidade de,

---

[215] Sobre a interpretação desta norma, cfr., entre outros, G. H. C. BODENHAUSEN, *op. cit.*, p. 112.

[216] V. o n.º 11 do do Doc. SCT/15/3, de 14 de Outubro de 2005, preparado pela Secretaria da OMPI, relativo à 15.ª reunião do *SCT* (artigo 6.º-*ter da Convenção de Paris: aspectos jurídicos e administrativos*), disponível no sítio: *http://www.wipo.int/edocs/mdocs/sct/fr/sct_15/sct_15_3.pdf* e, entre outros, CARLOS FERNÁNDEZ-NÓVOA, *Tratado...*, cit., p. 709.

[217] No mesmo sentido, cfr. CARLOS FERNÁNDEZ-NÓVOA, *Tratado...*, cit., p. 709.

[218] Além do impedimento de registo, o art. 6.º-*ter* da CUP também proíbe o *uso* como marca destes sinais.

[219] Por este motivo muitos autores referem que, apesar de este impedimento surgir entre os impedimentos de registo absolutos, não é tão absoluto quanto à primeira vista possa parecer. Neste sentido, cfr. CARLOS LEMA DEVESA, «Motivos de denegación absolutos», *cit.*, p. 87.

mesmo que haja autorização da entidade competente, recusar ou anular o registo de marca com base no disposto no art. 6.º-*quinquies* 3.º B da CUP, que, como vimos, se refere precisamente à proibição de registo de sinais contrários à moral, à ordem pública e enganosos[220].

Além disso, nalguns casos a única possibilidade de impedir o registo como marca é, precisamente, pela aplicação da proibição de marca enganosa. Temos em mente, em especial, os casos omissos no art. 6.º-*ter* da CUP e nas legislações nacionais (p.e., denominações habituais dos Estados, símbolos oficiais de Estados não signatários da CUP ou da OMC, ou de organizações internacionais de que não seja membro nenhum país unionista ou membro da OMC[221]).

Independentemente do exposto, importa sublinhar que a protecção ao abrigo do art. 6.º-*ter* da CUP apresenta uma vantagem comparativamente com a tutela a granjear pela proibição de registo de sinais enganosos. É que na primeira está já expressamente proibido o *uso* como marca, o que não sucede na segunda, como teremos oportunidade de verificar *infra*[222].

### 3. Os interesses protegidos pela consagração dos impedimentos absolutos de registo

Subjacente aos impedimentos absolutos de registo de marcas está, primordialmente[223], o interesse público geral em garantir a transparência do mercado e ainda os interesses dos concorrentes (actuais e potenciais) do requerente do registo e, de forma mais ou menos directa, dos consumidores.

---

[220] Expressamente neste sentido, v. n.º 38 do Doc. SCT/15/3, de 14 de Outubro de 2005, preparado pela Secretaria da OMPI, relativo à 15.ª reunião do *SCT* (artigo 6.º-*ter* da Convenção de Paris: aspectos jurídicos e administrativos), disponível no sítio: http://www.wipo.int/edocs/mdocs/sct/fr/sct_15/sct_15_3.pdf.

[221] Os exemplos são de LUÍS ALBERTO MARCO ARCALÁ, *Las Causas de Denegación...*, cit., p. 268.

[222] V. *infra* Cap. II, 3.

[223] Dizemos primordialmente porque, como tivemos ocasião de referir, não há uma correspondência completa entre os motivos absolutos de recusa de registo e a protecção do interesse geral, assim como também não existe entre os motivos relativos de recusa e a defesa dos interesses dos titulares de direitos anteriores. O que acontece é que, dependendo do tipo de impedimento de registo, verifica-se uma protecção mais intensa de determinados interesses: jurídico-públicos nos impedimentos absolutos e jurídico-privados nos impedimentos relativos (v. *supra* 1.).

Deixando de lado a fundamentação da recusa de registo assente na insusceptibilidade de representação gráfica – que assenta, basicamente, na necessidade de segurança jurídica já referida –, quer por exorbitar manifestamente da economia do presente trabalho, quer por ser, cada vez mais discutida, a justificação desta forma de representação[224], referir-nos-emos brevemente à(s) justificação(ões) dos demais impedimentos absolutos de registo.

Previamente impõe-se esclarecer que, especialmente no que respeita aos interesses que justificam a proibição de registo de sinais desprovidos de capacidade distintiva – entendida esta em sentido amplo de forma a

---

[224] V. supra 1.
Esta temática, associada à da admissibilidade de registo de marcas não tradicionais, implica a consideração de diferentes perspectivas.

Uma respeita ao facto de a condição essencial para a concessão de um direito exclusivo sobre uma marca assentar na sua *aptidão para distinguir* os produtos ou serviços por referência à origem, o que permite considerar que não existe nenhuma necessidade *prática* de limitar a protecção aos sinais susceptíveis de representação gráfica. Aliás, neste momento, o debate está centrado na admissibilidade (e em que termos) do registo como marca de sinais que não sejam visualmente perceptíveis (v. o trabalho desenvolvido pelo *SCT*, no seio da OMPI, sobre este problema, cuja última sessão (18.ª) teve lugar entre 12 a 16 de Novembro de 2007, v. Documento SCT18/10 Prov., preparado pela Secretaria da OMPI, disponível no sítio: *http://www.wipo.int/edocs/mdocs/sct/en/sct_18/sct_18_10_prov.pdf*). Este aspecto é, inclusivamente, acentuado nos Tratados internacionais mais recentes. V. o art. 15.º, n.º 1 do ADPIC que, não obstante fazer depender a possibilidade de um sinal constituir uma marca da sua aptidão para distinguir, admite que os membros *possam* exigir como condição para o registo que os sinais sejam *perceptíveis visualmente*. V. ainda, apesar de Portugal não ser parte contratante dos mesmos, o Tratado sobre o Direito de Marcas, de 27 de Outubro de 1994 e o Tratado de Singapura sobre o Direito de Marcas, de 27 de Março de 2006.

Além disso, não só os vários países admitem formas de representação não necessariamente gráficas, como "estas formas de representação, combinadas com um uso mais generalizado de novas e mais rentáveis tecnologias da informação nos procedimentos de registo de marcas, talvez ofereçam novas possibilidades para a representação gráfica dos novos tipos de sinais" (Doc. SCT/17/2, preparado pela Secretaria da OMPI, relativo à 17.ª Sessão do *SCT*, ocorrida entre 7 e 11 de Maio de 2007, que pode ser consultado na Internet, no sítio: *http://www.wipo.int/edocs/mdocs/sct/en/sct_17/sct_17_2.pdf*, v. n.º 63, p. 13).

Outra perspectiva da representação do sinal tem precisamente a ver com a segurança jurídica: "é importante que a representação do sinal possa inscrever-se convenientemente no registo e que a forma como se publica resulte inteligível, de maneira a que qualquer pessoa interessada possa ter acesso à informação" (Doc. SCT 17/2, *cit.*, n.º 64, p. 13).

Para maiores desenvolvimentos sobre o tema, cfr. MARIA MIGUEL CARVALHO, «"Novas" marcas...», *cit.*

abranger quer aqueles a que falte a *aptidão para distinguir qualquer produto ou serviço* como proveniente de determinada empresa [a que nos referimos anteriormente como sinais desprovidos de capacidade distintiva abstracta], quer aqueles outros que, tendo embora esta aptidão, não são capazes de distinguir *o* produto ou *o* serviço que visam assinalar (p.e., por serem descritivos relativamente ao mesmo) [a que nos referimos anteriormente como sinais desprovidos de capacidade distintiva concreta] –, a referência que lhes é feita, numa dissertação que não os tem por objecto, é animada, fundamentalmente, pelo objectivo de dar conta das discussões em que se encontram envolvidos na actualidade, mais do que tomar uma posição definitiva (se é que tal é possível) sobre a matéria.

Nesse sentido, e sem perder de vista que os impedimentos de registo estão previstos na Directiva de marcas, impõe-se destacar, desde já, que o Tribunal de Justiça tem tido várias oportunidades para se pronunciar sobre o assunto. Assim, constitui jurisprudência assente que o interesse geral tomado em consideração na análise de cada um dos motivos de recusa do art. 3.º da DM pode, e é o mesmo Tribunal que acrescenta que até deve, reflectir considerações diferentes segundo o motivo de recusa em causa[225].

Todavia, a partir daqui os problemas acumulam-se, já que o Tribunal do Luxemburgo não só cinge, quase sempre, a sua apreciação às al.ᵃˢ *b)-e)*, como já se pronunciou de forma contraditória, designadamente, no que respeita ao princípio da livre disponibilidade[226].

Com efeito, este princípio foi já reconhecido pelo TJ como justificação da recusa de registo de marca relativamente a vários sinais[227-228].

---

[225] V., entre vários, o n.º 46 do Acórdão do TJ, de 29 de Abril de 2004, proferido nos procs. C-456/01P e C-457/01P, *cit.*

Criticamente sobre a interpretação disjuntiva das normas respeitantes à falta de capacidade distintiva pelo TJ, cfr. MICHAEL HANDLER, «The distinctive problem of european trade mark law», in: [2005] 9 *EIPR*, pp. 309 e ss.

[226] Criticando a ausência de uma linha condutora nas diferentes decisões do TJ nesta matéria, cfr. MICHAEL HANDLER, *op. cit.*, p. 312.

[227] V., entre outros, o n.º 73 do Acórdão proferido nos procs. C-53/01 a C-55/01 relativos ao caso «Linde», *cit.* (*Col.* 2003-4, pp. I-3202) e os n.ᵒˢ 35 e ss. do Acórdão proferido nos procs. C-108/97 e C-109/97 relativos ao caso «Chiemsee», *cit.*, in: *Col.* 1999-5, pp. I-2825.

[228] Embora com características diferentes do aplicado na Alemanha na vigência da *WZG*.

O imperativo de livre disponibilidade (*Freihaltebedürfnis*) é uma figura de origem alemã. Sobre a sua origem legislativa (que remontará à 1.ª lei de marcas alemã – a *Gesetz*

Mas, por um lado, num Acórdão parece recusá-lo para qualquer deles[229], já que afirma que "o registo de uma marca composta por um apelido não pode ser recusado a fim de evitar a atribuição de uma vantagem ao primeiro requerente, uma vez que *a directiva 89/104 não contém nenhuma disposição neste sentido, seja qual for, de resto a categoria da marca cujo registo é pedido*" (itálicos nossos). E noutro, proferido no mesmo dia[230],

---

*über Markenschutz*, de 30 de Novembro de 1874), cfr., detalhadamente, entre nós, M. NOGUEIRA SERENS, *A monopolização da concorrência*..., cit., pp. 808 e s. Na *WZG* esse princípio deixou de estar contemplado (cfr. M. NOGUEIRA SERENS, *ult. op. cit.*, pp. 847 e s.), pelo que o recurso à *Freihaltebedürfnis* passou a ser desenvolvido pela jurisprudência. Sobre esta jurisprudência, na vigência da *WZG*, cfr., por todos, KARL-HEINZ FEZER, *Markenrecht*, § 8, pp. 481 e s., nm. 121.

Como tivemos oportunidade de afirmar noutro local, a doutrina em geral e, em especial, a jurisprudência alemã considera(va)m que para se determinar o imperativo de livre disponibilidade (*Freihaltebedürfnis*) não se deveria atender a uma necessidade hipotética ou remota de manter livre um sinal, exigindo-se a apresentação de indícios concretos e razoáveis de que o correspondente sinal se encontra numa fase, mais ou menos avançada, de um processo de conversão num sinal descritivo das características de um produto ou serviço, isto é, o chamado imperativo de disponibilidade *actual*, *concreto* e *sério* (cfr. KARL--HEINZ FEZER, *Markenrecht*, § 8, pp. 479 e ss.). Mas o TJ recusou este entendimento no n.º 35 do Acórdão proferido nos procs. C-108/97 e C-109/97 relativos ao caso «Chiemsee», *cit.*, defendendo o imperativo de livre disponibilidade *abstracto*, *potencial* ou *futuro*. Cfr. MARIA MIGUEL CARVALHO, «A marca descritiva...», *cit.*, pp. 512 e s. [= «La marca descriptiva...», *cit.*, pp. 696 e s.].

[229] Referimo-nos ao n.º 31 do Acórdão do TJ (Segunda Secção), de 16 de Setembro de 2004, proferido no âmbito do proc. C-404/02, relativo ao caso «Nichols», *cit.,* in: *Col.* 2004 8/9 (B), pp. I-8529. O TJ, neste Acórdão, afasta-se da posição assumida pelo Advogado-Geral DÁMASO RUIZ-JARABO COLOMER, nas conclusões relativas a este caso, apresentadas em 15 de Janeiro de 2004 (publicadas na mesma colectânea nas pp. I-8501 e ss.), que considerara, expressamente, a existência de um imperativo de livre disponibilidade relativamente aos impedimentos absolutos de recusa previstos nas al.ᵃˢ *c)-e)*, mas não em relação à al.ᵃ *b)* [v. esp. os n.ᵒˢ 42 e ss., pp. I-8513].

[230] V. o Acórdão proferido na mesma data (16 de Setembro de 2004) – também da 2.ª Secção, mas com constituição parcialmente diferente e, sobretudo com relator distinto: neste caso J. P. PUISSOCHET, no Acórdão «Nichols» C. GULMANN – no âmbito do proc. C-329/02P, relativo ao litígio entre SAT.1 SatellitenFernsehen GmbH e o IHMI (in: *Col.* 2004-8/9 (B), pp. I-8338 e ss.).

Aqui o TJ sustenta, no n.º 36, que "(...) *o acórdão recorrido assenta na utilização de um critério por força do qual não podem ser registadas marcas susceptíveis de serem comummente utilizadas no comércio para apresentar os produtos ou serviços em causa. Este critério é pertinente no âmbito do artigo 7.º, n.º 1, alínea c), do regulamento, mas não é o critério à luz do qual esta mesma disposição, alínea b), deve ser interpretada. Ao considerar, em especial no n.º 36 do acórdão recorrido, que esta última disposição prossegue* um objectivo de interesse geral, que exige que os sinais que tem por objecto possam ser livremente utilizados por todos, o Tribunal de Primeira Instância afastou-se da tomada em consideração do critério do interesse público objecto dos n.ᵒˢ 25 a 27 do presente acórdão" (itálicos nossos) [*Col.* 2004-8/9 (B), pp. I-8350]. Ora, no n.° 27 do mesmo acórdão é referido que "(...) tendo em conta a extensão da protecção conferida a uma marca pelo regulamento [sobre a marca comunitária], *o interesse geral subjacente ao artigo 7.°, n.° 1, alínea b), do regulamento confunde-se, à evidência, com a função essencial da marca, recordada no n.° 23 do presente acórdão*" (itálicos nossos). Embora no n.° 26, referindo--se à marca constituída por uma cor *per se*, relembre a tese sustentada no n.° 60 do acórdão proferido no proc. C-104/01 relativo ao caso «Libertel», *cit.*, e afirme que "o interesse geral subjacente ao artigo 3.°, n.° 1, alínea *b*) da Primeira Directiva (...), disposição que é idêntica ao artigo 7.°, n.° 1, alínea *b*), do regulamento, *visa a necessidade de não restringir indevidamente a disponibilidade das cores para os restantes operadores que oferecem produtos ou serviços do tipo daqueles para os quais é pedido o registo*" (itálicos nossos).

Na mesma linha tinham sido as conclusões apresentadas pelo Advogado-Geral F. G. JACOBS, relativas ao mesmo proc. C-329/02P, em 11 de Março de 2004 (*Col.* 2004-8/9 (B), pp. I-8322 e ss.). Aqui o Advogado-Geral JACOBS, depois de afirmar que "o interesse subjacente à al.ᵃ *c*) consiste em permitir que «sinais ou indicações descritivas das categorias de produtos ou serviços para as quais é pedido o registo possam ser livremente utilizados por todos»" e de transpor esse raciocínio para as al.ᵃˢ *d*) e *e*), defende que o mesmo não pode suceder relativamente à al.ᵃ *b*).

Segundo o Advogado-Geral, "não existe uma razão óbvia para manter livres para serem usados por todos os sinais que apenas são desprovidos de carácter distintivo – ainda que não em absoluto, mas apenas relativamente aos produtos ou serviços a que se referem –, a menos que os sinais em si mesmos também tenham uma relação estreita com os produtos a que dizem respeito, designadamente uma relação de um dos tipos enunciados nas alíneas *c*) a *e*). O simples facto de um sinal ser desprovido de carácter distintivo não implica a existência de uma relação desse tipo" (n.° 24). E, em seguida, esclarece que "é verdade que no acórdão Libertel, que dizia respeito a um pedido de registo como marca de uma cor por si só e envolvia a interpretação do artigo 3.°, n.° 1, alínea *b*), da directiva relativa às marcas (...), o Tribunal de Justiça entendeu que, para apreciar o carácter distintivo que uma determinada cor pode apresentar como marca, é necessário ter em conta o interesse geral em não restringir indevidamente a disponibilidade das cores para os restantes operadores que oferecem produtos ou serviços do tipo daqueles para os quais é pedido o registo" (n.° 25). "Contudo, esse interesse", sublinha, "não é idêntico ao que está na base do artigo 7.°, n.° 1, alínea *c*) [do RMC]. O acórdão Libertel não fala em manter os sinais disponíveis para serem «livremente utilizados por todos», mas em «não limitar indevidamente» a respectiva disponibilidade. Por outro lado, essa afirmação surge no contexto específico de sinais que pertencem a uma categoria limitada, já que [o] número de cores que o consumidor médio está apto a distinguir é reduzido" (n.° 26).

Defendendo esta diferenciação entre interesse geral em não limitar indevidamente e o interesse público em manter os sinais disponíveis para serem livremente utilizados por

parecia recusá-lo especificamente para o caso da al.ª b), exceptuada a marca constituída por uma cor *per se*[231].

No que respeita ao sinal que não tem aptidão para distinguir qualquer produto ou serviço é importante, no nosso entendimento, diferenciar um interesse público mais estrito[232] do que o que justifica a proibição de registo de sinais desprovidos de capacidade distintiva relativamente a determinado produto ou serviço (p.e., os sinais descritivos ou os usuais) e que, não só constitui a razão da recusa do registo desses sinais, como do diferente regime jurídico a que ficam sujeitos, *maxime* a impossibilidade de superação do impedimento através do *secondary meaning*.

---

todos, cfr. JEREMY PHILLIPS, «Trade mark law and the need to keep free – intellectual property monopolies have their limits», in: *IIC*, 4/2005, p. 393.

[231] A este ponto teremos ocasião de voltar mais adiante neste ponto.

[232] Referindo-se também a outro fundamento, que não o *Freihaltebedürfnis*, cfr. KARL-HEINZ FEZER, *Markenrecht*, § 8, p. 391, nms. 30 e s.

O entendimento defendido no texto aproxima-se de uma das possíveis posições referidas por MICHAEL HANDLER (*op. cit.*, p. 312) relativamente ao problema em análise. O autor citado sintetiza as diferentes opiniões que têm sido sustentadas a este propósito. Para além da que é referida no texto, refere-se a outras três.

Uma corresponderia à "possibilidade de reconhecer que enquanto que as considerações de interesse público são significativas e devem ser tomadas em consideração para determinar se uma marca deve ser registada, o impacto do registo sobre os outros empresários não é relevante para a questão da distintividade intrínseca, que deve ser focada exclusivamente no entendimento da marca pelos consumidores como uma indicação de origem" (*op. cit.*, p. 311). [Defendendo esta posição no âmbito do direito de marcas estado-unidense, cfr. GRAEME B. DINWOODIE, «Reconceptualizing the inherent distinctiveness of product design trade dress», in: *North Carolina Law Review*, vol. 75, January 1997, n.º 2, pp. 471 e ss., esp. p. 503 e p. 603 (também disponível na Internet no sítio: *http://works.bepress.com/cgi/viewcontent.cgi?article=1018&context=graeme_dinwoodie*, v. esp. pp. 34 e 134)].

Outra refere-se à hipótese de a chamada "função *protectora* simplesmente não ser relevante neste contexto", acrescentando que "tem sido argumentado em defesa desta interpretação que a Directiva e o Regulamento apresentam uma perspectiva liberal, orientada para o mercado do direito de marca que é desenhada para facilitar o registo e promover a eficiência deixando as considerações de concorrência largamente para o mercado" (MICHAEL HANDLER, *op. cit.*, p. 312).

Uma última opinião assenta num "teste unificado de distintividade que tem em conta uma variedade de necessidades, incluindo os interesses dos titulares, dos consumidores e de outros empresários". Este entendimento, segundo MICHAEL HANDLER, mantendo o reconhecimento da importância da função essencial da marca, "colocaria considerações políticas no centro da aferição da distintividade de forma a antecipar, o melhor possível, o efeito geral do registo da marca em questão".

Esse motivo mais restrito encontra-se na própria fundamentação do direito de marca (que abordamos na Introdução) e que tem a ver com a monopolização que a tutela de tal sinal como marca acarreta sem qualquer justificação no caso em apreço[233], e não com o imperativo de livre disponibilidade, que já referimos e do qual voltaremos a falar a propósito da falta de capacidade distintiva (concreta).

Esta linha de raciocínio, na sequência da associação, que parece estar a ser feita nos últimos tempos pelo TJ, que referimos *supra* (v. 1.), da falta de capacidade distintiva prevista na al.ª *b)* do art. 3.°, n.° 1 da DM à parte final do art. 2.° da Directiva, tem sido estendida, não sem problemas, à justificação da falta de *capacidade* distintiva (concreta).

Assim, no que respeita à al.ª *b)* do art. 3.°, n.° 1 da DM (e do art.7.°, n.° 1 do RMC), diz-se que o seu fundamento "não radicaria no princípio da livre disponibilidade dos sinais", tratando-se antes "(...) de evitar que se registem sinais que não podem desempenhar as funções típicas das marcas"[234].

---

[233] Aliás, este argumento foi utilizado, ainda na vigência do CPI'40, para justificar a caducidade com fundamento em vulgarização da marca. Cfr. A.FERRER CORREIA *Lições de Direito Comercial*, vol. I, Universidade de Coimbra, 1973, p. 316, nota 1.

Cfr. ainda M. NOGUEIRA SERENS («A "vulgarização"...», cit., pp. 35 e ss., nota 13) que, à questão de saber "em nome de que interesses se proíbe o registo de uma marca exclusivamente composta com um sinal gráfico indicativo de interrogação ou de admiração, ou com uma simples vírgula, ou com uma simples figura geométrica (por exemplo, um quadrado, um triângulo, um rectângulo, uma oval?)", respondia invocando o art. 79.° do CPI'40, afirmando que "de acordo com este preceito, um sinal sem capacidade distintiva deve ficar privado da protecção que decorre da lei das marcas, exactamente, porque um sinal assim não pode desempenhar a função que essa lei lhe assinala" (*ult. op. cit.*, p. 40).

Sobre o tema, cfr. ainda JUSTINE ANTILL e ALLAN JAMES («Registrability and the scope of the monopoly: current trends», in: [2004] 4 *EIPR*, pp. 157 e ss.), que referem duas perspectivas diferentes com vista ao equilíbrio dos interesses em jogo referidos no texto. Uma respeita ao entendimento mais liberal do acesso ao registo, mas contrabalançada com regras mais restritas no que tange ao monopólio conferido ao titular da marca. A outra é mais restrita no que concerne ao registo, sendo este rigor "compensado" após o registo pela amplitude do monopólio que é conferido ao titular da marca, conseguido à custa da limitação dos meios de defesa dos terceiros (designadamente, ao abrigo do art. 6.° DM).

[234] Cfr. JAVIER FRAMIÑAN SANTAS, «El cárácter distintivo...», *cit.*, p. 124. O autor citado, no entanto, critica as afirmações do TJ proferidas no proc. C-329/02P no caso SAT 1, *cit.*, pois "(...) nesta sentença este Tribunal sustentou que o motivo de recusa que figura no artigo 7, número 1, alínea *b)* do RMC persegue um interesse geral que exige que os sinais a que se refere possam ser livremente utilizados por todos" . No entanto, da lei-

Porém, como dizíamos, esta "equivalência" não é isenta de problemas, já que é possível que os sinais cujo registo é proibido na al.ª b) acabem por ser registados se adquirirem supervenientemente capacidade distintiva[235].

---

tura deste Acórdão, designadamente do n.º 36 e dos n.ºˢ 25 a 27 para os quais o primeiro remete, parece-nos resultar precisamente o contrário, como já assinalamos *supra*.

Interpretando o Acórdão SAT 1, no sentido que defendemos, cfr. MICHAEL HANDLER, *op. cit.*, p. 308 e Advogado-Geral PHILIPPE LÉGER, nas conclusões apresentadas, em 2 de Junho de 2005, no âmbito do proc. C-37/03P, em que eram partes a BioID AG e o IHMI (esp. n.ºˢ 34-37, in: *Col.* 2005-8/9 (B), pp. I-7979 e ss.).

[235] Neste contexto, assumem particular relevância as palavras do Advogado-Geral DÁMASO RUIZ-JARABO COLOMER: "a transferência da bagatela para o âmbito da propriedade imaterial é feita através do artigo 3.º, n.º 3, da directiva" (v. n.º 56 das Conclusões apresentadas no proc. 102/07, no caso «Adidas», *cit.*, ainda não publicado, mas disponível na Internet, no sítio: *http://curia.europa.eu/jurisp/cgi-bin/form.pl?lang=pt*).

Um outro aspecto de regime, neste caso relativo à diferença entre as al.ᵃˢ b) e c), respeita à sujeição, ou não, ao art. 6.º, n.º 1 da DM.

Como o Advogado-Geral DÁMASO RUIZ-JARABO COLOMER salientara nas Conclusões que apresentou relativas ao proc. C-102/07, *cit.*, é necessário esclarecer se um sinal "(...) se inscreve na alínea b) ou na alínea c) do n.º 1 do artigo 3.º da directiva, uma vez que, contrariamente a esta última, o motivo de recusa do registo, ou de nulidade, se for caso disso, previsto na primeira dessas alíneas não encontrou acolhimento nas limitações ao direito da marca a que se refere o artigo 6.º, n.º 1" (v. n.º 30 das conclusões *cit.*).

Todavia, sugeriu que o TJ respondesse ao que o órgão jurisdicional neerlandês pretendia saber – e que, no essencial, respeitava à questão de o interesse geral em manter a disponibilidade de um sinal concreto constituir, ou não, um elemento interpretativo do alcance dos direitos conferidos pela marca ao seu titular num processo por violação desse título de propriedade industrial – afirmando que "(...) para definir o alcance da protecção de uma marca composta por um sinal que corresponde a uma das indicações descritas no artigo 3.º, n.º 1, alínea c), (...) mas que adquiriu carácter distintivo pelo uso e foi registado, deve ter-se em conta o interesse geral em não se restringir indevidamente a disponibilidade de determinados sinais para os restantes operadores que oferecem produtos ou serviços semelhantes.

Em contrapartida, quando esse mesmo sinal não tiver carácter distintivo *ab origine* [no n.º 80 esclareceu que se refere à al.ª b)], tendo-o adquirido posteriormente pelo uso, os direitos do titular da marca não devem ser apreciados à luz do imperativo de disponibilidade" (n.º 85 das Conclusões, *cit.*).

O TJ, no acórdão proferido em 10 de Abril de 2008, já citado, declarou que "a directiva deve ser interpretada no sentido de que, ao apreciar o âmbito do direito exclusivo do titular de uma marca, não se pode ter em conta o imperativo de disponibilidade, excepto na medida em que for aplicável a limitação dos efeitos da marca definida no artigo 6.º, n.º 1, alínea b), da referida directiva" (v. o n.º 49 do Acórdão *cit.*, que pode ser consultado no sítio: *http://curia.europa.eu/jurisp/cgi-bin/form.pl?lang=pt*).

No que respeita ao impedimento absoluto de registo de sinais exclusivamente descritivos (al.ª c) do n.º 1 do art. 223.º *ex vi* art. 238.º, n.º 1, al.ª c); al.ᵃˢ c) dos arts. 3.º, n.º 1 e 7.º, n.º 1 do CPI, da DM e do RMC, respectivamente) há que referir que aqui, a par da falta de capacidade distintiva, importa atender, fundamentalmente, ao imperativo de livre disponibilidade[236]. E o mesmo motivo já foi considerado relativamente às marcas de cor[237] e às marcas de forma[238].

---

[236] No mesmo sentido, cfr. CARLOS FERNÁNDEZ-NÓVOA, *Tratado*..., cit., p. 155, VINCENZO DI CATALDO, *I segni distintivi*, 2.ª ed., Giuffrè Editore, Milano, 1993, pp. 69 e s. e, referindo-se às denominações genéricas, descritivas e usuais, NICCOLÓ ABRIANI, «I segni distintivi», cit., pp. 38 e 41. Entre nós, relativamente às denominações descritivas, cfr. M. NOGUEIRA SERENS, «A "vulgarização"...», *cit.*, pp. 33 e ss.

A justificação referida no que respeita às marcas descritivas tem sido também defendida pelo TJ. V., entre outros, o n.º 25 do Acórdão do TJ, de 4 de Maio de 1999, proferido no caso «Chiemsee», *cit.* (in: *Col.* 1999-5, pp. I-2823) e, apesar de se terem levantado dúvidas pela sua omissão no Acórdão do TJ, de 20 de Setembro de 2001, proferido no caso «Baby-Dry», proc. C-383/99P, entre Procter & Gamble Company e IHMI, in: *Col.* 2001-8/9, pp. I-6279 e ss., acabou por ser reafirmado em vários Acórdãos posteriores (v., p.e., o n.º 31 do Acórdão do TJ, de 23 de Outubro de 2003, proferido no caso «Doublemint», proc. C-191/01P, entre Wm. Wringley Jr. Company e IHMI, in: *Col.* 2003-10 (C), pp. I-12485 e nos Acórdãos do TJ, de 12 de Fevereiro de 2004, proferidos nos casos «Biomild» e «Postkantoor», nos n.ᵒˢ 35 e 54 dos procs. C-265/00 (entre Campina Melkunie BV e Benelux-Merkenbureau, in: *Col.* 2004-2, pp. I-1719) e C-363/99, *cit.*, pp. I-1674, respectivamente).

Criticamente sobre o imperativo de livre disponibilidade, cfr. JEREMY PHILIPS, «Trade mark law and the need to keep free...», *cit.*, pp. 389 e ss.

[237] O TJ tem-no defendido, sistematicamente, no que respeita às marcas de cor, v., p.e., o n.º 55 do Acórdão do TJ, de 6 de Maio de 2003, proferido no caso «Libertel», *cit.*, no proc. C-104/01 (in: *Col.* 2003-5 (A), pp. I-3841), incluindo as combinações de cor (v. o n.º 41 do Acórdão do TJ, de 24 de Junho de 2004, proferido no Proc. C-49/02, relativo ao caso «Heidelberg», *cit.*, in: *Col.* 2004-5/6, pp. I-6166).

Sobre a não exacta correspondência entre as expressões "não limitar indevidamente a disponibilidade..." [utilizada nesses Acórdãos] e "manter livremente disponíveis", cfr., Jeremy Philips, «Trade mark law and the need to keep free...», *cit.*, esp. pp. 393 e s. e ainda as conclusões apresentadas pelo Advogado-Geral JACOBS, no âmbito do caso «SAT1», proc. C-329/02P, in: *Col.* 2004-8/9 (B), pp. I-8322 e ss. Omitindo qualquer consideração concernente à diferenciação entre as expressões referidas, *v.g.*, o n.º 23 do Acórdão proferido pelo TJ, em 1.º de Abril de 2008, no âmbito do proc. 102/07, caso «Adidas», *cit.*

[238] No que concerne às marcas de forma, v., por todos, o n.º 78 do Acórdão do TJ, de 18 de Junho de 2002, proferido no caso «Philips», proc. C-299/99, *cit.*, in: *Col.* 2002-6 (B), pp. I-5516.

No que respeita aos sinais usuais, estranhamente, o TJ no único caso em que o analisou (referimo-nos ao caso «Bravo») não aborda directamente a questão, limitando-se a afirmar que "o artigo 3.º, n.º 1, alínea *d*), da directiva tem por finalidade impedir o registo de sinais ou de indicações que sejam impróprios para distinguir os produtos ou os serviços de uma empresa dos de outras empresas e que não preencham, assim, a condição exigida no artigo 2.º da directiva"[239].

O interesse público, naturalmente, está também presente no que respeita aos sinais cujo registo é proibido por serem ilícitos.

A licitude subjaz aos conceitos de veracidade e lealdade, que são os pilares jurídicos do actual sistema económico e, por conseguinte, justificam os impedimentos de registo de sinais contrários à ordem pública e aos bons costumes e enganosos.

Ainda na perspectiva da licitude, ou como seu reflexo, chegamos ao cerne do nosso estudo: o impedimento absoluto de registo de sinais enganosos. Este reflecte, pela negativa, o princípio da verdade[240].

A razão de ser desta proibição, referida *supra*[241], assenta primordialmente na incompatibilidade com a função informativa da marca[242] e num juízo de deslealdade derivado do engano causado ao consumidor. Além disso, e porque é inegável que a tutela jurídica das marcas acarreta sempre custos sociais, a consagração da proibição legal de marcas enganosas, perspectivada como um limite ao poder de mercado do titular da marca, permite atenuar alguns deles.

Isto significa que subjacente a esta proibição está não apenas o interesse público geral, mas também o interesse dos consumidores e dos concorrentes do titular da marca. O consumidor é livre de fazer as suas escolhas de acordo com os critérios que lhe aprouver (e que não são, necessariamente, apenas os que respeitam ao preço e à qualidade dos produtos ou serviços), mas existindo uma proibição (expressa) relativa aos sinais enganosos, estes estarão mais protegidos nas escolhas "irracionais" que efectuarem, o que assume especial relevância nos tempos hodiernos

---

[239] V. o n.º 28 do Acórdão do TJ, de 4 de Outubro de 2001, caso *Bravo*, proferido no proc. C-517/99, *cit.*, in: *Col.* 2001-10 (A), pp. I-6987.

[240] MARIO CASANOVA, *op. cit.*, p. 484. Cfr., ainda, entre outros, TITO RAVÀ, *Diritto industriale*, vol. Primo (*Azienda, segni distintivi, concorrenza*), 2.ª ed., UTET, 1981, pp. 129 e s.; ÁNGEL MARTÍNEZ GUTIÉRREZ, *La marca engañosa*, *cit.*, p. 56.

[241] V. Introdução, III.

[242] CARLOS FERNÁNDEZ-NÓVOA, *Tratado...*, cit., p. 233.

em que a marca já não é meramente um sinal, e em muitos casos já não se limita a ser um símbolo, atingindo o estádio de mito[243]. Por outro lado, também os concorrentes aproveitam esta proibição, sancionando-se formas desleais de desvio de clientela.

Assim, defendemos que a proibição de engano tutela, para além do interesse público, os interesses dos concorrentes e dos consumidores[244-245]. A resposta à questão de saber se essa tutela é directa ou indirecta ficará para mais tarde, quando tivermos conhecimento do regime jurídico destes sinais.

## 4. Síntese

Do exposto resultam algumas considerações que nos serão úteis para mais facilmente apreendermos o âmbito de aplicação da proibição de registo de sinais enganosos (v. § II.).

A primeira é que das relações que se estabelecem entre a proibição de registo de sinais enganosos e os restantes impedimentos absolutos de registo resulta que alguns destes podem não ser aplicáveis e mesmo assim o registo ser impedido pelo primeiro. Pensamos, em especial, nas marcas sugestivas que possam induzir em erro, nas marcas exclusivamente descritivas, que tenham conseguido adquirir capacidade distintiva (*secondary meaning*) e nos sinais que não violem o art. 6.º-*ter* CUP por ter sido obtida a competente autorização, mas que sejam susceptíveis de induzir em erro o público.

---

[243] Cfr. o interessante estudo de THOMAS DRESCHER, *op. cit.*, pp. 301 e ss. e referindo-se à «fidelidade além da razão» possibilitada pela marca, KEVIN ROBERTS, *op. cit.*, *passim*.

[244] No mesmo sentido, cfr. ÁNGEL MARTÍNEZ GUTIÉRREZ, *La marca engañosa*, cit., p. 50 e ADRIEN BOUVEL, *Principe de spécialité et signes distinctifs,* LITEC, Paris, 2004, p. 155.

Em sentido diferente, defendendo a prevalência do interesse do consumidor e da ordem pública económica cfr., entre outros, ALBERT CHAVANNE/JEAN-JACQUES BURST, *op. cit.*, p. 505; referindo-se apenas ao interesse do consumidor (muito embora admitindo que os interesses dos concorrentes também encontram protecção) cfr. FABIENNE DAIZÉ, *Marques et usurpation de signes de la personnalité,* LITEC, Paris, 2006, pp. 117 e s.

[245] O TJ, no Acórdão, de 30 de Março de 2006, proferido no proc. C-259/04, *cit.*, no âmbito do caso «Elizabeth Emanuel», *cit.*, afirma, no n.º 46, que o motivo de ordem pública que justifica a proibição decretada pelo artigo 3.º, n.º 1, alínea g) da Directiva de marcas é a protecção do consumidor (*Col.* 2006-3 (B), pp. I-3125).

Uma outra conclusão assenta na desnecessidade da previsão expressa do impedimento (absoluto) de registo de marcas que contenham, em todos ou alguns dos seus elementos, medalhas de fantasia ou desenhos susceptíveis de confusão com as condecorações oficiais ou com as medalhas e recompensas concedidas em concursos e exposições oficiais, já que estas seriam sempre abrangidas pela proibição de registo de sinais enganosos. Esta ideia constitui, parece-nos, o motivo da revogação da al.ª e) do art. 239.º (na versão original do CPI) pelo DL n.º 143/2008, de 25 de Julho.

Noutro plano, vimos que no nosso ordenamento jurídico não há lugar para dúvidas sobre a autonomia substancial e sistemática da proibição de registo de sinais enganosos relativamente ao impedimento de registo de sinais contrários à ordem pública e aos bons costumes.

Por outro lado, do estudo desenvolvido até ao momento resulta, inequivocamente, que a proibição de sinais enganosos como impedimento absoluto de registo encontra total justificação à luz do (primeiro) critério de distinção entre impedimentos absolutos e relativos, que referimos no início desta Secção: a proibição *sub judice* persegue, principalmente, o interesse público geral, mas também é justificada pela tutela dos interesses individuais dos concorrentes e ainda, directa ou indirectamente dependendo do resultado da investigação a desenvolver, dos consumidores.

## II. Os impedimentos relativos de registo em geral e o impedimento absoluto de registo de sinais enganosos em especial

Nos impedimentos relativos de registo está, fundamentalmente, em causa o respeito pelos direitos de terceiros, daí que estes tenham por objecto a recusa do pedido de registo como marca de sinais que entrem em conflito com esses direitos. Por outro lado, de acordo com o segundo critério de distinção entre impedimentos absolutos e relativos referido *supra*, também o procedimento da análise é diferente. Aqui os sinais em questão são comparados um com o outro, enquanto que no âmbito dos impedimentos absolutos de registo o exame centra-se, essencialmente, no próprio sinal.

*Prima facie*, parece existir uma delimitação clara entre os impedimentos absolutos de registo, em especial o que se refere aos sinais enganosos, e os impedimentos relativos de registo. Todavia, isso não significa que não existam sobreposições podendo ser suscitadas dúvidas quanto ao exacto alcance da estatuição de cada uma das previsões legais[246]. Vamos, por esse motivo, proceder à delimitação das esferas de aplicação dessas normas.

## 1. Delimitação do âmbito de aplicação do impedimento absoluto de registo como marca de sinais enganosos relativamente a alguns impedimentos relativos de registo

Tal como vimos suceder relativamente a alguns dos impedimentos absolutos de registo, também aqui poderá haver concurso aparente entre o fundamento de recusa de registo baseado no facto de um sinal ser enganoso e um impedimento relativo de registo. Tal pode suceder quando estão em causa, p.e., sinais patronímicos e direitos privativos industriais anteriores.

### 1.1. *Os sinais patronímicos*

Do regime jurídico consagrado no art. 239.º, n.º 1, al.ª *d*)[247] resulta que é possível o registo como marca de um sinal constituído por um nome patronímico (ou pela imagem de uma pessoa) no caso de o requerente ser o titular do direito em questão[248] e, na hipótese de o direito pertencer a terceiro, se tiver sido obtida a competente autorização, a não ser que o sinal desrespeite ou despretigie a pessoa.

---

[246] Considerando o risco de confusão um caso especial de marca enganosa, ÁNGEL MARTÍNEZ GUTIÉRREZ, *La marca engañosa*, cit., dedica-lhe um capítulo (o terceiro) da sua monografia (pp. 101-132).

[247] O art. 239.º, n.º 1, al.ª *d*) do CPI prescreve a recusa do pedido de registo como marca que empregue "nomes, retratos ou quaisquer expressões ou figurações sem que tenha sido obtida autorização das pessoas a que respeitem e, sendo já falecidos, dos seus herdeiros ou parentes até ao 4.º grau ou, ainda que obtida, se produzir o desrespeito ou desprestígio daquelas pessoas". No âmbito do direito comunitário, v. a norma facultativa da DM contida no art. 4.º, n.º 4, al.ª *c*), i) e ii), e o art. 8.º, n.º 4 do RMC.

[248] O legislador não o refere no CPI, mas é o que resulta do regime jurídico comum (v. os arts. 70.º e 72.º do CC).

A adopção deste tipo de sinais como marca é motivada, naturalmente, pelo incentivo à procura do produto (ou serviço) assim marcado, conseguido pela evocação de uma pessoa prestigiada ou cujo nome goze de particular reconhecimento por parte do público[249]. Por isso, julgamos que só será exigível a autorização do titular do nome nos casos em que o público pode associar o nome que integra a marca com o nome de uma pessoa conhecida[250].

Porém, também nestes casos o registo pode ser proibido se, apesar de ser respeitada a disposição normativa referida, se verificar, p.e., que o sinal é enganoso, o que pode acontecer se o sinal transmitir informação inexacta ou sugeri-la[251].

Como tivemos oportunidade de referir noutro estudo, a deceptividade deste tipo de sinais não é muito frequente[252], mas poderá existir se a própria marca veicular informação inexacta[253].

Tal pode suceder de forma *directa* se essas informações decorrem do próprio significado do nome. É o caso de um nome patronímico que signifique também uma determinada localidade podendo, pois ser entendido como referindo a proveniência geográfica do produto[254-255] – imagine-se que é requerido o registo do sinal "Madeira", correspondente ao apelido

---

[249] Sobre estas motivações cfr. M. BOTANA AGRA, «El registro del nombre de un tercero como marca – Comentario a la sentencia del Tribunal Supremo de 10 de junio de 1976 (Sala Tercera) (Caso «Winston Churchill»)», in: *ADI*, Tomo 4, 1977, p. 257.

[250] No mesmo sentido, cfr. LUÍS M. COUTO GONÇALVES, *Manual...*, cit., p. 222; M. BOTANA AGRA, «El registro del nombre...», *cit.*, pp. 272 e s.

[251] ÁNGEL MARTÍNEZ GUTIÉRREZ, *La Marca Engañosa*, cit., pp. 99 e s.

[252] MARIA MIGUEL CARVALHO, «A cessão de marcas patronímicas...», *cit.*, p. 51. Cfr., neste sentido, ISABELLE MARTEAU ROUJOU DE BOUBÉE, *op. cit.*, p. 27; FABIENNE DAIZÉ, *op. cit.*, p. 121.

[253] Neste sentido, cfr. ÁNGEL MARTÍNEZ GUTIÉRREZ, *La marca engañosa*, cit., pp. 99 e s.

[254] É o que CARLOS FERNÁNDEZ-NÓVOA (*La protección internacional...*, cit., p. 4) designa por denominações *pseudo-geográficas*, "aquelas que à primeira vista evocam o nome de uma localidade, mas que em rigor aludem ao apelido da pessoa a cuja habilidade e dotes se deve a elaboração de um determinado produto".

[255] O significado preciso evocado pelo nome pode respeitar a outros aspectos, tais como a composição do produto. Sobre esta hipótese, v. o caso francês em que uma pessoa, de nome Lainé, requereu o registo da marca «laine» para distinguir tapetes. A marca «laine» acabou por ser considerada enganosa para tapetes em algodão, por se considerar que a mesma era susceptível de induzir o público em erro quanto à composição do produto. Sobre este caso cfr. ISABELLE MARTEAU-ROUJOU DE BOUBÉE, *op. cit.*, pp. 27 e ss. e FABIENNE DAIZÉ, *op. cit.*, p. 119.

do requerente, para distinguir produtos alimentares ("bananas"), não provenientes daquele arquipélago. Abstraindo da eventual tutela enquanto indicação geográfica ou marca colectiva, neste caso, é possível que o público seja induzido em erro quanto à proveniência geográfica do produto distinguido, factor que é susceptível de influenciar a sua decisão de compra pela associação a determinadas características e qualidade do produto em questão.

A deceptividade dos sinais patronímicos pode também ocorrer *indirectamente* se a marca, apesar de não possuir um significado em si mesma, der lugar a determinadas expectativas – p.e., quanto à qualidade dos produtos ou serviços que assinala ou quanto à participação de uma determinada pessoa na sua concepção e/ou realização – o que pode suceder se a pessoa cujo nome (e/ou imagem) é evocado for conhecida pelas suas competências num domínio de actividade idêntico ou semelhante ao domínio de exploração da marca[256].

O caso das "marcas dos criadores do gosto e da moda"[257] é, muitas vezes, apontado como um exemplo de marcas patronímicas que transmitindo, indirectamente, informação sobre os produtos podem tornar-se deceptivas se a colaboração dos sujeitos referidos com a empresa que produz esses artigos cessar[258], o que habitualmente acontece, como é fácil intuir, após o registo da marca, colocando-se uma hipótese de deceptividade *superveniente* da marca que será analisada detalhadamente na Parte II[259].

---

[256] Neste sentido, cfr., entre outros, FABIENNE DAIZÉ, *op. cit.*, p. 123.

[257] Sobre estas marcas, cfr., por todos, REMO FRANCESCHELLI, «Il marchio dei creatori del gusto e della moda», in: *CI*, quarto anno, 3, 1988, pp. 780 e ss.

[258] Neste sentido, cfr. GIUSEPPE SENA, *Il diritto dei marchi – marchio nazionale e marchio comunitário*, 4.ª ed., Giuffrè Editore, Milano, 2007, p. 105. Diferentemente, sustentando que para estes sinais não se pode dizer sequer, para além da evocação de caracterizações genéricas de prestígio, de carácter desportivo ou científico, etc., que eles comunicam uma mensagem precisa ao público, em relação à qual se possa colocar um problema de veracidade ou deceptividade, cfr. ADRIANO VANZETTI/VINCENZO DI CATALDO, *Manuale...*, cit., p. 198.

[259] Outra hipótese, que teremos também oportunidade de referir mais adiante, respeita à situação de o nome patronímico ser usado com um título, *v.g.*, «Dr.», fazendo com que os consumidores possam pensar que houve intervenção de especialistas na concepção ou fabrico de produtos (no caso, p.e., produtos médicos e/ou farmacêuticos). Esta hipótese é abordada, entre outros, por FABIENNE DAIZÉ, *op. cit.*, p. 120, que ressalva, porém, que nestes casos a deceptividade não resulta do nome de família considerado em si, mas de um termo que, associado ao nome, permite fazer pensar na existência de um qualquer controlo sobre a concepção ou o fabrico do produto.

Porém, pode levantar-se a hipótese de um sinal patronímico deste tipo não ter sido ainda registado, apesar de efectivamente usado, e entretanto transmitido, tendo o titular do nome deixado de participar na actividade produtora dos bens assinalados com aquela marca, fazendo com que a mesma seja deceptiva. Esta situação já foi, de resto, objecto de uma decisão do Tribunal de Justiça.

Referimo-nos ao Acórdão do Tribunal de Justiça, de 30 de Março de 2006, proferido no caso «Elizabeth Emanuel»[260], onde foi recusada relevância, para efeitos de impedimento do registo de marca, ao *uso* que deste tiver sido feito antes do registo[261], mas sem excluir que eventuais mano-

---

[260] Acórdão do TJ (3.ª Secção), de 30 de Março de 2006, proferido no proc. C-259/04, no caso «Elizabeth Emanuel», *cit.*, in: *Col.* 2006-3 (B), pp. I-3110 e ss.

O caso em apreço respeita à eventual deceptividade superveniente de uma marca patronímica («ELIZABETH EMANUEL») após o titular do registo ter cedido a respectiva titularidade e sobre a deceptividade originária de um sinal patronímico («Elizabeth Emanuel»), cujo registo como marca foi requerido, por evocarem falsamente a participação de uma pessoa, com grande reputação, na criação dos produtos que se pretendem assinalar com os mesmos.

O patronímico em questão corresponde ao nome de uma criadora de moda – que granjeou muito prestígio, no Reino Unido, especialmente após ter sido contratada para conceber e realizar o vestido de casamento de *Lady Diana Spencer* –, que é a autora das duas acções que estão na base do litígio e com as quais pretendia a declaração de caducidade do registo da marca e a recusa do pedido de registo mencionado. Para tal invocou, fundamentalmente, que, para uma parte significativa do público relevante, o referido sinal patronímico indica que Elizabeth Emanuel está ligada ao desenho ou à criação dos produtos em que a marca é usada, sendo essa convicção – que é susceptível de influenciar a sua decisão de compra – inexacta, uma vez que deixou de colaborar com a empresa produtora dos referidos artigos, após ter cedido a sua titularidade. Neste ponto do trabalho cuidaremos apenas da questão relativa à deceptividade originária da marca deixando para a Parte II (Cap. II, § I., 3., esp. 3.2.1.1.3.2.) a análise da eventual deceptividade superveniente.

[261] Como teremos oportunidade de verificar mais adiante (v. § 3., esp. 1., 1.1.), a questão de a eventual deceptividade de um sinal funcionar como impedimento ao seu registo como marca surge, naturalmente, no momento do (pedido de) registo de marca. Aqui é analisado o significado do sinal tendo em vista os produtos ou serviços para os quais o registo é solicitado, de forma a determinar se, da perspectiva do consumidor médio, o sinal é, ou não, deceptivo.

Se esta análise é a única possível para sinais que nunca foram usados antes do (pedido de) registo, a realidade demonstra que muitos são, de facto, usados como "marcas" (marcas livres) antes do seu registo. Em relação a estes, impõe-se então questionar se esse uso pode relevar como causa de deceptividade do sinal e, por conseguinte, obstar ao seu registo como marca. É uma situação deste tipo que está em causa no litígio referido no texto. Sobre esta questão v., em especial, § II., 1.

bras destinadas a fazer crer ao consumidor que o titular do nome em questão continua a ser o criador dos produtos ou que continua a participar na criação daqueles (ou seja, o *uso* enganoso do sinal) possam ser importantes para a aplicação de normas fora do direito de marcas[262]. Como será referido em § 2, esta resposta assenta na exigência de que a deceptividade do sinal seja intrínseca ao mesmo.

O Tribunal de Primeira Instância teve ocasião de analisar um diferendo deste tipo, a propósito do pedido de registo de marca comunitária «Elio Fiorucci»[262bis], embora nesse não estivesse em causa o impedimento absoluto de registo com base em deceptividade originária da marca, mas o impedimento relativo de registo que respeita à violação do direito ao nome.

Com efeito, foi concedido o registo da marca comunitária «Elio Fiorucci», em 6 de Abril de 1999, à sociedade *Edwin Co. Ltd.*[263]. Porém, Elio

---

[262] Neste trecho do Acórdão, o TJ visa um ponto suscitado durante o pleito segundo o qual a direcção da empresa cessionária havia recomendado "(...) discrição ao resto do pessoal, no momento de responder a eventuais perguntas sobre E. Emanuel", v. o n.º 15 das Conclusões apresentadas, neste caso, pelo Advogado-Geral DÁMASO RUIZ-JARABO COLOMER, *cit.*, e os n.ºs 6 e 7 da Decisão da *Appointed Person* (DAVID KITCHIN, Q.C.), disponível para consulta no sítio: *http://www.patent.gov.uk/tm/legal/decisions/2004/o01704.pdf*.

[262bis] Referimo-nos ao Acórdão da 5.ª Secção do TPI, de 14 de Maio de 2009, proferido no âmbito do processo T-165/06 que opôs Elio Fiorucci ao IHMI e a *Edwin Co.*, ainda não publicado, mas disponível no sítio da Internet: *http://curia.europa.eu/jurisp/cgi-bin/form.pl?lang=pt*.

[263] Elio Fiorucci cedeu, em 1976, as suas marcas "FIORUCCI" à sociedade Fiorucci, S.p.A. que, posteriormente, as cedeu à sociedade japonesa Edwin Co. Ltd.

Em 6 de Abril de 1999, como é referido no texto, foi concedido o registo da marca comunitária «Elio Fiorucci» à sociedade Edwin Co. Ltd., com o n.º 709 006, para assinalar alguns produtos das classes 3.ª, 18.ª e 25.ª.

Elio Fiorucci, em 3 de Fevereiro de 2003, requereu a declaração da nulidade do referido registo, com fundamento no facto de a marca em questão ser constituída pelo nome de uma pessoa e a sua utilização sem o consentimento desta poder ser proibida pela lei italiana e pediu a declaração de caducidade com base em deceptividade superveniente.

Por decisão de 23 de Dezembro de 2004, a Divisão de Anulação do IHMI declarou a nulidade do registo e não analisou o fundamento da caducidade (a decisão referida pode ser consultada no sítio: *http://oami.europa.eu/LegalDocs/Cancellation/it/C000709006_417.pdf*).

A sociedade Edwin Co. Ltd. recorreu dessa decisão e a 1.ª Câmara de Recurso do IHMI decidiu, em 6 de Abril de 2006, anular a decisão da Divisão de Anulação do IHMI, mantendo o registo da marca comunitária «Elio Fiorucci». Em 19 de Junho de 2006, Elio Fiorucci interpôs recurso desta última decisão para o Tribunal de Primeira Instância (v. *JO* C 190, de 12/8/2006, p. 27) que a decidiu no Acórdão de 14 de Maio de 2009, proferido no âmbito do processo T-165/06, no sentido referido no texto.

Fiorucci, conhecido estilista italiano, requereu a nulidade do registo dessa marca e/ou a declaração da sua caducidade por deceptividade superveniente.

Cingindo-nos ao primeiro pedido apresentado[264] – a nulidade do registo da marca –, parece que só podia estar em causa a nulidade relativa prevista no art. 53.°, n.° 2, al.ª *a*) do RMC, pois não tendo sido registada a marca «Elio Fiorucci» a favor de Elio Fiorucci[265] e não tendo a mesma sido cedida[266], pode suscitar-se a questão relativa ao consentimento neces-

---

[264] A questão da deceptividade superveniente será abordada *infra* na Parte II (Cap. II, § I., 3., esp. 3.2.1.1.3.2.).

[265] Do n.° 21 da Decisão de anulação, de 23 de Dezembro de 2004, *cit.*, pp. 12 e s. (disponível no sítio: *http://oami.europa.eu/LegalDocs/Cancellation/it/C000709006_417.pdf*) resulta que, de entre a multiplicidade de marcas objecto de transmissão, figura um único registo que tem por objecto o patronímico "ELIO FIORUCCI", dotado de caracterização gráfica correspondente à assinatura de Elio Fiorucci. Trata-se do registo n.° 137335 concedido à Fiorucci S.p.A. pelo Instituto de Marcas da Nova Zelândia, em 28/5/1981 (caducado em 2002), para produtos da classe 25.ª. À excepção deste caso, toda a argumentação de Elio Fiorucci assenta na tentativa, que terá feito, de reservar o nome completo à esfera da sua vida não-comercial.

[266] Com efeito, se a marca *livre* tivesse sido cedida, juntamente com a empresa a que se achava ligada, poderia discutir-se a eventual deceptividade de tal sinal com vista a impedir o seu registo [Sobre a transmissão da marca de facto é preciso ter presente que, na medida em que as mesmas não são objecto de direito de propriedade, não são transmissíveis autonomamente, dependendo da transmissão enquanto elementos de empresas. Neste sentido cfr., JORGE MANUEL COUTINHO DE ABREU, *Curso...*, cit., p. 395 e A. FERRER CORREIA, *Lições de Direito Comercial*, cit., p. 351].

Numa situação desse tipo, estaria em causa, fundamentalmente, determinar se existe engano relevante para recusar o registo como marca de um sinal constituído por um patronímico (susceptível de influenciar a decisão de compra dos consumidores daquele tipo de produtos) quando o titular desse nome, que goza de grande reputação, já não colabora na criação dos produtos que se pretende assinalar com o referido sinal.

Ainda assim, na linha da jurisprudência sufragada pelo TJ no caso «Elizabeth Emanuel» (proc. C-259/04, *cit.*), sempre se teria de atender a que é frequente, a este propósito, a chamada *lawful deception* (isto é, uma certa inevitabilidade de algum engano após a transmissão da marca pelo facto de os consumidores continuarem a atribuir a proveniência do produto assinalado pela marca a um sujeito que já não intervém naquele processo, mas que seria "tolerada" juridicamente para não inviabilizar a transmissão das marcas [sobre a transmissão das marcas e a deceptividade superveniente, v. *infra* Parte II, Cap. II, § I., 3., esp. 3.2.1.1.3.]) e, por outro lado, ao facto de, cada vez mais, o público ter consciência de que os titulares da empresa ou os seus administradores podem mudar. Cfr., na doutrina britânica, por todos, DAVID KITCHIN/DAVID LLEWELYN/JAMES MELLOR/RICHARD MEADE//THOMAS MOODY-STUART/DAVID KEELING, *Kerly's...*, cit., p. 354, nms. 13-053 e s.

sário para o registo como marca comunitária, concedido em 6 de Abril de 1999, à sociedade *Edwin Co. Ltd.*[267].
A Divisão de Anulação, atendendo à aplicação do art. 8.°, n.° 3 do CPI italiano e perante a ausência de prova de ter sido prestado, expressamente, o consentimento para o registo de tal marca, considerou que "(...) o facto de a sociedade Fiorucci S.p.A. ter, em 1990, cedido todos os direitos respeitantes às marcas coincidentes e/ou contendo o termo "FIORUCCI" não implica, automaticamente, uma autorização para o uso do patronímico "ELIO FIORUCCI", que, enquanto correspondente ao nome de uma pessoa determinada, deve ser incluído entre os direitos da personalidade do sujeito interessado, único legitimado para dispor dele", acrescentando ainda que "da mesma forma, não tem relevo significativo o facto de que entre as centenas de marcas cedidas pela sociedade Fiorucci S.p.A. no âmbito da Concordata existisse um, único, registo de marca "ELIO FIORUCCI": antes de mais, a sociedade Fiorucci, S.p.A. é sujeito jurídico diferente em relação ao Senhor Elio Fiorucci, único (...) legitimado para conceder direitos sobre o mesmo patronímico; além disso, esse respeitava à autografia do Senhor Elio Fiorucci, que tinha dado consentimento expresso para tal registo em nome da Fiorucci S.p.A. em relação àquele específico registo e não a sucessivos"[268]. Por conseguinte, a Divi-

---

[267] A titular da marca defendia que o consentimento exigido fora prestado já no ano de 1990, aquando da cessão de todos os direitos de utilizar, em exclusivo, a palavra «Fiorucci» (senão mesmo em 1976, quando o Sr. Elio Fiorucci se privou de todos os direitos sobre o sinal «Fiorucci» cedendo-o à Fiorucci, S.p.A.). Todavia, a titular da marca apresentou uma declaração do procurador da sociedade Fiorucci S.p.A. e administrador da Galleria S.r.l. que atesta que Elio Fiorucci deu o seu consentimento ao registo nos anos 1996-97 (v. Decisão relativa à anulação, *cit.*, p. 7, n.° 11 e esp. n.° 22 da p. 13, que pode ser consultada no sítio: *http://oami.europa.eu/LegalDocs/Cancellation/it/C000709006_417.pdf*). Mas este dado foi negado por Elio Fiorucci (v. n.° 14, p. 9 da Decisão, *cit.*) que, inclusivamente, intentou uma acção judicial em Itália contra o referido administrador por falsas declarações.
Mais adiante na Decisão da anulação (n.° 21, p. 13, *cit.*), a Divisão que analisou o processo parece inferir da documentação apresentada – consistente em troca de correspondência (na maioria dos casos por *e-mail*) – que, na sequência de Elio Fiorucci invocar que não autorizou o uso de «Elio Fiorucci», a titular da marca tentou obter o consentimento daquele para o registo da marca e corrobora esta afirmação com o facto de a marca comunitária registada não corresponder a uma assinatura estilizada de uma autografia (n.° 23, p. 14 da Decisão *cit.*).
[268] V. Decisão, *cit.*, n.° 24, pp. 14 e s., que pode ser consultada no sítio: *http://oami.europa.eu/LegalDocs/Cancellation/it/C000709006_417.pdf*.

são de anulação do IHMI declarou a nulidade do registo da marca comunitária «Elio Fiorucci».

A empresa *Edwin Co. Ltd.* interpôs recurso desta decisão que foi apreciado, em 6 de Abril de 2006, pela 1.ª Câmara de Recurso do IHMI[269] em sentido contrário, por considerar que não há lugar à aplicação do art. 52.º, n.º 2 [actualmente art. 53.º, n.º 2] do RMC porque a *fattispecie* não cabe nas hipóteses previstas no art. 8.º, n.º 3 do CPI italiano[270].

Fundamentalmente, a Câmara de Recurso entendeu que a *ratio* da norma italiana consiste em impedir o desfrutamento comercial do nome de pessoas célebres por pessoas estranhas e não autorizadas. Como é referido na decisão em apreço, "(...) a norma serve para permitir uma "migração" controlada de um patronímico do âmbito (político, desportivo, etc.) em que era, até ao momento, célebre para aquele puramente comercial". Porém, se o nome da pessoa, ainda que célebre, já é conhecido do grande público como sinal comercial, esta "migração" já se materializou e, por conseguinte, a *fattispecie* fica de fora daquela que a norma pretende disciplinar[271].

Elio Fiorucci não se conformou com a decisão e interpôs recurso para o Tribunal de 1.ª Instância que, como foi referido, decidiu o processo no Acórdão de 14 de Maio de 2009. Atendendo, porém, a que o pedido de caducidade por deceptividade superveniente da marca registada «Fiorucci»[272] foi recusado, na linha da orientação assumida pelo próprio Tri-

---

[269] V. Decisão da 1.ª Câmara de Recurso do IHMI, de 6 de Abril de 2006, proferida no procedimento R 238/2005-1, em que é recorrente Edwin Co. Ltd. e recorrido Elio Fiorucci, relativo à marca «Elio Fiorucci», consultada em 24/6/08, na Internet no sítio: *http://oami.europa.eu/LegalDocs/BoA/2005/it/R0238_2005-1.pdf*.

[270] V. n.º 24 da Decisão da 1.ª Câmara de Recurso do IHMI, de 6 de Abril de 2006, *cit.*, p. 11, onde é acrescentado que também não existe fundamento para a caducidade com base em deceptividade superveniente.

[271] V., respectivamente, os n.ºs 32 e s. da Decisão da 1.ª Câmara de Recurso do IHMI, de 6 de Abril de 2006, *cit.*, p. 12. A Câmara de Recurso considerou que toda a conduta de Elio Fiorucci foi programada para proceder a uma ligação entre o próprio nome civil e tudo o que tem aposta a marca FIORUCCI (v. n.º 37, p. 13), por isso, considera "de escassa importância a circunstância de o recorrido nunca ter registado, ou permitido que outros registasssem, o patronímico inteiro como marca (sendo a única excepção a marca na Nova Zelândia)", já que "ele mesmo não tem dificuldade em reconhecer que o nome ELIO FIORUCCI é um "sinal distintivo de facto" que distingue as suas criações, isto é, uma marca" (n.º 38, p. 13 da Decisão citada).

[272] Mais adiante teremos ocasião de referir este caso em pormenor, v. *infra* Parte II, Cap. II, § I., 3., 3.2.1.1.3.2.

bunal de Justiça num caso semelhante – referimo-nos, uma vez mais, ao Acórdão proferido no caso «Elizabeth Emanuel» – era pouco provável uma reviravolta no caso. E, efectivamente, foi o que sucedeu.

O TPI, não obstante não concordar com a conclusão da Câmara de Recurso relativamente à interpretação do art. 8.°, n.° 3 do *Codice della Proprietà Industriale*, não declarou a nulidade do registo da marca porque o IHMI e a *Edwin Co.* invocaram contra o pedido do recorrente [Elio Fiorucci] factos não analisados pela Câmara de Recurso [essencialmente que a marca ELIO FIORUCCI estava incluída na cessão pelo recorrente à interveniente de todas as marcas e de todos os sinais distintivos]. O Tribunal considerou então que o pedido do recorrente de reforma da decisão impugnada não podia ser acolhido, já que tal implicaria o exercício de funções administrativas e de investigação próprias do IHMI[272bis].

Outra hipótese em que as marcas patronímicas poderiam enfrentar a acusação de deceptividade, segundo alguns autores[273], seria a de homonímia.

Imagine-se que alguém, aproveitando o facto de ter o mesmo nome de uma pessoa conhecida (p.e., Luís Figo ou Paulo Ferreira, sendo este último nome bastante comum no nosso país), decide requerer o seu registo como marca para distinguir calçado e vestuário desportivo (classe 25.ª). Neste caso, e independentemente do direito ao uso comercial do próprio nome, o consumidor que adquire aquele tipo de produtos pode ser induzido em erro quanto à participação na produção dos referidos produtos dos conhecidos jogadores, podendo ser enganados no que respeita à proveniência do produto ou quanto à sua qualidade. E o mesmo sucederia se o requerente, não tendo nome igual ao que pretende registar como marca, tivesse obtido uma autorização de uma pessoa chamada Luís Figo ou Paulo Ferreira que não fosse nenhum dos referidos jogadores de futebol[274].

Nestes casos os impedimentos – absoluto e relativo, respectivamente – que estamos a analisar surgem muito ligados, facto devidamente assina-

---

[272bis] V. n.° 67 do Acórdão *cit.*

[273] ÁNGEL MARTINEZ GUTIÉRREZ, *La marca engañosa*, cit., p. 97.

[274] No que respeita à hipótese de os referidos jogadores de futebol terem dado autorização ao requerente do registo, v. *infra* 2.

Entendendo também que a autorização necessária respeita à pessoa que para a generalidade do público dos consumidores é identificada através da marca cujo registo é pedido, cfr. JUAN FLAQUER RIUTORT, «Contribución al estudo de la marca patronímica», in: *ADI*, Tomo XVI, 1994-95, p. 258.

lado pela doutrina e que permite pôr em causa a efectividade da protecção dos consumidores pela consagração da proibição de registo de sinais enganosos[275].

### 1.2. Os sinais que constituem infracção de direitos de autor ou de direitos de propriedade industrial

O art. 239.º, al.ª h) da versão original do CPI proíbia o registo de marcas que contivessem, em todos ou alguns dos seus elementos, "sinais que constituam infracção de direitos de autor ou de direitos de propriedade industrial".

O DL n.º 143/2008, de 25 de Julho, alterou a referida norma, passando os dois impedimentos referidos a constarem de forma autonomizada da previsão do n.º 1 do art. 239.º: a infracção de direitos de autor está prevista na al.ª b) e tem de ser invocada em sede de reclamação, enquanto que a infracção de outros direitos privativos industriais decorre da al.ª c) e é de conhecimento oficioso[275bis].

Tendo em vista em especial a al.ª c) importa referir que esta norma, não obstante a referência aos direitos de propriedade industrial, como é referido por LUÍS M. COUTO GONÇALVES[276], tem carácter residual, uma vez que os restantes direitos de propriedade industrial já são abarcados por outra alínea da mesma norma e as patentes de invenção raramente estão relacionadas com as marcas, parecendo assim visar os desenhos e mode-

---

[275] Em sentido próximo do defendido no texto, mas não se referindo especificamente ao caso de homonomia, cfr. FABIENNE DAIZÉ, op. cit., p. 123, que afirma: "assim utilizado, o argumento da deceptividade da marca serve para evitar que o pseudónimo, o nome ou a imagem de uma pessoa célebre não seja depositado em violação dos seus direitos, mais do que para proteger o consumidor contra um risco de engano sobre as qualidades substanciais dos produtos vendidos". Cfr. ainda RON MOSCONA, «What really matters: the designer's name or the name on the label?», in: [2007] 4 EIPR, p. 152, que destaca que "(...) na prática, a maioria dos casos relativos ao engano quanto à origem dos produtos ou serviços focam-se na questão da violação de direitos anteriores em vez de o engano como fundamento independente para a recusa ou caducidade".

[275bis] Não percebemos, porém, a justificação para um ser de conhecimento oficioso enquanto o outro depende de invocação pelos interessados. No mesmo sentido, cfr. LUÍS M. COUTO GONÇALVES, Manual..., cit.², p. 215.

[276] LUÍS M. COUTO GONÇALVES, Manual..., cit., p. 225.

los, no caso de não conferirem valor substancial ao produto, e as denominações de origem e as indicações geográficas registadas. É, em especial, em relação a estas últimas que se levantam algumas questões interessantes no que respeita à fronteira com o impedimento absoluto de registo de sinais enganosos.

### 1.2.1. *Denominações de origem e indicações geográficas*

Em ordenamentos jurídicos, como o nosso e o comunitário[277], que reconhecem outros direitos privativos industriais que têm por objecto nomes geográficos – as denominações de origem e as indicações geográficas – levanta-se, entre outras[278], a questão de saber se um nome geográfico correspondente a uma denominação de origem ou a uma indicação geográfica pode ser integrado numa marca individual[279].

---

[277] Para maiores desenvolvimentos sobre o regime jurídico nacional, cfr., entre nós, as obras de ALBERTO FRANCISCO RIBEIRO DE ALMEIDA, em especial, no que respeita ao regime jurídico da denominação de origem a monografia intitulada *Denonominação de Origem e Marca*, cit., esp. pp. 213 e ss. e no que concerne ao regime jurídico da indicação geográfica, o artigo «Indicação geográfica...», cit., esp., pp. 21 e ss. Cfr. ainda JOSÉ DE OLIVEIRA ASCENSÃO, «Questões problemáticas em sede de indicações geográficas e denominações de origem», cit., pp. 69 e ss. [= in: *RFDUL*, pp. 253 e ss.].

No que respeita ao regime jurídico comunitário, e especialmente no que tange ao potencial conflito com eventuais direitos de marca, cfr., entre outros, L. BENTLY/B. SHERMAN, «The impact of european geographical indications...», cit., pp. 850 e ss., esp. pp. 893 e ss. e FRIEDRICH-KARL BEIER/ROLAND KNAAK, «The protection of direct and indirect geographical indications of source in Germany and the European Community», in: *IIC*, vol. 25, n.° 1/1994, pp. 1 e ss.

Abordando-o relativamente ao regime previsto no ADPIC, cfr., entre outros, BURKHART GOEBEL, «Geographical indications and trademarks in Europe», in: 95 *TMR* (2005), pp. 1165 e ss. Para uma súmula do regime em sede de direito internacional, cfr. CHRISTOPHER HEATH, «Geographical indications: international, bilateral and regional agreements», in: *New frontiers of intellectual property law* (eds. Christopher Heath/Anselm Kamperman Sanders), IIC Studies, Max Planck Institute for Foreign and International Patent, Copyright and Competition Law, Hart Publishing, Oxford, 2005, pp. 97 e ss.

[278] Por exemplo, a relação entre a tutela no plano comunitário e no plano nacional das indicações geográficas. Sobre o tema, cfr. L. BENTLY/B. SHERMAN, «The impact of european...», cit., esp. pp. 854 e ss.

[279] Quanto à possibilidade de inclusão em marca colectiva, v. art. 228.°, n.° 2 que preceitua que "podem constituir marca colectiva os sinais ou indicações utilizados no comércio para designar a origem geográfica dos produtos ou serviços". Este preceito, como

Cingindo a análise ao direito nacional, podemos dizer que, nalgumas situações, tal não é possível[280].

---

já tivemos oportunidade de referir, corresponde a uma norma facultativa da DM (art. 15.º, n.º 1), todavia acolhendo essa faculdade, o legislador ficava obrigado a estipular que uma marca deste género não confere ao titular o direito de proibir um terceiro que use no comércio esses sinais ou indicações, desde que esse uso se faça em conformidade com práticas honestas em matéria industrial ou comercial, nomeadamente, uma marca deste género não pode ser oposta a um terceiro habilitado a usar uma denominação geográfica (art. 15.º, n.º 2, da DM). Não o fez no CPI'40, não o fez no CPI'95, nem no Código actualmente em vigor e isto não obstante a doutrina ter já alertado para o desrespeito relativamente à DM, que naturalmente prevalece. Cfr. ALBERTO FRANCISCO RIBEIRO DE ALMEIDA, *Denominação de origem e marca*, cit., p. 363 e, mais recentemente, MARIA MIGUEL CARVALHO, «Marcas Colectivas...», *cit.*, p. 236.

No que concerne à possibilidade de os titulares de uma denominação de origem ou indicação geográfica requererem, no mesmo país, o registo de um nome geográfico como marca colectiva, cfr. J. P. REMÉDIO MARQUES, *op. cit.*, pp. 430 e ss.

[280] Não analisamos aqui a questão inversa, i.e., a de saber se, estando registada uma marca num Estado-membro, pode ser registada uma denominação de origem ou uma indicação geográfica confundível.

Sobre este ponto, cfr. ALBERTO FRANSCISCO RIBEIRO DE ALMEIDA, «Denominações geográficas...», *cit.*, pp. 312 e s., que salienta que "este problema já produziu frutos amargos no âmbito das DO vinícolas e promete conflitos inflamados no domínio do Regulamento (CEE) (...)", relativo à protecção das denominações de origem e indicações geográficas dos produtos agrícolas e dos géneros alimentícios.

No que respeita ao domínio vinícola impõe-se, em primeiro lugar, uma alusão especial à chamada *Lex Torres*.

Com efeito, Portugal reconheceu a denominação de origem «Torres» (v. DL n.º 331/ /89, de 27/9, entretanto revogado pelo DL n.º 375/93, de 5/11, que *infra* referiremos) estando registada a marca espanhola, bem conhecida, «Torres» para assinalar vinhos.

De acordo com o n.º 2 do art. 40.º do Regulamento (CEE) n.º 2392/89, do Conselho, de 24/7/89 (in: *JO L*, 232, de 9/8/89, pp. 13 e ss.), que estabelecia as regras gerais para a designação e apresentação dos vinhos e mostos de uvas, a denominação de origem posterior prevalecia sobre a marca registada anterior. Para não lesar indevidamente a marca registada em casos deste tipo foi introduzida uma nova excepção a tal regra, através da alteração introduzida ao Regulamento referido pelo Reg. (CEE) n.º 3897/91, do Conselho, de 16/12/91 (in: *JO L* 368, de 31/12/91, pp. 5 e s) que passou a admitir que "o titular de uma marca notória registada para um vinho ou um mosto de uvas que contenha palavras idênticas ao nome de uma região determinada ou ao nome de uma unidade geográfica mais restrita que uma região determinada pode, mesmo que, nos termos do disposto no n.º 2 do art. 40.º, não tenha direito a esse nome, continuar a utilizar essa marca sempre que a mesma corresponda à identidade do seu titular original ou do mandatário original, desde que o registo da marca tenha sido efectuado pelo mesmo 25 anos antes do reconhecimento oficial do nome geográfico em questão pelo Estado-membro produtor, nos termos do n.º 3 do

Uma primeira situação em que isso ocorre respeita à hipótese de os produtos ou serviços que a marca pretende distinguir não terem direito à

artigo 1.º do Regulamento (CEE) n.º 823/87, no que diz respeito aos vqprd e que a marca tenha efectivamente sido utilizada sem interrupção.
As marcas que preencham as condições do primeiro e do segundo parágrafos não podem ser opostas ao uso dos nomes das unidades geográficas utilizadas para a designação de um vqprd ou de um vinho de mesa".
No seguimento desta alteração, o legislador nacional revogou o DL n.º 331/89, de 27/9, estabelecendo o DL n.º 375/93, de 5/11 – que, por sua vez, foi revogado pelo DL n.º 212/2004, de 23/8 – como denominação de origem «Torres Vedras» em vez de «Torres».
Sublinhe-se que, entretanto, também os Regulamentos referidos foram revogados pelo art. 81.º do Reg. (CE) n.º 1493/1999, do Conselho, de 17/5/99, que estabelece a organização comum do mercado vitivinícola (in: *JO L* 179, de 14/7/99, pp. 1 e ss.), por sua vez revogado pelo recente Reg. (CE) n.º 479/2008 do Conselho, de 29 de Abril de 2008 (in: *JO L* 148, de 6/6/08, pp. 1 e ss.). Além deste, importa destacar o Reg. (CE) n.º 110/2008, do Parlamento Europeu e do Conselho, de 15 de Janeiro de 2008, relativo à definição, designação, apresentação, rotulagem e protecção das indicações geográficas das bebidas espirituosas (já citado), que no n.º 1 do art. 23.º confirma o princípio da prevalência da indicação geográfica registada relativa a este tipo de produto sobre o pedido de registo de marca ou sobre uma marca já registada, independentemente de susceptibilidade de indução em erro. No entanto, estabelece duas excepções a este princípio.
Por um lado, no n.º 2, prevê o caso de "na observância da legislação comunitária, uma marca cuja utilização configure uma das situações referidas no artigo 16.º, que tenha sido objecto de um pedido de registo, registada ou, nos casos em que tal seja possibilitado pela legislação aplicável, adquirida pelo uso de boa fé no território comunitário, quer antes da data da protecção da indicação geográfica no país de origem, quer antes de 1 de Janeiro de 1996, pode[r] continuar a ser utilizada, não obstante o registo de uma indicação geográfica, *desde que não haja causas para declarar a invalidade ou a extinção da marca como previsto na Primeira Directiva (…) [sobre marcas] ou no Regulamento (…) sobre a marca comunitária*"[itálicos nossos]. Por outro, no n.º 3 preceitua que "não são registadas indicações geográficas quando, atendendo à reputação e à notoriedade de uma marca e à duração da sua utilização na Comunidade, o seu registo for susceptível de induzir o consumidor em erro quanto à verdadeira identidade do produto".
No que respeita ao Reg. (CE) n.º 510/2006, do Conselho, de 20 de Março de 2006, relativo à protecção das denominações de origem e indicações geográficas dos produtos agrícolas e dos géneros alimentícios, *cit.*, importa atender em especial ao disposto no art. 14.º, que estabelece no n.º 1 que "sempre que uma denominação de origem ou uma indicação geográfica seja registada ao abrigo do presente regulamento, é recusado o pedido de registo de uma marca que corresponda a uma das situações referidas no artigo 13.º e diga respeito à mesma classe de produto, caso o pedido de registo da marca seja apresentado após a data de apresentação à Comissão do pedido de registo da denominação de origem ou indicação geográfica. As marcas registadas contrariamente ao disposto no primeiro parágrafo são consideradas inválidas". E acrescenta no n.º 2 que "na observância da legis-

denominação de origem ou à indicação geográfica, mas serem idênticos ou afins desses produtos ou serviços e serem provenientes do local correspondente ao nome geográfico utilizado. Aqui não é possível o registo como marca porque há violação do direito de exclusividade concedido ao titular da denominação de origem ou indicação geográfica (art. 305.º, n.º 4, parte final e art. 312.º, n.º 1, al.ª c)), se esta estiver registada. Mas, independentemente do registo da denominação de origem ou da indicação geográfica[281], o pedido de registo como marca de um sinal nestas condições poderá ser recusado se for susceptível de induzir os consumidores em erro quanto à qualidade do produto ou serviço [art. 238.º, n.º 4, al.ª d)][282].

Na verdade, as denominações de origem e as indicações geográficas são conferidas por causa de uma especial qualidade ou reputação dos produtos ou serviços provenientes daquele local geográfico. Se o consumidor deparar com essa designação aposta num produto ou serviço daquele tipo, pensará, certamente, que se trata de um produto ou serviço que, por ter direito ao uso daquele nome geográfico, reveste determinada qualidade ou características, podendo, desta forma, ser induzido em erro quanto à qualidade dos mesmos[283].

---

lação comunitária, uma marca cuja utilização configure uma das situações referidas no artigo 13.º, que tenha sido objecto de pedido, registo ou, nos casos em que tal seja previsto pela legislação em causa, que tenha sido adquirida pelo uso de boa fé no território comunitário, quer antes da data de protecção da denominação de origem ou da indicação geográfica no país de origem, quer antes de 1 de Janeiro de 1996, pode continuar a ser utilizada, não obstante o registo de uma denominação de origem ou de uma indicação geográfica, sempre que a marca não incorra nas causas de invalidade ou de caducidade previstas na Primeira Directiva 89/104/CEE do Conselho, de 21 de Dezembro de 1988, que harmoniza as legislações dos Estados-membros em matéria de marcas ou no Regulamento (CE) n.º 40/94 do Conselho, de 20 de Dezembro de 1993, sobre a marca comunitária".

[281] JOSÉ DE OLIVEIRA ASCENSÃO, «Marca Comunitária e Marca Nacional – Parte II – Portugal», in: AA.VV., *Direito Industrial*, vol. II, APDI/Almedina, 2002, pp. 61 e s., distingue, todavia, consoante o produto ou o serviço que tem direito à indicação geográfica (não registada) provenha ou não da região evocada. No último caso, se o sinal for susceptível de induzir em erro o público sobre a proveniência geográfica do produto ou serviço, o registo como marca será recusado com base em deceptividade desta. Na hipótese contrária, a proibição, segundo o Autor citado, "só pode ter por base um motivo absoluto de registo, pelo carácter genérico do sinal", exigindo que "a indicação geográfica seja relevante para a valoração do produto ou do serviço".

[282] Inclusivamente, se se verificarem os pressupostos, pode haver concorrência desleal nos termos do disposto no art. 317.º, n.º 1, al.ª e).

[283] Isto não impede, no entanto, a utilização do nome geográfico como indicação de proveniência, uma vez que esta será verdadeira.

Consideremos agora a hipótese de os produtos ou serviços que a marca pretende distinguir serem idênticos ou afins dos produtos ou serviços que têm direito à denominação de origem ou à indicação geográfica, e não serem provenientes do local correspondente ao nome geográfico utilizado.

Também aqui não é possível o registo como marca. Mais uma vez, se a denominação de origem ou a indicação geográfica estiverem registadas é o que decorre do direito de exclusivo concedido ao seu titular[284] e, independentemente desse registo, há susceptibilidade de o público consumidor ser induzido em erro, desta feita quanto à proveniência geográfica do produto em questão[285].

Neste contexto importa referir brevemente um caso que, envolvendo uma "denominação de origem"[286] e duas marcas, assumiu enorme relevân-

---

[284] V. art. 312.°, n.ᵒˢ 1, al.ª *a*), 2 e 3.

[285] E, uma vez mais, poderá haver concorrência desleal nos termos do disposto no art. 317.°, n.° 1, al.ª *e*).

[286] As aspas pretendem assinalar que, na nossa opinião, não se trata de denominação de origem, já que não estão em causa produtos cujas características e/ou qualidades se devam essencialmente ao meio geográfico, mas antes uma qualidade determinada ou outra característica que podem ser atribuídas a essa origem geográfica, independentemente dos factores naturais e humanos, ou seja, estamos perante indicações geográficas. De resto, podemos adiantar que, actualmente, as designações relevantes para o caso – «Budĕjovické pivo»; «Budĕjovický mĕst'anský var» e «Českobudĕjovické pivo» – são *indicações geográficas* protegidas no plano comunitário (v. *http://ec.europa.eu/agriculture/qual/pt/pgi_08pt.htm*). No mesmo sentido, v. sentença da 8.ª Vara Cível do Tribunal da Comarca de Lisboa, de 18 de Julho de 1998, in: *BPI* 9/2001, p. 3218, onde é afirmado que "os métodos de fabricação de cerveja não são exclusivos de nenhuma localidade, já que as suas características não são influenciadas por quaisquer particularidades geográficas, climatéricas ou ambientais, mas sim pela manipulação química susceptível de ser dominada por qualquer técnico cervejeiro".

Em sentido diferente, v. o Acórdão do TPI, de 12 de Junho de 2007, proferido no âmbito dos procs. T-57/04 e T-71/04, que opuseram a *Anheuser-Busch* e a *Budvar* ao IHMI, relativamente ao pedido de registo como marca comunitária figurativa Budweiser pela primeira (ainda não publicado na *Col.*, mas disponível para consulta no sítio: *http://curia.europa.eu/jurisp/cgi-bin/form.pl?lang=pt*), que, no n.° 98, afirma que "(…) é pacifico que a marca figurativa cujo registo foi pedido utiliza directamente uma denominação geográfica [Budweiser] que constitui uma denominação de origem, na acepção do artigo 2.° do Acordo de Lisboa".

Para uma diferenciação entre as denominações de origem e indicações geográficas, cfr., entre outros, ALBERTO FRANCISCO RIBEIRO DE ALMEIDA, «Indicação geográfica», *cit.*, pp. 11 e ss.

cia no plano internacional quer por ter sido (e estar ainda a ser) discutido judicialmente em vários ordenamentos jurídicos[287-287bis], quer por ter originado a primeira declaração do Tribunal Europeu de Direitos Humanos[288] de que uma marca constitui um bem no sentido do art. 1.º do Protocolo n.º 1, tendo esta intervenção judicial tido na sua base a decisão do Supremo Tribunal de Justiça português que anulou o registo da marca «Budweiser» titulado pela empresa norte-americana *Anheuser-Busch Inc.* [doravante designada *Anheuser-Busch*] para assinalar cervejas.

Desde o século XIII é produzida cerveja, muito reputada, em České Budějovice, localidade da ex-Checoslováquia, conhecida em alemão por *Budweis* e daí a referência a *Budweiser Bier* (cerveja de Budweis).

Na antiga Checoslováquia, a *Czech Share Brewery* produziu a referida cerveja desde 1895[289], tendo-lhe sucedido, desde 1967, a *Budějovický Budvar*, actualmente designada *Budějovický Budvar Narodni Podnik* (doravante referida como *Budějovický Budvar*).

Nos EUA, a *Anheuser Bush* – cuja origem remonta à *Bavarian Brewery*, fundada em 1852 e adquirida, em 1860, por Eberhard *Anheuser*, que volvidos quatro anos, e tendo já como sócio o genro, Adophus *Busch*, altera a denominação social para a actual[290], referida no texto –, usa nos EUA, desde 1876, a marca «Budweiser» e «Bud». Desde o início dos anos '80 do séc. XX, expandiu a comercialização dos seus produtos, nomeadamente, exportando-a para vários países europeus, o que originou vários (e longos)

---

[287] Sobre a resolução do litígio na Suécia favorável à empresa norte-americana referida mais adiante no texto, cfr. OSKARU ROVAMO, *Monopolising names? The protection of geographical indications in the European Community*, IPR Séries A:4, October 2006, consultado na Internet no sítio: *http://ethesis.helsinki.fi/julkaisut/oik/julki/pg/rovamo/monopoli.pdf*.

[287bis] No âmbito comunitário está pendente um recurso no TJ interposto, em 10 de Março de 2009, pela Anheuser-Busch, Inc. do acórdão do Tribunal de Primeira Instância (Primeira Secção) proferido em 16 de Dezembro de 2008, nos processos apensos T-225/06, T-255/06, T-257/06 e T-309/06, que opõem a Budějovický Budvar, národní podnik ao IHMI e à Anheuser-Busch, Inc.

[288] Referimo-nos ao Acórdão, de 11 de Janeiro de 2007, proferido pela Grande Câmara do Tribunal Europeu de Direitos Humanos, no âmbito do proc. n.º 73049/01, que opôs a *Anheuser-Busch* a Portugal (disponível para consulta na Internet, no sítio: *http://cmiskp.echr.coe.int////tkp197/viewhbkm.asp?action=open&table=F69A27FD8FB86142B F01C1166DEA398649&key=60433&sessionId=9730229&skin=hudoc-en&attachment =true*).

[289] Informações colhidas no sítio da Internet da *Budějovický Budvar*: *http://www.budvar.cz/en/web/Znacka-Budvar/Historie-Budvaru.html*.

[290] De acordo com a informação colhida no sítio da Internet da *Anheuser-Busch*, v. http://www.anheuser-busch.com/History.html.

conflitos com a empresa checa, que também comercializa as cervejas que produz com a marca «Budweiser».

Cingindo-nos ao caso português, importa referir que a empresa norte-americana apresentou, em 19 de Maio de 1981, os pedidos de registo das marcas n.ᵒˢ 211 727 e 211 728 «Budweiser» e «Bud» para assinalar produtos da classe 32.ª (cervejas e outras bebidas não-alcoólicas) no INPI. Todavia, estes pedidos vieram a ser recusados na sequência da reclamação deduzida pela empresa checa, que invocou a violação das denominações de origem registadas – *Budweiser Bier, Budweis Beer, Bière de Budweis, Budweiser Budvar, Bud* – ao abrigo do Acordo de Lisboa, desde 1968[291].

As duas empresas terão celebrado então um acordo com vista à delimitação do uso das respectivas marcas, que acabou por não ser cumprido e, em consequência, a *Anheuser-Busch* intentou uma acção com vista à anulação dos registos das denominações de origem que obstaram ao registo como marcas dos seus sinais distintivos.

Em 8 de Março de 1995, foi proferida a sentença da 3.ª Secção do 13.º Juízo Cível do Tribunal Judicial da Comarca de Lisboa que anulou os registos concedidos pelo INPI às denominações de origem, por considerar que não se tratava de denominações de origem. No seguimento desta decisão, o INPI concedeu os registos requeridos pela *Anheuser-Bush* por despacho de 29 de Junho de 1995.

Não se conformando com este resultado, a *Budějovický Budvar* interpôs recurso do despacho de concessão do registo de marcas, que foi apreciado, em 18 de Julho de 1998, na sentença da 8.ª Vara Cível do Tribunal da Comarca de Lisboa[292].

Os fundamentos invocados foram, essencialmente, dois. Um respeitava à susceptibilidade de indução em erro das marcas cujo registo fora concedido à empresa norte-americana *Anheuser-Busch*, dado que os sinais em questão evocam a cidade checa de České Budějovice, conhecida em alemão por *Budweis* e pelo diminutivo *Bud*, que, há muitos séculos fabrica e comercializa cerveja que gozam de grande prestígio, designadamente em vários mercados europeus. O outro tinha a ver com a violação das denominações protegidas no âmbito do Acordo bilateral celebrado entre Portugal e a ex--Checoslováquia, aprovado pelo DL n.º 7/87, de 4/2.

---

[291] ANTÓNIO CORTE-REAL, advogado que representou a empresa checa desde Novembro de 1995, refere que foi ainda produzida prova de uso das marcas *Budweiser Budvar* e *Budweiser Beer* em Portugal, desde 1956, embora de forma descontínua e que a referida empresa conseguiu obter vários registos internacionais de marcas com as palavras *Budweiser* e *Bud,* mas que entretanto perderam validade em Portugal (ANTÓNIO CORTE--REAL, «Budweiser Case in Portugal», *cit.*, p. 43).

[292] V. *BPI* 9/2001, pp. 3217 e ss.

Atendendo ao objecto do nosso estudo, vamos limitar a análise ao primeiro fundamento invocado: a deceptividade originária do sinal quanto à proveniência geográfica.

O Tribunal de 1.ª Instância julgou improcedente o recurso e manteve o registo das duas marcas por considerar que "a origem geográfica do produto da recorrente é a localidade checa České Budějovice, sendo irrelevante para os consumidores nacionais a tradição desse nome na língua alemã". Além disso, contestou que se tratassem verdadeiramente de denominações de origem, mas "mesmo admitindo que «Budweis» (...) [fosse uma] denominação de origem, não é credível, atento o panorama do mercado cervejeiro português, que a maioria dos consumidores, (...) [identificasse] a expressão «budweis» com a cerveja produzida, na República Checa, na localidade de České Budějovice. Antes pelo contrário, «Budweiser» e «Bud» seriam marcas naturalmente identificadas como referentes a cerveja americana, facto a que não será alheio a publicidade que nos envolve"[293].

Mas a recorrente interpôs recurso desta sentença e o Tribunal da Relação de Lisboa, no Acórdão proferido em 21 de Outubro de 1999, julgou-o procedente no que respeita à impugnação da marca «Budweiser»[294], por entender que seria "violada a protecção visada no Acordo Bilateral em causa, que, sendo direito interno (...) se impõe observar". Relativamente à marca «Bud» o argumento não procederia, na opinião do Tribunal e, por conseguinte, manteve o seu registo.

No que concerne especificamente à questão da deceptividade quanto à proveniência geográfica é sustentado que "não sendo a palavra «budweis» ou «budweiser», actualmente usada para denominar a cidade onde a apelante tem a sua sede, mas apenas a sua tradução para alemão (...) não há a possibilidade de fazer induzir o público português em erro sobre a proveniência dos produtos a que se destinam".

Ambas as empresas recorreram do Acórdão da Relação, que foi, porém, mantido no Acórdão do STJ, de 23 de Janeiro de 2001[295].

Na sequência desta decisão, a *Anheuser-Busch* intentou uma acção no Tribunal Europeu de Direitos Humanos, invocando ter sido privada de um bem (a marca «Budweiser») por causa da aplicação de um tratado bilateral posterior ao pedido de registo da referida marca, o que equivaleria a uma expropriação e violaria o art. 1.º do Protocolo n.º 1.

---

[293] V. sentença citada in: *BPI* 9/2001, p. 3218.
[294] V. Acórdão da 6.ª Secção do TRL, de 21 de Outubro de 1999, in: *BPI* 9/2001, pp. 3218 e ss.
[295] V. Acórdão do STJ, proferido em 23 de Janeiro de 2001, *cit.*, in: *BPI* 9/2001, pp. 3224 e ss.

O Tribunal Europeu de Direitos Humanos afirmou pela primeira vez, como referimos, que uma marca constitui um bem no sentido do art. 1.º do Protocolo n.º 1, mas apenas a partir do registo definitivo do sinal, antes desse momento não existe uma "esperança" [expectativa] legítima juridicamente protegida".

A referência a este caso justifica-se para dar conta da consequência paradoxal resultante do modo como foi resolvido.

Um dos motivos, invocados pela empresa checa, para obstar ao registo das marcas «Budweiser» e «Bud» a favor da *Anheurser-Busch* assentava na susceptibilidade de indução em erro quanto à proveniência geográfica. Este fundamento foi afastado pela RL e pelo STJ, que basearam a recusa do registo na tutela conferida pelo nosso ordenamento às denominações de origem conflituantes com o sinal «Budweiser», considerando ainda que no que respeita ao sinal «Bud» o mesmo podia ser registado como marca.

No entanto, parece que não foi tida em conta, por um lado, a *confusão* que pode advir, no que respeita à proveniência *empresarial* das referidas cervejas, do facto de ter sido feita publicidade à «Budweiser» da empresa norte-americana e que pode ter acabado por fazer associar a cerveja «Budweiser» comercializada pela empresa checa com a cerveja «Bud» comercializada em Portugal pela *Anheuser-Busch*. Por outro lado, esta decisão parece também não atender à associação que possa resultar da publicidade na Internet e noutros ordenamentos jurídicos a que o consumidor português tenha acesso, bem como aos problemas suscitados por eventuais importações de cerveja, colocada legalmente noutros países com a marca «Budweiser» pela *Anheuser-Bush*, o que, no caso da União Europeia suscita especiais problemas por causa do princípio da livre circulação de mercadorias[296-296bis]. Mais adiante teremos o ensejo de nos referir a esta ténue delimitação do risco de engano e do risco de confusão (v. 2.).

---

[296] Aliás, o TJ foi já chamado a pronunciar-se sobre a compatibilidade com os arts. 28.º e 30.º do TCE e do, então vigente, Reg. (CE) n.º 2081/92, do Conselho de 14/7/92, *cit.*, no litígio que opõe a *Budějovický Budvar* à *Rudolf Ammersin GmbH* (empresa austríaca), em que a primeira pedia que a segunda fosse proibida de comercializar a cerveja com a marca «American Bud» produzida pela cervejeira *Anheuser-Busch*, com fundamento nos tratados bilaterais que vinculam a República Checa e a Áustria. V. o Acórdão do TJ, de 18 de Novembro de 2003, proferido no âmbito do proc. C-216/01, entre *Budějovický Budvar, národni podnik* e *Rudolf Ammersin GmbH*, caso «Bud I» (in: *Col.* 2003-11 (A), pp. I-13709) que declarou que "1. O artigo 28.º e o Regulamento (CEE) n.º 2081/92 do Conselho, de 14 de Julho de 1992, relativo à protecção das indicações geográficas e denominações de origem dos produtos agrícolas e dos géneros alimentícios (…) não se opõem à aplicação de uma disposição de um tratado bilateral, concluído entre um Estado-Membro e um país terceiro, que confere a uma indicação de origem geográfica sim-

Recuando um pouco, importa determinar o que sucede se os produtos ou serviços que a marca pretende distinguir, não sendo provenientes do local correspondente ao nome geográfico utilizado, não forem idênticos aos que a denominação de origem ou a indicação geográfica assinala?

Neste caso, em princípio, não são abrangidos pela proibição relativa aos sinais enganosos, podendo ser registados, a não ser que se trate de uma denominação de origem ou de uma indicação geográfica de prestígio [arts. 312.º, n.º 4 e 308.º, al.ª e)].

Anteriormente à consagração de tutela jurídica das denominações de origem e indicações geográficas de prestígio, a recusa do pedido de registo de uma marca para assinalar produtos diferentes, muitas vezes, só era possível pela consideração de tal registo respeitar a um sinal enganoso (ou seja, invocando o impedimento absoluto de registo relativo à deceptividade *ab origine* do sinal)[297]. E esta possibilidade assumia mais relevância se tivermos em conta a impossibilidade de recorrer ao instituto de concorrência desleal para obstar a tal prática, já que, atendendo à diferenciação das actividades em jogo, dificilmente, poderíamos admitir a existência de uma relação de concorrência, pressuposta pelo nosso legislador para aplicar o referido normativo[298].

---

ples e indirecta desse país uma protecção num Estado-Membro importador que é independente de qualquer risco de indução em erro e que permite impedir a importação de uma mercadoria legalmente comercializada noutro Estado-Membro.

2. O artigo 28.º CE opõe-se à aplicação de uma disposição de um tratado bilateral, concluído entre um Estado-Membro e um país terceiro, que confere a uma denominação que não se refere nem directa nem indirectamente nesse país à origem geográfica do produto que designa uma protecção no Estado-Membro importador que é independente de qualquer risco de indução em erro e que permite impedir a importação de uma mercadoria legalmente comercializada noutro Estado-Membro. (...)".

[296bis] A Grande Secção do TJ teve, recentemente, oportunidade de precisar os requisitos de protecção fixados no caso «Bud I» (v. nota anterior) no Acórdão, de 8 de Setembro de 2009, na sequência do pedido de decisão prejudicial apresentado pelo Handelsgericht Wien – Áustria, no âmbito do processo C-478/07, caso «Bud II» (ainda não publicado na *Colectânea*, mas disponível na Internet no sítio: *http://curia.europa.eu/jurisp/cgi-bin/form.pl?lang=pt*).

[297] Neste sentido, cfr. M. NOGUEIRA SERENS, «Aspectos...», *cit.*, p. 612.

[298] Sobre este (e os restantes) requisito(s) de aplicação do instituto da concorrência desleal, v. *infra* Cap. II, 3., 3.2.2.1.

No mesmo sentido, cfr. ALBERTO FRANSCISCO RIBEIRO DE ALMEIDA, «Denominações geográficas», *cit.*, p. 294 que critica, precisamente com este fundamento, o recurso à con-

## 2. O risco de confusão do consumidor e a susceptibilidade de engano do consumidor: delimitação dos conceitos

Um dos pontos cardeais do direito de marcas, como referimos na Introdução, assenta na necessidade de evitar o risco de confusão dos consumidores causados pelo uso e/ou registo de marcas[299]. É pois, natural que ao pensar em proibição de marcas enganosas se coloque a questão de saber se esta abrange também a proibição de registar sinais iguais ou semelhantes a outros anteriormente registados, mesmo que tenha havido autorização do titular do sinal anterior, por serem susceptíveis de enganar os consumidores quanto à proveniência empresarial e qualidade dos produtos ou serviços marcados[300].

A questão não é despicienda, já que está prevista a proibição do registo de marcas às quais falte novidade [por serem iguais ou semelhantes a outras já registadas para os mesmos (ou afins) produtos ou serviços[301]], mas como motivo de recusa *relativo*. Isso significa, por um lado, que a sanção aplicável em caso de violação não é a nulidade do registo, mas antes a sua anulabilidade, com as diferenças de regime por todos conhecidas, nomeadamente quanto ao prazo e à legitimidade activa para a invocar. E, por outro, que o impedimento relativo pode ser ultrapassado se tiver havido consentimento do titular do sinal anterior[302-303].

---

corrência desleal para proteger a denominação de origem «Bordeaux» do registo como nome de estabelecimento para perfumaria (*ult. op. cit.*, pp. 292 e ss.).

[299] ISABELLE MARTEAU-ROUJOU DE BOUBÉE (*op. cit.*, p. 22) sublinha que, no sentido lato do termo, a vontade de proscrever todo o engano poderia justificar quase todas as condições de validade da marca.

[300] MARCO SAVERIO SPOLIDORO («Il consenso del titolare e gli accordi di coesistenza», in: *Segni e forme distintive – La nuova disciplina*, Atti del Convegno Milano 16-17 giugno 2000 (Scritti di Diritto Industriale, collana diretta da Adriano Vanzetti e Giuseppe Sena), 2001, Giuffrè Editore, Milano, p. 199), considerando que "se o risco de confusão que justifica quer a acção de contrafacção quer a de nulidade (tornada agora *relativa*) em relação às marcas conflituantes com outras marcas anteriores é definido como perigo que os consumidores *caiam em erro* sobre a proveniência *«empresarial»* dos produtos ou serviços" questiona "como se pode evitar considerar «enganosa» a tolerância ou o consentimento do titular que deixa subsistir esta confusão?".

[301] Relativamente à marca de prestígio o princípio da especialidade é excepcionalmente ultrapassado, pelo que poderão estar em causa produtos ou serviços não semelhantes (v. o art. 242.º CPI).

[302] O art. 243.º do CPI dispõe que "o registo de marca susceptível de confusão com marcas ou outros direitos de propriedade industrial anteriormente registados exige decla-

Importa, portanto, questionar se o risco de confusão que subjaz aos impedimentos relativos de registo cai, ou não, na esfera da proibição de registo de marcas enganosas[304].

A doutrina habitualmente distingue – ao que julgamos bem – os dois motivos de recusa de registo[305]. Na verdade, como acima referimos, a cada um deles correspondem interesses tendencialmente diferentes que

---

ração de consentimento dos titulares desses direitos e dos possuidores de licenças exclusivas, se os houver e se os contratos não dispuserem de forma diferente".

Esta faculdade resulta do disposto na DM, que no art. 4.º, n.º 5, preceitua que "os Estados-membros *podem* permitir que, *em circunstâncias adequadas*, o pedido de registo de uma marca não tenha de ser recusado ou o registo de uma marca não tenha de ser declarado nulo, uma vez que o titular da marca anterior ou do direito anterior consinta no registo da marca posterior" [itálicos nossos].

Relativamente ao RMC, onde esta hipótese não foi prevista expressamente, LUÍS ALBERTO MARCO ARCALÁ (*Las causas...*, cit., p. 299), defende que uma interpretação *a fortiori* dos arts. 8.º, 41.º, 45.º e 54.º do RMC permitiria admitir a autorização do titular da marca ou sinal anterior como excepção às causas de recusa relativas.

[303] Todavia, precisamente, pela possibilidade de o público poder ser induzido em erro ou confusão mediante a existência de duas marcas iguais ou semelhantes para o mesmo tipo de produtos ou serviços (ou afins), alguns autores defendem que só deve ser permitida a autorização do titular da marca anterior se os sinais forem semelhantes e se forem adoptadas medidas adequadas para evitar o risco de confusão. Neste sentido, cfr., entre outros, JOSÉ MANUEL OTERO LASTRES, «La autorización del anterior titular de la marca y la protección de los consumidores», in: *ADI*, Tomo III, 1976, p. 303.

[304] Esta questão foi já abordada pelo Supremo Tribunal Espanhol em sentido contrário ao defendido no texto. Referimo-nos à sentença daquele Tribunal, de 2 de Junho de 1998, relativa ao caso «Puma», comentada criticamente por MONTIANO MONTEAGUDO, «Confusión, error y engaño...», *cit.*, pp. 2353 e ss., esp. 2358 e ss. Apoiando em geral o sentido da referida decisão judicial, mas discordando no que tange à argumentação utilizada (designadamente, por recorrer a uma causa de nulidade absoluta para dirimir um conflito de registo entre marcas), cfr. ÁNGEL MARTÍNEZ GUTIÉRREZ, «La inducción a error de la marca como consecuencia de su consolidación en el mercado (comentario a la Sentencia del Tribunal Supremo de 2 de junio de 1998)», in: *RDM*, n.º 239, Enero-Marzo 2001, pp. 244 e ss., esp. 247.

[305] Não obstante, cfr. ÁNGEL MARTÍNEZ GUTIÉRREZ que considera o risco de confusão como caso especial de marca enganosa (*La marca engañosa, cit.*, capítulo terceiro (O risco de confusão como caso especial de marca enganosa), pp. 101 e ss.), uma vez que "a indução em erro dos consumidores pode produzir-se também através da colisão entre sinais distintivos que, implicando a negação da sua função principal, provocam o que se tem designado por interferência de distinção" (*op. cit.* p. 101) e considera-o como hipótese de deceptividade originária, i.e., no que se refere à génese da marca, uma vez que deriva da lesão de direitos prioritários, causando nulidade (*op. cit.*, p. 56).

justificam um regime jurídico distinto, nomeadamente no que respeita às sanções jurídicas.

Outro critério de distinção entre os motivos de recusa de registo consiste em considerar as proibições absolutas como respeitantes a causas inerentes (intrínsecas) ao próprio sinal e as proibições relativas como referentes a motivos de recusa que supõem o confronto com outros sinais, designadamente com outras marcas. Também por esta via chegaríamos ao mesmo resultado[306]: exclusão do risco de confusão presente, p.e., nos casos de imitação e contrafacção de marcas da hipótese de marca enganosa. Com efeito, "face a uma marca contrafeita ou imitada, o consumidor arrisca-se a ser induzido em erro, como pode ser por uma marca enganosa. O risco de engano do consumidor é nestes casos comparável. (...) Mas, diferentemente da contrafacção e da imitação da marca, que supõem a cópia ou a evocação de uma outra marca, a marca enganosa induz em erro por si mesma, sem fazer referência a outra marca"[307].

Uma outra forma de convocar, afinal, o mesmo problema é chamar à colação o carácter exemplificativo do preceito relativo à proibição de registo como marca de sinal enganoso para defender que aí possa ser incluído o engano quanto à proveniência *empresarial*.

Era desta perspectiva que partia, relativamente ao Código da Propriedade Industrial anterior, M. NOGUEIRA SERENS[308], respondendo negativamente à questão colocada, porque o legislador admite o registo de marcas confundíveis com outras anteriores, desde que haja consentimento do titular do direito anterior, e só o impede quando induza o público em erro sobre a qualidade do produto ou serviço[309]. Para o referido autor isto sig-

---

[306] No mesmo sentido, cfr. MONTIANO MONTEAGUDO, «Confusión, error y engaño...», cit., p. 2362, THIERRY VAN INNIS, *Les signes distinctifs*, Larcier, Bruxelles, 1997, p. 205.

[307] ISABELLE MARTEAU-ROUJOU DE BOUBÉE, *op. cit.*, p. 23. A autora, referindo-se concretamente à diferença entre induzir em erro alguém e criar uma confusão no seu espírito, afirma que a confusão pressupõe a existência de pelo menos dois elementos presentes e que não se saiba bem qual preferir, enquanto que o erro não pressupõe a presença de mais elementos (*op. cit.*, p. 180).

[308] M. NOGUEIRA SERENS, «Aspectos...», cit., pp. 585 e ss.

[309] Não existia norma idêntica no CPI'40, embora a jurisprudência discutisse, por vezes, a relevância do consentimento tácito derivado do não exercício da faculdade de oposição ao pedido de registo pelo titular da marca anterior. Cfr. LUÍS M. COUTO GONÇALVES, *Manual...*, cit., p. 239, nota 524, com abundantes indicações jurisprudenciais sobre a matéria.

nificava que não havia dúvidas de que "a marca, à qual falta a novidade (...) não é havida, só por isso, como (*intrinsecamente*) deceptiva"[310]. Para o ser seria necessário que "mesmo que (...) [houvesse] autorização do titular da marca anterior(mente registada), a marca posterior (...) [fosse] susceptível de induzir o público em erro *sobre a qualidade* desses mesmos produtos ou serviços"[311]. E, por isso, defendia que "com a norma do art. 189.º, n.º 2, CPI ['95], o legislador quis impedir o registo de uma marca à qual falta a novidade, e que logo no momento em que a autoridade administrativa se pronuncia sobre a sua registabilidade, se apresenta como deceptiva no sentido acabado de expor, ou seja, quis impedir o registo de uma marca igual ou confundível com outra anteriormente registada para contradistinguir os mesmos produtos ou serviços ou produtos ou serviços semelhantes de *qualidade diferente* daqueles que a marca anterior(mente registada) contradistingue"[312-313].

---

[310] M. NOGUEIRA SERENS, «Aspectos...», *cit.*, p. 587.

[311] M. NOGUEIRA SERENS, «Aspectos...», *cit.*, p. 587.

[312] M. NOGUEIRA SERENS, «Aspectos...», *cit.*, pp. 587 e s. que sublinha ainda que esse juízo é mais simples se a marca já estiver a ser usada.

Sobre a existência ou não de uma obrigação de manter constante a qualidade dos produtos ou serviços assinalados com uma marca, v. *infra* Parte II, Cap. II, 2.

[313] A jurisprudência divergia, designadamente, quanto à suficiência do mero consentimento do titular da marca anterior ou à exigência adicional de verificar se o público consumidor não é induzido em erro.

No sentido de o simples consentimento não ser suficiente, *v.g.*, os Acórdãos da RL, de 10 de Novembro de 1998 (in: BPI 5/99, pp. 1825 e ss., esp. 1828 e ss.), proferido no processo de registo da marca n.º 596 249, «Sony Kids Vídeo» (que acabou por ser concedido porque, para além do consentimento do titular anterior, a marca era muito conhecida e a autorização visava uma filial da titular da marca anterior); e de 11 de Fevereiro de 2003 (in: BPI 8/2003, p. 2671), proferido no processo de registo da marca internacional n.º 505 497, «Zeel» (que acabou por admitir o registo por não ter sido invocado o risco de o público consumidor ser induzido em erro sobre a qualidade do produto ou serviço) e a sentença da 15.ª Vara Cível do TCL, de 12 de Fevereiro de 2001 (in: BPI 11/2001, pp. 3783 e s.), proferida no processo de registo da marca nacional n.º 202 438, «Finadil» [que manteve a recusa, apesar do consentimento do titular da marca conflituante («Finadiol»), por considerar existir risco de o público ser induzido em erro, atendendo à semelhança dos sinais e ao facto de ambos assinalarem produtos farmacêuticos (classe 5.ª)].

Bastando-se com o simples consentimento, v., p.e., a sentença do TCL, de 12 de Fevereiro de 2004 (in: BPI 9/2004, pp. 3165 e s.) proferida no processo de registo da marca «Emtec».

Para mais indicações jurisprudenciais, cfr. LUÍS M. COUTO GONÇALVES, *Manual*, cit., p. 239, nota 524.

No entanto, com a aprovação, em 2003, do Código actualmente em vigor, foram introduzidas alterações importantes a este respeito. Por um lado, a excepção à inadmissibilidade de registo de marca confundível com outra anterior deixou de estar prevista no artigo referente aos fundamentos de recusa do registo, passando a constar de uma norma autónoma – o art. 243.º.

Por outro, a própria estatuição da norma foi objecto de uma profunda alteração. Sofreu uma extensão lógica muito significativa: refere-se ao registo de marca susceptível de confusão com marcas *ou com outros direitos de propriedade industrial anteriormente registados*. E daqui pensamos poder retirar (mais) um argumento em apoio da tese que enquadra a proibição de registo de marcas às quais falte novidade nos motivos de recusa de registo *relativos*.

E sofreu uma redução igualmente significativa: o legislador refere-se a esta possibilidade exigindo simplesmente a declaração de consentimento dos titulares desses direitos e dos possuidores de licenças exclusivas, se os houver e os contratos não dispuserem de forma diferente. Deixou, pois, de fazer referência à susceptibilidade de a marca posterior induzir em erro o público quanto à qualidade dos produtos ou serviços em questão[314].

O que se pode questionar é, precisamente, o significado desta amputação, que pode ser relevante no que respeita aos interesses visados pela norma, designadamente no sentido de reforçar a ideia, veiculada por alguns autores, de que a mesma seria justificada, não pela defesa directa dos interesses dos consumidores, mas pelos interesses dos titulares das marcas.

---

[314] Por isso, M. NOGUEIRA SERENS (*A monopolização...*, cit., p. 1221) afirma que na referida norma encontra-se "consagrado o princípio da despublicização do risco de confusão (sobre a origem dos produtos ou serviços), de forma crua" e avança com a possibilidade de "esta *descamuflagem* da despublicização do risco de confusão (...) ter redundado na transposição incorrecta (ou melhor, *inconveniente*, à luz da tão propalada preocupação com a defesa do consumidor...) do art. 4.º, n.º 5, da Primeira Directiva", já que esta, como tivemos o ensejo de referir *supra*, admitia a possibilidade de regulação da matéria *em circunstâncias adequadas*.

Em sentido próximo, cfr. LUÍS M. COUTO GONÇALVES, *Manual...*, cit., pp. 239 e s. que acrescenta que a solução adoptada no CPI actualmente em vigor não parece ser "a que melhor se harmoniza, quer com o sistema legal de controlo do registo de marcas que, como sabemos, confere à autoridade pública (INPI) a possibilidade de examinar todo o tipo de proibições, quer, ainda, com o princípio do uso não enganoso de marcas (art. 269.º n.º 2 al.ª b))".

Julgamos que a norma em análise no CPI'95 visava a protecção dos titulares das marcas[315]. Mas essa tutela terminava no exacto ponto em que colidisse com a necessidade de proteger os consumidores[316]. Por isso, considerávamos louvável a estipulação expressa desse limite no Código anterior.

Não obstante, julgamos que a eliminação da referência à susceptibilidade de induzir o público em erro quanto à qualidade dos produtos ou serviços em questão não significa (ou *não deve poder* significar) necessariamente que seja *sempre* possível o registo de marca confundível com outra anteriormente registada. O que sucede é que na hipótese de a marca – confundível com outra anteriormente registada e para a qual o requerente do registo tenha obtido o consentimento do titular dos direitos (e dos pos-

---

[315] Concordamos, por isso, com M. NOGUEIRA SERENS que afirmava que "(...) se o titular de uma marca anterior(mente registada) puder autorizar o registo a favor de (...) [um] terceiro de uma marca igual ou confundível para contradistinguir os mesmos produtos ou serviços ou produtos ou serviços semelhantes, será ele a *dizer* quem é e quem não é contrafactor. Esta *despublicização* do risco de confusão, que assim deixa de relevar da ordem pública (económica), permitirá ao titular da marca anterior(mente registada) *negociar* com os terceiros o registo de marcas confundíveis (...), mediante uma contrapartida financeira (ou de outra natureza) que repute adequada – permitir-lhe-á isso, e também lhe permite que, em obediência a uma "estratégia de grupo" (de empresas) de que faça parte, arrede a invalidade do registo da mesma marca, destinada a contradistinguir os mesmos produtos ou serviços, a favor de outra(s) empresa(s) do grupo" («Aspectos...», *cit.*, p. 586).

Também MARCO SAVERIO SPOLIDORO (*op. cit.*, p. 197) refere que "o titular do sinal, quando defende (ou não defende) a própria marca, fá-lo no próprio exclusivo interesse. Dizer que a acção de contrafacção é intentada pelo titular também, ainda que indirectamente, para proteger os consumidores dos enganos, significa mistificar a realidade e confundir uma das possíveis motivações da tutela das marcas *como facto legislativo* com o conteúdo específico da mesma tutela".

[316] Aliás, convém lembrar que, para além do controlo dos impedimentos absolutos e relativos [agora apenas dos que constam do n.° 1 do art.239.° e este é um desses casos] de registo pelo INPI, de acordo com o estipulado no art. 35.°, n.° 2 do CPI, a anulabilidade do registo de marca pode ser invocada pelo Ministério Público (e a mesma solução já estava consagrada no art. 34.°, n.° 2 do CPI'95), o que indicia a tutela de um interesse público.

Neste sentido, mas referindo-se ao ordenamento italiano, cfr. MARCO RICOLFI, *I segni distintivi – diritto interno e comunitario*, G. Giappichelli Editore, Torino, 1999, p. 72. No entanto, convém ter presente que, em Itália, o d.lgs. 8 ottobre 1999, n.447, introduziu o princípio de acordo com o qual o titular da marca é o único legitimado para obter a exclusão do registo ou de opor-se ao registo das marcas de terceiros, situação que se mantém no *CPI*ital. – v. art. 122.°, n.° 2.

suidores de licenças exclusivas, se os houver e se os contratos não dispuserem de forma diferente) da marca anterior – ser susceptível de induzir em erro o público, nomeadamente, quanto à qualidade dos produtos ou serviços em questão, o pedido de registo será (ou deverá ser) recusado por a marca ser enganosa desde que os demais requisitos de que depende a aplicação deste impedimento de registo estejam preenchidos [art. 238.º, n.º 4, al.ª d)][317/318]. Sublinhamos, porém, que, na prática, este impedimento ao registo muito dificilmente operará atendendo quer aos pressupostos de que depende a proibição de marcas originariamente enganosas (e que serão analisados detalhadamente *infra* em § II.), quer ao *modus operandi* da mesma (v. *infra* §§ II. e III.).

Esta solução, quando for possível aplicar o impedimento absoluto de registo respeitante à deceptividade originária da marca, confirma a ideia referida quanto aos interesses protegidos[319]: a hipótese de registo de marca confundível com outra anterior, desde que com o consentimento

---

[317] Refira-se, aliás, que esta solução é idêntica à que foi adoptada relativamente aos casos de sinais que escapem à aplicação de alguns impedimentos absolutos de registo (*v.g.*, sinais que não integrem a previsão da al.ª *a*) do n.º 4 do art. 238.º por ter sido obtida a competente autorização, mas que são susceptíveis de induzir o público em erro).

[318] Na Alemanha, na vigência da *WZG* a doutrina e a jurisprudência admitiam um caso em que o risco de confusão podia integrar uma hipótese de engano, referindo as chamadas «indicações de proveniência empresarial qualificadas» (*qualifizierte betriebliche Herkunftsangaben*), que respeitavam a marcas muito conhecidas que suscitassem representações de qualidade relativamente aos produtos marcados. Sobre o tema, cfr. DENK, *op. cit.*, pp. 60 e ss., esp. 63-64. No que respeita à utilização da *UWG* nestas situações, cfr., entre outros, GERHARD SCHRICKER/MICHAEL LEHMAN, «Werbung und unlauterer Wettbewerb», in: *Handbuch des Verbraucherrechts* (herausgegeber Arbeitsgemeinschaft der Verbraucher, Deutscher Gewerkschaftsbund), 1 vom 23.August 1977, Gruppe 180, Luchterhand, Neuwied, 1977, nm. 23, p. 13.

Entendimento idêntico tem sido sufragado relativamente à *MarkenG*, cfr., por todos, KARL-HEINZ FEZER, *Markenrecht*, § 8, nm. 300, pp. 542 e s. que sustenta que o conflito da marca registada com uma marca semelhante não faz com que a marca registada seja susceptível de engano no sentido do § 8 Abs. 2 Nr. 4 *MarkenG*, existindo apenas um impedimento relativo de protecção segundo o § 9, Abs. 1, Nr. 2. No entanto, quando a circulação com uma marca conflituante semelhante associar uma especial representação de qualidade (*Gütevorstellung*) do produto, então a marca pode também ser excluída do registo de acordo com o § 8, Abs. 2, Nr. 4 *MarkenG*.

[319] Na medida em que, como referimos, a aplicação prática desta disposição pode ser muito reduzida, entendemos que teria sido preferível manter na mesma norma o requisito relativo à insusceptibilidade de indução do público em erro com vista ao indispensável equilíbrio dos interesses protegidos no âmbito do direito de marcas.

do(s) titular(es) do(s) direito(s) da marca conflituante, justifica-se pelo interesse dos próprios titulares das marcas... mas essa possibilidade cessa quando, por causa da susceptibilidade de o consumidor ser induzido em erro (nomeadamente quanto à qualidade) pela marca que se pretende registar, for afectada a tutela do interesse público geral, dos concorrentes e dos consumidores[320-321].

Por outras palavras, onde esteja em jogo *única e exclusivamente* o risco de confusão de uma marca com direitos privativos anteriores (designadamente com *marcas* anteriormente registadas) *não existe necessariamente* (e, em regra, muito raramente existirá) uma hipótese de marca enganosa. Para que um sinal desse tipo seja enganoso, e como tal proibido o seu registo, é necessário que se integre na previsão da norma que impede o registo de sinais enganosos (motivo absoluto de recusa de registo)[322-323].

---

[320] Por isso, cremos que se mantêm actuais as conclusões de JOSÉ DE OLIVEIRA ASCENSÃO («Marca comunitária e marca nacional», *cit.*, p. 51) defendidas na vigência do CPI'95: "o interesse geral em evitar a indução do público em erro prevalece sobre o interesse particular, subjacente à autorização do uso de qualquer sinal distintivo como marca".

[321] Cfr. ainda MARCO SAVERIO SPOLIDORO («Il consenso del titolare...», cit., pp. 198 e s.) que afirma que "(...) o titular, no plano «interno» do direito (...) é livre de usar a marca como preferir e de a usar como instrumento para comunicar qualquer conteúdo ou mensagem desde que não enganoso; do mesmo modo, em relação ao externo (...), ele é também livre de fixar os limites do próprio exclusivo, escolhendo se quer ou não obstar, e eventualmente em que medida, à aquisição e uso por parte de terceiros de sinais distintivos conflituantes (pelo menos potencialmente) com o seu", defendendo que existe um limite que é, justamente, representado pela proibição de engano. No entanto, a especificidade do direito de marcas italiano (onde, como já foi referido, desde 1999 foi suprimida a legitimidade dos terceiros e do Ministério Público para a acção de nulidade fundada no conflito com anteriores direitos de marca) justifica que o autor citado exclua "qualquer plausibilidade da hipótese de que para a lei seja automaticamente (ou também só normalmente) enganosa a coexistência de sinais similares ou idênticos para produtos iguais ou afins".

[322] No mesmo sentido, cfr. MARCO SAVERIO SPOLIDORO que afirma que "o consentimento do titular para o uso ou registo de uma marca «confundível» com a própria pode, nalgumas ocasiões, ser fonte de engano para o público, mas não o é sempre e também não o é em regra" («Il consenso del titolare...», cit., p. 205).

[323] Sustentando que, mesmo havendo consentimento do titular da marca considerada obstativa ao registo, podem existir outras causas de recusa do registo do sinal, *v.g.*, a sentença do TCL, de 18 de Maio de 2005, proferida, no processo de registo da marca nacional n.º 358 178 «Praça de S.Tiago», onde a Juíza ELISABETE ASSUNÇÃO afirmou (e bem) que "considerando esse consentimento e o disposto no artigo 243.º do Código da Propriedade Industrial, que permite o registo de marca susceptível de confusão com outra marca anteriormente registada, existindo declaração de consentimento do titular desse direito,

Delineados os limites de aplicação das proibições relativas e absolutas de registo, terminamos esta primeira aproximação ao objecto do nosso estudo referindo que a questão da marca não nova, registada com autorização do titular da marca anterior, e enganosa relativamente aos produtos ou serviços que assinala pode, eventualmente, ser vista como uma hipótese de deceptividade superveniente da marca e, por esse motivo, será referida na Parte II (v. Cap. II, § I., 6.).

## 3. Síntese

Da delimitação do impedimento absoluto de registo como marca de sinal enganoso relativamente aos impedimentos relativos desse registo resulta que o primeiro pode ser aplicado em casos onde não chega a protecção conferida pelos impedimentos relativos. É o que sucede, p.e., no caso de utilização de sinais idênticos a denominações de origem e indicações geográficas não registadas que visem distinguir produtos idênticos ou afins – em que pode estar em causa o engano quanto à proveniência geográfica (se esses produtos não são oriundos do local evocado pelo nome geográfico) e/ou quanto à qualidade desses produtos (se, sendo provenientes do local evocado, não tiverem direito à denominação de origem ou indicação geográfica) – e, por outro lado, embora mais raramente, nalgumas hipóteses em que é requerido o registo como marca de um sinal idêntico ou semelhante a uma marca já registada para assinalar produtos ou serviços idênticos ou afins, mesmo que tenha sido obtido o consentimento do titular do direito anterior.

Recortado que está o âmbito do impedimento absoluto de registo como marca de sinais enganosos, quer em face dos restantes impedimentos absolutos, quer perante os impedimentos relativos de registo, vamos focalizar a nossa atenção sobre a aplicação do motivo de recusa pelo facto de o sinal ser enganoso *ab origine* (§ II.).

---

importa concluir que o fundamento de recusa da concessão da marca nacional *Praça de S. Tiago* se encontra ultrapassado. Assim sendo *e não se verificando existir, pelos elementos conhecidos dos autos, qualquer outro fundamento para recusa da mencionada marca,* importa revogar o despacho recorrido e conceder a marca (...)" [últimos itálicos nossos] (in: *BPI* 7/2006, p. 2812).

## § II. REQUISITOS DE APLICAÇÃO DO IMPEDIMENTO ABSOLUTO DE REGISTO DE SINAL ENGANOSO

O juízo valorativo sobre a admissibilidade do registo do sinal assenta, no que respeita especificamente ao seu eventual carácter enganoso, na verificação dos pressupostos da previsão legal relativa a este impedimento absoluto de registo, que agora iremos analisar (art. 238.º, n.º 4, al.ª *d*)[324]).

O exame do sinal que a entidade administrativa competente para a concessão do registo de marca – o Instituto Nacional da Propriedade Industrial [INPI] ou o Instituto de Harmonização do Mercado Interno [IHMI] consoante se trate de marca nacional ou comunitária – realiza[325], caso a caso, suscita várias questões relativas aos pressupostos de aplicação da norma em estudo.

Por um lado, importa determinar como é feita a valoração do carácter deceptivo de um sinal, designadamente, se o engano atendível é apenas o que resulta do próprio sinal ou se também releva o uso eventualmente feito do mesmo em momento anterior ao (pedido de) registo (1., 2. e 3.). Por outro lado, de acordo com a letra da norma, esse juízo deverá ser feito considerando a percepção do "público", pelo que precisamos de saber quem é este público (4.).

Além disso, teremos de determinar se a susceptibilidade de indução em erro acarreta a recusa do pedido de registo de marca independentemente do objecto do engano ou se apenas vale, com o referido efeito, se incidir sobre aspectos relevantes para influenciar a decisão de compra dos produtos ou serviços (5.), bem como a relevância jurídica de eventuais aditamentos que "neutralizem" o risco de engano (6.). Por fim, vamos deter a nossa atenção sobre os casos em que, na prática, é mais frequente ocorrer a susceptibilidade de engano (7.).

Do que acaba de ser dito facilmente se intui a estreita conexão entre o uso do sinal e a susceptibilidade de este induzir em erro. Vamos, por isso, iniciar a abordagem dos requisitos de aplicação do impedimento

---

[324] Este preceito dispõe que "é ainda recusado o registo de uma marca que contenha em todos ou alguns dos seus elementos: (...) *d)* sinais que sejam susceptíveis de induzir o público em erro, nomeadamente sobre a natureza, qualidades, utilidade ou proveniência geográfica do produto ou serviço a que a marca se destina". No que respeita à marca comunitária, v. o art. 7.º, n.º 1, al.ª *g*) do RMC.

[325] Essa análise será referida, mais detalhadamente, *infra* em § III.

de registo de sinais enganosos pela questão da relevância, ou irrelevância, do uso do sinal.

## 1. A deceptividade intrínseca do sinal

A primeira questão a resolver consiste em saber qual é a *causa* do engano que releva para a aplicação da norma que estamos a analisar. Por outras palavras, o engano, para efeitos da recusa do pedido de registo de marca, tem de resultar do significado do sinal, do seu conteúdo, tem de corresponder à chamada *deceptividade intrínseca*, ou pode derivar de algum factor externo, designadamente do uso que é feito do sinal, *antes* do pedido de registo?

Esta questão foi (e é) vivamente discutida, sobretudo, na doutrina italiana[326], dado que o art. 21.°, n.° 2 do *Codice della Proprietà Industriale* [*CPI*ital.][327], que proíbe o *uso enganoso* do sinal, tem de ser conjugado com as normas do mesmo diploma que se referem à recusa, nulidade e caducidade do registo de sinais enganosos, por um lado, e à transmissão da marca, por outro.

Com efeito, o *CPI*ital. prevê a proibição de registo de sinais enganosos no art. 14.°, n.° 1, al.ª *b*) e estabelece a nulidade dos sinais registados em violação desta norma no art. 25.°, n.° 1, al.ª *b*). Além disso, estipula, no art. 14.°, n.° 2, que "a marca de empresa caduca: *a*) se se tornar idónea para induzir em engano o público, em especial sobre a natureza, qualidade ou proveniência dos produtos ou serviços, por causa do modo e do contexto em que é utilizada pelo titular ou com o seu consentimento, para os produtos ou serviços para os quais está registada"[328].

---

[326] Mas não se cinge a esta, cfr., em Espanha, ÁNGEL MARTINEZ GUTIÉRREZ, *La marca engañosa*, cit., p. 67, que defende a aplicação da al.ª *g*) do art. 5.°, n.° 1 da Ley 17/2001, de 7 de diciembre, de Marcas [*LME*] a todo o tipo de marcas – sejam expressivas ou não – contanto que permitam gerar nos consumidores falsas suposições sobre as características dos produtos ou serviços diferenciados, quer seja pelas características intrínsecas do sinal, quer pelo uso prévio que dele se tenha feito.

[327] O art. 21.°, n.° 2 do *Codice della Proprietà Industriale* (aprovado pelo Decreto Legislativo, 10 febbraio 2005, n. 30 [*CPI*ital.]) corresponde ao anterior art. 11.° da *Legge Marchi* (Regio Decreto 21 giugno 1942, n. 929, com as modificações entretanto sofridas em 1992, 1996 e 1999 [*LM*]).

[328] Esta norma corresponde ao art. 12.°, n.° 2, al.ª *b*) da DM, embora no texto italiano, em vez da expressão "no seguimento do uso feito pelo titular da marca, ou com

Porém, o Código italiano contém mais duas disposições referentes ao engano. Uma consta do n.º 4 do art. 23.º que regula a transmissão das marcas[329]. A outra respeita, como foi referido, ao art. 21.º, n.º 2, que dispõe que "não é permitido usar a marca de modo contrário à lei, nem, em especial, de modo a gerar um risco de confusão sobre o mercado com outros sinais conhecidos como distintivos de empresa, produtos ou serviços alheios, ou de induzir de qualquer forma em engano o público, em especial sobre a natureza, qualidade ou proveniência dos produtos ou serviços, por causa do modo e do contexto em que é utilizada, ou a lesar um direito de autor, de propriedade industrial alheios, ou outro direito exclusivo de terceiros".

A interpretação e a integração destas normas não colhe consenso, como referimos. O debate centra-se, essencialmente, em dois pontos.

Um deles respeita à causa do engano (i.e., saber se a causa do engano previsto nas diferentes normas é a mesma ou diferente e se se trata de engano motivado pelo uso e/ou pelo significado intrínseco do sinal) e ao momento em que o engano é avaliado (ou seja, se se trata de deceptividade originária ou superveniente).

Uma parte da doutrina defende que, à excepção do art. 21.º, n.º 2 (proibição de uso enganoso da marca), o que releva é o engano inerente ao significado do sinal e que apenas a previsão do art. 14.º, n.º 1, al.ª b) respeita ao engano originário[330]. Divergindo desta posição, alguns autores

---

o seu consentimento" utilizada pelo legislador comunitário, se leia "*por causa do modo e do contexto em que é utilizada* pelo titular ou com o seu consentimento" [itálicos nossos].

[329] Aí é estipulado que "em todo o caso, da transmissão e da licença da marca não deve derivar engano naqueles caracteres dos produtos ou serviços que são essenciais para a apreciação do público". Sobre esta norma v. *infra* Parte II, Cap. II, § I., 3., esp. 3.2.1.1.

[330] Assim, cfr. GIUSEPPE SENA que afirma, relativamente à proibição de registo e nulidade de sinais enganosos, que "deve-se precisar que as normas referidas [actualmente os arts. 14.º, n.º 1, al.ª b) e 25.º, n.º 1, al.ª b) do *CPI*ital.], que indubitavelmente pressupõem uma valoração significativa ou lexical do sinal *in sé*, referem-se às hipóteses de marca enganosa em relação ao produto ou serviço, ou aos produtos ou serviços, para os quais a marca é registada, não relevando aqui o uso do sinal, normalmente sucessivo ao momento do registo" («Veridicità e decettività del marchio», in: *RDI*, 1993, Parte I, p. 333 e, já na vigência do *CPIital., Il diritto*..., cit., p. 102). No mesmo sentido, cfr. MARIA ROBERTA PERUGINI, «Epilogo del caso Cotonelle», in: *RDI*, 1996, Parte II, pp. 276 e s., SILVIA GIUDICI, «Il problema della decettività del marchio», in: *Nuova Giurisprudenza Civile Commentata*, 1994, Parte Prima, pp. 58 e s. e NICCOLÒ ABRIANI, «I segni distintivi», in: *Diritto Industriale*, cit., p. 53.

fazem relevar o uso em todas as normas referidas, distinguindo-as apenas pelo momento em que se verifica o carácter enganoso[331].

O outro problema respeita às sanções aplicáveis a cada caso e, em especial, ao uso enganoso do sinal. Com efeito, o preenchimento da estatuição do art. 14.°, n.° 1, al.ª b) acarreta a recusa do pedido de registo e, caso este seja concedido, a declaração de nulidade (art. 25.°, n.° 1, al.ª b)). Por sua vez, a deceptividade superveniente é sancionada com a caducidade do registo (v. art. 14.°, n.° 2, al.ª a) CPI). Porém, a norma que respeita ao uso enganoso da marca levanta algumas dúvidas.

Com efeito, ao abrigo da lei de marcas de 1942[332] era muito discutida a existência de uma lacuna no plano sancionatório, que, segundo alguns autores, teria deixado de existir com a entrada em vigor da *LM*, pela possibilidade de aplicação da caducidade prevista no art. 41.°, al.ª b)[333]. Outros, porém, recusavam esta interpretação, sustentando que a violação do disposto no art. 11.° *LM* constituía um ilícito civil[334].

Nos restantes ordenamentos, a maioria da doutrina, com a qual concordamos, tem defendido que o engano deriva do sinal *em si*, do seu signi-

---

[331] Cfr. GUSTAVO GHIDINI, «Decadenza del marchio per «decettivita sopravvenuta», in: *RDI*, 1993, Parte I, p. 213, que sustenta ainda que a recusa de registo também se aplica aos casos de sinais enganosos pelo uso anterior ao registo (caso de engano "superveniente" inserido no art. 14.°, n.° 2, al.ª b)). Cfr. ainda, do mesmo autor, «Note sulla decadenza del marchio per decettività», in: *La riforma della Legge Marchi* (a cura di Gustavo Ghidini), Padova, CEDAM, 1995, p. 155; e GUSTAVO GHIDINI/BIANCA MANUELA GUTIERREZ, «Marchio decettivo e uso decettivo del marchio», in: *Il Diritto Industriale*, n.° 2/1994, p. 130. Defendendo a inclusão no art. 18.° *e) LM* (que corresponde ao actual art. 14.°, n.° 1, al.ª *b*) do *CPI*ital.), não só dos sinais cujo significado intrínseco seja enganoso, como também das hipóteses, mais frequentes, de o sinal ser enganoso no momento do registo, por causa de um uso anterior ao registo conflituante com a mensagem textual evocada, cfr. ADRIANO VANZETTI/CESARE GALLI, *La Nuova Legge Marchi*, cit., pp. 143 e ss. e CESARE GALLI, *Funzione del marchio e ampiezza della tutela*, Giuffrè, Milano, 1996, esp. nota 73 das pp. 154 e ss., e «Protezione...», *cit.*, esp. pp. 670 e ss.

[332] Sobre o art.11.° do *Regio Decreto* 21 *giugno* 1942, n. 929, que corresponde ao art. 21.°, n.° 2, do *CPI*ital., cfr., entre outros, GIANNANTONIO GUGLIELMETTI, «Una norma di controversa interpretazione: L'art. 11 Legge Marchi», in: *Riv. Dir. Civ.*, 1980, I, pp. 186 e ss.

[333] Assim, GUSTAVO GHIDINI, «Decadenza del marchio», *cit.*, p. 212.

[334] GIUSEPPE SENA, «Veridicità ...», *cit.*, p. 339. Este autor, já na vigência do *CPI*, mantém esta posição e defende a interpretação extensiva do art. 517.° do Código Penal (norma que se aplicaria apenas às marcas intrinsecamente deceptivas) à hipótese de uso enganoso (*Il diritto dei Marchi...*, cit., pp. 111 e s.).

ficado[335], independentemente do uso. E a prática seguida pelo INPI[335bis]/ /IHMI[336-337], assim como a jurisprudência, nacional[338-338bis] e comunitária[339], parecem confirmá-lo.

---

[335] Neste sentido, entre nós, cfr. LUÍS M. COUTO GONÇALVES, *Manual...*, cit., p. 208; M. NOGUEIRA SERENS, «Aspectos ...», *cit., passim*, que se refere às marcas *intrinsecamente* deceptivas e CARLOS FERREIRA DE ALMEIDA, *Contratos II – Conteúdo, contratos de troca*, Almedina, Coimbra, 2007, p. 102.

No que respeita à doutrina estrangeira, cfr., no direito alemão, entre outros, DENK, *op. cit.*, p. 86; RUDOLF BUSSE/JOACHIM STARCK, *Warenzeichengesetz*, cit., nm. 92, p. 220; REINHARD INGERL/CHRISTIAN ROHNKE, *Markengesetz*, cit., nms. 281 e ss., pp. 293 e s.; KARL-HEINZ FEZER, *Markenrecht*, cit., § 8, nm. 299, p. 542. No direito britânico, cfr. DAVID KITCHIN/ DAVID LLEWELYN/ JAMES MELLOR/ RICHARD MEADE/ THOMAS MOODY-STUART/ /DAVID KEELING, *Kerly's Law...*, cit., nm. 8-203, p. 214. No direito francês, ISABELLE MARTEAU-ROUJOU DE BOUBÉE, *op. cit.*, pp. 201 e ss.; PAUL MATHÉLY, *Le nouveau droit français des marques*, Editions du J.N.A., Paris, 1994, p. 47; FRÉDÉRIC POLLAUD-DULIAN, *Droit de la propriété industrielle*, Montchrestien, Paris, 1999, pp. 545 e ss.; JOANNA SCHMIDT-SZALEWSKY/JEAN-LUC PIERRE, *Droit de la propriété industrielle*, 2.ª ed., LITEC, Paris, 2001, p. 189; JEAN-CHRISTOPHE GALLOUX, *Droit de la propriété industrielle*, 2.ª ed., Dalloz, Paris, 2003, p. 424.

[335bis] Segundo o INPI "(...) devem ser rejeitadas todas as marcas em que:
• Haja uma clara contradição entre o *conteúdo do sinal* e os produtos ou serviços que com ele se pretendem designar" [itálicos nossos].
V. p. 41 do *Guia de Exame dos Sinais Distintivos de Comércio* (versão provisória para consulta *online* – v. Jan. 2009), disponível no sítio: *http://www.marcasepatentes.pt/ files/collections/pt_PT/43/206/Guia%20de%20Exame%20de%20Sinais%20distintivos %20de%20comércio_Fev_2009.pdf*.

[336] V., p.e., as seguintes resoluções proferidas no âmbito de recursos de decisões de recusa de registo como marcas comunitárias (que podem ser consultadas na Internet, no sítio indicado *infra* ou em *http://oami.europa.eu/search/LegalDocs/la/es_BoA_index.cfm*):
– Decisão da 4.ª Câmara de Recurso do IHMI, de 3 de Junho de 2003, no âmbito do Recurso R 0562/2002-4, relativo ao pedido de registo n.º 001331370, de «Quick Adjustment», para produtos das classes 17.ª e 20.ª (consultada no sítio: *http://oami.europa.eu/ LegalDocs/BoA/2002/de/R0562_2002-4.pdf*). Aqui é afirmado, no n.º 13, que o consumidor só pode ser enganado por uma indicação sobre as qualidades do produto quando o conteúdo do significado da marca esteja relacionado com os produtos assinalados.
– Decisão da 1.ª Câmara de Recurso do IHMI, de 11 de Julho de 2001, no âmbito do Recurso R 0803/2000-1, relativo ao pedido de registo n.º 001342096, de «THE ECOMMERCE AUTHORITY» para produtos das classes 35.ª e 42.ª (consultada no sítio: *http://oami.europa.eu/LegalDocs/BoA/2000/en/R0803_2000-1.pdf*). Neste caso, apesar de ter sido decidido que o sinal não era enganoso, é afirmado que "há pouco *na marca* que cause a impressão de que se trata de uma organização governamental ou estadual. Em vez disso, a marca é meramente laudatória (...)" [itálicos nossos] (n.º 15).
– Decisão da 1.ª Câmara de Recurso do IHMI, de 4 de Abril de 2001, no âmbito do Recurso R 0468/1999-1, relativo ao pedido de registo n.º 00822528, de «INTERNATIONAL

STAR REGISTRY» para produtos das classes 9.ª, 16.ª, 35.ª e 41.ª (consultada no sítio: *http://oami.europa.eu/LegalDocs/BoA/1999/es/R0468_1999-1.pdf*). Aqui o registo havia sido recusado com fundamento nas al.ªˢ *b*) e *c*) do art. 7.°, n.° 1 RMC, mas a Câmara de Recurso colocou uma outra objecção: a al.ª *g*) do mesmo artigo porque, na sua opinião, o sinal "INTERNATIONAL STAR REGISTRY" "(…) parece dar a impressão de que os nomes atribuídos às estrelas pela parte recorrente gozam de uma espécie de estatuto oficial." (n.° 9 da decisão *cit.*). E chega mesma a referir-se ao carácter *intrinsecamente* enganoso do sinal, no n.° 29 da decisão.

[337] Um outro argumento no mesmo sentido parece derivar da análise das Directrizes relativas aos procedimentos perante o IHMI (marcas, desenhos e modelos), Parte B (Exame), versão final: Abril de 2008 (consultadas no sítio: *http://oami.europa.eu/es/mark/marque/pdf/examination-23042008-ES.pdf*) que, ao referir-se à apreciação do fundamento de recusa em apreço, afirma que "a marca deve *conter* uma *indicação* objectiva acerca das características dos produtos que contradiga de forma inequívoca o que realmente contém a lista de produtos e serviços" (v. n.° 7.8.2., p. 59 do documento citado [itálicos nossos]). Além disso, e a este ponto teremos ocasião de voltar mais adiante (v. § III. e Cap. II), no mesmo documento é afirmado que "enquanto a marca não tiver sido utilizada, esta apreciação [do carácter deceptivo *ab origine*] só pode ser feita em relação à lista de produtos ou serviços, pressupondo que a marca será utilizada para os produtos ou serviços assinalados mas, se possível, numa forma não deceptiva. Se existir um possível uso que não induza em erro, a marca não será recusada (…)".

[338] Com efeito, um critério determinante para a apreciação do carácter enganoso parece ser a interpretação do significado do sinal. V., p.e., o Acórdão da RL, de 1 de Abril de 2003 (proferido no processo de registo da marca nacional n.° 318 949, «Queijo de Cabra Puro – Palhais», in: *BPI* 10/2003, pp. 3477 e ss.), onde é afirmado que "o critério sobre o *significado* a inferir de tais palavra[s] deve ser objectivo, tomando-se em conta o consumidor medianamente atento (…)" (itálicos nossos) (Ac. *cit.*, p. 3478). V., ainda, o Acórdão da RL, de 16 de Novembro de 2000 (proferido no processo de registo da marca nacional n.° 273 067, «Nuts», in: *BPI* 8/2001, pp. 2921 e ss.) onde a Relação entendeu que a palavra «Nuts» tem outros significados, para além de referir um tipo de fruto seco (noz), mas tendo em conta a natureza dos produtos a que se reporta (chocolate, produtos de chocolate, gelados, etc.) julga que o "destinatário normal da mensagem publicitária que a marca encerra" não deixará de associar aquele significado à composição dos referidos produtos. Por isso, se eles não forem compostos por nozes a marca é enganosa. V. também a sentença do 8.° Juízo Cível do Tribunal da Comarca de Lisboa, de 6 de Março de 2000, proferida no processo de registo da marca nacional n.° 313 151, «Chama Dinheiro» para assinalar pó de talco (in: *BPI* 3/2001, pp. 1032 e ss.), em que é afirmado que "o que verdadeiramente releva é a composição da marca que se lhe pretende atribuir, com a função de o identificar. E que, sem ter de o descrever (…), também não pode ser de tal índole que permita contribuir razoavelmente para incidir uma ideia enganosa sobre a natureza, qualidade ou utilidade" (sentença, *cit.*, p. 1033).

A favor da posição exposta, militam vários argumentos. Em primeiro lugar, é o que parece resultar da letra da lei que preceitua que "é ainda recusado o registo de uma marca que *contenha*, em todos ou alguns dos seus elementos, *d) sinais* que sejam susceptíveis de induzir o público em erro (...)" (itálicos nossos) – art. 238.°, n.° 4, al.ª *d*) do CPI[340]. E, *a contrario sensu*, do confronto da letra deste preceito com o disposto no art. 269.°, n.° 2, al.ª *b*), no que respeita à deceptividade superveniente, que

---

[338bis] Confirmando teoricamente o referido critério, mas sem o aplicar – na nossa opinião de forma criticável – na prática, v. a sentença do TCL, de 7 de Abril de 2009, proferida no processo de registo das marcas nacionais n.° 381 133 («Low-Col 0% de Colesterol») e n.° 361133 («LOW-COL»), in: *BPI* 2009/4/7, pp. 6 e ss. Neste caso estava em discussão a admissibilidade do registo como marca do sinal «Low-Col 0% de Colesterol» e «LOW COL» para assinalar, entre outros, produtos das classes 29.ª e 30.ª (alimentos à base de soja, nomeadamente leite, iogurtes, sobremesas e comida congelada e gelados à base de soja).

No que respeita especificamente ao impedimento de registo objecto do nosso estudo importa atender a que – depois de expressamente se dizer (e bem) que é inegável que a marca "alude a características do produto que se destina a assinalar, características desejáveis e aptas a determinar a procura do consumidor (...). Que o consumidor quando confrontado com a marca vai associar o produto que a mesma assinala a um produto que não contem [*sic*] colesterol, ou que contem [*sic*] apenas uma reduzida percentagem de colesterol (...)", acrescentando ainda que "no caso a marca evoca uma característica que é simultaneamente uma qualidade: o baixo ou nulo teor de colesterol" – é sustentado que "(...) a marca em si não é enganosa dado que alude a uma característica de produtos alimentares e destina-se a assinalar produtos alimentares" (*BPI* 2009/04/7, pp. 13 e s.).

Ora, sendo inequívoco que a marca, de facto, alude a uma característica de *alguns* produtos alimentares e se destina a assinalar produtos alimentares, cremos que o cerne da questão estava precisamente em determinar se os produtos alimentares assinalados com aquele sinal têm a tal característica (baixo ou nulo teor de colesterol) evocada pela marca. Este juízo valorativo tem de ser feito, como referimos, à luz do significado evocado pelo sinal relativamente aos produtos ou serviços que pretende assinalar. Assim, trata-se de uma valoração *concreta* e não abstracta como parece ser defendido na sentença.

[339] V. o Acórdão do TJ, proferido no proc. C-259/04 relativo ao caso «Elizabeth Emanuel», *cit*. referido mais adiante no texto.

[340] Admitimos, porém, que o argumento literal não é tão forte relativamente às disposições correspondentes da DM [art. 3.°, n.° 1, al.ª *g*)] e do RMC [art. 7.°, n.° 1, al.ª *g*)], onde em vez de «sinais» se fala de «marcas». Mas é importante sublinhar que, do ponto de vista técnico-juridico, a expressão mais adequada é a utilizada no nosso CPI: o impedimento absoluto de registo só pode incidir sobre o *sinal*, pois ainda não existe marca. E, em qualquer caso, esta questão terminológica, acaba por poder ser ultrapassada com recurso ao argumento indicado na nota seguinte.

refere expressamente o uso: "a marca se tornar susceptível de induzir o público em erro (...) no seguimento do *uso* feito pelo titular da marca ou por terceiro (...)" (itálicos nossos)[341].

Por outro lado, parece ser esta a interpretação defendida pelo Tribunal de Justiça relativamente à norma correspondente da Directiva de marcas, o art. 3.º, n.º 1, al.ª *g*).

Efectivamente, no Acórdão proferido no caso «Elizabeth Emanuel»[342], o Tribunal do Luxemburgo defendeu que "(...) não se pode considerar que a denominação Elizabeth Emanuel seja, *por si só*, susceptível de enganar o público quanto à natureza, qualidade ou proveniência da mercadoria que designa. (...) Em contrapartida, compete ao órgão jurisdicional nacional examinar se, na apresentação da marca «ELIZABETH EMANUEL», não existe a intenção da empresa que apresentou o seu pedido de registo de fazer crer ao consumidor que E. Emanuel continua a ser criadora dos produtos que ostentam a referida marca ou que participa na sua criação. Com efeito, tratar-se-ia, nesse caso, de uma manobra que poderia ser julgada dolosa *mas que não pode ser considerada um engano, na acepção do artigo 3.º* da Directiva 89/104, e que, por esse facto, *não afecta a marca em si própria nem, por consequência, a possibilidade de a registar*"[343] (itálicos nossos).

---

[341] V. ainda o art. 12.º, n.º 2, al.ª *b*) da DM e o art. 51.º, n.º 1, al.ª *c*) do RMC. Este argumento, como referimos na nota anterior, torna possível defender a mesma interpretação relativamente à DM e ao RMC. Talvez por isso, ADRIANO VANZETTI, que parece defender a tese de abranger nesta hipótese os casos em que, pelo uso anterior ao registo, o sinal adquire um significado enganoso, critique a previsão do art. 3.º, n.º 1, al.ª *g*) da DM, afirmando que não se percebe bem a sua estipulação porque só abrange os casos, mais raros, em que o sinal é *in se* enganoso. Cfr. ADRIANO VANZETTI, «Commento alla direttiva sul ravvicinamento delle legislazioni degli stati membri in materia di marchi d'impresa», in: *Le Nuove Leggi Civili Commentate*, anno XII, 1989, p. 1438.

[342] Sobre a descrição dos factos subjacentes ao litígio que originou o referido Acórdão relativos à deceptividade originária da marca, v. *supra* § I., II., 1., 1.1.

[343] V. n.os 49 e 50 do Acórdão, *cit.* (*Col.*, 3 (B), pp. I-3126). Mais clara era a exposição do Advogado-Geral DÁMASO RUIZ-JARABO COLOMER nas Conclusões que apresentou, em 19 de Janeiro de 2006, no âmbito deste processo (*Col.*, 2006-3 (B), pp. I-3092 e ss.). Aí afirma, referindo-se ao conceito de engano do art. 3.º, n.º 1, al.ª *g*) da DM, que " da sua redacção deduz-se que, à semelhança dos outros parágrafos do artigo 3.º, se refere a *características intrínsecas da marca* (...). O sinal deve, pois, confundir o público pelas suas qualidades, contendo alguma informação errada, que possa resultar enganosa de um ponto de vista objectivo, isto é, em qualquer situação razoavelmente imaginável da sua utilização dê origem a esse engano. Assim, a referência, como integrante do produto designado pela

De uma outra perspectiva, é também este o entendimento que parece decorrer da possibilidade de aplicação do impedimento em questão, pois o sinal só é susceptível de induzir em erro se fornecer informações inexactas sobre o produto ou serviço que pretende distinguir. Isso sucederá nos casos em que a informação é directa (no caso de sinal que descreva de forma enganosa[344]), mas também ocorre, e porventura mais frequentemente, de forma indirecta na hipótese de sinal que sugira algo enganosamente[345]. Por conseguinte, cremos poder afirmar que os sinais só podem ser enganosos se forem *significativos* ou *expressivos*, isto é, se descreverem[346] ou

---

marca, de um material que não figure na sua composição seria um dado derivado da marca que causaria confusão entre os consumidores" (n.º 57) [itálicos nossos] (*Col.*, 2006-3 (B), pp. I-3105).

Sobre a susceptibilidade de induzir em erro relevante para o impedimento de registo do sinal engano, v. *infra* 3.

[344] P.e., «ONLY GLASS» para produtos que não contêm vidro. Foi requerido o registo como marca comunitária deste sinal (n.º 000309146) para assinalar os produtos das classes 19.ª, 21.ª e para os serviços da classe 39.ª, tendo o mesmo sido recusado, precisamente, com fundamento no art. 7.º, n.º 1, al.as b), c) e g) do RMC (informação colhida na base de dados do IHMI consultada na Internet, no sítio: *http://oami.europa.eu/search/ LegalDocs/la/es_Refused_index.cfm*).

Em Portugal, foram recusados os pedidos de registos, p.e., das marcas nacionais, n.º 341 019, «Acçõesonline» e n.º 341 018, «Netacções» (v. Sentenças do TCL, de 22 de Abril de 2004, in: *BPI* 12/2004, pp. 4241 e ss., e, de 29 de Março de 2004, in: *BPI* 9/2004, pp. 3142 e ss.) para assinalar serviços da classe 38.ª (telecomunicações), porque se considerou que se aqueles sinais visassem serviços não disponibilizados através da Internet seriam enganosos.

[345] P.e., «Laranjina» para sumos que não contêm laranja.

[346] Assim, entre nós, M. NOGUEIRA SERENS («Aspectos...», *cit.*, p. 579) afirma: "como é evidente, nem todas as marcas descritivas são marcas deceptivas. Mas, se considerarmos que as marcas não deixam de descrever as características (*lato sensu*) dos respectivos produtos ou serviços quando as descrevem de forma enganosa, ter-se-á de concluir que *todas as marcas deceptivas são marcas descritivas*" (itálicos nossos).

Na doutrina estrangeira, cfr., entre outros, CARLOS FERNÁNDEZ NÓVOA, *Tratado...*, cit., p. 234; FOURGOUX, «Marques, publicité et tromperie», in: *Gazette du Palais*, 1967, 1.er Semestre, p. 3; DENK, *op. cit.*, p. 186.

Estas afirmações não obstam, naturalmente, a que em sede de aplicação das normas a um caso concreto só se possa aplicar ou a proibição relativa aos sinais descritivos (se descreve da forma não enganosa) ou a proibição relativa aos sinais enganosos (se os descreve de forma enganosa). No mesmo sentido, cfr. ISABELLE MARTEAU-ROUJOU DE BOUBÉE, *op. cit.*, p. 18, que afirma que uma marca só pode ser ou descritiva ou enganosa. Para maiores desenvolvimentos sobre a delimitação entre marca descritiva e marca enganosa, v. *supra* § I., I., 2., 2.2.

sugerirem[347]-/[347bis] algo sobre o produto ou serviço, sem prejuízo de as marcas descritivas e sugestivas não serem, necessariamente, enganosas[348].

Aliás, mesmo os autores que defendem que as marcas não expressivas ou arbitrárias – marcas que se tiverem algum significado, não tem qualquer relação com os produtos ou serviços assinalados – podem ser objecto de engano, afirmam que isso se deve ao facto de poder acontecer que, por causa do uso que delas for feito, as mesmas entrem num processo de significação[349-350]. Ou seja, mesmo estes autores estão a remeter, afi-

---

[347] Defendendo que, por se tratar de um sinal sugestivo, o mesmo não pode ser enganoso, cfr., entre nós, AMÉRICO DA SILVA CARVALHO, *op. cit.*, p. 287 e ainda a decisão da 1.ª Câmara de Recurso do IHMI (R 0314/2002-1), de 23 de Outubro de 20002, relativa ao pedido de registo n.º 002089522, do sinal «MetalJacket» para assinalar os produtos das classes 1.ª-3.ª, 37.ª e 40.ª, consultado no sítio: htt*p://oami.europa.eu/search/LegalDocs/la/ es_BoA_index.cfm*. Esta decisão, de resto, ilustra o critério neste sentido estabelecido nas Directrizes relativas aos procedimentos perante o IHMI (marcas, desenhos e modelos), Parte B (exame), *cit.*, n.º 7.8.2., p. 51.

[347bis] O INPI, precisando o critério de aferição do carácter deceptivo originário do sinal que se pretende registar como marca (contradição entre o conteúdo do sinal e os produtos ou serviços que com ele se pretendem designar), sustenta que "neste juízo importa, naturalmente, ponderar a natureza dos produtos e serviços a identificar em relação aos que figuram na marca". Nesse sentido, defende, por um lado, que "o examinador [não deve] levantar objecções ao registo sempre que esta seja manifestamente fantasiosa, como seria o sinal «Tractor» se adoptado para distinguir "copos"" e, por outro, que se imporia "(…) por exemplo, a recusa do registo de marcas como "Likesilk" e "Woolrich" no que concerne a todos os produtos de vestuário que não fossem de seda ou de lã" [p. 42 do *Guia de Exame dos Sinais Distintivos de Comércio* (Versão provisória para consulta *online* – Versão Janeiro 2009)].

[348] Sobre a dicotomia marcas descritivas/enganosas, v. o recurso à consideração disjuntiva dos sinais descritivos e enganosos para fundamentar a recusa do registo, p.e., nas sentenças do TCL, de 12 de Janeiro de 2004, proferida no processo de registo da marca nacional n.º 341 048, «Carroonline» (in: *BPI* 6/2005, pp. 2067 e ss.) e, de 14 de Julho de 2004, proferida no processo de registo da marca nacional n.º 341 025, «Comprasonline» (in: *BPI* 6/2005, pp. 2065 e ss.). Aqui os sinais referidos foram considerados descritivos para assinalar telecomunicações e enganosos para assinalar os restantes serviços da classe 38.ª, que não fossem disponibilizados pela Internet.

[349] Cfr. ÁNGEL MARTINEZ GUTIÉRREZ, *La marca engañosa*, cit., p. 66.

[350] Sublinhamos que este "processo de significação" da marca através do uso anterior ao registo não constitui *secondary meaning* (sobre o *secondary meaning* v. *supra* § I., I., 1.), que relativamente aos sinais enganosos não é possível, dado não estar em causa a aquisição de capacidade distintiva, nem ser admissível sacrificar os interesses subjacentes à proibição do engano já referidos *supra* (v. § I., I., 3) perante o interesse particular do empresário que pretende assinalar os seus produtos ou serviços com aquele sinal deceptivo.

nal, a causa do engano para o *significado* (enganoso) da marca. Neste caso, o sinal, que antes do uso era arbitrário, passa a ser sugestivo ou descritivo e só a partir daqui é que o engano que ele suscita adquire relevância jurídica.

Por fim, a tese exposta e defendida é a que melhor se coaduna com a integração sistemática do motivo de recusa de registo de sinais enganosos no âmbito dos impedimentos *absolutos* de registo, nomeadamente dos sinais descritivos e usuais[351].

A afirmação de que a causa do engano tem de estar no sinal *in se*, no seu significado, e de que esta é independente do uso, deve, porém, ser entendida *cum grano salis*. O que se pretende dizer é que o eventual uso anterior do sinal não releva para a apreciação do engano e isso quer o uso anterior tenha sido enganoso (se entretanto tiver cessado) ou não. Mas tal não significa que o uso não seja importante para a avaliação do risco de engano do sinal, uma vez que o sinal pode ser enganoso se usado para distinguir determinados produtos ou serviços e não outros (v. 2.).

No que respeita ao uso anterior, atentemos ainda no seguinte relativamente às duas situações acabadas de referir: uso anterior enganoso, mas que entretanto cessou e uso anterior não enganoso.

Na primeira hipótese, que tem sido referida por alguma doutrina francesa[352], se o pedido de registo for apresentado deve ser concedido, porque o que importa é o significado do sinal *no momento do pedido de registo*. Se um sinal já foi enganoso (p.e., a marca Laranjina utilizada para leite), mas entretanto deixou de o ser (p.e., por ter passado a distinguir apenas sumos de laranja), vê (deve ver) o seu pedido de registo aceite.

O mesmo se passa no segundo caso: um sinal usado de forma não enganosa (p.e., a referida marca Laranjina para sumos de laranja) pode ver o pedido de registo recusado se o registo for requerido, p.e., para sumo de limão, por ser considerado enganoso.

Por outro lado, também não releva a intenção do requerente do registo: se o sinal não for susceptível de induzir em erro, o registo será

---

[351] No mesmo sentido, *v.g.*, a posição assumida pelo Advogado-Geral DÁMASO RUIZ--JARABO COLOMER nas Conclusões que apresentou no âmbito do caso «Elizabeth Emanuel», *cit.*, proc. C-259/04, onde afirma, referindo-se ao conceito de engano do art. 3.º, n.º 1, al.ª g) da DM, que " da sua redacção deduz-se que, à semelhança dos outros parágrafos do artigo 3.º, se refere a *características intrínsecas da marca* (…)" (n.º 57) [itálicos nossos] (*Col.*, 2006-3 (B), pp. I-3105).

[352] Cfr. PAUL MATHÉLY, *op. cit.*, p. 48 e JEAN-CHRISTOPHE GALLOUX, *op. cit.*, p. 424.

aceite, ainda que o requerente possa ter a intenção de o usar, mais tarde, enganosamente[353-354].

No seguimento do que acaba de ser referido, uma outra questão que se coloca é a que respeita aos meios de que a autoridade administrativa, competente para apreciar o pedido de registo de um sinal como marca, dispõe para determinar se esse é, ou não, enganoso, e que será mais desenvolvida *infra* (v. *infra* § 3.).

Para já o que queremos sublinhar é que, naturalmente, a apreciação do carácter enganoso é mais fácil se for efectuada após o uso do sinal (designadamente, para os produtos ou serviços em relação aos quais é requerido o registo e, se se tratar de marca registada, em sede da acção judicial de declaração de nulidade), do que se for feita no momento do pedido de registo sem que tenha ocorrido uso prévio relativamente aos produtos ou serviços para os quais é solicitado o registo.

Esta maior facilidade prende-se, não com o facto de ser o uso a causa do engano da marca, mas de, como referimos, o sinal poder ser enganoso para uns produtos ou serviços e não para outros e é ainda justificada por o uso efectivamente feito daquele sinal para *determinados* produtos ou serviços permitir avaliar melhor a *susceptibilidade* de engano, que é concreta e não abstracta (i.e., referida *àqueles* produtos ou serviços e com a impressão *já causada* ao público).

Assim, o uso pode facilitar a apreciação do carácter enganoso do sinal, mas não é o uso que é a causa do engano. Como CHAVANNE/ /BURST sugestivamente referem[355], o "fermento" do engano está no pró-

---

[353] Sem prejuízo da aplicação de outras normas jurídicas que sancionam o uso enganoso da marca que venha a ter lugar (v. *infra* Cap. II, 3.).

[354] Este aspecto surge especialmente acentuado nas Directrizes relativas aos procedimentos perante o IHMI no que concerne ao exame dos pedidos de registo, *cit.*, pois aí é, expressamente, afirmado que "se existir um possível uso não deceptivo, a marca não pode ser recusada" e é acrescentado um exemplo inventado: o pedido de registo do sinal «John Miller's Genuine Leather Shoes» é objectável para "sapatos de plástico", mas não objectável para "sapatos" já que estes compreendem sapatos em pele" (v. n.º 7.8.2., p. 59). Não podemos concordar com este entendimento. Como adiante teremos oportunidade de referir (§ III., 1., 1.3.1.), cremos que o IHMI dispõe de meios que permitem solicitar esclarecimentos adicionais no caso de um pedido como o último referido no exemplo inventado – p.e., que o requerente do registo esclareça se os sapatos para os quais solicita o registo como marca são, ou não, em pele. Não proceder desta forma significa esvaziar o interesse da existência de um exame prévio à concessão de registo e até da consagração de *impedimentos de registo*, que, no caso, são *absolutos*.

[355] ALBERT CHAVANNE/JEAN-JACQUES BURST, *op. cit.*, p. 510.

prio sinal, depois pode, ou não, manifestar-se consoante o uso que dele seja feito.

A dificuldade da apreciação do carácter enganoso de um sinal implica que a possibilidade de erro nunca esteja excluída. Daí que seja prevista entre nós, tal como sucede no plano comunitário, a hipótese de os sinais que tiverem sido indevidamente registados (por já serem enganosos neste momento) verem o correspondente registo ser declarado nulo (arts. 265.°, n.° 1, al.ª a) do CPI; 3.°, n.° 1, al.ª g) da DM e art. 51.°, n.° 1, al.ª a) do RMC), como melhor teremos oportunidade de constatar *infra* (§ III. e, especialmente, Cap. II).

Ainda no que respeita à apreciação do significado do sinal, salientamos que, como resulta expressamente do art. 238.°, n.° 4, al.ª d) do CPI, a deceptividade pode resultar do sinal no seu todo ou apenas de uma parte do mesmo[356].

## 2. A deceptividade do sinal relativamente aos produtos ou serviços para os quais é pedido o registo como marca

O carácter enganoso é apreciado por referência a dois aspectos: o significado do sinal e os produtos ou serviços que o sinal pretende assinalar. Tendo analisado o primeiro, vamos deter-nos agora sobre o segundo.

Com efeito, é absolutamente indispensável que a apreciação do carácter enganoso de um sinal verse sobre os produtos ou serviços a que aquele se destina[357], já que um sinal pode ser não enganoso para um

---

[356] O art. 3.°, n.° 1, al.ª g) da DM e o art. 7.°, n.° 1, al.ª g) do RMC não referem expressamente esta possibilidade. Não obstante, a solução será a mesma como decorre da interpretação da exigência de a marca ser susceptível de induzir em erro e das Directrizes relativas aos procedimentos perante o IHMI, no que respeita ao exame, *cit.*, n.° 7.8.2., p. 59, onde é sustentado que "este motivo de recusa não exige que a marca seja composta exclusivamente por este tipo de elementos".

[357] Como GIOVANNI GUGLIELMETTI («Cosmetici e marchio ingannevole», in: *RDI*, 1998, I, pp. 429 e 431) refere: "o engano pode derivar quer do uso de uma marca *di per sé* enganosa, pelo seu próprio conteúdo, *em relação aos produtos sobre os quais é aposta*; quer do *uso* de uma marca *di per sé* não enganosa, mas realizado de tal forma a induzir em engano o público, sempre, *em relação aos produtos* sobre os quais é aposta".

O autor citado conclui que "o engano deriva sempre e apenas do *uso de uma marca sobre o produto*, mas, consoante os casos, pode residir no *próprio sinal* distintivo ou na *modalidade concreta de utilização do sinal*". Todavia, as duas situações indicadas são dife-

determinado produto ou serviço e enganoso para outro. Voltando ao exemplo já referido, «laranjina» pode ser um sinal enganoso para sumos que não sejam de laranja, não o sendo para sumos de laranja.

Tal como sucede na generalidade dos ordenamentos jurídicos, entre nós, no requerimento de registo só têm de ser indicados "os produtos ou serviços a que a marca se destina, agrupados pela ordem das classes da classificação internacional dos produtos e serviços e designados em termos precisos, de preferência pelos termos da lista alfabética da referida classificação" (art. 233.º, n.º 1, al.ª b) do CPI). E, como tem sido observado por alguns autores, "um simples elenco de produtos ou serviços, sem uma explicitação das suas características, não permite, em regra, a valoração do carácter enganoso da marca"[358]. Pense-se, uma vez mais, no exemplo do pedido de registo do sinal "Laranjina" para bebidas de frutos e sumos de fruta da classe 32.ª. Sem a indicação de se tratar de bebidas ou sumos de laranja, ou outro fruto, não é possível determinar o carácter enganoso do sinal.

No entanto, como teremos oportunidade de verificar *infra* (v. § III., esp. 1., 1.3.), parece-nos que o INPI (e o IHMI) tem competência para solicitar ao requerente do registo esclarecimentos sobre os produtos ou serviços a assinalar em concreto, bem como sobre algumas características dos mesmos (p.e., composição).

O facto de o carácter enganoso de um sinal poder existir relativamente a determinados produtos ou serviços e não em relação a outros releva ainda para outro efeito, que será abordado mais adiante: a possibilidade de a recusa do registo ser parcial (art. 244.º do CPI e art. 37.º, n.ºs 1 e 3 do RMC[359]).

---

rentes, correspondendo-lhes um regime jurídico distinto que, no que respeita à deceptividade superveniente, será desenvolvido *infra* na Parte II.

[358] ÁNGEL MARTÍNEZ GUTIÉRREZ, *La marca engañosa*, cit., p. 68. O autor citado acrescenta que "a previsão da nulidade da marca inscrita como segundo efeito jurídico permite-nos inferir que o legislador estadual está consciente, não só da escassa eficácia do exame administrativo neste ponto, mas também da maior importância da sede judicial na constatação da idoneidade enganosa" (*ult. op. cit.*, p. 68).

[359] O art. 37.º, n.º 1 do RMC preceitua que "se a marca for excluída do registo por força do artigo 7.º em relação à totalidade ou a parte dos produtos ou serviços para os quais a marca comunitária tenha sido pedida, o pedido será recusado em relação a esses produtos ou serviços" e o n.º 3 que "o pedido só pode ser recusado depois de ter sido dada ao requerente a possibilidade de o retirar ou modificar, ou de apresentar as suas observações".

De acordo com a informação colhida na base de dados do IHMI (disponível no sítio da Internet: *http://oami.europa.eu/search/LegalDocs/la/es_Refused_index.cfm*), o funda-

## 3. A susceptibilidade de o sinal induzir em erro

O impedimento de registo como marca de sinal enganoso, tal como hoje está previsto, não exige que o sinal seja *falso*, mas sim que o sinal seja *susceptível de induzir o público em erro*[360].

Como tivemos ocasião de referir, esta foi uma alteração imposta pela transposição da Directiva de marcas[361] e está em consonância com os conceitos adoptados noutras directivas e regulamentos comunitários em que se procura evitar e reprimir o engano do consumidor (*v.g.*, o art. 11.°, n.° 1 da Directiva sobre publicidade enganosa e comparativa [DPEC][362] e o art. 6.°, n.° 1 da Directiva sobre práticas comerciais des-

---

mento em análise foi invocado em 120 recusas de registo, das quais 25 como único impedimento (absoluto) de registo. Destas apenas duas foram parciais. Referimo-nos aos pedidos de registo n.° 002492510, do sinal «We make the net work», para assinalar produtos da classe 38.ª (telecomunicações) e n.° 002946556, do sinal figurativo Sea Island 100% Pure (...), para assinalar produtos das classes 22.ª, 24.ª e 25.ª (produtos para a cordoaria e a vela, matérias de enchimento e matérias têxteis em bruto; tecidos e produtos têxteis não incluídos noutras classes e coberturas de cama e de mesa; vestuário, calçado, chapelaria).

[360] Como referimos, também não é exigida a intenção de enganar.
Sobre a diferença entre o *intention test* e o *materiality test* relativamente aos sinais enganosos quanto à proveniência geográfica no ordenamento jurídico norte-americano, cfr. KENNETH B. GERMAIN, «Trademark registration under Sections 2 (a) and 2 (e) of the Lanham Act: the deception decision», in: 66 *TMR* (1976) pp. 109 e ss. e J. THOMAS McCarthy, *op. cit.*, vol. II, §§ 14:38-14:39, pp. 14-58 e ss.

[361] V. *supra* § I., I., esp. 2., 2.1.

[362] Directiva 2006/114/CEE, do Parlamento Europeu e do Conselho, de 12 de Dezembro de 2006, relativa à publicidade enganosa e comparativa (in: *JO L* 376, de 27/12/06, pp. 21 e ss.) que corresponde à codificação da Directiva 84/450/CEE, do Conselho, de 10 de Setembro de 1984, relativa à aproximação das disposições legislativas, regulamentares e administrativas dos Estados-membros em matéria de publicidade enganosa (in: *JO L* 250, de 19/9/1984, pp. 17 e ss.), entretanto alterada pela Directiva 97/55/CEE, do Parlamento Europeu e do Conselho, de 6 de Outubro de 1997, para incluir a publicidade comparativa (in: *JO L* 290, de 23/10/1997, pp. 18 e ss.) e pela DPCD [Directiva 2005/29/CE, do Parlamento Europeu e do Conselho, relativa às práticas comerciais desleais das empresas face aos consumidores no mercado interno (in: *JO L* 149, de 11/6/2005, pp. 22 e ss.)].

Sobre o conceito de publicidade enganosa, cfr. MARIA MIGUEL CARVALHO, «O conceito de publicidade enganosa», in: *Nos 20 anos do Código das Sociedades Comerciais – Homenagem aos Profs. Doutores A. Ferrer Correia, Orlando de Carvalho e Vasco Lobo Xavier*, Coimbra Editora, Coimbra, 2007, pp. 675 e ss.

leais [DPCD][363]), bem como nos respectivos elementos legislativos nacionais que transpuseram as Directivas[364], o que é sintomático da proximidade das matérias reguladas, como teremos oportunidade de verificar *infra*, no Cap. II e na Parte II.

O entendimento do «engano» no sentido de abarcar quer as falsas referências, quer as indicações susceptíveis de induzir em erro o público acarreta duas consequências relativamente aos requisitos para a verificação da hipótese prevista na norma.

Por um lado, significa que não se exige o engano *efectivo*, bastando o *perigo* de engano, previsão mais consentânea com o momento em que se aprecia o *pedido* de registo e em que o sinal pode nunca ter sido usado. Por outro lado, significa que não se prescinde da *susceptibilidade de induzir* o público *em erro*, o que implica diferenciar duas situações.

Uma em que os sinais, embora não sejam rigorosamente exactos, não são susceptíveis de induzir o público em erro por não serem tomados seriamente, não ficando sujeitos ao impedimento absoluto de registo como marca relativo ao sinal deceptivo, porque não existe (susceptibilidade de) engano. Pense-se, p.e., num sinal que sugira certas qualidades de forma exagerada e em relação às quais, em circunstâncias normais, não seja de esperar razoavelmente que sejam interpretadas *ad literam* pelos consumidores. Não sendo levadas a sério[365] não serão susceptíveis de os induzir em erro, tal como tem acontecido com os exageros publicitários que, por essa razão, são considerados práticas legítimas[366].

Outra situação, distinta da anterior, respeita aos sinais que, apesar de não serem directa e expressamente inexactos, são susceptíveis de induzir

---

[363] Directiva 2005/29/CE, do Parlamento Europeu e do Conselho, relativa às práticas comerciais desleais das empresas face aos consumidores no mercado interno (in: *JO L* 149, de 11/6/2005, pp. 22 e ss.).

[364] Referimo-nos, em especial, aos arts. 11.º, n.º 1 e 7.º, n.º 1 do Código da Publicidade (aprovado pelo DL n.º 330/90, de 23/10 e que, entretanto, sofreu várias alterações, a últimas das quais pelo DL referido em seguida) e ao DL n.º 57/2008, de 26 de Março, respectivamente.

[365] A aplicação de um regime idêntico ao das declarações não sérias é defendido, relativamente aos casos de exagero publicitário, por João Calvão da Silva, «La publicité et le consommateur», separata de *Travaux de l'Association Henri Capitant*, Tomo XXXII, 1981, Paris (1983), p. 196, nota 13.

[366] E por isso mesmo estão excluídos da aplicação do regime jurídico relativo às práticas comerciais desleais (v. o preâmbulo do DL n.º 57/2008, de 26/3 e o art. 5.º, n.º 3 *in fine* da DPCD).

o público em erro devendo, por isso, cair na alçada da proibição objecto de estudo. Imagine-se que é pedido o registo como marca de um sinal constituído por uma expressão italiana[367], ou por uma imagem que reproduza um conhecido monumento italiano, para assinalar massas ou molhos de tomate produzidos em Portugal. Apesar de a proveniência portuguesa não estar em causa por constar dos produtos em questão, a verdade é que se pode questionar se, pela utilização da designação em italiano ou da imagem referida, o público pode ser induzido em erro quer quanto à proveniência geográfica, quer quanto à qualidade do produto assinalado... Nestes casos, cremos que não se pode eliminar à partida a susceptibilidade de indução em erro, tendo a mesma de ser determinada à luz das circunstâncias do caso concreto.

De uma outra perspectiva, importa ainda salientar que não basta um qualquer perigo de engano. Com efeito, decorre da jurisprudência do Tribunal de Justiça que a fasquia tem sido colocada num nível bastante elevado, o que resulta quer da exigência de um risco *suficientemente grave* de engano do consumidor associada à vontade de máxima preservação do interesse na livre circulação de mercadorias, quer da consideração do modelo de consumidor relevante para a determinação da susceptibilidade de induzir em erro, que abordaremos *infra* (v. 4.).

A exigência de um risco suficientemente grave e sério de engano foi, inicialmente, estabelecida a propósito das diversas directivas e regulamentos comunitários que incluem normas proibitivas de actos enganosos[368-369] e, mais tarde, alargada, no ponto que nos interessa especifica-

---

[367] Sobre a possibilidade de a utilização de línguas estrangeiras causar a deceptividade dos sinais que se pretende registar como marcas, v. *infra* 5., esp. 5.2.

[368] Além da DPEC (e, mais recentemente, da DPCD que será referida *infra* no Cap. II, 3., 3.2.2.3., uma vez que a jurisprudência referida no texto é anterior a esta) existem várias outras directivas e regulamentos comunitários sectoriais que contêm normas proibitivas de engano, *v.g.*, a Directiva 2000/13/CE do Parlamento Europeu e do Conselho, de 20 de Março de 2000, relativa à aproximação das legislações dos Estados-membros respeitantes à rotulagem, à apresentação e à publicidade dos géneros alimentícios (in: *JO L* 109, de 6 de Maio de 2000, pp. 29 e ss.).

[369] No sentido referido no texto relativamente à publicidade enganosa em geral, cfr., entre outros, o Acórdão, de 2 de Fevereiro de 1994, proferido no âmbito do proc. C-315/92, entre Verband Sozialer Wettbewerb e V. e Clinique Laboratoires SNC/Estée Lauder Cosmetics GmbH, no caso «Clinique», in: *Colect.*, 1994-2, pp. I-330 e s. Aqui o uso da denominação «Clinique» na comercialização de produtos cosméticos, na República Federal da Alemanha, não foi considerada susceptível de induzir em erro, porque os referidos produtos só eram comercializados em perfumarias ou nas secções de produtos cosméticos das

mente, às normas proibitivas de registo de marcas enganosas[370-370bis], permitindo ao Tribunal de Justiça a compatibilização das restrições estabelecidas com as exigências decorrentes da livre circulação de mercadorias.

---

grandes superfícies comerciais e a mesma designação era utilizada noutros países sem que os consumidores fossem induzidos em erro (n.º 21 do Acórdão, *cit.*, pp. I-337). V. ainda o Acórdão, de 6 de Julho de 1995, proferido no âmbito do proc. C-470/93, no caso «Mars», que opôs a Verein gegen Unwesen in Handel und Gewerbe Köln à Mars GmbH, in: *Colect.*, 1995-7, pp. I-1936 e ss., onde se considerou que os consumidores não seriam induzidos em erro pelo facto de, na apresentação visual da menção «+10%» no produto, a área onde consta a referida menção ocupar na embalagem uma superfície superior a 10% da superfície total, porque "presume-se que os consumidores normalmente informados sabem que não existe necessariamente uma relação entre a dimensão das menções publicitárias relativas ao aumento da quantidade do produto e a importância desse aumento" (n.º 24 do Acórdão, cit., pp. I-1944).

Mas esta tem também sido a posição adoptada pelo TJ quando está em causa a interpretação das normas destinadas a evitar o engano do consumidor que constam de vários actos de direito derivado de alcance geral ou sectorial. Assim, p.e., no Acórdão, de 13 de Janeiro de 2000, proferido no âmbito do proc. C-220/98, no caso «Lifting», entre Estée Lauder Cosmetics GmbH & Co. e Lancaster Group GmbH (in: *Colect.*, 2000-1, pp. I-135 e ss.) foi afirmado que "embora, à primeira vista, o consumidor médio, normalmente informado e razoavelmente atento e advertido, não deva esperar que um creme cuja denominação comporta o termo «lifting» produza efeitos duráveis [comparáveis ao da intervenção cirúrgica conhecida pela mesma designação], compete no entanto ao órgão jurisdicional nacional verificar, tendo em conta todos os elementos pertinentes, se esse caso aqui se verifica" (n.º 30 do Acórdão, *cit.*, pp. I-147).

[370] V. o Acórdão do TJ, de 26 de Novembro de 1996, proferido no âmbito do caso «Cotonelle», proc. C-313/94, que opôs a F.lli Graffione SNC à Ditta Fransa, in: *Colect.*, 1996-11, pp. I-6051 e ss., em especial, o n.º 24 (pp. I-6059) onde é afirmado que "(...) resulta designadamente da jurisprudência do Tribunal de Justiça que um risco de erro dos consumidores só pode sobrepor-se às exigências da livre circulação de mercadorias e portanto justificar obstáculos às trocas se for suficientemente grave (v. neste sentido, designadamente, os acórdãos relativos aos casos «Clinique» e «Mars», já referidos)". O litígio subjacente a este caso é referido *infra* no Cap. II, 3., 3.2.1.

V. ainda o Acórdão do TJ, de 4 de Março de 1999, proferido no proc. C-87/97, no âmbito do caso «Gorgonzola», entre Consorzio per la tutela del formaggio Gorgonzola e Käserei Champignon Hofmeister GmbH & Co. KG/Eduard Bracharz GmbH, onde, no n.º 41, é afirmado que: "(...) no âmbito das duas outras disposições pertinentes da mesma directiva [os arts. 3.º, n.º 1, al.ª g) e 12.º, n.º 2, al.ª b)], os casos de recusa de registo, de nulidade da marca ou de caducidade dos direitos do titular que impedem a manutenção do seu uso (...) pressupõem que se possa considerar provada a existência de uma mistificação efectiva ou de um *risco suficientemente grave* de engano do consumidor" (*Col.*, 1999-3, pp. I-1337); e o Acórdão do TJ, de 30 de Março de 2006, proferido no processo C-259/04, no âmbito do caso «Elizabeth Emanuel», *cit.*, onde no n.º 47 se estabelece que "(...) os

Neste contexto, vale a pena recordar a compatibilização das normas nacionais que proíbem actos de concorrência desleal (e que incluem actos enganosos) com o princípio da livre circulação de mercadorias, pela especial relevância que o recurso ao instituto da concorrência desleal pode assumir[371] quanto à complementação, no que respeita aos efeitos jurídicos, de eventuais impedimentos ou declarações de nulidade de registos de marcas enganosas[372], uma vez que nesse domínio a Directiva de marcas não procedeu à harmonização das legislações dos Estados-membros (v. Considerando 6.º *in fine*)[373].

---

casos de recusa de registo referidos no artigo 3.º, n.º 1, alínea g), da Directiva 89/104 pressupõem que se possa considerar provada a existência de um engano efectivo ou de um *risco suficientemente grave* de engano do consumidor (...)" [itálicos nossos] (*Col.*, 2006-3 (B), pp. I-3125).

[370bis] Considerando que esta interpretação restritiva do âmbito de aplicação da al.ª g) do n.º 1 do art. 3.º DM não se ajusta ao teor literal da norma, cfr. FERNÁNDEZ-NÓVOA, «El debatido carácter engañoso de la marca «Elizabeth Emanuel» [Comentario a la Sentencia del Tribunal de Justicia de las Comunidades Europeas (Sala Tercera) de 30 de marzo de 2006, asunto C-259/04, *Emanuel* (*Rec.* 2006, págs. I-3089 y ss.)], in: Carlos Fernández--Nóvoa/Francisco Javier Framiñán Santas/Ángel García Vidal, *Jurisprudencia Comunitaria sobre Marcas* (2006), Editorial Comares, Granada, 2008, p. 60.

[371] V. *infra* no Cap. II, 3., esp. 3.2.2.1.

[372] Um caso em que foi suscitada uma questão deste tipo foi o caso «Cotonelle», proc. C-313/94, *cit*. Sobre este, v. *infra* Cap. II, 3., 3.2.1.

[373] Além deste, como também será referido mais adiante (v. Cap. II, 3., esp. 3.2.2.3.), reveste muito interesse a proibição geral das práticas comerciais desleais e, em especial, das que sejam enganosas e agressivas constante do DL n.º 57/2008, de 26 de Março, que procedeu à transposição da Directiva sobre práticas comerciais desleais. No entanto, não a analisaremos aqui uma vez que a jurisprudência que vamos referir – e que é pertinente no âmbito do requisito que estamos a tratar – foi desenvolvida anteriormente à mencionada Directiva, limitando-nos a assinalar dois aspectos.

Por um lado, é o próprio legislador comunitário que, no 5.º Considerando da DPCD, se refere expressamente à jurisprudência referida no texto, afirmando que "na ausência de regras uniformes à escala comunitária, os obstáculos à livre circulação de serviços e de produtos para lá das fronteiras ou à liberdade de estabelecimento podem justificar-se à luz da jurisprudência do Tribunal de Justiça das Comunidades Europeias, desde que pretendam proteger objectivos de reconhecido interesse público e sejam proporcionais aos mesmos", acrescentando que "tendo em conta os objectivos comunitários, (...) esses obstáculos devem ser eliminados". Tal só pode suceder através de uma harmonização legislativa que promova "um nível elevado de protecção dos consumidores e da clarificação de determinados conceitos legais, também ao nível comunitário (...)", o que, no que respeita às práticas comerciais desleais, é almejado pela DPCD.

Por outro lado, importa ter presente que também neste domínio se exige que as práticas comerciais desleais sejam *susceptíveis de distorcer substancialmente o comporta-*

Com efeito, o art. 28.º TCE – que determina que "são proibidas, entre os Estados-membros, as restrições quantitativas à importação, bem como todas as medidas de efeito equivalente" – originou uma jurisprudência bem consolidada[374].

De acordo com essa linha jurisprudencial, iniciada no Acórdão, de 24 de Novembro de 1993, proferido no caso «Keck e Mithouard»[375], o

---

*mento económico dos consumidores* para haver lugar à aplicação das sanções previstas (v. 6.º Considerando; arts. 2.º, al.ª *e*) e 5.º, n.º 2, al.ª *b*) da DPCD e arts. 3.º, al.ª *e*) e 5.º, n.º 1 do DL n.º 57/2008, de 26/3).

[374] Para maiores desenvolvimentos sobre esta jurisprudência, cfr., em especial, JOSÉ JAVIER EZQUERRA UBERO, *La jurisprudencia «Cassis-Keck» y la libre circulación de mercancías – Estudio de derecho internacional privado y derecho comunitario*, Marcial Pons, Madrid/Barcelona, 2006.

[375] Acórdão do TJ, de 24 de Novembro de 1993, proferido nos processos penais contra Keck e Mithouard (procs. apensos C-267 e 268/1991), caso «Keck», in: *Col.*, 1993-11, pp. I-6126 e ss.

Anteriormente a este Acórdão qualquer regulamentação comercial dos Estados--membros susceptíveis de entravar, directa ou indirectamente, actual ou potencialmente, o comércio intracomunitário, deveria considerar-se como medida de efeito equivalente (v. Acórdão do TJ, de 11 de Julho de 1974, proferido no âmbito do caso «Dassonville», *Affaire* 8-74, entre Procureur du Roi e Benoît e Gustave Dassonville, in: *Rec.* 1974, pp. 837 e ss.). E, para que fosse lícita, teria de ser indistintamente aplicável aos produtos nacionais e aos produtos importados e estar justificada por exigências imperativas relativas à protecção dos consumidores ou à protecção da lealdade nas transacções comerciais (Acórdão, de 20 de Fevereiro de 1979, proferido no âmbito do proc. 120/78, que opôs Rewe-Zentral AG ao Bundesmonopolverwaltung für Branntwein, no caso «Cassis Dijon», in: *Col.*, 1979, Parte I, pp. 327 e ss.).

No âmbito desta jurisprudência foram proferidos, com interesse relativamente ao objecto do nosso estudo, entre outros, o Acórdão, de 13 de Dezembro de 1990, proferido no proc. C-238/89, entre Pall Corp. e P.J.Dahlausen & Co., no caso «Pall» (in: *Col.*, 1990--11, pp. I-4844 e ss.), que considerou que constituía medida de efeito equivalente a aplicação de uma disposição nacional relativa à concorrência desleal, que permitisse a um operador económico obter a proibição, no território de um Estado-membro, da comercialização de um produto que exibisse o sinal ® ao lado da marca quando esta não está registada nesse Estado, mas está registada noutro Estado-membro (pp. I-4851), e o acórdão, de 7 de Março de 1990, proferido no proc. C-362/88, entre GB-INNO-BM e Confédération du Commerce Luxembourgeois, no caso «GB-INNO-BM» (in: *Col.*, 1990-3, pp. I-683 e ss.), que considerou que constituía uma medida de efeito equivalente a aplicação, a uma acção publicitária legalmente difundida num outro Estado-membro, de uma regulamentação nacional que contenha uma proibição de indicar, na publicidade comercial relativa a uma proposta especial de venda, a duração da proposta e o preço antigo (pp. I-690).

Para maiores desenvolvimentos sobre a jurisprudência comunitária nesta fase, cfr., entre outros, ANXO TATO PLAZA, «Marca enganosa, competencia desleal y libre circulación

TJ diferencia duas situações, consoante a aplicação das normas nacionais sobre concorrência desleal afecte os requisitos que o produto tem de respeitar (p.e., a sua apresentação, etiquetagem ou denominação) ou apenas as modalidades de venda do produto ou a sua publicidade[376].

O primeiro caso consubstancia uma medida de efeito equivalente, pelo que só pode ser considerada lícita mediante a verificação do disposto

---

de mercancías», in: *CJPI*, n.º 16, pp. 47 e ss., que a situa entre os Acórdãos proferidos no caso «Béguelin», em 25 de Novembro de 1971, *affaire* 22-71 (in: *Rec.*, 1971, pp. 949 e ss.) e no caso «Yves Rocher», em 18 de Maio de 1993, proferido no proc. C-126/91, que opôs Schutzverband gegen Unwesen in der Wirtschaft e.V. a Yves Rocher GmbH (in: *Col.*, 1993-5, pp. I-2384 e ss.). Cfr., ainda, JOSÉ JAVIER EZQUERRA UBERO, *op. cit.*, esp. pp. 211 e ss., para uma apreciação crítica da jurisprudência do TJ anterior ao caso «Keck», C-267 e 268/91, *cit.*

Com o Acórdão proferido no caso «Keck», que referimos no texto, opera-se uma limitação significativa no âmbito das medidas de efeito equivalente, sobre esta alteração cfr. JOSÉ JAVIER EZQUERRA UBERO, *op. cit.*, esp. pp. 41 e s.

[376] V. n.os 15-17 do Acórdão do TJ, de 24 de Novembro de 1993, proferido no caso «Keck», procs. apensos C-267 e 268/1991, *cit.*, in: *Col.*, 1993-11, pp. I-6131.

Criticando esta diferenciação por considerá-la artificial na medida em que as normas sobre concorrência desleal caracterizam-se, entre outros aspectos, pela sua acentuada ambivalência que se traduz na possibilidade de uma mesma norma (p.e., que proíba actos de engano) servir quer para proibir a comercialização de um produto sob uma apresentação ou denominação enganosa, quer para ordenar a cessação da difusão de uma mensagem publicitária enganosa, cfr. ANXO TATO PLAZA, «Marca engañosa...», *cit.*, pp. 51 e s. Cfr. ainda STEPHEN LEIBLE, «Competencia desleal y derecho de la Unión Europea. ¿Hacia dónde nos dirigimos?», in: *ADI*, Tomo XVI, 1994-95, p. 348 e RAFAEL GARCÍA PÉREZ, «Obstáculos a la libre circulación de mercancías generados por las normas sobre competencia desleal de los Estados Miembros (Comentario a la Sentencia del Tribunal de Justicia de las Comunidades Europeas de 13 de enero de 2000, «Estée Lauder/Lancaster»), in: *ADI*, Tomo XXI, 2000, p. 459, que sugere uma diferenciação que atenda ao tipo de obstáculo causado à livre circulação.

Por outro lado, como ANXO TATO PLAZA refere, certos aspectos da apresentação comercial podem ser qualificados também como publicidade. Daí que a diferenciação referida possa conduzir a resultados que o autor citado qualifica (e bem) como surpreendentes (*ult. op. cit.*, p. 52), ilustrando esta possibilidade com o caso «Mars», C-470/93, *cit.* Aqui o TJ considerou que a aplicação das normas relativas à concorrência desleal afectava a apresentação comercial dos gelados [estava em causa a menção de uma oferta de «+10%» de produto que constava da embalagem diferenciada a vermelho, sendo que essa representação gráfica não correspondia a 10% do produto] e, como tal, constituía uma medida de efeito equivalente. Por isso, ANXO TATO PLAZA questiona qual seria o sentido do acórdão se estivesse em discussão a referida menção num planfleto publicitário independente do produto, avançando com a probabilidade deste Tribunal considerar não existir medida de efeito equivalente.

no art. 30.º do TCE (i.e., desde que não constitua um meio de discriminação arbitrário, nem qualquer restrição dissimulada ao comércio entre os Estados-membros), e se for justificada, nomeadamente pela protecção dos consumidores e/ou da lealdade na concorrência. No segundo, em princípio, não há lugar à qualificação como medida de efeito equivalente[377].

Como é evidenciado por TATO PLAZA, do exposto poderíamos ser levados a pensar que a aplicação de normas nacionais que proíbam actos de engano relativamente a produtos provenientes de outros Estados-membros seria sempre compatível com o direito comunitário, pois, mesmo que constituísse uma medida de efeito equivalente, seria lícita por prosseguir a protecção dos consumidores. Todavia, não é isso que se verifica atendendo quer às divergências respeitantes à determinação da deceptividade de um acto e/ou mensagem[378], quer à aplicação do princípio da proporcionalidade *lato sensu* na jurisprudência sobre livre circulação de mercadorias[379]. E isto é especialmente visível "na jurisprudência relativa aos actos de engano, na qual a instituição comunitária faz primar a prossecução de um verdadeiro mercado sem fronteiras interiores sobre a tutela dos consumidores desatentos ou pouco diligentes", embora esta primazia não seja absoluta, pois nos casos em que o consumidor seja diligente ou seja colocada em perigo a sua saúde, a protecção deste prevalece sobre a realização do mercado único[380].

---

[377] Cfr. JOSÉ JAVIER EZQUERRA UBERO (*op. cit.*, p. 218) que afirma: "as normativas estatais que limitam ou proíbem certas modalidades de venda são regulamentações relativamente às quais não cabe afirmar que introduzam pela sua própria natureza obstáculos ao comércio intracomunitário. Em princípio, afectam todos os operadores e aplicam-se da mesma maneira aos produtos nacionais e aos importados".

[378] ANXO TATO PLAZA, «Marca enganosa...», *cit.*, p. 55 e FELIPE PALAU RAMÍREZ, «El consumidor medio y los sondeos de opinión en las prohibiciones de engaño en derecho español y europeo a raíz de la Sentencia del TJCE de 16 de julio de 1998, AS. C-210/96, «GUT SPRINGENHEIDE», in: *ADI*, Tomo XIX, 1998, pp. 375 e s.

[379] Da jurisprudência desenvolvida relativamente à livre circulação de mercadorias resulta que as medidas de efeito equivalente para serem lícitas têm de respeitar o princípio da proporcionalidade. Este, segundo a doutrina, comporta três sub-princípios: (i) utilidade ou adequação (a medida de efeito equivalente para ser lícita tem de ser útil ou adequada para atingir o resultado pretendido); (ii) necessidade ou indispensabilidade (não pode existir outra tão eficaz quanto essa e menos danosa para a livre circulação de mercadorias); (iii) proporcionalidade (o sacrifício da livre circulação de mercadorias tem de ser justificado pelos benefícios que derivem da aplicação da medida de efeito equivalente para o interesse geral). Cfr. RAFAEL GARCÍA PÉREZ, «Obstáculos...», *cit.*, pp. 464 e s.

[380] RAFAEL GARCÍA PÉREZ, «Obstáculos...», *cit.*, p. 466.

É, por conseguinte, essencial determinar o modelo de consumidor relevante para a qualificação de um determinado sinal como deceptivo. Como RAFAEL GARCÍA PÉREZ afirma, "a opção por um consumidor normalmente informado e razoavelmente atento e perspicaz como consumidor de referência influi decisivamente na aplicação do primeiro componente da proporcionalidade, já que é evidente que a utilidade de uma medida que proíbe os actos de engano para proteger o consumidor dependerá da susceptibilidade do mesmo para ser induzido em erro. Se o consumidor se mostra desatento e pouco formado, uma medida com um alto nível de protecção será adequada para a sua tutela, mas a mesma será inútil quando tomemos como ponto de referência um consumidor atento e perspicaz"[381]. É o que faremos em seguida.

### 4. O consumidor médio como alvo do sinal enganoso

As normas que estabelecem a proibição de registo de sinais enganosos referem-se ao público[382]. Mas quem é este público que serve de padrão para determinar se um sinal é, ou não, enganoso? A resposta que tem sido dada refere o consumidor. Afinal, é pelo facto de a marca se dirigir ao consumidor, permitindo-lhe escolher os produtos ou serviços marcados, que é proibido o registo de marcas enganosas[383].

A noção de consumidor tem ocupado a doutrina e a jurisprudência de praticamente todos os ordenamentos jurídicos[384]. Porém, como é desta-

---

[381] RAFAEL GARCÍA PÉREZ, «Obstáculos...», cit., p. 466.

[382] O mesmo sucede nos ordenamentos jurídicos dos Estados-membros da União Europeia (v., p.e., o art. 5.º, n.º 1, al.ª g) da *LME*, o § 8 (4) *MarkenG*, o § 3 (3) (b) *TMA* (*Trade Marks Act* 1994 do Reino Unido), o L 711-3 (c) *CPIfran*. (*Loi n.º 92-597 du 1er juillet 1992 relative au Code de la Propriété Intellectuelle – Partie Législative* – França), e o art. 14.º, n.º 1, al.ª b) do *CPIital.*), por força do disposto no art. 3.º, n.º 1, al.ª g) da DM.

[383] V. *supra* Introdução e § I., I., 3.

[384] Para maiores desenvolvimentos sobre o conceito de consumidor, cfr., entre nós, CARLOS FERREIRA DE ALMEIDA, *Direito do Consumo*, cit., pp. 25 e ss., com abundantes indicações bibliográficas, PAULO DUARTE, «O conceito jurídico de consumidor segundo o art. 2.º/1 da Lei de Defesa do Consumidor», in: *BFDUC*, vol. LXXV, 1999, pp. 649 e ss.; LUÍS SILVEIRA RODRIGUES, «Defesa do consumidor e direito industrial», in: AA.VV., *Direito Industrial*, vol. III, APDI/Almedina, Coimbra, 2003, pp. 255 e ss., e do mesmo autor, «Direito Industrial e Tutela do Consumidor», in: AA.VV., *Direito Industrial*, vol. II, APDI/Almedina, Coimbra, 2002, pp. 257 e ss.

cado entre nós por CARLOS FERREIRA DE ALMEIDA, não existe qualquer grupo – económico ou social – formado pelos "consumidores" e o conceito de consumidor é apenas um instrumento técnico-jurídico destinado a demarcar a previsão de algumas normas jurídicas[385].

Atendendo ao âmbito da presente investigação, dispensamo-nos de apreciar o conceito de consumidor relevante para o regime jurídico do consumo[386], pretendendo apenas evidenciar a necessidade do recurso a este instrumento técnico-jurídico para delimitar a previsão das normas que, no Código da Propriedade Industrial, proíbem o registo da marca enganosa.

---

[385] CARLOS FERREIRA DE ALMEIDA, *Direito do consumo*, cit., pp. 44 e s. No mesmo sentido, referindo-se a uma série de normas em que "(...) o legislador, sobretudo estimulado pela necessidade de alinhar-se com as directrizes europeias, alude abundantemente aos consumidores (...)", PAULO DUARTE afirma que "subjacente a todas estas intervenções legislativas parece estar, afinal, não uma qualquer categoria normativa idónea para circunscrever um sector determinado do espaço global da realidade juridicamente relevante, mas apenas um *"conceito empírico"* de consumidor que, na sua extensão, se confunde com o conjunto de todos os cidadãos" (*op. cit.*, pp. 693, 695). Aliás, isto verifica-se apesar de o art. 2.°, n.° 1 da Lei de Defesa do Consumidor [LDC] (aprovada pela Lei n.° 24/96, de 31 de Julho) conter um conceito de consumidor ("considera-se consumidor todo aquele a quem sejam fornecidos bens, prestados serviços ou transmitidos quaisquer direitos, destinados a uso não profissional, por pessoa que exerça com carácter profissional uma actividade económica que vise a obtenção de benefícios"), porque – como é referido no n.° 5 da Apresentação do Anteprojecto do Código do Consumidor (Comissão do Código do Consumidor – *Código do Consumidor – Anteprojecto,* Instituto do Consumidor, Lisboa, Março de 2006) –, "não adianta (...) numa lei geral, uma noção de consumidor que *não serve* para os múltiplos domínios em que a lei recorre a tal noção – mas com um sentido *diverso* – para delimitar o seu âmbito de aplicação!". Por isso, com o objectivo de estabelecer uma noção que sirva para todos os casos em que o destinatário das medidas previstas seja o consumidor e respeitando o sentido das variadas Directivas comunitárias, o art. 10.° do Anteprojecto citado estipula que: "considera-se consumidor a pessoa singular que actue para a prossecução de fins alheios ao âmbito da sua actividade profissional, através do estabelecimento de relações jurídicas com quem, pessoa singular ou colectiva, se apresenta como profissional" (n.° 1) e que "não obsta à qualificação nos termos do número anterior o facto de essa relação ser estabelecida com organismos da Administração Pública, com pessoas colectivas públicas, com empresas de capitais públicos ou detidos maioritariamente pelo Estado, com as regiões autónomas ou com as autarquias locais e com empresas concessionárias de serviços públicos" (n.° 2).

[386] Com efeito, discute-se se o conceito de consumidor compreende apenas pessoas físicas ou se inclui também pessoas jurídicas (no caso da LDC parece que se admitem ambas (v. o art. 2.° transcrito na nota anterior), o que sofrerá uma alteração, no sentido de se cingir apenas às pessoas singulares, se e quando o Código do Consumidor for aprovado e se se mantiver a redacção do art. 10.°, n.° 1 do Anteprojecto citado na nota anterior); que

Com efeito, como referimos, parece-nos indubitável que o termo "público" que surge nas referidas normas é utilizado como sinónimo de consumidor, o que implica saber de que consumidor se trata.

A tradição no direito de marcas português é de o referir ao consumidor *médio*, i.e., ao consumidor que não tem especiais conhecimentos, mas que também não é ignorante. A doutrina[387] refere-se a este modelo e também a jurisprudência[388] o tem feito.

Da mesma forma também no plano comunitário tem sido essa a abordagem[389]. Como é referido amiúde[390], o TJ considerou a protecção dos

---

bens são relevantes para efeitos deste conceito; se a finalidade do uso é relevante, etc. Sobre essas discussões, cfr., entre outros, CARLOS FERREIRA DE ALMEIDA, *Direito do consumo*, cit., pp. 30 e ss.

[387] Cfr. M. NOGUEIRA SERENS, «Aspectos...», cit., p. 608, esp. nota 32. Indicando o consumidor médio como referente para efeitos de imitação de marcas, cfr. LUÍS M. COUTO GONÇALVES, *Manual...*, cit., pp. 237 e s. e «Imitação de Marca», in: *Scientia Ivridica*, Tomo XLV, 1996, n.os 262/264, pp. 347 e s., e CARLOS OLAVO, *Propriedade industrial*, cit., p. 108 que relativizam o conceito nos moldes indicados *supra* no texto.

[388] V., entre outros, o Acórdão do STJ, de 27 de Setembro de 2001, proferido no processo de registo da marca nacional n.° 281 091, «Iour» (in: *BPI* 12/2003, pp. 4347 e ss.) e o Acórdão da RL, de 1 de Abril de 2003, proferido no processo de registo da marca nacional, n.° 318 949, «Queijo de cabra puro – Palhais» (in: *BPI* 10/2003, pp. 3477 e ss.).

Mas as expressões usadas não são sempre coincidentes – "público consumidor"; "grande público consumidor"; "consumidor"; "consumidor do produto em causa"; "público em geral"; "consumidor médio" –, frequentemente, são usadas várias na mesma decisão [v., p.e., o Acórdão da RL, de 29 de Junho de 2004, proferido no processo de registo da marca nacional n.° 355 383, «Ipanema d'Ouro» (in: *BPI* 5/2005, pp. 1603 e ss.)], e não raras vezes as sentenças não indicam o sujeito relevante para a determinação da susceptibilidade de engano. Num caso chega-se mesmo a referir o público estrangeiro (v. a sentença da 4.ª Vara Cível da Comarca de Lisboa, de 3 de Junho de 2002, proferida no processo de registo da marca internacional n.° 641 766, «Sintra», in: *BPI* 11/2002, p. 3729) e noutro o "*destinatário normal* da mensagem publicitária que a mesma [marca] encerra" (v. Acórdão da RL, de 16 de Novembro de 2000, proferido no processo de registo da marca nacional n.° 273 067, «Nuts», in: *BPI* 8/2001, p. 29222).

Relativamente aos casos de imitação de marcas, v., entre outros, o Acórdão do STJ, de 25 de Março de 2004, proferido no processo de registo da marca internacional n.° 680 230, «T... Traffic Help», in: *BPI* 8/2005, pp. 2938 e ss., esp. 2941 e s., seguindo uma jurisprudência bem consolidada, representada já nos Acórdãos do STJ, de 18 de Novembro de 1975 (in: *BMJ*, 251, pp. 187 e s.), e de 23 de Março de 1979 (in: *BMJ*, 285, pp. 352 e ss).

[389] Como é referido por LUÍS GONZÁLEZ VAQUÉ («La noción de consumidor *normalmente informado* en la jurisprudencia del Tribunal de Justicia de las Comunidades Europeas: la sentencia *Gut Springenheide*», in: *Derecho de los Negocios*, Año 10, n.° 103, Abril 1999, p. 2), "muito antes de o art. 129A [do Tratado de Amesterdão] reconhecer (...)

consumidores na jurisprudência emanada relativamente à compatibilização do princípio da livre circulação de mercadorias com a aplicação das disposições nacionais relativas à concorrência desleal (que incluem a proibição de actos enganosos) e na interpretação do direito derivado comunitário que proíbe actos de engano.

No que respeita ao conceito de consumidor usado nessa jurisprudência[391], acabou por se determinar expressamente no Acórdão, de 16 de

---

[a consideração das exigências de protecção dos consumidores em todas as políticas e actividades da Comunidade], a Comunidade tivera em conta este importante objectivo e, inclusive, adoptara um série de directivas que tinham *efeitos positivos* para os consumidores" e o TJ aplicara-a como uma exigência imperativa não prevista no art. 30.º TCE.

[390] FILIPE PALAU RAMÍREZ, «El consumidor médio...», *cit.,* p. 375 e LUÍS GONZÁLEZ VAQUÉ, *op. cit.,* pp. 2 e s.

[391] Com efeito, nos casos em que o TJ entendeu que a aplicação de uma norma nacional relativa à concorrência desleal proibitiva de actos de engano constitui uma medida de efeito equivalente, pronunciou-se sobre a sua compatibilidade com o princípio da livre circulação de mercadorias e na sua argumentação atendeu sempre ao conceito de consumidor *médio*. E esta posição é confirmada na jurisprudência relativa à interpretação das normas de direito derivado que proíbem o engano (FELIPE PALAU RAMIREZ, «El consumidor médio...», *cit.,* p. 376).

Inicialmente, o TJ não se referia *expressamente* a um determinado conceito de consumidor, mas do sentido da decisão podia inferir-se que era recusado o consumidor acrítico, descuidado e irreflexivo, e que se preferia o consumidor maduro e reflexivo, que actua segundo critérios de racionalidade média. Neste sentido, *v.g.,* o Acórdão do TJ, de 2 de Fevereiro de 1994, proferido no caso «Clinique», proc. C-315/92, *cit.* (*Col.,* 1994-2, pp. I-330 e ss.). Neste processo, como já tivemos o ensejo de referir, era discutida a utilização da denominação «Clinique» na comercialização de produtos cosméticos na República Federal da Alemanha, dado que poderia induzir em erro os consumidores, levando-os a atribuir efeitos terapêuticos aos produtos em questão, e a aplicação do § 3 *UWG* (*Gesetz gegen unlauteren Wettbewerb, vom 7.6.1909* [correspondente ao actual § 5 da *UWG* em vigor (*Geset gegen den unlauteren Wettbewerb, vom 3. Juli 2004*), que permite requerer a cessação do uso de indicações enganosas] e do art. 27.º da *Lebbensmittel- und Bedarfsgegenständegesetz* (que proíbe a comercialização dos produtos cosméticos sob denominações ou apresentações enganosas e, nomeadamente, a atribuição a esses produtos de efeitos que os mesmos não possuem). O TJ concluiu que "a conotação hospitalar ou médica do termo «Clinique» não basta para dar a esta denominação um efeito enganador susceptível de justificar a sua proibição relativamente a produtos comercializados (...)" fora das farmácias, apresentados não como medicamentos, mas como produtos cosméticos e sendo certo que "estes produtos são regularmente comercializados nos outros países sob a denominação «Clinique» sem que a utilização de tal denominação aparentemente induza em erro os consumidores" (v. os n.os 23 e 21, respectivamente, do Acórdão, *cit.,* pp. I-338 e I-337).

Mais tarde, o Tribunal refere-se, *en passant,* ao *consumidor normalmente informado.* V. o acórdão, de 6 de Julho de 1995, proferido pelo TJ no âmbito do caso «Mars», proc.

Julho de 1998, proferido no âmbito do caso «Gut Springenheiden»[392], que, *independentemente da disposição legal proibitiva específica da indução em erro*, é o consumidor medianamente informado, razoavelmente atento e perspicaz que está em causa[393].

Assim, para apreciar o engano do público o TJ atende ao consumidor interessado[394], medianamente informado, excluindo os extremos – os peritos, por um lado, e os completamente ignorantes, por outro[395]. E, referindo-se ao consumidor "razoavelmente atento e perspicaz", deixa transparecer o chamado modelo *informativo* de consumidor, pela atribuição àquele de um papel *activo* relativamente à informação disponível[396].

---

C-470/93, *cit.* (in: *Col.*, 1995-7, pp. I-1936 e ss.). O litígio, como já foi referido, respeitava a uma determinada apresentação para a comercialização de gelados das marcas Mars, Snickers, Bounty e Milky Way efectuada em França, e importada pela Mars para distribuição em toda a Europa: os gelados eram apresentados numa embalagem que tinha a menção «+10%», a propósito de uma campanha publicitária de curta duração e no âmbito da qual a quantidade de cada produto tinha sido aumentada em 10%. A par de outra questão, "a demandante na causa principal sustenta que a integração da indicação «+10%» na apresentação do produto foi feita de modo a dar ao consumidor a impressão de que este foi aumentado de uma quantidade correspondente à parte colorida da nova embalagem. (...) [E esta] ocupa uma superfície sensivelmente superior a 10% da superfície total da embalagem", sendo, por conseguinte, enganosa. Na decisão proferida, o Tribunal declara que se presume que "(...) os *consumidores normalmente informados* sabem que não existe necessariamente uma relação entre a dimensão das menções publicitárias relativas ao aumento da quantidade do produto e a importância desse aumento" (n.º 24, Acórdão *cit.*, pp. I-1944) [itálicos nossos].

[392] V. o n.º 37 do Acórdão do TJ, de 16 de Julho de 1998, proferido no proc. C-210//96, *cit.*, in: *Col.*, 1998-7, pp. I-4693 e ss., onde é afirmado que "(...) para determinar se uma indicação destinada a promover as vendas de ovos pode induzir o consumidor em erro, (...), o órgão jurisdicional nacional deve ter como referência a *presumível expectativa dum consumidor médio, normalmente informado e razoavelmente atento e advertido*, relativamente a esta indicação. (...)" (itálicos nossos).

[393] V. os n.ºs 28-31 do Acórdão *cit.* (*Col.*, 1998-7, pp. I-4690 e s.). Evidenciando este aspecto do Acórdão, cfr. FILIPE PALAU RAMIREZ, «El consumidor médio...», *cit.*, p. 380.

[394] Como é destacado por LUÍS GONZÁLEZ VAQUÉ (*op. cit.*, p. 9), o conceito de consumidor *médio* é uma "(...) noção de geometria variável, no sentido de que, em cada caso, os órgãos jurisdicionais competentes, ou o próprio TJCE, deverão referir-se aos consumidores interessados pela informação de que se trate".

[395] Claro que, como é afirmado por LUÍS GONZÁLEZ VAQUÉ, "não se trata de um determinado nível académico ou cultural, mas de certa experiência e aptidão para interpretar a informação que lhe é facilitada sobre os produtos e as condições em que estes se comercializam" (*op. cit.*, p. 9).

[396] E que chega ao ponto de pressupor que este lê atentamente os rótulos e as etiquetas das embalagens dos produtos, como veremos *infra* (v. 6.).

É, desta forma, claro o afastamento do chamado modelo descritivo de consumidor, muito usado na jurisprudência alemã relativa à publicidade enganosa até há pouco tempo.

Na verdade, na vigência da UWG anterior (1909), os tribunais alemães para aplicar o § 3[397] aos casos de publicidade enganosa delimitavam o círculo de pessoas a quem a publicidade se dirigia, concretizavam como é que elas entendiam a afirmação publicitária e se uma parte, não completamente irrelevante dessas, fosse enganada, consideravam existir publicidade enganosa[398]. O problema é que não só se bastavam com o engano de uma parte pequena dessas pessoas (10% a 15%)[399], como, além disso, o consumidor considerado pela jurisprudência alemã era o consumidor pouco atento e com níveis de informação muito reduzidos[400].

Ainda antes da *UWG* actualmente em vigor, alguns tribunais alemães passaram a atender ao consumidor tal como definido pelo Tribunal de Justiça[401-402]. Mas, como RAFAEL GARCÍA PÉREZ refere, "(...) o BGH (...) mostra[va]-se mais cauteloso, e não parec[ia] querer romper plenamente

---

[397] Este preceito dispunha que aquele que, na actividade comercial e com um fim concorrencial, fizesse alegações enganosas sobre as circunstâncias comerciais, nomeadamente sobre a qualidade, origem, modo de fabrico, fixação do preço, podia ser accionado judicialmente com vista à cessação do uso das informações em questão.

[398] Cfr. GERHARD SCHRICKER/MICHAEL LEHMANN, «Werbung und unlauterer Wettbewerb», *cit.*, nm. 29, pp. 16 e s.; RAFAEL GARCÍA PÉREZ, «El concepto de consumidor en la jurisprudência alemana sobre publicidad enganosa (Comentario a la sentencia del *Bundesgerichtshof* de 20 de octubre de 1999, caso «Orient-Teppichmuster»)», in: *ADI*, Tomo XXII, 2001, pp. 622 e s.

[399] E, inclusivamente, a percentagem relevante podia ser inferior – 5% a 8% – nos casos de publicidade relativa à saúde ou ao meio ambiente. Diga-se, porém, que a percentagem a considerar podia também ser superior nos casos em que o engano do público resultasse da interpretação errónea de uma afirmação correcta (RAFAEL GARCÍA PÉREZ, «El concepto de consumidor...», *cit.*, p. 622).

[400] Num registo crítico do modelo adoptado, cfr., entre outros, GERHARD SCHRICKER/ /MICHAEL LEHMANN, «Werbung und unlauterer Wettbewerb», *cit.*, nm. 29, pp. 16 e s.

[401] A interpretação do TJ, recorde-se, é vinculante para os Estados-membros. RAFAEL GARCÍA PEREZ («El concepto de consumidor...», *cit.*, pp. 627 e s.) exceptua os casos em que a legislação comunitária em questão – como sucede com o art. 7.º da DPEC – contenha normas expressas que prevejam a possibilidade de os Estados-membros se guiarem por um conceito que proporcione uma protecção mais ampla. Mas, mesmo nestas hipóteses, essa possibilidade apenas existe relativamente aos casos puramente internos e aos casos em que os produtos sejam provenientes de países não-membros da Comunidade.

[402] Cfr. RAFAEL GARCÍA PÉREZ, «El concepto de consumidor...», *cit.*, pp. 629 e s., que refere vários exemplos da jurisprudência dos tribunais alemães inferiores.

com uma tradição jurisprudencial firmemente ancorada"[403], embora fosse evidente uma atenuação da jurisprudência anterior e a aproximação à doutrina defendida pelo TJ[404].

Com a nova UWG a situação mudou, sendo agora pacífico que o modelo de consumidor referencial é o *durchschnittlich informierte, aufmerksame und verständige Durchschnittsverbraucher*[405].

A opção[406] comunitária baseia-se, pois, em geral, no *homo oeconomicus* razoável, que dispõe de informação, que a percebe criticamente e que baseia as suas decisões de compra no resultado desse processo de análise. Todavia, este modelo de consumidor "europeu" só foi tomado como referência, pelo Tribunal de Justiça, no domínio de *alguma* legislação secundária comunitária.

---

[403] RAFAEL GARCÍA PÉREZ, «El concepto de consumidor...», *cit.*, p. 630.

[404] Cfr. RAFAEL GARCÍA PÉREZ, «El concepto de consumidor...», *cit.*, pp. 630 e ss., que refere alguns exemplos da jurisprudência do *BGH*.

[405] No § 2 (2) da nova *UWG*, o conceito de consumidor é remetido para o § 13 *BGB*. De acordo com o disposto nessa norma, consumidor é toda a pessoa singular que celebra um negócio para um fim que não pode imputar-se nem à sua actividade empresarial, nem à sua actividade profissional autónoma (i. e., ao exercício de uma profissão liberal).

De acordo o novo § 1 *UWG*, esta lei serve uma protecção semelhante dos interesses do concorrente, do consumidor e público em geral. KARL-HEINZ FEZER afirma mesmo que a liberalização e desregulamentação do direito da concorrência, que caracterizam a nova UWG, são associadas a uma regulamentação da obrigação de informação, acrescentando que aqui é considerado o modelo de consumidor europeu do cidadão do mercado informado, atento e perspicaz (KARL-HEINZ FEZER, «Einleitung», in: *Lauterkeitsrecht – Kommentar zum Gesetz gegen den unlauteren Wettbewerb (UWG)*, (Herausgegeben von Professor Dr. Karl-Heinz Fezer), Band 1 (§§ 1-4 UWG), Verlag C. H. Beck, München, 2005, nm.97, pp. 41 e s., v., ainda, § 2, nm. 171, pp. 338 e s. No mesmo sentido, cfr. ERHARD KELLER, § 2, in: *Gesetz gegen den unlauteren Wettbewerb (UWG) mit Preisangabenverordnung – Kommentar* (Herausgegeben von Dr. Henning Harte-Bavendamm/Dr. Frauke Henning-Bodewig), Verlag C. H. Beck, München, 2004, nm.2, pp. 549 e s.)

[406] Como CARLOS FERREIRA DE ALMEIDA refere, "os modelos de consumidor em discussão, tendo especialmente em vista o direito comunitário, distribuem-se agora por um modelo paternalístico (o sujeito em condição estrutural de inferioridade), um modelo de auto-responsabilidade (o sujeito prudente, mas necessitado de informação) e um modelo intermédio (o sujeito que necessita de protecção em situações especiais).

Entre o segundo e o terceiro modelo situa-se aquele que uma parte significativa da doutrina reconhece como subjacente às legislações vigentes. Sem menção à sua debilidade estrutural, a "imagem do consumidor" nelas visado corresponde à de um participante no mercado que, embora isolado, é uma pessoa emancipada, razoável e informada ou que, pelo menos, procura informação e que é susceptível de ser bem informada, podendo e devendo por isso decidir os seus próprios negócios" (*Direito do consumo*, cit., p. 29).

Na verdade, como é destacado por DOEPNER e HUFNAGEL, esta não é a única política europeia de protecção do consumidor e, "em vez de confiar meramente no consumidor bem informado, as instituições europeias, abordando o tema de uma forma flexível, focam o público relevante, o tipo de produtos que são promovidos e as características dos *media* nos quais ocorre a publicidade"[407-408]. Julgamos, por isso, que não existe ainda *um* modelo de consumidor europeu, mas vários modelos diferentes consoante o aspecto sobre o qual incide a protecção do consumidor.

É indiscutível que o modelo de consumidor bem-informado, crítico e perspicaz apresenta vantagens. Afinal, "só mediante a aceitação de uma quota mínima de engano poderá desenvolver-se de forma dinâmica a concorrência, mediante a manutenção do estímulo suficiente para que o consumidor melhore o seu comportamento de mercado e adopte a função que lhe corresponde como árbitro da luta concorrencial entre os diferentes concorrentes elegendo de forma racional entre as suas prestações"[409]. Porém, trata-se de um modelo que não se ajusta, na nossa

---

[407] ULF DOEPNER/FRANK-ERICH HUFNAGEL, «Towards a european consumer? Protection against misleading advertising in Europe», in: 88 *TMR* (1998), p. 185, que acrescentam que "isto, por vezes, conduz o legislador europeu a basear a sua protecção na assunção de um consumidor que carece de ajuda que pode ser manipulado e enganado".

[408] Em sentido idêntico, mas referindo-se à DPEC, cfr. HUGH COLLINS, «The unfair commercial practices directive», in: *ERCL*, vol. 1 (2005) n.º 4, p. 437.

A DPEC, no Considerando 18.º, esclarece que utiliza "como marco de referência o critério do consumidor médio, normalmente informado e razoavelmente atento e advertido, tendo em conta factores de ordem social, cultural e linguística, tal como interpretado pelo Tribunal de Justiça, mas prevê também disposições que têm por fim evitar a exploração de consumidores que pelas suas características são particularmente vulneráveis a práticas comerciais desleais", acrescentando que "quando uma prática comercial se destine especificamente a um determinado grupo de consumidores, como as crianças, é conveniente que o impacto da referida prática comercial seja avaliado do ponto de vista do membro médio desse grupo". O mesmo sucede, naturalmente, no DL n.º 57/2008, de 26/3 (v. o art. 6.º, al.ª *a*)).

[409] FELIPE PALAU RAMIREZ, «El consumidor medio...», *cit.*, p. 381. Como o autor citado refere, se o modelo adoptado fosse o do consumidor ignorante, por um lado, os oferentes de produtos ou serviços deixariam de proporcionar informação, com receio de que fosse considerada enganosa, e, por outro, poderia chegar-se a soluções demasiado permissivas, naqueles casos em que se difundem mensagens com expressões técnicas incorrectas, mas que não seriam reputadas desleais ou enganosas porque os consumidores – de baixo nível cultural – não compreenderiam o seu significado, e por conseguinte, não podiam ser induzidos em erro. Em ambos os casos, a grande maioria dos consumidores sairia a perder, pois, na primeira situação deixaria de ter acesso a informação

opinião, à realidade sócio-económica, pelo menos de alguns dos Estados-membros (aqui se incluindo Portugal), em que o consumidor não desenvolve, para a maioria dos produtos ou serviços, um processo de escolha e decisão de compra como o descrito. Por isso, especialmente no que respeita à influência das marcas, julgamos mais adequado admitir dentro do tipo "consumidor médio", vários sub-tipos de consumidores de acordo com a natureza, características e preços dos produtos ou serviços em questão. E tem sido essa, aliás, a postura do próprio Tribunal de Justiça.

Com efeito, a partir do caso «Lloyd»[410], o modelo do consumidor médio estabelecido no caso «Gut Springenheide» foi estendido aos conflitos relativos ao direito de marcas[411]. No entanto, como é sublinhado por CARLOS FERNÁNDEZ-NÓVOA[412], o Tribunal de Justiça, relativamente aos casos de marcas, matizou sensivelmente aquele padrão, num duplo sentido.

Por um lado, relativamente às marcas o grau de atenção e perspicácia do consumidor médio é mais baixo[413]. É o Tribunal de Justiça que ressalva que "(...) há que tomar em conta a circunstância de que o consumidor médio raramente tem a possibilidade de proceder a uma comparação directa entre as diferentes marcas, devendo confiar na imagem não perfeita

---

relevante, e na segunda, seria enganada (FELIPE PALAU RAMIREZ, *ult. op. cit.*, pp. 373 e s.). No mesmo sentido, cfr. RAFAEL GARCÍA PEREZ, «El concepto de consumidor...», *cit.*, p. 623.

[410] Acórdão do TJ, de 22 de Junho de 1999, proferido no proc. C-342/97, entre Lloyd Schuhfabrik Meyer & Co. GmbH e Klijsen Handel BV, no caso «Lloyd», in: *Col.*, 1999-6, pp. I-3830 e ss.

[411] Posteriormente, foi o critério referido a propósito da apreciação do carácter distintivo de marcas, p.e., no n.º 63 do Acórdão do TJ, de 18 de Junho de 2002, proferido no proc. C-299/99, no caso «Philips», *cit.* (in: *Col.*, 2002-6 (B), pp. I-5512); e do risco de confusão, p.e., o n.º 52 do Acórdão de 20 de Março de 2003, proferido no processo C-291/00, entre LTJ Diffusion SA e Sadas Vertbaudet (in: *Col.*, 2003-3, pp. I--2833 e s.).

[412] CARLOS FERNÁNDEZ-NÓVOA, *Tratado...*, cit., p. 282.

[413] Mas, como é destacado por CARLOS FERNÁNDEZ-NÓVOA (*Tratado...*, cit., p. 282), não se chega ao ponto de baixar o grau de atenção do consumidor médio até ao nível do consumidor distraído e superficial.

Para uma perspectiva da investigação psicológica, cognitiva e neurológica da actuação da marca, cfr. o interessante estudo de JACOB JACOBY, «The psychological foundations of trademark law: secondary meaning, genericism, fame, confusion and dilution», in: 91 *TMR* (2001), pp. 1013 e ss.

que conservou na memória"[414], até porque "(...) o consumidor médio apreende normalmente uma marca como um todo e não procede a uma análise das suas diferentes particularidades"[415].

Por outro lado, no mesmo acórdão é referido que "importa igualmente tomar em consideração o facto de que o nível de atenção do consumidor médio é susceptível de variar em função da *categoria de produtos ou serviços* em causa"[416] (itálicos nossos). Com esta afirmação o Tribunal de Justiça parece aderir à tese que defende (e bem) que o grau de atenção do consumidor varia consoante a natureza, as características e o preço dos produtos ou serviços em questão[417-418]. Assim, se se tratar de produtos ou

---

[414] V. o n.º 26 do Acórdão do TJ, de 22 de Junho de 1999, proferido no âmbito do caso «Lloyd», cit., *Col.,* 1999-6, pp. I-3841.

[415] V. o n.º 28 do Acórdão do TJ, de 6 de Outubro de 2005, proferido no proc. C-120/04, entre Medion AG e Thomson Multimedia Sales Germany & Áustria GmbH, in: *Col.,* 2005-10 (A), pp. I-8573.

[416] V. o n.º 26 do Acórdão do TJ, de 22 de Junho de 1999, proferido no âmbito do caso «Lloyd», *Col.,* 1999-6, pp. I-3841.

Por isso, é frequentemente referido o *público da categoria dos produtos ou serviços* em questão nos Acórdãos do TJ sobre conflitos no âmbito do direito de marcas. V., p.e., relativamente à confusão de marcas, o n.º 24 do Acórdão do TJ, de 14 de Setembro de 1999, proferido no proc. C-375/97, entre General Motors Corporation e Yplon SA, concernente ao caso «Chevy» (in: *Col.,* 1999-8/9, pp. I-5446), e o n.º 28 do Acórdão do TJ, de 6 de Outubro de 2005, proferido no proc. C-120/04, entre Medion AG e Thomson multimedia Sales Germany & Áustria GmbH, *cit.* (in: *Col.,* 2005-10 (A), pp. I-8573).

No que concerne à apreciação da capacidade distintiva da marca, este critério também tem sido utilizado em numerosos Acórdãos. V., entre outros, o n.º 65 do Acórdão do TJ, de 18 de Junho de 2002, proferido no caso «Philips», *cit.,* in: *Col.,* 2002-6 (B), pp. I-5513; nos Acórdãos do TJ, de 12 de Fevereiro de 2004, proferidos nos casos «Postkantoor» (proc. C-363/99) e «Henkel» (proc. C-218/01), *cits.,* in: *Col.,* 2004-2, n.os 34 e 50, pp. I-1667 e I-1755 respectivamente.

No que respeita à apreciação do *secondary meaning*, o TJ referiu este critério, p.e., o n.º 25 do Acórdão, de 7 de Julho de 2005, proferido no proc. C-353/03, relativo ao caso «Have a Break», *cit.,* in: *Col.,* 2005-7 (A), pp. I-6156.

[417] Cfr., a este propósito, CARLOS FERNÁNDEZ-NÓVOA, "El grado de atencion del consumidor ante las marcas (comentario a la sentencia del Tribunal Supremo (Sala Tercera) de 11 de julio de 1980: caso «Albert Rothschild, S.A.»)", in: *ADI,* Tomo 8, 1982, pp. 168 e s. Cfr., ainda, ÁNGEL MARTÍNEZ GUTIÉRREZ, *La marca enganõsa,* cit., pp. 71 e ss.

[418] Esta tese é sufragada na nossa jurisprudência. A este propósito, v., entre outros, o Acórdão do STJ, de 12 de Julho de 2005, proferido pelos Conselheiros NEVES RIBEIRO, ARAÚJO BARROS e CUSTÓDIO MONTES (Relator), disponível no sitio *http://www.stj.pt,* onde é afirmado que «o "consumidor médio" a ter em conta deve ser flexível, por forma a abranger vários sub-tipos, como o consumidor profissional e o especializado ou o mais atento,

serviços especializados; produtos ou serviços requintados, ou de preço elevado deverá considerar-se que o grau de atenção é maior, do que se se tratar de produtos de consumo diário.

Estas considerações são importantes para averiguar se um sinal é enganoso. Se o consumidor relevante para aquele produto ou serviço específico for mais atento (p.e., porque se trata de adquirir um produto de preço elevado) o engano será mais difícil. Em contrapartida, para os produtos de consumo diário, e mais baratos, o modelo de consumidor a atender será o do consumidor médio, sem especiais conhecimentos, nem particularmentemente atento, logo o engano será mais fácil.

## 5. A deceptividade sobre características relevantes para influenciar o comportamento económico do consumidor

### 5.1. *O requisito da relevância do objecto do engano para influenciar o comportamento económico do consumidor*

Como vimos, a proibição de registo de sinais enganosos incide sobre aqueles que, por conterem indicações inexactas, acarretam um *risco suficientemente grave* de induzirem em erro o consumidor médio dos produtos ou serviços que assinalam.

Pretendemos agora determinar se este requisito da inexactidão *in se* do sinal é suficiente ou se, para além disso, se exige que o aspecto sobre

---

nos produtos de preço muito elevado, ou o menos diligente, no caso de produtos de preço baixo ou de largo consumo". E, também a RL tem sustentado a mesma posição. V., entre outros, o Acórdão da RL, de 20 de Fevereiro de 2003, em que foi Relatora a Juíza MARIA MANUELA GOMES, disponível no sítio: *http://www.dgsi.pt/jtrl.nsf?OpenDatabase*, que refere que "o critério ou padrão de apreciação a que, em geral, deve atender-se é o do consumidor final médio dos produtos em causa, que coloque nas suas escolhas mediana diligência e perspicácia e não o do consumidor particularmente desatento ou o do consumidor especialmente observador.

(...) Todavia esse padrão normativo deve ser relativizado, construindo o protótipo por aproximação à realidade do mercado, levando em conta a natureza, características e preços dos produtos e serviços diferenciados pelas marcas em confronto. Assim, o padrão tenderá para o consumidor profissional e especializado no caso de produtos e serviços normalmente só adquiridos por intermédio de profissionais e peritos. E, em sentido contrário, já se aproximará do consumidor menos diligente em produtos de baixo preço e largo consumo".

o qual o engano incide seja relevante para influenciar o comportamento económico do consumidor.

As disposições objecto do nosso estudo nada estabelecem a este respeito[419]. Todavia, a doutrina parece defender uma interpretação restritiva da norma que proíbe o registo de sinais enganosos, exigindo que o aspecto sobre o qual incide o engano tenha relevância para influenciar o comportamento económico do consumidor[420], o mesmo sucedendo no plano ju-

---

[419] Ao contrário do que sucede, p.e., com o DL n.º 57/2008, de 26/3, que, relativamente às práticas comerciais desleais, em geral, exige que as mesmas distorçam ou sejam susceptíveis de distorcer de maneira substancial o comportamento económico do consumidor seu destinatário ou que afecte este relativamente a certo bem ou serviço (v. art. 5.º).

Por força da remissão do art. 11.º, n.º 1 do C.Pub. para o Decreto-lei que acabamos de referir, também estes requisitos passaram a ser aplicados ao caso específico de publicidade enganosa. Assim, acabou por ser corrigido o erro de transposição da DPEC que se verificava na redacção do art. 11.º do CPub. até esse momento. Com efeito, o art. 2.º, n.º 2 da DPEC incluía expressamente nos requisitos da publicidade enganosa que a mesma fosse susceptível de influenciar o comportamento económico dos seus destinatários, exigência que não constava do C.Pub. português. Sobre esta divergência, cfr. MARIA MIGUEL CARVALHO, «O conceito de publicidade enganosa», *cit.*, p. 690.

Importa ainda salientar que a DPCD, *et pour cause*, o citado DL n.º 57/2008, de 26/3, no que respeita às práticas comerciais desleais *enganosas*, exige que estas conduzam ou sejam susceptíveis de conduzir o consumidor médio a tomar uma *decisão de transacção* que este não teria tomado de outro modo.

Como tivemos ocasião de referir noutro local, à primeira vista poder-se-ia pensar que uma prática comercial só seria enganosa se fosse susceptível de implicar, p.e., uma decisão de comprar ou não comprar. Porém, essa impressão é afastada pela definição dada pela própria Directiva das expressões em causa. A distorção substancial do comportamento económico dos consumidores refere-se à "utilização de uma prática comercial que prejudique sensivelmente a aptidão do consumidor para tomar uma decisão esclarecida, conduzindo--o, por conseguinte, a tomar uma decisão de transacção que não teria tomado de outro modo" (al.ª *e*) do art. 2.º DPCD). E a decisão de transacção é a "decisão tomada por um consumidor sobre a questão de saber se, como e em que condições adquirir, pagar integral ou parcialmente, conservar ou alienar um produto ou exercer outro direito contratual em relação ao produto, independentemente de o consumidor agir ou abster-se de agir" (al.ª *k*) do art. 2.º da DPCD [itálicos nossos]), MARIA MIGUEL CARVALHO, «O conceito de publicidade enganosa», *cit.*, p. 691.

[420] Neste sentido, cfr., entre nós, M. NOGUEIRA SERENS, «Aspectos...», *cit.*, pp. 612, 614, 617, referindo que "essa circunstância [tem de ser] susceptível de influir (...) na sua opção [do consumidor] por esses mesmos produtos ou serviços".

Cfr., ainda, ÁNGEL MARTÍNEZ GUTIÉRREZ, *La marca engañosa*, cit., p. 75 e do mesmo autor, «Brevi note sul giudizio di ingannevolezza», *RDI*, 2002, parte II, p. 70; ISABELLE MARTEAU-ROUJOU DE BOUBÉE, *op. cit.*, p. 87; DENK, *op. cit.*, p. 89.

risprudencial[421]. De resto, esta solução é compreensível – basta pensar na razão de ser das marcas, já referida *supra* na Introdução: as marcas funcionam como um instrumento para que o consumidor possa distinguir entre os produtos ou serviços oferecidos aquele que quer comprar. Por conseguinte, os sinais que não são capazes de influir sobre essa escolha não devem ser considerados relevantes, porque não podem prejudicar ninguém (nem os consumidores, nem os concorrentes).

---

[421] É essa a posição assumida pelo TJ em vários acórdãos onde se apreciou a questão do engano a propósito de diferentes normativas comunitárias.
V., no que respeita à Directiva de marcas, o n.° 48 do Acórdão proferido no caso «Elizabeth Emanuel», proc. C-259/04, *cit.* (*Col.*, 2006-3 (B), pp. I-3126), que faz referência ao facto de "no caso vertente, (...) [o] consumidor médio (...) [poder ser] *influenciado no seu acto de compra* de uma peça de vestuário com a marca «ELIZABETH EMANUEL» imaginando que a recorrente no processo principal participou na criação dessa peça de vestuário" (itálicos nossos), embora daqui não resulte, no entendimento do referido Tribunal, que o sinal em questão seja enganoso atendendo à não verificação de outros pressupostos do impedimento absoluto de registo.
V. ainda, entre outros, o n.° 25 do Acórdão, de 24 de Outubro de 2002, proferido no proc. C-81/01, entre Borie Manoux SARL e Directeur de l'Institut National de la Propriété Industrielle, a propósito de uma decisão a título prejudicial sobre a interpretação do art. 40.° do Reg. (CE) n.° 2392/89 do Conselho, de 24 de Julho de 1989, que estabelece regras gerais para a designação e a apresentação dos vinhos e dos mostos de uvas [entretanto revogado pelo art. 81.° do Reg. (CE) n.° 1443/1999, do Conselho, de 17/5/99, que estabelece a organização comum do mercado vitivinícola (in: *JO L* 179, de 14/7/99, pp. 1 e ss.), por sua vez, revogado pelo Reg. (CE) n.° 479/2008 do Conselho, de 29 de Abril de 2008 (in: *JO L* 148, de 6/6/08, pp. 1 e ss.)], em que é afirmado que "resulta da jurisprudência assente que, para se poder considerar que a utilização de uma marca é susceptível de criar confusões ou de induzir em erro as pessoas a quem se dirige, tem de se provar, com referência às concepções e aos hábitos dos consumidores visados, a existência de um risco real de que o seu comportamento económico seja afectado (...)", in: *Col.*, 2002-10 (B), pp. I-9293; e o n.° 33 do Acórdão, de 28 de Janeiro de 1999, proferido no âmbito do proc. C-303/97, entre Verbraucherschutzverein e V. e Sektkellerei G.C. Kessler GmbH und Co. (in: *Col.*, 1999-1, pp. I-545 e s.) que, a propósito de uma decisão a título prejudicial sobre a interpretação do art. 13.°, n.° 2, al.ª *b*) do Reg. (CE) n.° 2333/92 do Conselho, de 13 de Julho de 1992, que estabelece as regras gerais para a designação e a apresentação dos vinhos espumantes e dos vinhos espumosos [também este revogado pelo art. 81.° do Reg. (CE) n.° 1443/1999, do Conselho, de 17/5/99, que, como referimos, foi recentemente revogado pelo Reg. (CE) n.° 479/2008 do Conselho, de 29 de Abril de 2008, que estabelece a organização comum do mercado vitivinícola], afirma que "extrai-se deste acórdão [Acórdão, de 29 de Junho de 1995, proferido no âmbito do caso «Languth», no proc. C-456/93, in: *Colect.*, ano, pp. I-1737] que, para se poder considerar que a utilização de uma marca é susceptível de criar confusões ou de induzir em erro as pessoas a quem se dirige, tem que se provar, com referência às concepções e hábitos dos consumidores visados, a existência de um risco real de que o seu *comportamento económico seja afectado*" (itálicos nossos).

Desta forma, como referimos, restringe-se o âmbito de aplicação da norma que proíbe o registo de sinais enganosos, já que são excluídos os sinais falsos ou inexactos que não sejam vistos pelos consumidores como fazendo alusão a factores reais exactos, bem como os exageros normais[422-423].

### 5.2. Os possíveis objectos do engano

A norma relativa à recusa do registo de sinais enganosos refere-se, exemplificativamente, aos sinais que sejam susceptíveis de induzir em erro o público sobre a natureza, qualidades, utilidade ou proveniência geográfica do produto ou serviço a que a marca se destina (art. 238.º, n.º 4, al.ª d) do CPI), correspondendo, com alterações[424], à previsão da Directiva de marcas e do Regulamento sobre a marca comunitária (arts. 3.º, n.º 1, al.ª g) e 7.º, n.º 1, al.ª g), respectivamente).

O carácter não taxativo desta formulação implica, desde logo, que podem ser abrangidos outros factores de engano (v.g., sobre a espécie, a quantidade, o valor, a época ou meio de produção do produto ou da prestação do serviço[425]). Porém, a enumeração exemplificativa adoptada, além de indicar os casos, mais frequentes, em que pode ocorrer susceptibilidade de indução em erro, tem, da nossa perspectiva, um objectivo adicional. Se repararmos, as referências (exemplificativas) apresentam um mínimo

---

[422] No mesmo sentido, cfr. PAUL STRÖBELE/FRANZ HACKER, *Markengesetz*, 7.ª ed., Carl Heymanns Verlag KG, Köln/Berlin/Bonn/München, 2003, nm. 562, pp. 277 e s.; NICCOLÒ ABRIANI, *op. cit.*, p. 53, DENK, *op. cit.*, p. 87.

[423] A hipótese inversa – um sinal, em si, não enganoso, mas que devido à forma como é usado, é susceptível de induzir em erro o consumidor – não cai na proibição de registo de sinais enganosos, porque o engano deriva do *uso* e não do sinal em si. Sobre esta hipótese, v. *infra* Cap. II, 3.

[424] Uma consiste na referência pela lei portuguesa – e omissão (sem consequências atendendo ao carácter exemplificativo da norma em apreço) na legislação comunitária de marcas – a um dos possíveis objectos do engano da marca: a utilidade do produto ou serviço que a marca visa assinalar. A outra diferença resulta da referência no CPI às «qualidades», divergindo quer da DM, quer do RMC que se referem a «qualidade». Sobre a redacção do art. 238.º, n.º 4, al.ª d) do CPI, v. *infra* Parte II, Cap. II, § 1., 6.

[425] Os exemplos referidos correspondem às hipóteses previstas a propósito do impedimento de registo relativo aos sinais descritivos (*supra* mencionados). Criticando a ausência de coincidência total entre esta previsão e a que respeita à marca enganosa, cfr. M. NOGUEIRA SERENS, «Aspectos...», *cit.*, p. 578.

denominador comum: todas respeitam a dados concretos, objectivos e verificáveis. Daqui parece ser possível retirar um princípio quanto à apreciação das indicações enganosas contidas nas marcas e que consiste na necessidade dessas indicações serem concretas e objectivamente comprováveis[426].

Por uma banda, é esta a solução que melhor garante a segurança e a certeza jurídicas. Por outra, importa lembrar que os factores subjectivos (muitas vezes designados de "irracionais" ou, talvez melhor, "emocionais"[427]), que podem influenciar o comportamento económico dos consumidores, não constam do sinal propriamente dito, mas de uma imagem da marca construída por outros meios, *maxime* pelo recurso às mais modernas técnicas de *marketing*. Significa isto que, nestes casos, a eventual deceptividade é *extrínseca* ao sinal, o que, na nossa opinião implica a sua irrelevância para o efeito da proibição de registo das marcas enganosas. Como vimos, o engano aqui considerado é o que resulta da marca *in se*, e não o que decorre da sua utilização (que poderá ser combatido através de outros instrumentos jurídicos). Por isso, concordamos com DENK quando afirma que "a proibição de engano do direito de marcas encontra o seu limite onde já não são suscitadas representações racionais, concretas, mas apenas impressões indeterminadas, sentimentos e motivações de compra inconscientes. A proibição de engano do direito de marcas pressupõe com isso um âmbito de exame da informação de acordo com o par de conceitos "exacto/inexacto", que só se pode cumprir por um conteúdo mínimo da informação em concreto racional"[429bis].

Esta tem sido também a posição acolhida, ao nível comunitário, nas Directrizes dos Procedimentos perante o IHMI[428], nas várias decisões do

---

[426] Em sentido próximo, cfr. ÁNGEL MARTÍNEZ GUTIÉRREZ, *La marca engañosa*, cit., p. 76. No entanto, não concordamos com o autor citado quando afirma que a limitação do âmbito de aplicação destes preceitos pode inferir-se também da necessária simetria que deve existir entre estas normas e aquelas outras que prevêem a caducidade da marca no caso de aquisição superveniente do carácter enganoso, uma vez que a aplicação da referida consequência jurídica requer, entre outras exigências, uma modificação relevante e camuflada do produto marcado. Na nossa opinião, uma afirmação deste tipo vicia a investigação, porque significa dar como provado aquilo que se pretende demonstrar. Deixaremos, pois esta análise comparativa para mais tarde (Parte II, Cap. II).

[427] V. *supra* na Introdução (III.) a referência às chamadas *lovemarks*.

[429bis] DENK, *op. cit.*, p. 87.

[428] No ponto 7.8.2. das Directrizes dos Procedimentos perante o IHMI, no que concerne ao exame (p. 59 do documento *cit.*), é referido que, para preencher os requisitos desta

IHMI (quer das Câmaras de Recurso[429], quer das Divisões de anulação das marcas[430]), e nos Acórdãos do Tribunal de Justiça, embora, este enfatize, como vimos, o carácter *essencial* do factor sobre o qual incide o engano, bem como a gravidade do risco[431].

---

norma [refere-se ao impedimento absoluto de registo de marcas enganosas], a marca tem de conter *uma indicação objectiva sobre as características dos produtos que contradiga de forma inequívoca o que realmente contém a lista de produtos e serviços*" (itálicos nossos).

[429] V., p.e., a decisão da 1.ª Câmara de Recurso, de 27 de Março de 2003, proferida no caso «Teka» (R 0684/2001-1), que refere, no n.º 20, que um sinal deve ser considerado enganoso quando, em relação aos produtos ou aos serviços correspondentes, ele contenha "(...) uma indicação que objectivamente em todos os casos de utilização pensáveis de forma razoável conduz a um engano do consumidor médio, razoavelmente atento e advertido. Adicionalmente, o engano também tem de ser apto para influenciar o círculo do tráfico interessado nas suas decisões (de compra) (...)".

Este entendimento tem sido referido em várias resoluções, v., p.e., o n.º 88 da decisão da 1.ª Câmara de Recurso, de 19 de Junho de 2003, proferida no processo de registo do sinal «WEISSE SEITEN» (Recursos R 0580/2001-1 e R 0592/2001-1); o n.º 22 da decisão da 3.ª Câmara de Recurso, de 16 de Março de 2000, proferida no âmbito do registo do sinal «XS» (Recurso R 0322/1999-3), e o n.º 25 da decisão da 3.ª Câmara de Recurso, de 5 de Abril de 2000, proferida no âmbito do registo do sinal «GERMANSAT» (Recurso R 0367//1999-3). As decisões referidas podem ser consultada no sítio: *http://oami.europa.eu/search/LegalDocs/la/es_BoA_index.cfm*.

[430] V. a decisão proferida pela Divisão de anulação, em 1 de Agosto de 2004, no processo de registo n.º 000505552, da marca «Alaska» (marca figurativa), onde é referido que "o artigo 7 (1) (g) RMC pressupõe que a marca contém uma indicação de facto – aqui sobre uma determinada proveniência geográfica dos produtos – *objectiva* e comprovável, que é objectivamente inexacta. Além disso, é preciso que o público relevante possa ser enganado através daquela relativamente às qualidades do produto essenciais para o tráfico. Se ainda não foi utilizada, então a aptidão para o engano é de decidir com fundamento num juízo de prognose. Se, como aqui, já ocorreu um uso, então é preciso provar se essa utilização da marca é apta para influenciar uma parte relevante do círculo do tráfico interessado – e não apenas uma minoria desatenta – prejudicando concretamente a sua decisão de compra" (n.º 25). Esta decisão pode ser consultada no sítio: *http://oami.europa.eu/LegalDocs/Cancellation/de/C000505552_360.pdf*.

[431] V., em especial, o Acórdão do TJ proferido no âmbito do caso «Elizabeth Emanuel», proc. C-259/04, *cit.*, em que se afirma no n.º 47 que: "(...) os casos de recusa de registo referidos no artigo 3.º, n.º 1, alínea g), da Directiva 89/104 pressupõem que se possa considerar provada a existência de um engano efectivo ou de um risco suficientemente grave de engano do consumidor (acórdão de 4 de Março de 1999, Consorzio per la tutela del formagio Gorgonzola, C-87/97, Colect., pp. I-1301, n.º 41)", acrescentando no n.º seguinte que "no caso vertente, embora um consumidor médio possa ser influenciado no seu acto de compra de uma peça de vestuário com a marca «ELIZABETH

No que respeita à avaliação do significado e da amplitude do objecto de engano abarcado por esta norma, a mesma dependerá, em grande medida, da aplicação prática que desta vier a ser feita. Consideramos útil, por isso, referir, ainda que brevemente e sem pretensões de enunciação exaustiva, os casos mais frequentes de sinais enganosos sujeitos ao impedimento de registo como marca se estiverem preenchidos os requisitos legais de que nos temos vindo a ocupar[432].

A susceptibilidade de indução em erro veiculada pelo sinal ocorre sobretudo pela indicação ou evocação de determinados dados que visam, directa ou indirectamente, as características e/ou a qualidade do produto ou serviço que se pretende assinalar. Para esse efeito, tanto podem ser dadas indicações inexactas relativas ao titular do sinal, como podem ser efectuadas referências (também estas não-exactas) respeitantes aos próprios produtos ou serviços. E, nalguns casos, o perigo de engano verifica-se, simultaneamente, em relação a vários aspectos[433].

No que respeita à primeira situação mencionada, as indicações (directas ou indirectas) são, normalmente, constituídas por referências falsas ou inexactas que pretendem atribuir credibilidade à empresa que produz o produto (ou presta o serviço), almejando, com isso, influenciar positivamente a decisão de compra dos consumidores por inculcar a ideia de que os produtos têm uma qualidade e/ou características que efectivamente não possuem.

Contam-se, entre estes casos, as indicações de antiguidade da empresa, já que o consumidor tende a confiar mais em empresas estabelecidas há muito no mercado[434]. O mesmo sucede quer com as indicações que se refiram à integração da empresa, titular da marca, num grupo vasto de empresas, quer com as referências de que se trata de uma grande empresa

---

EMANUEL» imaginando que a recorrente no processo principal participou na criação dessa peça de vestuário, as características e as qualidades da referida peça de vestuário continuam a ser garantidas pela empresa titular da marca", in: *Col.*, 2006-3 (B), pp. I-3125.

[432] A doutrina alemã tem procurado classificar estas hipóteses em *Fallgruppen*, cfr., entre outros, DENK, *op. cit.*, pp. 97 e ss.; PAUL STRÖBELE/FRANZ HACKER, *Markengesetz*[7], *cit.*, nms. 565 e ss., pp. 279 e ss.; REINHARD INGERL/CHRISTIAN ROHNKE, *op. cit.*, nms. 290 e ss., pp. 297 e ss.

[433] No mesmo sentido, cfr. ISABELLE MARTEAU-ROUJOU DE BOUBÉE, *op. cit.*, p. 99.

[434] Por isso é frequente a indicação na marca da data da fundação da empresa que produz o bem. Esta indicação pode ser directa ou indirecta (como sucede com as expressões "Erste Brauerei" ou "Älteste Wurstfabrik" referidas por DENK, *op. cit.*, p. 113).

ou de determinadas entidades (*v.g.*, cooperativas), uma vez que podem sugerir que as condições de produção e/ou de fornecimento sejam mais vantajosas para os consumidores[435]. Pelas mesmas razões poderão relevar ainda as indicações respeitantes à importância da empresa no mercado, dado que os consumidores tendem a crer que empresas que ocupem uma posição importante no mercado (p.e., por serem líderes daquele sector ou por estarem implantadas no mercado internacional) produzem produtos ou prestam serviços de melhor qualidade.

Por vezes, a própria indicação de um título académico pode fazer o público acreditar que um determinado produto ou serviço (p.e., a indicação de «Dr. X» para tratamento de algum problema de saúde) reveste determinadas características ou foi objecto de um controlo especial. Noutras situações, o problema do engano veiculado por este sinal deriva do facto de tal título académico não corresponder ao âmbito merceológico dos produtos ou serviços distinguidos com aquele ou o titular não o ter obtido de todo em todo[436].

Um caso, que já referimos, respeita à adopção de nomes de pessoas conhecidas como marca[437]. Esta possibilidade, motivada pelo incentivo da procura do produto ou serviço através da evocação de uma pessoa prestigiada ou cujo nome goze de particular reconhecimento por parte do público, depende da existência de autorização quando o público puder estabelecer uma associação entre o titular do nome e o produto ou serviço em questão. Não obstante, como tivemos o ensejo de referir, mesmo que tenha sido prestado consentimento, nalguns casos o registo pode ser recusado com fundamento na deceptividade da marca. Um deles é o de o nome em apreço ter um outro significado sendo esse enganoso relativamente aos produtos ou serviços que se pretende assinalar.

Discutido é ainda o eventual engano relativo à participação da pessoa, cujo nome é utilizado, na concepção/produção dos produtos assinalados, caso especialmente importante quando se trata das chamadas «marcas de criadores do gosto e de moda» – e que assume especial relevância em sede de deceptividade superveniente da marca (v. *infra* Parte II, Cap. II, § I., 3., esp. 3.2.1.1.3.1. e s.). No que concerne à eventual deceptividade originária importa recordar que o Tribunal de Justiça já considerou que o

---

[435] Neste sentido, cfr. DENK, *op. cit.*, p. 98.
[436] Cfr., neste sentido, DENK, *op. cit.*, p. 107.
[437] V. *supra* § 1., II., 1., 1.1.

eventual engano não resulta do simples facto de a marca ser composta pelo referido patronímico[438].

Num outro plano, que é o mais frequente, para o efeito da susceptibilidade de indução em erro são especialmente relevantes as indicações (directas e indirectas) relativas aos próprios produtos ou serviços.

O risco de engano pode referir-se, desde logo, à composição do produto[439], se o consumidor puder razoavelmente pensar que o referido componente integra a composição do produto em questão[440]. Por outro lado, abarca todas as outras possíveis características ou qualidades dos produtos ou serviços[441], de entre as quais assume especial relevância a proveniência geográfica.

---

[438] V. Acórdão do TJ, de 30 de Março de 2006, proferido no proc. C-259/04, no caso «Elizabeth Emanuel», cit. Sobre a questão da deceptividade originária neste caso, v. *supra* § I., I., 1., 1.1.

[439] Por exemplo, em Portugal, já foi recusado o registo do sinal «Nuts», para assinalar chocolate, produtos de chocolate (para alimentação), confeitaria não medicamentosa e cândi, gelados feitos à base de água, confeitaria gelada e preparações para fazer gelados e/ou gelados à base de água e ou confeitaria, gelados, pelo facto de os referidos produtos não conterem nozes. V. o Acórdão da RL, de 16 de Novembro de 2000, in: *BPI* 8/2001, pp. 2920 e s., proferido no processo de registo da marca nacional n.° 273 067, que considerou que "(...) tendo em conta a natureza dos produtos a que se reporta – e pese embora a circunstância de se tratar de uma palavra em língua inglesa e a sua apontada polissemia –, temos por seguro que o *destinatário normal* da mensagem publicitária que a mesma encerra não deixará de a aliar àquele primeiro significado, associação de ideias da qual – em termos que se nos afiguram inequívocos – emerge a elevada susceptibilidade de o público poder razoavelmente supor que as *nozes* integram a composição de chocolates e gelados com a marca *Nuts*" (p. 2921). V. ainda a recusa de registo do sinal «Queijo de Cabra Puro – Palhais» para assinalar queijos de cabra, porque a utilização do termo "puro" induzirá o consumidor a pensar "(...) que o queijo não contém outros ingredientes para além do queijo de cabra, o que não só não é tecnologicamente possível (...) como surge em evidente contradição com as referências do rótulo a ingredientes" (V. o Acórdão do TRL, de 1 de Abril de 2003, proferido no processo de registo da marca nacional n.° 318 949, in: *BPI* 10/2003, pp. 3477 e ss.).

No plano comunitário, o IHMI recusou, entre outros, os pedidos de registo como marca comunitária, n.° 000716431, do sinal «OLIO D'OLIVA INTEGRALE» para assinalar óleos e n.° 000309146, do sinal «ONLYGLASS» para assinalar produtos das classes 19.ª e 21.ª e serviços da classe 39.ª (informação colhida na Internet, no sítio: *http://oami. europa.eu/search/LegalDocs/la/es_Refused_index.cfm*).

[440] ISABELLE MARTEAU-ROUJOU DE BOUBÉE, *op. cit.*, p. 103.

[441] Entre nós, por exemplo, foi recusado o registo como marca do sinal «DownloadSITE» para distinguir serviços *online* que possibilitam comunicar com outras pessoas *online*, mas não permitem efectuar *downloads*. V. a sentença do TCL, de 20 de Dezembro

Como tivemos ocasião de referir, a relevância do uso de nomes geográficos manifesta-se na influência que estes sinais comumente têm nas escolhas dos consumidores, especialmente no que respeita a produtos agro-alimentares[442].

Para evitar que o público consumidor seja induzido em erro, é indispensável que os nomes geográficos correspondam à proveniência geográfica dos produtos ou serviços em causa. Mas há casos em que, mesmo não se verificando esta correspondência, o registo, como vimos, é admitido: referimo-nos às hipóteses de os sinais serem usados fantasiosamente (i.e., casos em que os consumidores não reconhecem um significado de proveniência geográfica no sinal em questão). Assim, parece que apenas não poderão ser registados como marcas (individuais) aqueles nomes geográficos que, não sendo desconhecidos do público consumidor, sejam susceptíveis de influenciar a sua decisão de compra por induzirem em erro quanto à proveniência geográfica e/ou quanto à qualidade dos produtos em questão[443].

Cingindo a análise aos sinais susceptíveis de induzir em erro quanto à proveniência geográfica, importa reter a ideia de que a possibilidade de engano pode ocorrer pelo facto de o sinal conter, directamente, uma denominação geográfica[444] e, inclusivamente, poder também abarcar sinais

---

de 2002, proferida no processo de registo da marca nacional n.° 344 996, in: *BPI* 10/2003, pp. 3545 e ss., que considera que "conceder uma marca que sugere um serviço que possibilita *downloads* a efectuar de uma página específica para assinalar um serviço de comunicação *online* de conversação e mensagens seria, sem dúvida, susceptível de criar confusão no público", pois "tratam-se de serviços radicalmente diferentes (ambos já existentes e amplamente divulgados no universo de consumidores que tratamos) e diferenciados (…)" (p. 3547).

Ao nível comunitário, o IHMI recusou, entre outros, o pedido de registo dos sinais: «Eco Meat», para assinalar carne; «Biopack» e «Biofilm» para distinguir produtos das classes 16.ª e 17.ª. V., respectivamente, os pedidos de registo de marca comunitária n.° 002786556; n.° 002059715 e n.° 002059756, na base de dados do IHMI que pode ser consultada na Internet, no sítio: *http://oami.europa.eu/search/LegalDocs/la/es_Refused_index.cfm*.

[442] V. *supra* § I., II., 1.2., esp. 1.2.1.
[443] V. *supra* § I., I., 2., 2.2.2.1.
[444] Entre nós, foi recusado o registo como marca do sinal «Queijo de Cabra Puro – Palhais» para assinalar queijos que não eram produzidos na referida localidade [v. Acórdão do TRL, de 1 de Abril de 2003, proferido no processo de registo da marca nacional n.° 318 949, in: *BPI* 10/2003, pp. 3477 e ss.]. A propósito da susceptibilidade de engano quanto à proveniência geográfica, o tribunal de 1.ª Instância havia já afirmado que «(…)

ninguém poderá, em boa fé, dizer que o consumidor médio irá associar o termo "Palhais" aos locais onde são guardadas as cabras produtoras do leite, pois a impressão que causará de imediato no espírito de tal consumidor é a de que o produto é originário de uma dada localidade, já que aquele termo é usado como nome próprio (topónimo) e não como substantivo comum – 'palhais'». Esta posição é corroborada pelo TRL que defende que "basta atentar na forma como estão inseridos os símbolos e as palavras no logótipo para concluir que o termo «Palhais» está ali colocado como localidade e não com qualquer outro significado" (pp. 3479 e s.).

Em relação aos queijos, importa lembrar as palavras de M. NOGUEIRA SERENS, precisamente no sentido destas decisões, a propósito do exemplo do queijo «Limiano». Com efeito, afirma M. NOGUEIRA SERENS («Aspectos...», cit., pp. 664 e s., nota 57), "poderá, eventualmente, acontecer que o consumidor médio dos produtos em causa (queijos, no caso) não atribua à palavra "Limiano" esse significado tão preciso [referido pelo Autor na nota anterior que, citando a definição de alguns dicionários, elucidara que se trata de um adjectivo que significa «referente ao rio Lima»]. Mas há boas razões para afirmar que, mesmo em tal hipótese, essa palavra, associada a queijo, sempre seria compreendida por esse tipo (normativo) de consumidor como uma indicação de carácter geográfico, e não como uma denominação de fantasia".

O autor citado, sublinha a importância da utilização de denominações geográficas quer no que concerne aos queijos artesanais, quer no que respeita aos queijos de produção industrial, afirmando em relação a estes últimos, que "ensina a experiência que essas marcas são normalmente constituídas por indicações geográficas (...)" e "(...) por causa da existência desta antiga prática dos fabricantes de "queijo industriais" – em Portugal como no estrangeiro (...) – (...) o consumidor médio, mesmo quando não associa uma determinada marca que contradistingue um queijo desse tipo ao nome de um determinado lugar ou região, tenderá a percebê-la como uma indicação de carácter geográfico, e não como uma indicação de fantasia".

Foi também recusado, embora na nossa opinião, erradamente (v. *supra* § I., I., 2., 2.2.2.1.), o sinal «Sintra» para assinalar automóveis e respectivos componentes (v. a Sentença da 4.ª Vara Cível da Comarca de Lisboa, de 3 de Junho de 2002, proferida no processo de registo de marca internacional n.º 641766, in: *BPI* 11/2002, p. 3729). Referindo, como exemplo de desvio da proibição de registo relativa aos sinais descritivos, os nomes dos modelos de automóveis, v. o disposto no n.º 7.6.5.1. das Directrizes relativas aos procedimentos a adoptar no âmbito do exame dos pedidos de registo, *cit.*, p. 52, onde se declara que "o público sabe que eles [automóveis] não são fabricados num grande número de locais diferentes, [e, por isso, os] nomes de cidades podem servir como designações dos modelos, tais como SEAT Córdoba, Toledo ou Málaga [e, acrescentamos nós, Sintra]".

Não foram recusados, entre outros, o registo dos sinais: «Queijo Ilha Graciosa- -Picante» para assinalar queijos provenientes da Ilha Graciosa por não existir denominação de origem, nem indicação geográfica relativa à Ilha Graciosa (v. a sentença do TCL, de 9 de Fevereiro de 2004, no processo de registo da marca nacional n.º 325 255, in: *BPI*

meramente sugestivos dessa proveniência geográfica (ou da qualidade associada à mesma)[445].

---

[7]/2004, pp. 2392 e s.); «Quénia» para distinguir produtos farmacêuticos produzidos na Alemanha, à excepção das preparações para o tratamento de doenças tropicais e outras doenças especialmente relacionadas com o Quénia ou África (v. a sentença do TCL, de 4 de Novembro de 2002, proferida no processo de registo da marca internacional n.º 704450, in: *BPI*, 4/2003, pp. 1185 e ss., que revogou o despacho do INPI de recusa de registo com fundamento em engano quanto à proveniência geográfica); «Suiss» para assinalar cervejas, águas minerais gasosas e outras bebidas não alcoólicas; bebidas de frutos e sumos de frutas, xaropes e outras preparações, produzidos em Espanha (v. a sentença do TCL, de 15 de Julho de 2002, proferida no processo de registo da marca internacional n.º 712220, in: *BPI* 12/2003, pp. 4394 e ss.); «Laranja de Ermelo» para assinalar produtos da classe 31.ª (laranjas), requerido pela Associação de Desenvolvimento Local de Ermelo (localidade de Arcos de Valdevez) (v. sentença do TCL, de 20 de Outubro de 2004, proferida no processo de registo da marca nacional n.º 329818, (in: *BPI*, de 22/6/2007, pp. 7 e ss.).

Relativamente a esta última decisão importa frisar que o pedido de registo como marca apresentado pela referida Associação (que apresentara junto da Associação de Desenvolvimento Rural do Vale do Lima um projecto de promoção e comercialização de laranja de Ermelo) foi concedido pelo INPI. Porém, o Instituto de Desenvolvimento Rural e Hidráulico interpôs recurso do despacho de concessão para o TCL, invocando, por um lado, que o registo devia ter sido recusado pelo facto de o sinal em apreço ser susceptível de induzir o consumidor em erro quanto à proveniência geográfica e, por outro, porque a concessão do registo poderia obstar no futuro ao registo de uma denominação de origem.

Na sentença é recusado o carácter enganoso do sinal, na nossa opinião correctamente, dado que estamos perante "(…) um sinal pedido por uma associação de desenvolvimento de Ermelo, cuja composição remete para uma proveniência de Ermelo, pedido para assinalar laranjas, que são produtos da região de Ermelo" (Acórdão *cit.*, pp. 10 e s.). Porém, temos dúvidas quanto à concessão do registo, já que se trata de um sinal exclusivamente descritivo do produto e da sua proveniência geográfica que, em princípio, não deveria ser registado como marca individual. Sobre a possibilidade de utilização de nomes geográficos nas marcas individuais, v. *supra* § I., I., 2., 2.2.2.1. Uma possível explicação para a preterição do recurso ao registo deste tipo de sinal como marca colectiva estará nas exigências relativas ao regime jurídico destas últimas, que tivemos oportunidade de analisar noutro estudo para o qual remetemos, cfr. MARIA MIGUEL CARVALHO, «Marcas Colectivas…», *cit.*, p. 216 e pp. 234 e ss.

Ao nível comunitário, o IHMI recusou, entre outros, os pedidos de registo: n.º 002815132, do sinal «Swiss Terroir» para assinalar produtos das classes 32.ª e 33.ª e n.º 001679554, do sinal «Maldivian» para distinguir produtos das classes 16.ª e 39.ª e serviços da classe 42.ª. (informação obtida na base de dados do IHMI, disponível no sítio da Internet: *http://oami.europa.eu/search/LegalDocs/la/es_Refused_index.cfm*).

[445] Neste sentido, foi recusado o registo do sinal «Duportiz», para assinalar produtos da classe 33.ª (bebidas alcoólicas, excepto cerveja), requerido por uma empresa cuja sede não era na região demarcada do Douro. Referimo-nos à sentença do TCL, s.d., profe-

Mas o engano pode também derivar de uma referência indirecta[446]. Um caso especial de referência indirecta a proveniência geográfica não verdadeira pode surgir em consequência da utilização de sinais redigidos

---

rida no processo de registo da marca nacional n.º 358 739 (in: BPI, de 26 de Dezembro de 2007, pp. 7 e ss.).

Aqui o registo tinha sido concedido pelo INPI, mas foi intentado recurso para o TCL pelo Instituto do Vinho do Porto, com vários fundamentos, entre os quais, o prejuízo causado à denominação de origem «Porto» e a susceptibilidade de induzir em erro o consumidor.

O Tribunal considerou que "o sinal em análise, sendo um sinal de fantasia sugere de forma inequívoca uma proveniência – do Porto – e não deixará de assim ser visto pelo público consumidor". Daí que se afirme que "abstractamente, o sinal sob análise, não sendo falso, (...) [seja] gerador de risco de engano no público, estando assim abrangido na previsão da alínea *l*) do n.º 1 do art. 189.º do Código da Propriedade Industrial" (sentença *cit.*, p. 12). Mas acabou por recusar, em concreto, a susceptibilidade de indução em erro quanto à proveniência geográfica recorrendo ao «elemento valorativo de conexão» referido *supra* (v. § I., I., 2.2.2.1.) Com efeito, na referida decisão é afirmado que "não temos qualquer dúvida que, para o grande público consumidor, a quem se destinam estes produtos, não há imediatamente uma relação óbvia entre eles e a região demarcada do Douro – ao contrário do que sucederia, *v.g.* se falássemos de vinho, em todas as suas variantes e aguardentes vínicas e bagaceiras.

Não sendo a região demarcada do Douro conhecida pela produção de outras bebidas alcoólicas, o sinal em causa seria susceptível de genericamente ser apreendido como denominação de fantasia e não como indicação de proveniência do produto" (sentença *cit.*, p. 12).

Independentemente do recurso ao elemento valorativo de conexão, o engano quanto à proveniência geográfica deveria ser sempre afastado já que o sinal evoca «Porto» e não «Douro». Como é sabido, a denominação de origem «Porto» pode, preenchidos determinados pressupostos, ser utilizada relativamente a certos vinhos oriundos da região demarcada do *Douro*... A evocação de «Porto» pode é relevar, na nossa opinião, quanto à susceptibilidade de indução em erro sobre a *qualidade* do produto assinalado e, eventualmente, a *natureza* do mesmo. Aliás, a sentença referida aborda precisamente esse ponto quando afirma que "a existência de produtos comparáveis com os produtos protegidos – bebidas alcoólicas – sob uma designação confundível com a denominação de origem Porto pode levar os consumidores a supor uma garantia de qualidade e de controle [*sic*] na fabricação que de todo o sinal não garante (mesmo que não seja enganoso em si) e que sabem existir nos produtos (devidamente) assinalados sob a denominação de origem Porto". Por isso, conclui que "a marca "DUPORTIZ" é violadora de denominação de origem devidamente registada e ainda susceptível de induzir em erro o público sobre a natureza e qualidades dos produtos assinalados, pelo que, nos termos do disposto no art. 189.º n.º 1, al.ªˢ *h*) e *l*), o seu registo deveria ter sido recusado" (sentença *cit.*, p. 13).

[446] Em Portugal, por exemplo, foi recusado o registo dos sinais: «Ipanema d'Ouro» para assinalar café, sucedâneos de café e bebidas à base de café, com fundamento no

em língua estrangeira, não obstante o desaparecimento da obrigatoriedade de os sinais serem redigidos em português[447].

Na verdade, um sinal redigido em língua estrangeira pode suscitar alguns problemas no que respeita ao seu eventual carácter deceptivo. Por um lado, o público consumidor do produto ou serviço em questão pode ser induzido em erro quanto à proveniência geográfica do mesmo[448].

---

engano quanto à proveniência geográfica, por se entender que o público associa Ipanema ao Brasil e este país a um café de qualidade (v. Acórdão do TRL, de 29 de Junho de 2004, proferido no processo de registo da marca nacional n.º 355 383, in: *BPI* 5/2005, pp. 1603 e ss.). Mas foi aceite o registo do sinal «Vasco da Gama» para assinalar tabaco (v. a sentença do TCL, de 20 de Fevereiro de 2002, proferida no processo de registo da marca internacional n.º 443 086, in: B*PI* 11/2002, pp. 3725 e ss., que revogou o despacho do INPI que recusara, com fundamento no facto de o sinal ser enganoso quanto à proveniência geográfica, o registo da marca. A sentença afirma, muito bem, que a marca não contém "(…) qualquer referência directa ou indirecta a um qualquer local de origem do produto. Vasco da Gama foi indubitavelmente um ilustre navegador português. Mas, daí até se poder dizer que a simples menção do seu nome é imediatamente associada a um local vai uma grande distância, tanto mais que nem se sabe qual o local a que o INPI se estaria a referir: seria Portugal, país da nacionalidade, ou a Índia, já que foi quem descobriu o caminho marítimo para a Índia?").

[447] Com efeito, o art. 183.º do CPI'95 preceituava, no n.º 1, que "os dizeres das marcas devem ser redigidos em língua portuguesa", bastando-se para o efeito com "o aspecto geral de palavra portuguesa (n.º 2 do art. 183.º) e não impedia o emprego de palavras latinas. Mas admitia a redacção em qualquer língua de marcas destinadas a ser usadas simultaneamente em Portugal e no estrangeiro e as marcas do registo internacional, cujo requerente não estivesse domiciliado nem estabelecido em Portugal [n.º 4, al.ᵃˢ *a*) e *b*)]. Anteriormente, o art. 78.º do CPI'40 estabelecia o mesmo princípio de forma mais precisa: "os dizeres das marcas devem ser redigidos em língua portuguesa. § 1.º O disposto neste artigo não impede, porém, o emprego de palavras latinas, nem que a marca apresentada por português ou estrangeiro estabelecido em Portugal inclua dizeres sobre a qualidade do produto, maneira de o usar, cuidados na sua conservação e semelhantes, na língua ou línguas mais convenientes para o mercado a que o produto se destina, desde que o corpo principal da marca seja redigido em português e de modo que o público não seja induzido em erro quanto à procedência portuguesa dele".

Referindo-se à desnecessidade da previsão do art. 183.º do CPI'95, por serem situações passíveis de serem abarcadas pela proibição de registo de sinais enganosos, cfr. M. NOGUEIRA SERENS, «Aspectos…», *cit.*, p. 619. Criticamente sobre a norma em questão, por considerá-la anacrónica, cfr. JORGE MANUEL COUTINHO DE ABREU, *Curso…*, cit., p. 376, nota 99.

[448] Este risco, como veremos, poderá ainda ser maximizado pelo uso, nomeadamente publicitário, que dele seja feito. Cfr. MARIA MIGUEL CARVALHO, «O conceito de publicidade enganosa», *cit.*, pp. 704 e s., referindo o exemplo (adaptado de um outro indi-

Imagine-se o exemplo, já referido *supra*, de se pretender registar como marca um sinal redigido em italiano para assinalar massas produzidas em Portugal.

Por outro lado, como também já tivemos o ensejo de referir, pode haver susceptibilidade de engano relativamente a qualquer um dos aspectos passíveis de influenciar o comportamento económico do consumidor, especialmente quanto à composição do produto, dado que a expressão estrangeira utilizada pode ser conhecida do público nacional. Este último aspecto é, de resto, extensível à apreciação da susceptibilidade de engano relativamente a qualquer característica dos produtos ou serviços assinalados. Pense-se, por exemplo, na utilização da expressão «light» que sugere redução do valor calórico, se referida a alimentos, ou do teor de nicotina, no caso de tabaco, sendo que se esse facto não corresponder à realidade podemos ter uma indicação enganosa[449-449bis].

Deixando agora de lado os casos de susceptibilidade de indução em erro quanto às qualidades (características) dos produtos ou serviços em

---

cado por MOITINHO DE ALMEIDA, *Publicidade Enganosa*, Arcádia, Lisboa, 1974, p. 82) de uma peça de vestuário (p.e., casacos de couro) ser assinalada com uma marca redigida em língua italiana, apesar de produzida em Portugal, e na publicidade desse produto surgirem imagens de cidades e/ou monumentos italianos bem conhecidos do público.

[449] No que respeita especificamente à utilização de alegações nutricionais e de saúde sobre os alimentos, v. a legislação indicada *supra* na Introdução, III.

[449bis] A este propósito v. a sentença proferida pelo TCL, no processo de registo da marca nacional n.º 381 133 «Low-Col 0% Colesterol» (in: *BPI* DE 7/4/2009, pp. 6 e ss.), que considerou não enganoso o referido sinal para assinalar produtos das classes 29.ª (alimentos à base de soja, nomeadamente leite, iogurtes, sobremesas e comida congelada) e 30.ª (gelados à vase de soja), por ter entendido que "a marca em si não é enganosa dado que alude a uma característica de produtos alimentares e destina-se a assinalar produtos alimentares".

Esta decisão é, no nosso entendimento, criticável especialmente por o referido tribunal, apesar de ter constatado que é inegável que "a marca alude a características do produto que se destina a assinalar, características desejáveis e aptas a determinar a procura do consumidor (…) [e] que o consumidor quando confrontado com a marca vai associar o produto que a mesma assinala a um produto que não contem [*sic*] colesterol, ou que contem [*sic*] apenas uma reduzida percentagem de colesterol" (sentença *cit.*, pp. 13 e s.), não ter indagado se, efectivamente, os produtos a assinalar com a referida marca apresentam (baixo ou nulo teor de) colesterol.

Para um comentário crítico sobre esta decisão, cfr. MARIA MIGUEL CARVALHO, «A aferição da deceptividade originária da marca à luz da jurisprudência recente do Tribunal de Comércio de Lisboa», texto elaborado para os *Estudos em Homenagem a Carlos Ferreira de Almeida* (em curso de publicação).

questão, importa referir a hipótese que respeita à possibilidade de um sinal ser enganoso quanto à qualidade em sentido estrito dos produtos ou serviços, mais precisamente à sua boa qualidade[449ter].

Esta hipótese concretiza-se, com frequência, pela utilização de denominações às quais o produto ou serviço não tem direito[450-451-451bis].

---

[449ter] A este propósito, v. a sentença do TCL, de 30 de Abril de 2008, proferida no processo de registo da marca nacional n.º 333 645, «Q» (figurativa) (in: *BPI* de 11/11/08, pp. 13 e ss.).

O INPI recusou o registo porquanto o sinal era confundível com determinadas marcas nacionais anteriores tituladas pelo Instituto Português de Qualidade [IPQ] e enganoso. Na sequência da anulação das marcas obstativas anteriores, o TCL manteve a recusa com fundamento em deceptividade, já que "independentemente da configuração global das marcas de certificação, o consumidor retém na sua memória o "Q" que de há muito se habituou a ver nos produtos e serviços que assinala já que tal "Q" para além de ter sido protegido como marca durante muito tempo (1992), é o elemento preponderante das marcas de certificação já conhecidas e em vigor desde 2000. E o consumidor quando vê esse sinal associa-o ao IPQ e, consequentemente, presume que os produtos ou serviços que estão em causa estão certificados, isto é, são produtos ou serviços de qualidade garantida.

Sendo a associação entre a marca da recorrente, caracterizada pela letra "Q" e o "Q" que integra as marcas de certificação uma evidência, é não só possível como muito natural que o consumidor, ao deparar com um produto ou serviço assinalado pela marca recorrida seja induzido em erro julgando tratar-se de um produto certificado pelo IPQ" (sentença *cit.*, p. 23).

[450] ISABELLE MARTEAU-ROUJOU DE BOUBÉE, *op. cit.*, p. 109, refere-se especialmente aos produtos vinícolas.

[451] Assim, foi recusado o registo da marca «Vintage cura prolongada» para assinalar produtos da classe 29.ª (queijo) (Sentença do TCL, de 5 de Abril de 2007, proferida no processo de registo da marca nacional n.º 365 438, in: *BPI*, de 30 de Agosto de 2007, pp. 12 e ss.).

Neste processo, estava em causa a recusa do pedido de registo como marca daquele sinal, apresentado pela sociedade «Queijo Saloio – Indústria de Lacticínios, S.A.», com fundamento (i) na susceptibilidade de indução em erro, nomeadamente sobre a natureza e qualidades do produto; (ii) em concorrência desleal; (iii) no prejuízo causado à força distintiva e individualidade da denominação de origem "Porto".

Deixando de lado, os dois últimos fundamentos mencionados, atendendo ao objecto do nosso estudo, referiremos apenas a questão do sinal ser, ou não, enganoso. A este propósito importa sublinhar o correcto entendimento do Tribunal que considerou o sinal susceptível de induzir em erro quanto às características e qualidade do produto a assinalar e não, como havia sido invocado pelo INPI aquando da recusa do pedido, sobre a *natureza* e qualidades do produto.

Efectivamente, a utilização da designação «Vintage» (normalmente associada a um vinho do Porto que deve a sua especial qualidade a um processo de envelhecimento), em

Mas também pode ocorrer pelo uso de sinais que possam, por causa do tipo de produtos em questão (v.g., queijos e vinhos), ser vistos como denominações de origem ou indicações geográficas e, por isso, induzir em erro quanto à qualidade do produto em apreço[452].

Noutros casos as indicações de qualidade são indirectas[453], v.g., a indicação inexacta da idade dos vinhos ou a utilização de um sinal redi-

---

especial associada à expressão «cura prolongada», permite que o consumidor suponha tratar-se de um queijo de particular qualidade por ser sujeito a um tratamento de «envelhecimento». Daí que o Tribunal, recordando que a expressão «vintage» é "uma menção tradicional especifica utilizada para designar e qualificar o vinho do porto (...), que se encontra reservada [ao] "vinho do Porto com características organolépticas excepcionais, tinto e encorpado, de aroma e paladar finos, que seja reconhecido pelo Instituto do Vinho do Porto com direito ao uso da respectiva designação" (p. 15 do Ac. cit.), tenha entendido "que a referida expressão é associada pelo público consumidor (...) a um produto de "qualidade", certificado, que tem e satisfaz, determinadas características" (p. 16 do Ac. cit.) sendo, portanto, o sinal enganoso, i.e., susceptível de induzir em erro o consumidor sobre as características e qualidade do produto.

[451bis] V. ainda a sentença do TCL, de 3 de Setembro de 2007, proferida no processo de registo da marca nacional n.º 340 541, «Murganheira Vintage» (in: *BPI* de 15/6/09, pp. 7 e ss.). Neste processo havia sido requerido o registo como marca do sinal «Murganheira Vintage» para assinalar vinhos, incluindo vinhos espumantes (classe 35.ª), tendo o mesmo sido recusado, entre outros, com fundamento na deceptividade originária do referido sinal. Com efeito, como é afirmado na sentença citada, "o consumidor, ao deparar com um espumante "vintage" seria necessariamente levado a pensar que se trata de um vinho cuja produção está sujeita a determinados requisitos, que deve seguir um método de fabrico estritamente regulado e controlado, sujeito a fiscalização pelas entidades oficiais, o que não corresponde à realidade uma vez que o controlo e fiscalização só existe no que respeita ao vinho do Porto.

Significa isto que a introdução da expressão "vintage" num produto vinícola que não vinho do Porto é enganosa: é susceptível de induzir o consumidor em erro no que toca à natureza e às qualidades do produto em causa. Logo, sempre o registo da marca deveria ser recusado ao abrigo do disposto no art. 239.º, al.ª *l*) [correspondente ao actual art. 238.º, n.º 4, al.ª *d*)]".

[452] Um caso em que foi suscitada a questão de haver susceptibilidade de indução em erro quanto à qualidade do produto ocorreu relativamente ao sinal «Queijo Ilha Graciosa-Picante» para assinalar queijo. Todavia, o registo, como já referimos, acabou por ser concedido, pois o TCL entendeu que não há falsa indicação de proveniência, nem de qualidades, e não existe nenhum direito privativo industrial atribuído sobre a denominação «Graciosa» ou «Ilha Graciosa». V. a sentença do TCL, de 9 de Dezembro de 2004, proferida no processo de registo da marca nacional n.º 325 255, in: *BPI* 7/2004, pp. 2392 e ss.

[453] Entre nós, foi, p.e., recusado o registo de «King of Beers» para assinalar cerveja, cerveja ale e poster, xaropes e outras preparações para fazer bebidas. V. a sentença do

gido em língua estrangeira que evoque, sem que tal corresponda à verdade, um local prestigiado relativamente à produção dos produtos que a marca visa assinalar e que é contida no sinal que se pretende registar como marca.

A propósito destas indicações enganosas quanto à qualidade do produto ou serviço, impõe-se referir duas situações específicas que se têm verificado na prática.

A primeira respeita à hipótese de o sinal ser composto por sinais que aludem a determinadas condecorações e prémios recebidos por determinado produto ou serviço. Nestes casos, o público, normalmente, pensará que essa atribuição se deve à elevada qualidade dos produtos ou serviços em questão. E, no mesmo sentido, podem funcionar as referências contidas na marca em que é afirmada a qualidade de fornecedores de determinadas entidades (*v.g.*, a referência a fornecedores de casas reais).

A segunda refere-se ao aproveitamento de sinais relativos à União Europeia. Aqui estão especialmente em jogo, por um lado, o emblema da UE (as estrelas amarelas que formam um círculo sob um fundo azul)[454]

---

5.º JCCL, de 2 de Novembro de 1993, proferida no processo de registo de marca nacional n.º 265 583, in: *BPI* 8/1994, pp. 3525 e s.

[454] O IHMI recusou, com fundamento na susceptibilidade de engano, p.e., o pedido de registo da marca comunitária n.º 000014423, relativo ao sinal composto por doze estrelas, sendo uma, de maior dimensão, amarela e as restantes azuis e contendo por baixo dessa imagem a expressão «EU Championship in Business Management» para distinguir serviços das classes 35.ª e 41.ª (informação disponível no sítio: *http://oami.europa.eu/search/ LegalDocs/la/es_Refused_index.cfm*). Porém, na maioria das vezes, a recusa é fundamentada não apenas na susceptibilidade de engano, mas também na falta da autorização competente (v. *supra* § I., I., 1.). Nesse sentido, v., entre outras, a recusa do registo como marca comunitária do pedido n.º 002830131, relativo ao sinal figurativo composto por um círculo invisível de 10 estrelas douradas, sob um fundo azul, com a expressão «Euro Cigarettes», para assinalar produtos da classe 34.ª (informação colhida no sítio da Internet indicado *supra*).

Entre nós, foi recusado o registo como marca do sinal «Eurodis européenne d'enseignement à distance», para assinalar serviços das classes 35.ª e 41.ª. O referido sinal era composto pela expressão «eurodis» sublinhada e por baixo a expressão «européen d'enseignement à distance», com 12 estrelas formando uma circunferência invisível semelhante ao emblema da União Europeia. No que respeita ao emblema não foi invocada a susceptibilidade de indução em erro do público, mas a falta de autorização para o utilizar. V. sentença do TCL de 5 de Agosto de 2000, proferida no processo de registo da marca internacional n.º 622 889, in: *BPI* 4/2001, pp. 1606 e ss.

e, por outro, a expressão "Euro", cuja inclusão em marcas é susceptível de induzir o público em erro, não só no que respeita à proveniência dos produtos ou serviços em questão, mas sobretudo relativamente à sua qualidade, pois é possível pensar que aqueles foram controlados por alguma entidade específica da União Europeia ou que a sua produção/prestação obedece a determinadas normas europeias[455].

Por vezes, a susceptibilidade de engano reside em indicações inexactas quanto à utilidade, fins ou modos de actuar dos produtos ou serviços[456]

---

[455] Nalguns ordenamentos jurídicos, este tipo de sinais não parece suscitar problemas quanto à sua validade, cfr., relativamente ao direito francês, ALBERT CHAVANNE/JEAN-JACQUES BURST, *op. cit.*, p. 508.

[456] Em Portugal, foi, p.e., recusado o registo como marca dos sinais: «Acçõesonline» para assinalar serviços de telecomunicações não prestados via Internet (v. a sentença do TCL, de 22 de Abril de 2004, proferida no processo de registo de marca nacional n.º 341 019, in: *BPI* 12/2004, pp. 4241 e ss., onde é afirmado que "(...) sendo a marca *Acçõesonline* imediatamente associada à prestação de informações sobre subscrição de fundos via Internet, não pode a marca assinalar outros serviços ou a prestação de serviços de telecomunicações por outra via, sob pena de violar o princípio da verdade da marca"); «Chama Dinheiro» para assinalar pó de talco perfumado (v. a sentença do 8.º Juízo Cível do Tribunal da Comarca de Lisboa, de 6 de Março de 2000, proferida no processo de registo da marca nacional n.º 313 151, in: *BPI* 3/2001, pp. 1032 e ss.); «Inhaça» e «Oxum» para distinguir extracto de ervas para banho de descarga e «Xangô» para assinalar defumador em tablettes (v. as três sentenças do 16.º Juízo Cível do Tribunal da Comarca de Lisboa, de 5 de Novembro de 1998, proferidas nos processos de registo de marcas nacionais n.ºs 311 919; 311 921 e 311 927, respectivamente, in: *BPI* 3/2001, pp. 1028 e ss., que mantiveram a recusa do registo. O INPI fundamentara-a arguindo que "o sinal registando é susceptível de induzir em erro o próprio consumidor sobre a natureza, qualidades e utilidades dos produtos que se destina a identificar, criando-lhe essencialmente uma falsa indicação sobre o resultado que poderia obter com o uso dos mesmos (...)", pp. 1029- -1031).

Mas não foi recusado o registo do sinal «Kodef Express Photo» para distinguir produtos vários das classes 1.ª, 9.ª e 16.ª (v. a sentença do TCL, de 5 de Dezembro de 2003, proferida no processo de registo da marca internacional n.º 760 276, in: *BPI* 6/2004, pp. 2014 e ss., onde se afirma que "(...) não pode concluir-se que o sinal em causa significa serviço rápido de fotografia. A ideia transmitida pelo sinal é a de rapidez, sim, mas relacionada com todos os produtos conexos com a reprodução de imagens e objectos, e não apenas com fotografias. Assim, e verificando-se que os restantes produtos têm efectivamente ligações com este tipo de objectos, seja directa seja indirectamente, não se pode concluir pela violação do disposto no artigo 189.º, n.º 1, alínea *l*), por não estar em causa uma marca que induz o consumidor em erro sobre a natureza, qualidade ou utilidade dos produtos que se destina a assinalar") e também acabou por ser concedido o registo de «netescola» para assinalar telecomunicações (v. Acórdão do TRL, de 25 de Julho de

ou ainda, quando o sinal é composto por expressões que aludem a um tipo ou género de produto (ou serviço) diferente do que a marca visa assinalar, quanto à natureza deste[457].

Mais raras serão as indicações susceptíveis de induzir em erro quanto ao valor, já que escasseiam as marcas que contenham indicações de pre-

---

2005, proferido no processo de registo da marca nacional n.° 341 063, in: *BPI* 3/2006, pp. 832 e ss.).

Ao nível comunitário, o IHMI recusou, entre outros, o pedido de registo do sinal «Prevention Line» para assinalar produtos da classe 28.ª (v. o pedido n.° 002607307, entretanto retirado) e «MED FOOD» para distinguir produtos alimentares das classes 29.ª, 31.ª e serviços da classe 43.ª (ligados à restauração) (v. o pedido n.° 002894871) – informação colhida na base de dados do IHMI, disponível para consulta na Internet, no sítio: *http://oami.europa.eu/search/LegalDocs/la/es_Refused_index.cfm.*

[457] Entre nós, foram considerados enganosos, p.e., os sinais «Fresh Jogurth» para distinguir gelados comestíveis (v. a sentença da 4.ª Vara Cível do Tribunal da Comarca de Lisboa, de 16 de Junho de 1997, proferida no processo de registo da marca internacional n.° 594 542, in: *BPI* 4/2001, pp. 1601 e ss., que considerou que a expressão «joghurt» "(...) é semelhante fonética e graficamente às palavras *yogurt* e iogurte, que designam um produto diferente de gelados, porque é feito exclusivamente de leite, enquanto o gelado é feito de qualquer liquido, próprio para alimentação, sujeito a congelação, isto é, a temperatura inferior a 0°." E, por isso, entendeu que "(...) a marca *Fresh Joghurt* contém falsa indicação sobre a natureza do produto em que é aposta (...)", revogando o despacho do INPI que concedera o seu registo em Portugal. Entendemos que esta decisão foi correcta, mas que se poderia ter invocado, simultaneamente, susceptibilidade de indução em erro quanto à composição do produto caso não contivesse iogurte) e o sinal «Onimed» para assinalar telecomunicações (v. a sentença do TCL, de 2 de Junho de 2003, in: B*PI* 10/2003, pp. 3555 e ss., que considerou que "atendendo ao significado do sufixo «med», é manifesto que qualquer consumidor, confrontado com a marca *Onimed* vai associar a mesma a serviços médicos, ou seja, vai julgar tratar-se de uma marca que assinala serviços relacionados com cuidados de saúde", acrescentando que "(...) não se destinando a marca a assinalar serviços médicos mas sim serviços de telecomunicações, é inquestionável que a mesma induz o consumidor em erro sobre a natureza do serviço que a marca se destina a assinalar". Por conseguinte, revogou o despacho do INPI que concedera o registo como marca àquele sinal para assinalar serviços da classe 38.ª). No que respeita a esta última decisão temos algumas dúvidas na qualificação do sinal como enganoso. Visto o sinal no seu conjunto cremos que o consumidor médio não a associará a serviços médicos. A impressão que releva do conjunto do sinal parece levar a caracterizá-lo como uma marca de fantasia e não como uma marca descritiva ou sequer sugestiva, pelo que não existiria, na nossa opinião, sinal enganoso.

O IHMI, por seu lado, recusou, entre outros, o pedido de registo, como marca comunitária, do sinal «Ecstasy» para produtos da classe 5.ª, e o pedido de registo, do sinal «Tequila Beer» para assinalar produtos das classes 32.ª e 33.ª (v. os pedidos n.° 000275693 e n.° 002642858, respectivamente, in: *http://oami.europa.eu/search/Legal Docs/la/es_Refused_index.cfm*).

ços[458]. Todavia, teoricamente é possível que uma indicação relativa ao preço seja susceptível de induzir em erro[459].

## 6. Irrelevância de indicações complementares verdadeiras

Um outro aspecto discutido no que se refere à aplicação do impedimento absoluto de registo como marca de sinais enganosos consiste em saber se o carácter enganoso intrínseco do sinal pode ser neutralizado se for acompanhado de indicações verdadeiras[460].

Na nossa opinião não é possível que uma marca *in se* originariamente enganosa deixe de o ser pelo facto de ser acompanhada de indicações correctoras[461-462], por várias razões.

Em primeiro lugar, porque é essa a solução que decorre da própria fundamentação do direito de marcas. A marca é um sinal que funciona como um "atalho" para os consumidores na medida em que simboliza determinadas informações[463]. O objectivo é que o consumidor ao ver a marca a associe a determinados factos, quaisquer que estes sejam, que

---

[458] Neste sentido, cfr. DENK, *op. cit.*, p. 97.

[459] DENK, *op. cit.*, p. 185, sustenta que as indicações da marca relativas ao preço têm de ser directas.

[460] Excluímos, deliberadamente, desta análise a questão relativa à marca intrinsecamente não deceptiva, mesmo que acompanhada de indicações não verdadeiras, porque, como referimos *supra*, defendemos que, para o efeito da previsão da recusa do registo de sinais deceptivos, o engano tem de constar da própria marca. Ora, se a marca não é intrinsecamente enganosa, não é pelo facto de ela ser *usada* acompanhada de *indicações enganosas* que passa a ser *ela própria* enganosa. Obviamente, isto não invalida que reputemos esse uso juridicamente censurável, mas existem meios próprios – fora do direito de marcas – para o sancionar (v. *infra* Cap. II, 3.). No mesmo sentido, cfr. M. NOGUEIRA SERENS, «Aspectos...», *cit.*, pp. 623 e ss.

[461] Concordamos, por isso, com M. NOGUEIRA SERENS, «Aspectos...», *cit.*, p. 620. No mesmo sentido, cfr., entre outros, ALOIS TROLLER, *op. cit.*, p. 94.

[462] No mesmo sentido, v. a Decisão da Divisão de anulação do IHMI, de 1 de Agosto de 2004, proferida no processo de invalidade da marca comunitária n.º 000505552, «Alaska» [figurativa], onde é afirmado, no n.º 38, que o perigo de engano pela utilização de indicações geográficas inexactas não é excluído através de aditamentos deslocalizadores (disponível para consulta na base de dados do IHMI, no sítio: *http://oami.europa.eu/ LegalDocs/Cancellation/de/C000505552_360.pdf*).

[463] V. *supra* Introdução, III.

repute importantes para decidir adquirir (ou, eventualmente, rejeitar) o produto e, se ficar satisfeito, permite-lhe repetir essas escolhas, confiando na marca.

O papel da marca é tanto mais importante quanto a prática comum do consumidor médio, normalmente informado e razoavelmente atento e advertido, pelo menos no que respeita aos produtos de necessidade diária, não assenta na leitura (integral) dos rótulos das embalagens e etiquetas dos produtos, analisando pormenorizadamente as indicações relativas à composição, quantidades, etc., dos produtos em causa. O consumidor médio não tem tempo (p.e., nas suas deslocações ao supermercado)[464], para analisar exaustivamente essas informações, nem sequer tem conhecimentos sobre as menções que são, naquele momento[465], obrigatórias para cada produto e mesmo que tenha, atendendo aos inúmeros diplomas e suas especificidades, duvidamos que tenha memória![466].

Divergindo desta leitura, o Tribunal de Justiça nalguns Acórdãos relativos à interpretação de normas que proíbem o engano *fora do direito de marcas* parece partir do pressuposto que o consumidor médio *lê e compreende* os rótulos e etiquetas[467].

---

[464] Já para não referir a situação particular dos consumidores que efectuam as suas compras, mesmo as de supermercado, de forma não presencial, por exemplo, através da Internet. Para estes o valor informativo da marca adquirirá ainda mais importância, já que aí, em regra, não podem ler os rótulos (nem as etiquetas, na maioria das vezes) dos produtos que desejam adquirir.

[465] A referência a um momento específico pretende sublinhar que mesmo que, em certa altura, o consumidor (médio?), por qualquer razão, tivesse conhecimento dos dizeres obrigatórios relativamente a determinado produto, com as consecutivas alterações nos regulamentos dificilmente poderia manter-se actualizado no que respeita a essa matéria.

[466] Para se ter uma ideia geral sobre os numerosos regulamentos comunitários (e respectivas alterações e revogações) relativos à rotulagem dos mais diversos produtos alimentares, consulte-se o sítio na Internet: *http://europa.eu/scadplus/leg/pt/s16600.htm*.

[467] Como é referido por SEBASTIÁN ROMERO MELCHOR («La sentencia "Lancaster" ¿un *lifting* de la noción de consumidor normalmente informado en la jurisprudencia del Tribunal de Justicia de las Comunidades Europeas?», in: *Gaceta Jurídica de la Unión Europea y de la Competencia*, n.º 209, Septiembre/Octubre 2000, p. 63), "a partir da sua sentença "Cassis Dijon", o TJCE considerou a etiquetagem informativa como uma solução preferível, em princípio, a toda a proibição de importar ou comercializar um produto, declarando reiteradamente que o objectivo da protecção dos consumidores pode garantir-se eficazmente por meios menos restritivos para a liberdade de circulação de mercadorias do que a aplicação de uma proibição desse tipo quando os produtos em questão não são conformes à normativa nacional".

Referimo-nos, entre outros, ao Acórdão do TJ, de 4 de Abril de 2000, proferido no caso «D'arbo Naturrein»[468], onde não só não recorreu, lamentavelmente[469], às normas relativas à proibição de engano do direito de marcas, como não considerou enganosa, para efeitos do engano previsto noutros normativos, a indicação «puramente natural», apesar de terem sido detectadas determinadas substâncias químicas no produto em questão, porque considerou que, para além do seu teor ser *muito diminuto*, elas estavam indicadas no rótulo do produto[470-471].

---

[468] Acórdão do TJ, de 4 de Abril de 2000, proferido no proc. C-465/98, entre Verein gegen Unwese in Handel und Gewerbe Köln eV e Adolf Darbo AG, no caso «D'arbo Naturrein», in: *Col.* 2000-4, pp. I-2321 e ss.

[469] No mesmo sentido, cfr. ÁNGEL MARTÍNEZ GUTIÉRREZ, «Brevi note sul giudizio di ingannevolezza», *cit.*, p. 69.

[470] V. o n.º 22 do Acórdão, *cit.* (*Col.* 2000-4, pp. I-2334), onde se afirma: "(...) quanto à pectina, basta verificar que a sua presença no doce d'arbo está indicada no rótulo da embalagem, nos termos dos artigos 3.º, n.º 1, ponto 2, e 6.º, n.ºs 4, alínea *a*), e 5, alínea *a*), da directiva. Tal como reconhecido pelo Tribunal de Justiça (v. acórdão de 26 de Outubro de 1995, Comissão Alemanha, C-51/94, Colect., pp. I-3599, n.º 34), os consumidores, cuja decisão de comprar é determinada pela composição dos produtos que têm a intenção de adquirir, lêem em primeiro lugar a lista dos ingredientes cuja menção é obrigatória por força do artigo 6.º da directiva. Nestas circunstâncias, um consumidor médio, normalmente informado e razoavelmente atento e advertido, não pode ser induzido em erro pela menção «puramente natural» inscrita no rótulo, pelo simples facto de o género alimentício conter gelificante pectina, cuja presença é correctamente mencionada na lista de ingredientes que o compõem (v., no mesmo sentido, acórdão de 9 de Fevereiro de 1999, Van der Laan, C-383/97, Colect., pp. I-731, n.º 37)".

V. ainda o n.º 28 do Acórdão *cit.*, *Col.* 2000-4, pp. I-2336 onde se declara que "(...) mesmo admitindo que, em certos casos, [os] consumidores possam ignorar esta realidade [no n.º anterior o TJ referira ser pacífico que o ambiente natural contém chumbo e cádmio e que, a partir do momento em que os frutos de jardim sejam cultivados num ambiente como este, estão inevitavelmente expostos aos agentes poluentes que aí se encontram] e ser por esse facto induzidos em erro, este risco é mínimo e não pode, consequentemente, justificar um obstáculo à livre circulação de mercadorias (...)".

[471] Também no Acórdão, de 6 de Novembro de 2003, proferido no proc. C-358/01, Comissão CE v. Reino de Espanha, in: *Col.* 2003-11 (A), pp. I-13182 e ss., estando em causa a recusa de acesso ao mercado espanhol de produtos legalmente fabricados e comercializados noutros Estados-membros quando o seu teor de cloro activo seja inferior a 35 grs. por litro com a denominação «detergente com lixívia» ou uma denominação semelhante, o Tribunal de Justiça afirmou que "(...) a aposição de um rótulo com informações sobre a natureza e as características principais do produto, incluindo o seu teor de cloro activo, afigura-se perfeitamente suficiente para informar os consumidores das qualidades e da composição de produtos como os que estão em causa no presente processo" (n.º 50). E no Acórdão, de 5 de Dezembro de 2000 (proferido no proc. C-448/98, no caso «Emen-

Todavia, neste Acórdão (tal como noutros em que o Tribunal de Justiça assume esta posição) não estava em causa a interpretação do art. 3.º, n.º 1, al.ª g) da Directiva de marcas, nem da norma correspondente do Regulamento sobre a marca comunitária. Por isso, consideramos que esta decisão não vincula os aplicadores da lei nos diversos Estados-membros. Aliás, talvez por isso, a Divisão de anulação do IHMI reconhece, expressamente, no n.º 38 da Decisão de 10 de Agosto de 2004, no procedimento de declaração de invalidade da marca mista «Alaska»[472], que "através de aditamentos deslocalizadores não é excluído o perigo de engano pela utilização de uma indicação geográfica inexacta (...)".

Do facto de o consumidor médio não adoptar o referido procedimento em cada aquisição de produtos do quotidiano resulta, como dizíamos, uma importância acrescida para a marca e, consequentemente também uma responsabilidade adicional: a marca serve como sinal de identificação e distinção do produto, mas não pode ser, em si mesma, enganosa. É para a marca (e, eventualmente, para o preço) que o consumidor médio olha nas prateleiras dos supermercados e não para as indicações complementares. Assim, é a marca que, em grande medida, determina a compra do produto, por isso, se ela for enganosa, não é pelo facto de a embalagem conter as indicações complementares verdadeiras que o potencial engano do público deixa de existir e, talvez por essa razão, o legislador basta-se com a *susceptibilidade* de indução em erro[473]...

Em segundo lugar, como referimos *supra*, defendemos que o engano relevante para o efeito de recusa de registo do sinal como marca é o que decorre do *próprio* sinal (deceptividade intrínseca). Recorrendo a um dos exemplos referidos por M. NOGUEIRA SERENS, o sinal «Empel» para assinalar produtos fabricados com um material que imita o coiro não deixaria de ser enganoso se fosse utilizado acompanhado de uma indicação da qual

---

tal», in: *Col.* 2000-12 (A), pp. I-10679 e ss.), declarou que "(...) em caso de uma diferença de importância menor, uma etiquetagem adequada deve bastar para fornecer as informações necessárias ao adquirente ou ao consumidor (...)" (n.º 31) e que "(...) mesmo admitindo que a diferença no método de afinação entre um emental com casca e um emental sem casca possa constituir um elemento susceptível de induzir o consumidor em erro, bastaria, mantendo a denominação «emental», acompanhar esta denominação de uma informação adequada acerca dessa diferença" (n.º 33) (*Col.* 2000-12 (A), pp. I-10691 e s.).

[472] A referida decisão pode ser consultada na Internet, no sítio: *http://oami.europa. eu/LegalDocs/Cancellation/de/C000505552_360.pdf.*

[473] Sobre a exigência, determinada por via jurisprudencial, de apenas relevar o risco suficientemente grave ou sério de engano, v. *supra* 3.

resultasse que os produtos não eram feitos em coiro ("Naturalmente Empel não é uma marca de produtos em coiro, mas os produtos que contradistingue são igualmente atraentes e confortáveis")[474].

Por fim, não podemos deixar de sublinhar que a questão dos aditamentos correctores assume especial relevância no domínio das marcas geográficas e é abordada pela doutrina a propósito das denominações de origem e indicações de proveniência. Aliás, em relação às denominações de origem e indicações geográficas registadas é expressamente proibida a sua utilização, por qualquer forma, "(...) em designações, etiquetas, rótulos, publicidade ou quaisquer documentos relativos a produtos não provenientes das respectivas regiões delimitadas" (art. 312.º, n.º 2 do CPI), mesmo que "(...) a verdadeira origem dos produtos seja mencionada, ou as palavras pertencentes àquelas denominações ou indicações venham acompanhadas de correctivos, tais como «género», «tipo», «qualidade» ou outros similares, e é extensiva ao emprego de qualquer expressão, apresentação ou combinação gráfica susceptíveis de induzir o consumidor em erro ou confusão" (art. 312.º, n.º 3 do CPI).

## 7. Síntese

Do exposto resulta que a aplicação do impedimento absoluto de registo de sinal enganoso como marca depende do conteúdo ou significado do sinal (deceptividade intrínseca), não relevando, para esse efeito, factores externos, como sejam a sua utilização enganosa (deceptividade extrínseca).

A apreciação do eventual significado deceptivo do sinal é efectuada tendo em consideração os produtos ou serviços para os quais o registo como marca é requerido, já que pode ser deceptivo para uns e não para outros, e tomando como referência o entendimento que o consumidor médio, razoavelmente atento e perspicaz, desses produtos ou serviços tem relativamente ao sinal. Porém, atendendo à natureza, às características e aos preços dos produtos ou serviços, o padrão de consumidor referencial pode ser diferente (p.e., se se tratar de produtos especializados; de elevado preço; de tipos específicos que justifiquem especiais cuidados, como é o caso dos medicamentos).

---

[474] M. NOGUEIRA SERENS, «Aspectos...», *cit.*, pp. 620 e s.

No que respeita aos aspectos sobre os quais o engano pode incidir, sustentamos que apenas relevam aqueles que forem susceptíveis de influenciar, racional e objectivamente, o comportamento económico dos consumidores, sendo irrelevantes eventuais indicações complementares verdadeiras.

Em seguida, iremos analisar como é que, em concreto, é recusado o pedido de registo de um sinal enganoso.

## § III. A RECUSA DO PEDIDO DE REGISTO COMO MARCA DE SINAL ENGANOSO *AB ORIGINE*

O primeiro momento em que a eventual deceptividade de uma marca (*rectius,* de um sinal que se pretende registar como marca) é objecto de análise ocorre no momento do exame do sinal que tem lugar após a apresentação do pedido de registo.

Neste ponto deter-nos-emos sobre a análise da eventual deceptividade do sinal encetada pela entidade administrativa competente para o registo, a fim de percebermos como é que, na prática, são excluídos deste os sinais enganosos e se o sistema instituído consegue, efectivamente, cumprir esse objectivo. Os aspectos práticos que aqui vão ser abordados assumem também especial relevância para aferirmos os reais interesses tutelados pela proibição de registo de sinais enganosos.

### 1. Análise da eventual deceptividade do sinal no âmbito do processo de registo da marca

#### 1.1. *Momento da apreciação do (eventual) carácter deceptivo do sinal pela entidade administrativa competente para o registo*

Antes de mais importa esclarecer em que momento é que a entidade administrativa competente para o registo procede à apreciação do seu eventual carácter deceptivo, pois neste domínio verifica-se no Código actualmente em vigor uma divergência importante entre o processo de registo de marca nacional e o processo de registo de marca comunitária.

Ambos os processos têm início com a apresentação do respectivo pedido e pagamento da taxa legalmente prevista. Todavia, a partir daqui temos de diferenciar o processo de registo de marca nacional e o processo de registo de marca comunitária.

O pedido de registo de uma marca nacional é objecto de um exame preliminar destinado a verificar o cumprimento de determinados requisitos *formais*, previstos nos arts. 233.º e 234.º. Inexistindo anomalias ou, caso existissem, se as mesmas tiverem sido supridas, o pedido é objecto de publicação no Boletim da Propriedade Industrial (BPI) e com esta publicação inicia-se um prazo de dois meses durante o qual pode ser deduzida reclamação do pedido apresentado[475].

Só quando este prazo estiver esgotado se não tiver sido deduzida reclamação ou, se esta existir, quando estiver encerrada a discussão, é que o INPI procede ao estudo do processo, verificando se o sinal em questão pode ser registado como marca (exame substancial)[475bis]. Para esse efeito, verifica se existe algum impedimento absoluto ao registo (p.e., se o sinal é deceptivo) ou algum impedimento relativo desse registo previsto no n.º 1 do art. 239.º[475ter].

No caso de marca comunitária, a situação é, como referimos, distinta. O IHMI, após a apresentação do pedido e o pagamento da taxa respectiva, procede ao exame prévio do pedido, averiguando se estão preenchidas as condições *formais* e *substanciais* para a sua concessão e comunica as irregularidades ao requerente para que este as sane no prazo estipulado

---

[475] V. *infra* 1.2.

[475bis] Com a alteração do art. 237.º, n.º 1 (introduzida pelo DL n.º 143/2008, de 25 de Julho) no sentido de suprimir a obrigatoriedade de realização do exame apenas após a publicação do pedido (justificada com a possibilidade de elaboração do pré-relatório interno e ainda que não estabelecendo qualquer interacção com o requerente), poder-se-ia pensar que o exame substancial tem agora lugar antes da publicação. No entanto, parece que tal não será assim.

Por um lado, milita neste sentido a própria sistematização legal (a previsão do art. 237.º é posterior). Por outro, no *Guia de Exame* citado é referido, na p. 9, que "concluído o exame formal dos pedidos de registo de marca, estes são publicados no Boletim da Propriedade Industrial, abrindo-se nessa altura um prazo para eventual oposição de terceiros. Esgotado esse período de tempo cumpre, em primeiro lugar, apreciar a compatibilidade do sinal registando face ao previsto nos artigos 222.º, 223.º e nas alíneas *a*) a *d*) do n.º 4 do artigo 238.º do Código da Propriedade Industrial".

Assim, mesmo após a alteração do CPI, entendemos que as observações críticas referidas no texto mantêm actualidade.

[475ter] Em virtude da alteração introduzida pelo DL n.º 143/2008, de 25 de Julho, os impedimentos relativos constantes do n.º 2 do art. 239.º só são analisados se tiverem sido invocados em reclamação.

(arts. 25.° e 36.° RMC[476-477]). Só após este exame, e se não tiver havido recusa, o pedido de registo será publicado (art. 39.°).
Daqui resultam duas diferenças significativas em relação à previsão normativa nacional. A primeira é que o exame do pedido de registo da marca comunitária tem lugar *antes* da sua publicação. A segunda é que, neste exame, o IHMI averigua oficiosamente a aplicação dos impedimentos *absolutos* de registo (v. art. 36.°, n.° 1, al.ª *b*) e art. 37.° do RMC). No que respeita aos impedimentos *relativos* de registo, essa averiguação oficiosa só existe relativamente às marcas *comunitárias* registadas[478]. Assim, a invocação dos restantes impedimentos relativos depende da iniciativa dos interessados.
Esboçada a tramitação do procedimento de registo de marca nacional e comunitária e sem perder de vista a diferenciação entre impedimentos absolutos e relativos do registo referidos *supra*[479], não podemos deixar de lamentar que o nosso legislador não tenha aproveitado as alterações legislativas de 2003 e, mais recentemente, de 2008, consubstanciadas na aprovação do Código da Propriedade Industrial actualmente em vigor e sua alteração, respectivamente, para introduzir alterações ao processo de re-

---

[476] V. ainda as Regras 1 a 11 do Regulamento de Execução do RMC (Reg. (CE) n.° 2868/95, da Comissão de 13 de Dezembro (in: *JO* L 303, de 15/12/95, pp. 1 e ss. V. alteração pelo Reg. (CE) n.° 355/2009, da Comissão de 31 de Março de 2009, in: *JO L* 109, de 30 de Abril de 2009, pp. 3 e ss.). A versão consolidada deste Regulamento pode ser consultada na Internet, no sítio: *http://oami.europa.eu/ows/rw/resource/documents/CTM/ regulations/2868.es.codified.pdf*.

[477] Sobre a prática do IHMI nesta matéria, v. Directrizes relativas aos procedimentos perante o Instituto de Harmonização do Mercado Interno (marcas, desenhos e modelos), Parte B – Exame, versão final: Abril de 2008, que podem ser consultadas na Internet, no sítio: *http://oami.europa.eu/es/mark/marque/pdf/examination-23042008-ES.pdf*.

[478] No que respeita aos impedimentos relativos de registo de marca comunitária, o art. 38.° do RMC preceitua que "depois de atribuir uma data de depósito a um pedido de marca comunitária, o Instituto elaborará um relatório de investigação onde serão mencionadas as marcas comunitárias ou os pedidos de marca comunitária anteriores, cuja existência tenha sido verificada e que, nos termos do artigo 8.°, sejam susceptíveis de ser opostos ao registo da marca comunitária que constitui objecto do pedido" (n.° 1). Todavia, o requerente do registo pode solicitar, no momento do depósito do pedido da marca comunitária, que lhe seja apresentado um relatório de investigação por parte dos serviços centrais da propriedade industrial dos Estados-membros, mediante pagamento da respectiva taxa (n.° 2 do art. 38.°). Este é o regime estabelecido na sequência da alteração do art. 39.° pelo Reg. (CE) n.° 422/2004, do Conselho, de 19 de Fevereiro de 2004, e que entrou em vigor em 10 de Maio de 2008 (art. 2.° do Reg. (CE) n.° 422/2004, *cit.*).

[479] V. *supra* § I.

gisto de marca nacional, no sentido de o aproximar do processo de registo de marca comunitária[480-480bis].

Deixando de lado a questão dos limites da averiguação oficiosa dos impedimentos de registo, que exorbita do objecto desta dissertação por implicar um estudo pormenorizado dos interesses subjacentes aos impedimentos *relativos* de registo[481-482], centraremos a nossa atenção no tipo de exame desenvolvido pelo INPI e pelo IHMI aquando da recepção do pedido de registo de marca nacional e comunitária, respectivamente.

Com efeito, este aspecto é extremamente relevante porque importa determinar se, sendo requerido o registo de um sinal que, de forma evidente ou notória, pode ser deceptivo em relação aos produtos ou serviços para os quais é requerido, a entidade administrativa competente pode proceder à análise do carácter deceptivo do sinal imediatamente ou só depois da publicação do pedido e eventual "oposição"[483] por parte de terceiros interessados.

A questão não é despicienda dado que, por um lado, a publicação do pedido acarreta custos – naturalmente imputados ao requerente do registo – e, por outro, a intervenção de terceiros, se permitida, também os

---

[480] No mesmo sentido, cfr. JOSÉ MOTA MAIA, *Propriedade industrial*, vol. II (Código da Propriedade Industrial Anotado), Almedina, Coimbra, 2005, p. 425.

[480bis] A excepção respeita à alteração relativa aos impedimentos relativos de registo previstos no n.º 1 do art. 239.º. Porém, como já referimos, não se compreende bem o critério para diferenciar os que são apreciados oficiosamente e os que carecem de arguição pelos interessados.

[481] Sempre se dirá, todavia, que a adopção de um modelo em que a entidade competente para o registo de marcas não avaliasse a existência de qualquer impedimento relativo de registo constituiria (mais) uma demonstração clara da inexistência de uma função de proteger os consumidores perante o risco de confusão, especialmente naqueles casos em que o titular de marca anterior não se oponha ao pedido de registo. Neste sentido, referindo-se à actual lei de marcas espanhola, cfr. CARLOS FERNÁNDEZ-NÓVOA, *Tratado...*, cit., p. 108.

[482] O sistema do RMC foi já adoptado em vários Estados-membros. V., p.e., a Ley de Marcas espanhola que introduziu esta alteração, com a especificidade de ser oficiosa a averiguação de um motivo de recusa relativo específico – o previsto no art. 9.º, n.º 1, al.ª *b*) LME que respeita ao nome, apelido, pseudónimo ou qualquer outro sinal que para a generalidade do público identifique uma pessoa diferente do requerente, sem a devida autorização.

[483] As aspas pretendem assinalar que a expressão usada, não sendo rigorosa do ponto de vista técnico-jurídico, visando englobar quer as reclamações previstas no CPI, quer as observações de terceiros previstas no RMC. Sobre esta possibilidade v. *infra* 1.2.

implicam (*v.g.*, taxas, documentos que sejam necessários apresentar, eventualmente honorários de advogado ou de oficial de propriedade industrial, etc.). Ora, se em relação aos requerentes podemos defender que são eles os interessados no registo e são eles que devem suportar o risco de o pedido vir a ser recusado[484], o mesmo não parece suceder em relação aos terceiros.

Se a entidade administrativa dispuser[485], logo no momento do pedido de registo, de elementos (designadamente pelo conhecimento do significado do sinal cujo registo é requerido e dos produtos ou serviços que o mesmo visa assinalar) que lhe permitam concluir pelo carácter deceptivo do sinal – p.e., porque o mesmo é notório –, por que é que há-de fazer os concorrentes ou as associações de consumidores intervir no processo, com os custos inerentes ao mesmo? Se a entidade administrativa competente puder recusar o pedido (naturalmente, sem prejuízo, da possibilidade de recurso deste despacho) sem que haja lugar a qualquer publicação são acautelados todos os interesses em jogo[486].

Julgamos, pois que *de iure condendo* o legislador português devia proceder à alteração do exame prévio passando a englobar a análise dos impedimentos absolutos de registo de marcas, alinhando com as legislações de outros Estados-membros[487] e sobretudo com o Regulamento sobre a marca comunitária.

---

[484] Inclusivamente o acesso à informação no que se refere aos motivos de recusa do pedido é fácil pois, mesmo que não contem com o auxílio de um profissional, podem recorrer aos guias (disponíveis em papel e *on-line*) da entidade administrativa competente.

[485] E se não dispuser, como é referido *infra*, cremos que pode solicitar ao requerente do registo as informações que entender necessárias para o seu cabal esclarecimento. V. *infra* 1.3.

[486] Esta solução parece ainda colher apoio no *princípio da desburocratização e eficiência* (art. 10.º Código do Procedimento Administrativo, aprovado pelo DL n.º 442/91, de 15 de Novembro [CPA]), que, como refere DIOGO FREITAS DO AMARAL, "implica que a Administração Pública deve organizar-se de modo a possibilitar uma utilização racional dos meios ao seu dispor, simplificando tanto quanto possível as suas operações como o relacionamento com os particulares" (*Curso de Direito Administrativo*, vol. II, Almedina, Coimbra, 2001, p. 308).

[487] Embora se verifiquem grandes diferenças entre estas, dado que algumas, afastando-se do regime adoptado pelo RMC, incluem neste exame prévio não só a apreciação dos impedimentos absolutos mas também dos relativos (*v.g.*, § 37. TMA do Reino Unido; § 42. do *TMA* da Irlanda e o art. 170.º, n.º 1, al.ª *a*) do *CPIital.*).

## 1.2. Arguição do impedimento absoluto de registo de sinais enganosos por terceiros

Uma outra questão que tem de ser esclarecida respeita à possibilidade do engano perpetrado pelo sinal que se pretende registar como marca poder ser invocado, ainda no decurso do procedimento perante o INPI/ /IHMI, por terceiros (p.e., por concorrentes).

A resposta afirmativa no que respeita ao processo de registo quer da marca nacional, quer da marca comunitária, não nos permite, todavia, silenciar as significativas diferenças que, também neste ponto, se registam entre os dois corpos normativos em cotejo.

Com efeito, enquanto no Código da Propriedade Industrial a deceptividade originária do sinal pode ser invocada por terceiros através de reclamações[488], no Regulamento sobre a marca comunitária os terceiros não podem deduzir *oposição* ao pedido de registo com este fundamento, uma vez que o mesmo não consta do elenco das causas possíveis de oposição, taxativamente previstas no art. 41.°. No entanto, é possível a intervenção de terceiros no processo de registo de marca comunitária com fundamento na deceptividade originária do sinal através da apresentação de *observações de terceiros*[489] (art. 41.° do RMC). Estas, contudo, além de não terem carácter vinculativo sobre o IHMI, não atribuem a qualidade de parte no processo a quem as tiver apresentado.

Do exposto decorre que a diferença entre o sistema nacional e o sistema comunitário, em termos práticos, fica confinada à susceptibilidade, ou insusceptibilidade, respectivamente, de recurso da decisão da entidade competente que concede o registo de marca.

O despacho de concessão[490] do registo de marca nacional é impugnável através de recurso que pode ser interposto pelos reclamantes[491]. Ao invés, tratando-se de pedido de registo de marca comunitária, os terceiros não podem interpor recurso da decisão do IHMI de conceder o

---

[488] O processo subsequente à apresentação da reclamação será referido *infra* em 2.

[489] Foi o que aconteceu, p.e., no processo de registo da marca comunitária (figurativa) pedida sob o n.° 000221648, em que a *Scotch Whisky Association* deduziu "observações de terceiros", invocando o carácter enganoso do sinal. V. a decisão da 1.ª Câmara de Recurso, de 27 de Junho de 2005, no proc. R 1112/2004-1, consultada no sítio: *http://oami. europa.eu/LegalDocs/BoA/2004/fr/R1112_2004-1.pdf*.

[490] Relativamente ao despacho de recusa de registo, v. *infra* 2. e 3.

[491] E, além desses, por quem seja directa e efectivamente prejudicado pela decisão (art. 41.°, n.° 1).

registo[492], contrariamente à pretensão por estes apresentada nas observações de terceiros, restando-lhes impugnar a validade do registo efectuado.

Atendendo sobretudo à finalidade preventiva das normas nacional e comunitária que prevêem como impedimento absoluto de registo os sinais enganosos *ab initio*, pensamos que a melhor solução é a adoptada no nosso ordenamento jurídico.

De facto, parece-nos que joga melhor com o referido intuito profiláctico do sistema a possibilidade de evitar o acto do registo, em última instância através do recurso do despacho de concessão do registo do sinal enganoso pelo INPI.

No âmbito do processo de registo de marca comunitária tal não é possível, restando a hipótese de impugnar a validade do registo concedido. Este resultado, embora não consiga de forma plenamente satisfatória cumprir o objectivo aludido de prevenção de registo de sinais enganosos, talvez possa ser explicado pelo facto de o processo de registo de uma marca comunitária ser altamente complexo, sobretudo por causa do número de países em que este registo produz efeitos, e pela necessidade de evitar uma interposição massiva de recursos das decisões do IHMI.

Por outro lado, este facto é revelador da importância prática das observações de terceiros, já que, se forem fundamentadas, e não obstante não serem vinculativas, é previsível que o IHMI as tenha na devida consideração, com isso se evitando registos de marcas comunitárias que, depois, só através da impugnação da sua validade poderiam ser atacados[493].

---

[492] Apenas as decisões dos examinadores do IHMI que resultem na recusa do registo podem ser objecto de recurso (arts. 58.° e 59.° RMC).

[493] Neste sentido, cfr. P. GEROULAKOS, «Observaciones de terceros», in: AA.VV., *Comentarios a los reglamentos sobre la marca comunitaria* (Alberto Casado Cerviño, M.ª Luisa Llobregat Hurtado), vol. I (arts. 1-74), 1.ª ed. revista, Alicante, Universidad de Alicante, 1996, p. 388. V. ainda o n.° 9.1. das Directrizes relativas aos procedimentos perante o Instituto de Harmonização do Mercado Interno (marcas, desenhos e modelos), Parte B – Exame, versão final: Abril de 2008, *cit.*, p. 67 e, no mesmo documento, o n.° 9.2. onde se estabelece que: "o examinador poderá também reabrir o procedimento de exame sobre motivos absolutos com fundamento noutro motivo em qualquer momento anterior ao registo, quer dizer, quer quando as observações de terceiros tiverem sido apresentadas antes da publicação do pedido, quer quando o examinador encontre, oficiosamente, um motivo de recusa que não tivesse sido detectado. Após a publicação do pedido, esta faculdade deve exercer-se apenas nos casos claramente definidos (este número não se aplica aos registos internacionais que designam a CE devido à existência de normas específicas como resultado do Protocolo de Madrid)".

Um outro aspecto sobre o qual importa reflectir respeita à legitimidade activa para apresentar as observações de terceiros no processo de registo de marca comunitária ou deduzir reclamação no processo de registo de marca nacional.

As observações de terceiros podem ser apresentadas por qualquer pessoa singular ou colectiva, incluindo as associações representativas de fabricantes, produtores, prestadores de serviços, comerciantes ou consumidores, após a publicação do pedido de marca comunitária[494].

Relativamente às reclamações de pedidos de registo de marcas nacionais, o art. 236.º, n.º 1 do CPI, prevê que as mesmas possam ser deduzidas por *quem se julgar prejudicado pela eventual concessão do registo*, no prazo de dois meses a contar da data da publicação do pedido de registo no Boletim da Propriedade Industrial[495]. Não temos, por isso, dúvidas quanto à legitimação dos concorrentes e dos consumidores, tal como sucede no âmbito do Regulamento sobre a marca comunitária.

Porém, atendendo ao facto de ser pouco provável que os consumidores, individualmente considerados, ou até mesmo pequenos concorrentes, tenham acesso (e em tempo útil) ao pedido de registo formulado – lembramos que a divulgação do pedido de registo é feito por publicação do aviso competente no Boletim da Propriedade Industrial, e que o prazo para

---

[494] A norma referida não estabelece um prazo para apresentar as observações. Todavia, a Comunicação n.º 1/00, do Presidente do IHMI, de 25 de Fevereiro de 2000, relativa às observações de terceiros (Boletim n.º 5/00, p. 478), refere que "em qualquer eventual novo exame dos pedidos de marcas em relação aos quais não exista oposição, o Instituto apenas terá em conta as observações recebidas dentro do prazo de oposição (três meses a partir da data de publicação) ou dentro do mês seguinte ao termo do referido prazo. Isso deve-se ao facto de os pedidos de marca passarem em seguida ao trâmite do registo. Não obstante, o Instituto comunicará ao requerente toda a observação recebida após a expiração do prazo antes mencionado, com a menção de que foi recebida fora de prazo. Informar-se-á devidamente o observador.

No que respeita às observações recebidas sobre pedidos de marca em relação aos quais exista oposição, as observações considerar-se-ão devidamente apresentadas se se receberem antes de estar concluído o procedimento de oposição.

A este respeito, convém sublinhar que não serão admitidas alegações sobre motivos de recusa absolutos colocados no procedimento de oposição. Por conseguinte, se o oponente desejar alegar motivos de recusa do registo da marca como tal, deverá fazê-lo num escrito independente conforme ao artigo 41.º do RMC" (n.º 2).

[495] Este prazo pode, no entanto, ser prorrogado, uma única vez, por um mês, a requerimento (fundamentado) do interessado, devendo a parte contrária ser notificada dessa prorrogação (art. 17.º, n.º 4).

a reclamação é de dois meses a contar da publicação –, para além de a reclamação implicar alguma burocracia e custos, parece-nos difícil, na prática, que algum consumidor ou concorrente (de pequena dimensão), isoladamente, deduza reclamação. Mais provável é que sejam os concorrentes, as associações de produtores e de consumidores a chamar a si essa tarefa[496]. A possibilidade de intervenção das associações está, no entanto, dependente do direito de acção popular[497].

O Código do Procedimento Administrativo, aplicável na medida em que o processo de registo de marca nacional é um procedimento administrativo[498], preceitua que «têm legitimidade para iniciar o procedimento administrativo e para intervir nele os titulares de direitos subjectivos ou interesses legalmente protegidos, no âmbito das decisões que nele forem

---

[496] Como é referido por MIGUEL TEIXEIRA DE SOUSA (*A legitimidade popular na tutela dos interesses difusos*, LEX, Lisboa, 2003, p. 123), "a concessão da legitimidade popular a pessoas singulares e a alguns entes colectivos (cfr. art. 52.º, n.º 3 proémio, CRP; art. 2.º, n.º 1, LPPAP) tem uma importante relevância prática, pois que a insignificância do dano sofrido por cada atingido, a fraqueza do litigante isolado, a excessiva onerosidade do acesso à justiça e o temor de enfrentar uma contraparte poderosa afastam frequentemente o lesado de actuar em juízo na defesa do seu próprio interesse. Uma forma de superar esta dificuldade consiste em atribuir a uma pessoa singular a representação em juízo de todos aqueles que se encontram, como titulares de um interesse difuso, numa posição semelhante (de lesados ou de ameaçados de lesão, nomeadamente); uma outra consiste em conceder legitimidade processual aos entes colectivos cujo objectivo estatutário seja a defesa do interesse difuso ameaçado ou ofendido".

[497] Este direito está regulado na Lei n.º 83/95, de 31 de Agosto (LAP) para a prevenção, cessação ou perseguição judicial das infracções previstas no n.º 3 do artigo 52.º da Constituição da República Portuguesa (i.e., relativas à tutela dos interesses difusos) e pode ser exercido por quaisquer cidadãos no gozo dos seus direitos civis e políticos, bem como por associações e fundações defensoras dos interesses previstos no artigo 1.º da LAP, *independentemente de terem ou não interesse directo na demanda* (art. 2.º, n.º 1), contanto que das suas atribuições ou dos seus objectivos estatutários conste expressamente a defesa dos interesses em causa no tipo de acção de que se trate e desde que não haja exercício de qualquer tipo de actividade profissional concorrente com empresas ou profissionais liberais (art. 3.º LAP).

[498] O procedimento administrativo consiste numa sucessão ordenada de actos e formalidades tendentes à formação e manifestação da vontade da Administração Pública ou à sua execução" (v. art. 1.º, n.º 1 CPA).

Sobre a noção de procedimento administrativo, cfr., entre outros, DIOGO FREITAS DO AMARAL, *op. cit.*, pp. 288 e ss.; JOÃO CAUPERS, *Introdução ao direito administrativo*, 8.ª edição, Âncora Editora, Lisboa, 2005, pp. 150 e ss., JOSÉ EDUARDO FIGUEIREDO DIAS/ /FERNANDA PAULA OLIVEIRA, *Noções fundamentais de direito administrativo*, Almedina, Coimbra, 2005, pp. 173 e ss.

ou possam ser tomadas, bem como *as associações sem carácter político que tenham por fim a defesa desses interesses*» (art. 53.º, n.º 1 CPA [itálicos nossos]), indiciando a admissibilidade de acção popular neste domínio[499].

A concretização desta possibilidade exige, independentemente de terem ou não interesse directo na demanda, que a defesa dos interesses em causa no tipo de acção de que se trate esteja expressamente abrangida nos estatutos da associação e que a mesma não exerça qualquer tipo de actividade profissional concorrente com empresas ou profissões liberais.

No caso das associações de consumidores é a própria Lei de Defesa do Consumidor (LDC[500]) que as define como "associações dotadas de personalidade jurídica, sem fins lucrativos e com o objectivo principal de proteger os direitos e os interesses dos consumidores em geral ou dos consumidores seus associados (art. 17.º, n.º 1 LDC[501]) e que lhes reconhece expressamente o direito à acção popular (art. 18.º, n.º 1, al.ª *l*) LDC)[502].

Além desses, e atendendo a que o prejuízo infligido pode respeitar ao público em geral, cremos que também tem legitimidade para reclamar de tal pedido de registo o Ministério Público[503]. Neste caso estará em causa uma acção inibitória pública, não só por estar em causa o interesse público, mas ainda porque "incumbe ao Ministério Público a defesa dos consumidores (…) intervindo em acções administrativas e cíveis tendentes à tutela dos interesses individuais homogéneos, bem como de interes-

---

[499] Sobre o tema, cfr. MIGUEL TEIXEIRA DE SOUSA, *op. cit.*, esp. pp. 131 e ss., que afirma que "no âmbito da tutela dos interesses difusos, há que considerar a legitimidade popular administrativa em conjunto com a correspondente legitimidade procedimental – isto é, com uma legitimidade procedimental popular –, que, entre outras funções, se destina a assegurar uma cooperação entre as entidades públicas e os representantes dos interesses difusos e a garantir a imparcialidade da Administração nas decisões que afectam aqueles interesses" (pp. 135 e s.).
[500] A LDC foi aprovada pela Lei n.º 24/96, de 31 de Julho.
[501] Por força do disposto no n.º 4 do mesmo artigo "as cooperativas de consumo são equiparadas, para os efeitos do disposto no presente diploma, às associações de consumidores".
[502] Refira-se ainda que também o Instituto do Consumidor pode representar em juízo os direitos e interesses colectivos e difusos dos consumidores (art. 21.º, n.º 2, al.ª *c*) LDC), através de uma acção inibitória pública (cfr. MIGUEL TEIXEIRA DE SOUSA, *op. cit.*, pp. 146 e s.).
[503] Questão diferente, e que não é aqui debatida, é saber se faz uso da mesma.

ses colectivos ou difusos dos consumidores"[504] (art. 20.º LDC e art. 3.º, al.ª *e*) Estatuto do Ministério Público[505]).

Esta é a solução que melhor se coaduna com a tutela dos interesses visados pela proibição de registo de sinais enganosos. Por outro lado, atendendo a que os sujeitos referidos têm legitimidade para arguir a nulidade do registo de marca originariamente deceptiva[506], por maioria de razão, deve ser admitida a intervenção dos mesmos preventivamente.

### 1.3. Análise da eventual deceptividade do sinal objecto do pedido de registo

#### 1.3.1. O exame desenvolvido pela entidade administrativa competente para a concessão do registo

Como tivemos oportunidade de verificar[507], a entidade administrativa competente para a concessão do registo deve, no que respeita à determinação da eventual deceptividade, atender ao significado do sinal e relacioná-lo com os produtos ou serviços que aquele pretende assinalar (deceptividade intrínseca).

Se o sinal for notoriamente ou de forma evidente deceptivo, a avaliação por parte do INP e do IHMI é muito facilitada, até porque nesse caso a prova do facto não é necessária[508]. O mesmo sucede nos casos em

---

[504] MIGUEL TEIXEIRA DE SOUSA distingue, relativamente ao papel do Ministério Público na tutela dos interesses difusos, entre a acção popular e as acções inibitórias, concluindo que "em regra, o direito português desconhece uma acção popular pública" (*op. cit.*, pp. 124 e s.) e, mais adiante, referindo-se concretamente à tutela jurisdicional dos interesses difusos relativos ao consumo defende que essa pode operar através de acções populares e de acções inibitórias, sendo que o Ministério Público, à excepção do disposto no art. 16.º LAP que tem aplicação muito residual, não tem legitimidade popular pelo que estará apenas em causa uma acção inibitória pública (*op. cit.*, p. 145).

[505] V. Lei n.º 60/98, de 27/8.

[506] V. *infra* Capítulo II, 2., 2.2.

[507] V. *supra* § 2., esp. 1. e 2.

[508] Esta é a solução que decorre, relativamente ao processo nacional, do art. 87.º, n.º 2 do CPA, e que parece ser igualmente aplicável à marca comunitária, dado que o art. 79.º do RMC dispõe que "na falta de uma disposição processual no presente regulamento, no regulamento de execução, (....), o Instituto tomará em consideração os princípios geralmente aceites nos Estados-membros sobre a matéria".

que o examinador conhece, em virtude do exercício das suas funções, o sinal e os produtos ou serviços em questão. Imagine-se que já tinha sido pedido o registo daquele sinal para assinalar os mesmos produtos ou serviços, tendo, então, sido efectuada prova do carácter deceptivo do mesmo.

Todavia, nem sempre a análise do sinal é tão linear. Como já tivemos ocasião de referir[509], no requerimento de registo apenas têm de ser indicados "os produtos ou serviços a que a marca se destina, agrupados pela ordem das classes da classificação internacional dos produtos e serviços e designados em termos precisos, de preferência pelos termos da lista alfabética da referida classificação" (art. 233.°, n.° 1, al.ª b) do CPI e Regra 2, n.° 3 do Regulamento (CE) n.° 2868/95, da Comissão, de 13 de Dezembro de 1995, relativo à execução do RMC).

Esta indicação pode, de facto, ser insuficiente para apreciar o carácter deceptivo do sinal. Para ultrapassar esta dificuldade é indispensável que a entidade administrativa competente disponha da faculdade de requerer ao solicitante do registo os esclarecimentos necessários para a valoração do carácter enganoso do sinal.

A solução que, aparentemente, decorre do Código da Propriedade Industrial consiste na recusa *provisória* do pedido de registo (art. 237.°, n.° 5)[510]. Nesta hipótese, como é referido *infra*[511], o requerente do registo pode responder, após ter sido notificado deste despacho, invocando factos que afastem a susceptibilidade de a marca (poder) induzir em erro ou pode requerer a limitação do pedido de registo para determinados produtos ou serviços, ou para produtos ou serviços que preencham determinadas condições[512]. Se, perante esta resposta, o INPI concluir que a recusa não tem

---

[509] V. § 2., 2.

[510] Foi o que aconteceu, p.e., no âmbito do registo internacional da marca n.° 627 623, «Tomato bolognese» para produtos das classes 29.ª e 30.ª (in: *BPI* 5/2001, pp. 2144 e ss.), em que o INPI recusou, primeiro provisoriamente e depois em termos definitivos, o registo da referida marca por entender haver falsa indicação de proveniência. Sublinha-se, no entanto, que depois a requerente intentou recurso judicial em que provou ter limitado, em sede de registo internacional, o registo aos produtos das classes 29.ª e 30.ª *de origem italiana e que contivesse tomate*, pelo que o registo acabou por ser concedido, também em Portugal, com esta limitação.

[511] V. *infra* 2.

[512] V. o caso «Tomato bolognese» referido *supra* e, por exemplo, o registo da marca internacional n.° 611 794, «Charmes d'Italie» para molhos e saladas (classe 30.ª) *provenientes de Itália* (in: BPI 3/1999, pp. 879 e ss.).

fundamento, ou que as objecções levantadas foram sanadas, concede o registo (art. 237.º, n.º 8)[513].

No entanto, parece-nos que a solução legalmente aplicável e preferível é outra. Se o INPI analisa um sinal cujo registo foi solicitado para assinalar um produto e consoante, p.e., a composição desse produto, o sinal pode ser considerado susceptível de induzir o público em erro, a solução deve passar, não pela recusa do pedido, mesmo que provisória (que pode levar o requerente a desistir imediatamente do pedido), mas pelo pedido de esclarecimentos ao requerente[514].

Com efeito, o INPI, sendo um instituto público[515] fica sujeito às disposições do Código do Procedimento Administrativo[516] e o processo de registo de marca nacional, apesar de ser um procedimento administrativo especial (porque regulado no Código da Propriedade Industrial), fica subordinado "quer aos *"princípios gerais da actividade administrativa"* constantes do próprio CPA, quer às normas que nesse Código *"concretizam preceitos constitucionais"*, quer ainda, no âmbito da actividade de gestão pública, às próprias regras de *direito* substantivo sobre *organização e actividade administrativas* aí inscritas (CPA, artigo 2.º, n.ºs 5, 6 e 7)"[517].

Ora, o CPA relativamente ao procedimento administrativo comum estabelece o *princípio do inquisitório* (art. 56.º CPA), segundo o qual "os órgãos administrativos, mesmo que o procedimento seja instaurado por iniciativa dos interessados, podem proceder às diligências que considerem convenientes para a instrução, ainda que sobre matérias não mencionadas nos requerimentos ou nas respostas dos interessados (...)"[518].

---

[513] Naturalmente, se, após ter analisado a resposta do requerente ou se este não a tiver apresentado (atempadamente), o INPI concluir que se trata de sinal enganoso, deve proferir despacho de recusa definitivo (art. 237.º, n.º 9 e n.º 6).

[514] A este propósito importa referir que é punido com pena de prisão até três anos ou com pena de multa até 360 dias quem, independentemente da violação de direitos de terceiros, fizer registar um acto juridicamente inexistente ou com manifesta ocultação da verdade (art. 328.º).

[515] O INPI é um instituto público, integrado na administração indirecta do Estado, dotado de autonomia administrativa e financeira e património próprio, que prossegue atribuições do Ministério da Justiça, sob superintendência e tutela do respectivo Ministro (art. 1.º, n.ºs 1 e 2 do DL n.º 132/2007, de 27 de Abril).

[516] V. o disposto no art. 2.º, n.º 1 e n.º 2, al.ª *b*) do CPA.

[517] DIOGO FREITAS DO AMARAL, *op. cit.*, p. 310.

[518] Sem prejuízo de, antes de proferir a decisão, o INPI dever ouvir o requerente do registo, já que, como é sublinhado por DIOGO FREITAS DO AMARAL (*op. cit.*, p. 315), "durante a fase de instrução pode ser ouvido o particular cujo requerimento tenha dado

Esta solução[519] é suficientemente equilibrada para proteger os interesses do requerente do registo (que, normalmente, já investiu avultadas somas no desenvolvimento do projecto em que se insere o sinal cujo registo como marca é pedido), sem descurar os interesses que fundamentam teleologicamente a proibição de registo de sinais enganosos: o interesse público geral e o interesse dos consumidores e dos concorrentes.

Na verdade, o legislador pretende vetar o registo de sinais enganosos, mas também quer, cada vez mais, estimular o registo de marcas, naturalmente não-deceptivas[520]. Assim, impõe-se uma valoração séria dos sinais

---

origem ao procedimento (...): mas esta audiência não deve ser confundida com aquela a que necessariamente se terá de proceder na terceira fase do procedimento: nesta fase tratar-se-á do exercício do direito de participação ou de defesa".

[519] Esta possibilidade alcança o mesmo resultado das propostas apresentadas por ÁNGEL MARTÍNEZ GUTIÉRREZ (*La marca engañosa*, cit., p. 69) na vigência da anterior lei de marcas espanhola, que defendia a concessão de maiores faculdades inquisitivas ao órgão administrativo competente de forma a permitir que este requeira uma descrição detalhada dos produtos ou serviços, bem como informações adicionais oportunas e, inclusivamente, a atribuição de maior relevância à participação de terceiros interessados no procedimento de concessão, pois estes constituem um meio pelo qual o examinador pode receber informações importantes no exercício da sua actividade.

O referido Autor afirma ainda que a *LME* em vigor acolheu parcialmente essas propostas. Apesar de "(...) não exigir directamente uma maior concretização dos produtos ou dos serviços para os quais se solicita a marca, nem outorgar faculdades inquisitivas ao Registo, não só deixa aberta a possibilidade de a normativa regulamentadora poder exigir a referida descrição dos produtos, mas também opera uma modificação no procedimento de inscrição no registo que redunda em benefício dos consumidores. (...)". Essa modificação consiste no reconhecimento de legitimidade activa aos órgãos das administrações públicas e associações e organizações de âmbito nacional ou autonómico que, de acordo com os seus estatutos, tenham por finalidade a protecção do consumidor, para efectuar observações escritas sobre a existência de proibições absolutas de registo e que são tratadas nos trâmites das oposições (*op. cit.*, p. 70).

[520] Esse incentivo do legislador revela-se, antes de mais, nas atribuições do INPI que incluem a promoção da utilização da propriedade industrial junto das comunidades académica, científica e *empresarial* (v. o art. 3.º, n.º 2, al.ª *o*) do DL n.º 132/2007, de 27 de Abril [itálicos nossos]) e ainda, de forma bem visível, no regime especial de aquisição imediata de marca registada («marca na hora»), v. o DL n.º 318/2007, de 26/9, que regula a obtenção *online* de uma marca a partir de uma bolsa de marcas previamente registadas a favor do Estado. A aquisição pode ser feita conjuntamente com a constituição de uma empresa *online* ou independentemente desta e está disponível para os produtos ou serviços das classes 25.ª, 33.ª, 35.ª-37.ª, 41.ª e 43.ª.

Ocasionalmente são também adoptadas medidas de incentivo ao recurso à propriedade industrial. Foi, p.e., o que sucedeu com o SIUPI – Sistema de Incentivos à Utilização

apresentados para registo, de forma a recusar *todos* os que forem susceptíveis de induzir o público em erro, mas *apenas* esses. Tal implica não afastar do registo aqueles que não são enganosos e, como referimos, um despacho de recusa, mesmo que provisória, pode fazer com que o requerente desista do registo de um sinal que, afinal, pode não ser deceptivo.

No que respeita à marca comunitária, estas questões nem se colocam uma vez que, de acordo com o disposto no art. 36.º do Regulamento sobre a marca comunitária, o IHMI pode fixar um prazo ao requerente do registo para a sanação de eventuais irregularidades de que o pedido enferme, sob pena de o recusar.

Estas irregularidades, porque incluem a verificação da al.ª *b)* do n.º 1 do art. 36.º – preenchimento das condições previstas no presente regulamento e no regulamento de execução –, podem respeitar ao objecto do nosso estudo (p.e., se a deceptividade do sinal for apenas para determinados produtos ou serviços). Neste caso, o art. 37.º, n.º 3 do Regulamento sobre a marca comunitária determina que "o pedido só pode ser recusado depois de ter sido dada ao requerente a possibilidade de o retirar ou modificar, ou de apresentar as suas observações"[521].

Por outro lado, no art. 43.º do Regulamento sobre a marca comunitária está *expressamente* prevista a possibilidade de limitação do pedido de registo, que permite que o requerente reduza o risco de ver o seu pedido de registo recusado e, por conseguinte, desperdiçado o seu investimento[522-523].

---

da Propriedade Industrial (integrado no PRIME – Programa de Incentivo à Modernização da Economia) que contemplava apoio a projectos que pretendessem estimular o investimento em factores dinâmicos de competitividade associados, p.e., aos sinais distintivos, com recurso à utilização do sistema da propriedade industrial. O SIUPI foi criado e regulado pela Portaria n.º 1214-A/2000, de 27 de Dezembro (com as alterações introduzidas pela Portaria n.º 1073/2002, de 22 de Agosto), entretanto revogada e substituída pela Portaria n.º 262/2005, de 17 de Março. Neste momento, ao que julgamos saber, encontram-se encerradas as candidaturas a este programa de incentivos.

[521] O mesmo regime consta, naturalmente, do Regulamento de Execução *cit.* (v. Regra 11).

[522] Sobre a *ratio* desta possibilidade, cfr. P. GEROULAKOS, «Retrait. Limitation et modification de la demande», in: AA.VV., *Comentarios a los reglamentos sobre la marca comunitaria* (Alberto Casado Cerviño, M.ª Luisa Llobregat Hurtado), vol. I (arts. 1-74), 1.ª ed. revista, Alicante, Universidad de Alicante, 1996, pp. 503 e ss.

[523] Sobre o uso desta possibilidade de limitação na prática do IHMI relativa a casos que tenham envolvido como objecção a al.ª *g)* do art. 7.º, n.º 1 RMC, *v.g.*, o caso do pedido de registo de marca comunitária n.º 002607307, «Prevention Line» para produtos da classe

### 1.3.2. Possíveis meios de prova do carácter (não) enganoso do sinal

Como referimos, nem sempre a apreciação do carácter enganoso do sinal cujo registo é solicitado é fácil e isenta de dúvidas. Nesses casos, como foi dito, defendemos que a entidade administrativa competente deve solicitar ao requerente os esclarecimentos que entender necessários.

Nesse sentido, o INPI "deve procurar averiguar todos os factos cujo conhecimento seja conveniente para a justa e rápida decisão do procedimento, podendo, para o efeito, recorrer a todos os meios de prova admitidos em direito" (art. 87.º, n.º 1 do CPA). E pode determinar aos interessados – neste caso ao requerente do registo – a prestação de informações, a apresentação de documentos ou coisas, a sujeição a inspecções e a colaboração noutros meios de prova (art. 89.º, n.º 1 do CPA).

Por outro lado, esta iniciativa pode partir dos terceiros que tiverem deduzido reclamação ou do próprio requerente do registo que, para tentar afastar o carácter deceptivo do sinal, pode requerer a junção de documentos e pareceres ou a realização de outras diligências, úteis para o esclarecimento dos factos com interesse para a decisão (art. 88.º, n.º 2 do CPA)[524].

Tratando-se de marca comunitária, o IHMI procede "ao exame oficioso dos factos", mas pode não tomar em consideração os factos que as partes não tenham alegado ou as provas que não tenham sido produzidas

---

9.ª e 28.ª, que acabou por ser registado apenas para a classe 9.ª (consultado no sítio: *http://oami.europa.eu/search/LegalDocs/la/es_Refused_index.cfm*), ou o pedido de registo da marca figurativa «Limoncello della Costiera Amalfitana», que visava os produtos das classes 29.ª, 32.ª e 33.ª, em que o IHMI "(…) pediu a retirada do pedido de registo de produtos pertencentes às bebidas não alcoólicas da classe 32, porque, em sua opinião, se a indicação «limoncello della costiera amalfitana» fosse utilizada para designar ao mesmo tempo produtos desta classe e produtos da classe 33, que agrupa bebidas alcoólicas, seria susceptível de induzir o consumidor em erro ao fazer-lhe crer que a garrafa assim designada continha o licor chamado «limoncello», bem conhecido, não sendo esse o caso". Por outro lado, o IHMI pediu à recorrente que "limitasse a lista dos produtos da classe 33 ao «licor de limões proveniente da costa amalfitana», sendo certo que a marca seria enganosa se o licor em questão tivesse uma origem diferente, tendo em conta o facto de Sorrente e a zona limítrofe gozarem de uma reputação ligada ao produto específico e de, portanto, a sua origem ser determinante para a escolha do consumidor" (v. o n.º 5 do Acórdão do TPI (3.ª Secção), de 15 de Junho de 2005, no âmbito do processo T-7/04, da marca referida).

[524] Sobre a possibilidade de apresentação como meio probatório de sondagens de opinião, v. *infra* Capítulo II, 2., 2.3.

em tempo útil (art. 76.º, n.ᵒˢ 1, 1.ª parte, e 2). O Regulamento sobre a marca comunitária prevê ainda que o Instituto pode tomar, entre outras, as seguintes medidas de instrução: audição das partes; pedido de informações; apresentação de documentos e amostras; audição de testemunhas; peritagem; declarações escritas prestadas sob juramento ou solenemente, ou que tenham efeito equivalente segundo a legislação do Estado em que forem prestadas (art. 78.º, n.º 1, al.ᵃˢ *a)-f)* do RMC).

Como referimos, a possibilidade de intervenção de terceiros, nesta sede, está limitada à apresentação de observações de terceiros o que implica, por um lado, que esses terceiros não são partes no processo e, por outro, que o IHMI não fica vinculado a essas observações, sendo certo que os terceiros que tiverem apresentado as observações não podem recorrer da decisão do Instituto, restando-lhes atacar a validade do registo concedido.

## 2. O despacho de recusa de registo como marca de sinal enganoso

Se a entidade competente para a concessão do registo considerar que está perante um sinal enganoso tem de recusar o registo como marca[525-526]. Essa decisão é notificada ao requerente do registo[527], com a respectiva fundamentação[528], e só pode basear-se em motivos sobre os quais as partes tenham podido pronunciar-se[529].

De facto, a entidade administrativa pode considerar que o sinal cujo registo é solicitado é (ou pode ser) deceptivo relativamente a todos ou

---

[525] Se o registo for concedido, sem prejuízo das possibilidades de reacção dos interessados referidas *infra* em 3., é susceptível de ser invalidado se no momento do registo o sinal já fosse deceptivo. Para maiores desenvolvimentos, v. *infra* Capítulo II.

[526] No caso do INPI é isso que decorre do princípio da legalidade que deve nortear a sua actuação, de acordo com o disposto no art. 3.º, n.º 1 do CPA.

[527] V. o art. 66.º do CPA e, no que respeita à marca comunitária, v. o art. 79.º do RMC.

[528] No caso de marca nacional a obrigatoriedade de fundamentação do despacho de recusa de registo decorre do disposto no art. 124.º, n.º 1, al.ª *c)* do CPA. Quanto aos requisitos da fundamentação. v. o art. 125.º do CPA.

Tratando-se de marca comunitária a necessidade de fundamentação resulta do art. 75.º do RMC.

[529] V. o art. 75.º do RMC.

alguns produtos ou serviços que visa assinalar *de motu proprio* ou por esse fundamento de recusa do registo ter sido invocado por um terceiro, mas, em qualquer caso, é essencial que tenha sido dada oportunidade ao requerente do registo para se pronunciar sobre esse impedimento.

No que respeita ao ordenamento jurídico português essa solução decorre do direito que os interessados têm de ser ouvidos no procedimento antes de ser tomada a decisão final, devendo, inclusivamente, ser informados, p.e., sobre o sentido provável da mesma (v. o art. 100.° do CPA)[530]. Por esse motivo, o Código da Propriedade Industrial prevê no art. 237.° duas hipóteses de recusa que, em comum, pressupõem que o requerente do registo pôde pronunciar-se sobre o fundamento da recusa invocado.

Uma primeira hipótese é a de ter sido deduzida reclamação ao pedido de registo (art. 236.°) e esta ter sido julgada procedente (art. 237.°, n.° 4). Neste caso a intervenção do requerente do registo já foi assegurada antes, pois este foi notificado da reclamação para responder, se o desejasse, no prazo de dois meses (art. 17.°, n.° 2). Além disso, está prevista a possibilidade de existirem exposições suplementares, quando tal se mostre necessário para melhor esclarecimento do processo (art. 17.°, n.° 3). Só depois, se procede "(…) ao exame e à apreciação do que foi alegado pelas partes, posto o que o processo será informado, para despacho" (art. 22.°)[531].

Ora, pode muito bem acontecer que, analisando a reclamação e a sua eventual contestação, o INPI chegue à conclusão que o sinal cujo registo foi requerido é deceptivo, i.e., é susceptível de induzir o público em erro sobre alguma característica do produto ou serviço que pretende assinalar. Neste caso, deve recusar (definitivamente) o pedido de registo (art. 237.°, n.° 4).

Uma segunda hipótese refere-se à improcedência da reclamação que tiver sido apresentada. Nesta situação, presume-se que o fundamento da reclamação não foi, logicamente, o fundamento de recusa detectado, posteriormente, no momento do exame. O Código da Propriedade Industrial prevê a recusa provisória precisamente para possibilitar ao requerente do

---

[530] Sobre esta "pequena revolução da nossa ordem jurídica", cfr. DIOGO FREITAS DO AMARAL, *op. cit.*, pp. 316 e ss., que situa a audiência prévia após a instrução do processo e antes da decisão final.

[531] Sobre a apreciação dos factos alegados e respectiva prova, v. *infra* Cap. II., 2.3.

registo a sua participação. E o mesmo sucede se não tiver havido reclamação, mas o INPI julgar que existe um fundamento de recusa do registo (art. 237.º, n.º 5).

Para esse efeito está prevista a notificação do requerente do registo para responder, no prazo de um mês[532], sob pena de a recusa se tornar definitiva (art. 237.º, n.º 6).

Se da resposta do requerente se concluir pela não verificação do fundamento de recusa, é concedido o registo no prazo de um mês a contar da apresentação da resposta (excepto se a marca tiver sido objecto de alterações relativamente à publicação inicial, caso em que tem de ser publicado novo aviso no BPI). Se a resposta do requerente não alterar o juízo de avaliação, há lugar ao despacho de recusa definitiva do registo (art. 237.º, n.º 9).

Não podemos deixar de sublinhar, novamente, que, na nossa opinião, a via da recusa deve ser seguida apenas nos casos em que o sinal é, de forma evidente ou notória, deceptivo para os produtos ou serviços que visa assinalar. Quando o INPI tenha *dúvidas* – porque, p.e., o sinal será deceptivo para assinalar o produto X se ele não tiver determinada proveniência geográfica –, entendemos que não deve ser proferido despacho de recusa provisória, pelas razões que expusemos *supra* (v. 1.3., 1.3.1.) e que têm em vista, fundamentalmente, o estímulo à propriedade industrial e o princípio do inquisitório que deve orientar a fase instrutória de qualquer procedimento administrativo, devendo, por conseguinte, ser pedidos os esclarecimentos necessários ao requerente.

Relativamente ao processo de registo de marca comunitária a participação do requerente do registo está igualmente prevista, como tivemos ocasião de referir *supra*[533], no art. 37.º, n.º 3 do Regulamento sobre a marca comunitária e na Regra 11 do Regulamento de execução.

A prática seguida pelo Instituto, de acordo com as Directrizes relativas aos procedimentos perante o IHMI referentes ao exame do pedido de registo de marca comunitária, na hipótese de os examinadores detectarem impedimentos absolutos de registo, consiste em comunicá-los por carta ao requerente, com vista a estabelecerem um diálogo com este e convidando--o a apresentar factos e argumentos a favor da concessão do registo[534].

---

[532] Podendo este prazo ser prorrogado uma única vez, pelo mesmo período, a requerimento do interessado (art. 237.º, n.º 6).
[533] V. *supra* 1.3., 1.3.1.
[534] V. 7., esp. 7.1.2. das Directrizes relativas ao exame, *cit.*, pp. 21 e s.

Sublinhamos ainda que, de acordo com as mesmas Directrizes, a eventual deceptividade originária só será invocada para obstar ao registo requerido se não houver possibilidade de o sinal não ser enganoso para os produtos ou serviços[535].

De outra perspectiva, importa sublinhar que o engano pode verificar-se relativamente a todos os produtos ou serviços que o sinal visa assinalar. Nesta hipótese, a recusa tem de se dirigir a todos eles (recusa total). Mas também pode acontecer que o sinal seja enganoso apenas em relação a determinados produtos ou serviços que integram o pedido de registo. Nesse caso, a recusa deve ser parcial, cingindo-se àqueles em relação aos quais o sinal é enganoso e possibilitando o registo dos demais (arts. 244.º do CPI e 37.º, n.º 1 do RMC).

### 3. Possibilidades de reacção do requerente do registo e dos terceiros

O despacho de concessão ou de recusa do registo de marca nacional é impugnável através de recurso[536] que pode ser judicial (art. 39.º, al.ª *a*)) ou, nalguns casos, arbitral (art. 48.º).

O recurso arbitral, em regra, só será possível se não existirem contra-interessados, a não ser que estes aceitem o compromisso arbitral[537]. A referência efectuada na lei aos «contra-interessados» parece ter em vista, fundamentalmente, *outras partes* e, por conseguinte, parece remeter-

---

[535] V. 7.8.2. das Directrizes relativas ao exame, *cit.*, p. 59.

[536] Outras formas de "neutralizar" o despacho de recusa do INPI são, por um lado, a modificação oficiosa da decisão, possível nos termos do disposto no art. 23.º, e, por outro, a revogação do despacho de recusa do registo de acordo com o disposto nos arts. 138.º e ss. do CPA. Não nos referimos a estas pois não constituem meios de reacção do requerente do registo, nem dos terceiros.

[537] No que respeita à constituição de Tribunal arbitral, o CPI esclarece que este pode ser constituído para o julgamento de todas as questões susceptíveis de recurso judicial. Afasta-se assim, de forma coerente, da arbitragem prevista no CPTA [Código de Processo nos Tribunais Administrativos], já que o recurso judicial previsto no CPI corre, não nos tribunais administrativos, mas nos tribunais cíveis. De qualquer forma note-se que, mesmo na arbitragem para resolver questões relativas a actos administrativos "a lei adoptou uma formulação claramente restritiva: somente podem ser submetidos a arbitragem litígios relativos a actos legais não constitutivos de direitos, visto que apenas estes podem ser revogados com fundamento em inconveniência", JOÃO CAUPERS, *op. cit.*, pp. 437 e s.

-nos para eventuais impedimentos *relativos* de registo. No entanto, também nos impedimentos *absolutos* de registo existem «contra-interessados» (nalguns casos bem determinados, *v.g.*, a proibição consagrada na al.ª *a)* do n.º 4 do art. 238.º) pelo que se poderia questionar a possibilidade de recurso arbitral também nestas situações. A resposta a tal questão é, na nossa opinião, negativa já que, atendendo à *ratio* deste tipo de impedimentos, estas matérias nunca poderão integrar a esfera de disponibilidade das «partes». O mesmo pode ser dito relativamente a alguns impedimentos relativos de registo, para os quais o recurso arbitral também não deve ser possível – pensamos, em especial, na hipótese de existir acordo entre o titular de uma marca registada e o requerente de registo de sinal exactamente igual para assinalar os mesmos produtos ou serviços[538].

Por essa razão, cremos que a solução adoptada, p.e., na Lei de marcas espanhola é mais correcta na medida em que elimina toda e qualquer dúvida que, porventura, pudesse ser suscitada a este propósito. Referimo-nos especificamente ao art. 28.º, n.º 2 da *LME* que preceitua que "a arbitragem só poderá versar sobre as proibições relativas previstas nos artigos 6.1.*b*), 7.1.*b*), 8 e 9 da presente Lei. *Em nenhum caso poderá submeter-se a arbitragem questões referidas à existência ou não de* defeitos formais ou *proibições absolutas de registo*" (itálicos nossos)[539].

Voltando ao objecto do nosso estudo, na hipótese de ser invocada a deceptividade originária da marca para justificar a recusa do registo, o requerente poderá ter interesse em recorrer *judicialmente* desse despacho. Por outro lado, os terceiros poderão recorrer *judicialmente* da concessão do registo de um sinal que considerem ter sido, erradamente, registado pelo facto de o mesmo ser enganoso.

Tratando-se de pedido de registo de marca comunitária, como foi referido (v. *supra* 1.2.), os terceiros não podem interpor recurso da decisão do IHMI[540] que concede o registo, contrariamente à pretensão por estes

---

[538] Referindo-se precisamente à hipótese de dois registos, a favor de titulares diferentes, de uma mesma marca para assinalar produtos idênticos, cfr. AMELIA PÉREZ GONZÁLEZ, «Arbitraje», in: *Comentarios a la Ley de Marcas* (Rodríguez-Cano/Garcia Cruces González), Aranzadi, Cizur Menor (Navarra), 2003, p. 448, que assinala a alteração introduzida na versão definitiva da Lei de Marcas Espanhola, relativamente à proposta de lei, justamente com base na defesa do interesse público.

[539] Sobre esta norma, cfr. AMELIA PÉREZ GONZÁLEZ, *op. cit.*, pp. 445 e ss.

[540] Uma forma de "neutralizar" a decisão de concessão ou de recusa do registo do examinador do IHMI é a sua revogação. Na verdade o Regulamento (CE) n.º 422/2004,

apresentada nas observações de terceiros, restando-lhes impugnar a validade do registo efectuado. Mas já pode ser interposto recurso pelo requerente do registo que tiver visto o seu pedido recusado (art. 59.º do RMC), por escrito, num prazo de dois meses a contar da data de notificação da decisão de recusa do registo.

## 4. Síntese

Como referimos, a aplicação prática do impedimento absoluto de registo como marca de sinal enganoso é muito relevante porque nos permite aferir a eficácia do regime jurídico instituído e, sobretudo, é muito significativo para a confirmação, ou não, dos interesses invocados para justificar a proibição objecto do nosso estudo (v. § 1., 3.).

O objectivo deste impedimento é, afirmamos repetidamente, evitar o registo de sinais susceptíveis de induzir o público em erro; conceder um *direito exclusivo* relativamente a estes sinais, fundamentalmente, por razões de ordem pública.

Para atingir cabalmente esse objectivo *preventivo* impõe-se, como referimos, uma alteração ao procedimento seguido, actualmente, pelo INPI no sentido de não adiar uma recusa do pedido – nos casos em que é, de imediato, notório que os sinais são enganosos –, fazendo, porventura, terceiros incorrerem em custos desnecessários.

De uma outra perspectiva, o sistema instituído pode dizer muito relativamente aos interesses *realmente* tutelados pela proibição de registo de sinais enganosos.

Por um lado, pelo reconhecimento de legitimidade activa para obstar ao registo de um sinal enganoso nos moldes indicados *supra* estão prote-

---

do Conselho, de 19 de Fevereiro de 2004, introduziu, com o art. 80.º do RMC, a possibilidade de, sempre que o IHMI profira uma decisão que enferme de um erro processual manifesto imputável ao Instituto, este proceder à revogação dessa decisão, no prazo de seis meses a contar da adopção da decisão. Esta possibilidade, como não podia deixar de ser, não prejudica a faculdade de o requerente do registo interpor recurso, nos moldes referidos no texto (art. 80.º RMC).

Uma situação diferente respeita à correcção de erros que podem ocorrer na publicação do pedido, na publicação da inscrição no registo e nas decisões. Nesses casos está prevista a possibilidade de correcção de erros nos termos das Regras 14, 27, 53 e 53-A do Regulamento de Execução do RMC, *cit.*

gidos quer os interesses dos concorrentes, quer os dos consumidores (estes últimos, na falta de intervenção de consumidores individualmente considerados, através das associações de defesa dos seus interesses), quer ainda o interesse público geral (que é potencialmente reforçado pela atribuição de competência também ao Ministério Público).

A prática, porém, pode não ser inteiramente coincidente com as possibilidades legalmente previstas. Afinal, quem, regularmente, consultará (ou terá alguém incumbido de o fazer) o Boletim de Propriedade Industrial onde são publicados os pedidos de registo de marcas apresentados – mesmo que notoriamente deceptivos – serão as empresas (ou pelo menos algumas delas) potenciais concorrentes do requerente do registo e, eventualmente, as associações de consumidores. Serão estes que terão oportunidade de, em tempo útil, evitar o registo de uma marca *ab origine* enganosa, caso o INPI não o faça. E, de facto, pode acontecer que o INPI não detecte o fundamento em causa comprometendo o objectivo preventivo referido, na medida em que obriga a uma, posterior, acção judicial de declaração de nulidade do registo concedido. É esta hipótese que analisaremos no Cap. II.

Por outro lado, num momento em que a propriedade industrial assume cada vez mais relevo no plano económico e em que as marcas, em especial, constituem um activo das empresas potencialmente muito relevante, parece que, do ponto de vista da política-legislativa, é contraditório promover ou incentivar o registo de novas marcas e, simultaneamente, permitir situações no plano do procedimento administrativo conducente ao registo, como a que foi referida no texto, de recusar *provisoriamente* um pedido de registo, sem cuidar da possibilidade de interpelar o requerente para evitar dúvidas, conduzindo com isso à simples desistência do registo como marca de um sinal que, afinal, poderia ser perfeitamente registável.

## CAPÍTULO II
## A INVALIDADE DO REGISTO DE MARCA ENGANOSA *AB ORIGINE*

Até ao momento analisámos a recusa que deve corresponder ao pedido de registo de um sinal que é deceptivo em relação a determinados produtos ou serviços. Todavia, o nosso estudo não fica concluído se não formos mais além, por isso, vamos apreciar as consequências do registo indevido de uma marca deceptiva.

Para podermos avaliar a real eficácia do sistema instituído e experimentar a tutela dos interesses subjacentes às disposições normativas de que nos ocupamos, detendo-nos agora sobre a *law in action*, temos de averiguar se estão previstas, pelo menos, as condições para que esta funcione. Destas, juntamente com a (im)possibilidade de a marca registada tornada supervenientemente enganosa continuar a granjear tutela pelo direito conferido pelo registo (que será objecto de análise detalhada na Parte II), dependerá uma efectiva postergação do engano do registo de marcas.

Atendendo a que a concessão e a recusa do registo como marca depende de *pessoas* e que *errare humanum est*, é pensável – e a prática confirma-o – que sejam concedidos registos a sinais que são intrinsecamente e *ab origine* deceptivos[541-542]. Além disso, é sabido que o registo implica meramente uma presunção jurídica[543] no que respeita ao preenchimento dos pressupostos de que dependia a sua concessão.

---

[541] A prática também revela a factualidade inversa, isto é, a recusa do registo de sinais que não são enganosos. Naturalmente que aqui é outro o meio de reacção – recurso do despacho de recusa do registo – já referido *supra* (Cap. I, § 3., 3.).

[542] A doutrina alemã sublinha a necessidade de prever a invalidade do registo de sinais enganosos com o facto de o *Patentamt* apenas recusar o registo quando o engano inerente ao sinal for evidente. Neste sentido, cfr., por todos, KARL-HEINZ FEZER, *Markenrecht*, cit., § 50, nm. 15, p. 1504.

[543] V. o art. 4.°, n.° 2 do CPI e o art. 99.°, n.° 1 do RMC.

Do exposto resulta que o registo concedido em violação dos requisitos legais enferma de vícios que tornam o registo inválido e com a declaração de invalidade do registo os direitos conferidos pelo mesmo extinguem-se.

Neste Capítulo pretendemos analisar, em particular, a consequência jurídica de *um* dos (eventuais) vícios do registo de uma marca: o que respeita à deceptividade. Fá-lo-emos animados pelo objectivo, confessado, de conseguir uma visão articulada do sistema instituído, que nos permita, no final, valorar a sua eficácia. Para tal temos de atender, além da adequação da sanção ao vício em apreço, a alguns aspectos do processo conducente à invalidade do registo (em especial relativos à legitimidade activa para a arguir e aos pressupostos da aplicação da sanção legalmente prevista) e, sobretudo, aos efeitos da mesma.

## 1. A nulidade do registo de marca enganosa originária

### 1.1. *Justificação dogmática da nulidade*

O registo como marca concedido a um sinal que não preenche os requisitos para obter protecção jurídica não é válido. Como referimos, não obstante todos os actos inerentes ao procedimento administrativo (v. *supra* Cap. I, § 3.), pode acontecer que a entidade administrativa competente para o registo o conceda apesar da violação de alguma norma legal[544].

O regime jurídico da invalidade do registo da marca assenta, quer se trate do Código da Propriedade Industrial[545], quer se trate do Regulamento sobre a Marca Comunitária[546], na distinção entre impedimentos absolutos e relativos do registo.

Na verdade, apesar de a Directiva de Marcas não versar sobre as disposições *processuais* relativas à invalidade do registo, "considerando que a realização dos objectivos prosseguidos pela aproximação pressupõe que a aquisição e a conservação do direito sobre a marca registada sejam, em

---

[544] Luís M. Couto Gonçalves, «Invalidade do registo da marca», *cit.*, p. 363.

[545] No CPI, como é referido adiante, "o regime de invalidade encontra-se repartido entre um conjunto de normas genéricas válidas para todos os bens da propriedade industrial (arts. 33.º a 36.º) e um conjunto de normas específicas (arts. 265.º a 267.º)" (Luís M. Couto Gonçalves, *Manual...*, cit., p. 309).

[546] V. os arts. 52.º e 53.º do RMC.

princípio, subordinadas às mesmas condições em todos os Estados-membros", estabelece os motivos de recusa e de nulidade absolutos e relativos[547]. Por isso, no Regulamento sobre a Marca Comunitária são estabelecidos os motivos absolutos de recusa (art. 7.°) e os motivos relativos de recusa (art. 8.°) e, por outro lado, as causas de nulidade absoluta (art. 52.°) e as causas de nulidade relativa (art. 53.°)[548].

Esta nomenclatura não é inteiramente coincidente com a utilizada no nosso Código, onde é referida a nulidade (art. 265.°[549]) e a anulabilidade (art. 266.°[550])[551]. Mas verifica-se a correspondência entre os impedimentos absolutos do registo com os fundamentos de nulidade e entre os impedimentos relativos do registo com os fundamentos de anulabilidade[552].

Como é referido por CARVALHO FERNANDES, "uma das questões que nesta complexa matéria preocupam a doutrina, independentemente do modo como a nulidade e a anulabilidade são concebidas, é a do critério que preside à sua delimitação"[553]. Ora, este critério parece assentar precisamente na distinção entre os interesses em litígio[554]. Assim, se se tratar

---

[547] V. Considerando 8.° e os arts. 3.° e 4.° da DM.
[548] Como é sublinhado por JOSÉ DE OLIVEIRA ASCENSÃO («A marca comunitária», in: AA.VV., *Direito Industrial*, vol. II, APDI/Almedina, Coimbra, 2002, p. 24), as expressões "nulidade absoluta" e "nulidade relativa" são as que constam da versão portuguesa do RMC, mas a versão alemã refere-se a "absolute Nichtigkeitsgründe" e a "relative Nichtigkeitsgründe", assim "não seria a nulidade que seria absoluta ou relativa, mas as causas dela que seriam absolutas e relativas (...)".
[549] V. ainda o art. 33.°.
[550] V. ainda o art. 34.°.
[551] Sobre as diferenças entre nulidade relativa e anulabilidade, cfr. JOSÉ DE OLIVEIRA ASCENSÃO, «A marca comunitária», *cit.*, pp. 22 e ss., esp. 24 e ss.
[552] Aliás, como já tivemos ocasião de referir *supra* (v. § I.), esta é uma classificação indirecta dessas proibições, já que – como é evidenciado por LUÍS M. COUTO GONÇALVES, *Manual...*, cit., p. 165 – "(...) é feita a partir do regime jurídico diferenciado *vigente* de invalidade aplicando-o, como que, *retroactivamente* ao momento do registo".
[553] LUÍS ALBERTO DE CARVALHO FERNANDES, «A nova disciplina das invalidades dos direitos industriais», in: *ROA*, Ano 63, Tomo I/II, Abril 2003, p. 139 [= in: AA. VV., *Direito Industrial*, vol. IV, APDI/Almedina, Coimbra, 2005, p. 113].
[554] Repare-se que se aplica o mesmo critério que preside à diferenciação entre nulidade e anulabilidade do direito civil. Neste sentido, cfr., entre outros, LUÍS CARVALHO FERNANDES, «A nova disciplina das invalidades...», in: *ROA*, cit., p. 139 [= in: *Direito Industrial*, cit., p. 113]. Sobre a referida distinção relativamente ao negócio jurídico, cfr., entre outros, HEINRICH EWALD HÖRSTER, *A parte geral do Código Civil português – teoria geral do direito civil*, Almedina, Coimbra, 1992, pp. 515 e ss.; PEDRO PAIS DE VASCONCELOS, *Teoria geral do direito civil*, 3.ª ed., Almedina, Coimbra, 2005, p. 579.

predominantemente de interesses públicos a sua violação será cominada com a nulidade do registo. Na hipótese de estarem em causa fundamentalmente interesses privados a sanção será a anulabilidade do registo[555].

A cominação da sanção da nulidade, no quadro da dicotomia da invalidade estabelecida, encontra plena justificação no que respeita aos motivos absolutos de registo em geral e, em especial, no que respeita às marcas enganosas *ab origine*, pois, como temos vindo a referir[556], aqui está em causa, fundamentalmente, o interesse público.

De uma outra perspectiva, importa assinalar que a nulidade é ainda a sanção adequada se atendermos a que a deceptividade, por derivar *intrinsecamente* da marca, não pode ser sanada pelo mero decurso do tempo, daí que a acção para impugnar o registo seja imprescritível. Por conseguinte, se um sinal originariamente deceptivo for registado como marca, o registo deve ser declarado nulo (v. art. 265.º, n.º 1, al.ª *a*) do CPI[557] e art. 52.º, n.º 1, al.ª *a*) do RMC), pois é esta solução que decorre imperativamente da Directiva de marcas [art. 3.º, n.º 1, al.ª *g*)].

---

[555] Também LUÍS M. COUTO GONÇALVES (*Manual...*, cit., p. 311) concorda com a diferenciação, neste domínio, entre nulidade e anulabilidade, afirmando que "na verdade, um regime jurídico de invalidade baseado exclusivamente na nulidade, que privilegiasse, acima de tudo, o valor da legalidade, chocaria com a protecção da confiança do titular da marca em se tratando do conflito com valores individuais disponíveis (…). Por sua vez, um regime jurídico de invalidade baseado exclusivamente na anulabilidade que privilegiasse, acima de tudo, o valor da segurança chocaria com a protecção de princípios, valores, direitos ou interesses relevantes da ordem jurídica nacional e internacional".

Em sentido diferente, cfr., entre nós, CARLOS OLAVO (*Propriedade Industrial...*, cit., p. 156, nota 306) que afirma que "a destrinça entre nulidade e anulabilidade com base no carácter público ou privado dos interesses em causa adequa-se mal aos direitos de propriedade industrial, em que existe sempre um aspecto púbico relevante, que, aliás, determina o tratamento penal da correspondente protecção".

[556] V. *supra* Cap. I, § 1., 3.

[557] A previsão específica e de forma autonomizada da nulidade e anulabilidade do registo de marca é uma novidade do actual CPI. Com efeito, no CPI'95, o art. 214.º referia-se unicamente a casos de anulabilidade. Embora, em termos práticos, não haja qualquer alteração substancial na matéria, dado que pela aplicação das causas gerais de nulidade (e anulabilidade) previstas na Parte Geral do CPI'95 (arts. 32.º-35.º), se chegaria aos mesmos resultados, é de louvar a clara distinção entre as duas figuras no actual Código.

Quanto à inclusão do regime da invalidade dos títulos de propriedade industrial num capítulo intitulado «Extinção dos direitos de propriedade industrial», criticamente pelo facto de a extinção ser incompatível com a retroacção dos efeitos da invalidação, cfr. LUÍS ALBERTO DE CARVALHO FERNANDES, *op. cit.*, pp. 143 e s. [= in: *Direito Industrial*, cit., pp. 116 e s.].

## 1.2. Pressupostos da nulidade do registo de marca enganosa ab origine

Só podemos falar de invalidade do registo se o sinal for deceptivo *ab origine*, ou seja, a declaração de nulidade só poderá ocorrer se o sinal fosse deceptivo *já no momento da concessão do registo* (deceptividade inicial ou *ab origine*). Se a deceptividade for superveniente ao registo, este não fica sujeito à declaração de nulidade, mas antes à caducidade[558].

Atendendo ao que acabamos de afirmar, a deceptividade tem de ser apreciada considerando *o momento (imediatamente anterior ao) da concessão do registo*[559]. Se nessa altura o sinal era deceptivo relativamente aos produtos ou serviços em questão, o registo deve ser declarado nulo.

No que respeita à determinação do carácter deceptivo do sinal aplicam-se, *mutatis mutandis*, os requisitos que já referimos a propósito da apreciação do pedido de registo[560], de entre os quais relevam especialmente o carácter intrínseco da deceptividade e a susceptibilidade de indução em erro.

A aplicação do motivo de nulidade do registo de sinal enganoso depende do conteúdo ou significado do sinal (deceptividade intrínseca), não relevando, para esse efeito, factores externos, como sejam o seu uso enganoso (deceptividade extrínseca)[561], desde que seja susceptível de induzir o público em erro[562]. Daqui decorre que o registo pode ser declarado nulo

---

[558] A caducidade do registo de marca supervenientemente deceptiva vai ser pormenorizadamente analisada na Parte II. No mesmo sentido, cfr. Luís M. COUTO GONÇALVES, «Invalidade...», *cit.*, p. 350.

[559] É esta também a orientação do IHMI que, exceptuando os casos em que seja relevante a aquisição superveniente de capacidade distintiva, considera que "os momentos em relação aos quais se deve efectuar o exame são a data de apresentação e a data de registo da marca comunitária", acrescentando ainda que "podem ter-se em conta outros eventos que tenham tido lugar entre o momento da aceitação para publicação e o posterior registo" – v. o n.º 4.1.1. das Directrizes relativas aos procedimentos perante o Instituto de Harmonização do Mercado Interno (Marcas, Desenhos e Modelos) – Parte D, Secção 2: Procedimentos de anulação, normas substantivas (versão final: Novembro de 2007), p. 11, disponível na Internet no sítio: *http://oami.europa.eu/es/mark/marque/pdf/cancellation-ES.pdf*.

[560] V. *supra* Capítulo I, esp. § 2. e *infra* 2., 2.3.

[561] E sem prejuízo de poder haver declaração de caducidade desse registo, para maiores desenvolvimentos v. *infra* Parte II.

[562] No entanto, por força da interpretação que o TJ tem feito dos preceitos relativos à proibição de marcas enganosas, não basta qualquer risco de engano, como já tivemos oportunidade de referir *supra* no Cap. I, § 2., 3., sendo antes exigido um risco *suficiente-*

mesmo que a marca ainda não tenha sido usada pelo seu titular ou, tendo sido utilizada, ainda que não se tenha efectivamente verificado qualquer engano. A solução exposta justifica-se pelo facto de ser o sinal que compõe a marca que contém, em si, o "fermento do engano"[563], tornando-o *susceptível de induzir em erro* e inviabiliza a sua neutralização pelo recurso a indicações complementares verdadeiras (v. *supra* Capítulo I, § 2., 6.).

Ao invés, se o sinal não era deceptivo no momento da concessão do registo, mas posteriormente pelo uso que dele tiver sido feito se tiver tornado enganoso – deceptividade superveniente – não há lugar à declaração de nulidade do registo, porque *no momento da concessão do registo* este não padecia de qualquer vício. O que pode suceder, eventualmente, é que estejam preenchidos os pressupostos para a declaração de caducidade desse registo[564].

Uma outra situação, sobre a qual importa reflectir, respeita a uma possibilidade diferente da que temos estado a analisar: determinar o que acontece se, por erro, tiver sido registado como marca um sinal intrinsecamente deceptivo para determinados produtos e, mais tarde, o seu titular o passar a utilizar de forma a que a marca não seja susceptível de induzir o público em erro.

Imagine-se que alguém solicita o registo da marca «Cristalis» para distinguir copos e que o INPI[565], não tendo solicitado quaisquer esclarecimentos ao requerente do registo, nem tendo sido deduzida qualquer reclamação relativamente a esse pedido, concedeu-o para produtos da classe 21.ª.

Num primeiro momento, o titular da marca «Cristalis» utiliza-a para assinalar os copos de vidro que produz. Passados alguns anos, altera a sua política empresarial e, em vez de fabricar copos em vidro, passa a produzir copos em cristal, nos quais apõe a sua marca registada.

Mais tarde, um seu concorrente requer o registo da marca «Cristalino» para distinguir copos de cristal (classe 21.ª). O titular da marca registada «Cristalis» reclama do referido pedido por considerar que existe

---

*mente grave* de engano. Este pressuposto da recusa do pedido de registo valerá, por maioria de razão, para que o registo concedido possa ser invalidado.

[563] ALBERT CHAVANNE/JEAN-JACQUES BURST, *op. cit.*, p. 510.

[564] V. *infra* Parte II, Cap. II.

[565] O exemplo refere-se a uma hipotética marca nacional, mas o raciocínio desenvolvido seria igualmente aplicável se estivesse em causa uma marca comunitária, sem esquecer que relativamente a esta não é possível a oposição ao pedido, mas podem ser apresentadas observações de terceiros (v. *supra* Capítulo I, § 3., 1., 1.2.).

imitação da sua marca. O requerente do registo da marca «Cristalino» responde, invocando que a marca «Cristalis» foi registada em violação de um impedimento absoluto de registo – deceptividade originária – pelo que requer a declaração da sua nulidade com vista a que, desaparecendo a marca obstativa, o registo solicitado da marca «Cristalino» seja concedido. *Quid iuris*?

Não se duvida que a declaração de invalidade, mesmo num momento em que a marca já não é deceptiva, enfatiza o significado da proibição de registo como marca de sinais enganosos. Mas vale a pena questionar a bondade da solução adoptada.

Abstraindo do quadro legalmente instituído, é possível conceber, relativamente à hipótese em análise, uma solução diferente[566].

Atendendo a que já não existe, efectivamente, susceptibilidade de indução em erro, porque a deceptividade intrínseca da marca (que resultava, no exemplo referido, do facto de o sinal fazer crer que os copos assinalados seriam de cristal, quando, na realidade, eram fabricados em vidro) deixou de existir (dado que em relação aos produtos para os quais a marca é agora usada aquela não é enganosa), parece faltar a razão de ser que justifica a norma, pelo menos, relativamente ao interesse público imediato[567].

Pense-se no mesmo exemplo sem a intervenção de qualquer concorrente: o titular da marca «Cristalis» registada para produtos da classe 21.ª, utiliza-a, no momento do registo, para distinguir copos de vidro. Mas, posteriormente, altera a sua política empresarial e, em vez de produzir copos em vidro, passa a fabricar, exclusivamente, copos de cristal nos quais apõe a sua marca. Poderá haver lugar à declaração de nulidade do registo com fundamento em deceptividade originária da marca registada?

Já não existe, como dissemos, susceptibilidade de indução em erro (se voltar a ocorrer no futuro, e se se considerar que não haveria lugar à declaração de nulidade, subsistiria a hipótese de reagir contra a "nova" deceptividade (superveniente) com a declaração de caducidade do registo) e se os concorrentes não reagirem (*v.g.* por não se terem sentido prejudicados com a actuação passada do titular da marca em apreço), parece que

---

[566] E isto independentemente de, na prática, o exemplo referido não ser frequente, dado que o próprio mercado acabaria, as mais das vezes, por declinar a aquisição de produtos com a marca pela qual, em experiências aquisitivas anteriores, houver sido induzido em erro...

[567] Um outro argumento a ponderar resulta dos efeitos da declaração de invalidade, que, como veremos *infra* (v. 3.), não incluem necessariamente a proibição do uso da marca.

não existem interesses *imediatos* a acautelar. Esta parece ser, de resto, a explicação para a impossibilidade de o procedimento de invalidade do registo, com este fundamento, ser iniciado oficiosamente pelo *Patentamt* de acordo com o disposto no § 50 (3) *MarkenG*[568-569].

Seguindo por essa via, poder-se-ia pensar em fazer relevar as actuações do titular da marca que eliminassem o seu carácter deceptivo *intrínseco* e *originário* – o que poderia até funcionar como um incentivo para que mesmo as situações que tenham "escapado" ao controlo inicial do registo se convalidem –, mantendo a sujeição à nulidade apenas nos casos em que «qualquer interessado» a invoque ou até mesmo impedindo esta arguição. Neste último caso impor-se-ia talvez um limite, por exemplo, do tipo do que vigora relativamente à declaração de caducidade por falta de

---

[568] Sobre esta disposição v. *infra* 2., 2.2.

[569] A Lei de Marcas espanhola vai ainda mais longe e no art. 51.°, n.° 3 prevê que "a nulidade não poderá ser declarada quando a sua causa tiver desaparecido no momento de interpor a acção. Em particular, não poderá ser declarada a nulidade de uma marca, quando tendo sido registada em violação do artigo 5, número 1, alíneas *b*), *c*) e *d*), a referida marca tiver adquirido depois do seu registo um carácter distintivo para os produtos ou serviços para os quais esteja registada pelo uso que se tiver feito dela pelo seu titular ou com o seu consentimento".

Sobre esta norma, cfr. LUÍS ALBERTO MARCO ARCALÁ, «Causas de nulidad absoluta», *cit.*, pp. 805 e ss. Como o autor citado refere, este artigo "estabelece o que constitui a única via possível de convalidação ou sanação da nulidade inicial da marca e também uma excepção que tempera em grande medida o carácter absoluto das proibições e causas de nulidade assim configuradas nos artigos 5 e 51 LM (...) e introduz assim um importante factor de flexibilidade. O referido factor consiste em que a causa de nulidade absoluta que concorria na marca registada apesar do registo no momento da sua concessão veio a desaparecer posteriormente pelas razões de se tratar, como por exemplo, da aquisição por parte do titular da marca da nacionalidade adequada, da cessão da mesma a uma pessoa que ostentasse tal nacionalidade, do desaparecimento da violação da ordem pública por alterações na idiossincrasia e a percepção da marca entre o público interessado, da posta em prática de medidas que previnam o inicial carácter enganoso da marca em questão, do desaparecimento da protecção de uma indicação de proveniência geográfica para vinhos ou licores por vulgarização da mesma, da necessária autorização por parte das entidades competentes obtida com posterioridade ao registo da marca, etc. e, certamente, da distintividade superveniente (...). Como se pode ver, trata-se, pois, de um cúmulo importante de excepções reguladas de forma unitária e conjunta numa única disposição, mais do que uma excepção única «stricto sensu», apesar do seu tratamento jurídico-formal como tal" (*ult. op. cit.*, p. 818).

O autor justifica a bondade da opção do legislador espanhol com a necessidade do direito acompanhar a realidade caracterizada pela aceleração das mudanças nos mercados actuais (*ult. op. cit.*, p. 819).

uso[570], a fim de evitar a total ineficácia da sanção instituída. De facto, se se admitisse a convalidação, sem mais, não existiria nenhuma sanção para o titular do registo de uma marca originariamente enganosa, pois quando este se apercebesse da interposição da acção judicial com vista à declaração de nulidade do registo da marca, alteraria a produção, adequando os produtos assinalados ao significado evocado pela marca, de forma a "sanar" o vício.

Independentemente destas considerações, o que parece é que, em termos de política legislativa, a omissão deste caso específico no Código da Propriedade Industrial parece ter um significado: sublinhar a firme vontade de reprimir sinais enganosos, em *qualquer* fase da vida da marca registada. Esta ideia é, inclusivamente, reforçada pelo facto de o legislador ter previsto a possibilidade de sanação do vício que afecta o registo da marca também com fundamento na violação de um impedimento absoluto de registo. Referimo-nos ao caso de aquisição superveniente de capacidade distintiva nas hipóteses previstas no art. 238.°, n.° 3 *ex vi* art. 265.°, n.° 2.

No entanto, esta pretensa efectividade sancionatória da deceptividade originária da marca – num momento em que a mesma, sublinhe-se, não é, em termos práticos, necessária, na medida em que já não existe susceptibilidade de engano –, poderá, paradoxalmente, induzir a confusão dos consumidores.

Na verdade, é possível que, sendo invalidado o registo da marca (deceptiva *ab origine*), seja requerido o registo de um sinal idêntico ou semelhante para assinalar os mesmos produtos ou serviços, p.e., por um concorrente do anterior titular, podendo existir risco de confusão. Este risco, inclusivamente, é exponenciado pela possibilidade de o anterior titular da marca, não obstante a invalidação do registo, poder continuar a usá-la como marca livre e poder opor-se ao registo de marca conflituante com fundamento em que o requerente do registo pretende fazer concorrência desleal ou que esta é possível independentemente da sua intenção.

Recuando um pouco, parece-nos importante sublinhar ainda que, uma vez que o eventual significado deceptivo do sinal é apreciado relativamente aos produtos ou serviços para os quais o registo foi concedido, pode acontecer que se verifique que o mesmo é enganoso para uns (no exemplo

---

[570] Referimo-nos à relevância, reconhecida pelo legislador, do início ou reatamento do uso sério nos três meses imediatamente anteriores à apresentação de um pedido de declaração de caducidade, desde que o mesmo não tenha ocorrido depois de o titular tomar conhecimento de que pode vir a ser efectuado esse pedido de declaração de caducidade (art. 268.°, n.° 4 *ex vi* art. 269.°, n.° 1). Sobre esta norma, v. *infra* Parte II, Cap. I., § II., 1., 1.1.

o sinal seria deceptivo para assinalar copos em vidro) e não enganoso para outros (na situação ficcionada o sinal seria não-deceptivo para distinguir copos em cristal). Nesta eventualidade poderá haver lugar à declaração de nulidade parcial do registo (v. *infra* 3., 3.1.).

Para já vamos deter a nossa atenção sobre alguns aspectos do processo de declaração de nulidade do registo de marca enganosa.

## 2. Alguns aspectos procedimentais relativos à declaração de nulidade do registo de marca enganosa originária

A análise de alguns aspectos procedimentais relativos à declaração de nulidade do registo de marca enganosa originária é efectuada porque nos permite, pela observação da *praxis*, retirar algumas conclusões quer quanto à efectiva protecção dos interesses que cremos serem tutelados pelas normas que postergam do registo as marcas enganosas, quer quanto à coordenação do sistema instituído.

Tendo em conta essa finalidade interessa-nos, particularmente, determinar quem tem competência para declarar a nulidade e estabelecer a legitimidade activa para apresentar o pedido de declaração de caducidade. Estes dois aspectos reflectem (ou devem reflectir), em grande medida, os interesses tutelados pela norma em apreço e uma maior ou menor amplitude no que respeita à aplicação da norma.

### 2.1. Entidade competente para declarar a nulidade do registo de sinais enganosos **ab origine**

Uma vez que a Directiva confere liberdade aos Estados-membros para fixar as disposições processuais relativas à declaração de nulidade das marcas adquiridas por registo (cabendo-lhes, *v.g.*, determinar a forma deste processo), não se estranha que a declaração de nulidade do registo de sinais *ab origine* deceptivos caiba nalguns ordenamentos aos tribunais[571], enquanto noutros é confiada a uma entidade administrativa[572].

---

[571] É o que sucede, p.e., em Espanha (art. 51.º, n.º 1, al.ª *a*) LME) e em Itália (art. 120.º *CPIital.*).

[572] É o que sucede na Alemanha (v. § 54 *MarkenG*).

O nosso ordenamento acolheu o primeiro sistema, o sistema judicial[573]. A declaração de nulidade de registo de marcas originariamente enganosas é efectuada pelo Tribunal de Comércio[574-574bis]. Ao INPI caberá, pura e simplesmente, proceder ao cancelamento do registo que for decidido judicialmente.

No âmbito do Regulamento sobre a marca comunitária a situação é distinta. Aqui, em princípio, a declaração de nulidade do registo não é judicial[575], antes cabendo ao IHMI[576-577].

---

[573] V. art. 35.°, n.° 1.

[574] V. art. 89.°, n.° 1, al.ª h) da Lei de Organização e Funcionamento dos Tribunais Judiciais (Lei n.° 3/99, de 13 de Janeiro).

[574bis] V. ainda os arts. 74.°, n.° 2, al.ᵃˢ e) e d) e 122.° da Lei n.° 52/2008, de 28 de Agosto (que, em princípio, entrará em vigor para todo o território nacional a partir de 1 de Setembro de 2010) que prevêem a criação de juízos nos tribunais de comarca de competência genérica e especializada, designadamente, e no que respeita ao tema em estudo, os juízos de propriedade intelectual.

[575] Todavia, pode acontecer que seja um tribunal nacional de marcas comunitárias a apreciar a invalidade do registo no caso de o pedido ser deduzido na reconvenção de uma acção de contrafacção (art. 52.°, n.° 1, al.ª a) do RMC). Neste sentido, cfr. CARLOS FERNÁNDEZ-NÓVOA, El sistema comunitario de marcas, Editorial Montecorvo, Madrid, 1995, p. 293; ALBERTO CASADO CERVIÑO, El sistema..., cit., p. 359; e CARLOS LEMA DEVESA, «Causas de nulidad absolutas», in: AAVV, Comentarios a los reglamentos sobre la marca comunitaria (Alberto Casado Cerviño, M.ª Luisa Llobregat Hurtado), vol. I (arts. 1-74), 1.ª ed. revista, Alicante, Universidad de Alicante, 1996, p. 584.

[576] V. art. 52.°, n.° 1 RMC. Sobre a prática do IHMI nesta matéria, v. Directrizes relativas aos procedimentos perante o Instituto de Harmonização do Mercado Interno (Marcas, Desenhos e Modelos) – Parte D, Secção 2: Procedimentos de anulação, normas substantivas (versão final: Novembro de 2007), p. 11, disponível na Internet no sítio: http://oami.europa.eu/es/mark/marque/pdf/cancellation-ES.pdf.

[577] De qualquer forma, se existir recurso da decisão do IHMI, em última instância, esse será apreciado pelo TJ. Com efeito, as decisões dos examinadores das divisões de anulação são susceptíveis de recurso (art. 58.°, n.° 1), que tem efeito suspensivo. Todas as partes (e os terceiros, se tiverem apresentado alegações, são tratados como partes) num processo que tenha conduzido a uma decisão podem recorrer dessa decisão na medida em que esta não tenha dado procedência às suas pretensões.

O RMC distingue a revisão das decisões nos casos ex parte (art. 61.°) e a revisão das decisões nos casos inter partes (art. 62.°). No caso de marca enganosa originária, pode estar em causa qualquer uma delas, pelo que as vamos referir sucintamente.

Na hipótese de a parte que interpôs o recurso ser a única no processo e a instância de cuja decisão se recorre considerar o recurso admissível e fundamentado, deve dar-lhe provimento (art. 61.°, n.° 1). Se não for dado provimento ao recurso no prazo de um mês a contar da recepção das alegações com os fundamentos, o recurso deve ser ime-

*Prima facie*, a opção por qualquer um destes sistemas não se afigura como *conditio sine qua non* para se poder determinar quais são os interesses protegidos pelas normas que postergam o engano do registo da marca. Todavia, da conjugação deste sistema com as normas relativas à legitimidade activa para arguir a nulidade do registo das marcas deceptivas *ab origine* – e, em especial, da (im)possibilidade de iniciar o procedimento oficiosamente, no caso dos sistemas administrativos, ou da legitimidade activa da entidade competente para o registo para intentar a competente acção, no caso dos sistemas judiciais –, resulta que esta primeira ideia poderá ter de ser revista.

### 2.2. Legitimidade activa para arguir a nulidade do registo de sinais enganosos ab origine

Um dos aspectos mais relevantes para aferir a viabilidade da declaração de invalidade do registo de marca enganosa e o consequente cancelamento do registo consiste na determinação da legitimidade activa para iniciar o respectivo processo.

---

diatamente enviado à Câmara de Recurso, sem análise do mérito da causa (art. 61.°, n.° 2).

No caso de o processo ser *inter partes* e a instância de cuja decisão se recorre considerar o recurso admissível e fundamentado, deve dar-lhe provimento depois de ter notificado a outra parte desta intenção e se esta o aceitar no prazo de dois meses a contar da data de recepção da notificação (art. 62.°, n.os 1 e 2). Caso assim não seja, bem como na eventualidade de não se considerar o recurso admissível e fundamentado, deve enviá-lo imediatamente à Câmara de Recurso, sem análise do mérito da causa (art. 62.°, n.os 3 e 4).

Supondo que o recurso seguiu para a Câmara de Recurso, esta verificará se lhe pode ser dado provimento. No decurso desse exame, a Câmara convidará as partes, tantas vezes quantas forem necessárias, a apresentar, num prazo que lhes fixará, as suas observações sobre as notificações que lhes enviou ou sobre as comunicações das outras partes (art. 63.°).

Depois de analisar o mérito do recurso, a Câmara de Recurso delibera sobre ele, podendo exercer as competências da instância que tomou a decisão contestada ou remeter o processo à referida instância, para lhe ser dado seguimento. Neste último caso, esta instância fica vinculada à fundamentação e ao dispositivo da decisão da Câmara de Recurso, desde que os factos da causa sejam os mesmos (art. 64.°, n.os 1 e 2).

As decisões das Câmaras de Recurso só produzem efeitos a partir do termo do prazo de dois meses ou, se tiver sido apresentado um recurso no TJ (art. 65.°), durante esse período a partir da rejeição deste último (art. 64.°, n.° 3).

O Código da Propriedade Industrial atribui legitimidade para intentar a acção competente ao Ministério Público ou a qualquer interessado (art. 35.º, n.º 2, 1.ª parte)[578].

Este conceito indeterminado compreende, indubitavelmente e à luz do que foi já analisado *supra*, os concorrentes[579] e os consumidores. Todavia, considerados de forma individual, é altamente improvável – tal como referimos a propósito da legitimidade para invocar o impedimento absoluto de registo – que, especialmente os consumidores, actuem judicialmente dada a burocracia e os custos implicados. Daí que assuma particular importância a eventual legitimidade das associações de consumidores e empresários de determinado ramo de actividade, ao abrigo de uma acção popular, para intentar esta acção.

Esta possibilidade está expressamente prevista no Regulamento sobre a marca comunitária[580], que prevê que o pedido pode ser apresentado por "qualquer pessoa singular ou colectiva bem como por qualquer agrupamento ou organismo constituído para representação dos interesses de fabricantes, produtores, prestadores de serviços, comerciantes ou consumidores e que, nos termos da legislação que lhes é aplicável, tenha capacidade para comparecer em juízo (art. 56.º, n.º 1, al.ª *a*)[581]).

Diferentemente, entre nós, essa possibilidade não está expressamente prevista. Não obstante, a LAP, como tivemos o ensejo de referir, atribui o direito de acção popular às associações e fundações defensoras dos interesses previstos no artigo 1.º, *independentemente de terem ou não interesse directo na demanda*, desde que tenham personalidade jurídica; não exerçam qualquer tipo de actividade profissional concorrente com empresas ou profissionais liberais; e incluam expressamente nas suas atribuições

---

[578] Sobre o entendimento deste requisito no direito civil, cfr., entre outros, PEDRO PAIS DE VASCONCELOS, *Teoria geral...*, cit., pp. 581 e ss.

[579] ISABELLE MARTEAU-ROUJOU DE BOUBÉE (*op. cit.*, p. 284) sublinha que a arguição pelos concorrentes desta causa de nulidade assegura, em certa medida, que a concorrência permanece leal e, por outro, nalguns casos, permite suprimir o monopólio que o titular de uma marca conseguiu constituir em detrimento dos seus concorrentes.

[580] Disposição idêntica surge noutros ordenamentos jurídicos, como é o caso, *v.g.*, do espanhol (art. 59.º, al.ª *a*) *LME*).

[581] Atendendo à amplitude da norma, CARLOS FERNÁNDEZ NÓVOA (*El sistema comunitário...*, cit., p. 297) defende que estamos perante uma acção popular. Matizando esta afirmação, CARLOS LEMA DEVESA («Causas de nulidad absolutas», *cit.*, p. 585) refere que é uma acção intentada por qualquer pessoa que tenha um *interesse legitimo*, isto é, que se considere prejudicada pelo registo da marca comunitária.

ou nos seus objectivos estatutários a defesa dos interesses em causa no tipo de acção de que se trate (arts. 2.º, n.º 1, e 3.º da LAP). Ora, como vimos *supra*, no caso das associações de consumidores é a própria Lei de Defesa dos Consumidores que reconhece expressamente o direito à acção popular (art. 18.º, n.º 1, al.ª *d*) da LDC).

Outra questão que urge resolver respeita à legitimidade do INPI para promover oficiosamente a declaração de nulidade do registo de marca originariamente deceptiva[582], admitindo-se que este, já depois do registo, possa aperceber-se de que a marca foi, afinal, registada, de forma errada, uma vez que era originariamente deceptiva.

Claro que esta dúvida só se coloca porque o INPI, quando lhe é apresentado um pedido de registo, além de analisar eventuais impedimentos absolutos, também averigua se existem marcas registadas anteriormente e outros sinais previstos no art. 239.º, n.º 1 que possam obstar à concessão do pedido de registo agora apresentado[583], independentemente de ter sido deduzida oposição ao referido pedido[584]. Ora, pode muito bem acontecer que, nessa pesquisa, o Instituto depare com uma marca obstativa relativamente à qual verifique agora o erro no registo com fundamento em deceptividade *ab origine*.

Uma vez que a declaração de nulidade do registo de uma marca, entre nós, é judicial, o INPI não pode, ele próprio, declarar a nulidade do registo. Mas, considerando, por um lado, as suas atribuições legais – e, de entre essas, o dever de zelar pelo cumprimento do Código da Propriedade Industrial e direito internacional aplicável[585] – e, por outro, o facto de estarmos perante um impedimento *absoluto* de registo em homenagem a determinados interesses *predominantemente* públicos, cremos que o INPI tem legi-

---

[582] Questão diferente respeita à possibilidade de o próprio tribunal, ao apreciar um litígio, independentemente de invocação pelas partes, ao aperceber-se da deceptividade intrínseca originária da marca registada, poder declarar a nulidade do referido registo oficiosamente. É esta a solução que decorre da aplicação da norma geral do Código Civil. Sobre esta possibilidade no direito civil, cfr., entre outros, PEDRO PAIS DE VASCONCELOS, *Teoria geral...*, cit., p. 581.

[583] V. art. 237.º, n.º 1.

[584] O mesmo não acontece necessariamente no que respeita à marca comunitária, uma vez que o IHMI apenas analisa os impedimentos absolutos, ficando a arguição de eventuais impedimentos relativos (à excepção dos que respeitam às marcas *comunitárias* registadas) a cargo dos interessados (v. *supra* Cap. I, § III., 1., 1.1.).

[585] V. o art. 3.º, n.º 2, al.ª *c*) do DL n.º 132/2007, de 27 de Abril.

[586] Questão diferente é a de saber se, na prática, exercita esta sua atribuição.

timidade para intentar a competente acção judicial[586]. Esta é, de resto, a solução expressamente consagrada nalguns ordenamentos jurídicos que também adoptaram o sistema judicial (v.g., o art. 59.°, al.ª a) da lei de marcas espanhola).

Nos ordenamentos jurídicos que adoptam o sistema administrativo a resposta à questão formulada tanto pode ser idêntica, como ser distinta. Como exemplo do primeiro caso temos a *MarkenG* alemã que, além da extinção a pedido dos interessados prevista no § 50 Abs. 1, admite a extinção oficiosa pelo *Patentamt* quando estiverem em causa os impedimentos absolutos de registo contemplados no § 8 Abs. 2 Nr. 4-9, incluindo, portanto, a marca originariamente enganosa (§ 8 Abs. 2 Nr. 4). Essa extinção oficiosa depende da verificação de três requisitos estabelecidos no § 50 Abs. 3: o procedimento tem de ser iniciado dentro do prazo de dois anos a contar do dia do registo; o fundamento da extinção tem de existir ainda no momento da decisão sobre a extinção e o vício que afecta o registo tem de ser evidente[587].

No que respeita ao registo de marca comunitária, em princípio, e apesar de o Regulamento sobre a marca comunitária nada estipular, não existe um procedimento oficioso. É o próprio IHMI que, nas Directrizes relativas aos procedimentos de anulação, o recusa[588]. Aliás, a Divisão de Anulação do IHMI, seguindo as referidas directrizes, não desenvolve qualquer investigação neste ponto, confinando a sua análise aos factos e argumentos que lhe forem apresentados pelas partes[589]. Por conseguinte, uma hipótese semelhante àquela que indicamos relativamente à marca nacional – de a entidade competente para o registo detectar, mais tarde, por ocasião de um

---

[587] Sobre esta disposição, cfr., por todos, KARL-HEINZ FEZER, *Markenrecht*, cit., § 50, nms. 38 e s., p. 1514.

[588] V. a observação prévia na p. 3 das *Directrizes relativas aos procedimentos perante o Instituto de Harmonização do Mercado Interno (Marcas, Desenhos e Modelos), Parte D, Secção 2: Procedimentos de anulação, normas substantivas (versão final: Novembro 2007)*, cit.

[589] V. *Directrizes...*, citadas na nota anterior, p. 11.

Após a recepção do pedido de declaração de invalidade do registo de marca comunitária, o IHMI verifica se o mesmo deve ser aceite. E, se for esse o caso, notifica o titular da marca para, se o desejar, apresentar observações num determinado prazo (Regra 40.°, n.° 1 do Regulamento de execução do RMC). Se o titular da marca não apresentar observações, o IHMI pode decidir com base nos elementos de que dispõe (n.° 2 da Regra referida). Se aquele as apresentar, as mesmas são comunicadas ao requerente para, querendo, as contestar (n.° 3 da Regra 40.° Regulamento de execução do RMC).

pedido de registo de marca conflituante com a marca anterior originariamente enganosa –, aqui apenas poderia ocorrer se se tratasse de uma marca *comunitária* anterior, uma vez que o IHMI não considera *ex officio* os demais impedimentos relativos de registo. Todavia, mesmo no caso referido a prática do Instituto parece afastar a possibilidade de tal causa de nulidade ser aferida oficiosamente.

Do exposto, cremos poder assertar que o interesse público primordialmente tutelado pelas normas que estudamos não é afectado *em termos definitivos* pela opção por um sistema judicial ou administrativo quanto à competência para a declaração de invalidade do registo de marca originariamente deceptiva, dependendo muito mais do círculo de legitimados para desencadear o referido procedimento.

Se podemos afirmar no que se refere aos sistemas judiciais em geral e, em especial, ao adoptado em Portugal que o interesse público está, em teoria, devidamente tutelado pelo reconhecimento de legitimidade activa ao INPI e ao Ministério Público[590], o mesmo não podemos dizer relativamente ao sistema administrativo.

Com efeito, do exemplo alemão e comunitário expostos, parece resultar que o interesse público poderá estar mais ou menos tutelado, e inclusivamente granjear aí mais tutela o interesse dos concorrentes e dos consumidores. Assim, se no modelo adoptado na *MarkenG* o interesse público está devidamente protegido – já que, mediante a verificação dos pressupostos referidos, *além* da possibilidade de invalidação a pedido dos interessados, pode haver lugar à invalidação *oficiosa* do registo (apenas) nos casos em que está em causa a violação de *determinados* impedimentos absolutos de registo (precisamente os que estejam relacionados com a ordem pública) nestes se incluindo as marcas deceptivas *ab origine* –, o mesmo não se pode dizer relativamente ao registo de marcas comunitárias.

Efectivamente, no que a estas últimas respeita, face a uma marca deceptiva *ab origine* registada (erradamente) a invalidação, na prática, parece ser apenas possível mediante intervenção do *interessado* quer em sede de procedimento (autónomo) de extinção do registo de marca (e que, já se sabe, pode ser qualquer pessoa singular ou colectiva bem como por qualquer agrupamento ou organismo constituído para representação dos interesses de fabricantes, produtores, prestadores de serviços, comercian-

---

[590] Dizemos em teoria porque, na prática, dependerá do exercício *efectivo* dessa atribuição.

tes ou consumidores e que, nos termos da legislação que lhes é aplicável, tenha capacidade para comparecer em juízo), quer em sede de resposta à eventual oposição deduzida pelo titular do registo da marca viciada ao pedido de registo de uma nova marca.

### 2.3. *A análise por parte da entidade competente do carácter deceptivo do sinal*

A análise pelo órgão competente, embora feita num momento posterior ao registo, centra-se, como foi referido, no momento da sua concessão: é preciso determinar se a marca já era afectada pelo impedimento de registo de sinal enganoso *no momento em que o registo foi concedido,* caso contrário, a sanção é a caducidade[591].

Para aferir o engano o órgão competente determina o significado do sinal em questão e tenta estabelecer a representação que o consumidor médio (nos moldes já referidos *supra*[592]) faz do mesmo relativamente aos produtos ou serviços que aquele assinala. Em seguida, verifica se essa representação é exacta e se é susceptível de influenciar o comportamento económico dos consumidores. Por outras palavras, o órgão competente verifica se, à data da apresentação do pedido de registo, estavam preenchidos os pressupostos do impedimento de registo relativo aos sinais enganosos originários.

Neste re-exame da marca, o tribunal, no caso da marca nacional, dispõe, em princípio, de mais meios do que o INPI tinha ao seu alcance no momento da apresentação do pedido de registo. O juiz sabe como é que a marca tem sido utilizada o que facilita a sua avaliação quanto à deceptividade do sinal[593].

Esta apreciação basear-se-á, a maioria das vezes, em factos notórios e em factos de que tem conhecimento pela sua experiência[594]. Porém, pode acontecer que o carácter deceptivo da marca dependa de outros fac-

---

[591] CARLOS FERNÁNDEZ-NÓVOA, *El sistema comunitario,* cit., p. 295; CARLOS LEMA DEVESA, «Causas de nulidad absolutas», *cit.,* p. 588.
[592] V. *supra* Capítulo I, § 2.
[593] No mesmo sentido, ISABELLE MARTEAU-ROUJOU DE BOUBÉE, *op. cit.,* p. 277.
[594] Relativamente a estes, de acordo com o disposto no art. 514.°, n.os 1 e 2 do CPC, não é necessária qualquer prova.

tores e, relativamente a estes, é necessário apreciar os meios probatórios oferecidos pelas partes e/ou, no caso de marca nacional[595], solicitados oficiosamente[596].

Um dos meios probatórios cuja admissibilidade no âmbito dos litígios sobre marcas (e publicidade enganosa)[597] tem sido discutida[598], apesar de ser pacífica nalguns ordenamentos jurídicos (*v.g.*, EUA[599] e Alemanha[600]), é o da apresentação de sondagens de opinião[600bis].

---

[595] A precisão destina-se a assinalar uma diferença comparativamente com a prática do IHMI. Com efeito, como já tivemos oportunidade de referir, a Divisão de anulação não desenvolve qualquer investigação neste domínio, limitando a sua análise aos factos e argumentos apresentados pelas partes (v. 4.1. das *Directrizes relativas aos procedimentos perante o Instituto de Harmonização do Mercado Interno (Marcas, Desenhos e Modelos), Parte D, Secção 2: Procedimentos de anulação, normas substantivas (versão final: Novembro 2007)*, cit., p. 11).

Não obstante, o Instituto convidará as partes, tantas vezes quantas forem necessárias, a apresentar, num prazo que lhes fixará, as suas observações sobre as notificações que lhes enviou ou sobre as comunicações das outras partes (art. 57.º, n.º 1) e, nesta nova apreciação sobre a validade da marca, o IHMI pode atender às alegações que terceiros lhe apresentem, gozando estes da condição de parte, ao contrário do que sucedia no exame que antecede o registo (v. *supra* as observações de terceiros, no Capítulo I, § 3., 1., 1.2.).

[596] Entre nós, "o tribunal deve tomar em consideração todas as provas produzidas, tenham ou não emanado da parte que devia produzi-las (...)" (art. 515.º do CPC) e dispõe ainda da possibilidade de, oficiosamente, requerer a apresentação de provas (p.e., o art.535.º, n.º 1 do CPC determina que incumbe ao tribunal, por sua iniciativa ou a requerimento de qualquer das partes, requisitar informações, pareceres técnicos, plantas, fotografias, desenhos, objectos ou outros documentos necessários ao esclarecimento da verdade).

[597] Para maiores desenvolvimentos sobre a utilização das sondagens de opinião como meio probatório em sede de litígios sobre sinais distintivos nos ordenamentos jurídicos norte-americano, alemão e francês, cfr. ALEXANDER VIDA, *La preuve par sondage en matière de signes distinctifs (étude comparative des droits allemand, américain et français)*, LITEC, Paris, 1992.

[598] *V.g.* o caso do Reino Unido que, com alguma relutância, tem admitido a prova no âmbito do direito de marcas e do *passing off* desde os finais da década de '30, e com mais consistência, a partir dos anos '80 do séc. XX. Sobre o tema, cfr. GARY LEA, «Master of all the survey? Some thoughts upon official attitudes to market survey evidence in U.K. trade mark practice», in: *I.P.Q.*, 2/1999, pp. 191 e ss.

[599] As tentativas de utilização das sondagens de opinião como meio probatório em litígios sobre marcas e publicidade enganosa começaram, no direito norte-americano, nos anos '20 do séc.XX (cfr. ALEXANDER VIDA, *op. cit.*, p. 5). No entanto, a *hearsay doctrine* era usada regularmente para evitar a aceitação de muitas, senão da maioria, das sondagens de opinião (cfr. RICHARD J. LEIGHTON, «Using (and not using) the hearsay rules to admit

A possibilidade de recurso a este meio probatório é aqui discutida por entendermos que, uma vez que já foi concedido o registo, a probabilidade de o uso da marca se ter iniciado – permitindo que o público tenha tido contacto com aquela – é significativamente maior do que no momento da concessão do registo, muito embora reconheçamos, como afirmamos anteriormente, que as marcas são, com muita frequência, usadas antes do seu registo.

A sondagem de opinião consiste num "método científico de apresentar provas de associações mentais de um determinado grupo de pessoas

---

and exclude surveys in Lanham Act false advertising and trademark cases», in: 92 *TMR* (2002), pp. 1308 e ss.), fazendo com que as sondagens de opinião só começassem a ser admitidas jurisprudencialmente na 2.ª metade do século XX: no início esboçando-se meramente uma tendência nesse sentido (cfr. GARY LEA, *op. cit.*, p. 196), que se confirmou, de forma mais alargada, sobretudo a partir dos anos '80 (cfr. JOHN P. LIEFELD, «How surveys overestimate the likelihood of consumer confusion», in: 93 *TMR* (2003), p. 939).

Para a sua admissibilidade, como RICHARD LEIGHTON (*op. cit.*, pp. 1308 e ss.) refere, terão contribuído, entre outros, factos como o crescente reconhecimento judicial da sua utilidade para a resolução de conflitos no âmbito do, então recente, *Lanham Act*; as Recomendações da Conferência Judicial dos EUA de 1960 (que estabeleceram critérios orientadores sobre os requisitos para considerar uma sondagem *non-hearsay, admissible hearsay* ou *inadmissible hearsay*); e a sugestão do *Advisory Committee in Federal Rules of Evidence* de usar a *Federal Rule of Evidence 703* como fundamento para permitir que os peritos testemunhem sobre as suas sondagens, mesmo que os resultados da sondagem sejam inadmissíveis.

Actualmente, nos EUA, as sondagens de opinião são utilizadas para determinar se um sinal adquiriu *secondary meaning*, se é susceptível de confusão, se tem carácter genérico e ainda para estabelecer o significado de uma publicidade para o público em geral nos casos de publicidade enganosa.

Sobre as sondagens de opinião no direito de marcas norte-americano cfr., entre outros, J. THOMAS MCCARTHY, *op. cit.*, vol. V, § 32:158 e ss., pp. 32-189 e ss., esp. § 32:179 e ss., pp. 32-232 e ss.

[600] ALEXANDER VIDA (*op. cit.*, p. 63) refere que as sondagens de opinião eram usadas na Alemanha desde finais dos anos '40 do século XX, embora a primeira decisão do *BGH* tenha ocorrido apenas em 1962, no âmbito de um caso relativo a publicidade enganosa.

Sobre as sondagens de opinião nos litígios sobre marcas e concorrência desleal na Alemanha, cfr., entre outros, HELMUT EICHMANN, «The present and future of public opinion polls in litigation in Germany – Part one», in: *IIC*, vol. 31, 4/2000, pp. 408 e ss. e «The present and future of public opinion polls in litigation in Germany – Part two», in: *IIC*, vol. 31, 5/2000, pp. 530 e ss.

[600bis] Uma referência ao recurso a este meio de prova entre nós surge no Acórdão da RL, de 22 de Janeiro de 2009 (in: *BPI* de 5/6/09, pp. 9 e ss.), proferido no processo de registo da marca «Salsa».

através do inquérito de uma amostra representativa do grupo alvo relevante"[601].

Neste tipo de litígios, em que está em causa não apenas esclarecer se existem indicações ou sugestões falsas ou inexactas, mas também se as mesmas são susceptíveis de induzir em erro o público, o interesse das sondagens prende-se sobretudo com algumas vantagens que a sua utilização apresenta comparativamente com os restantes meios probatórios.

Por um lado, permite alcançar uma maior coerência entre as diferentes decisões judiciais e, por conseguinte, uma maior segurança jurídica[602]. Por outro, obvia ao chamado "third-person-effect" que atinge muitas vezes as decisões baseadas na experiência pessoal do juiz[603].

Não obstante, há que reconhecer que as sondagens deparam com algumas limitações à sua utilização, pois não só podem não funcionar relativamente à susceptibilidade de influenciar o comportamento económico dos consumidores (requisito imprescindível para se poder declarar a nulidade

---

[601] ROBERT C. BIRD, «Streamlining consumer survey analysis: an examination of the concept of universe in consumer surveys offered in intellectual property litigation», in: 88 *TMR* (1998), p. 270.

No nosso ordenamento jurídico existe uma definição legal de sondagem de opinião, embora com o objecto limitado à política (v. o art. 1.º da Lei n.º 10/2000, de 21 de Junho de 2000, que consagra o regime jurídico da publicação ou difusão de sondagens e inquéritos de opinião), nos termos seguintes: "Para os efeitos da presente lei, entende-se por: (...) b) Sondagem de opinião, a notação dos fenómenos *relacionados com o disposto no artigo anterior*, cujo estudo se efectua através do método estatístico quando o número de casos observados não integra todo o universo estatístico, representando apenas uma amostra" (art. 2.º da Lei citada, itálicos nossos).

[602] Como é referido por FELIPE PALAU RAMIREZ («El consumidor medio y los sondeos...», *cit.*, p. 391, e «Los sondeos de opinión como instrumento probatorio del engaño en los procesos por competencia desleal», in: *Revista General de Derecho*, año LII, n.º 618, marzo 1996, p. 2240), "a falta de realização de provas empíricas acerca da imagem que os consumidores representam da conduta em questão permite que, com muita facilidade, os tribunais decidam de forma diferente acerca do mesmo caso, sem apresentar uma argumentação suficiente a favor de uma ou de outra solução".

[603] O *third-person-effect* refere-se à situação de a pessoa que está a decidir julgar sempre que, apesar de ela própria não ser enganada, os outros o seriam. Para maiores desenvolvimentos, cfr. FELIPE PALAU RAMIREZ, «El consumidor medio y los sondeos...», *cit.*, p. 391 e «Los Sondeos de opinión...», *cit.*, p. 2240. Este autor refere ainda como vantagem das sondagens, o facto de os inúmeros problemas com que se deparam os peritos no que respeita à determinação da indução em erro permitirem concluir que não se pode deixar nas mãos do juiz a indagação da imagem criada nos destinatários com base nas suas experiências comuns.

do registo de marca deceptiva) dado que, muitas vezes, os consumidores não têm consciência do que determina as suas decisões de compra[604], mas também os custos inerentes à sua realização, assim como os prazos processuais implicados podem levar, na prática, à sua inviabilização[605].

Entre nós as sondagens de opinião não estão expressamente contempladas no elenco legal dos meios probatórios admissíveis[606], pelo que a sua admissibilidade depende da aceitação das chamadas *provas atípicas* ou *inominadas*[607].

Apesar de, também relativamente a este ponto, não haver consenso doutrinal[608], cremos que este tipo de prova deve ser admitido[609], fundamentalmente, porque a sua proibição injustificada parece representar uma restrição do direito à prova constitucionalmente duvidosa[610].

---

[604] Minimizando este aspecto no que respeita às acções fundamentadas em concorrência desleal, cfr. FELIPE PALAU RAMIREZ, «El consumidor medio y los sondeos...», *cit.*, p. 392.

[605] No mesmo sentido, cfr. GARY LEA, *op. cit.*, pp. 193 e s. que acrescenta outros factores que justificam a criação de obstáculos à utilização deste tipo de prova, nomeadamente o receio por parte dos juízes de usurpação da sua função, a questão da admissibilidade, ou não, deste tipo de provas e, no caso de serem admitidas, o problema do peso que lhes é atribuído.
Dos casos a que tivemos acesso, constatamos a utilização deste meio probatório em Itália no conhecido caso «Cotonelle» (referido *infra*, 3., 3.2.1.), v. a decisão da *Corte di Appello di Milano*, proferida em 1 de Outubro de 1993, consultada in: *RDI*, 1994, Parte II, pp. 5 e ss., esp. p. 7.

[606] O mesmo sucede noutros ordenamentos jurídicos, *v.g.*, em Espanha os arts. 578 da Lei de Enjuicamiento Civil e 1215 CC.

[607] Sobre o tema, cfr., entre nós, ISABEL ALEXANDRE, *Provas ilícitas em processo civil*, Almedina, Coimbra 1998, pp. 33 e ss.

[608] Alguns autores defendem uma tese "legalista", recusando a admissibilidade de provas atípicas por considerarem o carácter taxativo da enumeração legal, enquanto outros sustentam a liberdade dos meios de prova, cabendo ao juiz decidir da sua admissibilidade. Referindo-se a esta querela e com abundantes indicações bibliografias, cfr. ISABEL ALEXANDRE, *op. cit.*, pp. 34 e ss.

[609] Nesta hipótese, caberá ao tribunal decidir, casuisticamente, qual a percentagem de consumidores enganados determinante para a declaração de nulidade. É esta a solução que decorre da posição assumida pelo TJ, no n.º 36 do Acórdão, de 16 de Julho de 1998, proferido no âmbito do proc. C-210/96, relativo ao caso «Gut Springenheide», *cit.*, in: *Col.* 1998-7, pp. I-4692.

[610] Sobre este ponto, cfr. ISABEL ALEXANDRE (*op. cit.*, pp. 45 e s.) que defende que a proibição de as partes utilizarem provas inominadas representa uma restrição do direito à prova contrária ao preceituado no art. 18.º, n.º 2 da CRP, na medida em que seja injustificada e, por conseguinte, o princípio deve ser o da sua admissibilidade, apenas se impondo solução diferente na medida em que tal seja necessário para defender outros direitos ou interesses.

A prática dos litígios de marcas revela, porém, com algumas excepções, que são pouco utilizadas e, entre nós, não o parecem ser quase nunca. Esta tendência, segundo alguma doutrina, tende a agravar-se após a tomada de posição do Tribunal de Justiça nesta matéria num caso – «Gut Springenheide»[611] – onde era discutido o carácter enganoso de uma indicação publicitária.

Com efeito, o Tribunal de Justiça, apesar de reconhecer que se pode recorrer a sondagens de opinião, parece admiti-las apenas quando já não é possível ou suficiente a valoração da susceptibilidade de engano com base na experiência pessoal e/ou profissional[612].

Independentemente dos meios de prova apresentados e admissíveis, importa ter em mente que, após a apreciação dos factos, a entidade competente para apreciar a invalidade do registo deve decidir se a marca era, ou não, enganosa *originariamente* e consequentemente declarar a sua nulidade ou recusar essa declaração. Vamos, pois debruçar-nos sobre essa declaração e, em especial, sobre os seus efeitos.

### 3. A declaração de nulidade do registo de marca enganosa

#### 3.1. *Âmbito de aplicação da nulidade do registo de marca enganosa*

Decorre do disposto no art. 33.°, n.° 1, que a declaração da nulidade pode ser parcial ou total, *id est*, pode abranger parte ou a totalidade dos produtos ou serviços para os quais a marca está registada.

---

[611] EICHMANN julga que esta decisão será, provavelmente, uma "desculpa" para os tribunais basearem, ainda mais do que anteriormente, as decisões sobre a susceptibilidade de engano no conhecimento de peritos e experiência dos juízes" (HELMUT EICHMANN, «The present and...», in: *IIC*, vol. 31, n.° 5/2000, p. 558). Em sentido diferente, PALAU RAMIREZ julga que a sentença pode funcionar como propulsor para que os juízes não recusem este meio probatório, pelo menos se apresentado (e suportado) pelas partes, e pode relançar o debate doutrinal sobre a sua utilidade e os critérios em que há-de basear-se a sua valoração («El consumidor medio...», cit., p. 395).

[612] No n.° 35 do Acórdão, de 16 de Julho de 1998, proferido no âmbito do proc. C-210/96, relativo ao caso «Springenheide», *cit.* (in: *Col.* 1998-7, pp. I-4692) é afirmado que "(...) o Tribunal de Justiça não exclui que, em certas circunstâncias particulares pelo menos, um órgão jurisdicional nacional possa decidir, em conformidade com o seu direito nacional, ordenar um exame pericial ou encomendar uma sondagem de opinião destinada a esclarecê-lo quanto ao carácter eventualmente enganoso duma indicação publicitária".

É esta a solução que resulta da *ratio legis* da proibição de registo como marca de sinais enganosos: se não existe susceptibilidade de indução em erro relativamente a determinados produtos ou serviços, não faz sentido invalidar o registo para estes. E é essa também a solução que melhor se coaduna com a política legislativa adoptada. Com efeito, como tivemos o ensejo de mencionar[613], existem variadas medidas legislativas de incentivo à propriedade industrial e, em especial, ao registo de marcas, pelo que apenas se deve repudiar qualquer tutela jurídica pelo direito de marcas àqueles sinais que incorram numa proibição legal, *maxime* por se verificar um impedimento absoluto de registo.

Uma vez que o Código nada adianta quanto ao critério de delimitação da declaração de nulidade total ou parcial, cremos que o juiz deve aplicar a que reputar mais conveniente para o caso concreto. Assim, se considerar que o carácter enganoso do sinal se verifica relativamente a todos os produtos ou serviços para os quais a marca está registada, deve declarar o registo da marca nulo para todos eles. Ao invés, se julgar que a marca é deceptiva apenas para alguns produtos ou serviços, deve declarar o registo da marca nulo apenas no que respeita àqueles produtos ou serviços. É o que decorre da interpretação da Directiva de marcas que, no art. 13.º, dispõe imperativamente que quando existam motivos para a nulidade do registo apenas no que respeita a alguns dos produtos ou serviços para os quais o registo de marca foi efectuado, a nulidade só abrange esses produtos ou serviços[614].

### 3.2. *Efeitos da declaração de nulidade do registo de marca enganosa*

Os efeitos que a declaração de nulidade do registo de uma marca originariamente deceptiva provocam são muito relevantes no âmbito do nosso estudo, uma vez que dos mesmos dependerá uma conclusão no que

---

[613] V. *supra* Cap. I., § 3., 1.3., esp. 1.3.1.

[614] No mesmo sentido, o RMC prevê que "se a causa da nulidade só se verificar em relação a uma parte dos produtos ou serviços para os quais a marca comunitária foi registada, a nulidade da marca só pode ser declarada para os produtos ou serviços em causa" (art. 52.º, n.º 3) e o art. 57.º, n.º 5 dispõe que "se do exame do pedido (...) de anulação resultar que o registo da marca deveria ter sido recusado em relação à totalidade ou parte dos produtos ou serviços para que esta foi registada, (...) será declarada a nulidade da marca para os produtos ou serviços em causa. Caso contrário, o pedido de (...) nulidade será rejeitado".

respeita aos interesses protegidos com a proibição de registo de marcas enganosas e, afinal, da eficácia dessas normas.

A Directiva, no ponto em apreço, não nos serve de auxílio, pois confere liberdade aos legisladores nacionais. Efectivamente, na parte final do 6.° Considerando é afirmado que "os Estados-membros mantêm a faculdade de determinar os efeitos da caducidade ou da nulidade das marcas".

Os dois aspectos que, em concreto, vamos analisar consistem, por um lado, na amplitude dos efeitos da declaração de nulidade (*erga omnes* ou *inter partes*) e, por outro, na extensão desses efeitos (o registo e/ou o uso da marca)[615].

### 3.2.1. Eficácia absoluta da declaração de nulidade

Relativamente ao primeiro aspecto mencionado, e deixando de lado a eficácia da decisão que se pronuncie sobre a nulidade do registo da marca de forma incidental (i.e., quando esta tiver sido invocada como excepção no processo principal)[616-617], importa sublinhar, desde já, que quer o nosso Código, quer o Regulamento sobre a marca comunitária não se referem expressamente ao efeito da declaração de nulidade, ao contrário do que sucede noutros ordenamentos jurídicos[618]. Todavia, existem dados nos dois corpos normativos que permitem inferir que, em ambos, o legis-

---

[615] De fora deixamos a referência expressa no CPI e no RMC à retroactividade dos efeitos da declaração de nulidade ao momento do registo e suas limitações (arts. 36.° e 55.°, n.° 2, respectivamente) por não existirem, na matéria em apreço, especificidades dignas de nota.

[616] Hipótese na qual os efeitos da decisão só podem ser opostos às partes desse processo. No mesmo sentido, cfr. GIUSEPPE SENA, *Il diritto...*, cit., p. 207 e, entre nós, LUÍS M. COUTO GONÇALVES, *Manual...*, cit., p. 314, nota 657.

[617] Recusando a possibilidade de a nulidade (e, já agora, da caducidade) do registo de uma marca poder ser invocada a título incidental, v. a sentença do TCL, proferida no processo de registo da marca nacional n.° 319 183, «Duffs», em 13 de Julho de 2001, in: *BPI* 2/2004, pp. 386 e ss., esp. 387, onde é sustentado que "a nulidade não opera automaticamente (*ipso iure*) ou, pelo menos, não pode ser invocada a título incidental, mas apenas, segundo dispõe o artigo 34.°, n.os 1 e 2, do CPI, depois de declarada em acção judicial intentada, pelo Ministério Público ou por qualquer interessado, contra o titular inscrito do direito, e notificada a todos os titulares de direitos derivados inscritos, que podem intervir no processo".

[618] *V.g.*, o art. 123.° do *CPIital.* que estabelece, expressamente, a eficácia *erga omnes*.

lador optou por conferir-lhe eficácia absoluta[619], a partir do averbamento da decisão ao registo.

É isso que resulta, desde logo, do Código da Propriedade Industrial que faz depender de averbamento as decisões que extingam direitos privativos (art. 30.º, n.º 1, al.ª e)) para que as mesmas produzam efeitos em relação a terceiros (art. 30.º, n.º 2), sendo que, antes do averbamento, essas decisões podem ser invocadas entre as próprias partes ou seus sucessores (art. 30.º, n.º 3). Além disso, pressupondo a aplicação do regime comum relativo à nulidade, apenas cuida de ressalvar alguns casos da eficácia retroactiva da invalidação do registo da marca (art. 36.º).

O mesmo parece suceder no âmbito da marca comunitária, já que o Regulamento sobre a marca comunitária[620] prevê que "a decisão do Instituto relativa ao pedido de extinção ou de nulidade da marca será objecto de uma menção inscrita no registo, logo que seja definitiva" (art. 57.º, n.º 6) e ainda que a marca declarada nula é considerada desprovida de efeitos (art. 55.º, n.º 2).

Parece-nos ser esta a solução que melhor serve a causa da nulidade: a violação de impedimentos *absolutos* de registo. Todavia, cremos que a consideração da eficácia *erga omnes* ou *inter partes* da invalidação do registo, por si só, de pouco servirá em termos de segurança jurídica[621], dependendo esta, sobretudo, da simultânea proibição de uso da marca originariamente deceptiva.

Imagine-se que é declarado nulo o registo de uma marca com fundamento em deceptividade originária para determinado produto. Esta decisão, quer tenha eficácia relativa, quer tenha eficácia absoluta, não impede, *por si só*, a utilização do sinal enganoso como marca livre[622]. Quer isto dizer que, em termos práticos, a marca, não obstante ter sido declarada enganosa, continua a poder ser usada e, por conseguinte, o consumidor

---

[619] Em sentido próximo, cfr. LUÍS M. COUTO GONÇALVES, *Manual...*, cit., p. 314.

[620] No mesmo sentido, cfr. GIUSEPPE SENA, *Il diritto...*, cit., p. 188.

[621] A segurança jurídica é também invocada por LUÍS M. COUTO GONÇALVES (*Manual...*, cit., p. 314) que acrescenta o princípio da igualdade relativa dos concorrentes e o modo de aquisição do direito de marca para justificar a eficácia absoluta da declaração de nulidade do registo de marca.

[622] Uma vez declarada a nulidade de um registo por deceptividade originária para determinado produto ou serviço e sendo essa decisão comunicada ao INPI, é pouco crível que, sendo apresentado por um terceiro um novo pedido de registo do referido sinal como marca para assinalar os mesmos produtos ou serviços, o mesmo seja concedido. Por isso, só concebemos a questão no que concerne ao uso como marca livre (não registada).

continua a poder ser induzido em erro por aquela. Impõe-se, pois, na nossa opinião, acrescentar a proibição do uso da marca invalidada a fim de proporcionar à norma efectividade, como melhor veremos no ponto seguinte, o que não implica, necessariamente, que essa proibição tenha de resultar do direito de marcas.

Por outro lado, e considerando a hipótese de eficácia absoluta da declaração de invalidade do registo de marca, é fácil antever os problemas que daí podem advir no que respeita à compatibilização dos efeitos da nulidade do registo com o princípio da livre circulação de produtos ou serviços. Não se estranha, por isso, que esta questão tenha já sido objecto de análise por parte do Tribunal de Justiça. Referimo-nos ao caso «Cotonelle», cujos factos passamos a descrever sucintamente, para uma melhor compreensão do texto.

O grupo multinacional «Scott» [*Scott Paper Company, Scott Paper International Inc. e Scott S.p.A.*] comercializava em Itália papel higiénico e lenços de papel assinalados com as marcas registadas «Cotonelle», «Cottonelle» e «Cotonel» (doravante referidas como «Cotonelle»).

Em Espanha, França e Itália, concorrentes daquela empresa, intentaram acções judiciais com vista à invalidação do registo da marca em apreço, com fundamento em que tal marca era susceptível de induzir os consumidores em erro, já que poderia levá-los a pensar que os produtos assinalados eram feitos de algodão [«algodón» em espanhol; «coton» em francês; «cotone», em italiano], quando, na verdade, não continham aquela substância (deceptividade originária).

Nos dois primeiros países referidos, o carácter deceptivo do sinal foi recusado e, por conseguinte, o registo manteve-se. Porém, em Itália a decisão acabou por ser diferente.

O *Tribunale di Milano* negou o carácter deceptivo da marca por considerar que a marca não evocava a presença no produto comercializado de uma inexistente quantidade de algodão [«cotone»], antes sugerindo uma suavidade parecida com a do algodão[623]. Todavia, esta decisão viria a ser revogada, em 1 de Outubro de 1993, pela *Corte d'appello di Milano*[624].

---

[623] Sentença do *Tribunale di Milano*, de 13 de Setembro de 1990, in: *Giur. Ann. Dir. ind.*, 1990, n.º 2563, pp. 693 e ss. *apud* ANNA MARIA TONI, "La decettività (solo italiana) del marchio «Cotonelle»", in: *Il Diritto Industriale*, n.º 10/1996, p. 809.

[624] Esta decisão pode ser lida em *RDI*, 1994, II, pp. 5 e ss., com anotação de GIUSEPPE SENA, «Ancora sulla decettività del marchio», pp. 9 e ss.

Este Tribunal declarou nulo o registo da marca por violação da, então vigente, *legge marchi*, mais especificamente por existir deceptividade originária e proibiu a *Scott* de usar a marca «Cotonelle», com fundamento em concorrência desleal por causa da publicidade enganosa em que a marca aparecia[625].

A *Scott* recorreu desta decisão para a *Corte di Cassazione*[626], mas entretanto, acatando o Acórdão da *Corte d'Appello* cessou a distribuição dos produtos assinalados com a referida marca em Itália.

A *F.lli Graffione*, que distribuía os produtos marcados em Itália, avisou os seus clientes de que não poderia continuar a fazê-lo. A certa altura, esta empresa toma conhecimento de que a *Fransa Discount do Lubiano Giogio* comercializava, no seu estabelecimento, produtos com a marca «Cotonelle» que importava de França, e interpôs uma providência cautelar, baseada em concorrência desleal, no *Tribunale di Chiavari* para que este, atendendo ao acórdão da *Corte d'appello di Milano*, proibisse essa empresa de comercializar, em Itália, produtos com a marca «Cotonelle».

A *Fransa* defendeu-se invocando que os produtos assinalados com a referida marca haviam sido produzidos em França, onde o registo da marca não fora declarado nulo e ainda que uma decisão que a proibisse de vender aqueles produtos em Itália constituiria uma medida de efeito equivalente a uma restrição quantitativa à importação, contrária ao art. 30.º do TCE.

O *Tribunale di Chiavari* formulou, de uma forma muito pouco precisa e clara, quatro questões prejudiciais ao Tribunal de Justiça[627]. Este

---

[625] Na publicidade aparecia um rolo de papel higiénico dissolvendo-se em flocos de algodão e noutro *spot* publicitário aparecia uma senhora que tinha na mão um pedaço de algodão que passava pelo rosto (v. Acórdão da *Corte d'Appello di Milano*, cit., in: RDI, 1994, II, p. 8).

[626] No Acórdão, de 9 de Abril de 1996, a *Corte di Cassazione* negou provimento ao recurso. O texto dessa decisão pode ser lido in: *RDI*, 1996, II, pp. 265 e ss., com anotação de MARIA ROBERTA PERUGINI, «Epilogo del caso cotonelle», *cit.*, pp. 274 e ss. Cfr. ainda sobre o mesmo acórdão, FRANCESCA MORRI, «La Corte di Cassazione torna ad ocuparsi del tema della decettività del marchio», in: *La Nuova Giurisprudenza Civile Commentata*, anno XIII, parte prima, 1997, pp. 790 e ss. e ANNA MARIA TONI, «La decettività...», *cit.*, pp. 809 e ss.

[627] "1) Devem os artigos 30.º e 36.º ser interpretados no sentido de que se opõem à aplicação restritiva das normas nacionais de um Estado-membro que proíbem a circulação no seu território de um produto proveniente de outro Estado-Membro em que esse mesmo produto foi legitimamente fabricado e provido de uma marca?

2) Devem as disposições da alínea *b*) do n.º 2 do artigo 12.º da Directiva 89/104 ser interpretadas no sentido de que implicam a harmonização das disposições nacionais em

dado, a par do recurso então pendente na *Corte di Cassazione*, fez com que o problema que, para nós e considerando o objecto do nosso estudo, tinha mais relevância fosse, praticamente, afastado: a discussão acerca da validade do registo das marcas «Cottonelle» e «Cotonelle»[628].

O Tribunal de Justiça, debruçando-se sobre a hipótese de a comercialização em Itália dos produtos com a marca «Cotonelle» ser proibida *erga omnes*[629], questionou se o obstáculo à livre circulação de mercado-

---

matéria de caducidade do direito, pelos fundamentos nelas referidas, relativamente a produtos comercializados a nível comunitário?

3) Devem as disposições referidas na questão 2, num caso como o examinado no presente processo, ser interpretadas também à luz do princípio da proporcionalidade no sentido de que se opõem à aplicação restritiva das normas nacionais de um Estado--Membro destinadas a impedir a circulação nesse Estado de um produto legitimamente fabricado e provido de marca noutro Estado-Membro de onde provém?» (Conclusões apresentadas pelo Advogado-Geral F. G. Jacobs, em 6 de Junho de 1996, in: *Col.* 1996-11, pp-I-6043 e s.).

[628] Foi essa a posição do Advogado-Geral F. G. Jacobs que concorda com a posição assumida pela Comissão – que, lembrando o recurso pendente em Itália, defendeu que a *Corte di Cassazione* "teria oportunidade de solicitar uma decisão sobre uma interpretação da directiva relativa às marcas comerciais e que não seria adequado decidir sobre questões relativas à marca nesta fase. A Comissão considera que a questão dos direitos de marca é estranha ao processo pendente no Tribunal di Chiavari e cita decisões nas quais o Tribunal de Justiça se recusou a responder a questões de natureza hipotética ou a questões que não têm qualquer relação com a matéria da acção pendente no tribunal nacional. A Comissão entende além disso que a segunda e a terceira questão [sic] submetida pelo Tribunal di Chiavari devem ser consideradas inadmissíveis" (v. n.° 8 das Conclusões, cit., *Col.* 1996-11, pp. I-6044 e s.) – e que sublinha que o objectivo das questões prejudiciais neste caso "parece ser determinar quais as *consequências* que derivam de uma decisão que declare o carácter enganoso num Estado-membro relativamente a bens importados de um outro Estado-membro em que foi proferida uma decisão em sentido contrário" (v. n.° 9 das Conclusões, cit., *Col.* 1996-11, p. 6045).

[629] O TJ deparou de imediato com a questão da eficácia da declaração de nulidade do registo da marca em Itália, pois "no caso em apreço, o despacho de reenvio não especifica se o acórdão da Corte d'appello di Milano, que proíbe o titular da marca a usar em Itália, impede igualmente terceiros de comercializarem sob esta marca os produtos em causa ou se é vinculativo apenas para o seu titular, pelo menos até transitar em julgado, permitindo que terceiros comercializem sob esta marca produtos importados de outros Estados-membros onde são legalmente comercializados" (V. n.° 18 do Acórdão, *cit.*, *Col.* 1996-11, pp. I-6057 e s.).

Considerando a hipótese de a eficácia ser relativa, o TJ defendeu que os terceiros (no caso a *Graffione* e a *Fransa*) não estariam impedidos, por causa deste acórdão, de importar os produtos em causa e de os comercializar em Itália sob esta marca, inviabilizando o recurso à concorrência desleal para proibir uma empresa de importar e comer-

rias criado por este acórdão se justifica por razões de protecção dos consumidores contra o efeito enganador da marca Cotonelle, na medida em que esta última poderá levar o consumidor a acreditar erradamente que os produtos com esta marca contêm algodão[630].

Mas logo recordou que, para tal justificação ser aceite, tem de se tratar de uma medida efectivamente necessária para proteger os consumidores. Além disso, tem de ser uma medida proporcionada ao objectivo prosseguido e este não pode ser atingido por medidas que restrinjam em menor grau as trocas intracomunitárias[631]. Para o determinar começa por exigir, na linha de jurisprudência anterior, que o risco de engano seja suficientemente grave e, de forma algo diferente dos casos resolvidos anteriormente[632], refere que nessa apreciação, a efectuar pelo juiz nacional, devem ser tidos em conta "todos os elementos pertinentes, incluindo as circunstâncias em que os produtos são vendidos, as informações contidas na sua embalagem e a clareza com que estão indicadas, a apresentação e o conteúdo da publicidade bem como o risco de erro em função do grupo de consumidores em questão"[633].

Daqui parece resultar a razão de o legislador comunitário não ter imposto a harmonização dos efeitos da declaração de invalidade que se

---

cializar produtos provenientes de um Estado-membro onde o produto assinalado com a marca fosse licitamente comercializado, quando os outros operadores económicos dispõem do mesmo direito, ainda que dele não façam uso (n.º 20 do Acórdão cit., *Col.* 1996-11, pp. I-6058).

Cingindo o alcance da decisão do TJ, ANXO TATO PLAZA defende que "parece evidente que não se queria recusar qualquer acção por concorrência desleal contra um terceiro que utilizasse o sinal ou denominação considerados enganosos. Parece que, bem vistas as coisas, o que se recusava eram as alegações da *Graffione* em relação à sua eventual situação de desvantagem frente àquelas empresas que importavam os produtos [com a] marca *Cotonelle* de outros países onde esta marca era perfeitamente válida. Quando se alega esta situação de desvantagem, com efeito, é importante determinar se a sentença em que se declarava a nulidade da marca afectava todos os operadores económicos não só ao seu titular, pois, neste último caso, nada impediria que *Graffione* também importasse os produtos de outro Estado comunitário. Não existiria, então, a pretendida situação de desvantagem" («Marca engañosa...», *cit.*, pp. 66 e s.).

[630] V. n.º 21 do Acórdão cit., *Col.* 1996-11, pp. I-6058. No que respeita à hipótese da decisão da *Corte d'appello di Milano* ser vinculativa apenas para o titular da marca, v. nota anterior.

[631] Sobre esta jurisprudência v. *supra* Cap. I, § 2., 3.

[632] Diminuindo o aparente impacto destas diferenças, cfr. ANXO TATO PLAZA, «Marca engañosa...», *cit.*, pp. 61 e ss.

[633] V. n.º 26 do Acórdão, *cit.*, *Col.* 1996-11, pp. I-6059.

impunham à primeira vista: terá sido, mais uma vez, a vontade de sacrificar o mínimo possível a liberdade de circulação de mercadorias.

### 3.2.2. Efeitos da declaração de nulidade do registo de marca enganosa sobre o uso posterior do sinal

Declarada judicialmente a nulidade, esta tem de ser levada ao conhecimento do INPI para que se proceda ao cancelamento do registo. Daí que se imponha à secretaria do tribunal que remeta uma cópia dactilografada, sempre que possível por transmissão electrónica de dados, ou em suporte considerado adequado, ao INPI para efeito de publicação do respectivo texto e correspondente aviso no Boletim da Propriedade Industrial, bem como do respectivo averbamento (art. 35.º, n.º 3)[634].

Cancelado o registo cessa qualquer direito de exclusivo sobre aquele sinal, mas isso não significa que o mesmo não possa continuar a ser usado[635] enquanto marca livre, como tivemos oportunidade de referir *supra*.

Esta possibilidade tem importantes reflexos na proibição de marcas enganosas porque o efeito – absoluto ou relativo – da nulidade do registo de uma marca deceptiva não é suficiente, por si só, para expurgar o engano causado pela marca *no mercado*. Para isso seria necessário que a mesma acarretasse a proibição do uso daquele sinal[636].

---

[634] ISABELLE MARTEAU-ROUJOU DE BOUBÉE (*op. cit.*, pp. 288 e ss.), referindo-se ao direito pretérito francês, afirma que a lei de 31 de Dezembro de 1964 não continha qualquer disposição relativa aos efeitos da declaração de nulidade e que só o decreto de aplicação dessa lei precisava que essas decisões deviam ser averbadas ao registo. O cancelamento do registo não estava formalmente previsto até à lei actualmente em vigor, fomentando a discussão doutrinal e jurisprudencial sobre os efeitos (*erga omnes*) da declaração de nulidade do registo de uma marca.

[635] No mesmo sentido, cfr. Advogado-Geral JACOBS, nas conclusões que apresentou no caso «Cottonelle», *cit.*, *Col.* 1996-11, pp. I-6049, n.º 19) e GIUSEPPE SENA, *Il diritto...*, cit., pp. 191 e s.

[636] ISABELLE MARTEAU-ROUJOU DE BOUBÉE, *op. cit.*, p. 291. A autora conclui, por isso, que "não se deve cingir a eliminar a marca do registo, já que muito frequentemente é uma medida sem alcance. A tal ponto que certos requerentes tenham preferido renunciar a invocar a nulidade de uma marca deceptiva, invocando outras disposições que sancionem mais eficazmente" e defende (na p. 292) que "a interdição do uso do sinal (...) deveria (...) constituir uma sanção complementar, a fim de que o titular de um sinal deceptivo não possa definitivamente continuar a enganar o público. É apenas assim que se conseguirá proteger eficazmente os interesses do público (...)".

Ora, como foi referido, a Directiva de marcas deixa aos Estados--membros a resolução dessa questão, não excluindo, porém, que estes decidam aplicar às marcas disposições não abrangidas pelo direito de marcas (*v.g.*, concorrência desleal, responsabilidade civil ou defesa dos consumidores)[637]. Por outro lado, noutros domínios, existem Directivas comunitárias que se opõem a determinados usos enganosos (*v.g.*, a Directiva sobre práticas comerciais desleais).

Entre nós, tal como sucede no Regulamento sobre a marca comunitária, nada é dito quanto ao uso posterior deste sinal *no âmbito do direito de marcas*.

A única norma no Código da Propriedade Industrial que se refere ao «uso de marcas ilícitas» – qualificando-o como contra-ordenação –, da qual se extrai a proibição de uso de determinadas marcas, estranhamente, não abarca as marcas deceptivas.

Referimo-nos ao n.º 1 do art. 336.º que preceitua que "é punido com coima de € 3 000 a € 30 000, caso se trate de pessoa colectiva, e de € 750 a € 3 740, caso se trate de pessoa singular, quem usar, como sinais distintivos não registados, qualquer dos sinais indicados nas alíneas *a*) e *b*) do n.º 4 e no n.º 6 do art. 238.º, bem como na al.ª *d*) do n.º 1 do artigo 239.º'".

Estranhamos o âmbito de aplicação da norma, desde logo, por causa da sua epígrafe – uso de *marcas ilícitas*. Procedendo ao cotejo desta norma com a acepção ampla de licitude residual (que tivemos ocasião de referir no Capítulo I, § I., I., 1.), concluímos que a mesma não foi aqui acolhida. Em primeiro lugar, porque não foi considerado uso ilícito a utilização de nenhum dos sinais indicados nas alíneas *c*) e *d*) do n.º 4 do art. 238.º (e que, normalmente, cabem na referida acepção ampla de ilicitude, isto é, sinais constituídos por expressões, ou figuras, contrárias à lei, moral, ordem pública e aos bons costumes e sinais que sejam susceptíveis de induzir o público em erro). Em segundo lugar, porque é contemplada uma hipótese tida como um impedimento *relativo* do registo (em que releva, fundamentalmente, a tutela de interesses privados) e que respeita aos nomes, retratos ou quaisquer expressões ou figurações sem que tenha sido obtida autorização das pessoas a que respeitem e, sendo já falecidos, dos seus herdeiros ou parentes até ao 4.º grau ou, ainda que obtida, se produzir o desrespeito ou desprestigio daquelas pessoas (al.ª *d*) do n.º 1 do art. 239.º).

---

[637] V. 7.º Considerando da DM.

Por outro lado, não compreendemos os motivos que terão levado à exclusão da violação das al.ªˢ c) e d) do n.º 4 do art. 238.º, uma vez que estas normas, tal como as previsões de algumas das alíneas referidas expressamente no n.º 1 do art. 336.º, pretendem tutelar, primordialmente, um interesse público[638-638bis]. De resto, esta "estranheza" é ainda maior uma vez que o CPI'95 consagrava, no art. 269.º, uma norma mais abrangente. De acordo com o disposto nesse preceito, considerava-se ilícita a utilização indevida de sinais que infringissem o disposto no art. 189.º, al.ªˢ a) a g); o uso de marcas com expressões ou figuras contrárias à lei e à ordem pública ou ofensiva dos bons costumes; a utilização de marcas com falsas indicações sobre a proveniência ou a natureza dos produtos e ainda a venda ou colocação à venda de produtos ou artigos com os referidos sinais.

A redacção confusa da norma do Código de 1995 deve-se, segundo cremos, ao decalque da norma do CPI'40 (art. 218.º). De todo o modo, criticáveis neste elenco[639] eram não só a inclusão de impedimentos relativos do registo (temos em mente a inclusão das al.ªˢ f) e g) do art. 189.º do CPI'95) estando excluídos alguns impedimentos *absolutos* de registo (estamos a pensar na al.ª i) do art. 189.º, relativa aos sinais de elevado valor simbólico), mas também a limitação no que respeita à deceptividade da marca: apenas relevava o uso de marcas com falsas indicações sobre a proveniência ou a natureza dos produtos.

Como se constata, no que respeita ao elenco, a norma actual, apesar de ter omitido a referência à al.ª a) do n.º 2 do art. 239.º [que corresponde, *grosso modo*, à alínea f) do art. 189.º do CPI'95] mantém a da alínea d) do n.º 1 [idêntica à al.ª g) do art. 189.º do CPI'95]. E, não obstante, ter incluído a previsão da alínea b) do art. 238.º, n.º 4, relativa aos sinais com elevado valor simbólico, pura e simplesmente não faz qualquer menção aos sinais contrários à moral ou aos bons costumes ou ofensivos da ordem pública, nem aos sinais enganosos.

---

[638] V. *supra* Capítulo I, § I., I., 3.

[638bis] Além disso, o art. 336.º, n.º 1, incluiu o "novo" impedimento absoluto de registo – previsto no n.º 6 do art. 238.º – que, como foi referido *supra*, consagra também hipóteses de sinais enganosos.

[639] Além do elenco pensamos que também a exigência do dolo específico alternativo previsto no proémio da norma (intenção de causar prejuízo a outrem ou de alcançar para si ou para terceiros um benefício ilegítimo) deveria ser dispensado, como efectivamente veio a suceder com o Código actualmente em vigor.

A questão que se coloca é como deve ser valorada a alteração efectuada no Código actualmente em vigor relativamente à situação anterior, sendo certo que a omissão dos sinais enganosos na norma vigente pode ter uma específica razão de ser, que pode passar pela existência de outros instrumentos jurídicos para combater a susceptibilidade de indução em erro causada por aquelas marcas não registadas[640].

Iremos, pois procurar referir, sucintamente, os principais meios de que os interessados poderão lançar mão a fim de conseguirem, na prática, impedir o *uso* de sinais enganosos.

Fá-lo-emos, em primeiro lugar, relativamente a soluções que estejam contempladas no próprio Código da Propriedade Industrial, como é o caso da concorrência desleal e, em seguida, alargando horizontes, aventaremos soluções fora deste corpo legislativo, passando a referir quer a Lei de Defesa do Consumidor, quer o mais recente Decreto Lei n.º 57/2008, de 26/3, que procedeu à transposição da Directiva sobre práticas comerciais desleais.

Em qualquer dos casos, a análise a expender cinge-se à marca nacional, quer porque ultrapassaria largamente o âmbito do presente estudo a apreciação dos ordenamentos jurídicos que não dispõem de um instituto específico e/ou autónomo da concorrência desleal[641], quer porque no domínio comunitário[642] a temática da concorrência desleal tem surgido em

---

[640] Todavia, na nossa opinião, esta hipótese é pouco provável já que vale também para as situações expressamente abarcadas pelo art. 336.º, n.º 1.

[641] Estamos a pensar, entre outros, no ordenamento jurídico francês, onde a concorrência desleal é combatida através de acções de responsabilidade civil e até com recurso ao abuso de direito e no Reino Unido onde a repressão da concorrência desleal tem sido feita com base no *tort of passing off* (cfr. CHRISTOPHER WADLOW, *The law of passing off*, Sweet & Maxwell, London, 1990), em *injurious falsehood* e nos restantes, pouco usados, *torts* que aparecem ao abrigo dos chamados "economic torts" (cfr. GERALD DWORKIN, «Unfair competition: is it time for European harmonization?», in: *Intellectual Property in the new millennium – essays in honour of William R. Cornish* (edited by D. Vaver and L. Bently), Cambridge University Press, 2004, p. 178). Merecedor de menção é também o ordenamento estado-unidense, onde é conferida alguma tutela quer através da acção de *passing off*, quer através da aplicação de legislação específica como o *Unfair Deceptive Trade Practices and Consumer Protection Act*. Relativamente a este último ordenamento importa ainda referir o *Restatement (Third) of Unfair Competition* (1995) adoptado pelo *American Law Institute*.

Para uma visão geral sobre o instituto nos diferentes ordenamentos, cfr. ANSELM KAMPERMAN SANDERS, *Unfair competition law – the protection of intellectual and industrial creativity*, Clarendon Press, Oxford, 1997.

[642] Sobre as tentativas de harmonização comunitária em sede de concorrência desleal iniciadas em 1965, cfr., com abundantes indicações, CHRISTOPHER WADLOW, «Unfair

diplomas avulsos[643] e a Directiva sobre práticas comerciais desleais – que, *prima facie*, parece não deixar cair uma harmonização legislativa no que respeita à concorrência desleal, embora sob a égide, aparentemente, da protecção do consumidor[644] – vai ser referida a propósito do diploma legal que procedeu à sua transposição para o nosso direito nacional (v. 3.2.2.3.).

---

competition in Community Law (Part 1): the age of the "classical model"», in: [2006] 9 *EIPR*, pp. 433 e ss. e, do mesmo autor, «Unfair competition in Community Law (Part 2): harmonisation becomes gridlocked», in: [2006] 9 *EIPR*, 9/2006, pp. 469 e ss. Cfr., ainda, FRAUKE HENNING-BODEWIG/GERHARD SCHRICKER, «New initiatives for the harmonisation of unfair competition law in Europe», in: [2002] 5 *EIPR*, pp. 271 e ss.; ANSGAR OHLY, «La nueva ley alemana contra la competencia desleal (UWG) en la encrucijada entre el derecho comunitario, el derecho constitucional y la liberalización» (trad. RAFAEL GARCÍA PÉREZ), in: *ADI*, Tomo XV, 2004-2005, pp. 228 e ss.

Invocando a necessidade de unificação ou, pelo menos, aproximação, das leis de concorrência desleal num plano supra-comunitário, cfr. FRAUKE HENNING-BODEWIG, «International protection against unfair competition – art. 10*bis* Paris Convention, TRIPS and WIPO Model Provisions», in: *IIC*, 2/1999, vol. 30, pp. 166 e ss.

[643] O primeiro dos quais respeita à Directiva sobre publicidade enganosa, posteriormente alterada de forma a incluir a publicidade comparativa [DPEC]. Outras directivas sectoriais com pontos de contacto com a temática de que nos ocupamos são, p.e., a Directiva 2000/31/CE do Parlamento Europeu e do Conselho, de 8 de Junho de 2000, relativa a certos aspectos legais dos serviços da sociedade de informação, em especial do comércio electrónico, no mercado interno (in: *JO* L 178, de 17/07/2000) e a Directiva 2002/58/CE do Parlamento Europeu e do Conselho, de 12 de Julho de 2002, relativa ao tratamento de dados pessoais e à protecção da privacidade no sector das comunicações electrónicas (in: *JO* L 201, de 31/7/2002), com as alterações entretanto sofridas.

Referência especial merece a Directiva sobre as práticas comerciais desleais das empresas nas suas relações com os consumidores no mercado interno [DPCD], especialmente na medida em que proíbe práticas comerciais enganosas, mas dado que tem a ver com a protecção dos consumidores à mesma voltaremos *infra* (3.2.2.3.).

[644] Não obstante, esta impressão pode não subsistir a uma análise mais atenta, que não cabe no escopo deste estudo, porque a DPCD pode ter sido emanada "em nome da protecção dos consumidores", mas terá efeitos muito profundos no comportamento concorrencial das empresas (CHRISTOPHER WADLOW, «Unfair competition Community Law (Part 1) ...», *cit.*, p. 433 e p. 435). Com isto parece confirmar-se a ideia avançada por ADELAIDE DE MENEZES LEITÃO («Estudo sobre os interesses protegidos e a legitimidade na concorrência desleal», in: *RFDUL*, vol. XXXVII, 1996, n.º 1, p. 114) que afirma que "a deslealdade na medida em que vá alcançando a tutela de outros interesses para além dos concorrentes, em termos de uma tutela efectiva, nomeadamente através da deslocação de alguns actos típicos de concorrência desleal para outros diplomas legislativos, permitirá atribuir uma função objectiva de que esta regulamentação carece na ordem jurídica portuguesa e que se espelha na limitada concessão de legitimidade no âmbito das acções contra actos de concorrência desleal".

### 3.2.2.1. O recurso às normas que reprimem a concorrência desleal

O expediente mais utilizado para pôr cobro à utilização de uma marca deceptiva será uma acção com fundamento em concorrência desleal[645], o que se justifica por, em regra, serem os concorrentes que se disporão, com mais facilidade, a investir numa acção judicial, atentos os custos, normalmente, envolvidos. Por outro lado, convém não perder de vista que entre nós, tradicionalmente, não tem sido reconhecida legitimidade activa para este tipo de acção aos consumidores[646], ao contrário do que sucede, e cada vez mais, noutros ordenamentos jurídicos.

Apesar da inovação demonstrada por Portugal no que concerne à regulamentação legal da concorrência desleal – como é reportado por OLIVEIRA ASCENSÃO, fomos "o primeiro país do mundo a adoptar uma disciplina legislativa global" relativa a esta temática[647], seis anos antes de a mesma ser introduzida, no art. 10.°*bis*, da Convenção de União de Paris[648] –, a verdade é que, sobretudo desde 1940, ficamos "parados no tempo", excepção feita à recente (e há muito reclamada pela doutrina[649]) descriminalização do ilícito da deslealdade concorrencial, ocorrida em 2003, com a aprovação do Código da Propriedade Industrial em vigor.

Essa estagnação respeita a vários aspectos, necessariamente interligados, dos quais sublinhamos a opção pela inclusão da matéria numa lei

---

[645] Designadamente através de acções inibitórias ou de cessação de conduta. Sobre os meios de reacção civil à concorrência desleal, cfr., ADELAIDE DE MENEZES LEITÃO, «Estudo sobre os interesses...», *cit.*, pp. 99 e ss. e PAULA COSTA E SILVA, «Meios de reacção à concorrência desleal», in: AA.Vv., *Concorrência Desleal*, Almedina, Coimbra, 1997, pp. 99 e ss.

[646] No mesmo sentido, cfr. JOSÉ DE OLIVEIRA ASCENSÃO, *Concorrência Desleal*, Almedina, Coimbra, 2002, p. 137; ADELAIDE DE MENEZES LEITÃO, «Estudo sobre os interesses...», *cit.*, pp. 113 e s.

[647] JOSÉ DE OLIVEIRA ASCENSÃO, *Concorrência desleal*, cit., p. 8. V. os arts. 198.° e ss. do Decreto Ditatorial n.° 6, de 15 de Dezembro de 1894.

[648] A CUP, constituída em 1883, não previa a concorrência desleal na versão originária, só a tendo introduzido na Revisão de Bruxelas em 1900.

[649] Esta foi, de resto, a grande alteração introduzida pelo actual Código relativamente à concorrência desleal, como já tivemos oportunidade de referir em «As marcas e a concorrência desleal no novo Código da Propriedade Industrial», in: *SI*, Tomo LII, n.° 297, Setembro-Dezembro 2003, p. 547, correspondendo, como afirmamos no texto, a uma antiga reivindicação da doutrina. Sobre esta, cfr., entre outros, JOSÉ DE OLIVEIRA ASCENSÃO, *Concorrência desleal,* cit., p. 17 e LUÍS BIGOTTE CHORÃO, «O conceito de concorrência desleal – evolução legislativa», in: AA.Vv., *Concorrência Desleal*, Almedina, Coimbra, 1997, pp. 178 e 180.

genérica de propriedade industrial[650], por um lado, e uma decisão de política-legislativa relativa aos interesses a tutelar, por outro.

Deixando de parte o primeiro dos aspectos referidos por exorbitar manifestamente do âmbito do presente estudo[651], vamos, centrar a nossa atenção sobre o segundo ponto referido por ser o que apresenta mais relevância para a resolução da questão de que nos ocupamos: saber quem pode impedir, e como, a utilização de uma marca enganosa.

Efectivamente, também neste aspecto se verifica a referida "paragem no tempo" do nosso legislador. Dispensamo-nos de fazer aqui o excurso histórico do instituto da concorrência desleal não só porque o mesmo já foi objecto de análise pela mais autorizada doutrina[652], mas também porque para o nosso fito – destacar a filiação no modelo «profissional» ou «corporativo» que a maioria dos autores portugueses atribui ao nosso ordenamento, com todas as implicações que daí advenham para a tutela dos interesses – basta evidenciar o entendimento dos interesses protegidos no chamado «paradigma pós-liberal»[653].

Com efeito, é neste momento que se situam as primeiras leis específicas sobre concorrência desleal[654]. E aqui, ao contrário do que sucedia no «paradigma pré-liberal»[655], que revelava a tutela primordial do interesse

---

[650] E a própria integração num ramo específico do direito. Sobre esta discussão, cfr., entre nós, JORGE PATRÍCIO PAÚL, *Concorrência desleal,* Coimbra Editora, Coimbra, 1965, *passim* e do mesmo autor, relativamente ao CPI aprovado em 2003, «Breve análise do regime da concorrência desleal no novo Código da Propriedade Industrial», in: *ROA,* ano 63, Abril 2003, I/II, pp. 341 e s.; JOSÉ DE OLIVEIRA ASCENSÃO, *Concorrência desleal,* cit., pp. 65 e ss.

[651] Limitamo-nos a recordar as críticas da doutrina no que respeita à opção tradicionalmente adoptada no nosso ordenamento jurídico que implica uma limitação no que concerne ao seu âmbito de aplicação, cfr., entre outros, LUÍS BIGOTTE CHORÃO, «Notas sobre o âmbito da concorrência desleal», in: *ROA,* ano 55, III, Dezembro 1995, esp. pp. 741 e ss.

[652] Entre nós, cfr., por todos, ADELAIDE DE MENEZES LEITÃO, *Estudo de direito privado sobre a cláusula geral de concorrência desleal,* Almedina, Coimbra, 2000, pp. 15 e ss., esp. pp. 19 e ss.; JOSÉ DE OLIVEIRA ASCENSÃO, *Concorrência desleal,* cit., pp. 19 e ss.; LUÍS M. COUTO GONÇALVES, *Manual...,* cit., pp. 335 e ss.

[653] ADELAIDE DE MENEZES LEITÃO, *Estudo de direito privado...,* cit., pp. 20 e ss.

[654] A primeira foi a lei alemã, de 27 de Maio de 1896, que viria a ser revogada pela *Gesetz gegen den unlauteren Wettbewerb* [*UWG*], de 7 de Junho de 1909, cit., por sua vez revogada pela *UWG*, de 3 de Julho de 2004, *cit.,* actualmente em vigor.

[655] O período histórico correspondente ao modelo pré-liberal situa-se, como é referido por ADELAIDE DE MENEZES LEITÃO, *Estudo de direito privado...,* cit., pp. 20 e ss., esp. p. 22, entre o surgimento das instituições comerciais e a proclamação das liberdades pela Revolução Francesa.

dos concorrentes de uma perspectiva corporativista, e do «paradigma liberal», onde se verificava a "prevalência do individual sobre o colectivo"[656], com "a superação do liberalismo por formas de intervencionismo estadual e toda a dinâmica do *ethos* do Estado social de direito", é criado "um novo paradigma, agora de prevalência do colectivo sobre o individual"[657].

É na sequência desta evolução e dos interesses tutelados em cada uma dessas fases que surge a denominada «visão integrada da concorrência desleal»[658], que atende já não apenas aos interesses dos concorrentes, mas abarca, progressivamente, a tutela dos interesses dos consumidores e do interesse público.

Esta concepção integrada, de origem germânica[659-660], não foi acolhida entre nós, com todas as consequências que daí resultam quanto aos interesses *directamente* protegidos pelo instituto da concorrência desleal, *et pour cause*, quanto à legitimidade activa para arguir judicialmente este ilícito.

Independentemente destas considerações, existem factos que demonstram uma cada vez maior diversidade de interesses a tutelar pela concorrência desleal (o que, diga-se, não significa necessariamente que se chegue ao referido alargamento, uma vez que esses interesses podem receber protecção meramente reflexa...).

---

[656] ADELAIDE DE MENEZES LEITÃO, *Estudo de direito privado...*, cit., p. 23.
[657] ADELAIDE DE MENEZES LEITÃO, *Estudo de direito privado...*, cit., p. 24.
[658] JOSÉ DE OLIVEIRA ASCENSÃO, *Concorrência desleal*, cit., p. 45 e ANTÓNIO DE MACEDO VITORINO, «Visão integrada da concorrência desleal», in: AA.VV., *Concorrência Desleal*, Almedina, Coimbra, 1997, pp. 132 e ss.
[659] Como FRAUKE HENNING-BODEWIG sublinha, "originariamente a UWG [1909] apenas servia os interesses dos "concorrentes honestos" e assim era, para usar uma terminologia moderna, uma regulação "B2B". Posteriormente, o interesse público e o interesse dos consumidores passaram a ser reconhecidos como tendo igual importância" («A new act against unfair competition in Germany», in: *IIC*, vol. 36, 4/2005, p. 423). No mesmo sentido, e ainda na vigência da *UWG* (1909), cfr. GERHARD SCHRICKER, «Concorrenza sleale e tutela dei consumatori», in: *RDI*, Parte I, 1974, pp. 111 e ss. Na actual *UWG* a tríade de interesses tutelados está expressamente prevista no § 1 (interesse dos concorrentes, dos consumidores e de outros participantes no mercado).
[660] E acolhida nalguns outros ordenamentos jurídicos, *v.g.*, v. o art. 1.º da *Ley 3/1991, de 10 de enero, de competencia desleal* espanhola que dispõe: "a presente Lei tem por objecto a protecção da concorrência no interesse de todos os que participam no mercado, e com tal fim estabelece a proibição dos actos de concorrência desleal". Sobre a filiação desta lei no modelo social, cfr., entre outros, JOSÉ MASSAGUER, *Comentario a la Ley de Competencia Desleal*, Civitas, Madrid, 1999, pp. 107 e ss.

Esta ideia compreende-se melhor se atendermos à técnica legislativa acolhida entre nós desde o Código da Propriedade Industrial de 1940[661], cuja origem remonta à Convenção da União de Paris[662]: uma cláusula geral, hoje prevista no n.º 1 do art. 317.º, segundo a qual constitui concorrência desleal todo o acto de concorrência contrário às normas e usos honestos de qualquer ramo de actividade económica[663], seguida de vários exemplos de actos que podem constituir concorrência desleal[664], de entre os quais os actos enganosos ou actos de indução em erro [art. 317.º, n.º 1, al.ªs *d)*, *e)*, *f)*[665]] que, mais adiante, serão referidos.

---

[661] Nas leis de propriedade industrial portuguesas anteriores, a concorrência desleal surgia sem qualquer definição, limitando-se à proibição de determinadas condutas e a um elenco, aparentemente taxativo, de actos considerados concorrência desleal.

[662] A adopção pelo art. 10.º*bis* CUP de uma cláusula geral seguida de um elenco não taxativo (que inicialmente apenas referia os actos de confusão e de descrédito) só ocorreu em 1925, na Revisão de Haia.
O recurso à cláusula geral ter-se-á inspirado na que constava, embora em moldes diferentes, da *UWG* de 1909 (cujo § 1.º preceituava que "aquele que no tráfico mercantil realiza actos, com finalidade de concorrência, que atentem contra os bons costumes, pode ser sujeito a uma acção de cessação e reparação de danos"). Por seu turno, a conjugação da cláusula geral com a tipificação de actos de confusão e de descrédito, como é explicado por FRAUKE HENNING-BODEWIG («International protection...», *cit.*, p. 172), ter-se-á ficado a dever a um compromisso entre a França (que defendia a consagração de uma cláusula geral) e os sistemas anglo-americanos (que queriam uma enumeração o mais estrita possível). No que respeita à tentativa de incluir neste elenco os actos de indução em erro, v. mais adiante neste ponto, o que acabou por suceder na Revisão de Lisboa, em 1958.
Sobre a previsão relativa à concorrência desleal da Convenção da União de Paris, cfr. ADELAIDE MENEZES LEITÃO que afirma que a CUP "e, particularmente, o artigo 10/*bis*, como normativo jusinternacional, que vai sofrendo várias interpolações, constitui, no percurso do presente [leia-se agora passado] século, um marco da evolução do liberalismo para o intervencionismo estadual, da evolução de uma visão sincopada de tutela individual dos concorrentes rivais para uma visão integrada dos intervenientes no mercado, na proclamação de uma defesa supra-individual de todos os agentes que actuam ao nível do sistema de concorrência, e da passagem de um *direito de danos* individuais para um *direito de ordenação* dos comportamentos desleais" (*Estudo de direito privado*, cit., pp. 25 e s.).

[663] É na cláusula geral que estão expressos os três requisitos que *qualquer* acto tem de preencher para ser qualificado como *acto de concorrência desleal*. No entanto, como a enumeração que se segue é exemplificativa, podem existir outros actos de concorrência desleal, para além dos que estão tipificados legalmente.

[664] E que, além de estarem sujeitos aos requisitos fixados no proémio, dependem da verificação de pressupostos específicos que teremos oportunidade de referir mais adiante.

[665] O art. 317.º, n.º 1, refere nas alíneas indicadas: "d) as falsas indicações de crédito ou reputação próprios, respeitantes ao capital ou situação financeira da empresa ou

Para já importa salientar que quer da formulação da cláusula geral, quer dos casos tipificados parece poder inferir-se a ideia exposta de que os interesses protegidos pela concorrência desleal não se cingem, actualmente, ao interesse geral e ao dos concorrentes.

Foquemos a nossa atenção, em primeiro lugar, na cláusula geral relativa à concorrência desleal, pois é desta que decorrem, fundamentalmente, as consequências quanto à opção[666] por um modelo de matriz corporativa ou profissional ou, ao invés, social[667].

---

estabelecimento, à natureza ou âmbito das suas actividades e negócios e à qualidade ou quantidade da clientela; e) as falsas descrições ou indicações sobre a natureza, qualidade ou utilidade dos produtos ou serviços, bem como as falsas indicações de proveniência, de localidade, região ou território, de fábrica, oficina, propriedade ou estabelecimento, seja qual for o modo adoptado; f) a supressão, ocultação ou alteração, por parte do vendedor ou de qualquer intermediário, da denominação de origem ou indicação geográfica dos produtos ou da marca registada do produtor ou fabricante em produtos destinados à venda e que não tenham sofrido modificação no seu acondicionamento".

[666] Como JOSÉ DE OLIVEIRA ASCENSÃO refere, "o recurso à cláusula geral, (...), não exclui uma grande variedade de entendimentos na formulação ou na interpretação daquela. Quase diríamos que cada país tem a sua própria fórmula (...)" (*Concorrência desleal*, cit., p. 47).

[667] Pense-se no § 3 da *UWG* alemã, de acordo com o qual são proibidos os actos de concorrência desleal que sejam idóneos para prejudicar a concorrência de forma não irrelevante em prejuízo dos concorrentes, dos consumidores ou dos demais participantes no mercado. Para maiores desenvolvimentos, cfr., entre outros, KARL-HEINZ FEZER, § 3, in: *Lauterkeitsrecht...*, cit., pp. 348 e ss.; WOLFGANG B. SCHÜNEMANN, § 3, in: *Gesetz gegen den unlauteren Wettbewerb (UWG) mit Preisangabenverordnung – Kommentar* (Herausgegeben von Dr. Henning Harte-Bavendamm/Dr. Frauke Henning-Bodewig), Verlag C.H. Beck, München, 2004, pp. 554 e ss.; HELMUT KÖHLER, § 3, in: BAUMBACH/ /HEFERMEHL, bearbeitet HELMUT KÖHLER/JOACHIM BORNKAMM, *Wettbewerbsrecht – Gesetz gegen den unlauteren Wettbewerb, Preisangabenverordnung*, 23.ª ed., Verlag C. H. Beck, München, 2004, pp. 152 e ss.

Também a *Ley de Competencia Desleal* espanhola parece seguir o modelo social. De acordo com esta lei "reputa-se desleal todo o comportamento que resulte objectivamente contrário às exigências da boa fé" (art. 5.º *Ley de Competencia Desleal*). Todavia, e apesar do art. 1.º da mesma lei não mencionar expressamente a inclusão do interesse público [o referido artigo preceitua que "a presente Lei tem por objecto a protecção da concorrência no interesse de todos os que participam no mercado e com tal fim estabelece a proibição dos actos de concorrência desleal"], a doutrina tem entendido que o mesmo é incluído nas finalidades desta lei. Nesse sentido, cfr., por todos, JOSÉ MASSAGUER, *Comentario a la Ley de Competencia Desleal*, cit., p. 113 e p. 117, que acrescenta que "a introdução do interesse público na repressão da concorrência desleal produziu-se num plano

No que respeita especificamente à cláusula geral consagrada no n.° 1 do art. 317.°, parecem-nos estar presentes dois aspectos que permitem questionar o modelo, afinal, adoptado e que, atendendo à ultrapassagem do tema do nosso estudo, apenas serão referidos brevemente. Um respeita ao «acto de concorrência», o outro tem a ver com a chamada à colação dos «usos honestos de qualquer ramo de actividade económica».

Efectivamente, o legislador tem optado por referir-se ao «acto de concorrência». Será, pois, do entendimento deste conceito, e, mais concretamente, da exigência ou não de uma relação de concorrência entre os sujeitos, que dependerá a qualificação no que respeita ao modelo adoptado.

De facto, se se entender que o acto de concorrência é aquele que se realiza no mercado, dispensando a verificação de uma relação de concorrência, há uma aproximação ao modelo dito social[668]. Ao invés, se o acto de concorrência pressupõe a existência de uma relação de concorrência entre os sujeitos, como parece ser a tese defendida maioritariamente relativamente ao nosso ordenamento jurídico, estaremos perante o modelo profissional[669].

Por outro lado, como MACEDO DE VITORINO sublinha – referindo-se ao CPI'40 e ao art. 10.°*bis* da CUP que, como é sabido, foi a fonte da norma nacional – a menção aos «usos honestos de qualquer ramo de actividade económica» "apelava a conceitos novos que não retiravam a sua razão de ser da «lógica» privatística do direito subjectivo" e que remetiam para a tutela do interesse (do conjunto) dos concorrentes, "difundiu-se, assim, a ideia de que a concorrência desleal não tutelava apenas – ou pelo

---

teológico: está presente na finalidade das normas contra a concorrência desleal, e estrutural: está presente na formulação do ilícito de deslealdade concorrencial. Mas não se produziu, ou pelo menos não se produziu de forma absoluta, num plano operativo: a Administração carece de legitimidade para exercitar a acção de concorrência desleal (…)" (*ult. op. cit.*, p. 118).

[668] Neste sentido, ANTÓNIO DE MACEDO VITORINO defende mesmo ser necessário "redefinir o conceito de acto de concorrência, de modo a adaptá-lo a uma realidade em que a concorrência se exerce num mercado global, onde todos concorrem com todos e onde já nem o critério da substituibilidade de produtos pode servir para delimitar a relação de concorrência". Por isso afirma que "o acto de concorrência é, em nossa opinião ou numa análise ainda superficial, um acto de intervenção no mercado. Não supõe, portanto, uma relação de concorrência. Prescinde mesmo dela" (*op. cit.*, p. 134).

[669] Exigindo a relação de concorrência, cfr., por todos, JOSÉ DE OLIVEIRA ASCENSÃO, *Concorrência desleal*, cit., p. 110 e pp. 113 e ss.

menos não o fazia primacialmente – interesses directos dos concorrentes, mas sim a leal concorrência"[670].

Considerando agora a tipificação exemplificativa adoptada pelo legislador, facilmente se constata que, afinal, o instituto da concorrência desleal está pensado, cada vez mais, para tutelar diferentes interesses: o público geral, o dos concorrentes e até o dos consumidores.

Isso é visível desde logo a partir da fonte da nossa normativa, o mesmo é dizer, do art. 10.°*bis* da CUP, onde a previsão inicial (que data, como referimos, de 1925) no que respeita aos tipos de actos de concorrência desleal apenas referia os actos de confusão e de denegrição.

Com efeito, na mesma altura foi recusada a proposta da *AIPPI* de inclusão das *designações falsas ou enganosas* sobre os próprios produtos, precisamente, porque foi entendido por diversas delegações (*v.g.*, EUA, Reino Unido, Itália e Japão) que a proibição da publicidade enganosa servia exclusivamente o interesse dos consumidores, escapando ao domínio da propriedade industrial[671]. E a previsão dos actos enganosos (art. 10.°*bis* 3.°, n.° 3) só foi contemplada na revisão de Lisboa, em 1958. Porém, como HENNING-BODEWIG refere, a hipótese foi construída em termos muito estreitos e falhou, p.e., a tentativa de incluir as indicações enganosas quanto à origem, devido à resistência da delegação americana, atendendo a que muitas indicações geográficas de origem estrangeira são vistas nos EUA como nomes genéricos[672].

A previsão dos actos de engano prestou-se a leituras bem diferentes por parte da doutrina. Se para alguns autores essa norma manifesta uma abertura a uma nova dimensão da disciplina repressiva da concorrência desleal, para outros a introdução do art. 10.°*bis* 3.° não pressupõe a abertura à tutela dos interesses colectivos do consumo. A referência que o pre-

---

[670] ANTÓNIO DE MACEDO VITORINO, *op. cit.*, p. 132. O autor citado acrescenta ainda que "esta ideia de «lealdade», presente na legislação portuguesa desde o início da disciplina, vai-se objectivando progressivamente, ou seja, vai perdendo o carácter subjectivo que a caracteriza num primeiro momento para se tornar num padrão objectivamente definível de comportamentos social e legalmente admissíveis. Aproximar-se-á, pois, do conceito germânico de «unlauteres Wettbewerb» – concorrência clara".

Divergindo desta posição relativamente ao CPI'40, cfr. BIGOTTE CHORÃO, «Notas sobre o âmbito da concorrência desleal», cit., p. 730, que tende "a ver na referência do preceito a normas e usos honestos um reforço importante da natureza corporativo-profissional da concorrência desleal".

[671] FRAUKE HENNING-BODEWIG, «International protection…», *cit.*, p. 172.
[672] FRAUKE HENNING BODEWIG, «International protection…», *cit.*, p. 172.

ceito faz ao público não significa que este tenha algum interesse *directamente* protegido[673].

Entre nós, Código após Código, a situação, apesar de algumas sugestões da doutrina[674], permanece igual, revelando o facto de, não obstante a implicação de vários interesses – o geral, o dos concorrentes e o dos consumidores –, estarmos perante a chamada "concepção integrada *mas desnivelada* dos interesses em presença"[675] [itálicos nossos].

No aspecto que nos interessa – proibição dos actos enganosos ou actos de indução em erro – pode-se dizer, parafraseando JOSÉ MASSAGUER[676], que os interesses dos consumidores estão previstos num plano teleológico, na medida em que estão presentes na finalidade da repressão da concorrência desleal e num plano estrutural, pois integram a construção do ilícito de deslealdade concorrencial, mas não existem no plano operativo: não lhes é atribuída legitimidade individual, nem através das associações de consumidores, para o exercício da acção de concorrência desleal[677].

Este primeiro dado implica a constatação que, como referimos *supra*, no ordenamento jurídico nacional é inviabilizado o recurso *directamente* pelos consumidores a este instituto, ao contrário do que sucede noutros países, o que se reflecte na análise que expendemos, dado que a recusa ou a declaração de nulidade de uma marca enganosa *ab origine* não implicará que a mesma deixe, por esse facto, de ser usada. Esta afirmação, não obstante, é matizada pelo aproveitamento pelos consumidores das acções de concorrência desleal interpostas pelos concorrentes[678].

---

[673] Assim, entre nós, referindo-se ao CPI'40, ADELAIDE DE MENEZES LEITÃO, «Estudo sobre os interesses…», p. 85.

[674] Cfr., por todos, ANTÓNIO DE MACEDO VITORINO, *op. cit.*, *passim*.

[675] JOSÉ DE OLIVEIRA ASCENSÃO, *Concorrência desleal*, cit., p. 135. De resto, cremos poder afirmar que esta integração desnivelada hoje é corroborada pela combinação de vários diplomas legais em que os diferentes interesses encontram tutela.

[676] *Comentário…*, cit., p. 115.

[677] No mesmo sentido, JOSÉ DE OLIVEIRA ASCENSÃO (*Concorrência desleal*, cit., p. 137), ainda na vigência do CPI'95, afirmava que "nas leis de concorrência desleal, esse interesse [dos consumidores] é só reflexamente protegido. Não permite tutela directa, mas somente aquela que eventualmente resultar da acção dos concorrentes ou do Ministério Público" e, acrescentava que, "isto é particularmente nítido em matéria de responsabilidade civil, pois o consumidor nunca poderá obter, com fundamento na violação das regras de leal concorrência, a indemnização de danos que lhe tenham sido eventualmente inflingidos". Na mesma linha, cfr. ADELAIDE DE MENEZES LEITÃO, «Estudo sobre os interesses…», cit., pp. 83 e ss.

[678] Neste sentido, cfr. ADELAIDE DE MENEZES LEITÃO, «Estudo sobre os interesses…», cit., p. 113 que aplica esta solução também às associações de defesa dos consumidores.

Sabendo então que apenas os concorrentes terão legitimidade para reagir juridicamente contra o acto enganoso, importa agora analisar, de forma sucinta, os requisitos de que depende tal actuação. Interessa-nos em especial reflectir sobre a coincidência, ou não, das *fattispecies* em apreço: das normas que prevêem os actos enganosos como ilícitos de concorrência desleal com as exigências estabelecidas para obstar ao registo da marca enganosa analisadas *supra* no Cap. I.

Detendo-nos nas al.ªˢ *d)* e *e)* do n.º 1 do art. 317.º[679-680] facilmente se constata que, *prima facie*, estas previsões são mais restritas do que a preceituada, enquanto impedimento (absoluto) de registo de marca, no art. 238.º, n.º 4, al.ª *d)*[681]. Com efeito, exige-se a sua *falsidade*, isto é, a sua contrariedade objectiva à verdade[682], diferentemente do que vimos suceder na norma que impede o registo de sinais enganosos que se basta com a *susceptibilidade de indução em erro*[683].

No entanto, por um lado, as afirmações, ainda que verdadeiras, poderão consubstanciar um acto de concorrência desleal se se verificarem os

---

[679] As referidas alíneas preceituam que: "*d)* as falsas indicações de crédito ou reputação próprios, respeitantes ao capital ou situação financeira da empresa ou estabelecimento, à natureza ou âmbito das suas actividades e negócios e à qualidade ou quantidade da clientela; [e] *e)* as falsas descrições ou indicações sobre a natureza, qualidade ou utilidade dos produtos ou serviços, bem como as falsas indicações de proveniência, de localidade, região ou território, de fábrica, oficina, propriedade ou estabelecimento, seja qual for o modo adoptado", constituem concorrência desleal se se verificarem os requisitos estabelecidos no n.º 1 do art. 317.º.

[680] A al.ª *f)* – que qualifica como acto de concorrência desleal "a supressão, ocultação ou alteração, por parte do vendedor ou de qualquer intermediário, da denominação de origem ou indicação geográfica dos produtos ou da marca registada do produtor ou fabricante em produtos destinados à venda e que não tenham sofrido modificação no seu acondicionamento" – é referida, muito brevemente, *infra* (Parte II, Cap. II, § I., 3., esp. 3.2.3.1.1.1.) a propósito do caso da reembalagem dos produtos com substituição da marca.

[681] Por outro lado, há requisitos comuns. Referimo-nos em especial à relevância das indicações enganosas para influenciarem o comportamento económico do consumidor.

[682] Neste sentido, cfr. LUÍS M. COUTO GONÇALVES, *Manual...*, cit., pp. 356 e s., que acrescenta que "a exigência do requisito da falsidade afasta o acto de omissão de informação como um acto tipicamente enganoso".

[683] A alteração introduzida no âmbito do impedimento absoluto de registo de sinal enganoso no CPI'95 deveu-se, como foi visto *supra* (Cap. I, § I., 2., 2.1.), à transposição da DM (art. 3.º, n.º 1, al.ª *g*)). Por isso, não causa surpresa que a redacção da al.ª *e)* do n.º 1 do art. 317.º, em sede de concorrência desleal, mantenha uma formulação próxima da que o CPI'40 consagrava para o impedimento de registo de alguns sinais enganosos (v. art. 93.º, 10.º e 11.º CPI'40).

pressupostos da concorrência desleal referidos no corpo do n.° 1, o que parece poder suceder se o acto for susceptível de induzir em erro o consumidor. De facto, o elenco das alíneas do n.° 1 do art. 317.° é exemplificativo e, por isso, não exclui os chamados actos de concorrência desleal «atípicos». Por outro, no que respeita concretamente à falsa indicação de proveniência tem sido entendido que apenas releva aquela que seja susceptível de induzir o público em erro[684] e desde que possa prejudicar o concorrente[685].

Para terminar a referência à possibilidade de reacção perante actos enganosos por parte dos concorrentes afectados por estes comportamentos importa sublinhar que, como veremos, estes poderão reagir contra actos publicitários enganosos e outras práticas comerciais enganosas com base noutros diplomas legais. Referimo-nos ao Código da Publicidade e ao DL n.° 57/2008, de 26/3, que serão referidos *infra* (3.2.2.3. e 3.2.2.4.).

### 3.2.2.2. O recurso à lei de defesa do consumidor

Como referimos, os consumidores não têm legitimidade para, invocando concorrência desleal, pôr cobro à utilização de uma marca enganosa. Interessa-nos, pois verificar se dispõem de algum outro meio de reacção. Excluímos da nossa análise, por exorbitar manifestamente do âmbito deste trabalho, as hipóteses de reacção dos consumidores no caso de terem adquirido um produto, ou de lhes ter sido fornecido um serviço, assinalado com um sinal enganoso. Nessa eventualidade, aplicar-se-ão, consoante os casos, as regras previstas no Código Civil ou no DL n.° 67/2003, de 8 de Abril[686], que procedeu à transposição da Directiva 1999/44/CE, do Parla-

---

[684] JOSÉ DE OLIVEIRA ASCENSÃO, *Concorrência desleal, cit.,* p. 524. LUÍS M. COUTO GONÇALVES (*Manual...,* cit., p. 356) acrescenta: "a falsa indicação de proveniência só deverá relevar se a indicação de origem for usada de forma séria, de modo a induzir o consumidor em erro, e não de forma manifestamente fantasiosa da qual resulte evidente que não há, nem pode haver, qualquer conexão relevante entre a indicação e a origem do produto". Mas sublinha igualmente que "a nossa lei continua a restringir os actos enganosos típicos aos actos que produzem falsidade não incluindo aqueles que provoquem simples erro".

[685] JOSÉ DE OLIVEIRA ASCENSÃO, *Concorrência desleal, cit.,* p. 525.

[686] O último diploma respeita especificamente aos contratos de compra e venda, locação e empreitada de bens de consumo.

mento Europeu e do Conselho, de 25 de Maio, relativa a certos aspectos da venda de bens de consumo e suas garantias[687].

Centrando-nos, para já, na Lei de Defesa do Consumidor (Lei n.º 24//96, de 31 de Julho)[688] importa salientar que esta confere protecção aos consumidores independentemente da consubstanciação de um qualquer acto de consumo (i.e., da compra do produto distinguido ou do fornecimento do serviço assinalado com o referido sinal enganoso).

Esta Lei consagra, no art. 3.º, vários direitos que os consumidores têm – v.g., à qualidade dos bens ou serviços (al.ª a))[689]; à protecção da saúde e da segurança física (al.ª b)); à informação para o consumo (al.ª d))[690]; à protecção dos interesses económicos (al.ª e)); à prevenção e à reparação dos danos patrimoniais ou não patrimoniais que resultem da ofensa de interesses ou direitos individuais homogéneos, colectivos ou difusos (al.ª f)).

Para garantir o respeito por esses direitos dos consumidores, a Lei de Defesa do Consumidor estabelece, por um lado e preventivamente o direito à acção inibitória (arts. 10.º e 11.º) e, por outro lado, o direito à reparação dos danos resultantes do fornecimento de bens ou prestações de serviços defeituosos (art. 12.º).

Estes direitos podem ser exercidos pelos consumidores directamente lesados. No entanto, na prática, serão as associações de consumidores a

---

[687] JO L 171, de 7/7/99, pp. 12 e ss. Para maiores desenvolvimentos sobre o regime jurídico estabelecido no referido Decreto-Lei e sua coordenação com o regime estabelecido no Código Civil, cfr. NUNO MANUEL PINTO OLIVEIRA, Contrato de compra e venda – noções fundamentais, Almedina, Coimbra, 2007, pp. 319 e ss.

[688] Esta Lei poderá ser revogada se vier a ser aprovado o Código do Consumidor. Sobre o Anteprojecto deste, v. COMISSÃO DO CÓDIGO DO CONSUMIDOR, Código do Consumidor – Anteprojecto, Instituto do Consumidor, Lisboa, Março de 2006, que pode ser consultado na Internet, no sítio: http://www.portugal.gov.pt/NR/rdonlyres/A9D3B63B-9029-44 D7-8FFC-3D9807663CFE/0/Anteprojecto_Codigo_Consumidor.pdf.

[689] O art. 4.º da LDC esclarece que "os bens e serviços destinados ao consumo devem ser aptos a satisfazer os fins a que se destinam e a produzir os efeitos que se lhes atribuem, segundo as normas legalmente estabelecidas, ou, na falta delas, de modo adequado às legítimas expectativas do consumidor" (n.º 1).

[690] No art. 7.º, n.º 4, acrescenta que a publicidade deve ser lícita, inequivocamente identificada e respeitar a verdade e os direitos dos consumidores. No n.º 5 estabelece que as informações concretas e objectivas contidas nas mensagens publicitárias de determinado bem, serviço ou direito consideram-se integradas no conteúdo dos contratos que se venham a celebrar após a sua emissão, tendo-se por não escritas as cláusulas contratuais em contrário".

reagir e, eventualmente, o Ministério Público e o Instituto do Consumidor quando estejam em causa interesses individuais homogéneos, colectivos ou difusos (art. 13.º LDC).

Daqui resulta que teoricamente é possível a actuação *directa* dos consumidores com vista a impedir o uso de uma marca enganosa, todavia, temos de ter presente, pelo seu importante significado, que essa solução está prevista *fora do Código da Propriedade Industrial*.

### 3.2.2.3. O recurso à proibição das práticas comerciais desleais

Muito recentemente entrou em vigor o DL n.º 57/2008, de 26 de Março que procedeu à transposição da Directiva 2005/29/CE do Parlamento Europeu e do Conselho, de 11 de Maio de 1995, relativa às práticas comerciais desleais das empresas face aos consumidores no mercado interno e que altera a Directiva 84/450/CEE do Conselho, as Directivas 97/7/CE, 98/27/CE e 2002/65/CE e o Regulamento (CE) n.º 2006/2004 [DPCD][691].

O objectivo da citada Directiva consiste em harmonizar as legislações dos Estados-membros relativas às práticas comerciais desleais que prejudicam directamente os interesses económicos dos consumidores e, consequentemente, prejudicam de forma indirecta os interesses económicos dos concorrentes legítimos (v. Considerando 6.º)[692]. Tal desiderato é perseguido pela consagração, no art. 5.º, de uma proibição geral comum das práticas comerciais desleais (i.e., das práticas comerciais contrárias às exigências relativas à diligência profissional e que distorcem ou sejam

---

[691] Esta Directiva é o culminar de um processo há muito iniciado (HANZ-W. MICHLIT, «A general framework Directive in Fair Trading», in: *The forthcoming EC Directive on unfair commercial practices – Contract, consumer and competition law implications* (ed. Hugh Collins), Kluwer Law International, The Hague/London/New York, 2004, pp. 44 e ss., remete o início dos trabalhos para a década de '60 do séc. XX) e que retomou especial interesse na sequência dos livros verdes para a protecção dos consumidores publicados em 2001 e em 2002.

[692] Nesta medida, como é referido no Considerando 8, a DPCD garante a concorrência leal no domínio por ela coordenado. Mas existem "outras práticas comerciais que, embora não prejudiquem os consumidores, podem prejudicar os concorrentes e clientes das empresas", por isso, "a Comissão deverá ponderar cuidadosamente a necessidade de acções comunitárias no domínio da concorrência desleal para além do âmbito da presente directiva e se necessário fazer uma proposta legislativa para cobrir esses outros aspectos da concorrência desleal".

susceptíveis de distorcer substancialmente o comportamento económico dos consumidores) que, depois, é concretizada por disposições exemplificativas relativas aos dois tipos de práticas comerciais mais comuns: as enganosas e as agressivas.

O DL n.º 57/2008, seguindo naturalmente a mesma linha, proíbe, no art. 4.º, as práticas comerciais desleais, especificando no artigo seguinte que "é desleal qualquer prática comercial desconforme à diligência profissional, que distorça ou seja susceptível de distorcer de maneira substancial o comportamento económico do consumidor seu destinatário ou que afecte este relativamente a certo bem ou serviço" (n.º 1) e que "o carácter leal ou desleal da prática comercial é aferido utilizando-se como referência o consumidor médio, ou o membro médio de um grupo, quando a prática comercial for destinada a um determinado grupo de consumidores" (n.º 2)[693]. Em seguida estabelece que, em especial, são desleais as práticas comerciais enganosas e agressivas (art. 6.º, al.ª b)), sendo que algumas destas são-no em absoluto (art. 6.º, al.ª c)[694]).

Vamos centrar a nossa atenção nas práticas comerciais enganosas, que nos interessam na medida em que a *utilização* de uma marca originariamente deceptiva, mesmo como marca livre, pode constituir uma prática comercial desleal e tendo, igualmente, presente que a aferição da publicidade enganosa[695] é feita, por força da remissão do n.º 1 do art. 11.º do Código da Publicidade, pelos requisitos da prática comercial enganosa.

Com efeito, a Directiva relativa à publicidade enganosa e comparativa foi alterada pelo art. 14.º, n.º 1 da Directiva sobre práticas comerciais desleais, tendo sido estabelecido no art. 1.º da primeira que "a presente directiva tem por objectivo proteger os *profissionais* contra a publicidade enganosa e suas consequências desleais e estabelecer as condições em que a

---

[693] Tratando-se de um único grupo, claramente identificável, de consumidores «particularmente vulneráveis, em razão da sua doença mental ou física, idade ou credulidade» as práticas comerciais são consideradas desleais se forem susceptíveis de distorcer substancialmente o seu comportamento económico e se o profissional pudesse razoavelmente ter previsto que a sua conduta era susceptível de provocar essa distorção – v. art. 6.º, al.ª a) do DL n.º 57/2008, de 26/3, e art. 5.º, n.º 3 DPCD.

[694] V. também o anexo I da DPCD.

[695] A relação entre publicidade enganosa e marca enganosa é analisada *infra* na Parte II (Cap. II, § I., 3., 3.1.1.). Podemos, no entanto, adiantar que a utilização de uma marca *intrinsecamente* deceptiva em publicidade pode ter uma dupla consequência. Por um lado, pode reforçar a susceptibilidade de indução em erro da referida marca. Por outro, pode determinar a deceptividade da própria publicidade.

publicidade comparativa é permitida". Esta modificação deve-se ao facto de quando estiverem em causa os interesses dos consumidores a reacção jurídica decorrer da Directiva relativa às práticas comerciais desleais[696].

Das alterações introduzidas no Código da Publicidade pelo DL n.º 57//2008, de 26/3, na sequência da transposição da Directiva sobre práticas comerciais desleais (v. arts. 23.º e s.), resulta a aplicação de dois diplomas jurídicos aos casos de publicidade enganosa pelo que importa delimitar o respectivo âmbito de aplicação.

Um, o DL n.º 57/2008, regula-a enquanto prática comercial desleal (v. a alteração introduzida no art. 11.º do Código da Publicidade). Atendendo ao âmbito de aplicação deste Decreto-Lei parece que se pode sustentar que o mesmo abrange a publicidade enganosa desde que estejam em causa os interesses dos consumidores.

Outro, o Código da Publicidade, abarcará a publicidade enganosa quando estiverem em causa *apenas* os interesses dos concorrentes[697]. Aliás, o art. 43.º do Código da Publicidade reserva a aplicação do disposto nos arts. 10.º (veracidade), 11.º (publicidade enganosa) e 16.º (publicidade comparativa) à publicidade que não tenha como destinatários os consumidores. Daqui parece poder inferir-se que a sujeição da publicidade ao princípio da verdade e a proibição da publicidade enganosa (bem como os requisitos de licitude da publicidade comparativa) *previstos no Código da Publicidade* só se aplicarão à publicidade que tenha como destinatários profissionais.

Assim, a publicidade enganosa que tenha como destinatários consumidores será tratada como prática comercial desleal sujeita ao DL n.º 57/2008, de 26/3, e contra a mesma, como será referido *infra*, poderão reagir os consumidores (individualmente considerados ou através de associações) e/ou os concorrentes, desde que esteja em causa o eventual prejuízo dos interesses

---

[696] No entanto, na versão portuguesa codificada da DPEC – Directiva 2006/114/CE do Parlamento Europeu e do Conselho, de 12 de Dezembro de 2006 relativa à publicidade enganosa e comparativa, *cit.* – o art. 1.º dispõe que "A presente directiva tem por objectivo proteger os *negociantes* contra a publicidade enganosa e as suas consequências desleais e estabelecer as normas permissivas da publicidade comparativa". Nas versões inglesa, francesa, alemã, espanhola e italiana a referência é feita, respectivamente, a *traders*, *professionels*, *Gewerbetreibenden*, *comerciantes* e *professionisti*. Cremos que teria sido melhor manter a referência aos «profissionais» tal como decorria da DPCD.

[697] V. o art. 42.º (introduzido pelo DL n.º 57/2008) que estipula que "qualquer profissional ou concorrente com interesse legítimo em lutar contra a publicidade enganosa e garantir o cumprimento das disposições em matéria de publicidade comparativa pode suscitar a intervenção da Direcção-Geral do Consumidor para efeitos do disposto no artigo anterior", que prevê as medidas cautelares aplicáveis.

económicos dos consumidores. Se a publicidade enganosa tiver como destinatários profissionais ficará sujeita ao regime do Código da Publicidade, que pode ser suscitado por qualquer profissional ou concorrente com interesse legítimo.

Uma terceira hipótese será a de a publicidade enganosa ter como destinatários os consumidores, mas sem que se verifiquem os pressupostos para a qualificação como prática comercial desleal ou de a publicidade enganosa ter como destinatários os profissionais sem que se observem os requisitos para a aplicação do Código da Publicidade. Nesses casos, pouco prováveis na prática, os concorrentes poderão recorrer ao instituto da concorrência desleal se estiverem preenchidos os respectivos pressupostos[698].

---

[698] Além da possibilidade de uma mesma prática poder ser condenada com base no DL n.º 57/2008, de 26/3 e poder não o ser ao abrigo da concorrência desleal (que exige a contrariedade às normas e usos honestos) e vice-versa (cfr., neste sentido, JOSÉ DE OLIVEIRA ASCENSÃO, «Concorrência desleal: as grandes opções», in: AA.VV., *Nos 20 anos do Código das Sociedades Comerciais – Homenagem aos Profs. Doutores A. Ferrer Correia, Orlando de Carvalho e Vasco Lobo Xavier*, vol. I (Congresso Empresas e Sociedades), Faculdade de Direito da Universidade de Coimbra, Coimbra Editora, Coimbra, 2007, p. 136 e na mesma página a nota 26), importa referir que esta repartição legislativa poderá ter consequências perniciosas atendendo às divergências que também se verificam no plano sancionatório.

Deixando de lado a acção inibitória, a responsabilidade civil e a responsabilidade por venda de um bem defeituoso de que se poderá lançar mão em qualquer hipótese se estiverem preenchidos os respectivos pressupostos, e atendendo exclusivamente ao montante da coima aplicável (porque em qualquer caso, existirá contra-ordenação) e às sanções acessórias aplicáveis são bem visíveis as diferenças (não cabendo no âmbito do presente estudo determinar se as mesmas são, ou não, justificáveis...).

Comparando os ilícitos contra-ordenacionais previstos no DL n.º 57/2008, de 26/3, com os que estão estabelecidos no C.Pub., verificamos que, não obstante o montante máximo da coima ser idêntico – € 3.740,98 no caso de pessoas singulares e € 44.891,81 no caso de pessoas colectivas –, o montante mínimo da coima é bem diferente, sendo muito mais baixo no caso da contra-ordenação prevista no art. 21.º, n.º 1 da DL n.º 57/2008, de 26/3 (€ 250 e € 3.000, consoante tenha sido praticada por pessoa singular ou colectiva, respectivamente) do que no C.Pub. (€ 1.745,79 e € 3.491,59, consoante tenha sido praticada por pessoa singular ou colectiva, respectivamente). Acresce que, apesar de a negligência ser punível em ambas as situações, no caso do Decreto-Lei n.º 57/2008 está previsto que em tal eventualidade haverá redução dos limites (mínimos e máximos) das coimas para metade, diferentemente do que resulta do C.Pub., em que tal redução não está prevista.

Por outro lado, também no que respeita às sanções acessórias eventualmente aplicáveis se verificam diferenças.

No DL n.º 57/2008, de 26/3, o art. 21.º, n.º 2 dispõe que são, ainda, aplicáveis, *em função da gravidade da infracção e da culpa do agente*, as seguintes sanções acessórias: *a)* perda de objectos pertencentes ao agente [pensamos que o que se queria referir era a

As práticas comerciais desleais abrangem qualquer acção, omissão, conduta ou afirmação de um profissional, incluindo a publicidade e a pro-

---

apreensão dos objectos utilizados na prática das contra-ordenações]; *b)* interdição do exercício de profissões ou actividades cujo exercício dependa de título público ou de autorização ou homologação de autoridade pública; *c)* encerramento de estabelecimento cujo funcionamento esteja sujeito a autorização ou licença de autoridade administrativa. Nestas hipóteses a sanção tem a duração máxima de dois anos. Outra sanção acessória possível está prevista na al.ª *d)* e consiste na publicidade da aplicação das coimas e das sanções acessórias, a expensas do infractor.

No C.Pub. estão previstas como sanções acessórias a apreensão de objectos utilizados na prática das contra-ordenações e, *se existir dolo* e por um prazo máximo de dois anos, a interdição temporária de exercer a actividade publicitária; a privação do direito a subsídio ou benefício outorgado por entidades ou serviços públicos e o encerramento temporário das instalações ou estabelecimentos onde se verifique o exercício da actividade publicitária, bem como o cancelamento de licenças ou alvarás (art. 35.°, n.° 1, al.ᵃˢ *a)-d)*, n.ᵒˢ 2 e 3 C.Pub.). Além destas, em *casos graves ou socialmente relevantes* pode a entidade competente para decidir da aplicação da coima ou das sanções acessórias determinar a publicidade da punição por contra-ordenação, a expensas do infractor (art. 35.°, n.° 4 C.Pub.).

Relativamente ao ilícito de concorrência desleal, o mesmo é punido com coima de € 3.000 a € 30.000, caso se trate de pessoa colectiva, e de € 750 a € 7.500, caso se trate de pessoa singular (art. 331.°) e, no que respeita a eventuais providências cautelares não especificadas, importa salientar que, com a alteração do CPI decorrente da Lei n.° 10/2008, de 1/4 (que procedeu à transposição da Directiva n.° 2004/48/CE, do Parlamento Europeu e do Conselho, de 29 de Abril, relativa ao respeito pelos direitos de propriedade intelectual), foi revogado o art. 339.° (que preceituava que "nos casos em que se verifique qualquer dos ilícitos previstos neste Código e sempre que a finalidade não seja, exclusivamente, a apreensão prevista no artigo seguinte, podem ser decretadas providências cautelares, nos termos em que o Código de Processo Civil o estabelece para o procedimento cautelar comum") que, na nossa opinião, incluía o ilícito de concorrência desleal porquanto previsto neste Código, e aditado o art. 338.°-I que estabelece, no n.° 1, que "sempre que haja violação ou fundado receio de que outrem cause grave lesão e dificilmente reparável *do direito de propriedade industrial*, pode o tribunal, a pedido do interessado, decretar as providências adequadas a: *a)* inibir qualquer violação iminente; ou *b)* proibir a continuação da violação" (itálicos nossos). Ora, a concorrência desleal diferencia-se bem dos direitos de propriedade industrial, parecendo que o legislador se esqueceu de que regula, no CPI, a concorrência desleal, a não ser que se esteja a preparar para a regular num diploma autónomo, como é há tanto tempo solicitado pela doutrina... De qualquer forma, cremos que, não obstante a impossibilidade de recorrer a esta norma para fundamentar uma providência cautelar relativamente ao ilícito de concorrência desleal, esta estará disponível ao abrigo do Código de Processo Civil, se os pressupostos estiverem preenchidos. No mesmo sentido, embora referindo-se ao CPI'95 (onde não existia uma norma que previsse as providências cautelares), cfr. PAULA COSTA E SILVA, *op. cit.*, p. 125.

Para terminar sublinhe-se que das várias previsões potencialmente aplicáveis e que motivam o sancionamento por contra-ordenações decorre ainda o risco de haver lugar à

moção comercial, em relação directa com a promoção, a venda ou o fornecimento de um bem ou serviço ao consumidor (art. 3.º, al.ª *d*) do DL n.º 57/2008)[699].

De acordo com o disposto nos arts. 7.º-9.º, as práticas comerciais enganosas tanto podem resultar de acções como de omissões. No âmbito do nosso estudo – e porque consideramos, como tivemos o ensejo de referir na Introdução (III.), que sendo a marca um sinal distintivo facultativo não existe uma obrigação de informar, mas sim um limite à constituição da marca: não pode ser susceptível de induzir o consumidor em erro pelo significado intrínseco do referido sinal relativamente a determinados produtos ou serviços –, vamos referir-nos apenas às práticas comerciais desleais que assentem em *acções* enganosas.

Em relação a estas destacamos que, tal como resultava da Directiva sobre práticas comerciais desleais, estão previstas duas situações distintas.

Uma em que existe uma presunção absoluta da deslealdade da prática comercial enganosa, que se verifica nos (muitos) casos previstos na "lista negra" do art. 8.º (*v.g.*, exibir uma marca de certificação, uma marca de qualidade ou equivalente sem ter obtido a autorização necessária; alegar falsamente que o bem ou serviço é capaz de curar doenças, disfunções ou malformações)[700].

Outra em que se considera que uma prática comercial é enganosa se contiver "informações falsas ou que, mesmo sendo factualmente correctas, *por qualquer razão*, nomeadamente a sua apresentação geral, induza ou seja susceptível de induzir em erro o consumidor em relação a um ou mais dos elementos a seguir enumerados[701] e que, em ambos os casos,

---

aplicação de mais do que uma contra-ordenação ao mesmo ilícito. Neste sentido, cfr. JOSÉ DE OLIVEIRA ASCENSÃO, «Concorrência desleal: as grandes opções», *cit.*, p. 137.

[699] Esta disposição corresponde substancialmente ao art. 2.º, al.ª *d*) da DPCD.

[700] Estas presunções resultam da lista exaustiva constante do anexo I da DPCD das práticas comerciais que são consideradas desleais em quaisquer circunstâncias. Criticando esta técnica e sugerindo a adopção das chamadas «listas cinzentas» (i.e., de exemplos que levantam uma forte presunção de deslealdade), cfr. HUGH COLLINS, «EC Regulation of unfair commercial practices», in: in: *The forthcoming EC Directive on unfair commercial practices – Contract, consumer and competition law implications* (ed. Hugh Collins), Kluwer Law International, The Hague/London/New York, 2004, p. 28. Defendendo a «lista negra», cfr. HANS-W. MICKLITZ, «A general framework...», *cit.*, p. 74.

[701] A norma refere: "*a*) a existência ou a natureza do bem ou serviço; *b*) as características principais do bem ou serviço, tais como a sua disponibilidade, as suas vantagens, os riscos que apresenta, a sua execução, a sua composição, os seus acessórios, a prestação de assistência técnica pós-venda e o tratamento das reclamações, o modo e a data de fabrico

conduz ou é susceptível de conduzir o consumidor a tomar uma decisão de transacção⁷⁰² que este não teria tomado de outro modo (...)" (n.º 1 do art. 7.º [itálicos nossos]). Além disso, o n.º 2 do art. 7.º estabelece que, atendendo a todas as características e circunstâncias do caso concreto, é enganosa a prática comercial que envolva qualquer actividade de promoção comercial relativa a um bem ou serviço, incluindo a publicidade comparativa, que crie confusão com quaisquer bens ou serviços, marcas, designações comerciais e outros sinais distintivos de um concorrente; bem como o incumprimento pelo profissional de compromisso efectivo decorrente do código de conduta a que está vinculado no caso de ter informado, na prática comercial, de que se encontrava vinculado àquele código (al.ᵃˢ *a*) e *b*)).

A Directiva preceitua, no art. 11.º, que os Estados-membros devem assegurar a existência de meios adequados e eficazes para lutar contra as práticas comerciais desleais, a fim de garantir o cumprimento das disposições da presente directiva no interesse dos consumidores, e que esses meios devem incluir disposições legais nos termos das quais as pessoas ou organizações que tenham um interesse legítimo em combatê-las, possam intentar uma acção judicial contra elas, e/ou submetê-las a uma auto-

---

ou de fornecimento, a entrega, a adequação ao fim a que se destina e as garantias de conformidade, as utilizações, a quantidade, as especificações, a origem geográfica ou comercial ou os resultados que podem ser esperados da sua utilização, ou os resultados e as características substanciais dos testes ou controlos efectuados ao bem ou serviço; *c*) o conteúdo e a extensão dos compromissos assumidos pelo profissional, a motivação da prática comercial e a natureza do processo de venda, bem como a utilização de qualquer afirmação ou símbolo indicativos de que o profissional, o bem ou o serviço beneficiam, directa ou indirectamente, de patrocínio ou de apoio; *d*) o preço, a forma de cálculo do preço ou a existência de uma vantagem específica relativamente ao preço; *e*) a necessidade de prestação de um serviço, de uma peça, da substituição ou da reparação do bem; *f*) a natureza, os atributos e os direitos do profissional ou do seu agente, como a sua identidade e o seu património, as suas qualificações, o preenchimento dos requisitos de acesso ao exercício da actividade, o seu estatuto, ou as suas relações, e os seus direitos de propriedade industrial, comercial ou intelectual, ou os prémios e distinções que tenha recebido; *g*) os direitos do consumidor, em particular os direitos de substituição, de reparação, de redução do preço ou de resolução do contrato nos termos do disposto no regime aplicável à conformidade dos bens de consumo, e os riscos a que o consumidor pode estar sujeito".

⁷⁰² A decisão de transacção é "a decisão tomada por um consumidor sobre a questão de saber se, como e em que condições adquirir, pagar integral ou parcialmente, conservar ou alienar um produto ou exercer outro direito contratual em relação ao produto, independentemente de o consumidor decidir agir ou abster-se de agir" (art. 3.º, al.ᵃ *l*) do DL n.º 57/2008, de 26/3).

ridade administrativa competente para decidir as queixas ou para mover os procedimentos legais adequados.

No DL n.º 57/2008, de 26/3, estes meios de reacção estão devidamente previstos.

A título preventivo, estão disponíveis acções inibitórias que podem ser intentadas por qualquer pessoa (incluindo os concorrentes), que tenha legítimo interesse em opor-se às práticas comerciais desleais proibidas nesta lei, com vista a evitar, corrigir ou fazer cessar a prática comercial desleal. Além dessas, estão também previstas medidas cautelares para evitar a consumação e/ou a continuação da prática comercial desleal (arts. 19.º e 20.º n.ºs 1 e 2)[703].

Em termos sancionatórios, a violação da proibição de práticas comerciais desleais, mesmo que negligente, constitui contra-ordenação punível nos termos do art. 21.º, podendo ainda originar a aplicação de sanções acessórias em função da gravidade da infracção e da culpa do agente (*v.g.*, publicidade da aplicação das coimas e das sanções acessórias a expensas do infractor). Por outro lado, pode originar, nos termos gerais, responsabilidade civil para com o consumidor lesado (art. 15.º). Além disso, se tiver sido celebrado um contrato sob sua influência, o consumidor poderá optar pela anulabilidade do mesmo, pela sua modificação segundo juízos de equidade, ou, se a invalidade afectar apenas alguma(s) cláusula(s) do contrato, pela sua manutenção, reduzido ao conteúdo válido (art. 14.º).

Refira-se ainda que os tribunais e as autoridades administrativas competentes podem exigir aos profissionais provas da exactidão material dos dados de facto contidos nas práticas comerciais reguladas no DL n.º 57//2008, atendendo aos interesses legítimos do profissional e de qualquer outra parte no processo, se tal exigência for adequada às circunstâncias do

---

[703] Qualquer pessoa (incluindo os concorrentes), que tenha legítimo interesse em opor-se às práticas comerciais desleais proibidas nesta lei, pode submeter a questão, por qualquer meio ao seu dispor à autoridade administrativa competente – que é a Autoridade de Segurança Alimentar e Económica (ASAE) ou a entidade reguladora no sector no qual ocorra a prática comercial desleal (e que, no caso de publicidade, é a Direcção-Geral do Consumidor) – que pode ordenar medidas cautelares de cessação temporária da prática comercial desleal ou determinar a proibição prévia de uma prática comercial desleal iminente, independentemente de culpa ou da prova da ocorrência de um prejuízo real. A aplicação das medidas cautelares está, porém, sujeita a um juízo prévio de previsibilidade da existência dos pressupostos da ocorrência de uma prática comercial desleal (art. 20.º, n.º 3) e, sempre que possível, deve ser precedida da audição do profissional (art. 20.º, n.ºs 4 e 5). A decisão da autoridade administrativa é passível de recurso judicial (art. 20.º, n.º 7).

caso. Os dados consideram-se inexactos se as provas não forem apresentadas ou se forem consideradas insuficientes pelo tribunal ou pela autoridade administrativa (art. 22.º do DL citado).

Observando agora a Directiva sobre práticas comerciais desleais e o diploma legal que procedeu à sua transposição para o nosso ordenamento jurídico sob uma outra óptica, salientamos uma vez mais que, não obstante tratar-se de uma Directiva cujo âmbito de aplicação está limitado às práticas comerciais *das empresas face aos consumidores*, é a própria Directiva que permite que os *concorrentes legítimos*, na medida em que vejam os seus interesses económicos (indirectamente) prejudicados actuem, reagindo contra as referidas práticas comerciais desleais[704].

Ora, perante esta potencial utilização da acção inibitória prevista neste diploma pelos concorrentes, importa destacar que este, por não exigir um acto de concorrência[705], abre novas oportunidades aos concorrentes, designadamente em ordenamentos como o português em que, tradicionalmente, se tem exigido para a repressão dos actos de concorrência desleal, que se verifique uma *relação de concorrência* entre os sujeitos[706].

## 4. Síntese

O registo como marca de um sinal que incorra num dos impedimentos absolutos de registo, incluindo naturalmente a deceptividade *ab origine* da marca, acarreta a sua nulidade. Os pressupostos de que esta depende são, pois os mesmos do impedimento de registo.

---

[704] V. Considerandos 6.º e 8.º da DPCD. No entanto, se estiverem em causa *apenas* os interesses económicos dos concorrentes estes não se poderão opor com base neste corpo normativo às práticas comerciais desleais e daí que, na parte final do Considerando 8.º, seja preceituado que "a Comissão deverá ponderar cuidadosamente a necessidade de acções comunitárias no domínio da concorrência desleal para além do âmbito da presente directiva e se necessário fazer uma proposta legislativa para cobrir esses outros aspectos da concorrência desleal".

[705] No mesmo sentido, cfr. ADELAIDE DE MENEZES LEITÃO, «Direito da publicidade e concorrência desleal – um estudo sobre as práticas comerciais desleais», in: *Direito Industrial*, vol. IV, APDI/Almedina, Coimbra, 2005, p. 272.

[706] Sobre as consequências que a opção quanto à transposição da DPCD implica relativamente à coordenação da concorrência desleal, direito do consumidor e direito da publicidade, cfr. JOSÉ DE OLIVEIRA ASCENSÃO, «Concorrência desleal: as grandes opções», *cit.*, pp. 132 e ss., esp., no que à concorrência desleal respeita, pp. 135 e s.

Vimos também que para aferir os interesses protegidos por estas disposições legais, mais do que a entidade competente para declarar a nulidade (tribunais ou entidades administrativas), releva a legitimidade activa para a arguição da invalidade.

A este respeito a legislação nacional consagra um amplo leque de legitimados. Com efeito, para além de o nosso Código reconhecer, expressamente, legitimidade ao Ministério Público e a qualquer interessado, parece decorrer da LAP a possibilidade de as associações de consumidores arguírem a nulidade do registo através do exercício de uma acção popular.

Por outro lado, num sistema, como é o nosso, em que a entidade competente para o registo destes sinais distintivos aprecia, indistintamente, quer os impedimentos absolutos, quer os impedimentos relativos de registo previstos no n.º 1 do art. 239.º, incumbindo-lhe o dever de zelar pelo cumprimento do CPI, a possibilidade de esta intentar uma acção judicial com vista à declaração de nulidade de um registo fundamentada num vício sancionado primordialmente por causa de um interesse público, parece surgir como uma solução natural. Todavia, a mesma não resulta expressamente do Código, ao contrário do que sucede noutros ordenamentos.

De uma outra perspectiva, a declaração judicial de nulidade tem, na nossa opinião, eficácia *erga omnes* a partir do averbamento da decisão ao registo. No entanto, daqui apenas resulta a expurgação do *registo*, o que não significa que o uso da marca seja proibido.

Da análise expendida parece resultar que a não proibição desse uso neste domínio se deve ao facto de, aqui, o legislador apenas regulamentar a marca *registada* (com a excepção da referência ao direito de prioridade atribuído ao titular de marca livre). A regulamentação jurídica da marca no Código da Propriedade Industrial é feita em torno da concessão de um direito privativo industrial e limita-se a este.

Por outro lado, a interpretação de outras disposições normativas, no Código da Propriedade Industrial e fora dele, podem permitir chegar ao resultado desejado: a proibição de utilizar marcas enganosas. Pensamos, em especial, na regulamentação jurídica da concorrência desleal, da defesa do consumidor, das práticas comerciais desleais, incluindo a publicidade enganosa. A complementaridade das soluções consagradas nos diversos diplomas legais parece permitir obstar ao problema da utilização e do registo de marcas enganosas.

# PARTE II
# A MARCA ENGANOSA SUPERVENIENTE

# CAPÍTULO I
# ENQUADRAMENTO DO FUNDAMENTO DA CADUCIDADE DO REGISTO DE MARCA ENGANOSA

Na Parte I debruçámo-nos sobre a marca enganosa *ab origine*, sobre a marca que era deceptiva já no momento do registo. Porém, atendendo à necessidade de proscrever os sinais enganosos, em geral, do registo de marcas, facilmente se constata que o seu estudo não pode terminar aqui, pois pode acontecer que uma marca, originariamente válida, se torne deceptiva após o registo.

O estudo desenvolvido nesta segunda parte cinge-se a estas marcas, ficando, desta forma, excluídos os casos, já abordados, de marcas que, sendo *ab origine* enganosas, tenham sido (erradamente) registadas[707].

Antes de encetar esta análise, impõe-se destacar a importância que o uso assume neste domínio. Ao contrário do que sucedia no âmbito da marca originariamente enganosa[708], veremos que o uso é uma peça fundamental no que respeita à caducidade do registo da marca supervenientemente deceptiva e, por isso mesmo, fonte das principais divergências doutrinais na matéria objecto do nosso estudo.

Esta relevância do uso não deixa de ser curiosa num sistema em que o registo assume natureza constitutiva – como é o caso da marca nacional e da marca comunitária, seguindo, de resto, a tendência europeia[709].

---

[707] Sobre esta hipótese, v. *supra* Parte I, Capítulo II.

[708] V. *supra* Parte I, Capítulo I, § II., esp. 1. e 2.

[709] Nos países da *common law* – onde o uso da marca era um requisito necessário para a aquisição de direitos sobre aquela – foi necessário introduzir um sistema complementar de registo da marca que não exigisse o uso prévio. Daí que, p.e., o Reino Unido não o exija, bastando, desde 1905, que as marcas se destinem a ser usadas (*proposed*

O direito de marca nasce com o registo[710], mas no que tange à sua manutenção ou não extinção está reservado um papel importante ao *uso da marca*[711]. Por isso, pode-se afirmar que "não há nenhum aspecto signi-

---

*to be use*). Cfr., neste sentido, WILLIAM CORNISH/DAVID LLEWELYN, *op. cit.*, nm. 17-03, p. 639.

Nos EUA, mesmo quando era exigido o uso prévio para a aquisição do direito de marca, os tribunais reconheceram a prática do *token use*, i.e., consideravam que, em certos casos, o investimento em publicidade, etiquetagem, etc., constituía uso suficiente da marca para a sua inscrição. Cfr. J. THOMAS MCCARTHY, *op. cit.*, vol. 2, § 16:16 e ss., pp. 16-25 e ss., e ELENA DE LA FUENTE GARCIA, *El uso de la marca y sus efectos jurídicos*, Marcial Pons, Madrid, 1999, p. 81. Esta linha jurisprudencial acabou por determinar a reforma do *Lanham Act*, em 1988, no sentido de se permitir, desde 16 de Novembro de 1989 (data da entrada em vigor da alteração), o pedido de inscrição de uma marca mediante uma declaração, de boa fé, de que o requerente tem a intenção de a usar (*intent to use*). Assim, o uso da marca deixou de ser necessário para a concessão do pedido de inscrição, embora continue a ser necessário quer para o registo, quer para a sua conservação (aliás, o uso da marca tem de ser provado no terceiro ano de vida desta).

[710] No entanto, como é sabido, é conferida tutela à marca de facto (ou marca livre) pelo estabelecimento, no art. 227.°, de um direito de prioridade para efectuar o registo àquele que usar marca livre ou não registada por prazo não superior a seis meses e está também prevista uma protecção especial quanto às marcas notórias, embora sujeita ao pedido de registo em Portugal (arts. 241.°, n.os 1 e 2 e 266.°, n.os 1 e 2).

Por outro lado, o uso do sinal é relevante para efeitos de aquisição de direitos sobre o mesmo no que respeita ao sinal desprovido de carácter distintivo, descritivo ou usual, se o mesmo adquirir capacidade distintiva pelo uso que dele seja feito (*secondary meaning*) – art. 238.°, n.° 3 (v. *supra* Parte I, Cap. I, § I., I., 1.).

[711] Aliás, é sobretudo no que respeita à manutenção do direito de marca, ou se preferirmos à sua não extinção, que o uso maior importância assume. Desde logo, porque o *secondary meaning* releva (também) para o efeito de impedir a declaração de nulidade do registo de uma marca constituída por um sinal que, embora desprovido de capacidade distintiva no momento em que foi registado, o adquiriu pelo uso que, entretanto, daquele foi feito (art. 265.°, n.° 2).

Por outro lado, a utilização da marca assume também inequívoco relevo em sede de caducidade do registo, quer por vulgarização, quer por deceptividade (arts. 269.°, n.° 2, al.as *a*) e *b*) e art. 51.°, n.° 1, al.as *b*) e *c*) do RMC). E o legislador prevê, ainda, no art. 269.°, n.° 1 que se a marca não tiver sido objecto de uso sério, durante cinco anos consecutivos, salvo justo motivo e sem prejuízo do disposto no n.° 4 e no art. 268.°, o registo caduca (v. ainda o art. 51.°, n.° 1, al.ª *a*) do RMC).

Para além destas situações, e ainda no plano da extinção do direito de marca, não podemos deixar de referir que no CPI foi introduzida uma nova causa de anulabilidade do registo que privilegia, inequivocamente, o uso feito da marca. Estamos a pensar no art. 239.°, n.° 1, al.ª *e*) *ex vi* art. 266.°, n.° 1, de acordo com o qual o registo da marca é anulável quando se reconheça que o titular do registo pretende fazer concorrência desleal,

ficativo do direito de marcas que não exija um entendimento do conceito de uso"[712].

Como dizíamos, o uso desempenha um papel central no tema de que nos ocupamos – a deceptividade superveniente da marca – podendo acarretar a caducidade do registo dessa marca.

Vamos iniciar a nossa abordagem pelo enquadramento deste fundamento específico de caducidade no âmbito da extinção por caducidade do registo de marca (Capítulo I), uma vez que as soluções previstas podem ser importantes para a interpretação e aplicação da norma que prevê a caducidade do registo de marca supervenientemente enganosa (§ II.). Para já, deter-nos-emos sobre a análise dos fundamentos da caducidade do registo de marcas, bem como da bondade desta previsão no âmbito da legislação relativa às marcas (§ I.).

O Capítulo II versa sobre o regime jurídico da caducidade do registo da marca por deceptividade superveniente.

## § I. OS FUNDAMENTOS DA CADUCIDADE DO REGISTO DAS MARCAS SUPERVENIENTEMENTE ENGANOSAS

### 1. A necessidade de extinguir o registo de marca supervenientemente deceptiva

Na Introdução apresentámos as razões que justificam a proibição de registo de sinais enganosos, valendo os mesmos, naturalmente, para a

---

ou que esta é possível independentemente da sua intenção. Sobre esta norma cfr. LUÍS M. COUTO GONÇALVES, «O uso da marca», *cit.*, pp. 370 e s.

[712] JEREMY PHILIPS/ILANAH SIMON, «Introduction», in: AA.Vv., *Trade mark use* (ed. Jeremy Philips/Ilanah Simon), Oxford University Press, Oxford, 2005, p. 4, nm. 1.05. Contudo, os autores, ressalvando que não existe uma definição única cogente e autorizada de uso, referiram-se a uma única definição de uso como sendo o "uso do sinal para indicar a origem dos produtos ou serviços em que o sinal é usado", com uma excepção – o "uso referencial", que implica a utilização de um sinal para referir a origem dos produtos de outrem, e não obstante, mantém uma forte ligação à ideia de indicar a origem do produto ou serviço, JEREMY PHILIPS/ILANAH SIMON, «Conclusion: what is use?», in: *Trade mark use*, cit., nm. 19.02, pp. 343 e s.

proibição de serem mantidos no registo marcas que se tenham, entretanto, tornado deceptivas. Com efeito, se um sinal enganoso não deve ser registado (i.e., não deve poder constituir uma marca juridicamente protegida), também uma marca validamente registada que se torne, posteriormente, deceptiva não deve continuar a gozar de protecção legal.

Esta simples constatação, porém, nem sempre foi expressada de forma evidente no direito de marcas dos diferentes ordenamentos jurídicos, incluindo os dos Estados-membros da União Europeia antes da implementação da Directiva de marcas.

Na verdade, se alguns destes já previam meios de reacção contra esta ocorrência (*v.g.*, o direito de marcas do Reino Unido[713] e da Alemanha[714]), a maioria nada preceituava[715], como sucedia no nosso ordenamento jurídico até ao CPI'95[716].

---

[713] Os tribunais do Reino Unido já sancionavam com a caducidade os casos em que a marca se tornava enganosa, pelo uso que delas era feito depois do registo, baseando-se nos §§ 11 e 32 (1) do *TMA* (1938). Para maiores desenvolvimentos sobre o tema, cfr. BLANCO WHITE/ROBIN JACOB, *Kerly's law of trade marks and trade names*, 12.ª ed., Sweet & Maxwell, London, 1986, p. 186, nm. 11-22, e ainda GIOVANNI VISINTINI, «Decadenza del marchio per decettività sopravvenuta. L'esperienza italiana e inglese a confronto», in: *Diritto del Commercio Internazionale*, 12.3, Luglio-Settembre, 1998, pp. 800 e ss.

[714] Na Alemanha, de acordo com o disposto no § 11 Abs.1 Nr.3 *WZG*, a extinção da marca podia ser requerida por um terceiro quando existissem circunstâncias das quais resultasse que o conteúdo da marca não correspondia à relação real e fundamentasse um perigo de engano. Cfr., entre outros, ADOLF BAUMBACH/WOLFGANG HEFERMEHL, *Warenzeichenrecht*, cit, pp. 572 e ss., nms. 39 e ss.

[715] Em Itália, não obstante a inexistência de sanção expressa no domínio do direito de marcas, chegou-se a levantar a possibilidade de, nos casos em que o titular da marca modificasse a qualidade dos produtos ou distinguisse com a mesma marca produtos de qualidade diferente, o Ministério Público poder intentar uma acção judicial com vista à declaração de caducidade do registo da marca por contrariar supervenientemente a lei, a ordem pública ou os bons costumes, com base no disposto nos arts. 59.º, 2.º e 18.º, 5.º da *legge marchi* (1942) ou no 517.º do código penal. Cfr. PAOLO AUTERI, *Territorialità del diritto di marchio e circolazione di prodotti «original»*, Giuffrè Editore, Milano, 1973, p. 201, que exigia, para esse efeito, o preenchimento de duas condições. Primeiro, que a marca tivesse adquirido força evocativa das caracteristicas e qualidade. Segundo, que a divergência entre a qualidade e o significado do sinal fosse a consequência da inidoneidade do estabelecimento do titular para realizar produtos adequados às expectativas do público (*ult. op. cit.*, p. 204). Por outro lado, o autor citado defendia uma interpretação elástica do conceito de marca não verdadeira, considerando injustificada a caducidade do registo se, no momento em que seria aplicada, o sinal já tivesse perdido o significado que o tornara enganoso (*ult. op. cit.*, p. 205). Criticamente sobre a utilidade de tal hipótese, cfr. SANDRO HASSAN,

A falta de previsão expressa no âmbito do direito de marcas encontra, provavelmente, explicação atendendo seja à possibilidade de recurso a outros instrumentos jurídicos para combater algumas situações de engano em que a marca pode estar implicada[717], seja ao receio quanto ao excesso que tal solução pode representar nas situações em que a deceptividade superveniente da marca registada não teve origem num comportamento censurável do seu titular.

No que respeita ao primeiro aspecto indicado, estamos a pensar, designadamente, nas normas relativas à concorrência desleal, na lei de defesa dos consumidores e na legislação que reprime as práticas comerciais desleais, incluindo a publicidade enganosa. Mas a aplicação destas não nos parece constituir a solução técnico-jurídica adequada para a extinção do direito de marca. Como resulta do que foi referido *supra*, o recurso a estes corpos normativos, em princípio, não interfere com o *registo* da marca[718]. O objectivo dessa regulamentação, no que tange ao objecto do nosso estudo, é postergar práticas enganosas, nestas se abrangendo o *uso enganoso* de uma marca e, eventualmente, o *uso* de uma *marca enganosa*.

---

«Ramo d'azienda, cessione di marchio e licenza: alcuni problemi aperti sull'art. 15 LM», in: *RDI*, 1987, I, p. 153.
Refira-se ainda que o Tribunal de Milão considerou, em casos isolados, que o uso deceptivo da marca constituía uma causa de caducidade da marca com base nos arts. 11.º e 59.º da *Legge Marchi* (1942). V., p.e., a decisão, deste Tribunal, de 20 ottobre 1977, in: *Giur. Ann. Dir. Ind.*, 1977, n.976, p. 805 (*apud* GIOVANNI VISINTINI, *op. cit.*, pp. 794 e s., nota 5) e a referência aí feita à decisão do mesmo Tribunal, de 19 novembre 1971, *Ditta G. e A. Ganossa contro Centrale del Latte Milano e Latteria Cremasca Voltana*. Para maiores desenvolvimentos sobre a orientação jurisprudencial italiana antes da transposição da DM, cfr. GIOVANNI VISINTINI, *op. cit.*, pp. 794 e ss.

[716] Esta omissão não impediu alguns autores de defenderem a extinção do direito de marca nesses casos, considerando o registo nulo ou sujeito à declaração de caducidade. Referimo-nos à opinião de M. NOGUEIRA SERENS, «A «vulgarização»...», *cit.*, p. 5, nota 1, que é indicada *infra* neste Capítulo (v. § II., 1.).

[717] Neste sentido, v. a resposta da *AIPPI* à Questão 80 («As marcas e a protecção do consumidor») onde, para além de se distinguir, claramente, a marca em si e a utilização da marca num caso particular (referindo-se que na hipótese de *utilização* enganosa a mesma é suficientemente sancionada pelo recurso às normas da concorrência desleal e da repressão das fraudes, não havendo necessidade de disposições especiais), é acrescentado que, quando está em causa a utilização enganosa de uma marca que não é em si enganosa, as sanções que visam a marca, especialmente a extinção, não são, em geral, adequadas (in: *Annuaire 1984/I*, pp. 162/165, e disponível no sítio da Internet: *www.aippi.org*). Mais adiante, teremos oportunidade de voltar a abordar este ponto (v. Cap. II).

[718] V. Parte I, Cap. II, 3., esp. 3.2.2.1. e ss.

Por outro lado, o regime jurídico estabelecido é diferente do estatuído a propósito da caducidade do registo de marca supervenientemente enganosa: são distintos os pressupostos e são distintos os efeitos. Referindo-nos unicamente a estes últimos, importa ter presente que, por exemplo, no que respeita à aplicação da normativa sobre concorrência desleal, esta só permite obstar à *utilização* da marca enganosa para um caso concreto e, relativamente ao registo da marca, quando muito funciona como causa de anulabilidade[719]. Ora, o que está em causa na deceptividade superveniente não é a validade do sinal – que foi apreciada para efeitos de concessão do registo –, mas sim a ocorrência de uma determinada circunstância posterior que torna a marca desmerecedora de protecção jurídica.

Atendendo ao exposto, julgamos importante que também no âmbito do direito de marcas esteja prevista uma norma que sancione expressamente a deceptividade superveniente de uma marca registada.

No entanto, a coexistência desta previsão e da(s) que está(ão) prevista(s) noutra(s) normativa(s) nem sempre é linear. Impõe-se, na nossa opinião, delimitá-las e coordená-las, já que nalguns casos a sua aplicação isolada pode não ser suficiente, enquanto noutros bastará e, noutros ainda, só poderá ser aplicada uma delas. Por outras palavras, todas estas normas podem e devem ser consideradas numa perspectiva mais ampla – já que todas condenam a indução em erro do consumidor –, mas sem perder de vista que a justificação específica de cada uma delas pode ser distinta das demais, por causa dos interesses que cada uma delas visa tutelar e que podem ser diferentes entre si.

Atendendo ao objecto do presente estudo – a *marca* enganosa, a nossa atenção incidirá, fundamentalmente, sobre o direito de marcas e, especificamente nesta Parte II, sobre marcas que foram validamente *registadas,* mas que entretanto passaram a ser deceptivas por causa do uso que delas tiver sido feito pelo seu titular ou por terceiro com o seu consentimento, ou seja, sobre a norma que procedeu à transposição do preceito correspondente da Directiva de marcas (art. 12.º, n.º 2, al.ª *b*) da DM).

Esta disposição imperativa[720] – prevista desde o início dos trabalhos que conduziram à aprovação da Directiva[721], transposta pelos Estados-

---

[719] V. art. 239.º, n.º 1, al.ª *e*) *ex vi* art. 266.º, n.º 1.

[720] O 8.º Considerando da DM refere expressamente que "a realização dos objectivos prosseguidos pela aproximação pressupõe que a aquisição e a *conservação* do direito sobre a marca registada sejam, em princípio, subordinadas às mesmas condições em todos os Estados-membros" (itálicos nossos), por isso, consideramos, como é referido no texto,

-membros[722] e estatuída no Regulamento sobre a marca comunitária[723] – tem permitido a alguma doutrina uma redefinição da teoria jurídica das funções das marcas, como adiante será referido[724].

Recuando um pouco na nossa exposição, no que respeita ao segundo motivo que poderá justificar que, durante tanto tempo, a maioria das legislações europeias não tivesse uma previsão (expressa) em sede de direito de marcas com esta finalidade – o facto de tal sanção (extinção do direito de marca) poder ser considerada excessiva nalgumas situações –, pretendemos, para já, destacar dois aspectos que podem matizar esse receio.

Por um lado, o regime jurídico aplicável, por força da Directiva de marcas, assenta na previsão da caducidade não para todos os casos de deceptividade superveniente da marca, mas apenas para aqueles em relação aos quais, *"no seguimento do uso feito pelo titular da marca, ou com*

---

que o art. 12.º, n.º 2, al.ª *b*) é uma norma de transposição obrigatória. O mesmo não sucede relativamente às normas *processuais* respeitantes à caducidade, pois nesta matéria os Estados-membros mantêm a sua liberdade (v. 6.º Considerando da DM).

No sentido de se tratar de uma disposição imperativa, cfr., entre outros, ANNETTE KUR, «Harmonization of the trade mark laws in Europe: results and open questions», in: *RDI*, 1996, I, p. 239, nota 81.

Em sentido contrário, cfr. ÁNGEL MARTINÉZ GUTIÉRREZ, *La marca engañosa*, cit., p. 138.

[721] Com efeito, esta norma remonta à previsão do art. 112.º do *Avant-Projet de Convention relatif a un Droit Européen des Marques* (1973). Sobre a evolução desta norma nos trabalhos preparatórios da DM, v. *infra* Cap. II, § I., 2., 2.2.3.

[722] Embora nem todos o tenham feito da mesma forma como teremos oportunidade de verificar, especialmente, quando analisarmos os requisitos de aplicação deste fundamento de caducidade (Cap. II, § I.).

[723] No RMC, porém, não é referida expressamente como causa de caducidade do registo, mas como causa de extinção (v. a Secção II (causas de extinção) do Título VI (renúncia, extinção e nulidade), cujo único artigo (art. 51.º) tem como epígrafe «causas de extinção», incluindo as três causas específicas de caducidade de registo de marca que são referidas *infra*, v. § II.).

Não obstante, não se põe em dúvida que as causas previstas no art. 51.º dão lugar ao cancelamento do registo por ocorrer caducidade. Nesse sentido, v. o formulário para requerer a caducidade do registo de uma marca (disponível no sítio: *http://oami.europa.eu/pdf/forms/revocation_ctm_es.pdf*) e as Directrizes relativas aos procedimentos perante o Instituto de Harmonização do Mercado Interno (Marcas, Desenhos e Modelos) – Parte D, Secção 2: Procedimentos de anulação, normas substantivas (versão final: Novembro de 2007), disponível na Internet no sítio: *http://oami.europa.eu/es/mark/marque/pdf/cancellation-ES.pdf*, que, referindo-se ao art. 50.º [porque se trata de uma versão anterior à codificação do RMC], trata dos motivos de *caducidade*.

[724] V. *infra* Cap. II, § 3.

*o seu consentimento* [e] para os produtos ou serviços para que foi registada", a marca se tiver tornado enganosa (itálicos nossos), ou seja, só se aplica quando a marca tiver passado a ser deceptiva por força do comportamento, directo ou indirecto, do seu titular.

Por outro lado, a crítica a tal previsão tinha em mira a instituição de um *dever* de o titular da marca assegurar a qualidade do produto ou serviço assinalado com aquele sinal. Por conseguinte, o que se discutia era a bondade da protecção jurídica da chamada função de garantia de qualidade da marca. Atenta a importância da questão em apreço, teremos oportunidade de lhe dedicar mais atenção *infra* (Cap. II, § III.), depois da análise do regime jurídico da marca supervenientemente deceptiva. Para já apenas diremos que, à partida, o estabelecimento de uma norma tal como a que foi adoptada, não implica necessariamente o reconhecimento da tutela jurídica da função de garantia de qualidade.

Antes de prosseguirmos, vamos deter-nos, muito brevemente, sobre a questão da adequação da caducidade à *fattispecie* em análise.

## 2. A caducidade como forma de extinção do registo de marca supervenientemente deceptiva

O ponto de partida da nossa análise, como decorre do exposto até ao momento, é que deve existir – e existe, nomeadamente nos ordenamentos jurídicos nacionais dos Estados-membros da União Europeia –, uma forma de fazer cessar a protecção jurídica da marca que, após o registo, se tenha tornado deceptiva. Deve existir uma forma de extinguir o direito de marca e a caducidade, que corresponde a uma extinção *objectiva* de direitos[725], foi a forma de extinção acolhida[726], expressamente, na legislação comuni-

---

[725] Cfr. CARLOS ALBERTO DA MOTA PINTO, *op. cit.*, p. 630. Cfr., ainda, PEDRO PAIS DE VASCONCELOS (*Teoria geral...*, cit., p. 613) que salienta que "a *caducidade*, (...), não consiste num acto jurídico. É um efeito jurídico automático de extinção do negócio jurídico e da sua eficácia em consequência do ocorrer de um facto jurídico. Por vezes a causa de caducidade é um acto, mas que não é pré-ordenadamente dirigido à extinção do negócio e, por isso, a sua eficácia como causa de caducidade opera como se de um mero facto jurídico se tratasse".

[726] No entanto, esta é uma caducidade *sui generis* ou atípica, pois apresenta, como teremos oportunidade de analisar de forma mais detalhada *infra* (v. Capítulo II, § II.), características diferentes da caducidade do direito civil.

tária e, em consequência desta, na nossa lei. Importa, pois apreciar, muito sucintamente, a sua adequação à *fattispecie* em apreço.

Antes de mais, convém ter presente que a caducidade pressupõe que o direito que existia era válido, até que supervenientemente surgiu uma causa para a sua extinção. Assim se distingue a caducidade da invalidade e se justifica o diferente regime jurídico que cabe a cada uma, *maxime* no que se refere à produção dos efeitos da caducidade/invalidade: *ex nunc* e *ex tunc*, respectivamente[727].

A necessidade de extinguir os direitos conferidos a uma marca (que no momento em que foi registada era válida) decorre da verificação posterior de determinados factos que não só afectam a finalidade daquele sinal[728], como são susceptíveis de lesar gravemente interesses que têm de ser tutelados: o interesse público, o dos concorrentes do titular da marca e o dos consumidores.

Precisamente para assinalar o desaparecimento superveniente de um requisito de validade, alguns autores referem-se a *nulidade superveniente*[729].

## § II. A CADUCIDADE DO REGISTO DE MARCAS EM GERAL E DE MARCAS SUPERVENIENTEMENTE ENGANOSAS EM ESPECIAL

O uso que é feito da marca é, como temos vindo a afirmar, protagonista em sede de caducidade do registo, sem prejuízo de existirem causas de caducidade previstas na lei que nada têm a ver com aquele[730].

---

[727] Neste sentido, embora a propósito da crítica dirigida à sistematização adoptada no CPI que abrange sob a epígrafe "extinção de direitos" quer a invalidade, quer a caducidade, cfr. LUÍS ALBERTO CARVALHO FERNANDES, *op. cit.*, p. 143 (= in: *Direito Industrial*, cit., p. 117).

[728] JOSÉ ANTONIO GARCÍA-CRUCES GONZÁLEZ, «Caducidad», in: *Comentarios a la Ley de Marcas* (Rodríguez-Cano/García Cruces González), Editorial Aranzadi, Cizur Menor (Navarra), 2003, pp. 861 e s.

[729] Cfr., GIUSEPPE SENA, *Il diritto...*, cit., p. 108 e GABRIELE ANTONINI/ALFONSO TORDO CAPRIOLI, «Cessione del marchio e decettività», in: *Rivista di Diritto dell'Impresa*, 1996, Tomo II, p. 325.

Sobre esta figura cfr., entre outros, VINCENZO SCALISI, «Inefficacia – Diritto Privato», in: *ED*, vol. XXI, 1971, pp. 368 e ss.

[730] O CPI prevê no art. 37.º duas causas de caducidade comuns a todos os direitos privativos industriais: a expiração do seu prazo de duração e a falta de pagamento das

Naturalmente, a nossa atenção dirige-se para as causas *específicas* de caducidade do registo de marca e, aqui, em especial, para a vulgarização e falta de uso da marca. O objectivo é averiguar se estas apresentam elementos comuns entre si e/ou com a caducidade baseada na deceptividade superveniente da marca registada, pois a existência de aspectos comuns poderá facilitar a(s) resposta(s) a alguns problemas suscitados pela última causa de caducidade referida.

Antes, porém, de iniciarmos essa abordagem, é importante situar, em termos históricos, o seu surgimento.

### 1. A caducidade do registo de marcas em geral

A previsão legal de caducidade dos direitos privativos industriais é bem antiga. Surgiu, entre nós, pela primeira vez, com o Decreto Ditatorial n.º 6, de 15 de Dezembro de 1894 (e manteve-se na Lei de 21 de Maio de 1896[731]), onde estava prevista relativamente a cada um dos direitos privativos industriais. No que respeita especificamente à marca, o referido Decreto limitava-se a estipular a caducidade do registo por falta de renovação (art. 92.º), situação que viria a ser alterada volvido quase meio século.

Com efeito, o Código da Propriedade Industrial de 1940 introduziu alterações nesta matéria[732], designadamente, estabelecendo *novas* causas de caducidade específicas da marca, das quais nos interessa destacar duas[733]: a que respeitava à caducidade por falta de uso da

---

taxas. Estas causas de caducidade operam oficiosamente, ou seja, o INPI declara-as, independentemente da sua invocação (art. 37.º, n.º 1).

[731] V. os arts. 92.º e 93.º da Lei citada.

[732] Sublinhamos, no entanto, que no CPI'40 eram elencadas causas que nada tinham a ver com *caducidade*. Era o que sucedia logo com a primeira que se referia à "renúncia do proprietário expressa em declaração devidamente autenticada, sem prejuízo de terceiros, que será ressalvado nos termos prescritos para a renúncia à patente" (art. 124.º, 1.º).

Por outro lado, surgiam, pela primeira vez, reunidas na mesma norma todas as causas de caducidade, quer fossem específicas da marca (individual ou colectiva) (art. 124.º, 7.º), quer fossem comuns a todos os direitos privativos industriais (art. 124.º, 2.º).

[733] As restantes causas de caducidade previstas no art. 124.º eram a alteração da marca que prejudique a sua identidade (art. 124.º, 5.º) e a concessão de novo registo por efeito de adição ou substituição de produtos (art. 124.º, 6.º).

marca[734] e a que consagrou a caducidade do registo "se a marca destinada somente a exportação e por isso redigida em língua estranha for usada em território nacional" (art. 124.°, 4.°)[735]. A estas veio juntar-se, posteriormente, uma outra – a falta de apresentação de uma declaração de intenção de uso da marca[736] –, por força do disposto no DL n.° 176/80, de 30 de Maio.

A alteração mais significativa, no entanto, surge mais tarde, determinada, como tem sido reiteradamente referido, pela implementação da Directiva de marcas. Esta, "considerando que a realização dos objectivos prosseguidos pela aproximação [das legislações dos Estados-membros] pressupõe que a aquisição e a conservação do direito sobre a marca registada sejam, em princípio, subordinadas às mesmas condições em todos os Estados-membros", determina imperativamente os motivos de caducidade de registo de uma marca (v. o 8.° Considerando e o art. 12.° da DM).

Esses motivos específicos de caducidade de registo de uma marca são três: a falta de uso (art. 12.°, n.° 1 da DM); a vulgarização da marca (art. 12.°, n.° 2, al.ª a) da DM); e a deceptividade superveniente da marca (art. 12.°, n.° 2, al.ª b) da DM). As repercussões que estas normas tiveram serão analisadas *infra* (v. *infra* 1.1. e ss.), antes, porém, importa referir que a Directiva esclarece que "os Estados-membros poderão manter ou introduzir nas respectivas legislações motivos de recusa ou de nulidade relacionados com condições de aquisição ou de conservação do direito sobre a marca, para as quais não existe qualquer disposição de aproximação, referentes, por exemplo, (...) à renovação da marca, [e] ao regime de taxas (...)" (8.° Considerando, *in fine*).

A transposição da Directiva, como é sabido, foi efectuada pela aprovação do CPI'95 que introduziu alterações significativas na matéria de que nos ocupamos na regulamentação jurídica da marca.

Como vimos, até então não estavam expressamente previstas como causas de caducidade do registo nem a deceptividade superveniente, objecto do nosso estudo, nem a vulgarização da marca. Não obstante, alguma doutrina defendia já a impossibilidade de subsistência do registo de marca nestas hipóteses.

---

[734] Estabeleceu-se a caducidade do registo "se a marca não for usada durante três anos consecutivos, salvo caso de força maior devidamente justificado" (art. 124.°, 3.° CPI'40). Para maiores desenvolvimentos sobre esta causa de caducidade, v. *infra* 1.1.

[735] M. NOGUEIRA SERENS («A "vulgarização"...», *cit.*, p. 5, nota 1) considerava-a, como veremos *infra* (v. 1.3.), um afloramento do princípio da verdade.

[736] Sobre esta causa de caducidade v. *infra* 1.1.

Relativamente à deceptividade superveniente da marca, NOGUEIRA SERENS questionava a possibilidade de o registo ser declarado nulo e sustentava, na vigência do CPI'40, que, se tal fosse de recusar, seria pensável afirmar a caducidade do registo com base no art. 124.º, 4.º do CPI'40.

Com efeito, o referido autor entendia que a obrigatoriedade do uso da língua portuguesa na composição das marcas era apenas um afloramento ou desdobramento do princípio da verdade e, por isso, o art. 124.º, n.º 4 [CPI'40] – que previa como causa de caducidade do registo o facto de a marca, sendo destinada somente a exportação e por isso redigida em língua estrangeira, ser usada em território nacional – podia ser aplicado para proceder à declaração de caducidade do registo de marcas que se tivessem tornado enganosas após o registo[737].

No que respeita à vulgarização, PINTO COELHO defendia a caducidade do registo da marca convertida em designação genérica se houvesse abandono por renúncia (expressa ou tácita)[738], enquanto NOGUEIRA SERENS sugeria duas vias para conseguir impedir o exercício do direito de marca[739]. Uma consistiria em "considerar que a marca transformada em denominação genérica do produto perde, *ipso facto*, a natureza jurídica de marca, afirmando-se, por conseguinte, a caducidade do respectivo registo, independentemente de ter havido ou não *abandono* (ou *renúncia tácita*) por banda do seu titular". A outra hipótese consiste em recorrer ao abuso de direito[740].

---

[737] M. NOGUEIRA SERENS, «A «vulgarização»...», *cit.*, p. 5, nota 1.

[738] Cfr. JOSÉ GABRIEL PINTO COELHO, «O problema da conversão da marca em denominação genérica», in: *RLJ*, ano 93.º (1960-61), n.º 3183, pp. 276 e ss.

[739] Porém, defende que "a possibilidade (...) de a marca que se transformou em denominação genérica do produto, em consequência da perda da sua capacidade distintiva, ser usada por *todos* os concorrentes talvez não deva ser aceite sem restrições" e adianta que está a pensar na hipótese "de o público (dos consumidores) associar a marca, que se vulgarizou, a produtos com elevado padrão de qualidade; claro está que o uso dessa mesma marca por banda de algum/alguns dos concorrentes, para produtos de qualidade inferior redundará em prejuízo dos outros – mais precisamente, daqueles concorrentes que continuem a apresentar no mercado um produto com os padrões de qualidade a que [o] público (dos consumidores) se havia habituado. E, por ser assim, o uso da marca, agora denominação genérica, para esses produtos de qualidade inferior, poderá prefigurar um acto de concorrência desleal – concretamente, uma *"falsa indicação sobre a qualidade dos produtos ou mercadorias"*, cuja proibição é afirmada no n.º 5 do art. 212.º [CPI'40]", M. NOGUEIRA SERENS, *ult. op. cit.*, pp. 91 e s.

[740] M. NOGUEIRA SERENS, «A «vulgarização»...», *cit.*, pp. 90 e s. O autor refere que contra a primeira solução apresentada "talvez se venha argumentar com o facto de o

Apesar da sensibilidade demonstrada pelos autores citados para esta problemática, julgamos que, tratando-se de uma matéria tão relevante como é a da extinção de direitos, é sempre preferível regulamentar expressamente os requisitos para a sua verificação, como veio efectivamente a suceder.

O art. 216.º do CPI'95[741] passou a contemplar, além da caducidade por falta de uso (n.º 1, al.ª *a*)), as duas outras causas de caducidade específicas do registo de marca previstas na Directiva: a vulgarização (n.º 2, al.ª *a*)) e a deceptividade superveniente da marca (n.º 2, al.ª *b*))[742].

Esta é também a abordagem no Código da Propriedade Industrial em vigor (art. 269.º), que, mantendo substancialmente as disposições do seu antecessor, introduz, na matéria em apreço, alterações, por vezes significativas, de que daremos conta *infra* (1.1. e ss.)[743].

Vamos referir muito sucintamente as duas primeiras causas de caducidade, a fim de detectar pontos comuns e divergentes do regime jurídico relativamente à terceira causa de caducidade apontada, que será estudada com maior detalhe no Capítulo II.

### 1.1. *Caducidade do registo da marca por falta de uso*

O registo de uma marca, em princípio, pode ser declarado caducado se a marca não tiver sido objecto de uso sério durante cinco anos conse-

---

art. 124.º não referir expressamente a perda da capacidade distintiva da marca (*id est*, a sua *vulgarização*) como causa de caducidade do registo". Sobre este argumento, cfr. José Gabriel Pinto Coelho, «O problema da conversão ...», *cit.*, n.º 3184, p. 292.

[741] Cumpre ainda destacar que, no art. 36.º do CPI'95, surge, pela primeira vez, uma previsão genérica de caducidade (aplicável a todos os direitos privativos industriais), solução que se mantém no art. 37.º do Código actualmente em vigor.

[742] O referido preceito manteve como causa de caducidade a alteração da marca que prejudique a sua identidade (art. 216.º, n.º 1, al.ª *b*)) e as causas específicas de caducidade de marca colectiva (art. 216.º, n.º 3). Além disso, previa a caducidade do registo da marca de base (art. 216.º, n.º 4). Por outro lado, não obstante as críticas, continuou a referir a caducidade por falta de apresentação da declaração de intenção de uso (art. 195.º CPI'95) [que acabou por ser suprimida, já na vigência do actual CPI, pelo DL n.º 143/2008, de 25 de Julho].

[743] Além das alterações que são referidas no texto, importa salientar a eliminação de duas causas de caducidade específicas do registo de marca até então previstas, a saber: a que respeitava à marca de base (porque foi suprimida a marca de base) e a que assentava em alterações que prejudicassem a identidade da marca.

cutivos[744], a não ser que exista justo motivo para a falta de uso ou se, antes de ser requerida a declaração de caducidade, esse uso tiver sido iniciado ou reatado (art. 269.º, n.º 1 do CPI e art. 51.º, n.º 1, al.ª *a*) do RMC).

Estas disposições – que correspondem, como referimos, à transposição de normas imperativas e dispositivas contidas na DM[745] e estão de acordo com o preceituado a este propósito quer no art. 5.º-C da CUP, quer no art. 19.º, n.º 1 do ADPIC –, têm em vista o chamado uso obrigatório da marca registada[746], que adquiriu uma importância central nos sistemas de marcas[747].

---

[744] Sobre o cômputo do prazo importa referir que o art. 10.º, n.º 1 da DM se refere ao prazo de cinco anos "a contar da data do encerramento do processo de registo", dando azo a que surjam dúvidas quanto à determinação deste momento. A questão foi já apreciada pelo TJ [v. o Acórdão do TJ, de 14 de Junho de 2007, proferido no âmbito do proc. C-246/05, entre Armin Häupl e Lidl Stiftung & Co. KG (ainda não publicado, mas que pode ser consultado no sítio: *http://curia.europa.eu/jurisp/cgi-bin/form.pl?lang=pt*)] que declarou que cabe aos Estados-membros decidir o momento em que se considera encerrado o processo de registo em função das suas regras processuais nesta matéria.

No caso de Portugal o n.º 5 do art. 269.º esclarece que esse prazo se inicia com o registo da marca, que, para as marcas internacionais, é a data do registo na Secretaria Internacional.

[745] As disposições imperativas constam dos arts. 10.º, n.ºs 1-3; 11.º, n.ºs 1 e 4, e 12.º, n.º 1, enquanto que as facultativas estão previstas no art. 11.º, n.ºs 2 e 3 da DM.

[746] Dizemos chamado porque temos dúvidas quanto à qualificação como obrigação jurídica, *stricto sensu*, do uso da marca registada. Como já tivemos oportunidade de referir noutro estudo, uma vez que o legislador, apesar dos interesses subjacentes à consagração do instituto jurídico do uso obrigatório das marcas registadas, não sujeita a sua violação a verdadeiras e efectivas sanções, mas antes a desvantagens jurídicas cuja verificação não é certa, julgamos apenas poder falar aqui de um ónus que incide sobre o titular do registo da marca e não de uma obrigação em sentido técnico-jurídico (MARIA MIGUEL CARVALHO, «Da caducidade do registo de marca por falta de uso», in: *ADI*, Tomo XXIV, 2003, pp. 195 e s.). Para maiores desenvolvimentos, cfr. GERHARD SCHRICKER, «Benutzungszwang im Markenrecht – Rechtsvergleichende Betrachtungen zur Einführung des Benutzungszwangs in das deutsche Warenzeichengesetz», in: *GRUR Int.*, 1/1969, p. 15).

Esta ideia parece poder ser também sufragada pelo TJ. Com efeito, no Tribunal no n.º 46 do Acórdão, de 14 de Junho de 2007, proferido no âmbito do proc. C-246/05, *cit.*, a propósito da interpretação do art. 12.º, n.º 1 da DM, afirma que «esta disposição rege a situação em que uma marca foi registada e o seu titular não a utiliza. Se isso ocorrer durante um período ininterrupto de cinco anos, este *pode* ficar privado dos seus direitos, a menos que possa invocar motivos justos» [itálicos nossos].

Em sentido contrário, defendendo que existe aqui uma obrigação em sentido técnico-jurídico, cfr. LUÍS M. COUTO GONÇALVES, *Manual...*, cit., nota 660 das pp. 315 e s.

[747] CARLOS FERNÁNDEZ-NÓVOA, *Tratado*, cit., pp. 565 e ss. e FELIPE PALAU RAMIREZ, *La obligación de uso de la marca*, Tirant Lo Blanch, Valencia, 2005, p. 16.

Esse relevo decorre, por um lado, da própria natureza e da função da marca: a marca, enquanto sinal distintivo de produtos ou serviços só conseguirá realizar a (principal) função jurídica que lhe é atribuída – função de indicação de origem ou de proveniência empresarial – se for efectivamente usada, i.e., aposta em produtos (ou usada em serviços) de forma que o público consumidor saiba que aquele produto (ou serviço) provém de uma determinada empresa.

Por outro lado, a instituição do uso obrigatório da marca também é justificada pelo princípio geral da lealdade da concorrência[748] e pelos interesses tutelados por este.

Num outro plano, a obrigatoriedade do uso das marcas registadas obedece à necessidade de aproximação da realidade formal do registo à realidade viva da utilização das marcas no mercado[749], que tem importantes repercussões de ordem prática. Com efeito, reduzindo-se o número de marcas registadas, possibilita-se o registo daqueles sinais por pessoas interessadas em usá-los *efectivamente* como marcas, evitando os "cimiteri e fantasmi di marchi"[750] e obstando às chamadas marcas defensivas ou de reserva [marcas registadas, semelhantes a outra (principal) já registada pelo titular, com vista ao alargamento da esfera de protecção desta]. E isto é especialmente importante para a operatividade do sistema da marca comunitária[751], em que é suficiente a existência de uma marca registada num dos vinte e sete Estados-membros para a recusa do registo.

Centrando-nos apenas num dos possíveis efeitos da falta de uso da marca registada[752] – a caducidade do registo –, vamos determinar sucintamente os requisitos de aplicação da norma em questão.

---

[748] CARLO EMANUELE MAYR, *L'onere di utilizzazione del marchio d'impresa*, CEDAM, Padova, 1991, p. 118.
[749] CARLOS FERNÁNDEZ-NÓVOA, *Tratado...*, cit., p. 566.
[750] FRANCESCHELLI, «Cimiteri e fantasma di marchi», in: *RDI*, 1974, I, pp. 5 e ss.
[751] Cfr. CARLOS FERNÁNDEZ-NÓVOA, *Tratado*, cit., pp. 567 e ss.
[752] O não uso da marca registada pode produzir várias consequências, além da caducidade referida no texto, que, por razões que se prendem com a economia do presente estudo, serão apenas brevemente referidas.

De acordo com o disposto no CPI, em princípio, o titular de uma marca registada tem o direito de anular o registo (posterior) de uma marca que contenha, em todos ou alguns dos seus elementos, "reprodução ou imitação, no todo ou em parte, (...) [da sua marca] para produtos ou serviços idênticos ou afins que possa induzir em erro ou confusão o consumidor ou que compreenda o risco de associação com a marca registada" (art. 239.º, n.º 1, al.ª *a*) *ex vi* art. 266.º, n.º 1). Mas o registo não pode ser anulado se a marca anterior, invocada em oposição, não satisfizer a condição de uso sério nos termos do art. 268.º (art. 266.º, n.º 3). Em relação à marca comunitária, v. o art. 57.º, n.º 2 do RMC. Estas previsões correspondem à transposição da norma imperativa da DM relativa a esta matéria (v. art. 11.º, n.º 1).

Porém, a DM estabeleceu facultativamente outras disposições. Por um lado, permite a previsão de que o registo de uma marca não possa ser recusado em virtude da existência de uma marca anterior invocada em oposição que não satisfaça as condições de uso sério estabelecidas (art. 11.º, n.º 2), solução que foi acolhida relativamente à marca comunitária no art. 42.º, n.º 2 do RMC. E, por outro, sem prejuízo do disposto no art. 12.º, possibilita que, em caso de pedido reconvencional com fundamento numa marca cujo registo seja passível de caducidade, um Estado-membro preveja que uma marca não possa ser validamente invocada num processo de contrafacção se se verificar, na sequência de uma excepção, que o registo da marca poderia igualmente ficar sujeito a caducidade (art. 11.º, n.º 3 da DM), e também esta previsão consta do RMC, nos arts. 99.º e 100.º.

No que respeita ao nosso ordenamento jurídico, como tivemos ocasião de referir em «Da caducidade do registo de marca por falta de uso», cit., pp. 199 e ss., à primeira vista poderíamos ser levados a sustentar que não há possibilidade de os interessados lançarem mão destas previsões relativamente às marcas nacionais em Portugal.

Ressalvávamos, no entanto, que nalgumas situações poderia não ser assim atendendo à obrigatoriedade da declaração de intenção de uso da marca (art. 256.º) que, se não fosse respeitada, implicava a inoponibilidade das marcas a terceiros e a sujeição à declaração de caducidade do respectivo registo a requerimento de qualquer interessado ou quando se verificasse prejuízo de direitos de terceiro no momento da concessão de outros registos.

Do nosso ponto de vista, daqui resultavam quanto ao aspecto em análise duas consequências.

Primeira, afinal era possível que o pedido de registo de uma marca não pudesse ser recusado em virtude da existência de uma marca anterior invocada em oposição e que não satisfizesse as condições de uso sério estabelecidas, mas apenas se o seu titular não tivesse apresentado a declaração de intenção de uso. Contudo, tal não significava que o legislador português tivesse aproveitado a disposição facultativa da DM, pois não fazia depender a impossibilidade de recusa do registo do facto de haver oposição de uma marca anterior *não usada*, mas antes da circunstância de haver oposição de uma marca anterior (usada ou não) em relação à qual não tivesse sido apresentada (atempadamente) a declaração de intenção de uso. Apesar disso, o Código na versão de 2003 introduziu uma norma (suprimida pelo DL n.º 143/2008, de 25 de Julho) que podia ser útil ao requerente do registo de marca igual ou semelhante a outra anteriormente registada para produtos ou serviços semelhantes ou afins. Referimo-nos ao art. 270.º que, no n.º 2, *in fine*, consagrava a possibilidade de ser pedida a declaração de caducidade do registo de uma marca fundamentada em motivos que *indiciassem* a falta de uso da marca.

Segunda, se a marca, para a qual a declaração de intenção de uso não fosse apresentada, não era oponível a terceiros era possível, em caso de pedido reconvencional com fundamento numa marca cujo registo fosse passível de caducidade (que era o caso), que ela não pudesse ser validamente invocada num processo de contrafacção numa hipótese: se

Como tivemos oportunidade de referir noutro local[753], o uso sério[754] é aquele que for real ou efectivo, isto é, aquele que não é destinado mera-

existisse uma marca registada A para determinado produto e se essa marca não fosse usada de forma séria, se o seu titular não tivesse apresentado a competente declaração de intenção de uso, podia acontecer que um terceiro requeresse o registo da marca A para o mesmo tipo de produtos ou afins e que o mesmo fosse concedido (hipótese teoricamente pouco provável, já que o INPI ao proceder ao exame deste pedido, poderia detectar a identidade/semelhança com a marca anterior e passaríamos à situação referida anteriormente). Supondo que o titular da marca anterior quisesse exercer os seus direitos no âmbito de uma acção de contrafacção não iria ter êxito, pois invocaria direitos contra terceiros que não lhes seriam oponíveis (art. 256.°, n.° 3) e, inclusivamente, arriscar-se-ia a que fosse pedida a declaração de caducidade da marca com fundamento na inoponibilidade em relação a terceiros e indícios de não-uso (art. 270.°, n.° 2).

Com a revogação do art. 256.° do CPI pelo DL n.° 143/2008, de 25 de Julho, desapareceu, finalmente, a (descabida) exigência de apresentação da declaração de intenção de uso.

Não tendo o legislador aproveitado a ocasião para acolher directa e expressamente as disposições facultativas da Directiva de marcas referidas – que teria sido, na nossa opinião, a solução preferível –, a resposta às questões de saber se uma marca que não satisfaça as condições de uso sério (i) pode fundamentar a recusa do registo de uma marca conflituante e (ii) se pode ser validamente invocada num processo de contrafacção, não pode, lamentavelmente, deixar de ser afirmativa, restando aos interessados requerer, ao INPI, a declaração de caducidade da marca não usada e a suspensão do processo (administrativo ou judicial, consoante os casos) até que seja obtida a declaração de caducidade do registo da marca obstativa.

[753] MARIA MIGUEL CARVALHO, «O uso obrigatório da marca registada», in: AA.VV., *Estudos em comemoração do 10.° aniversário da licenciatura em Direito da Universidade do Minho* (coord. António Cândido Oliveira), Universidade do Minho/Almedina, Coimbra, 2004, pp. 668 e ss.

[754] Também a DM e o RMC exigem uma utilização *séria* da marca, embora nos 9.° e 10.° Considerandos da DM e do RMC, respectivamente, seja referido o uso *efectivo*. Na legislação de muitos dos Estados-membros é usada a mesma expressão (*v.g.*, a *MarkenG* (§ 26) utiliza a expressão «ernsthafte Benutzung», o *CPI francês* (art. L 714-5) fala de *usage sérieux*), ressalvados, entre outros, os casos de Espanha (em que é mencionado, no art. 39.° *LME*, o *uso efectivo y real*), de Itália (que exige o *uso effettivo* no art. 24.°, n.° 1 do *CPIital.*), do Reino Unido (v. S.46 (1) (*a*) do *TMA*, que se refere ao *genuine use*) e da *Convention Benelux en matière de Propriété Intellectuelle (marques et dessins ou modèles)* que fala de *normaal gebruik* (uso normal), no art. 2.26. 2.*a*).

No entanto, a doutrina considera não existir divergência relativamente à DM pelo que as expressões têm sido interpretadas no sentido de uso sério, cfr., entre outros, CARLOS FERNÁNDEZ-NÓVOA, *Tratado*, cit., p. 580; ADRIANO VANZETTI/CESARE GALLI, *La nuova Legge Marchi*, cit., p. 222; CHARLES GIELEN, «Harmonisation of trade mark law in Europe: the first trade mark harmonisation directive of the European Council», in: [1992] 8 *EIPR*, p. 268. A mesma orientação foi acolhida pelo TJ no n.° 35 do Acórdão, de 11 de Março de

mente a evitar a declaração de caducidade do registo, mas apto para possibilitar o cumprimento da função da marca[755] relativamente aos produtos ou serviços para os quais esta está registada[756] e, em princípio, da mesma forma sob a qual foi registada[757].

Isto significa, por uma parte, que o uso relevante é o que se traduz na venda[757bis] de produtos (ou prestação de serviços) marcados ou na sua preparação séria – incluindo o uso na publicidade (a não ser que este não preceda a sua comercialização efectiva) e o uso na Internet –, que se traduza em actos repetidos[758] e no território nacional[759-760].

---

2003, proferido no âmbito do proc. C 40/01, entre *Ansul BV V. Ajax Brandbeveiliging BV*, relativo ao caso «Minimax», in: *Col.* 2003-3, pp. I-2472.

[755] Neste sentido, cfr. n.º 43 do Acórdão do TJ, de 11 de Março de 2003, proferido no âmbito do processo C-40/01, relativo ao caso «Minimax», *cit.* (*Col.* 2003-3, pp. I-2474 e s.).

[756] Sobre os efeitos do uso parcial, cfr. MARIA MIGUEL CARVALHO, «O uso obrigatório...», *cit.*, pp. 685 e ss.

[757] É o que resulta do princípio da imutabilidade (ou inalterabilidade) da marca registada, consagrado no art. 261.º. Mas considerando o interesse do titular da marca registada em modernizar o sinal usado, torná-lo mais atractivo ou perceptível nalguns mercados, dar a conhecer mudanças na empresa, etc., acabou por se admitir que o uso da marca possa ser feito de forma diferente daquela que está registada. Assim, o art. 268.º, n.º 1, al.ª *a*) estabelece que "considera-se uso sério da marca o uso da marca tal como está registada ou que dela não difira senão em elementos que não alterem o seu carácter distintivo, de harmonia com o art. 261.º (...)". Para maiores desenvolvimentos sobre o tema, cfr. MARIA MIGUEL CARVALHO, «O Uso Obrigatório...», cit., pp. 682 e ss.

[757bis] Neste sentido, o TJ (1.ª Secção), no acórdão de 15 de Janeiro de 2009, proferido no âmbito do caso «Wellness», no proc. C-495/07, que opôs a Silberquelle GmbH à Maselli-Strickmode GmbH (ainda não publicado, mas disponível no sítio da Internet: *http://curia.europa.eu/jurisp/cgi-bin/form.pl?lang=pt*), declarou que "os artigos 10.º, n.º 1, e 12.º, n.º 2, da Primeira Directiva 89/104/CEE do Conselho, de 21 de Dezembro de 1988, (...), devem ser interpretados no sentido de que, quando o titular de uma marca apõe esta última em objectos que oferece gratuitamente aos compradores dos seus produtos, não faz uso sério dessa marca relativamente à classe a que pertencem os referidos objectos".

[758] Porém, o facto de o uso ser descontínuo não invalida o carácter sério do mesmo, v. o exemplo que referimos em «O uso obrigatório...», cit., pp. 673 e s. de uma marca de chocolates não ser comercializada durante os meses de Verão.

[759] Trata-se de uma aplicação do princípio da territorialidade. Mas há duas situações especiais a atender.

Uma respeita ao uso feito da marca pela sua aposição nos produtos, ou nas embalagens, em Portugal, mas que se destinam unicamente a exportação. Neste caso, excepcionalmente, é relevante o uso fora do território nacional para tutelar o comércio de exportação, bem como para evitar práticas obstrucionistas daquele.

Outra respeita às marcas comunitárias. Com efeito, o art. 15.º, n.º 1 do RMC dispõe sobre o uso da marca na *Comunidade*, não indicando um mínimo de Estados-membros em

Por outra parte, implica considerar que não constitui uso sério aquele que é meramente simbólico; aparente ou fictício, bem como o uso interno da marca, o uso estritamente privado e o uso casual ou esporádico.

A apreciação da seriedade do uso em concreto deve assentar "na totalidade dos factos e das circunstâncias adequados[761] para provar a existência da exploração comercial da mesma, em especial, nos usos considerados justificados no sector económico em questão para manter ou criar partes de mercado em benefício dos produtos ou serviços protegidos pela marca, na natureza destes produtos ou serviços, nas características do mercado, na extensão e na frequência do uso da marca (...)"[762-762bis].

---

que tenha de se verificar essa utilização. A doutrina tem interpretado, maioritariamente, esta exigência de forma ampla, ou seja, bastando-se com o uso num dos Estados-membros. Para maiores desenvolvimentos sobre a questão, cfr. MARIA MIGUEL CARVALHO, «O Uso Obrigatório...», cit., pp. 676 e ss.

No entanto, alguns autores exigem que o uso ocorra em, pelo menos, dois Estados-membros. Neste sentido, cfr. CARLOS FERNÁNDEZ-NÓVOA, *El sistema comunitario...*, cit., pp. 372 e ss. e WILLIAM CORNISH/DAVID LLEWELYN, *op. cit.*, § 17-71, pp. 692 e s.

Em sentido diferente, cfr. CONCEPCIÓN SAIZ GARCIA, *El uso obligatorio de la marca registrada (nacional y comunitaria)*, Tirant lo Blanch, Valência, 1997, p. 110, que afirma que nalgumas situações a utilização num só Estado-membro é motivo suficiente para a caducidade. Aliás, acrescenta que "em qualquer caso, o titular da referida marca deverá provar que a sua intenção inicial, de utilizá-la em mais de um dos mercados nacionais, foi frustrada por uma série de circunstâncias, entre as quais a diferença de critérios tão estritos a ter em conta em sede de causas justificativas da falta de uso a nível nacional (...)".

[760] Embora não seja exigido o uso em todo o território nacional desde que o uso local não tenha por fim a ilusão da aplicação da caducidade. Neste sentido, cfr. ADRIANO VANZETTI/VINCENZO DI CATALDO, *Manuale...*, cit., p. 247 e PAUL MATHÉLY, *op. cit.*, p. 252.

[761] De acordo com o n.º 47 do Acórdão do TPI, de 12 de Dezembro de 2002, proferido no âmbito do proc. T-39/01 (in: *Col.* 2002-11/12, pp. II-5251), o uso sério de uma marca não pode ser demonstrado por meio de probabilidades ou presunções, mas deve assentar em elementos concretos e objectivos que provem uma utilização efectiva e suficiente da marca no mercado em causa.

[762] V. n.º 43 do Acórdão do TJ, de 11 de Março de 2003, proferido no proc. C-40/01, caso «Minimax», *cit.* (in: *Col.* 2003-3, pp. I-2474 e s.). No mesmo sentido, *v.g.*, o n.º 34 do Acórdão do TPI, de 8 de Julho de 2004, proferido no âmbito do proc. T-334/01 (in: *Col.* 2004-7/8 (B), pp. II-2802) e n.º 37 do Acórdão do TPI, de 7 de Junho de 2005, referente ao proc. T-303/03, (in: *Col.* 2005-5/6 (A), pp. II-1936).

[762bis] No acórdão, de 9 de Dezembro de 2008, proferido no âmbito do proc. C-442/07, referente ao litígio que opôs a Verein Radetzky-Orden ao Bundesvereinigung Kameradshaft «Feld marscheRadetzky» – ainda não publicado mas disponível na Internet, no sítio: *http:// curia.europa.eu/jurisp/cgi-bin/form.pl?lang=pt* –, a Grande Secção do TJ, sustentando que "(...) a circunstância de uma associação caritativa não prosseguir fins lucrativos não exclui

Importa ainda destacar que o uso relevante para o efeito de evitar a declaração de caducidade não é apenas o que é feito, directamente, pelo titular da marca, mas também o uso indirecto.

A necessidade de o uso ser sério, ou se se preferir não ser meramente aparente ou fictício, para o efeito de evitar a declaração de caducidade do registo por falta de uso da marca, obriga a estabelecer algumas exigências para a imputação do uso da marca efectuado por um terceiro ao titular da marca.

Noutros ordenamentos jurídicos (*v.g.*, a lei de marcas espanhola), exige-se que o uso por terceiro tenha sido *consentido* pelo titular da marca. Com isto, pretende-se afastar as possíveis tentativas de aproveitamento pelo titular da marca de utilizações meramente toleradas por aquele. Além disso, alguma doutrina, com a qual nos identificamos, tem defendido que esse consentimento tem de ser anterior ao uso que se pretende invocar[763].

O ADPIC, que regula a exigência de utilização da marca como condição para a manutenção do registo no art. 19.º – sempre da perspectiva de inviabilizar registos de marcas que não sejam usadas durante certo tempo e não considerando quaisquer outros tipos de utilização (*v.g.*, o uso enganoso) –, impôs como condição para a relevância jurídica desse uso indirecto que a utilização efectuada por outra pessoa o seja *sob o controlo do titular* (n.º 2 do art. 19.º).

É neste contexto que surge, no Código actualmente em vigor, a disposição da al.ª *c*) do art. 268.º, referindo-se, *a propósito do que considera uso sério*, à utilização da marca por um terceiro, desde que o seja sob o controlo do titular do registo.

---

que ela possa ter por objectivo criar e, posteriormente, conservar um mercado para os seus produtos ou serviços" (n.º 16), declarou, no n.º 25, que "(...) O artigo 12.º, n.º 1, da Primeira Directiva 89/104/CEE do Conselho, de 21 de Dezembro de 1988, que harmoniza as legislações dos Estados-Membros em matéria de marcas, deve ser interpretado no sentido de que uma marca é objecto de uso sério quando uma associação sem fins lucrativos a utiliza, nas suas relações com o público, para anunciar manifestações, na sua correspondência comercial, bem como no seu material publicitário, e quando os seus membros a exibem em distintivos que usam na recolha e distribuição de donativos".

[763] No mesmo sentido cfr. CARLOS FERNÁNDEZ-NÓVOA, *Tratado*, cit., pp. 591 e s.

Em sentido diferente, cfr. a Resolução do Comité Executivo da *AIPPI*, adoptada na reunião de Sidney, relativa à questão Q92A, ponto D, al.ª *a*) (disponível para consulta no sítio: *www.aippi.org/reports/resolutions/Q92A_E.pdf*) que defende que o consentimento pode ser posterior ao uso, embora este uso indirecto possa não surtir efeito se o registo tiver sido posto em causa (por não uso) antes.

Todavia, noutra alínea do mesmo artigo – na al.ª *a*) – o legislador português inseriu também *ex novo*, em 2003, uma referência ao uso da marca efectuado através de um terceiro específico: o licenciado.

O uso indirecto mais frequente na prática é, precisamente, o efectuado por um licenciado, pelo que a referência no mesmo artigo, em alíneas diferentes[764] e com requisitos distintos não pode deixar de causar perplexidade, suscitando questões como a de saber se a omissão na al.ª *a*) da exigência do controlo prevista, expressamente, para a utilização indirecta na al.ª *c*), quererá significar que no caso de o uso indirecto ser efectuado através de um licenciado o titular da marca fica dispensado dessa obrigação de controlar o uso.

Tal como defendemos, noutro estudo, a resposta a esta questão não pode deixar de ser negativa, já que, por um lado, Portugal vinculou-se internacionalmente a estabelecer que o uso por terceiro autorizado pelo titular da marca só lhe aproveitará, para efeitos de manutenção do registo, se este uso for efectuado sob controlo do titular do registo (art. 19.°, n.° 2 ADPIC) e esta disposição aplica-se a *qualquer terceiro autorizado* (logo, também ao uso por licenciados), não existindo razões para tratar de forma desigual uma situação idêntica[765].

---

[764] O art. 268.°, n.° 1, al.ª *a*), dispõe que "considera-se uso sério da marca o uso tal como está registada ou que dela não difira senão em elementos que não alterem o seu carácter distintivo, de harmonia com o disposto no artigo 261.°, feito pelo titular do registo, ou por seu licenciado, com licença devidamente averbada".

Esta alínea, como já tivemos o ensejo de afirmar em «O uso obrigatório...», *cit.*, nota 83, pp. 678 e s., abarca dois problemas distintos – pelo que, também por este motivo, a inserção da parte final do preceito nos parece criticável – na parte final o problema de que nos ocupamos no texto, i.e., a relevância do uso indirecto da marca e na primeira parte a questão, já prevista no CPI'95, referente ao uso da marca de forma diferente da registada.

[765] LUÍS M. COUTO GONÇALVES propõe uma interpretação diferente da que defendemos relativamente ao problema em análise: "(...) a de considerar que o legislador pensou em soluções distintas, conforme o licenciante usasse ou não previamente a marca licenciada, sendo aplicável a norma da alínea a) no primeiro caso e a norma da alínea c) no segundo caso". Assim, na hipótese de "(...) marca licenciada previamente usada o uso por parte do licenciado deverá ser feito de modo não enganoso quanto à qualidade resultante do uso prévio ou simultâneo do titular da marca ou de outro(s) licenciado(s). Isto significa que o uso enganoso efectuado pelo licenciado, nesta hipótese, não acarretaria a caducidade por falta de *uso sério*, mas por *uso enganoso*, sendo aplicável o disposto no art. 269.° n.° 2 al.ª *b*).

No caso da marca licenciada não previamente usada pelo licenciante o uso da parte do licenciado não pode ser aferido ao uso anterior do licenciante. Nesta hipótese faz sentido considerar que um uso por parte do licenciado, para ser considerado sério, pressupo-

Por outro lado, no que tange à obrigatoriedade do controlo do titular da marca, há que atender a dois aspectos.

Primeiro, o facto de o legislador ter previsto noutra alínea a relevância do uso indirecto da marca por licenciado, onde não é feita qualquer referência ao controlo do titular da marca, não significa necessariamente que o mesmo não seja exigido[766].

Segundo, não podemos excluir, à partida, que a referência ao «controlo» da al.ª c) não tenha o mesmo significado do «controlo» normalmente referido a propósito do contrato de licença de marca.

Esta ideia é reforçada quer pela comparação com as normas de outros ordenamentos jurídicos, igualmente vinculados ao ADPIC[767] (das quais não consta a referência ao controlo, mas antes a exigência do uso *consentido* pelo titular da marca pelas razões que já aduzimos), quer pelo confronto com a norma que prevê a caducidade do registo da marca, mas por

---

nha sempre o requisito do controlo pelo titular da marca sob pena de caducidade por falta de uso.

O controlo neste caso faz a diferença entre um uso sério que permite reportar ainda, juridicamente, o uso da marca ao seu titular (garantindo a função de origem de base pessoal do titular da marca) e um uso não sério que não permite sequer o cumprimento da função distintiva da marca." (*Manual...*, cit., pp. 325 e s.).

Todavia, pensamos que o facto de a previsão em análise surgir no âmbito da relevância do uso adequado para evitar a caducidade por falta de uso e não no âmbito da norma que prevê a caducidade do registo nos casos de utilização que torne a marca deceptiva milita contra a diferenciação estabelecida por LUÍS M. COUTO GONÇALVES. Além disso, o facto de uma marca ser usada previamente pelo seu titular não exclui, à partida, a relevância que o uso através de um licenciado possa ter para o efeito de evitar a declaração de caducidade por falta de uso (pense-se no caso de o titular perder o interesse em explorar, directamente, a marca ou de o passar a fazer para uma parte dos produtos ou serviços para os quais aquela se encontra registada).

[766] Em «O uso obrigatório...», *cit.*, pp. 680 e s. sustentámos, precisamente, que "essa opção pode ter sido determinada pelo facto de o legislador assumir, implicitamente, que a obrigação de controlo de uso por parte do licenciado já decorre de outras normas, pelo que não seria necessário referi-la, e a menção específica à licença, na al.ª *a*), seria justificada pelo facto de o legislador exigir, além do controlo por parte do titular, que se trate de uma licença não apenas válida, mas plenamente eficaz (...)".

[767] Como é o caso, p.e., do espanhol e do italiano. Sobre a interpretação desse consentimento, cfr., por todos, relativamente ao ordenamento jurídico espanhol, CARLOS FERNÁNDEZ-NÓVOA, *Tratado...*, cit., p. 591 que admite que o mesmo possa ser expresso ou implícito, desde que resulte positivamente da vontade do titular da marca; no que respeita ao italiano, cfr. ADRIANO VANZETTI/VINCENZO DI CATALDO, *op. cit.*, p. 247 e também p. 211, que defendem que o consentimento tem de ser explicitamente manifestado.

deceptividade superveniente (onde é igualmente conferida relevância jurídica ao uso indirecto sem que seja feita referência ao controlo mas antes ao *consentimento*).

Além disso, colhe algum apoio na *ratio legis* e na sistematização adoptada. Relativamente à razão de ser da norma, como referimos, a mesma passa por tentar excluir o aproveitamento por parte do titular de utilizações que foram não consentidas, mas antes toleradas por ele e invocadas apenas para o efeito de obstar à declaração de caducidade por falta de uso. Este facto pode ser evitado pela exigência de um *consentimento* do titular à utilização. No que concerne à sistematização, recordamos que o art. 268.º se refere precisamente à caracterização do que pode ser considerado *uso sério*.

Do exposto parece resultar que a menção do ADPIC e da nossa legislação pode não equivaler à acepção rigorosa de «controlo», mas antes à ideia de consentimento do titular da marca[768]. Deixando de lado, por agora, a discussão acerca da eventual obrigação de controlo por parte do licenciante[769], interessa-nos centrar a atenção sobre a previsão do art. 268.º, n.º 1, al.ª *a*) *in fine*.

Com efeito, desta disposição parece decorrer que, para o uso efectuado pelo licenciado poder ser imputado ao titular da marca, a licença teria de estar averbada, ou seja, a licença teria de ser oponível a terceiros. Porém, esta exigência não se afigura correcta. Como FERNÁNDEZ-NÓVOA salienta, não é essencial, para a relevância deste tipo de uso indirecto, que a licença esteja inscrita, porque "(...) no momento de valorar o uso efectuado por um licenciado não inscrito, não se pretende determinar se o licenciado pode invocar face a terceiros os direitos resultantes do registo da marca. O problema colocado (...) é muito diferente: trata-se de decidir

---

[768] Interpretando de forma diferente a norma do ADPIC, v., em especial, o n.º 5.03 das notas explicativas preparadas pela Secretaria Internacional da Organização Mundial da Propriedade Industrial à Recomendação conjunta relativa às licenças de marcas, adoptada pela Assembleia da União de Paris para a protecção da Propriedade Industrial e pela Assembleia Geral da Organização Mundial da Propriedade Intelectual, na 35.ª Série de Reuniões das Assembleias dos Estados membros da OMPI, que teve lugar entre 25 de Setembro e 3 de Outubro de 2000 (o documento citado pode ser consultado na Internet, no sítio: *http://www.wipo.int/about-ip/es/development_iplaw/doc/pub835.doc*).

No sentido de que não existe contradição entre a norma do ADPIC e o teor da Recomendação conjunta citada, cfr. ÁNGEL GARCÍA VIDAL, «La recomendación conjunta de la Unión de Paris e la OMPI sobre licencias de marcas», in: *ADI*, Tomo XXI, 2000, pp. 1226 e s.

[769] Sobre esta v. *infra* em 3.2.2.1.3. de § I. do Capítulo II.

se o uso da marca por parte de um licenciado pode substituir o uso directo por parte do titular no momento de fixar o grau de difusão efectiva da marca no mercado", por isso, conclui que "sobre esta questão não deve influir de modo algum o facto de o contrato de licença estar ou não inscrito no registo de marcas"[770].

Dado o exposto, pensamos que *de iure constituendo* a última parte da al.ª *a)* do art. 268.º deve ser eliminada. *De iure constituto*, entendemos que se deve proceder a uma interpretação restritiva da mesma no sentido de considerar juridicamente relevante o uso feito pelo licenciado, mesmo que a licença não esteja averbada.

Retomando a nossa exposição, cumpre ainda referir que, para atenuar o rigor da obrigatoriedade do uso da marca registada, foi instituída a possibilidade de a falta de uso da marca não acarretar a aplicação da caducidade em duas situações.

A primeira refere-se à existência de "justo motivo" para a falta de uso. O art. 269.º, n.º 1, do Código da Propriedade Industrial prevê, em consonância com a Directiva de marcas e com o ADPIC, a possibilidade de existir justo motivo para a não utilização da marca. Mas nada adianta quanto às hipóteses que o integram. Aliás, à excepção do ADPIC[771], normalmente, o legislador não indica o que considera justo motivo ou causas justificativas da falta de uso[772].

A doutrina tem considerado que existe justo motivo para a não utilização da marca quando ocorrer um acontecimento não imputável ao titular do registo que impeça ou dificulte extraordinariamente a utilização da marca no mercado[773]. Assim, constituem causas justificativas do não

---

[770] CARLOS FERNÁNDEZ-NÓVOA, *Tratado...*, cit, p. 592.

[771] O ADPIC enumera, exemplificativamente, duas situações no art. 19.º, n.º 3: as restrições à importação ou outras medidas impostas pelos poderes públicos em relação aos produtos ou serviços protegidos ao abrigo da marca.

[772] O TJ, chamado a pronunciar-se especificamente sobre a questão, defendeu que a definição do conceito de «motivo justo» patente no ADPIC, do qual a União Europeia é parte, pode constituir um elemento de interpretação do conceito análogo utilizado na DM (v. o n.º 48 do Acórdão do TJ, proferido em 14 de Junho de 2007, no processo C-246/05, *cit.*, ainda não publicado, mas disponível para consulta no sítio: *http://curia.europa.eu/jurisp/cgi-bin/form.pl?lang=pt*).

[773] Na mesma linha, o TJ, no n.º 51 do acórdão citado na nota anterior, sublinha que "a realização do objectivo enunciado no (...) [nono] considerando ficaria comprometida se qualquer obstáculo, por mais pequeno que fosse, mas na condição de ser independente da vontade do titular da marca, bastasse para justificar o não uso desta". Por isso, consi-

uso os casos de força maior (*v.g.*, guerras e catástrofes naturais, como incêndios, inundações e terramotos), a existência de disposições legais que, p.e., impossibilitem a importação de matérias-primas necessárias à produção do produto marcado, bem como de medidas administrativas, p.e., a falta de autorização de comercialização de produtos farmacêuticos[773bis]. Por outro lado, não parecem subsumíveis às causas justificativas de falta de uso as hipóteses de insuficiência de meios financeiros e de falência[774-774bis].

Hipóteses duvidosas são, p.e., as relativas à política empresarial[775]; à saturação prolongada do mercado que conduza à cessação das vendas ou a uma redução considerável destas[776] e a eventuais situações de contrafacção particularmente relevantes[777].

---

dera que "só obstáculos que tenham uma relação suficientemente directa com uma marca, que tornem impossível ou pouco razoável o seu uso, e que sejam independentes da vontade do titular dessa marca podem ser qualificados de motivos justos para o não uso dessa marca" (n.º 54).

[773bis] No mesmo sentido, v. regra 86 do *Manual de aplicação do CPI*, cit., p. 70.

[774] Neste sentido, cfr. ALBERT CHAVANNE/JEAN-JACQUES BURST, *op. cit.*, p. 593; VINCENZO DI CATALDO, *op. cit.*, p. 143; CARLOS FERNÁNDEZ-NÓVOA, *Tratado*, cit., p. 613.

Refira-se a este propósito que o TCL já recusou a relevância como justo motivo para o não uso da marca o facto de a mesma ter sido arrestada judicialmente na sequência do não cumprimento das obrigações da sua titular (sentença do TCL, de 7 de Setembro de 2006, proferida no processo de registo das marcas nacionais n.ºs 329 722, 329 723 e 329 724, in: *BPI*, de 27/3/08, pp. 7 e ss., esp. pp. 10 e s.).

[774bis] Aliás, apesar da declaração de falência da (então) titular da marca registada, o Tribunal de Comércio de Lisboa, concordando com a análise do INPI, considerou provado o uso sério da marca «Molin». V. sentença do TCL, sem data, proferida no processo de registo da marca nacional n.º 166 080 («Molin»), in: *BPI*, de 10 de Julho de 2008, pp. 7 e ss.

[775] No sentido de serem aceites à excepção dos casos de falta de meios financeiros e de falência, cfr., entre outros, ADRIANO VANZETTI/VINCENZO DI CATALDO, *op. cit.*, p. 248. Em sentido contrário, cfr. JÉROME PASSA, *Droit de la propriété industrielle*, Tome 1 (Marques et autres signes distinctifs. Dessins et modèles), L.G.D.J., Paris, 2006, p. 200.

[776] CARLOS FERNÁNDEZ-NÓVOA na 1.ª edição do seu *Tratado sobre Derecho de Marcas* (Marcial Pons, Madrid/Barcelona, 2001, p. 493) defendia que, apesar de não operar como causa justificativa *per se*, é inegável que uma diminuição sensível das vendas imputável à saturação do mercado constitui, em princípio, um factor a considerar aquando da determinação da relevância da cifra de vendas para efeitos do uso efectivo da marca.

[777] Admitindo-as cfr., entre outros, ELENA DE LA FUENTE GARCIA, *op. cit.*, p. 244 e GIUSEPPE SENA, *Il diritto...*, cit., p. 195.

Por outro lado, parece não ser suficiente a verificação *per se* destas causas[778]. Como o Tribunal de Justiça já sustentou, "só obstáculos que tenham uma relação suficientemente directa com uma marca, que tornem impossível ou pouco razoável o seu uso, e que sejam independentes da vontade do titular dessa marca podem ser qualificados de motivos justos para o não uso dessa marca"[779].

A segunda situação que pode obstar à declaração de caducidade do registo da marca respeita ao chamado "uso reabilitante", que se verifica se houver início ou reatamento do uso sério nos três meses imediatamente anteriores à apresentação de um pedido de declaração de caducidade, contados a partir do fim do período ininterrupto de cinco anos de não uso. Todavia, este uso não releva se as diligências para o início ou reatamento do uso só decorrerem depois de o titular tomar conhecimento[780] de que pode vir a ser efectuado esse pedido de declaração de caducidade (art. 268.º, n.º 4).

### 1.2. *Caducidade do registo da marca por vulgarização*

Se, após a data do registo, a marca se tiver transformado na designação usual no comércio do produto ou serviço para que foi registada, como consequência da actividade, ou inactividade, do titular, deve ser declarada a caducidade do registo (art. 269.º, n.º 2, al.ª *a*) do CPI e art. 51.º, n.º 1, al.ª *b*) do RMC). Estas disposições – que, como referimos, correspondem à transposição do art. 12.º, n.º 2, al.ª *a*) da DM – consagram outra causa de caducidade: a chamada vulgarização da marca[781].

---

[778] No mesmo sentido, cfr. ELENA DE LA FUENTE GARCIA, *op. cit.*, p. 244, CONCEPCIÓN SAIZ GARCIA, *op. cit.*, p. 162.

[779] V. n.º 54 do Acórdão do TJ, de 14 de Junho de 2007, proferido no proc. C-246//05, *cit.*, ainda não publicado na *Col.*, mas disponível para consulta no sítio: *http://curia.europa.eu/jurisp/cgi-bin/form.pl?lang=pt*. Este Tribunal acrescenta ainda que "é caso a caso que se deve determinar se uma mudança da estratégia empresarial para contornar o obstáculo em questão torna pouco razoável o uso da referida marca", cabendo essa apreciação ao órgão jurisdicional de reenvio.

[780] Sobre a interpretação desta expressão cfr. MARIA MIGUEL CARVALHO, «Da caducidade do registo...», *cit.*, p. 197, nota 9.

[781] Referindo a origem jurisprudencial da vulgarização, cfr. ADRIANO VANZETTI, «Volgarizzazione del marchio e uso di marchio altrui in funzione descrittiva», in: *RDComm.*, anno LX (1962), parte prima, p. 22, nota 2.

Nestes casos o sinal que, no momento de registo, tinha capacidade distintiva, perde-a posteriormente porque passa a ser usado como designação genérica ou usual[782]. São exemplos clássicos deste fenómeno os casos das marcas «Cellophane», «Thermos» e «Polaroid», entre outros.

Como destaca NOGUEIRA SERENS, "bem se compreende que o direito sobre a marca *não possa subsistir* quando esta perde a sua capacidade distintiva, exactamente por se haver transformado em denominação genérica do respectivo produto, assim emergindo a referida necessidade de obstar a que, por via da titularidade da marca (agora nome do produto), se obtenha o monopólio (tendencialmente perpétuo) do produto"[783].

Porém, antes da aproximação legislativa promovida pela Directiva de marcas eram poucos os Estados-membros que dispunham de legislação onde estivesse expressamente prevista a hipótese de caducidade por vulgarização da marca[784], e Portugal não se integrava nesse grupo. Não obstante, como tivemos oportunidade de referir *supra*, alguma doutrina já defendia esta solução[785].

A propósito da vulgarização são referenciados três sistemas diferentes: um objectivo, outro subjectivo e um último misto ou intermédio.

De acordo com o sistema objectivo, para haver caducidade por vulgarização é suficiente que a marca se transforme na designação usual do produto ou serviço pelos consumidores, independentemente de qualquer medida que o titular da marca adopte para o evitar[786].

Nos sistemas ditos subjectivos, "a extinção do direito de marca só aconteceria se, face à *generalização* da marca junto dos consumidores, tivesse lugar a renúncia tácita, mas inequívoca, do direito por parte do titular"[787].

---

[782] Preferindo a denominação «usual», por a considerar mais adequada e rigorosa, cfr. LUÍS M. COUTO GONÇALVES, «Conversão da marca na denominação usual do produto ou serviço», in: *ADI*, Tomo XIV, 1991-92, p. 197.

[783] M. NOGUEIRA SERENS, «A "Vulgarização"...», *cit.*, p. 89.

[784] Era o caso do art. 5.º, n.º 4 da *Loi Uniforme Benelux sur les marques signée à Bruxelles le 19 mars 1962* (cfr. ANTOINE BRAUN, *Précis des Marques,* 3.ª ed., Maison Larcier, Bruxelles, 1995, pp. 450 e ss.) e da S.15 do *TMA'1938* do Reino Unido.

[785] V. *supra* 1.

[786] É este o sistema adoptado no direito de marcas norte-americano (s. 15 (15 USCA § 1065). Para maiores desenvolvimentos, cfr. J. THOMAS MCCARTHY, *op. cit.*, vol. II, § 17:8, p. 17-7.

[787] LUÍS M. COUTO GONÇALVES, *Manual...*, cit., p. 326. Esta era a posição, como referimos *supra* (§ II., 1.) de JOSÉ GABRIEL PINTO COELHO, «O problema da conversão...», *cit.*, esp. n.os 3183 e ss., pp. 276 e ss.

Finalmente, no chamado sistema misto ou intermédio a caducidade do registo da marca implica a verificação de dois pressupostos: um (objectivo) de a marca ter-se convertido na designação usual do produto ou serviço pelos consumidores, mas também pelos "meios profissionais interessados"[788]; e outro (subjectivo) de essa conversão ser o resultado do comportamento (activo ou passivo) do titular do registo[789].

O art. 12.°, n.° 2, al.ª *a*) da DM – e, por consequência, o art. 269.°, n.° 2, al.ª *a*) do CPI e o art. 51.°, n.° 1, al.ª *b*) do RMC – aderiu, inequivocamente, a este último modelo, já que estabelece dois requisitos para a caducidade devida à vulgarização da marca.

Por um lado, exige-se que a marca se tenha transformado *na designação usual no comércio* do produto ou serviço para que foi registada.

No que respeita à plataforma subjectiva de determinação deste fenómeno, o Tribunal de Justiça já teve oportunidade de se pronunciar[790].

---

[788] LUÍS M. COUTO GONÇALVES, *Manual...*, cit., p. 327.

[789] Esta era a solução adoptada no art. 5.°, n.° 4 da *Loi Uniforme Benelux sur les marques signée à Bruxelles le 19 mars 1962*.

[790] V. Acórdão do TJ, de 29 de Abril de 2004, proferido no proc. C-371/02, no âmbito do litígio entre Björnekulla Fruktindustrier AB e Procordia Food AB, no caso «Bostongurka», disponível para consulta no sítio: *http://curia.europa.eu/jurisp/cgi-bin/form.pl?lang=pt*.

A Procordia Food AB (sociedade com sede na Suécia) é titular da marca «Bostongurka», relativa a uma conserva de pepinos laminados marinados. A Björnekulla Fruktindustrier AB (sociedade com sede na Suécia) produz pepinos marinados, beterrabas vermelhas marinadas e outras semi-conservas. Esta última sociedade intentou uma acção com vista à declaração da caducidade do registo da marca «Bostongurka», com fundamento na perda do carácter distintivo, dado que o vocábulo «Bostongurka» seria considerado pelos consumidores um termo genérico para designar pepinos laminados marinados.

A sociedade Procordia contestou esse entendimento, invocando que para os operadores importantes nos sectores do comércio de alimentação geral, das cantinas e *friteries* o termo «Bostongurka» era uma marca de pepinos laminados marinados (v. o n.° 21 das conclusões apresentadas, no âmbito deste processo, pelo Advogado-Geral PHILIPPE LÉGER, em 13 de Novembro de 2003, in: *http://curia.europa.eu/jurisp/cgi-bin/form.pl?lang=pt*).

O *tingsrätten* (tribunal sueco) julgou improcedente a acção baseando-se, nomeadamente, nos trabalhos preparatórios da lei sueca sobre marcas e declarou que o meio interessado pertinente para demonstrar se a marca tinha, ou não, perdido o seu carácter distintivo era o circuito de distribuição dos produtos em questão.

A Björnekulla recorreu desta decisão para o *Svea hoverätt*, que decidiu suspender a instância e submeter ao TJ a seguinte questão prejudicial: "Qual é (ou quais são) nos termos do artigo 12.°, n.° 2, alínea *a*), da directiva em matéria de marcas, no caso em que um

Com efeito, no Acórdão, de 29 de Abril de 2004, proferido no caso «Bostongurka», declarou que "(...) o artigo 12.º, n.º 2, alínea a), da directiva deve ser interpretado no sentido de que, quando intervêm intermediários na distribuição ao consumidor ou ao utilizador final de um produto identificado por uma marca registada, *os meios interessados*, cujo ponto de vista deve ser tido em conta para apreciar se a referida marca se transformou, no comércio, na designação habitual do produto em causa, *são constituídos pelo conjunto dos consumidores ou dos utilizadores finais e, em função das características do mercado do produto em causa, pelo conjunto dos profissionais que intervêm na comercialização desse produto*" (itálicos nossos) (n.º 26 do Ac. *cit.*)[791-792].

Por outro lado, é necessário que a conversão operada tenha resultado do *comportamento* (por actos ou omissões) do titular da marca.

Como a doutrina habitualmente salienta[793], raramente estará em causa um acto (positivo) do titular da marca[794]. Na maioria das vezes o que releva é a *falta de actuação* – a inactividade – do titular da marca (p.e., a falta de oposição ao uso da marca como designação genérica pelos concorrentes ou em dicionários, enciclopédias, etc.)[795], diferentemente do que sucede no direito comum[796].

---

produto é manejado em várias fases antes de chegar ao consumidor, o(s) alvo(s) comercial de referência que é relevante para apreciar se uma marca comercial se transformou na designação usual no comércio do produto para que foi registada?"

[791] Sobre o tema cfr. M. NOGUEIRA SERENS, «A "vulgarização"...», *cit.*, p. 118.

[792] Defendendo uma interpretação mais ampla no sentido de incluir também os consumidores, cfr., entre nós, JORGE MANUEL COUTINHO DE ABREU, *Curso...*, cit., p. 402, nota 166.

[793] Cfr., por todos, CARLOS FERNÁNDEZ-NÓVOA, *Tratado,* cit., p. 662.

[794] Embora, por vezes, tal aconteça. JÉROME PASSA (*op. cit.*, p. 207) refere o exemplo de o titular da marca empregar, cumulativamente, duas marcas para designar um produto e utilizar uma delas de forma genérica na publicidade.

[795] O TJ no acórdão, de 27 de Abril de 2006, proferido no âmbito do proc. C-145/05, entre Levi Strauss & Co. e Casucci SpA, relativo ao caso «Levi Strauss», afirma no n.º 34 que "essa inactividade pode igualmente consistir no não recurso ao artigo 5.º, em tempo útil, pelo titular de uma marca, a fim de requerer à autoridade competente que proíba terceiros interessados de utilizar o sinal relativamente ao qual existe risco de confusão com essa marca, uma vez que esses pedidos têm precisamente por objecto preservar o poder distintivo da referida marca" (*Col.* 2006-4, pp. I-3731). Criticamente sobre esta passagem do acórdão, cfr. JÉROME PASSA, *op. cit.*, p. 208, porque o TJ parte "do postulado, manifestamente errado, de que a degenerescência resulta de actos de contrafacção".

[796] JÉROME PASSA, *op. cit.*, p. 207.

Alguns autores diferenciam as possibilidades de actuação consoante se trate de uso da marca como denominação genérica pelo público ou pelos concorrentes. Entre nós, é o que sustenta NOGUEIRA SERENS[797], aproximando-se da posição sufragada por PINTO COELHO[798], para quem a vulgarização, no primeiro caso, é um fenómeno objectivo, em relação ao qual a vontade do titular da marca não é relevante, enquanto que se o que estiver em causa for a utilização da marca pelos "círculos empresariais interessados" o caso muda de figura, pois se o titular da marca dispõe de meios para impedir o uso da sua marca pelos concorrentes, se nada fizer é essa falta de actuação que motiva a perda da capacidade distintiva da marca naquele meio e, consequentemente, também para a generalidade do público dos consumidores.

Porém, como já era destacado por PINTO COELHO, a inacção não implica necessariamente vulgarização: "a inacção pode até resultar de circunstâncias de força maior, como acontece no caso de guerra, que impede o titular da marca de promover no país inimigo ou isolado por aquele evento os actos necessários para a conservação do seu direito"[799].

Como referimos, em regra, o titular deve reagir perante uma utilização de forma genérica da sua marca[800] para que não existam quaisquer dúvidas quanto à sua vontade de manter o carácter arbitrário da sua marca.

### 1.3. Caducidade do registo da marca devido a deceptividade superveniente (remissão)

Se, após a data em que o registo foi efectuado, a marca se tornar susceptível de induzir o público em erro, nomeadamente acerca da natureza,

---

[797] M. NOGUEIRA SERENS, «A "vulgarização"...», cit., p. 102.

[798] JOSÉ GABRIEL PINTO COELHO, «O problema da conversão da marca...», cit., n.º 3182, pp. 262 e s.

[799] JOSÉ GABRIEL PINTO COELHO, «O problema da conversão da marca...», cit., n.º 3182, p. 263.

[800] JÉROME PASSA (op. cit., p. 208) adianta ainda que "a falta de passividade supõe que o titular reaja, não forçosamente de cada vez que o sinal é empregue de forma genérica, mas pelo menos regularmente", acrescentando que "uma única acção contra um concorrente não é suficiente, sobretudo enquanto não for intentada qualquer acção contra os jornais e revistas para fazer cessar o uso genérico".

da qualidade e da origem geográfica desses produtos ou serviços, no seguimento do uso feito pelo titular da marca ou por terceiro com o seu consentimento para os produtos ou serviços para que foi registada, deve ser declarada a caducidade do registo – art. 269.º, n.º 2, al.ª *b*).

Os requisitos de aplicação desta causa de caducidade vão ser analisados de forma mais detalhada no Capítulo II, mas podemos, desde já, adiantar que se reconduzem, fundamentalmente, a dois. O primeiro é um elemento objectivo: a marca tem de se ter tornado susceptível de induzir o público em erro na sequência do seu uso. O segundo é um elemento subjectivo: essa transformação da marca tem de ter ocorrido no seguimento do uso dela feito pelo titular da marca ou por terceiro com o seu consentimento.

Esta simplicidade no enunciado dos requisitos de aplicação da norma em questão é, no entanto, meramente aparente, pois esconde vários problemas cuja resolução não se afigura fácil e que serão analisados *infra* (Cap. II).

## 2. Considerações conclusivas da comparação dos fundamentos específicos de caducidade do registo de marcas

A análise expendida permite-nos concluir que, não obstante a diversidade das razões subjacentes aos interesses protegidos por estas normas, existe um denominador comum às três causas de caducidade específicas do registo de marca que assenta na exigência da verificação de um elemento objectivo (que respeita a factos relativos à marca) e de um elemento subjectivo (que toma em consideração o comportamento do titular da marca).

### 2.1. *Interesses subjacentes aos fundamentos de caducidade do registo de marcas*

Do regime jurídico da caducidade do registo da marca por falta de uso sério decorre que o interesse do titular da marca registada, mas que não a use, na tutela mais ampla possível é sacrificado em prol de outros interesses: os dos concorrentes (que vêem os obstáculos ao uso e registo de novas marcas ser removidos), os dos consumidores[801] (que são, também, potenciais concorrentes) e do sistema económico em geral (que assenta na liberdade de concorrência). Não obstante, o regime apresenta ainda sinais que demonstram que o interesse do titular da marca aflora, sem excessivo prejuízo dos demais, p.e., no uso reabilitante da marca e nos casos de justo motivo referidos *supra*.

Também quando analisamos o regime jurídico da caducidade por vulgarização da marca, verificamos que o interesse do titular da marca é ultrapassado pelo interesse público ínsito à exigência da capacidade distintiva das marcas, bem como à limitação dos monopólios, aproveitando, por conseguinte, aos concorrentes. Todavia, no modelo adoptado na legislação nacional e comunitária, o interesse do titular não é totalmente desconsiderado, já que não é suficiente a vulgarização objectiva da marca para declarar a caducidade do respectivo registo: é necessário que ela tenha sido causada por um comportamento do titular da marca[802].

Finalmente, no que respeita à deceptividade superveniente podemos afirmar que o interesse do titular da marca é subjugado ao primordial inte-

---

[801] Alguns autores, a propósito da tutela dos interesses dos consumidores na instituição do uso obrigatório da marca registada, destacam que estes estarão protegidos, pois assim, será possível que realizem as suas escolhas com base nas reais características dos produtos (ou serviços) e já não pelo maior poder intrínseco de atracção da sua marca. Cfr., neste sentido, CARLO MAYR, *op. cit.*, pp. 109 e s.

Como já referimos noutro local («O uso obrigatório...», *cit.*, pp. 656 e s., nota 21), não podemos concordar com esta opinião. Por um lado, parece-nos que ela assenta num modelo de concorrência perfeita, ideal, mas que não é possível. Por outro, não conseguimos perceber como é que esse "perigo" desaparece se o sinal que constituía a marca A (que estava registada, embora não fosse usada e, por isso, viu o seu registo caducar) passa a estar "livre" para ser registado como marca por outro interessado em usá-la, desempenhando, uma vez mais, aquela atracção sobre os mesmos produtos (ou afins).

Pensamos que, na medida em que a imposição da obrigatoriedade do uso da marca registada deriva do princípio da livre e leal concorrência, os interesses dos consumidores serão protegidos, mas indirectamente. Como CARLOS FERREIRA DE ALMEIDA (*Os Direitos dos consumidores*, Almedina, Coimbra, 1982, p. 72) refere, "(...) os regimes jurídicos precursores [a defesa da concorrência e a concorrência desleal] foram ditados sem referência aos interesses dos consumidores. Não restam dúvidas contudo de que, em economia de mercado, a situação dos consumidores resultará tanto mais débil quanto maiores forem os atropelos ao quadro geral de funcionamento das regras da concorrência. Estas constituem portanto uma forma indirecta de protecção" .

[802] Neste sentido, v. os n.ºs 19, 29 e 30 do Acórdão do TJ, proferido no caso «Levi Strauss», proc. C-145/05, *cit.* (in: *Col.* 2006-4, pp. I-3727 e 3730).

resse público[803] e ao interesse dos consumidores e dos concorrentes (v. *supra* Introdução). Não obstante, como teremos oportunidade de verificar, tal só acontece se a conversão da marca num sinal enganoso ocorrer *no seguimento do uso que dela for feito pelo titular ou por terceiro com o seu consentimento*.

Temos, por conseguinte, fundamentos específicos de caducidade do registo de marca com razões de ser distintas. Mas, se bem repararmos, ao contrário do que sucede com a falta de uso sério, na conversão da marca num sinal genérico ou deceptivo está, afinal, em causa o desaparecimento *superveniente* ao registo de requisitos exigidos para a atribuição de direitos àquele sinal, a saber: a capacidade distintiva e a veracidade[804]. E talvez seja este o facto que permite explicar a sistematização adoptada na Directiva de marcas, seguida na legislação nacional de vários Estados-membros, que prevê num número a caducidade por falta de uso (art. 12.º, n.º 1 da DM; art. 269.º, n.º 1 do CPI) e noutro, em alíneas diferentes, a caducidade por vulgarização (al.ª *a*)) e a caducidade por deceptividade superveniente (al.ª *b*)) (arts. 12.º, n.º 2 da DM e 269.º, n.º 2 do CPI)[805].

---

[803] JÉROME PASSA (*op. cit.*, p. 210) sustenta que "a caducidade não parece (…) responder aqui verdadeiramente a um objectivo de protecção da clientela contra uma fraude já que, não mais do que a nulidade da marca deceptiva, a caducidade da marca tornada deceptiva não impede o titular antigo de continuar a explorá-la no comércio para designar os produtos ou serviços em relação aos quais ela é enganosa, contrariamente ao que é defendido por vezes pela doutrina".

No mesmo sentido, cfr. DAVID KITCHIN/DAVID LLEWELYN/JAMES MELLOR/ RICHARD MEADE/ THOMAS MOODY-STUART/DAVID KEELING, *Kerly's…*, cit., p. 315, nm. 10-130, que referindo-se à Sec. 46 (1) (d) do *TMA*, afirmam que o interesse público que lhe subjaz é levemente ilusivo, porque "num sentido é óbvio que o público deve ser protegido contra marcas que são enganosas. Contudo, esta norma não faz mais senão remover o registo da marca do Registo. Não desempenha qualquer papel para prevenir o uso enganoso da marca. Assim, o verdadeiro interesse público tem mais a ver com a dignidade do sistema do registo em si e não permitir que o imprimatur do registo acompanhe a marca que se tornou enganosa" e sugerem que se veja o interesse público de uma forma mais ampla, integrando a solução do direito de marcas com a legislação de protecção do consumidor para evitar o uso da marca.

[804] A doutrina francesa fala a este propósito de «déchéance pour dégénérescence». Cfr., entre outros, JÉROME PASSA, *op. cit.*, p. 204.

[805] A sistematização adoptada no RMC é diferente. Aí, no art. 51.º, n.º 1, surgem elencadas todas as causas de caducidade em diferentes alíneas.

## 2.2. *A relevância do comportamento do titular da marca*

Não obstante as diferenças assinaladas, cremos que todos os fundamentos de caducidade referidos apresentam um ponto comum que respeita à relevância do comportamento do titular da marca[806]. Com efeito, em nenhum deles o legislador se bastou com a verificação de um *facto* (positivo ou negativo) em concreto: a falta de uso sério; a transformação da marca num sinal genérico ou usual ou num sinal enganoso.

A política legislativa seguida exige, além deste elemento objectivo, a verificação de um elemento subjectivo: tais factos só conduzem à caducidade se o *comportamento do titular* do registo for censurável.

É isso que acontece com a primeira causa de caducidade: a falta de uso sério só releva se for imputável ao titular da marca (por isso, estão excluídos o uso reabilitante da marca e as situações em que exista um justo motivo). É também o que sucede na segunda: a vulgarização da marca só conduz à extinção do registo se for devida à actividade ou falta de actividade do seu titular. E, da mesma forma, é exigida para a relevância jurídico-extintiva da marca supervenientemente enganosa: a conversão do sinal tem de ocorrer no seguimento do uso que é feito deste pelo seu titular.

Confirmamos, desta forma, a ideia anteriormente expressa de que, não obstante estarmos a analisar sistemas de registo constitutivos de direitos, o uso assume uma importância extrema, nomeadamente no que respeita à conservação desse registo.

---

[806] Apesar de, ao contrário do que sucede no âmbito da marca deceptiva e da falta de uso da marca, no caso de vulgarização não ser atribuída relevância ao uso indirecto do sinal distintivo. Neste sentido, cfr. DAVID I. BAINBRIDGE, *Intellectual property*, 6.ª ed., Pearson Longman, Harlow (England)/New York, 2006, p. 653, que defende que a diferenciação foi deliberada e, por conseguinte, a caducidade com fundamento em vulgarização cinge-se à actuação ou inactividade do titular da marca e não por alguém com o seu consentimento.

## CAPÍTULO II
## A MARCA SUPERVENIENTEMENTE ENGANOSA NO ÂMBITO DO DIREITO DE MARCAS

Enquadrada a caducidade do registo da marca supervenientemente enganosa, passamos à análise do seu regime jurídico. Iniciaremos o estudo pelos requisitos de aplicação da norma em apreço (§ I.) e, em seguida, deter-nos-emos sobre a declaração da caducidade do registo destas marcas (§ II.). Por fim, conhecido o regime jurídico integral analisaremos as consequências que o mesmo acarreta para a teoria das funções das marcas (§ III.).

### § I. REQUISITOS DE APLICAÇÃO DA CADUCIDADE DO REGISTO DE MARCA SUPERVENIENTEMENTE ENGANOSA

**1. O engano superveniente ao registo motivado pelo uso que o titular (ou que o terceiro com o seu consentimento) tiver feito da marca**

O primeiro requisito para que possa haver lugar à aplicação da causa de deceptividade que estamos a analisar é que a marca *se tenha tornado* susceptível de induzir o público em erro. Isto significa, como por diversas vezes tivemos oportunidade de referir, que só releva o engano *superveniente*, aquele que surge após o registo da marca[807-808].

---

[807] É o que decorre claramente da própria letra da norma da DM ("o registo de uma marca fica igualmente passível de caducidade se, *após a data em que o registo foi efec-*

Mas, como vimos, o legislador vai mais longe, esclarecendo que essa transformação tem de ter ocorrido no seguimento do *uso* feito da marca pelo seu titular ou por terceiro com o seu consentimento[809].

---

*tuado*: (...)" – art. 12.°, n.° 2) e do CPI ("deve ainda ser declarada a caducidade do registo se, *após a data em que o mesmo foi* efectuado (...)" – art. 216.°, n.° 2) [itálicos nossos].

No RMC a redacção utilizada não o demonstra de forma tão evidente ("será declarada a perda dos direitos do titular da marca comunitária, na sequência de pedido apresentado ao Instituto ou de pedido reconvencional em acção de contrafacção: (...) *c*) se, na sequência da utilização feita pelo titular da marca ou com o seu consentimento em relação aos produtos ou serviços para que foi registada, a marca puder induzir o público em erro, nomeadamente acerca da natureza, da qualidade ou da proveniência geográfica desses produtos ou serviços" - art. 51.°, n.° 1), embora não existam dúvidas que a deceptividade é superveniente ao registo quer porque a norma se refere ao carácter enganoso do sinal em relação aos produtos ou serviços para os quais foi registado, quer porque aos registos efectuados com deceptividade originária corresponde, como vimos no Capítulo II da Parte I, a declaração de nulidade.

[808] FRANZ HACKER (§ 49, in: *Markengesetz* (PAUL STRÖBELE/FRANZ HACKER/IRMGARD KIRSCHNECK), 8.ª ed., Carl Heymanns Verlag, München, 2006, pp. 1323 e s., nm. 32) sublinha a necessidade de um complemento à norma do § 8 II n.° 4 (que consagra o impedimento de registo de sinais enganosos) dado que para a sua aplicação se exige um engano *evidente* e pode acontecer que a deceptividade não seja evidente no momento da apreciação do pedido, mas venha a ser revelada pelo uso subsequente da marca. Todavia, na nossa opinião, este não é um problema de deceptividade superveniente, mas sim um problema que respeita aos meios de que a autoridade administrativa competente para apreciar o pedido de registo de um sinal como marca dispõe (v. *supra* Parte I, Cap. I, § II., esp. 1. e 2. e § III., esp. 1., 1.1.), como, de resto, FRANZ HACKER parece admitir. Se a marca é enganosa *ab origine* e, mesmo assim, for registada fica sujeita à declaração de nulidade.

[809] A DM refere que "o registo de uma marca fica igualmente passível de caducidade se, após a data em que o registo foi efectuado: (...) *b*) *no seguimento do uso feito* pelo titular da marca, ou com o seu consentimento, para os produtos ou serviços para que foi registada, a marca for propícia a induzir o público em erro (...)" (art. 12.°, n.° 2, al.ª *b*) [itálicos nossos]).

Esta norma foi transposta de forma quase literal para muitos dos ordenamentos jurídicos dos Estados-membros. Além do art. 269.°, n.° 2, al.ª *b*) do nosso Código e do art. 51.°, n.° 1, al.ª *c*) do RMC, v. relativamente: à Alemanha, o § 49 (2) 2. da *MarkenG*; à Áustria, o art. 33.° *c* (1) da *Markenschutzgesetz*; ao Benelux, o art. 2.26.2 *c*) da *Convention Benelux en matière de Propriété Intellectuelle*; à Bulgária, o § 25 (1) iii da *Lei de Marcas e Indicações Geográficas* n.° 81, de 14 de Setembro de 1999, com a redacção resultante da alteração de 2005; à Eslováquia, o art. 16.° da Lei n.° 55/1997, de marcas; à Eslovénia, o art. 119.°, n.° 1, al.ª *d*) da Lei de Propriedade Industrial, de 23 de Maio de 2001; à Espanha, o art. 55.°, n.° 1, *e*) *LME*; à Grécia, o art. 17.°, n.° 1, *d*) da Lei de Marcas n.° 2239, de 16 de Setembro de 1994; à Irlanda, o § 51 (1) *d*) do *TMA* 1996; à Lituânia, o art. 47.° (1) 2 da Lei de Marcas, de 10 de Outubro de 2000, n.° VIII-1981; a Malta, o art. 42.°, n.° 1, al.ª *d*)

Estes dois primeiros requisitos servem, desde já, para diferenciar claramente a hipótese que estamos a analisar da que é visada no impedimento (absoluto) de registo (e subsequente recusa/nulidade do registo), em que, por um lado, relevava a deceptividade *originária* (i.e., em que o engano afectava o sinal já no momento do registo) e, por outro, não se atendia ao uso do sinal efectuado pelo requerente do registo (ou pelo titular do registo, no caso de o sinal ter sido, por erro, registado)[810].

## 2. A alteração deceptiva relevante

Quando, e como, é que *a marca* se torna susceptível de induzir o público em erro no seguimento do uso feito pelo seu titular (ou por terceiro com o seu consentimento) é o que vamos tentar esclarecer.

À partida, a *marca* pode tornar-se supervenientemente enganosa se ocorrer alteração num de dois, ou em ambos, vectores: nas características

---

de Cap. 416, Lei XVI, 2000, de marcas; ao Reino Unido, o § 46 (1) (*d*) do *TMA*, à República Checa, o art. 31.º (1) (c) da Lei n.º 441/2003, de 3 de Dezembro de 2003, de marcas; à Roménia, o art. 45.º, *c*) da Lei n.º 84/1998, sobre marcas e indicações geográficas.

De forma diferente, nalguns ordenamentos não é feita qualquer referência ao uso. É o caso da Hungria (v. art. 30.º, al.ª *e*), da Lei XI de 1997, sobre protecção de marcas e indicações geográficas); da Finlândia (v. art. 26.º, n.º 2 da Lei de marcas, n.º 7, de 10 de Janeiro de 1964) e da Suécia, sendo que na legislação deste último país nem se refere expressamente, pelo menos na tradução inglesa da lei, a caducidade (*revocation*), mas a invalidade (v. art. 25.º, 1 da Lei de marcas de 1960). Cumpre, porém, sublinhar que quer no caso da Suécia (art. 35.º da Lei de marcas, *cit.*), quer no caso da Finlândia (art. 36.º da Lei de marcas, *cit.*) existem normas que prevêem, expressamente, a proibição do uso enganoso da marca.

Outros ordenamentos referem-se não ao uso, mas à actuação ou falta de actuação – directa ou indirecta – do titular da marca (é o caso da Estónia, v. o § 53 (1) (2) da Lei de marcas, de 22 de Maio de 2002); à (consequência da) actuação do titular (como sucede em França (v. art. L 714-6 *CPIfr.*) e na Polónia (v. art. 169.º (1) (iii) da Lei de Propriedade Industrial, de 30 de Junho de 2000)). E, em Itália, utiliza-se a expressão «a causa del modo e del contexto» (v. art. 14.º, n.º 2, al.ª *a*) *CPIital*).

[810] No mesmo sentido, cfr., por todos, DAVID KITCHIN/DAVID LLEWELYN/JAMES MELLOR/ RICHARD MEADE/ THOMAS MOODY-STUART/DAVID KEELING, *Kerly's*, cit., p. 311, nm. 10-119.

Em sentido diferente, cfr., entre nós, CARLOS OLAVO (*Propriedade industrial, cit.*, p. 158) que afirma que "o segundo dos indicados fundamentos [de caducidade] reconduz-se à proibição de marcas enganosas, seja o carácter enganoso originário ou superveniente".

dos produtos ou serviços assinalados com a marca e/ou no significado do sinal que a compõe[811].

Porém, a doutrina divide-se no que respeita à alteração relevante para o efeito da aplicação concreta da norma que prevê a caducidade do registo de marca.

No que respeita ao primeiro vector indicado, alguns autores limitam o seu âmbito de aplicação às marcas significativas ou expressivas, enquanto outros não procedem a essa restrição, sujeitando ao regime jurídico previsto para a deceptividade superveniente *qualquer* marca, desde que se verifiquem os pressupostos referidos *infra*, nomeadamente, se ocorrer uma *diminuição significativa* da qualidade dos produtos ou serviços assinalados, sem que seja dirigida ao público qualquer advertência quanto a esse facto.

Relativamente ao segundo vector indicado, não existem grandes dúvidas, como veremos, quanto à inclusão dos casos de alterações respeitantes ao significado semântico da marca. Já a extensão do âmbito normativo às alterações do significado simbólico da marca – o que pode ocorrer, designadamente, pelo uso publicitário – não colhe consenso.

Vamos começar por analisar a alteração qualitativa enganosa dos produtos ou serviços assinalados com a marca (2.1.) e, em seguida, a alteração enganosa da marca (2.2.).

### 2.1. *A alteração qualitativa enganosa dos produtos ou serviços assinalados com a marca*

O primeiro caso de alteração que vamos referir é o que respeita às modificações introduzidas nos produtos ou serviços oferecidos sob uma determinada marca[812] e que, mediante determinados pressupostos, pode conduzir à caducidade do registo.

---

[811] Assim, cfr. GIUSEPPE SENA, *Il diritto...*, cit., p. 106.

[812] O mesmo vale para o uso de uma mesma marca, pelo titular, para assinalar produtos ou serviços de qualidade diferente. Neste sentido, JOAN ANFOSSI-DIVOL, *L'usage et l'enregistrement, éléments essentiels de l'harmonisation du droit des marques – une approche comparative des droits franco-communautaire et des Etats-Unis d'Amérique*, Presses Universitaires de Strasbourg, Strasbourg, 2003, p. 517.

A hipótese de o mesmo titular ter várias marcas para assinalar produtos de qualidades diferentes é referida *infra* a propósito da substituição de marcas como possível excepção ao esgotamento (v. *infra* esp. 3.2.3.1.1.1.).

A expressão utilizada – «alteração qualitativa enganosa dos produtos ou serviços assinalados com a marca» – pretende abarcar todas as alterações relativas a características essenciais para os produtos ou serviços em questão[813].

A solução em análise representa uma tentativa de conciliação de dois interesses potencialmente antagónicos, cujo alcance tem causado celeuma.

Por uma banda, e além do princípio constitucionalmente consagrado da liberdade de iniciativa e de organização empresarial[814] no âmbito de uma economia mista (art. 80.º, al.ª c) da Constituição da República Portuguesa), facilmente se compreende que, na hodierna economia de mercado, se deve possibilitar que os empresários adaptem, continuamente, as suas ofertas às preferências dos consumidores, às novas tecnologias que vão surgindo e até às ofertas dos seus concorrentes. De resto, não é conveniente proibir toda e qualquer alteração das características dos produtos ou serviços assinalados, já que, se assim não fosse, existiria, desde logo, um entrave à melhoria da qualidade dos produtos e da prestação dos serviços, afectando o interesse dos consumidores e limitando-se a utilização das marcas (que, recorde-se, são sinais facultativos que um empresário diligente deixará de utilizar se tal não lhe trouxer benefícios)[815].

Por outra banda, não se pode admitir que os empresários alterem de forma totalmente livre e arbitrária os produtos ou serviços distinguidos com uma determinada marca[816], conduzindo, com tal procedimento, a um possível engano dos consumidores. Designadamente, não devem poder continuar a assinalar com a mesma marca, como se nada se tenha passado, produtos ou serviços que tenham sofrido diminuições de qualidades relevantes, susceptíveis de influenciar a decisão económica de compra dos consumidores, salvo, nalgumas hipóteses referidas *infra*, se estes tiverem sido devidamente informados deste facto.

Na verdade, tal actuação poderia causar prejuízos aos consumidores e até aos concorrentes, já que se consubstancia num acto que visa não apenas, despudoradamente, enganar os consumidores – fazendo-os associar

---

[813] Sobre as acepções jurídicas de «qualidade», cfr. CARLOS FERREIRA DE ALMEIDA, *Contratos II*, cit., p. 78, que diferencia a qualidade enquanto padrão de referência e a qualidade enquanto propriedade da entidade referida.

[814] Assim, cfr., entre outros, MERCEDES CURTO POLO, *La cesión de marca mediante contrato de compraventa*, Editorial Aranzadi, Cizur Menor (Navarra), 2002, p. 135.

[815] V. Introdução, III.

[816] Como veremos já em seguida, este argumento poderá ser válido apenas para as marcas expressivas.

aqueles produtos ou serviços assinalados com a marca a produtos ou serviços equivalentes aos que já conhecem, distinguidos pelo mesmo sinal, e aos quais correspondem determinadas características – mas também desviar a clientela dos concorrentes com base em instrumentos absolutamente desonestos.

Impõe-se, por conseguinte, um equilíbrio entre os interesses que acabamos de referir, o que passa por admitir o princípio da livre alterabilidade dos produtos ou serviços distinguidos com a marca, com um limite que assenta na insusceptibilidade de indução do consumidor em erro.

Isto significa, em primeiro lugar, que há determinadas alterações que podem ser admitidas, já que deixando intactas as características merceológicas dos produtos/serviços, ou intervindo apenas relativamente a aspectos que não são susceptíveis de influenciar o comportamento económico dos consumidores (por não respeitarem a aspectos relevantes dos produtos/ /serviços), não são susceptíveis de induzir em erro os consumidores[817]. E o mesmo sucede, pelo menos nalguns casos[818], quando as alterações, mesmo que significativas e relevantes, sejam comunicadas aos consumidores pelos meios adequados, de forma a que não exista susceptibilidade de indução em erro.

Além disso, importa não perder de vista que o interesse do titular da marca, na maioria dos casos, consistirá em não prejudicar o seu valor. Por conseguinte, à partida procurará abster-se de introduzir modificações substanciais nos produtos ou serviços que assinala com a marca que os consumidores considerem negativas, caso em que o próprio mercado tratará de reagir, recusando aquisições futuras.

Vamos, pois analisar as situações passíveis de serem abrangidas pela previsão normativa objecto do nosso estudo, começando por esclarecer se a norma pode ser aplicada a qualquer tipo de marca ou se abrange apenas as marcas significativas.

### 2.1.1. Âmbito de aplicação formal

Alguma doutrina interpreta restritivamente a norma *sub judice*, entendendo que, para que as alterações efectuadas nos produtos ou serviços pelo titular da marca possam acarretar a declaração de caducidade do

---

[817] V. *infra* 6.
[818] V. *infra* 2.1.2.3.

registo, é necessário que esta seja significativa ou expressiva (i.e., que a marca contenha, *em si*, alguma referência às características e/ou qualidade do produto ou serviço que assinala). Ao invés, tratando-se de marcas arbitrárias ou de fantasia não haveria lugar a esta possibilidade[819]. Por conseguinte, relativamente a estas últimas o seu titular poderia alterar as características e/ou qualidade do produto ou serviço assinalado com a referida marca, sem o risco de declaração de caducidade do registo[820].

A ideia de que o princípio da verdade não tem, em relação às marcas, "manifestações positivas necessárias"[821] encontra apoio nesta tese, já que não se discute que "a marca não pode dar indicações falsas", mas sublinha-se que "a verdade a respeitar pelo titular da marca não ultrapassa a

---

[819] Esta é a posição defendida, entre outros, por JÉROME PASSA, *op. cit.*, pp. 210 e s., MONTIANO MONTEAGUDO, *op. cit.*, pp. 2364 e s., FRANZ HACKER, § 49, *cit.*, nm. 35, pp. 1324 e s. e, entre nós, por CARLOS FERREIRA DE ALMEIDA, *Contratos II*, cit., p. 102 e por M. NOGUEIRA SERENS, «Aspectos...», *cit.*, pp. 662 e s.

No entanto, de um dos exemplos avançados pelo último autor citado parece não resultar tão evidente esta posição. Referimo-nos ao exemplo da marca «Bonita» registada originariamente a favor de uma empresa espanhola para assinalar cervejas produzidas em Espanha e que, mais tarde, é transmitida a uma empresa portuguesa (*ult. op. cit.*, pp. 666 e s.).

Segundo M. NOGUEIRA SERENS existiria aqui deceptividade superveniente da marca quanto à proveniência geográfica que, todavia, não conduziria necessariamente à caducidade do registo, bastando para o evitar que o actual titular da marca comunicasse ao público a alteração ocorrida (i.e., que a cerveja assinalada com a marca «Bonita» passou a ser produzida em Portugal) uma vez que a marca não era expressiva ("a deceptividade (...) é, por assim dizer, induzida (decorre de anteriores experiências aquisitivas) e reside na sua "aura", não no seu conteúdo ideográfico. Para eliminar essa deceptividade bastaria, pois, uma *intervenção exterior* às marcas em causa que alterasse essa "aura", adequando-a à nova realidade", *ult. op. cit.*, pp. 667 e s.).

Este exemplo parece-nos estar em contradição com aquela que é, no nosso entendimento, a posição defendida por M. NOGUEIRA SERENS: que a caducidade por deceptividade superveniente só releva quando a marca é expressiva. Ora, a marca referida no exemplo parece-nos ser arbitrária, daí que não consigamos perceber como é que a mesma se pode tornar enganosa, especialmente no que concerne à proveniência geográfica do produto assinalado, se a marca nada refere a este respeito. Pensamos que, em tal exemplo, o único engano que se poderia discutir, atendendo à transmissão da marca, seria quando muito relativo à proveniência empresarial. Sobre a relevância deste para efeitos de aplicação da caducidade por deceptividade superveniente, v. *infra* 6.

[820] Repare-se que, a ser assim, é admissível que um titular assinale com uma mesma marca não expressiva produtos de qualidade diferente. Sobre esta possibilidade, v. *infra* esp. 3.2.3.1.1.1.

[821] MARIO CASANOVA, *op. cit.*, p. 484.

vertente negativa"[822]. Ora, de acordo com esta doutrina, a marca só dará indicações falsas ou inexactas se contiver, *em si mesma*, alguma referência que não corresponde à realidade, o que sucederá quando, sendo uma marca significativa (ou expressiva), a característica ou qualidade sugerida ou evocada (já) não corresponder à do produto ou serviço que assinala, por outras palavras: quando a marca for *intrinsecamente* deceptiva.

Os argumentos invocados em apoio desta tese são sobretudo três.

Primeiro, como é assinalado por CARLOS FERREIRA DE ALMEIDA, "do registo das marcas individuais apenas consta a classe dos produtos ou serviços que a marca se destina a marcar, não havendo lugar para a menção de características ou qualidades específicas desses produtos ou serviços (…)"[823].

Este aspecto é especialmente importante uma vez que a declaração de caducidade do registo da marca nacional e comunitária compete a uma entidade administrativa (INPI ou IHMI, respectivamente)[824] e não se vê, em termos práticos, como é que esta pode ajuizar da qualidade dos produtos ou serviços assinalados com a marca[825], exceptuados os casos em que o carácter deceptivo resulte, de forma evidente, do significado do sinal em confronto com o produto ou serviço que a marca assinala.

Segundo, a ausência de qualquer "indício literal ou teleológico" que permita defender a apreciação de eventuais disparidades entre "as qualidades efectivas que o produto ou o serviço tinham em dado momento e as qualidades que em momento posterior passaram a ter"[826].

---

[822] CARLOS FERREIRA DE ALMEIDA, *Contratos II*, cit., p. 102.

[823] CARLOS FERREIRA DE ALMEIDA, *Contratos II*, cit., p. 100. Já tivemos o ensejo de chamar a atenção para este facto a propósito da recusa de registo de sinais enganosos, v. *supra* v. Parte I, Cap. I, § II., esp. 2.

[824] Divergindo do que sucede noutros ordenamentos em que a caducidade é declarada judicialmente (*v.g.*, Espanha). Para maiores desenvolvimentos sobre este aspecto, v. *infra* § II., 2., 2.1.

[825] De resto, não é esta a sua missão. Aliás, mesmo os partidários da tese contrária reconhecem este problema e, por isso, matizam a sua posição no sentido de não proibir toda e qualquer alteração qualitativa, mas apenas as que sejam significativas, pejorativas e não comunicadas. Cfr., por todos, GABRIELE ANTONINI e ALFONSO TORDO CAPRIOLI (*op. cit.*, p. 301) que referem que "o ónus de manutenção do nível qualitativo não impõe, de facto, uma continuidade qualitativa em sentido estrito, também porque isto pressuporia a obrigação de uma espécie de depósito do produto junto de uma qualquer instituição com o fim de poder efectuar um controlo qualitativo, já que uma tal obrigação não está prevista em qualquer disposição".

[826] CARLOS FERREIRA DE ALMEIDA, *Contratos II*, cit., p. 102.

Terceiro, parece ser esta a interpretação sufragada pelo Tribunal de Justiça, relativamente ao art. 12.°, n.° 2, al.ª *b)* da Directiva de marcas. Com efeito, no Acórdão proferido no caso «Elizabeth Emanuel», este Tribunal defende que as condições de aplicação da norma que prevê a caducidade do registo com fundamento em deceptividade superveniente são idênticas às da recusa do registo de sinais enganosos e estas, como o mesmo Tribunal sustenta, parecem compreender apenas as marcas expressivas ou significativas[827].

Esta foi também a perspectiva adoptada pela 1.ª Câmara de Recurso do IHMI num dos poucos processos em que se discutiu a declaração de caducidade do registo de uma marca comunitária com fundamento em deceptividade superveniente.

Referimo-nos ao caso «Fiorucci», onde depois de ser esclarecida a *ratio* da norma que analisamos – que "é a de tutelar a confiança do público sobre a correspondência (*rectius*: continuada correspondência, posteriormente ao registo) do produto com a mensagem contida na marca" –, se explicita que "a subsistência da correspondência do produto com a marca pressupõe (...) a verificação de duas condições. A primeira, *que a marca contenha uma mensagem sobre a natureza, a qualidade ou a proveniência geográfica ou a paternidade estilística do produto*. A segunda, que no uso da marca, se observe um afastamento entre a mensagem mencionada e as referidas características do produto oferecido aos consumidores"[828] (itálicos nossos). E, sem deixar qualquer margem para dúvidas, a

---

[827] V. os n.os 53 e 49 do Acórdão do TJ proferido no caso «Elizabeth Emanuel», proc. C-259/04, *cit.* (*Col.* 2006-3 (B), pp. I-3127 e 3126). Não obstante, referindo-se ao impedimento absoluto de registo, afirma no n.° 48 que "(...) embora um consumidor médio possa ser influenciado no seu acto de compra de uma peça de vestuário com a marca «ELISABETH EMANUEL» imaginando que a recorrente no processo principal participou na criação dessa peça de vestuário, as características e as qualidades da referida peça de vestuário continuam a ser garantidas pela empresa titular da marca". Cremos, todavia, que esta afirmação tem de ser vista no contexto da cessão da marca (*in casu* com o estabelecimento a que se achava ligada) [sobre a questão da deceptividade e a transmissão da marca, v. *infra* esp. 3.2.1.1.] e integrada no âmbito da(s) função(ões) jurídica(s) da marca, à qual se alude no n.° 44 do Acórdão citado (este tema é abordado *infra* v. § 3.).

[828] V. os n.os 14 e 15 da decisão, de 27 de Outubro de 2005, proferida pela 1.ª Câmara de Recurso relativa ao pedido de caducidade da marca comunitária «FIORUCCI», proc. R 207/2005-1, disponível para consulta no sítio: *http://oami.europa.eu/LegalDocs/ BoA/2005/it/R0207_2005-1.pdf*. Os factos subjacentes a este litígio são referidos *infra* (v. esp. 3.2.3.1.1.1.).

1.ª Câmara de Recurso do IHMI conclui afirmando que "a obrigação do titular da marca não é a de assegurar abstractamente um certo nível de qualidade mas o de não enganar, nos limites do que "promete" em concreto a marca, o público. Isto só se pode verificar se, em primeiro lugar, a marca realmente "promete" esta qualidade específica e, em segundo lugar, o produto oferecido ao público não a possui"[829].

Desta leitura resulta um paralelismo ("simetria perfeita"[830]) entre o *motivo de recusa* de registo de sinal enganoso e o *fundamento da caducidade* do registo da marca supervenientemente deceptiva, evidenciado pela *ratio* da previsão legal relativa à caducidade que, como decorre do exposto e é também sublinhado por NOGUEIRA SERENS, "é não permitir que uma marca, cujo registo seria inválido se, à data em que este foi efectuado, fosse intrinsecamente deceptiva, continue a ser objecto de um registo válido depois de se ter tornado intrinsecamente deceptiva (...)"[831].

Alguma doutrina faz, porém, uma leitura diferente da mesma norma, desenhando um âmbito de aplicação mais amplo[832] no qual cabe qualquer

---

[829] V. o n.º 25 da decisão citada na nota anterior.

[830] A expressão é de M. NOGUEIRA SERENS, «Aspectos do princípio da verdade...», *cit.*, p. 669. Referindo-se à simetria das normas correspondentes no *CPI* italiano, cfr. GIUSEPPE SENA, *Il diritto...*, cit., p. 107.

[831] M. NOGUEIRA SERENS, «Aspectos do princípio...», *cit.*, p. 662, que, referindo-se ao CPI'95 vigente à data, acrescenta: "existe, pois, *simetria* entre a norma do art. 216.º, n.º 2, alínea *b*), CPI e a do art. 189.º, n.º 1, alínea *l*), CPI: esta última norma cobre a hipótese em que a *incongruência* entre o significado da marca e as características merceológicas dos respectivos produtos ou serviços (nomeadamente, a sua natureza, qualidade e origem geográfica) *pré-existe* ao registo; a norma do art. 216.º, n.º 2, alínea *b*), CPI cobre a hipótese em que essa *incongruência* ocorre em momento ulterior ao registo da marca, no seguimento do uso que dela faz o seu titular ou um terceiro com o seu consentimento (e daí falar-se em *deceptividade superveniente*), e tanto pode resultar da *alteração do significado da marca* como da *alteração das características merceológicas dos produtos ou serviços* (nomeadamente, a sua natureza, qualidade e proveniência geográfica) *por ela contradistinguidos*. Em ambas as hipóteses, o legislador prossegue o mesmo objectivo: evitar que um sinal, *quando cumpre a sua função de marca*, é dizer, quando é aposto em determinados produtos ou serviços, e só pelo facto de o ser, crie uma falsa aparência – veiculada pelo próprio sinal (...) sobre as características merceológicas desses mesmos produtos ou serviços, relevantes para a escolha dos consumidores" (*ult. op. cit.*, pp. 662 e s.).

[832] Porém, isto não significa que a norma possa ser aplicada, na prática, com frequência. Como veremos em seguida, os requisitos de que dependem a sua aplicação têm sido entendidos de forma bastante rigorosa, atendendo à gravidade da sanção que origina: extinção do direito de marca.

marca – significativa ou não – desde que estejam preenchidos os pressupostos indicados *infra* (v. 2.1.2.)[833].

Na nossa opinião, a norma que prevê a caducidade por deceptividade superveniente aplica-se às marcas expressivas[834], se estiverem preenchidos os pressupostos que referiremos *infra*, pelas três razões já referidas e ainda porque cremos que o alargamento desta norma às marcas não significativas, em regra, não será necessária, nem adequada, nem suficiente.

No que respeita à *desnecessidade* de (mais) uma norma que proteja os interesses público, dos consumidores e/ou dos concorrentes dos titulares das marcas, basta termos presente que estes já grangeiam tutela por várias disposições legais fora do Direito de marcas – *v.g.*, a Lei de Defesa do Consumidor, a legislação relativa às práticas comerciais desleais, as normas que reprimem a concorrência desleal, o Código da Publicidade, a legislação relativa aos contratos de consumo e, naturalmente, o Código Civil – que não vão ser aqui analisadas por exorbitarem do objecto do nosso estudo[835].

---

[833] Assim, cfr., entre outros, ÁNGEL MARTÍNEZ GUTIÉRREZ, *La marca engañosa*, cit., p. 141; GUSTAVO GHIDINI, «Note sulla decadenza...», *cit.*, pp. 155 e s.; «Decadenza del marchio...», *cit.*, p. 213; e, mais recentemente, *Profili evolutivi del diritto industriale – Proprietà intellettuale e concorrenza*, Giuffrè Editore, Milano, 2001, p. 156, onde, sem distinguir o tipo de marca, limita a liberdade do seu titular alterar a qualidade dos produtos ou serviços assinalados com aquele sinal à existência de informação desse facto aos consumidores. Entre nós, cfr. LUÍS M. COUTO GONÇALVES, *Manual...*, cit., p. 329.

[834] Assim, concordamos com o exemplo referido por M. NOGUEIRA SERENS («Aspectos do princípio...», *cit.*, pp. 664 e s.) relativo à marca (nacional) "Limiano" para assinalar queijo. No momento do registo, o queijo assinalado com a marca era produzido na região do Lima e, portanto, não era uma marca intrinsecamente deceptiva originária. Porém, se após o registo, o queijo distinguido com a marca "Limiano" deixar de ser produzido naquela região e se essa proveniência geográfica – *sugerida pela marca* – for susceptível de influenciar o comportamento económico do consumidor médio, a marca passa a ser (supervenientemente), por causa daquele uso, intrinsecamente deceptiva e, como tal, sujeita à aplicação do art. 269.°, n.° 2, al.ª *b*).

O engano, como é referido, *resulta da marca em consequência do novo uso*, como é reconhecido por LUÍS M. COUTO GONÇALVES (*Manual...*, cit., p. 330), o que preenche a previsão legal do art. 269.°, n.° 2, al.ª *b*) ("a *marca se tornar susceptível de induzir o público em erro (...), no seguimento do uso (...)*"). Mas, ao contrário do que LUÍS M. COUTO GONÇALVES sustenta, pensamos que o que produz o engano é a marca. Era esta que, por ser sugestiva, continha em si o "fermento do engano", revelado pelo uso que, após o registo, se fez da mesma. Por isso, o que provoca a caducidade é uma causa intrínseca à marca.

[835] Embora algumas tenham sido, brevemente, referidas na Parte I, Cap. II, esp. 3.2.2.1., 3.2.2.2. e 3.2.2.3.

Quanto à inadequação da previsão em sede de direito de marcas importa lembrar que o Código da Propriedade Industrial regula, fundamentalmente, o *registo* de marcas, não proibindo o *uso* de marcas não registadas, e visa – desde a sua origem e cada vez mais[836] – proteger, fundamentalmente, os interesses dos titulares das marcas.

Por outro lado, e na sequência do que acaba de ser dito, dificilmente a previsão da caducidade em tal eventualidade seria suficiente para acautelar os interesses referidos já que, tal como vimos suceder com a nulidade e analisaremos *infra* de forma mais detalhada (v. § III.), tão-pouco a caducidade por deceptividade superveniente implicará, por si só, uma proibição do *uso* de marcas (de facto) enganosas.

No entanto, admitimos que relativamente a um caso específico de marcas essa extensão possa ser justificada. Referimo-nos às marcas que suscitem especiais representações de qualidade – as *Gütevorstellungen*[837], referidas pela doutrina e jurisprudência alemãs. Estas são marcas muito conhecidas pelos consumidores que as associam a produtos ou serviços de uma determinada qualidade (elevada).

Estes casos, em que "a marca exerce junto da clientela uma função sugestiva que é própria das palavras que na linguagem comum significam aquelas qualidade e características"[838], poderão ser equiparados ao signi-

---

[836] V. Introdução, III.

[837] A jurisprudência alemã, na vigência da *WZG*, recorreu a esta construção para cancelar o registo de marcas confundíveis com marcas que suscitassem representações especiais de qualidade, invocando o § 11, Abs. 2, Nr. 3 *WZG*, norma que previa a possibilidade de caducidade de registo de marcas enganosas.

Na hipótese de ser o titular da marca a aplicá-la em produtos ou serviços que não respeitassem as *Gütevorstellungen* poderia lançar-se mão de uma acção com base no § 3 *UWG* (vigente à data). Cfr. FRAUKE HENNING-BODEWIG, «Täuschende und verwechslungsfähige Zeichen», in: *Marke und Verbraucher* – Funktionen der Marke in der Marktwirtschaft (Frauke Henning-Bodewig/Annette Kur), Band II (Einzelprobleme), VCH, Weinheim//Bassel/Cambridge/New York, 1989, pp. 116 e ss.

Mais recentemente, alguma doutrina parece defender a aplicação da referida tese relativamente ao § 49, Abs. 2, Nr. 3 da *MarkenG*. Cfr., entre outros, FRANZ HACKER, *op. cit.*, nm. 36, p. 1325.

[838] PAOLO AUTERI, *Territorialità*..., cit., pp. 202 e s. Sublinhe-se, porém, que as palavras do autor citado referiam-se a um momento em que não existia a previsão de caducidade por deceptividade superveniente e a norma italiana, então em vigor (art. 11.º do *Regio Decreto* 1942), que proibia o uso enganoso da marca não tinha uma sanção expressamente prevista. PAOLO AUTERI defendia a possibilidade de ser declarada a caducidade se a marca tivesse adquirido força evocativa das características e qualidade e se a divergência

ficado ideográfico do sinal (pensamos, p.e., no caso de algumas marcas «de criadores do gosto e da moda»[839]).

Aqui poderá justificar-se a extensão do regime jurídico da caducidade atendendo a que se trata de um tipo de marcas que também beneficia de uma protecção especial (nomeadamente, ultramerceológica se integrar as chamadas marcas de prestígio[840]). De forma que se o seu titular, directa ou indirectamente, passar a usar a referida marca para produtos ou serviços relativamente aos quais o padrão de qualidade seja, objectiva e significativamente, diminuído, sem que exista comunicação ao público desse facto, o registo, para esse tipo de produtos ou serviços, fica sujeito à declaração de caducidade por deceptividade superveniente[841].

Não obstante, mesmo nestes casos, o interesse público, o interesse dos consumidores e o interesse dos concorrentes só é devidamente acautelado pelo recurso a outros meios jurídicos que imponham a cessação do uso daquele sinal, pelo que a possível sujeição à caducidade do registo visará complementar aquelas medidas, não sendo, por conseguinte, suficiente a integração destes casos na norma que prevê a caducidade por deceptividade superveniente.

Em seguida iremos analisar os requisitos de que depende a aplicação da norma que prevê a caducidade por deceptividade superveniente, tendo sempre presente as diferentes opiniões que acabamos de referir.

---

entre a qualidade e o significado do sinal fosse uma consequência da inidoneidade da empresa do titular para realizar produtos adequados às expectativas do público (*ult. op. cit.*, p. 204).

[839] Sublinhamos que a referência a este exemplo prende-se com a evocação de qualidade que o facto de uma marca ser constituída pelo nome de uma determinada pessoa despoleta e que pode não ser exacta. Neste sentido, cfr. GIUSEPPE SENA, *Il diritto...*, cit., p. 105, esp. nota 3 *in fine*.

Sobre a outra questão que este tipo de marcas suscita – a relevância para a aplicação da norma em análise quando estiver em causa um possível engano sobre a proveniência empresarial do produto ou serviço assinalado – v. *infra* 6.

[840] Para maiores desenvolvimentos, cfr. MARIA MIGUEL CARVALHO, *Merchandising...*, cit., pp. 134 e ss.

[841] Esta solução permitiria, se se verificassem os requisitos, uma sanção adicional a outras encontradas fora do direito de marca para – aproveitando o exemplo de LUÍS M. COUTO GONÇALVES, *Função distintiva da marca*, Almedina, Coimbra, 1999, p. 221, nota 425 – o uso de uma marca (não expressiva) de uma cadeia de hotéis de 5 estrelas para distinguir hotéis de 3 estrelas.

### 2.1.2. Âmbito de aplicação material

A sujeição à declaração de caducidade, por força da necessidade de compatibilização dos interesses contrapostos referidos, depende da observância de determinados requisitos.

#### 2.1.2.1. Diminuição significativa das características e/ou qualidade dos produtos ou serviços assinalados com a marca

Como referimos, há alterações que não só são permitidas, como até podem ser desejáveis. Estamos a pensar naquelas modificações que se traduzam na melhoria da qualidade dos produtos ou serviços assinalados[842] (p.e., por se ter, entretanto, descoberto um novo ingrediente de um produto que não só não é nocivo para a saúde, como comprovadamente a beneficia), dado que, potencialmente, todos os intervenientes no mercado são favorecidos.

Por outro lado, existem alterações que deixam intacta a qualidade e/ou as características dos produtos ou serviços (pense-se, p.e., numa simples mudança da embalagem do produto) e que, por isso, não merecem ser sancionadas.

A aplicação da norma que prevê a caducidade do registo de marca supervenientemente deceptiva só encontra justificação nos casos em que se verifique uma *diminuição* da qualidade do produto ou serviço assinalado com a referida marca e só são abarcadas as diminuições *significativas*.

#### 2.1.2.2. Alteração não momentânea

Além disso, exige-se que essa alteração não seja momentânea, já que a diminuição da qualidade (ou a modificação *in pejus* de características relevantes) do produto ou serviço momentânea e não imputável ao seu titular, em regra, não justificará uma sanção tão drástica que acarrete a extinção do direito de marca[843] (p.e., por ter ocorrido um embargo ao for-

---

[842] Em sentido contrário, GUSTAVO GHIDINI, «Note sulla decadenza...», *cit.*, p. 157; "Decadenza del marchio...", *cit.*, p. 214.

[843] No mesmo sentido, ANGEL MARTINEZ GUTIÉRREZ, *La marca engañosa*, cit., p. 144.

necimento de uma matéria-prima vital para aquela qualidade específica do produto em causa).

Parece-nos que a concepção adoptada no Código relativamente às outras causas específicas de caducidade do registo de marca[844] é favorável a este entendimento. Com efeito, da sua análise parece derivar que o legislador não se basta com a verificação de um pressuposto objectivo (*in casu*, uma alteração nas características merceológicas dos produtos/ /serviços marcados), exigindo um requisito subjectivo: a situação censurável no plano jurídico é-o por causa de um determinado comportamento do titular da marca. Quando a alteração que provoca a diminuição da qualidade do produto ou serviço distinguido com a marca registada é alheia à vontade do titular da marca, parece-nos que não existe uma conduta deste que seja reprovável[845-846].

2.1.2.3. Falta de comunicação ao público das alterações

Independentemente do carácter momentâneo ou definitivo das alterações introduzidas, de acordo com a maioria da doutrina, poderá acontecer que não haja susceptibilidade de indução dos consumidores em erro pelo facto de o titular os advertir das modificações introduzidas[847].

Assim, o conflito de interesses a que nos temos vindo a referir resolver-se-ia conferindo ao titular da marca a possibilidade de optar entre não proceder às referidas alterações ou divulgá-las de forma adequada a evitar a susceptibilidade de indução em erro.

Divergindo deste entendimento, NOGUEIRA SERENS adverte que esta possibilidade só faz sentido para marcas que não sejam expressivas, pois quando se trate de marcas significativas, como a deceptividade está no facto de o seu conteúdo ideográfico se ter tornado incongruente, não é pos-

---

[844] V. *supra* Parte II, Capítulo I, § II., esp. 1.1., 1.2., 1.3. e 2.2.

[845] Quanto à superação dos problemas suscitados pela comunicação ao público das alterações, v. o ponto seguinte.

[846] Este facto levanta questões muito relevantes no que respeita à responsabilidade por produtos defeituosos que, por exorbitarem manifestamente do âmbito do presente estudo, não serão aqui desenvolvidas.

[847] Cfr., entre outros, ÁNGEL MARTINEZ GUTIERREZ, *La marca engañosa*, cit., pp. 145 e s.; GUSTAVO GHIDINI, «Decadenza del marchio...», *cit.*, pp. 215 e s.; GIUSEPPE SENA, *Il diritto...*, cit., p. 104 e, entre nós, LUÍS M. COUTO GONÇALVES, *Função distintiva*, cit., p. 225, JORGE MANUEL COUTINHO DE ABREU, *Curso...*, cit., p. 368.

sível eliminar ou neutralizar a mentira pela comunicação ao público das alterações[848].

Na nossa opinião, apesar de o engano relevante para a aplicação da norma ser o que resulta *intrinsecamente* da marca, é preciso não esquecer que existem mais pressupostos para a aplicação da caducidade, nomeadamente é necessário que esse engano seja *susceptível de induzir o público em erro* – requisito que será analisado, de forma mais detalhada, *infra* (v. 4.) –, pelo que a relevância de eventuais esclarecimentos do engano que a marca encerra devam ser analisados também a essa luz. Para já cremos que é importante sublinhar que a interpretação relativamente a este ponto conduzirá ao reconhecimento, ou não, de uma proibição legal de alterar a qualidade ou características essenciais dos produtos ou serviços assinalados por marcas expressivas.

2.1.2.4. Relevância das alterações introduzidas (remissão)

Ponto que não parece suscitar dúvidas é que as alterações que implicam a aplicação da norma em estudo são apenas aquelas que forem significativas para a apreciação do público dos produtos ou serviços em apreço[849]. Assim, ficam excluídas do âmbito de aplicação da caducidade por deceptividade superveniente as modificações que incidam sobre aspectos que não sejam relevantes para o público. Também esta solução decorre, como teremos o ensejo de verificar, de um outro requisito de aplicação da norma *sub judice*, em especial da necessidade de o engano incidir sobre aspectos susceptíveis de influenciar o comportamento económico dos consumidores (v. *infra* 6.).

---

[848] M. NOGUEIRA SERENS, «Aspectos do princípio...», *cit.*, pp. 668 e s.

Em sentido contrário, e para citar apenas um autor que também defende que só as marcas intrinsecamente deceptivas relevam para o efeito da sujeição à caducidade, cfr. GIUSEPPE SENA, *Il diritto...*, cit., p. 104, para quem não há lugar à aplicação daquela sanção se o titular da marca comunicar ao público as alterações introduzidas nos produtos ou serviços assinalados com a marca.

[849] Neste sentido, cfr. ADRIANO VANZETTI/VINCENZO DI CATALDO, *Manuale...*, cit., p. 253; GUSTAVO GHIDINI, «Decadenza del marchio...», *cit.*, pp. 214 e s.; ÁNGEL MARTINEZ GUTIÉRREZ, *La marca engañosa,* cit., p. 144, e, entre nós, M. NOGUEIRA SERENS, «Aspectos do princípio...», *cit.*, p. 665.

## 2.2. A alteração do significado do sinal

O outro vector referido que, sofrendo alterações, pode conduzir à caducidade do registo da marca (supervenientemente deceptiva) tem a ver com o significado desse sinal.

Neste ponto pretendemos determinar se é possível que a alteração do *significado* da marca, pelo uso que o seu titular (ou um terceiro com o seu consentimento) faça dela, conduza à deceptividade do registo *mesmo que a qualidade e as restantes características do produto ou serviço se mantenham inalteradas*.

O problema é, porém, mais complexo do que pode parecer à primeira vista, dado que a marca pode comportar diferentes significados. Designadamente, podemos estar a referir-nos ao significado semântico da marca ou ao seu significado simbólico.

### 2.2.1. A alteração do significado semântico

Será possível que a alteração do significado *semântico* da marca, pelo uso que o seu titular (ou um terceiro com o seu consentimento) faça dela, conduza à deceptividade do registo *mesmo que a qualidade e as restantes características do produto ou serviço se mantenham inalteradas*?

Apesar de a doutrina, de uma forma geral, concordar com a inclusão desta *fattispecie*, alguns autores consideram-na excessivamente restrita[850-851].

---

[850] Dado que, segundo alguns autores, a interpretação (dita) restritiva deixa de fora muitos casos em que há engano. Neste sentido, cfr., por todos, ADRIANO VANZETTI/CESARE GALLI, *op. cit.*, p. 217.

[851] Esta celeuma desenrolou-se, sobretudo, no âmbito do ordenamento jurídico italiano, na senda das alterações legislativas de 1992 referidas *supra* na Parte I, Cap. I, § II., 1. e no ponto seguinte (v. 2.2.2.).

Para uma síntese das divergências doutrinais italianas referidas no texto, cfr. GIOVANNI VISINTINI, *op. cit.*, pp. 807 e ss.; FRANCESCA MORRI, *op. cit.*, pp. 792 e ss.; SILVIA GIUDICI, *op. cit.*, pp. 60 e ss. e CHRISTIAN CAVAZZA, «Latte fresco e concorrenza sleale: il marchio "Frescoblu"», in: *Giurisprudenza Commerciale*, 31.6., Novembre-Dicembre 2004, pp. 753/II e ss.

No contexto do nosso ordenamento jurídico, cfr. as posições divergentes de LUÍS M. COUTO GONÇALVES, *Função distintiva*, cit., pp. 221 e ss. e, do mesmo autor, *Manual...*, cit., pp. 329 e ss. e M. NOGUEIRA SERENS, «Aspectos do princípio...», *cit.*, esp. pp. 661 e ss.

O primeiro grande obstáculo que esta tese "restritiva"[852] enfrenta passa por determinar se será possível haver mudança do significado *semântico*, passando este a ser deceptivo relativamente aos produtos ou serviços marcados, *por causa imputável ao titular da marca*, que constitui um dos requisitos para a aplicação da sanção legal, como teremos oportunidade de analisar detalhadamente *infra* (3.2.).

Na verdade, são facilmente configuráveis casos de alteração do significado semântico de várias marcas – *v.g.*, o exemplo avançado, entre nós, por NOGUEIRA SERENS, relativo à marca «Kosovo»[853] –, mas dificilmente se pode dizer que essas alterações do significado conduzem à caducidade do registo, designadamente por não serem imputáveis à utilização do sinal pelo titular[854]. Não obstante, parece-nos que, nalguns casos, tal poderá suceder.

Referimo-nos às hipóteses avançadas por SENA[855] que remete a causa da alteração do significado para os processos de *secondary meaning* e vul-

---

[852] Chamamos-lhe restritiva porque em regra os autores que a defendem consideram que apenas releva a alteração do significado semântico e já não do significado simbólico da marca.

[853] O exemplo de M. NOGUEIRA SERENS («Aspectos...», *cit.*, p. 663) assenta na seguinte hipótese: no final dos anos setenta foi constituída em Portugal uma sociedade comercial cuja firma era "Keil Osório & Vouzela, Lda.", que tinha por objecto a indústria de calçado. Após a sua constituição, a mencionada sociedade requereu o registo da marca "Kosovo" – acrónimo resultante da junção da primeira letra de *K*eil, das três primeiras letras de *Os*ório e das duas primeiras de *Vo*uzela –, e o registo foi concedido por se ter considerado que, apesar da existência de um lugar (na região dos Balcãs) com esse nome, este não era conhecido nos círculos relevantes do tráfico e, por conseguinte, não seria aí compreendido como uma indicação de proveniência geográfica, mas antes como uma designação arbitrária ou de fantasia e ainda por não se ter concluído pela necessidade de preservação do topónimo em causa.

No final dos anos '90, há uma situação de guerra na ex-Jugoslávia. M. NOGUEIRA SERENS relembra o relevo dado, ao longo de várias semanas, pelos diferentes meios de comunicação social àquele conflito, que tinha a ver, como é sabido, com o estatuto jurídico-político da província sérvia do Kosovo. A publicidade feita ao topónimo Kosovo terá sido suficiente para o tornar conhecido da generalidade dos portugueses. E, por isso, o autor citado conclui que se verificaria uma alteração do significado da marca, tornando-a intrinsecamente deceptiva se se concluisse que o consumidor médio (normalmente informado e razoavelmente atento e advertido) dos produtos em causa (sapatos) admitia que estes podiam ser fabricados por um empresário estabelecido na região do Kosovo, sendo esta circunstância susceptível de influir na sua opção por esses produtos.

[854] LUÍS M. COUTO GONÇALVES, *Manual*..., cit., p. 329, nota 705.

[855] GIUSEPPE SENA, *Il diritto*..., cit., p. 107. Cfr., ainda, do mesmo autor, «Veridicità...», *cit.*, pp. 334 e ss.

garização, nos quais, como tivemos oportunidade de referir[856], o uso da marca pelo seu titular é absolutamente indispensável para a aquisição e a perda da capacidade distintiva e, por conseguinte, para a concessão, conservação ou extinção do registo da marca. Como o autor citado refere, a alteração do alcance significativo do sinal pode conduzir, em relação aos produtos ou serviços que distingue, a uma marca verdadeira ou deceptiva e isto quer se trate de processos de vulgarização da marca ou de *secondary meaning*[857].

Com efeito, julgamos que pode acontecer que, apesar de um sinal se ter objectivamente vulgarizado[858] (isto é, se ter convertido num sinal genérico ou usual), não possa ser declarada a caducidade do seu registo com base neste fundamento graças ao comportamento do seu titular, mas já possa ser submetido àquela sanção se se tiver tornado enganoso por causa do uso que o seu titular (ou terceiro com o seu consentimento) tiver feito da marca.

Imagine-se o seguinte exemplo, adaptado de um caso real[859]: uma sociedade registou, no início do séc. XX, a marca «Termos» para assinalar a embalagem que, por meio de uma parede dupla, conserva a temperatura dos líquidos e para outros produtos diferentes como lanternas, estufas, saca-rolhas, etc.

A palavra «Termos», de origem grega [*thermós*], sugere relação com a temperatura[860], mas na altura do registo da marca este significado não era muito conhecido, pelo menos pelo consumidor médio que o entendia como um sinal de fantasia, pelo que o registo foi concedido.

---

[856] V., respectivamente, Parte I, Cap. I, § I., I., 1. e, nesta Parte, Cap. I, § II., 1., 1.2.

[857] GIUSEPPE SENA, *Il diritto...*, cit., p. 107 e «Veridicità...», *cit.*, p. 335. Em sentido idêntico, cfr. SILVIA GIUDICI, *op. cit.*, p. 59, que afirma que "em todos os casos em que à marca possa ser atribuída uma função significativa ou comummente expressiva ou evocativa, enquanto o sinal de algum modo reclama (e assim indirectamente descreve) componentes, qualidade, origem ou proveniência do produto ou serviço assinalado (...) coloca-se então um problema de deceptividade".

[858] Sobre os requisitos da vulgarização v. *supra* Cap. I, § II., 1., 1.2.

[859] Referimo-nos ao caso julgado pelo *Court of Appeal of the Second Circuit* [King--Seeley Thermos Co. v. Aladdin Industries, Inc. (1963), 138 USPQ 349; 53 TMR (1963), 931] que confirmou a decisão do *United States District Court (District of Connecticut)* [The American Thermos Products Company v. Alladin Industries Incorporated, (1962), 134 USPQ 98; 53 TMR (1963) p. 175], citado e comentado por STEPHEN P. LADAS, *op. cit.*, pp. 1162 e ss.

[860] «Termo», em português, significa "recipiente destinado a manter a temperatura do conteúdo", in: *Dicionário da Língua Portuguesa*, 5.ª ed., Porto Editora, 1982.

O titular da marca esforçou-se bastante, nomeadamente através de acções publicitárias, para associar o termo «garrafa termos» com o nome de uma embalagem isolante que conservava a temperatura dos líquidos, tendo tido sucesso, uma vez que os consumidores passaram a entender a palavra «Termos» como uma característica descritiva daquele tipo de produtos.

Entretanto, tendo tomado consciência do processo de vulgarização que se iniciou, e como tentativa de o deter, o titular da marca registada começou a usar, designadamente na publicidade, a expressão «vacuum bottle» junto à denominação «Termos», e reagiu contra todas as menções (p.e., em dicionários, artigos de imprensa, etc.) da palavra «Termos» sem indicação de se tratar de uma marca registada.

Nesta hipótese ocorreu a chamada *vulgarização objectiva*. Todavia, como tivemos ocasião de referir *supra*, este processo não conduz necessariamente à caducidade do registo, pois o titular da marca adoptou medidas para impedir a aplicação da referida sanção (*v.g.*, reagiu à utilização em dicionários, reagiu à utilização por concorrentes, etc.).

Mas o uso daquela marca – porque o verdadeiro significado da palavra que constitui o sinal foi largamente divulgado entre o público pelo titular da marca – poderia conduzir à caducidade por deceptividade superveniente relativamente a alguns produtos assinalados (p.e., lanternas e saca-rolhas) que não respeitem a característica descrita pela marca (recipiente isolante de temperatura)[861].

---

[861] Julgamos que este exemplo demonstra que a crítica de ÁNGEL MARTÍNEZ GUTIÉRREZ (*La marca engañosa*, cit., p. 148) à relevância destes casos – que estes fenómenos não afectam realmente o significado do sinal, mas a sua capacidade distintiva, i.e., a possibilidade de serem, ou não, utilizados como distintivos de uma oferta empresarial – não tem fundamento, pois no exemplo referido não é a capacidade distintiva do sinal que é afectada. O que acontece é que as marcas estão todas sujeitas ao mesmo regime jurídico, o que significa que, mesmo que tenham sido validamente registadas ou que consigam escapar à extinção com base noutros fundamentos, se se tornarem enganosas e preencherem os requisitos legais para o efeito, devem ser sujeitas à declaração de caducidade do seu registo por deceptividade superveniente.

ÁNGEL MARTÍNEZ GUTIÉRREZ acrescenta ainda que, tendo em conta o relevante protagonismo dos consumidores na verificação destes fenómenos, dificilmente poderiam apresentar-se como causas de risco de erro no mercado. No entanto, pensamos que o protagonismo dos consumidores deriva da actuação do titular da marca, que recorre fundamentalmente à publicidade para educar o consumidor, como, de resto, o próprio autor citado reconhece já que afirma que esta possibilidade se reconduz apenas ao uso publicitário do sinal, porque "a utilização da marca num contexto publicitário ocasiona, como é sabido, um processo de significação da mesma. Daí que a aquisição superveniente do risco de erro se produza quando, como consequência da publicidade realizada [pelo titular da

Da mesma forma pode acontecer que tenha sido requerido, e concedido por erro, o registo de um sinal exclusivamente descritivo para determinado produto. Mais tarde, pode não ser possível declarar a nulidade do registo pelo facto de o titular da marca conseguir provar que, pelo uso que fez da marca, esta adquiriu, após o registo, capacidade distintiva relativamente aos produtos ou serviços em questão. Todavia, se essa prova for efectuada pela invocação de factos que demonstrem um uso do sinal pelo titular (ou por terceiro com o seu consentimento) que torne a marca deceptiva faz com que o registo fique sujeito à declaração de caducidade.

Uma outra objecção colocada à tese restritiva, e também relacionada com o comportamento do titular da marca, consiste em pôr em causa a possibilidade prática da sua aplicação. Com efeito, alguns autores afirmam que não conseguem imaginar como é que um uso deceptivo da marca, como o que está previsto na norma que prevê a caducidade do registo, pode determinar a sua transformação definitiva numa marca *em si mesma* deceptiva, uma vez que será sempre possível que o titular cesse, em qualquer momento, esse uso enganoso (p.e., mudando os produtos sobre os quais a marca é aposta de forma a excluir qualquer contraste entre a qualidade que o sinal semanticamente reclama e aquele dos produtos)[862]. Assim, e no que respeita ao primeiro exemplo que referimos, isto significaria que não seria declarada a caducidade do registo se o titular da marca não a usasse para distinguir as tais lanternas e saca-rolhas por não serem recipientes isolantes de temperatura.

Porém, em primeiro lugar, não é isso que está em discussão. É evidente que se o titular da marca não a usar relativamente a determinados produtos ou serviços, não haverá engano – como já referimos a deceptividade implica sempre um juízo relativo, no sentido de que não se prescinde de relacionar o significado do sinal com os produtos ou serviços aos quais é aposta – e, por conseguinte, não haverá lugar à declaração de caducidade do registo (como, aliás, sucederia com a previsão relativa ao *impedimento* de registo). De resto, a não aplicação prática da norma poderia significar que a mesma estava a cumprir a sua primeira função: dissuadir o uso de marca enganosa.

---

marca ou por terceiro com o seu consentimento, dizemos nós], a marca se vincule a uma determinada característica inexistente nos produtos e serviços diferenciados ou, se for o caso, se associar a uma qualidade superior à realmente oferecida" (*ult. op. cit.*, p. 149). Sobre a relevância do uso publicitário enganoso, v. *infra* 3.1.

[862] Cfr. ADRIANO VANZETTI/CESARE GALLI, *op. cit.*, p. 217.

Em segundo lugar, este mesmo argumento seria válido para o outro vector relevante para aferir a deceptividade da marca e que respeita à alteração das características dos produtos ou serviços assinalados pela marca registada[863]. Aí, como tivemos ocasião de verificar, segundo a doutrina maioritária (e, nomeadamente, os autores italianos que avançam com esta crítica) é possível escapar à declaração de caducidade do registo da marca, bastando que o titular da marca (ou terceiro com o seu consentimento) dê conhecimento dessas alterações, de forma adequada e suficiente, aos consumidores.

Ora, em ambos os casos, esta é a consequência de uma decisão de índole de política legislativa, que reflecte a valoração dos interesses em jogo: o legislador entendeu que existem determinadas circunstâncias nas quais não se deve aplicar a caducidade do registo. De resto, como também já tivemos ocasião de referir, é este o juízo subjacente a qualquer uma das três causas específicas de caducidade do registo de marca (v. *supra* Capítulo I, § II., esp. 2.).

Assim, o único ponto que se pode questionar, na nossa opinião, é se a norma em apreço deve ter um âmbito de aplicação mais amplo, abrangendo, para além da *deceptividade intrínseca* ligada ao significado *semântico do sinal*, também aqueles casos em que o que sofre alterações é o significado *simbólico* da marca. Passemos, então, à análise desta possibilidade.

### 2.2.2. *A alteração do significado simbólico da marca*

A hipótese que agora estudamos é a seguinte: será possível que a alteração do significado simbólico da marca (não expressiva), pelo uso que o seu titular (ou terceiro com o seu consentimento) faça dela, conduza à deceptividade do registo *quando a qualidade e as restantes características do produto ou serviço se mantenham inalteradas*?[864]

A utilização da marca que aqui estará em causa será, fundamentalmente, a publicitária. Como RALPH S. BROWN, JR. afirmava, os *trade symbols*[865]

---

[863] V. *supra* 2.1.

[864] Sobre a hipótese de uma marca assinalar produtos ou serviços cujas qualidades foram, significativamente, alteradas em sentido pejorativo, v. *supra* 2.1.

[865] Por «trade symbols» o autor pretendia referir-se às marcas, nomes comerciais e à aparência distintiva dos produtos, RALPH S. BROWN, JR., «Advertising and the public interest», *cit.*, p. 1638 [na publicação original, v. p. 1184].

podem servir como ponte entre a publicidade e a compra, mas podem, eles próprios, servir de veículo da persuasão.

O primeiro aspecto releva do facto de o próprio símbolo constituir uma ligação essencial, já que se a publicidade for bem sucedida, dirige a procura para o produto assinalado com o referido símbolo[866]. O segundo ocorre quando o *trade symbol* adquire um «magnetismo comercial» próprio[867], sendo que, à parte dos (poucos) casos em que essa capacidade atractiva da marca derive do próprio sinal, a maioria das vezes, ele é forjado pelo uso publicitário que se faça daquele sinal distintivo.

Neste ponto interessa-nos, em especial, saber se poderá ser declarada a caducidade do registo de uma marca se esta passar, p.e., a veicular uma mensagem de qualidade mais elevada do que a que possuía, sem que tenha havido qualquer alteração merceológica que a sustente.

Esta possibilidade é sobretudo defendida em Itália, onde alguns autores defendem que todas as hipóteses em que a deceptividade da marca registada deriva de uma modificação sensível, na percepção de uma parte «não irrelevante» do público, entre a objectiva natureza, qualidade, proveniência do produto e a «mensagem» evocada pela marca em relação aos referidos elementos devem ser sujeitas à declaração de caducidade do registo, justamente porque são relevantes para a escolha do adquirente[868].

Na verdade, baseando-se, fundamentalmente, no confronto entre o contexto diferente em que se fala de «engano do público» na lei de marcas de

---

[866] RALPH S. BROWN, JR., «Advertising and the public interest», *cit.*, p. 1641 [na publicação original, v. p. 1187].
No mesmo sentido, cfr. CARLOS FERREIRA DE ALMEIDA (*Contratos II*, cit., p. 104) que destaca que, "como a promoção comercial é hoje em dia quase sempre baseada em marcas, a marca é, por excelência, o meio de conexão pelo qual a publicidade e outras declarações públicas assumem relevância na qualidade dos objectos contratuais". Cfr., ainda, M. NOGUEIRA SERENS que também sublinha esta ligação, afirmando que "é, com efeito, a marca que vai permitir a *comunicação* (directa) entre os industriais e os consumidores, reforçando a posição destes em relação aos comerciantes" («A proibição da publicidade enganosa...», *cit.*, p. 238).

[867] RALPH S. BROWN, JR., «Advertising and the public interest...», *cit.*, pp. 1641 e s. [na publicação original em 1948, v. pp. 1187 e s.].

[868] Cfr. GUSTAVO GHIDINI, «Decadenza del marchio...», *cit.*, pp. 213 e 215 e, do mesmo autor, «Note sulla decadenza...», *cit.*, pp. 157 e s. No mesmo sentido, cfr. CESARE GALLI, «Protezzione del marchio ... », *cit.*, pp. 670 e ss.; ADRIANO VANZETTI/VINCENZO DI CATALDO, *Manuale...*, cit., p. 254; GABRIELE ANTONINI/ALFONSO TORDO CAPRIOLI, *op. cit.*, p. 300.

1942 e na nova lei (actualmente, o *CPIital.*), alguns autores sustentam que, enquanto no sistema anterior se podia defender que as normas relativas ao engano do público teriam um relevo secundário – dado que só operariam «quando por livre escolha do titular, a marca tem um conteúdo significativo» (entendido como «significativo in sé») –, no sistema que emerge da nova lei essa conclusão é mais difícil de defender[869].

Essa dificuldade resulta de no actual sistema, segundo os mesmos autores, as normas que vedam o engano do público assumirem um relevo comparável àquele que, antes da reforma, revestia a proibição da cessão livre da marca[870], o que justificaria a inclusão de todas as hipóteses em que as reais características do produto não correspondam a tal mensagem. Desta forma o titular da marca só tem duas hipóteses para "escapar" às sanções legais: ou mantém constantes as qualidades dos produtos/serviços marcados ou só as altera depois de ter mudado a mensagem associada ao sinal, agindo, através da publicidade, sobre as expectativas do público[871].

Entre nós, LUÍS M. COUTO GONÇALVES defende esta posição, embora com cariz quase excepcional: "(...) para além das sanções legais específicas previstas para a publicidade enganosa e-ou para a concorrência desleal, passa a ser possível, (...), em *casos mais chocantes* de *uso publicitário enganoso, requerer judicialmente a caducidade* do registo da marca

---

[869] ADRIANO VANZETTI/CESARE GALLI, *op. cit.*, p. 218. Cfr., ainda, CESARE GALLI («Protezione del marchio...», *cit.*, p. 669) que refere que "a noção de engano do público já estava presente na velha lei, no art. 15, n.º 2, que configurava o engano derivado da cessão como um motivo da sua invalidade, e no art. 11.º, que vetava o uso enganoso da marca; estas disposições foram ambas deixadas quase inalteradas pela nova lei de 1992, que se limitou a melhor especificar o conteúdo do *«engano»* do art. 11.º (no qual se fala agora de *«engano... sobre a natureza, qualidade ou proveniência dos produtos ou serviços»*) e a estender expressamente às licenças a disposição acima recordada do art. 15.º, agora transferida para o n.º 4. Porém, enquanto antes da reforma estas normas sempre tiveram uma modesta importância, o contexto legislativo alterado faz com que elas surjam hoje, pelo menos potencialmente, como elementos cardeais do sistema".

[870] CESARE GALLI («Protezione del marchio...», p. 674) defende que as normas que proíbem o engano do público adquirem um relevo comparável àquele que, antes da reforma, era atribuído à proibição da cessão livre da marca, ou seja, substituem a *garantia indirecta de constância qualitativa* que no sistema da lei de 1942 era confiado à proibição da cessão livre e à correlativa função de indicação de origem, por uma *forma de garantia directa de conformidade ao conteúdo da mensagem* associada à marca. Sobre esta relação, v. *infra* 3., 3.2.1.1.1.

[871] Cfr. ADRIANO VANZETTI/CESARE GALLI, *op. cit.*, pp. 218 e s., e CESARE GALLI, «Protezione del marchio...», *cit.*, pp. 671 e s. e p. 674.

por uso enganoso desta na publicidade (enganosa), com base no art. 216.º n.º 2 al.ª b) do CPI ['95, leia-se, hoje, art. 269.º, n.º 2, al.ª b)]"[872].

Com essa matização evita uma das críticas dirigidas à tese que atribui relevância, no âmbito do direito de marcas, à alteração deceptiva do significado simbólico da marca, graças à publicidade[873]: o risco de aplicação de uma sanção tão drástica – a caducidade implica a extinção do registo, com a consequente perda do direito de marca – a situações que podem constituir práticas isoladas ou ocasionais.

Outra crítica dirigida à referida tese sufragada por grande parte da doutrina italiana consiste na inversão metodológica que é efectuada. Na verdade, os autores que a defendem partem das funções jurídicas da marca para concluírem que esta norma confirma a tese por eles defendida, designadamente quanto à relevância *jurídica* de uma função de *garantia de qualidade da marca*. É nossa opinião que as matérias estão incindivelmente ligadas, mas a metodologia deve ser a contrária: avaliar a norma e extrair as consequências (necessárias) para a tese das funções jurídicas da marca (para isso reservamos o § III. deste Capítulo).

### 2.2.3. *Apreciação crítica*

Apreciando as duas teses em confronto, julgamos poder afirmar que não existem dúvidas quanto à inclusão dos casos de deceptividade *intrínseca* na norma que prevê a caducidade do registo por deceptividade superveniente. Do que se trata, portanto, é de saber se a norma admite uma aplicação mais extensa e, em caso negativo, se a deveria admitir[874].

---

[872] Luís M. Couto Gonçalves, *Função distintiva*, cit., p. 222. O autor esclarece esta posição no *Manual de direito industrial*, cit., p. 331, sublinhando que "nunca afirmámos que a caducidade seria aplicável em todas as situações de uso publicitário enganoso, com ligeireza e facilidade. Bem pelo contrário, só propusemos a solução em casos em que se verifique engano, não advertido ou justificado em tempo útil, em aspectos essenciais dos produtos ou serviços em causa".

[873] Aliás, o mesmo autor refere na nota 708 da p. 331 do *Manual...*, cit., que "tratando-se de uma solução drástica a sua aplicação só deve ter lugar em situações em que se haja verificado prejuízos consideráveis para os consumidores".

[874] A aplicação mais extensa da norma que prevê a caducidade por deceptividade superveniente poderia resultar da consideração do seu carácter exemplificativo. A este ponto teremos oportunidade de voltar, mais adiante (v. 6.). Para já, importa apenas referir que de algumas decisões no plano comunitário parece resultar que, apesar de o elenco ser

Essa aplicação mais extensa respeitaria, como tivemos o ensejo de afirmar, aos casos referidos em que a mensagem veiculada pela marca através, designadamente, do uso publicitário efectuado pelo seu titular ou por terceiro com o seu consentimento, sofreu uma alteração, *sem que as características dos produtos ou serviços distinguidos por aquela marca tenham sofrido qualquer mudança*, pois se tiver ocorrido alteração pejorativa nos produtos ou serviços passamos a estar na hipótese abordada em 2.1. e se a alteração introduzida nos produtos ou serviços corresponder à mensagem evocada pela marca a questão da deceptividade não se coloca[875].

Os defensores da tese restritiva recusam esta possibilidade, baseando a sua posição, fundamentalmente, em dois argumentos: um literal e outro sistemático.

Resulta do primeiro que, como decorre da letra da norma que prevê a caducidade do registo da marca supervenientemente enganosa, é o próprio sinal que se tem de ter tornado enganoso.

---

exemplificativo, a consideração de mais hipóteses deve ser efectuada de forma bastante limitada. V., p.e, a decisão proferida pela Divisão de anulação do IHMI, de 23 de Dezembro de 2004, proferida no procedimento de caducidade da marca comunitária «Fiorucci», *cit.*, onde se afirma que o IHMI "opina que o elenco citado no art. 50.°, n.° 1, al.ª *c*) RMC [leia-se hoje art. 51.°, n.° 1, al.ª *c*)], ao referir-se à natureza, qualidade e proveniência geográfica reveste valor meramente exemplificativo e não exaustivo e taxativo (graças ao advérbio "particularmente"), mas o mesmo implica que toda uma valoração seja, comummente e apenas, limitada às informações veiculadas pelo sinal em relação às características dos produtos ou serviços em termos, por exemplo, de materiais de fabrico do produto ou proveniência de uma localidade que não corresponda àquela da efectiva produção. O instituto abrange, assim, todas as situações em que a concreta fruição da marca seja tal que determine um engano para os consumidores sobre características dos produtos ou serviços assinalados que, no juízo dos adquirentes, assumam um relevo significativo e que sejam entendidas no modo agora indicado" (v. o n.° 16 da decisão *cit.*, que pode ser consultada no sítio: *http://oami.europa.eu/LegalDocs/Cancellation/it/C000367250_418.pdf*).
V., ainda, de forma mais clara, a Decisão da 1.ª Câmara de Recurso, de 25 de Outubro de 2005, do IHMI (R 0207/2005-1), que incidiu sobre a primeira decisão referida. Aqui a Câmara de Recurso declara, relativamente à formulação do art. 51.°, n.° 1, al.ª *c*) do RMC, que a utilização do advérbio "particularmente" não permite uma interpretação extensiva do conceito de proveniência sobre o qual pode incidir o erro (n.° 12 da Decisão *cit.*, que pode ser consultada no sítio: *http://oami.europa.eu/LegalDocs/BoA/2005/it/R0 207_2005-1.pdf*).

[875] Também não vamos cuidar aqui de outras questões concernentes à relação marca/ /publicidade (p.e., o uso de marca enganosa em publicidade e a publicidade enganosa em que é usada uma marca), dado que essa temática será abordada *infra* (v. 3.1.).

No entanto, como tivemos o ensejo de referir, em Itália, onde a norma em questão apresenta uma especificidade relativamente à versão adoptada na Directiva – refere expressamente "por causa do modo e do contexto" em que a marca é usada[876] –, este argumento não é, por si, suficiente, dado que alguns autores chegam ao resultado inverso invocando, precisamente, a falta de qualquer indicação da qual se possa extrair que o relevo do engano está limitado ao caso em que esse seja inerente ao significado do sinal *in sè*[877].

Atendendo ao primado da Directiva de marcas, julgamos mais adequado tentar interpretar as normas que nos ordenamentos jurídicos dos diferentes Estados-membros tenham procedido à transposição do art. 12.º, n.º 2, al.ª *b*) da DM à luz desta.

Da norma em análise parece, de facto, decorrer que é a *marca* que é enganosa: o art. 12.º, n.º 2 preceitua que "o registo de uma marca fica igualmente passível de caducidade se, após a data em que o registo foi efectuado: (...) b) (...) a *marca* for propícia a induzir o público em erro (...) [itálicos nossos]. Claro que, em rigor, não se pode dizer que apenas o significado semântico da marca seja abrangido, mas, como veremos, o Tribunal de Justiça parece interpretar a norma neste sentido.

Um outro argumento, desta feita sistemático, baseia-se no facto de a interpretação restritiva da norma ser, afinal, mais coerente com a sanção da caducidade devendo referir-se a um vício que atinja definitiva e irremediavelmente a marca e que seria certamente desproporcionada – e fonte

---

[876] V. art. 14.º, n.º 2, al.ª *a*) do *CPIital*.

[877] Curiosamente em Itália os autores inclusivamente invocavam uma disposição transitória do d.leg.480/92 (art.92). GIUSEPPE SENA (*Il nuovo diritto dei marchi – marchio nazionale e marchio comunitario*, Giuffrè Editore, Milano, 1994, na nota 5 da p. 42) referia que "por completude, deve-se referir o art. 92 do d. leg. 480/92 que contém as disposições transitórias referidas ao problema aqui considerado; a letra de tal norma parece referir a caducidade ao uso enganoso, mas deve defender-se que deve precisamente tratar-se de um uso que torna enganosa a marca *in sè*.

Não pode, por outras palavras, atribuir-se outro significado à norma transitória que não seja a referência à fattispecie disciplinada no art. 41.1*b* lm.". Esta nota não surge, todavia, em *Il diritto...*, cit.

Em sentido contrário, ADRIANO VANZETTI/CESARE GALLI, *op. cit.*, p. 218, nota 17 e CESARE GALLI, «Protezione del marchio...», *cit.*, p. 671, nota 26) afirmam que um elemento posterior é representado pela disposição transitória de que o art. 92 d.lgs. n. 480/92, que se refere ao instituto aqui considerado chamando-lhe «caducidade da marca por uso enganoso da mesma».

de perigosas instrumentalizações – se associada a episódios isolados de uso deceptivo[878].

Por outro lado, como dizíamos, parece ser esta a interpretação defendida pelo Tribunal de Justiça, não sendo possível olvidar o carácter vinculativo desta interpretação.

Com efeito, no Acórdão «Elizabeth Emanuel», este Tribunal afirma a simetria entre os motivos de caducidade e os motivos de recusa de registo, o que permite inferir que os requisitos de ambos são, afinal, os mesmos, ou seja, releva apenas a deceptividade *intrínseca* (o engano tem de residir no próprio sinal)[879].

O caso subjacente ao Acórdão referido incidiu sobre a eventual deceptividade superveniente de uma marca patronímica ("ELIZABETH EMANUEL") após o titular do registo ter cedido a respectiva titularidade[880] e sobre a deceptividade originária de um sinal patronímico ("Elizabeth Emanuel"), cujo registo havia sido requerido, por evocarem falsamente a participação de uma pessoa, com grande reputação, na criação dos produtos que se pretendem assinalar com os mesmos.

O referido patronímico corresponde ao nome de uma criadora de moda – que granjeou muito prestígio, no Reino Unido, especialmente após ter sido contratada para conceber e realizar o vestido de casamento da *Lady Diana Spencer* –, que foi a autora das duas acções que estão na base do litígio e com as quais pretendia a declaração da caducidade do registo da marca e a recusa do pedido de registo mencionado. O fundamento invocado foi, fundamentalmente, o de que, para uma parte significativa do público relevante, aquele sinal patronímico indicava que Elizabeth Emanuel estava ligada ao desenho ou à criação dos produtos em que a marca é usada, e tal convicção, susceptível de influenciar a sua decisão de compra, era inexacta dado que ela cessara a colaboração com a empresa que produz os referidos artigos, após ter cedido a sua titularidade.

A interpretação restritiva do art. 12.º, n.º 2, al.ª *b*) da DM manifesta--se, além disso, num outro aspecto que teremos oportunidade de analisar

---

[878] GIUSEPPE SENA, *Il diritto* ..., cit., pp. 108 e s.
[879] V. n.º 53 do Acórdão, de 30 de Março de 2006, relativo ao proc. C-259/04, *cit.* (*Col.* 2006-3 (B), in: pp. I-3127). No mesmo sentido, cfr. RON MOSCONA, *op. cit.*, p. 153. V. ainda *supra* Cap. I, § I., II., 1., 1.1.
[880] Este caso e outros similares serão referidos, mais detalhadamente, *infra* quando analisarmos as hipóteses mais frequentes de engano, nomeadamente as que respeitam à transmissão da marca (v. 3.2.1.1.3.).

*infra* e que tem a ver com a exigência da verificação de um risco *suficientemente grave de engano* (v. *infra* 4.).

Finalmente, pensamos que admitir a extensão pretendida para a aplicação da norma acabaria por ser incoerente com uma outra situação – que é a de uma marca, que tem uma aura de qualidade, assinalar produtos ou serviços que apresentam, afinal, a mesma qualidade dos produtos ou serviços do mesmo tipo provenientes de outras empresas[881-882] – para a qual não existe nenhuma sanção legal ou restrição (*v.g.*, não se limita o acesso ao registo de sinais que assinalem produtos ou serviços de uma determinada qualidade), quer porque tal função não compete às marcas individuais, quer porque a tal aura que referimos, e que corresponde *grosso modo* à chamada imagem de marca, "é o resultado de um conjunto de elementos (ou circunstâncias) de índole predominantemente subjectiva e, até, psicológica, os quais, por isso mesmo, são insusceptíveis de comprovação"[883].

Assim, o único argumento contra esta posição restritiva parece decorrer do eventual argumento histórico.

A norma que prevê a caducidade de registo no caso de deceptividade superveniente, no âmbito da legislação de marcas, só se generalizou por causa do art. 12.°, n.° 2, al.ª *b*) da Directiva de marcas.

Dos trabalhos preparatórios nada resulta quanto à sua fonte, mas sabemos que tal disposição constava já do Ante-projecto de 1964[884].

Na altura só faziam parte da Comunidade a Alemanha Ocidental, a Bélgica, a França, a Itália, o Luxemburgo e os Países Baixos. Por isso, é lógico levantar a hipótese de a fonte desta norma ter sido a legislação de

---

[881] Fenómeno corrente que decorre do recurso à deslocalização das empresas e ao *outsourcing*. Referindo-se a este fenómeno e com o sugestivo título «Ninguém conhece o fabricante do Ipod» [título original: «Niemand kent de maker van Ipod»], ELSKE SCHOUTEN, publicou um artigo, em 2 de Abril de 2008, no *NRC Handelsblad*, em que dá conta, p.e., do fabrico, numa mesma empresa, de impressoras assinaladas com as marcas HP, Xerox e Océ, na sua filial da Malásia, e Epson, no Brasil, China e México (informação colhida no sítio: *http://class46.blogspot.com/2008/04/is-it-hp-is-it-xerox-is-it-brother-no.html*).

[882] Referindo, da mesma forma, a utilização de marcas diferentes, pelo mesmo industrial, para assinalar produtos iguais e todos provenientes da sua empresa, cfr. M. NOGUEIRA SERENS, *A monopolização* ..., cit., pp. 1183 e s.

[883] M. NOGUEIRA SERENS, *A monopolização* ..., cit., p. 1201.

[884] V. o art. 112.° (Caducidade da marca europeia por risco de engano do público) do *Avant-Projet de Convention relatif a un droit européen des marques*, texts élaborés par le groupe de travail «Marques», 1973. V. ainda a nota seguinte.

algum destes países[885]. Por outro lado, é este dado, além de só mais tarde ter participado nos trabalhos preparatórios da DM um perito britânico[886], que nos leva a não considerar, neste momento, a previsão do *TMA'38*[887] do Reino Unido.

Como referíamos, é altamente provável que aquela norma se baseasse na experiência legislativa de um dos, então, Estados-membros. Ora, na Alemanha existia uma norma que previa a caducidade nestas situações – referimo-nos ao § 11 (1) 3 da *WZG* que possibilitava a extinção do direito de marca quando a mesma fosse enganosa[888] –, que era interpretada restritivamente pela doutrina e jurisprudência[889]. No entanto, do exemplo

---

[885] A exclusão dos restantes ordenamentos jurídicos deve-se ao facto de aí não existir, tanto quanto sabemos, nenhuma norma que previsse a caducidade por deceptividade superveniente e ainda porque, de acordo com uma informação por nós requerida à Direcção-Geral do Mercado Interno e Serviços da Comissão Europeia, o grupo de trabalho constituído, em 1959, para elaborar o projecto de Convenção da Marca Europeia (referido na nota anterior), e que concluiu a sua missão em 1964, era composto por representantes oficiais dos (então) Estados-membros (Bélgica, Alemanha, França, Itália, Países Baixos) e da Comissão Europeia.

Estes trabalhos foram publicados apenas em 1973 (v. *Avant-Projet*, cit.) e incluem a primeira referência à caducidade por deceptividade superveniente da marca no art. 112.º que estatuía a deceptividade da marca europeia se, no seguimento de uma alteração de circunstâncias ou de uma transmissão ou licença, após o registo, o seu uso para os produtos para os quais está registada pudesse enganar o público num dos Estados contratantes.

Segundo a informação fornecida pela Direcção-Geral do Mercado Interno e Serviços (como resposta à questão relativa a possíveis discussões sobre o tema em análise no seio do grupo de trabalho referido), parece ter havido um entendimento que, nos casos de *obvious misuse* de uma marca, era necessária uma sanção para proteger o público e, como exemplo, era referida a hipótese de uma marca que distinguia produtos farmacêuticos ser usada para um veneno. No entanto, este entendimento não parece subsistir nas versões posteriores da norma relativa à caducidade por deceptividade superveniente, na linha do que se refere na nota seguinte.

[886] As discussões sobre o Ante-projecto referido *supra* só tiveram início em 1973. Para examinar os problemas suscitados durante a discussão pública, a Comissão constituiu, em Setembro de 1974, um grupo de trabalho composto por funcionários da Comissão e peritos (Beier, Burell [do Reino Unido], Thierr), que publicou o *Mémorandum sur la création d'une marque communautaire, adopté par la Comission le 6 juillet* 1976, in: *Bulletin des Communautés Européenes, Supplément* 8/76, onde se adverte para a necessidade de re-exame do disposto no art. 112.º do *Avant-projet*, cit. (v. p. 33 do *Mémorandum*).

[887] Sobre esta v. *supra* Parte II, Cap. I, § I., 1.

[888] Sobre esta disposição, cfr. Denk, *op. cit.*, esp. pp. 38 e s.

[889] Cfr., por todos, Adolf Baumbach/Wolfgang Hefermehl, *Warenzeichenrecht*, cit., pp. 573 e s., nm. 40.

referido pela Direcção-Geral do Mercado Interno e Serviços da Comissão Europeia – a hipótese de uma marca que distinguia produtos farmacêuticos ser usada para um veneno – não resulta clara a adesão a essa interpretação restritiva.

Pelos motivos expostos, pese embora a fragilidade do argumento histórico[890], extraímos uma aplicação restrita do art. 12.º, n.º 2, al.ª *b*) da Directiva de marcas, abrangendo unicamente os casos em que o engano deriva do significado semântico da marca.

A ser assim verifica-se uma grande coerência intra-sistemática no que respeita à proibição de acesso e manutenção ao/do registo de marcas enganosas, originárias ou supervenientes, concretizada num paralelismo no que respeita aos requisitos de aplicação das normas relativas ao impedimento (e nulidade) do registo e à caducidade do mesmo.

A única diferença que se verifica entre os referidos preceitos normativos é relativa ao momento em que se verifica o engano da marca: no primeiro caso, a marca é enganosa *ab origine*, no segundo a marca não era originariamente enganosa, mas em momento posterior ao registo torna-se enganosa. Essa aquisição superveniente de carácter enganoso tem a ver com o *uso* que tiver sido feito da marca pelo titular ou por terceiro com o seu consentimento. Vamos, pois analisar este importante requisito de aplicação da caducidade do registo.

## 3. O uso da marca

Como acabamos de referir, não basta que, após o registo, a marca se torne enganosa para que haja lugar à aplicação da severa sanção da caducidade. Tal como nas restantes causas de caducidade específicas do registo de marca, também aqui o legislador optou por adoptar um sistema misto. Assim, ao elemento objectivo (marca que se tornou supervenientemente enganosa) juntou um elemento subjectivo (a marca tornou-se enganosa *no seguimento do uso feito dela pelo seu titular ou por terceiro com o seu consentimento*).

---

[890] Fragilidade porque, como referimos, não há certeza quanto à origem da norma e, por outro lado, porque se verificaram alterações na própria previsão normativa que condicionam o valor do argumento.

Relativamente ao uso são suscitadas várias questões, de entre as quais, umas respeitam ao tipo de uso relevante para provocar o engano (em especial, o uso publicitário da marca), outras respeitam ao sujeito que usa a marca (o titular da marca ou terceiro com ou sem o seu consentimento). Referir-nos-emos, primeiro, ao uso de uma perspectiva que designamos objectiva (3.1.) e, em seguida, ao uso numa perspectiva denominada subjectiva (3.2.).

### 3.1. *Perspectiva objectiva sobre o uso da marca relevante para a aplicação da norma que prevê a caducidade por deceptividade superveniente*

A fonte da norma que analisamos, como já foi referido por diversas vezes, é o art. 12.°, n.° 2, al.ª *b*) da DM. Uma vez que para a interpretação do direito nacional dos Estados-membros tem de se atender, na medida do possível, ao seu texto e à sua finalidade, vamos começar por analisar o uso na norma da Directiva.

Literalmente, a disposição comunitária nada adianta em relação à norma portuguesa no que respeita ao tipo de uso relevante para o efeito de causar a deceptividade superveniente que estamos a analisar[891].

---

[891] A versão inicialmente proposta estabelecia que a caducidade ocorria quando, após uma mudança de circunstâncias ou uma transmissão ou concessão de licença, sucedesse que, após o registo, o seu uso para os produtos para os quais estivesse registada pudesse enganar o público num dos Estados contratantes (v. art. 112.° do *Avant-Projet de Convention relatif a un droit européen des marques*, texts élaborés par le groupe de travail «Marques», 1973).

Na proposta de Directiva e de Regulamento apresentada em 1980 já só aparece a referência ao uso ("in consequence of the use") nos arts. 14 (2) e 39 (1) (c), respectivamente. Não obstante, no comentário desses artigos é referida a expressão "à luz de circunstâncias" que surgem apenas após o registo (v. «New trade-mark system for the Community – proposed Directive and Regulation, in: *Bulletin of the European Communities, Supplement 5/80*, pp. 16 e 69 e Proposition d'une premiere Directive, cit., in: COM (80) 635 final/2, de 27/11/1980, pp. 7 e 56 e ss.). A omissão da referência à transmissão e à licença poderá ser justificada pela opinião expressa no *Mémorandum sur la création d'une marque communautaire*, cit., p. 35, de acordo com a qual "a caducidade da marca comunitária prevista no ante-projecto de 1964 parece ser uma sanção excessiva. Uma regra que preveja a nulidade da cessão sem tocar na validade da marca em si mesma tem em conta, excepto em casos excepcionais, os interesses das partes contratantes e os do público".

No que tange à economia geral e à finalidade da DM, cumpre recordar que o Tribunal de Justiça tem sustentado, de forma reiterada, que "para que a marca possa desempenhar o seu papel de elemento essencial do sistema de concorrência não falseado que o Tratado CE pretende criar, deve constituir a garantia de que todos os produtos ou serviços que a ostentam foram fabricados sob o controlo de uma empresa única à qual possa ser atribuída a responsabilidade pela qualidade daqueles (...)"[892].

O único aspecto seguro é, pois, que a utilização da marca que releva é a que é feita no desenvolvimento da sua função essencial, que é a de distinguir o produto ou serviço assinalado de outros que não têm a mesma proveniência empresarial[893-893bis] e que tanto pode ser efectuado pelo próprio titular ou por terceiro com o seu consentimento.

---

[892] V. n.º 20 do Acórdão do TJ, de 29 de Abril de 2004, proferido no âmbito do caso «Bostongurka», proc. C-371/02, cit. Sobre a origem desta jurisprudência v. *infra* neste Capítulo, § III., 1.

[893] De uma forma geral, o uso que releva para efeitos do direito de marcas é o uso – dito típico – que é feito deste sinal enquanto *marca*, isto é, como sinal que permite diferenciar o produto ou serviço assinalado de outro que tem diferente proveniência empresarial. É a este uso que se refere, por exemplo, o *ius prohibendi* do titular do registo e é também este uso que pode impedir a declaração de caducidade por falta de uso.

Neste sentido, cfr., entre outros, ÁNGEL GARCÍA VIDAL, *El uso descriptivo de la marca ajena,* Marcial Pons, Madrid/Barcelona, 2000, pp. 68 e ss.

O TJ já se pronunciou sobre o uso relevante na DM, especificamente, no que respeita ao seu art. 5.º, tendo, pelo menos numa primeira fase, estabelecido a necessidade do uso *como marca*. Fê-lo, pela primeira vez, no Acórdão, de 23 de Fevereiro de 1999, proferido no âmbito do proc. C-63/97, que opôs a Bayerische Motorenwerke AG (BMW) e a BMW Nederland BV a Ronald Deenik, no caso «BMW», in: *Col.* 1999-2, pp. I-925 e ss. Todavia, o conceito de «uso como marca», então estabelecido, foi muito criticado por ser excessivamente amplo, já que no caso em apreço estava em causa uma "*mera referência* aos produtos que a marca "BMW" contradistingue" e não a título de marca (M. NOGUEIRA SERENS, «Aspectos do princípio da verdade...», *cit.*, nota 48, pp. 634 e s.). Refira-se ainda que, mais tarde, aquele Tribunal parece ter restringido essa interpretação, v. o Acórdão, de 14 de Maio de 2002, proferido no âmbito do proc. C-2/00, entre Michael Hölterhoff e Ulrich Freieleben, consultado no sítio: *http://curia.europa.eu/jurisp/cgi-bin/form.pl?lang=pt.*

Sobre a interpretação do art. 5.º da DM importa ainda referir os Acórdãos do TJ, de 12 de Novembro de 2002, proferido no proc. C-206/01, entre Arsenal Football Club, plc e Matthew Reed, in: *Col.* 2002-11 (A), pp. I-10299; de 21 de Novembro de 2002, proferido no proc. C-23/01, entre Robelco, NV e Robeco Groep, NV, in: *Col.* 2002-11 (B), pp. I-10926 [Para um comentário sobre estes e ainda sobre o Acórdão, de 14 de Maio de 2002, *cit.*, cfr. ÁNGEL GARCÍA VIDAL, «El uso de la marca ajena con una finalidad diferente de distinguir productos o servicios», in: *ADI*, Tomo XXIII, 2002, pp. 337 e ss.] e, mais

Dentro das faculdades de uso da marca inclui-se, naturalmente, o uso em publicidade.

### 3.1.1. *A utilização da marca em publicidade*

O aspecto que interessa agora esclarecer é se o uso publicitário feito de uma marca poderá conduzir à aplicação da caducidade do registo com fundamento em deceptividade superveniente.

Esta questão é tanto mais pertinente quanto importa ter presente que a utilização publicitária da marca é, muitas vezes, considerada relevante para efeitos de aplicação das disposições normativas que prevêem a caducidade do registo de uma marca. Pense-se, p.e., como já tivemos ocasião de referir *supra*, no uso publicitário que permite evitar, em determinadas condições, a caducidade do registo de uma marca que, objectivamente, se vulgarizou, ou no uso publicitário reiterado e expressivo de uma marca

---

recentemente, o Acórdão, de 25 de Janeiro de 2007, proferido no proc. C-48/05, entre Adam Opel AG e Autec AG, ainda não publicado, mas disponível no sítio: *http://curia. europa.eu/jurisp/cgi-bin/form.pl?lang=pt*.

Além do uso típico da marca, a doutrina refere o uso «atípico» – as utilizações deste sinal que não visem referir os produtos ou serviços a uma determinada proveniência empresarial, como, p.e., uma indicação com finalidade descritiva ou uma utilização com fins ornamentais. Sobre o tema cfr., por todos, GIORGIO AGHINA, *La utilizzazione atípica del marchio altrui*, Giuffrè Editore, Milano, 1971, *passim*.

[893bis] Em 18 de Junho de 2009, o TJ (1.ª Secção) proferiu um acórdão, no âmbito do proc. C-487/07, entre L'Oréal SA, Lancôme parfums et beauté & Cie SNC, Laboratoire Garnier & Cie e Bellure NV, Malaika Investments Ltd, Starion International Ltd, que nos parece poder marcar um ponto de viragem significativo quer no que respeita à inexigibilidade do uso a título de marca, quer relativamente à própria fundamentação do direito de marcas e, por conseguinte, também no que concerne às funções jurídicas da marca. Por razões que se prendem quer com a economia do presente trabalho, quer com o facto de o referido Acórdão ser posterior à data de entrega desta dissertação, entendemos não ser o local adequado para a sua análise. Importa, no entanto, recordar que o mesmo surge após um acórdão, da mesma Secção, que já suscitara críticas por aparentar um regresso à jurisprudência fixada no caso «BMW», citado na nota anterior. Referimo-nos ao Acórdão, de 12 de Junho de 2008, proferido no âmbito do proc. C-533/06, entre O2 Holdings Limited & O2 (UK) Limited e Hutchison 3G UK Limited. Interpretando o último acórdão mencionado no sentido de ainda exigir o uso a título de marca, cfr. Po Jen Yap, «Essential function of a trade mark: from BMW to O2», in: *EIPR*, 2/2009, pp. 81 e ss. Os acórdãos referidos ainda não estão publicados, mas podem ser consultados no sítio: *http://curia.europa. eu/jurisp/cgi-bin/form.pl?lang=pt*.

como forma, complementarmente com outros aspectos, de evitar a declaração de caducidade do registo de uma marca por falta de uso.

Parece-nos, pois, não ser destituído de sentido questionar se, no que tange à caducidade por deceptividade superveniente, o uso publicitário da marca é, ou não, relevante. No entanto, não podemos deixar de salientar que, aqui, a eventual relevância do uso publicitário funcionará contra a conservação do registo da marca, ao contrário do que sucede na hipótese de caducidade por falta de uso em que a utilização em publicidade pode permitir obstar àquele resultado.

É largamente reconhecida a importância da publicidade como instrumento de criação de valor da marca[894]. Por outro lado, é pacífica a enorme relevância que a marca tem na publicidade[895]. Desta influência recíproca resulta que um eventual engano dos consumidores pode ser causado pela marca *e* pela publicidade ou por qualquer uma destas *individualmente* considerada[896].

### 3.1.1.1. Utilização publicitária de marca enganosa

Uma hipótese consiste na utilização publicitária de uma marca *in se* supervenientemente[897] enganosa.

Neste caso pode suceder que a deceptividade da marca "contagie"[898] a publicidade, tornando-a também enganosa[899], originando, em princípio, a aplicação de diferentes corpos normativos. A aplicabilidade de qualquer um deles depende de se verificarem, em concreto, os respectivos pressupostos.

---

[894] Inclusivamente, como é sabido, os *slogans* podem constituir marcas.

[895] V. *supra* 2.2.2.

[896] No mesmo sentido, cfr. ÁNGEL MARTÍNEZ GUTIÉRREZ, *La marca engañosa*, cit., p. 151.

[897] Não se trata aqui de deceptividade originária, por isso, não concordamos com ÁNGEL MARTÍNEZ GUTIERREZ que defende que, nos casos "em que o risco de erro é provocado, directamente, pela marca, de forma que vem a contaminar o *spot* publicitário em que aparece", "a reacção normativa (...) [deve] recair necessariamente sobre a marca, pelo que os Tribunais deverão declarar não a caducidade do registo, mas a nulidade da própria inscrição em conformidade com os artigos 5.1.°g) e 51.1.°a) da Lei de Marcas" (*La marca engañosa*, cit., p. 153).

[898] A expressão «contaminação» é usada por ÁNGEL MARTINEZ GUTIERREZ, *La marca engañosa,* cit., p. 153.

[899] No mesmo sentido, cfr. ISABELLE MARTEAU-ROUJOU DE BOUBÉE, *op. cit.*, pp. 318 e ss.

Partindo do princípio que estamos diante de uma marca que se tornou deceptiva, após o registo, por causa do uso que dela tiver sido feita pelo titular ou com o seu consentimento, se se verificarem os demais requisitos exigidos pela lei, poderá ser declarada a caducidade do registo (art. 269.º, n.º 1, al.ª b)).

Além disso, se a mensagem publicitária preencher os requisitos das práticas comerciais desleais enganosas fica sujeita à aplicação do regime jurídico, referido *supra* (v. Parte I, Cap. II, 3., esp. 3.2.2.3.), previsto nos arts. 6.º, al.ª b) e 7.º-9.º do DL n.º 57/2008, de 26 de Março (práticas comerciais desleais) e no art. 11.º do Código da Publicidade, não sendo ainda de excluir, nos casos em que não possa haver lugar à aplicação destas disposições, o recurso ao instituto da concorrência desleal (quer pelo proémio do art. 317.º, n.º 1, quer pela aplicação de alguma das alíneas d)-f) do Código da Propriedade Industrial).

3.1.1.2. Utilização da marca em publicidade enganosa

Outra hipótese consiste na utilização de uma marca intrinsecamente não deceptiva em publicidade enganosa[900].

Como tivemos oportunidade de referir, alguma doutrina sustenta que, nestes casos, pode haver lugar à caducidade do registo da marca com fundamento em deceptividade superveniente[901].

Entre nós, LUÍS M. COUTO GONÇALVES defende a caducidade do registo da marca *em casos mais graves e chocantes* em que se verifique engano não advertido ou justificado em tempo útil e em aspectos essenciais dos produtos ou serviços em causa[902]. O autor citado adianta o exemplo de uma marca de um hotel de 3 estrelas, que passa a ser usada na publicidade como sendo de um hotel de 5 estrelas, de um modo sistemático e intencional, e salienta o agravamento do risco "se pensarmos em marcas farmacêuticas e num engano para a saúde pública provocado pelo uso da marca na publicidade"[903].

Cremos, porém, que não é possível sancionar com a caducidade do registo uma marca que, *não sendo intrinsecamente deceptiva*, é utilizada

---

[900] Naturalmente, o uso de uma marca que não seja deceptiva, numa publicidade que não seja enganosa, não suscita quaisquer problemas.

[901] V. *supra* 2.2.2.

[902] LUÍS M. COUTO GONÇALVES, *Manual...*, cit., pp. 330 e s.

[903] LUÍS M. COUTO GONÇALVES, *ult. op. cit.*, p. 330 e, na mesma página, nota 707.

no âmbito de uma publicidade que é enganosa[904], incluindo o caso de marca de medicamentos, fundamentalmente, por duas ordens de razões.

Primeira, porque para que tal uso pudesse originar aquela sanção extrema – a caducidade do registo da marca – seria necessário que estivessem preenchidos os *restantes pressupostos* da norma (que já referimos e outros que ainda analisaremos).

Um desses requisitos é o que respeita ao engano relevante, que passa, necessariamente, pela alteração superveniente ou do *significado* da marca ou das características merceológicas dos produtos ou serviços assinalados com a referida marca (v. *supra*, neste Capítulo, 2.).

Assim, e uma vez que não está em causa, no exemplo em análise, a alteração das características merceológicas dos produtos ou serviços[905], para que o uso publicitário enganoso de uma marca, que não é intrinsecamente deceptiva, pudesse relevar para o efeito de despoletar a caducidade do seu registo seria necessário que conseguisse dar origem a um significado *intrínseco* enganoso deste sinal[906].

Ora, isso só pode acontecer se o sinal que compõe a marca não for sugestivo – porque se o sinal for sugestivo já evoca algo sendo *por si*, e *não por causa da publicidade* que dele seja feito, enganoso se não tiver correspondência nas características do produto ou serviço assinalado[907].

---

[904] No mesmo sentido, cfr. M. NOGUEIRA SERENS, «Aspectos do princípio...», *cit.*, pp. 660 e ss., esp. 662.

[905] A alteração pejorativa das características merceológicas dos produtos ou serviços assinalados poderia acarretar a caducidade do registo nos termos expostos *supra* (v. 2.1.). Todavia, a utilização na publicidade pode, na opinião da doutrina maioritária, servir para evitar a caducidade se utilizada para informar o público das alterações introduzidas (v. *supra* 2.1.2.3.).

[906] Sobre a exclusão de outros possíveis significados da marca para efeitos de aplicação desta norma, v. *supra* 2.2., esp. 2.2.2. e 2.2.3.

[907] Pense-se, por exemplo, numa marca que, após o registo, passa a ser intrinsecamente deceptiva e que é utilizada em publicidade não enganosa: a marca «Sumol», registada para assinalar sumos, passa a ser utilizada para assinalar vinhos e é incluída num *spot* publicitário em que surge a marca referida e garrafas de vinho. Aqui o engano é causado pela marca em si. E o mesmo vale, de resto, no caso de a mesma marca nem sequer ser usada em qualquer publicidade.

O que pode suceder é que o carácter deceptivo intrínseco da marca seja tornado (mais) evidente pela utilização publicitária (enganosa) da mesma. Pense-se na hipótese – imaginada a partir de um exemplo por nós referido noutro estudo [«O conceito de publicidade enganosa», *cit.*, p. 704] e que, por sua vez, já constituía uma adaptação de um caso referido por MOITINHO DE ALMEIDA a propósito da publicidade enganosa – de uma peça de vestuário (p.ex., casaco de couro), fabricada em Itália, ser assinalada por uma marca re-

Porém, sendo a marca de fantasia ou arbitrária a deceptividade superveniente causada pelo uso publicitário enganoso não é *intrínseca* e, por conseguinte, não pode ser sancionada com a norma do art. 269.°, n.° 2, al.ª *b*) do CPI[908]: é uma situação alheia à marca registada.

A segunda razão que explica inaplicabilidade do preceito em análise é teleológica. O objectivo da disposição do art. 269.°, n.° 2, al.ª *b*) – como, de resto, do art. 12.°, n.° 2, al.ª *b*) da Directiva de marcas e do art. 51.°, n.° 1, al.ª *c*) do Regulamento sobre a marca comunitária – não é reprimir o uso *publicitário* enganoso, quer porque tal não é necessário, quer porque o mesmo não seria suficiente para postergar o engano dos consumidores.

Desde logo, *não é necessária* a repressão da publicidade enganosa em sede de direito de marcas, porque a mesma já resulta, no plano nacional, da legislação que proíbe as práticas comerciais desleais (aqui se incluindo as enganosas e, entre estas, a publicidade enganosa) e do Código da Publicidade e, no plano comunitário, da Directiva relativa à publicidade enganosa e comparativa [DPEC]. Aliás, quer o Código da Publicidade, quer a versão originária da DPEC são *anteriores* à directiva sobre marcas que prevê a caducidade por deceptividade superveniente. Por outro lado, relativamente a produtos específicos importa lembrar a existência de legislação especial que contém as referidas proibições.

Atendendo à relevância dos produtos em causa[909], permitimo-nos aludir, brevemente, ao regime jurídico especial a que fica sujeita a publicidade de medicamentos.

---

digida em língua italiana. Imagine-se ainda que, mais tarde, a marca é transmitida a uma empresa portuguesa, que passa a produzir os referidos casacos em Portugal, mas divulga o seu produto (assinalado com a referida marca) em anúncios publicitários onde surgem, a par daquele sinal distintivo, diversas imagens de cidades italianas ou dos seus monumentos mais conhecidos... Se a língua adoptada pela marca for susceptível de ser entendida pelo consumidor médio deste tipo de produto como uma referência à proveniência geográfica dos produtos assinalados e se essa circunstância for de molde a influenciar a decisão de compra dos consumidores, verificando-se um risco (suficientemente sério) de engano, poderá ser declarada a caducidade do registo da marca.

[908] Em sentido diferente, porque não restringe a aplicação da caducidade aos casos de deceptividade intrínseca da marca, cfr. ÁNGEL MARTINEZ GUTIERREZ que defende que, nestes casos, pode haver caducidade se se tiver concluído o processo de significação da marca, embora matize esta posição atendendo a que a existência de outras reacções normativas repressoras da publicidade enganosa podem impedir a conclusão do referido processo (*La marca engañosa*, cit., p. 152).

[909] E ao facto de ser este um dos exemplos avançados por LUÍS M. COUTO GONÇALVES (*Manual...*, cit., p. 330, esp. nota 707) para justificar a necessidade de, a título excepcio-

A este respeito, o DL n.º 176/2006, de 30 de Agosto, procedendo à transposição das várias directivas comunitárias sobre o tema, estabelece um regime jurídico especial, atendendo precisamente às razões de saúde pública inerentes ao tipo de produtos em causa.

Nessa medida, e entre outras, estabelece regras relativas à autorização de introdução no mercado e suas alterações, ao fabrico, à importação, à exportação, à comercialização, à rotulagem e informação[910], à publicidade, à farmacovigilância e à utilização dos medicamentos para uso humano e respectiva inspecção, incluindo, designadamente, os medicamentos homeopáticos, os medicamentos radiofarmacêuticos e os medicamentos tradicionais à base de plantas (art. 1.º).

No que respeita especificamente à publicidade, temos a assinalar alguns aspectos que demonstram não só que não existe necessidade de reacção através do direito de marcas, mas também que o regime jurídico especial existente é bem mais gravoso[911] do que o que está previsto, em geral, para a publicidade enganosa[912], facto a que não será alheia a relevância dos interesses em jogo.

Primeiro, o sistema instituído parece poder funcionar de forma mais célere e eficiente, já que, por um lado, existe uma entidade *específica* – o INFARMED – responsável pela vigilância de *toda* a publicidade efectuada (e, nalguns casos, a efectuar[913]) aos medicamentos para os quais essa possa existir[914] (art. 164.º). Por outro, e para possibilitar, em concreto,

---

nal, aplicar a caducidade com fundamento em deceptividade superveniente se ocorrer publicidade enganosa dos produtos assinalados.

[910] No que respeita à rotulagem, que é obrigatória, e aos folhetos informativos (i.e., informações escritas que se destinam ao utilizador e acompanham o medicamento) v. esp. os arts. 104.º e ss., cuja não observância pode acarretar a responsabilização criminal, contra-ordenacional e civil do fabricante e do titular da autorização de introdução no mercado.

[911] Este facto, na nossa opinião, permite afastar os receios avançados (cfr. LUÍS M. COUTO GONÇALVES, *Manual...*, cit., p. 330, esp. nota 707) para justificar a aplicação, ainda que a título excepcional, da norma que prevê a caducidade do registo em casos de deceptividade superveniente da marca a situações de publicidade enganosa.

[912] E que já referimos *supra*, v. Parte I, Cap. II, § 3., esp. 3.2.2.3.

[913] O INFARMED, em determinadas situações, poderá agir preventivamente ordenando medidas, provisórias ou definitivas, necessárias para impedir qualquer forma de publicidade que viole as disposições do referido decreto-lei, *mesmo que ainda não tenha sido iniciada* (v. o art. 164.º, n.º 2, esp. al.ª *a*)).

[914] E, registe-se, *só* podem ser publicitados, junto do público em geral, medicamentos com autorização de introdução no mercado, não sujeitos a receita médica, desde que não sejam comparticipados pelo sistema nacional de saúde (sem prejuízo do disposto no

essa supervisão, é imposta aos titulares de autorizações ou registos concedidos ao abrigo do referido diploma legal, bem como às entidades referidas no n.º 1 do artigo 182.º, a obrigação de remeterem ao INFARMED, no prazo máximo de 10 dias, um exemplar do suporte de cada peça publicitária a medicamento (art. 164.º, n.º 4).

Segundo, além da proibição geral de publicidade enganosa, que consta do art. 150.º, n.º 3, al.ª c), estão previstas outras proibições com a mesma finalidade, quer destinadas ao público em geral[915], quer no que respeita especificamente à publicidade que é dirigida aos profissionais de saúde[916].

Terceiro, o regime jurídico especial instituído é mais gravoso do que o que resultaria da aplicação das normas gerais. Desde logo porque, ao contrário do que sucede com a violação das normas que reprimem a publicidade enganosa (que implicam responsabilidade contra-ordenacional e civil e, eventualmente, a aplicação de algumas sanções acessórias), no caso específico dos medicamentos, a legislação especial a que nos referimos, além da responsabilidade contra-ordenacional e civil, prevê a responsabilização *criminal* (art. 164.º, n.º 3) e a aplicação de sanções administrativas (v. arts. 179.º e ss.).

Do exposto, parece-nos, pois resultar a *desnecessidade* de aplicação de uma norma do direito de marcas – *relativamente à qual não se verifiquem os respectivos pressupostos* – às marcas de medicamentos, intrinsecamente não deceptivas, utilizadas em publicidade enganosa.

De resto, como dizíamos, o recurso à legislação relativa às marcas nestas situações de nada serviria já que, não sendo o engano causado por este sinal distintivo, a declaração de caducidade do registo da marca não obstaria ao engano do público que poderia continuar a existir pela manutenção do uso *publicitário* enganoso[917].

---

n.º 3) e que não contenham substâncias definidas como estupefacientes ou psicotrópicos, ao abrigo de convenções internacionais que vinculem o Estado português (art. 152.º).

[915] V. o art. 153.º, n.º 4, do diploma legal citado, que impõe a proibição na publicidade de medicamentos de qualquer elemento que, *inter alia*, sugira que o efeito do medicamento é garantido, sem reacções adversas ou efeitos secundários, com resultados superiores ou equivalentes aos de outro tratamento ou medicamento; ou sugira que o estado normal de saúde da pessoa pode ser melhorado através da utilização do medicamento.

[916] V. o art. 155.º, n.º 2 que estabelece que a informação contida na documentação tem de ser exacta, actual, verificável e suficientemente completa para permitir ao destinatário fazer uma ideia correcta do valor terapêutico do medicamento.

[917] No mesmo sentido, cfr. M. NOGUEIRA SERENS, «Aspectos do princípio da verdade», *cit.*, pp. 624-626.

Cremos, por conseguinte, que a reacção contra o engano que não provenha, intrinsecamente, da marca registada deve partir de outros institutos jurídicos[918] (*v.g.*, pelas normas que reprimem a publicidade enganosa e outros actos de engano do consumidor que já referimos *supra*, Parte I, Cap. II, 3., 3.2.2.), conclusão que cremos ser reforçada pelos efeitos da declaração de caducidade que teremos oportunidade de referir *infra* (v. § 2., 3.).

### 3.2. Perspectiva subjectiva sobre o uso da marca relevante para a aplicação da norma que prevê a caducidade por deceptividade superveniente

Como referimos, não é qualquer uso que pode conduzir à caducidade do registo da marca. O titular[919] do registo só merece ser sancionado se

---

A propósito da função de qualidade, CARLOS FERREIRA DE ALMEIDA também questiona o interesse de tal sanção, já que ficariam por resolver "os seus precisos efeitos jurídicos na hipótese de divergência entre as qualidades efectivas e as qualidades esperadas nos bens de uma determinada marca. Apenas a caducidade da marca? Também a responsabilidade civil do titular da marca? Também o cumprimento defeituoso por desconformidade entre a coisa prestada e as qualidades sugeridas pela marca, tacitamente inseridas no contrato, mesmo quando o contraente não seja o titular do direito de marca ou de licença de marca?" (*Contratos II*, p. 102).

[918] No mesmo sentido, cfr. MERCEDES CURTO POLO, *La cesión de marca...*, cit., p. 131.

[919] Não nos vamos deter sobre a eventual relevância do uso feito da marca no caso de se verificar uma situação de contitularidade, fundamentalmente, por razões que se prendem com a economia do presente trabalho, pois tal implicaria discutir, previamente, a natureza jurídica do direito de marca e a possibilidade de os direitos reais incidirem sobre bens incorpóreos. Para uma síntese desses problemas, cfr. MARIA MIGUEL CARVALHO, *Merchandising...*, cit., pp. 233 e ss.

De resto, o nosso Código da Propriedade Industrial não o admite expressamente, ao contrário do que sucede, por exemplo, em Espanha (v. art. 46.°, n.° 1 *LME*) e no Reino Unido (v. § 23 *TMA*). No que respeita à marca comunitária a admissibilidade resulta do disposto no n.° 4 da Regra 1 do Regulamento de Execução do RMC.

No entanto, sempre diremos que tal uso – simultâneo e independente – pelos vários titulares da mesma marca pode gerar situações em que a norma que prevê a caducidade do registo por deceptividade superveniente da marca assuma relevância. Daí que seja muito importante a existência de um acordo que preveja de forma minuciosa as condições de uso da marca por cada um dos contitulares (No mesmo sentido, cfr. CARLOS FERNÁNDEZ-NÓVOA, *Tratado...*, cit., pp. 529 e s.). O limite da proibição de indução em erro do público está, aliás, previsto expressamente no art. 5.° C 3) da CUP que estatui que: "o uso simul-

tiver, directa ou indirectamente, conduzido pela sua actuação ou omissão ao resultado de a marca registada se ter tornado deceptiva[920].

### 3.2.1. Actuação directa do titular do registo da marca

#### 3.2.1.1. A hipótese de transmissão da marca

Uma das situações em que se pode colocar a questão de a marca se ter tornado enganosa, e por sinal uma das mais frequentes, respeita à transmissão da marca[921].

Com efeito, existe uma relação muito próxima entre a deceptividade e a cessão da marca que se reflecte na opção de índole político-legislativa por um sistema concreto de transmissão e que passa, não apenas pelo uso que, após a transmissão, o cessionário (novo titular) faça da marca, mas também pelo próprio contrato de transmissão deste sinal distintivo. Vamos pois focar a nossa atenção sobre este ponto.

---

tâneo da mesma marca em produtos idênticos ou semelhantes por estabelecimentos industriais ou comerciais considerados comproprietários da marca, nos termos da lei interna do país em que a protecção é requerida, não obstará ao registo nem diminuirá, de maneira alguma, a protecção concedida à mesma marca em qualquer dos países da União, *contanto que o dito uso não tenha por efeito induzir o público em erro nem seja contrário ao interesse público*" (itálicos nossos).

[920] Como veremos *infra* só as utilizações consentidas pelo titular são relevantes. Estão, por conseguinte, excluídas do âmbito de aplicação da norma, aquelas situações em que exista uma alteração qualitativa dos produtos ou serviços marcados *sem o consentimento do titular da marca* (v. 3.2.3.).

[921] Referimo-nos ao sentido estrito de «transmissão da marca», i.e., ao efeito do contrato pelo qual o titular da marca (cedente) transfere a titularidade da marca para outra pessoa (cessionário), que habitualmente é também designado, entre nós, por «cessão de marca». Em sentido amplo, a expressão "transmissão da marca", abrange as aquisições derivadas de direitos sobre aquele sinal distintivo que podem ter origem em diferentes *fattispecies* dispositivas, designadamente, *inter vivos* (como a cessão da titularidade e a licença de uso) ou *mortis causa*; voluntárias ou coactivas; gratuitas ou onerosas. Cfr. MARIA MIGUEL CARVALHO, «A transmissão da marca», in: AA.Vv., *Direito Industrial*, vol. VI, APDI/Almedina, Coimbra, 2009, p. 184.

Excluímos da nossa análise o caso de transmissão da marca através da chamada «marca na hora» (instituída pelo DL n.º 318/2007, de 26 de Setembro, e regulamentada pela Portaria n.º 1359/2007, de 15 de Outubro), cuja especificidade se prende com o facto de a mesma estar previamente registada a favor do Estado português, porque essa marca previamente registada não é utilizada pelo seu titular originário.

### 3.2.1.1.1. *A opção por um dos sistemas possíveis de transmissão da marca e a proibição de engano dos consumidores*

A transmissão de uma marca, que é um sinal que tem como função essencial distinguir os produtos ou serviços por referência à sua proveniência empresarial, é susceptível de, em determinadas condições, induzir em erro os consumidores, situação que, como temos referido, não pode ser tolerada juridicamente[922]. Porém, também é compreensível o desejo dos titulares das marcas poderem negociá-las, nomeadamente pela transmissão da sua titularidade.

Os sistemas relativos à transmissão das marcas que foram sendo acolhidos, ao longo dos tempos, são o resultado da valoração destes diferentes interesses[923]. No chamado sistema da transmissão vinculada da marca, esta só será possível em conexão com a empresa a que esteja ligada[924]

---

[922] Cfr. a interessante análise de MERCEDES CURTO POLO que integra a reforma do direito de marcas numa mudança legislativa mais geral, que afectou os diferentes sectores do ordenamento jurídico, respondendo à necessidade de assegurar uma protecção adequada do consumidor (*La cesión...*, cit., p. 32).

[923] O regime jurídico relativo à transmissão da titularidade da marca implica a resolução de outras questões incindivelmente conexionadas com esta matéria. Referimo-nos à(s) função(ões) e à natureza jurídicas da marca. Estas, por sua vez, reflectem uma opção político-legislativa quanto aos interesses que merecem ser protegidos pelo direito de marcas. No que respeita às funções jurídicas da marca, v. *infra* § III.

[924] Este foi o sistema seguido na generalidade das primeiras leis industriais. A excepção habitualmente indicada refere-se ao direito francês (a Lei de 23 de Junho de 1857 era omissa a este respeito, mas a doutrina francesa defendia o sistema da livre transmissibilidade. Cfr., entre outros, PAUL ROUBIER, *op. cit.*, pp. 532 e ss.). Na nossa opinião, também a legislação portuguesa, anterior à entrada em vigor do CPI'40, acolhia o princípio da livre transmissibilidade da marca. Aproveitamos, pois para corrigir a opinião que adoptamos anteriormente (*Merchandising...*, cit., p. 192, nota 482).

Com efeito, o art. 8.º da Carta de Lei, de 4 de Junho de 1883, sobre marcas de fabricas ou de commercio, preceituava: "A transmissão da propriedade das marcas de fabrica e de commercio effectuar-se-há em harmonia com as disposições do direito commum; mas para ter effeito, segundo esta lei, terá de proceder-se a novo deposito e registo, nos termos dos artigos antecedentes" (in: *Collecção Official da Legislação Portugueza*, anno de 1883, Imprensa Nacional, Lisboa, 1884, p. 139). Daqui concluímos que não existia nenhuma restrição, nomeadamente quanto à necessidade de transmissão conjunta do estabelecimento, para a transmissão da titularidade de uma marca.

Mais tarde, o Decreto Ditatorial, de 15 de Dezembro de 1894, e a Lei da Propriedade Industrial, de 21 de Maio de 1896, nos respectivos artigos 86.º, preceituavam que "uma marca póde ser transferida a outro ou outros proprietários, com o estabelecimento cujos produtos distingue" e o art. 88.º estabelecia que "quando não houver contrato que deter-

(ou com o *goodwill* que lhe está associado[925]), enquanto que no sistema de livre transmissibilidade da marca não são estabelecidos quaisquer requisitos substanciais para aquela.

No entanto, nenhum destes sistemas foi (ou é) aplicado em termos rigorosos. Na verdade, em ambos foi (ou é) preciso flexibilizar a solução consagrada de forma a atender ao interesse contrário em jogo.

Nos ordenamentos jurídicos que adopta(ra)m o sistema de transmissão vinculada foi-se procedendo a uma interpretação cada vez mais flexível da transmissão da empresa (ou do *goodwill*), ao ponto de ser suficiente a transmissão de um seu ramo ou parte[926-927], como forma de

---

mine o contrario, entende-se que a marca acompanha o estabelecimento industrial ou commercial a que se refere". Estas disposições foram interpretadas pela mais autorizada doutrina (*v.g.*, JOSÉ GABRIEL PINTO COELHO, *Lições de Direito Comercial*, 1.° vol. , Lisboa, 1945, p. 453) e pela Câmara Corporativa (in: *Diário das Sessões*, n.° 147, de 26 de Novembro de 1936, pp. 117, também disponível na Internet, no sítio: *http://debates.parlamento.pt/page.aspx?cid=r2.dan*), que remetem para a prática seguida na Repartição da Propriedade Industrial, como consagrando o sistema da livre transmissibilidade.

Mais tarde, o Governo apresentou uma Proposta de Lei que estabelecia o regime da transmissão vinculada da marca. Todavia, a Câmara Corporativa entendeu recusá-la, não só porque tal regime era contrário à tendência internacional (referida *supra* no texto), como a doutrina da transmissão da marca independentemente do estabelecimento corresponde a relevantes interesses económicos que tinham de ser acautelados (v. Parecer da Câmara Corporativa, *cit.*).

[925] Actualmente é este o sistema que (ainda) vigora no direito norte-americano (*Lanham Act* § 10, 15 U.S.C. § 1060 (a) (1)). Para uma síntese dessa previsão, cfr. MARIA MIGUEL CARVALHO, «A transmissão da marca», *cit.*, pp. 194 e ss.

[926] Em muitos ordenamentos jurídicos vigorou o princípio da transmissão da marca em conexão (ou vinculada) com a empresa a que se achava ligada. De entre estes destacamos as legislações pretéritas italiana e alemã.

O *Regio Decreto 21 giugno 1942, n. 929* consagrava expressamente esse princípio no art. 15.° e parte significativa da doutrina italiana entendia que a proibição da transmissão da marca, sem que ocorresse transmissão da empresa (ou de parte da empresa), se baseava no facto de o legislador pretender evitar o engano do público consumidor quanto à proveniência (origem) do produto ou serviço marcado.

Todavia, este entendimento foi largamente criticado por diversos autores. E inclusivamente os tribunais, nalgumas situações em que foram chamados a pronunciar-se sobre esta questão, interpretaram o conceito de *azienda* ou de *ramo d'azienda* de uma forma muito ampla (mostrando-se bem mais radicais do que a doutrina) – invocando sempre o elemento teleológico – reputando válidas algumas transmissões de marcas sem que ocorresse estritamente transmissão da empresa (ou de parte desta).

Como NADIA ZORZI («Cessione, licenza e merchandising di marchio», in: AA.VV., *I contratti del commercio, dell'industria e del mercato finanziario* (dir. Francesco Galgano),

atenuar o regime estabelecido, por força das exigências económicas que se fizeram sentir.

---

Tomo Secondo, UTET, Torino, 1995, p. 939) afirma: "a jurisprudência nas suas decisões em matéria de transmissão de marca, durante a vigência da velha disciplina, utilizou implicitamente o princípio da tutela do público (...) como critério fundamental ao qual devia ser reportada a interpretação da regra da conexão entre marca e entidades empresariais relevantes.

Desta forma, o controlo judicial transformou as duas condições separadas a que o legislador subordinou a validade da cessão, quer dizer, a regra da conexão entre marca e empresa ou ramo da empresa, e a regra da inexistência de engano do público, numa única proposição preceptiva.

Assim, acabou-se por demonstrar um respeito puramente formal, uma adesão aparente ao preceito da circulação vinculada. Mas em substância procedeu-se à desmaterialização do conteúdo preceptivo com vista a negar, na realidade, qualquer possível consistência efectiva".

Com o *Decreto legislativo 4 dicembre 1992, n. 480*, essas querelas foram ultrapassadas, estabelecendo-se, expressamente, a possibilidade de transmissão da marca independentemente da transmissão da empresa, embora com um limite relativo à proibição de engano dos consumidores. Esta solução mantém-se na legislação italiana actualmente vigente (v. art. 23.°, n.° 1 e n.° 4 do *CPIital.*).

No direito alemão anterior (*Warenzeichengesetz*) foi também consagrado o princípio da circulação vinculada da marca (§ 8). E, tal como sucedeu em Itália, também aqui foi suscitado um amplo debate sobre a *ratio* desta limitação e as respectivas consequências para o efeito de determinar a função juridicamente reconhecida à marca e a sua natureza jurídica, embora ao nível jurisprudencial haja a registar que a posição assumida pelo *BGH* foi mais severa do em Itália.

Atendendo ao enfraquecimento deste entendimento e também à necessidade de unificação da legislação sobre marcas das Alemanhas Democrática (em que vigorava o princípio da livre transmissibilidade) e Federal (onde valia a regra da circulação vinculada), impôs-se uma alteração legislativa. Esta modificação foi introduzida pela Lei relativa à extensão da propriedade industrial, *Gesetz über die Erstreckung von gewerblichen Schutzrechten* (*ErstrG*), que no § 47 (3) revogou o § 8 (1). Daí que na *MarkenG* esteja expressamente prevista a possibilidade de transmissão da marca independentemente da empresa (§ 27) e, divergindo do que sucede, p.e., no ordenamento italiano e português, não esteja previsto um requisito substancial – um limite ou condição negativa, se se preferir – para essa transmissão.

[927] No caso do direito norte-americano é a própria lei que o admite já que, de acordo com o sistema formalmente instituído, uma marca registada (ou um pedido de registo de marca) pode ser transmitida com o *goodwill* da empresa em que a marca é usada, ou com parte do *goodwill* da empresa relacionada com o uso e simbolizado pela marca (*Lanham Act* § 10, 15 U.S.C. § 1060 (a) (1)).

A proibição do *assignment in gross* deriva, tradicionalmente, da consideração da marca como símbolo do *goodwill* e da necessidade de evitar o engano dos consumidores. Porém, a jurisprudência tem interpretado de forma muito flexível esta disposição.

IRENE CALBOLI refere que, na *common law*, o aspecto crucial para os tribunais apreciarem a validade da transmissão de uma marca consistia em determinar se, simultanea-

Além disso, como foi sendo evidenciado pela doutrina, o princípio da circulação da marca vinculada à empresa (ou ao *goodwill*) não garantia, pelo menos directamente, uma efectiva protecção dos consumidores, porque nada impedia que o novo titular da marca alterasse a qualidade dos produtos[928-929]. E pode haver transmissão da marca independentemente

---

mente, tinha ocorrido transmissão dos bens tangíveis da empresa. Além disso, as transmissões não eram válidas se o cedente continuasse a vender produtos semelhantes sob um nome comercial diferente após a transmissão da marca. De acordo com a autora citada, "esta posição reflectia uma visão muito estreita das marcas como indicadoras da origem comercial e interpretava a transmissão da marca como envolvendo necessariamente uma alteração na titularidade da empresa na qual a marca era usada" (IRENE CALBOLI, «Trademark assignment "with goodwill": a concept whose time has gone», in: *Florida Law Review*, vol. 57, 2005, p. 789).

E esta foi a perspectiva que continuou a ser usada na vigência do *Trademarks Act 1905*, até, aproximadamente, à década de '30 do séc. XX. A partir daqui, os tribunais, partindo da diferença entre *goodwill* e empresa, começaram a considerar suficiente para a validade da transmissão da marca que o cessionário adquirisse, também, a parte [o ramo] da empresa necessária para produzir os mesmos produtos (*ult. op. cit.*, p. 790).

Com o início da vigência do *Lanham Act* (1946), os tribunais norte-americanos começaram a seguir uma perspectiva mais ampla: passaram a admitir que o cedente transmitisse uma marca e continuasse com a sua empresa e a considerar que não era essencial a transmissão dos bens tangíveis, num primeiro momento, desde que os produtos do cessionário fossem substancialmente similares aos produzidos pelo cedente e, mais tarde, satisfazendo-se com a semelhança do tipo de produtos (*ult. op. cit.*, pp. 790 e ss.).

Na década de '90 a interpretação da regra ainda se expandiu mais: adoptando uma definição ampla de *goodwill* – e, por isso, respeitando formalmente a norma estabelecida –, passaram a centrar-se no uso da marca pelo cessionário. Só se esse uso fosse susceptível de confundir o público se declarava a invalidade da transmissão da marca (*ult. op. cit.*, pp. 792 e s.).

Referindo-se também a um "relaxamento" na exigência relativa à transmissão da marca pela via jurisprudencial, cfr. ainda, entre outros, PATTISHALL/HILLIARD/WALCH II, *op. cit.*, § 4.04, p. 85.

[928] Com efeito, alguma doutrina sublinha que o engano – que, pretensamente, a norma pretende evitar –, pode ocorrer mesmo que a regra seja observada (i.e., mesmo no caso de transmissão da marca com o *goodwill* que ela simboliza), pois, "contrariamente à assunção geral, a Secção 10 nunca evitou directamente que os cessionários alterassem a qualidade dos seus produtos ou serviços, nem requereu legalmente que eles atribuíssem uma determinada qualidade aos seus produtos. Em vez disso, a norma historicamente apenas tem requerido que as marcas sejam transferidas com o goodwill associado" (IRENE CALBOLI, *op. cit.*, p. 829).

Além disso, importa ter presente que pode não ocorrer nenhum engano no caso de transmissão da marca sem *goodwill*, situação que, de resto, corresponderá, em regra, ao interesse do cessionário. No mesmo sentido, cfr. J. THOMAS MCCARTHY, *op. cit.*, vol. II, § 18:10, p. 18-18.

da transferência da empresa sem que haja qualquer engano para os consumidores[930].

Por outro lado, nas legislações que adoptaram o sistema da livre transmissibilidade foram consagrados instrumentos jurídicos destinados a combater o engano do consumidor causado pelas marcas e, apesar de estas disposições poderem não visar especificamente esta situação, parecem poder abrangê-la[931].

---

[929] Aliás, em Itália, na vigência do *Regio Decreto 21 giugno 1942, n. 929*, a doutrina discutia, precisamente, a articulação entre o disposto no art. 15.°, comma 2 (que preceituava que da transmissão da marca não devia derivar engano naqueles caracteres dos produtos ou serviços que são essenciais para a apreciação do público) com o disposto no comma 1 (que estatuía a proibição de transmitir a marca sem o estabelecimento ou um ramo deste).

Como GABRIELE ANTONINI e ALFONSO TORDO CAPRIOLI referem, era lícito perguntar-se se a função da norma em exame (art. 15.°, comma 2) era efectivamente a de garantir o consumidor, dado que tal escopo já era considerado resultante da associação incindível entre estabelecimento (ou ramo de estabelecimento) e marca («Cessione del marchio e decettività», cit., p. 297).

Alguns autores referiam que para compreender o significado da relação entre a associação estabelecimento/marca e a proibição de consequências enganosas para o público advenientes da transmissão era preciso considerar que, com o conceito de engano, a norma estipulava uma concreta obrigação de manutenção do nível qualitativo do produto a cargo do cessionário (cfr., por todos, MARIO CASANOVA, *op. cit.*, p. 566).

Mas outros autores afirmavam que tal não era possível pois, não estava prevista nenhuma sanção para a hipótese de violação e, sobretudo, porque, como é referido no texto, o cessionário podia alterar quando quisesse a qualidade dos produtos, continuando a usar a marca. Por isso, defendiam que a norma do art. 15.°, comma 2, devia servir apenas para determinar o ramo de estabelecimento cedido com a marca: os elementos empresariais transmitidos deviam ser os que permitissem que o cessionário fabricasse produtos com a mesma qualidade dos que eram produzidos pelo cedente (cfr. ADRIANO VANZETTI, «Cessione del marchio», in: *RDComm.*, 1959, Parte Prima, p. 416 e pp. 436 e s.).

Com o *Decreto legislativo 4 dicembre 1992, n. 480*, a situação alterou-se, pois passando-se a admitir a transmissão da marca independentemente da empresa (art. 15.°, comma 1), a proibição de engano (que consta do art. 15.°, comma 4) não pode servir para valorar os elementos empresariais que têm de ser transmitidos para que a cessão da marca seja válida. E, por isso, a referida doutrina passou a atribuir ao art. 15.°, comma 4, a consagração de uma obrigação de manutenção do nível qualitativo do produto ao cessionário (cfr., por todos, ADRIANO VANZETTI/CESARE GALLI, *op. cit.*, pp. 99 e s.). No *CPItal.* actualmente em vigor o regime mantém-se (v. art. 23.°, n.os 1 e 4).

[930] Por exemplo, pelo facto de o cessionário já estar em condições de fabricar produtos de qualidade idêntica à dos que são produzidos pelo cedente, cfr. PAOLA FRASSI, «È possibile un nuovo approccio alla materia della cessione dei marchi? L'esempio francese e comunitario», in: *RDI*, 1989, I, p. 266.

[931] P.e., em França, ordenamento que tradicionalmente adoptou o sistema da livre transmissibilidade da marca, a tutela dos consumidores contra o engano, foi conseguida,

Entretanto, surgiu o denominado sistema misto ou eclético, de acordo com o qual a marca pode ser transmitida independentemente da empresa, mas em que são estabelecidos requisitos substanciais para essa transmissão que, normalmente, têm a ver com a proibição de engano do consumidor. É este o sistema adoptado no Regulamento sobre a marca comunitária[932] e no ordenamento jurídico de alguns dos Estados-membros da União Europeia[933], entre os quais Portugal[934].

---

entre 1857 e 1991, sobretudo, através do direito penal (art. 422.°-1 2.°) *Code Penal*). Cfr. ISABELLE MARTEAU-ROUJOU DE BOUBÉE, *op. cit.*, pp. 293 e ss.

Actualmente, e de uma forma geral, cremos que é possível proteger os consumidores também através de outras disposições normativas, nomeadamente, no domínio das leis de defesa do consumidor; de repressão das práticas comerciais desleais (incluindo a publicidade enganosa) e, pelo menos indirectamente, através da concorrência desleal. E, no caso das legislações dos ordenamentos jurídicos dos Estados-membros da União Europeia, em certa medida, também através de uma norma incluída no direito de marcas. Referimo-nos à previsão de caducidade na hipótese de deceptividade superveniente da marca. Daí que seja possível afirmar, como PAOLA FRASSI, que "(...) alguns entre os sistemas de livre cessão apresentam um grau de tutela do consumidor muito maior do que outros da cessão vinculada" (*op. cit.*, p. 272).

[932] V. art. 17.°, n.° 4 RMC. No âmbito dos trabalhos de preparação de legislação comunitária em matéria de marcas, a orientação seguida, num primeiro momento, inclinava-se claramente para o sistema de livre transmissão da marca (v. art. 23.° do *Avant-Projet de Convention relatif a un droit européen des marques*, texts élaborés par le groupe de travail «Marques», 1973). Todavia, volvidos menos de dez anos, no *Mémorandum sur la création d'une marque* foi defendida a opção por um sistema misto, referindo-se expressamente a necessidade de o consumidor não ser induzido em erro, e que acabaria por ser o sistema consagrado no RMC. Sublinhe-se ainda que o mesmo não sucedeu relativamente à Proposta de Directiva sobre marcas, em que não surgia qualquer disposição respeitante à transmissão da marca, situação que se manteve no texto definitivo da DM.

Para maiores desenvolvimentos sobre o regime jurídico da transmissão de marca comunitária, cfr. MARIA MIGUEL CARVALHO, «A transmissão da marca», *cit.*, pp. 207 e ss.

[933] No entanto, essa previsão não é igual em todos. Na verdade, apenas a Áustria (v. § 11 (1) (2) *Markenschutzgesetz*), a Bulgária (v. § 21 (1) (4) da Lei de Marcas e Indicações Geográficas n.° 81, de 14 de Setembro de 1999) e a Espanha (art. 47.°, n.° 2 *LME*) estabelecem normas idênticas à do RMC (art. 17.°, n.os 1 e 4). A Finlândia prevê que a entidade competente para o registo da transmissão, nos casos em que o uso da marca após tal transmissão seja, claramente, susceptível de enganar o público, condicione o registo à remoção do elemento enganador através de alteração ou aditamento à marca (v. art. 33.° da Lei de marcas, n.° 7, de 10 de Janeiro de 1964).

Os restantes ordenamentos jurídicos dos Estados-membros que adoptaram um sistema misto fazem-no em moldes diferentes. Assim, em Portugal é estabelecido como limite para a possibilidade de transmissão a não susceptibilidade de indução em erro do público quanto à proveniência ou aos caracteres essenciais para a valoração dos produtos ou servi-

Da análise destes sistemas parece resultar, por um lado, que não é certo que a tutela do consumidor seja cabalmente garantida no sistema de transmissão vinculada da marca e, por outro, que, mesmo nos sistemas em que a transmissão deste sinal distintivo é independente da transferência da empresa ou do *goodwill* associado à marca, a protecção do consumidor está assegurada. Assim, acreditamos poder concluir que a questão da protecção do consumidor perante o engano derivado da transmissão da marca é independente do sistema acolhido[935].

---

ços (art. 262.°, n.° 1 *in fine*). Em Itália, o art. 23.°, n.° 4 do *CPIital*. impõe como limite a não susceptibilidade de engano quanto aos caracteres dos produtos ou serviços que são essenciais para a apreciação do público.

A Hungria prevê, expressamente, a nulidade do contrato de transmissão da marca se a cessão for susceptível de enganar o público (v. art. 19.°, n.° 4 da Lei XI de 1997, sobre protecção de marcas e indicações geográficas). E a Suécia estatui a não inscrição da cessão no registo se a marca tiver sido transmitida sem a empresa e o uso da marca pelo novo titular seja obviamente enganoso para o público (v. art. 33.° da Lei de marcas de 1960).

[934] Em Portugal, é esse o sistema acolhido desde o CPI'40. Este Código, baseando-se no art. 56.° da Lei n.° 1972, estabelecia no art. 118.°, § 1 que "a propriedade da marca registada é transmissível, independentemente do estabelecimento, se isso não puder induzir o público em erro quanto à proveniência do produto ou aos caracteres essenciais para a sua apreciação", acrescentando no § 4 uma presunção de indução em erro quanto à proveniência do produto relativamente à "transmissão de uma marca, registada a favor de um português ou estrangeiro estabelecido em Portugal, para português ou estrangeiro estabelecido fora de Portugal, quando nessa marca se faça expressa indicação da proveniência portuguesa do respectivo produto".

Criticamente sobre a solução consagrada no CPI'40, cfr. JOSÉ DE OLIVEIRA ASCENSÃO, *Direito comercial*, vol. II (Direito industrial), Lisboa, 1994, pp. 159 e s.

Especificamente sobre o conceito de estabelecimento do art. 118.°, § 3.° deste Código, cfr. ORLANDO DE CARVALHO, *Critério e estrutura do estabelecimento comercial comercial*, vol. I (O problema da empresa como objecto de negócios), Coimbra, 1967, pp. 730 e ss.

A solução mantém-se até hoje, v. o art. 211.°, n.° 2 CPI'95 que preceituava que "o pedido de registo ou da propriedade da marca registada são transmissíveis independentemente do estabelecimento, se isso não puder induzir o público em erro quanto à proveniência do produto ou do serviço ou aos caracteres essenciais para a sua apreciação" e ainda o art. 262.°, n.° 1 do Código em vigor. Para maiores desenvolvimentos sobre o regime jurídico da transmissão de marca nacional, cfr., entre outros, MARIA MIGUEL CARVALHO, «A transmissão da marca», *cit.*, pp. 197 e ss.

[935] No sentido de a tutela do consumidor ser independente do sistema de transmissão de marca, cfr., entre outros, PAOLA FRASSI, *op. cit.*, p. 270; NADIA ZORZI, «La circolazione vincolata del marchio: il segno come indicatore di provenienza?», in: *CI*, 1992, n.° 1, ottavo anno, p. 378.

Partindo da premissa, que julgamos correcta, de que deve ser assegurada a protecção do consumidor perante o possível engano decorrente da transmissão, parece-nos que a opção por um determinado sistema de transmissão da marca passa, inevitavelmente, pela possibilidade da sua cessão *independentemente da empresa*[936].

Com efeito, parece-nos ser esta a possibilidade que permite um melhor equilíbrio entre os interesses em confronto: o dos consumidores e o dos titulares das marcas. De facto, é preciso não perder de vista que *desde que da transmissão* não advenha a possibilidade de o consumidor ser enganado, não há razão para limitar o direito constitucionalmente consagrado da livre iniciativa económica privada e da propriedade privada (arts. 61.º e 62.º, n.º 1 da CRP). São, aliás, estas as principais razões que explicam o declínio acentuado do sistema de transmissão vinculada da marca a favor de um sistema de livre transmissibilidade[937] e, em menor número, de sistemas mistos[938].

---

[936] Esta solução decorre para os membros da OMC, como é o nosso caso, do disposto no art. 21.º do ADPIC que estabelece que "os Membros podem definir as condições aplicáveis à concessão de licenças e à cessão de marcas no pressuposto de que não será permitida a concessão de licenças obrigatórias e que o titular de uma marca registada terá o direito de ceder a marca *com ou sem a transferência da empresa* a que a marca pertence" (itálicos nossos).

No mesmo sentido, cfr. NUNO PIRES DE CARVALHO que sublinha que o art. 21.º ADPIC eliminou, relativamente aos membros da OMC, a possibilidade conferida pela CUP de estipularem o sistema de transmissão vinculada (*The TRIPs regime of trademarks and designs*, Kluwer Law International, The Hague, 2006, p. 365, nm. 21.25). Todavia, como o autor citado esclarece, o art. 21.º ADPIC estabelece uma separação entre o *goodwill* da marca e da empresa. Daí a possibilidade imperativa de transmissão das marcas sem a empresa, mas a não proibição de ser requerida, pelos membros da OMC, a transmissão do *goodwill* dos bens juntamente com as marcas, nomeadamente *standards* de qualidade (*op. cit.*, p. 368, nm. 21.30). Esta distinção permite considerar formalmente válido o sistema adoptado ainda hoje nos EUA e já referido *supra*. Mas o cumprimento por parte do *Lanham Act* da legislação internacional tem sido questionada. Para maiores desenvolvimentos, cfr. IRENE CALBOLI, *op. cit.*, pp. 822 e s.

[937] Já tivemos oportunidade de referir esta evolução noutro estudo, cfr. MARIA MIGUEL CARVALHO, «A transmissão da marca», *cit.*, pp. 187 e ss.

[938] Limitando a nossa atenção às legislações dos diferentes Estados-membros da UE, constatamos que ou é adoptado o sistema da livre transmissibilidade ou, em menos casos, o sistema misto (cfr. MARIA MIGUEL CARVALHO, *ult. op. cit.*, pp. 187 e ss.). Daí que alguns autores se questionem se faz sentido continuar a falar dos três sistemas referidos no texto, dado que, na amostra que referimos, não existe o sistema de cessão vinculada. Cfr. MARÍA TERESA ORTUÑO BAEZA, «La disciplina reguladora de la cesión de la marca en la ley 17/2001: cuestiones relevantes», in: *RDM*, n.º 258, 2005, p. 1418.

Do nosso ponto de vista, a questão reduz-se, por conseguinte, à discussão sobre o melhor sistema para conseguir tutelar o consumidor na eventualidade de ocorrer uma transmissão de marca: o da livre transmissibilidade ou o misto (ou ecléctico). E a resposta depende, uma vez mais, de razões de política legislativa: que grau de tutela do consumidor se pretende instituir? E, no caso de se pretender tutelar o consumidor, qual é o instrumento legislativo que deve ser utilizado?

A diferença entre os sistemas de livre transmissibilidade e misto assenta, essencialmente, na opção por um controlo *a posteriori* e meramente sancionatório ou *a priori* e (também) preventivo.

Na verdade, nos sistemas de livre transmissibilidade a que nos referimos[939], como tivemos oportunidade de explicitar, apesar de não existir nenhum requisito substancial para a transmissão da marca, está prevista a caducidade do registo de marca que se tenha tornado, supervenientemente, enganosa por causa do uso que dela tiver sido feita pelo titular da marca ou por terceiro com o seu consentimento. Isto significa que a transmissão da marca é sempre permitida, porque se entende que, na maior parte dos casos, o engano que dela possa decorrer é "tolerável"[940], pois desaparecerá ao fim de algum tempo e não respeitará a mudanças significativas dos caracteres essenciais para a apreciação do público. Todavia, se se verificar que, pelo uso que o cessionário (o novo titular) fez da marca, esta se tornou susceptível de induzir o público em erro será declarada a caducidade do registo da referida marca.

Em suma, o limite do engano do público funcionará nestes sistemas *a posteriori* relativamente à inscrição da transmissão no registo e com carácter meramente sancionatório, isto é, primeiro ocorre a transmissão da marca sem qualquer tipo de entraves e depois, se se verificar que a marca se tornou deceptiva pelo uso que dela tiver sido feita, pelo seu (novo) titular ou por terceiro com o seu consentimento, então essa situação será sancionada com a caducidade do registo da marca[941].

Nos sistemas mistos ou eclécticos, a transmissão da marca não está vinculada à transferência da empresa a que aquela está ligada ou ao *goodwill* da marca, mas é imposto um outro requisito substancial. Este requi-

---

[939] Isto é, aos dos ordenamentos jurídicos dos Estados-membros da União Europeia que o prevêem.
[940] Consubstanciando aquilo que a jurisprudência do Reino Unido tem referido como «lawful deception», como é referido mais adiante.
[941] No que respeita à relação entre as duas normas v. *infra* 3.2.1.1.3.1.

sito, pelo menos nas legislações nacionais dos Estados-membros da União Europeia, assim como no Regulamento sobre a marca comunitária, tem a ver com a proibição que da referida transmissão advenha a susceptibilidade de induzir em erro os consumidores[942].

Com esta exigência o que se pretende é prevenir situações em que venha a ocorrer engano por causa de uma transmissão da marca, ou seja, a solução consagrada é preventiva *et pour cause* tem de ser efectuado um controlo anterior à inscrição da transmissão no registo[943].

O modo como este controlo é efectuado nem sempre está consagrado de forma coincidente nas diferentes legislações que estamos a analisar.

Assim, enquanto que no Regulamento sobre a marca comunitária[944] está previsto que este limite só operará se a deceptividade resultante da transmissão da marca resultar *manifestamente* do documento da cessão[945], nalgumas legislações nacionais de Estados-membros, como é o caso da portuguesa (art. 262.°, n.° 1), estatui-se genericamente a proibição de engano do consumidor por causa da transmissão, mas sem mais especificações quanto à forma como a entidade competente para o registo a afere.

No caso do IHMI, a entidade competente para a tramitação do pedido de inscrição de cessão é a Divisão Jurídica e de Administração de Marcas (art. 133.°, n.° 1 do RMC), que o analisará desde que sejam apresentadas

---

[942] MARÍA TERESA ORTUÑO BAEZA (*La licencia de marca*, Marcial Pons, Madrid/ /Barcelona, 2000, p. 42) afirma, a este propósito, que "com a aplicação do artigo 17.4 [do RMC] consegue-se que no momento da cessão da marca comunitária volte a entrar em jogo um dos motivos de recusa absolutos que operam no momento do registo da marca, em concreto do artigo 7.1.*g*)".

[943] Se a transmissão não respeitar este requisito o contrato é nulo por violação de disposição legal imperativa (art. 262.°, n.° 1 do CPI e art. 294.° do CC) e, por isso, não produz *ab initio* os efeitos pretendidos, ou seja, não se transmite a titularidade da marca.

[944] Tal como na Áustria (v. § 11 (1) (2) *Markenschutzgesetz*); na Bulgária (v. § 21 (1) (4) da Lei de Marcas e Indicações Geográficas n.° 81, de 14 de Setembro de 1999) e em Espanha (arts. 46.°, n.° 2 e 47.°, n.° 2 *LME*).

[945] O art. 17.°, n.° 4 do RMC prevê que "se dos documentos que estabelecem a transmissão resultar manifestamente que, devido a essa transmissão, a marca comunitária poderá induzir o público em erro, nomeadamente sobre a natureza, a qualidade ou a proveniência geográfica dos produtos ou serviços para os quais foi registada, o instituto recusará o registo da transmissão, a menos que o interessado aceite limitar o registo da marca comunitária aos produtos ou serviços em relação aos quais a marca não seja enganosa".

provas suficientes da cessão e não a cessão propriamente dita[946]. No entanto, se *dos documentos que estabelecem a transmissão* resultar *manifestamente*[947] que, devido a essa transmissão, a marca comunitária poderá induzir o público em erro, em princípio[948], recusará o registo da transmissão (art. 17.º, n.º 4 da RMC).

No nosso Código nada é referido a este respeito, daí que se possa indagar se – nos casos em que não resulte de modo evidente dos documentos apresentados com o pedido de averbamento da cessão da marca que, por causa desta, haverá susceptibilidade de induzir o público em erro –, o INPI deve proceder a uma investigação detalhada no sentido de determinar se se cumpre este requisito de validade da transmissão da marca.

Como teremos oportunidade de referir *infra*, pensamos que, não obstante o Código da Propriedade Industrial expressamente não a prever, o INPI deve adoptar a solução prevista para a marca comunitária[949].

Do exposto, resulta que o controlo preventivo só funcionará em casos contados, i.e., quando resulte de *forma manifesta* dos documentos apresentados aquando do pedido de averbamento da transmissão no registo.

Todavia, atendendo a que existe sempre o controlo *a posteriori* e sancionatório da norma que prevê a caducidade por deceptividade superveniente, cremos que, do ponto de vista dos interesses em jogo e da própria fundamentação jurídica da marca, o sistema misto é o mais equilibrado e mais adequado – admite a transmissão da marca (com isso satisfazendo os

---

[946] V. ponto 4.1.2. das Directrizes relativas aos procedimentos perante o Instituto de Harmonização do Mercado Interno (Marcas, desenhos e modelos), Parte E, Secção 4 – Cessão, disponíveis para consulta no sítio: *http://oami.europa.eu/ows/rw/pages/CTM/legal References/guidelines/transfer.es.do*.

[947] Como é referido nas Directrizes do IHMI citadas na nota anterior (ponto 4.4.7.1.), "o requisito de que a probabilidade de induzir em erro se deduza de forma manifesta dos documentos impede o Instituto de basear as suas objecções em argumentos especulativos e acontecimentos hipotéticos futuros. O simples facto de que os produtos e serviços sejam oferecidos ou comercializados no futuro por uma pessoa diferente não constitui em si mesmo um risco de induzir em erro. Não se pode fazer especulações sobre o uso futuro da marca por parte do novo titular. Em particular, não pode tomar-se em consideração uma possível mudança na qualidade dos produtos vendidos sob a marca. Só há motivo para colocar objecções à inscrição da cessão se a marca pode induzir em erro por si mesma em relação com o seu novo titular".

[948] Em princípio, porque se o interessado aceitar limitar o registo da marca comunitária aos produtos ou serviços em relação aos quais a marca não seja enganosa, a inscrição no registo será efectuada para estes (art. 17.º, n.º 4 *in fine* RMC).

[949] V. *infra* 3.2.1.1.3.2.

interesses dos titulares das marcas) até um limite em que esse negócio se torna intolerável juridicamente, quando houver engano para os consumidores[950] e este controlo é efectuado em duas instâncias diferentes.

Parece-nos, de facto, importante que este limite surja expresso na lei[951], pois reflecte a *mens legislatoris*, mesmo que actue esporadicamente. Estabelece-se, afinal, mais um corolário de um princípio fundamental à vida da marca: o princípio da verdade. E, por isso mesmo, insere-se num conjunto de normas mais vasto e que carece de ser coordenado com vista à obtenção daquele resultado.

### 3.2.1.1.2. A admissibilidade da transmissão parcial da marca

Do ponto de vista merceológico, a transmissão da marca pode respeitar apenas a algum ou alguns dos produtos ou serviços para os quais aquela está registada (ou relativamente aos quais foi pedido o registo)[952].

---

[950] V. «New trade-mark system for the community» (in: *Bulletin of the European Communities, Supplement* 5/80, pp. 62 e s.), onde, ao explicar a norma em questão, a Comissão refere que aqui são considerados os interesses das outras partes, visando "evitar tanto quanto possível a transmissão de marcas comunitárias sem a empresa quando isto torne a marca objectivamente enganosa". Além disso, afirma-se ainda que "a via mais efectiva de dissuadir os titulares de marcas comunitárias a transmitir os seus direitos de forma prejudicial aos consumidores é atribuir ao Instituto o poder de examinar todos os pedidos [de inscrição] da transmissão, permitindo-lhe ainda a recusa do registo da transmissão quando seja evidente que a transmissão tornaria a marca enganosa".

[951] No mesmo sentido, v. o *Mémorandum sur la création d'une marque* communautaire, cit. (in: *Bulletin des Communautés européenes, Supplément* 8/76, p. 35), onde é referido que, "apesar de o projecto de 1964 não o prever, parece que uma protecção eficaz dos consumidores contra a utilização enganosa da marca exige que se subordine *expressamente* a validade da cessão à constatação que o uso da marca cedida pelo seu novo titular não seja de natureza a induzir o público em erro sobre as características essenciais do produto" (itálicos nossos).

[952] Além desta acepção, podemos referir-nos à transmissão parcial da marca do ponto de vista geográfico ou territorial, quando a transmissão da marca é efectuada para uma determinada parte (ou local) de um território. No mesmo sentido, cfr. NADIA ZORZI, *La circolazione dei segni distintivi*, CEDAM, Padova, 1994, p. 192; GIORGIO MARASÀ, «La circolazione del marchio», in: *Rivista di Diritto* Civile, Anno XLII, n.º 4, 1996, p. 485 [= in: AA.VV., *Commento tematico della legge marchi*, G. Giapichelli Editore, Torino, 1998, p. 105]; e, entre nós, LUÍS M. COUTO GONÇALVES, *Função distintiva*, cit., p. 192.

Todavia, a transmissão parcial da perspectiva geográfica coloca problemas que tornam, na nossa opinião, impossível a sua admissibilidade e que exorbitam do tema do nosso estudo, daí que cingemos a nossa analise à acepção merceológica da transmissão

Esta hipótese está expressamente prevista na nossa legislação[953-954] (arts. 31.º, n.º 1 e 262.º, n.º 2) e também no âmbito da marca comunitária (art. 17.º, n.º 1 RMC)[955].

---

parcial. Sobre as razões que justificam a impossibilidade de transmissão parcial do ponto de vista geográfico, cfr., entre nós, LUÍS M. COUTO GONÇALVES, *Função distintiva*, cit., pp. 192 e s.

[953] A cessão merceologicamente parcial foi uma novidade introduzida no nosso Direito pelo CPI'95 (v. arts. 29.º, n.º 1 e 211.º, n.º 3).

[954] E em vários outros ordenamentos jurídicos, *v.g.*, o caso da Alemanha (§ 27, Abs. 1 *MarkenG*) e de Espanha (art. 46.º, n.º 2 *LME*).

[955] CARLOS FERNÁNDEZ-NÓVOA (*El sistema* ..., cit., pp. 267 e s.) frisa que "a cessão parcial (...) é sumamente problemática porque pode ser concebida de acordo com dois critérios antagónicos". O primeiro consiste em considerar que, no momento da cessão, a marca se divide em duas, sendo uma transmitida ao cessionário e a outra, relativa aos produtos ou serviços não incluídos na cessão, mantida na titularidade do cedente. Esta primeira concepção levanta problemas, como CARLOS FERNÁNDEZ-NÓVOA sublinha, de conciliação com os princípios, vigentes no âmbito do RMC, da unidade e indivisibilidade da marca e porque admiti-la conduziria, com grande probabilidade, à declaração de caducidade do registo de ambas por deceptividade superveniente. Por isso, o autor citado sufraga uma segunda concepção, de acordo com a qual a cessão parcial da marca comunitária equivale a uma limitação do registo da marca cedida, sendo eliminados dos mesmos os produtos ou serviços que não tiverem sido incluídos no documento de cessão. No mesmo sentido, cfr. JUAN SÁNCHEZ-CALERO GUILARTE, «Articulo 17 – cesión», in: *Comentarios a los Reglamentos sobre la Marca Comunitaria* (ALBERTO CASADO CERVIÑO/M.ª LUISA LLOBREGAT HURTADO), vol. I (arts. 1-74), Universidad de Alicante, 1996, pp. 224 e s.

Defendem a primeira concepção referida, entre outros, VICENT CUÑAT EDO, «Los contratos sobre la marca comunitaria», in: *Marca y diseño comunitarios* (ALBERTO BERCOVITZ RODRIGUEZ-CANO), Aranzadi, Pamplona, 1996, p. 152; e MERCEDES CURTO POLO (*La Cesión*..., cit., pp. 244 e s.) que afasta o segundo entendimento referido porque, apesar da vigência do princípio da indivisibilidade e unidade em relação à marca comunitária, tal solução seria muito gravosa para o titular de uma marca comunitária que há-de ter pago taxas consideravelmente altas para conseguir a protecção da sua marca em todo o território da União Europeia para uma diversidade de produtos ou serviços. Além disso, porque qualquer terceiro poderia solicitar o registo como marca do sinal que, após a renúncia, caiu no domínio público, possibilitando o risco de confusão dos consumidores acerca da origem dos produtos ou serviços. E, por fim, porque afirmar que, por ceder parcialmente a marca, se deve renunciar à mesma em relação aos produtos ou serviços que não tenham sido objecto do contrato, pressupõe que, em qualquer caso, a cessão parcial produzirá um risco de confusão do público dos consumidores acerca da origem das prestações. Ora, para evitar precisamente este risco, o RMC facultou ao IHMI um controlo apriorístico previsto no art. 17.º, n.º 4 do RMC. Segundo a autora citada, este controlo apriorístico do IHMI careceria de sentido se, em qualquer caso de cessão parcial, o cedente fosse obrigado a renunciar à marca para os produtos ou serviços para os quais não a cedeu, pois então não existi-

Por força destas disposições, o cedente pode transmitir a titularidade da marca para alguns dos produtos ou serviços para os quais a marca está registada (ou para os quais foi requerido o registo), deixando ele de usar a marca, mas, *prima facie*, parece também que o pode fazer, continuando a usá-la para os restantes produtos ou serviços[956].

Como se compreenderá, esta última hipótese pode levantar problemas, especialmente se o cedente puder continuar a usar a mesma marca para distinguir produtos ou serviços *idênticos ou afins*[957] aos do cessionário, dado que tal utilização pode implicar um risco de confusão e mesmo de engano nos consumidores.

Com efeito, se o cedente puder continuar a usar a marca para distinguir produtos ou serviços idênticos ou afins àqueles do cessionário, não há dúvida que a função essencial da marca – distinguir os produtos ou serviços por referência à respectiva proveniência empresarial – na maioria das vezes será posta em xeque[958]. Além disso, na medida em que o público

---

ria nenhuma possibilidade de erro do público pela coexistência no mercado de duas marcas idênticas empregues para distinguir produtos ou serviços distintos ou semelhantes.

[956] Estas duas hipóteses são referidas por CARLOS FERNÁNDEZ-NÓVOA, *Tratado...*, cit., pp. 538 e s.

[957] Diferentemente no que respeita à transmissão parcial que envolva produtos não semelhantes, nem afins daqueles em relação aos quais o cedente mantém a titularidade, essa parece ser possível. Como refere GIORGIO MARASÀ (*op. cit.*, p. 486 [= in: *Commento tematico...*, cit., p. 106]), "de facto, se os sectores merceológicos cobertos pelos respectivos direitos não forem afins, não devem existir incertezas em ordem ao âmbito de exclusividade dos dois titulares. Em substância, esta transmissão leva – através de um «fraccionamento» do direito do alienante – à mesma situação que se poderia legitimamente determinar *ab origine* se o alienante e o adquirente tivessem efectuado dois registos diferentes e autónomos do mesmo sinal.

Esta *fattispecie* de transmissão parcial, então, não determina *di per sé* confundibilidade entre fontes produtivas enquanto, onde existam modalidades concretas da operação a provocar engano quanto à proveniência ou a outras circunstâncias essenciais para a apreciação do público, funcionarem os remédios consequentes da violação do art. 15, comma 4.°".

[958] LUÍS M. COUTO GONÇALVES (*Função distintiva*, cit., p. 191) defende que "em relação a todas estas hipóteses de manifesta afinidade, (...) só muito dificilmente a transmissão da marca não irá provocar erro sobre a proveniência. Por outro lado, a coexistência de duas marcas em produtos ou serviços muito semelhantes e pertencentes a dois titulares completamente independentes não deixa de colocar sérias, porventura insuperáveis, dificuldades à delimitação do âmbito de protecção dos respectivos direitos entre si e à delimitação do *jus prohibendi* em relação a terceiros". No entanto, acaba por admitir "com algumas reservas, que, noutras situações de afinidade mais atenuada, eventualmente com a

possa ser enganado relativamente à qualidade *lato sensu* dos produtos ou serviços oferecidos por cada um, a marca pode converter-se em sinal enganoso. Por isso, alguns autores sustentam que a transmissão parcial só deve ser admitida para produtos ou serviços não semelhantes[959].

No entanto, alguma doutrina sustenta que a possibilidade de ser criado um risco de confusão não deve ser motivo para impedir a transmissão parcial, quer porque existem meios legais próprios para actuar se existir susceptibilidade de indução em erro, quer porque é frequente que as partes recorram aos chamados «acordos de delimitação de uso» a fim de evitar o risco de confusão e de engano dos consumidores[960].

Na nossa opinião, o maior risco nestes casos é, efectivamente, o de indução em erro quanto à proveniência empresarial, mas que pode ser limitado pela conclusão de acordos de delimitação de uso. Por outro lado, importa destacar o limite de não indução em engano do público que ocorrerá, não só nas hipóteses em que sejam afectados os caracteres essenciais para a apreciação do produto ou serviço pelo público, mas ainda na eventualidade de, por causa do uso feito das marcas pelos seus titulares ou por terceiros com o seu consentimento, estas adquirirem carácter intrinsecamente deceptivo.

---

adopção de medidas complementares adequadas a evitar o risco de erro sobre a proveniência, seja possível a transmissão parcial da marca para produtos ou serviços afins".

[959] Neste sentido, cfr., entre outros, MARCO RICOLFI, «La circolazione del marchio», in: AA.VV., *Diritto industriale – proprietà intellettuale e concorrenza*, 2.ª ed., G. Giappichelli Editore, Torino, 2005, pp. 141 e s., GIAMPAOLO DALLE VEDOVE, *Circolazione del marchio e trasparenza del mercato*, CEDAM, Padova, 1997, p. 218 e MERCEDES CURTO POLO, «Articulo 47 – Transmisión de la marca», in: AA.VV., *Comentarios a la Ley de Marcas* (Rodríguez-Cano/Garcia-Cruces González), Editorial Aranzadi, Cizur Menor (Navarra), 2003, p. 752.

No sentido de admitir a cessão parcial mesmo para produtos afins, cfr., entre outros, VINCENZO DI CATALDO, *op. cit.*, p. 136, com fundamento na admissibilidade da licença não exclusiva.

Alguns autores, como é referido na nota seguinte, admitem a possibilidade de cessão parcial para produtos ou serviços afins desde que condicionada à adopção de meios idóneos para evitar o risco de confusão.

[960] Admitindo a cessão parcial para produtos ou serviços afins condicionada à adopção de medidas adequadas para evitar o risco de confusão, cfr. PAOLO AUTERI, «Cessione e licenza di marchio», in: *La riforma della Legge Marchi* (a cura di Gustavo Ghidini), CEDAM, Padova, 1995, pp. 102 e ss. Cfr. ainda GIUSEPPE SENA, *Il diritto...*, cit., p. 166, que reconsidera agora o problema à luz da actual admissibilidade de consentimento e dos chamados acordos de coexistência e, entre nós, LUÍS M. COUTO GONÇALVES, *Função distintiva*, cit., p. 191.

3.2.1.1.3. *Relevância da norma que estabelece a caducidade do registo das marcas que supervenientemente se tenham tornado deceptivas*

Como referimos *supra* a opção por um sistema misto ou livre é essencialmente de natureza político-jurídica, dado que no momento da inscrição da transmissão, exceptuando os poucos casos em que tal decorra de forma manifesta dos documentos da cessão, dificilmente se poderá detectar a deceptividade.

Isto significa que a previsão relativa à caducidade por engano superveniente da marca comum ao sistema misto e ao sistema da livre transmissibilidade assume o importante papel de determinar o cancelamento do registo de uma marca nesses casos.

Por outro lado, é precisamente neste tipo de situação que a norma tem sido invocada. Na verdade, os (poucos) casos que surgiram relativamente à deceptividade superveniente, num e noutro sistema, respeitam a marcas que, nalgum momento da sua vida, envolveram uma (ou mais) transmissões da mesma.

3.2.1.1.3.1. Nos sistemas de livre transmissibilidade

Nos sistemas de livre transmissibilidade, a cessão da marca não depara, como vimos, com nenhum requisito substancial. Todavia, graças à disposição que prevê a caducidade por deceptividade superveniente, são introduzidos limites à livre transmissibilidade[961], embora o controlo dessa transmissão seja efectuado *a posteriori*. Daí que neste tipo de sistema a questão incida sobretudo no esclarecimento da relação entre as duas normas, por outras palavras: em determinar se e até que ponto é possível a livre transmissão sem tornar o registo daquela marca susceptível de caducidade[962].

Nos casos de transmissão da marca sem o *goodwill* correspondente podem surgir problemas se o anterior titular da marca mantiver o *goodwill*[963].

---

[961] Cfr., para a situação actual do Reino Unido, entre outros, ALISON FIRTH/GARY LEA/PETER CONFORD, *Trade marks: law and practice*, 2.ª ed., Jordans, London, 2005, pp. 163 e s. e CHRISTOPHER MORCOM/ASHLEY ROUGHTON/JAMES GRAHAM/SIMON MALYNICZ, *op. cit.*, nm. 11.4, pp. 239 e s.

[962] KITCHIN, DAVID/LLEWELYN, DAVID/MELLOR, JAMES/MEADE, RICHARD/ MOODY-STUART, THOMAS/KEELING, DAVID, *Kerly's law...*, cit., p. 351, nm. 13-042.

[963] KITCHIN, DAVID/LLEWELYN, DAVID/MELLOR, JAMES/MEADE, RICHARD/MOODY-STUART, THOMAS/KEELING, DAVID, *Kerly's law...*, cit., pp. 353 e s., nms. 13-52 e ss.

Em França a questão foi já discutida nos tribunais. Referimo-nos ao caso «Inès de la Fressange»[964].

Inès de la Fressange, modelo e estilista francesa muito conhecida, registou várias marcas compostas pelo seu patronímico, que cedeu à sociedade Inès de la Fressange, da qual era trabalhadora (directora artística). Em 1999, as referidas marcas foram licenciadas pelos novos dirigentes da sociedade Inès de la Fressange.

A modelo e estilista Inès de la Fressange intentou judicialmente uma acção com vista à declaração da invalidade do contrato de cessão das marcas e, subsidiariamente, a caducidade do seu registo e também dos registos, entretanto efectuados, de marcas compostas pelo seu nome.

Em 17 de Setembro de 2004, o *Tribunal de Grande Instance de Paris* julgou procedente a invalidade. E, na sequência do recurso da decisão, a *Cour d'Appel de Paris*, em 15 de Dezembro de 2004, declarou, pela primeira vez, a caducidade das marcas em litígio por deceptividade superveniente[965].

Esta decisão viria, porém, a ser revogada pela *Cour de Cassation*, em 31 de Janeiro de 2006, que negou a caducidade, com fundamento no art. 1628 CC. De resto, a decisão da *Cour d'Appel* havia sido duramente criticada pela doutrina, não só pelos entraves que tal aplicação da norma levantaria à livre transmissibilidade das marcas – já que "seria suficiente que a pessoa célebre inicialmente proprietária da marca já não presida aos destinos da sociedade a quem ela a cedeu ou à confecção dos produtos respeitantes para que paire sobre o cessionário o fantasma de uma eventual caducidade da sua marca por deceptividade" e, portanto, "uma certa precariedade esperaria assim as marcas compostas por um nome de família, quando elas fossem regularmente transferidas pelo seu proprietário inicial, célebre portador do nome em causa"[966] –, mas também porque o cedente não podia requerer a declaração da caducidade de um registo de marca que ele voluntariamente cedeu, sob pena de violação do disposto no artigo 1628 CC francês[967].

No Reino Unido surgiu um problema idêntico no caso «Elizabeth Emanuel», que acabou por chegar ao Tribunal do Luxemburgo, como já tivemos oportunidade de referir *supra*.

---

[964] CA Paris 4e ch. A, 14 déc. 2004, Sté Inès de la Fressange c/Inès de la Fressange *apud* FABIENNE DAIZÉ, *op. cit.*, p. 124.
[965] JÉROME PASSA, *op. cit.*, p. 211.
[966] Neste sentido, cfr. FABIENNE DAIZÉ, *op. cit.*, pp. 124 e s.
[967] Cfr. JÉROME PASSA, *op. cit.*, p. 211.

A questão a resolver, no que respeita ao objecto da Parte II deste trabalho[968], incidia sobre a eventual deceptividade superveniente de uma marca patronímica (ELIZABETH EMANUEL)[969] após o titular do registo ter cedido a respectiva titularidade.

O *Hearing Officer* recusou o pedido de caducidade por considerar tratar-se de *lawful deception* e de uma consequência inevitável da venda da empresa e do *goodwill* que tem sido conduzido sob o nome próprio do titular[970]. A recusa foi mantida pela *Appointed Person*[971], na sequência do recurso intentado por Elizabeth Emanuel, que a justificou, não tanto com base na ideia de «lawful deception», mas antes no facto de a transmissão da empresa não acarretar a deceptividade intrínseca da marca[972].

Porém, o problema era mais complexo não por causa da simples mudança da titularidade da empresa, mas porque Elizabeth Emanuel invocava que a marca, em relação àqueles produtos, indicava, para uma parte

---

[968] Além desta questão, como tivemos oportunidade de referir *supra*, foi suscitada outra relativa à deceptividade originária de um sinal patronímico (Elizabeth Emanuel), cujo registo foi requerido, por evocar falsamente a participação de uma pessoa, com grande reputação, na criação dos produtos que se pretende assinalar. V. Parte I, Cap. I, § I., II., 1., 1.1.

[969] O referido patronímico corresponde, como já referimos, ao nome de uma criadora de moda – que granjeou muito prestígio, no Reino Unido, especialmente após ter sido contratada para conceber e realizar o vestido de casamento de *Lady* Diana Spencer –, que é a autora das duas acções que estão na base do litígio e com as quais pretendia a declaração de caducidade da marca registada e a recusa do pedido de registo mencionado.

[970] Decisão do *Hearing Officer* (M. Knight), de 17 de Outubro de 2002, proferida no processo BLO/424/02, in: *http://www.ipo.gov.uk/tm/t-decisionmaking/t-challenge/ t-challenge-decision-results*, esp. n.os 23 e 30, pp. 13 e 15, respectivamente.

[971] As decisões do *Hearing Officer* podem ser objecto de recurso para a *Appointed Person* (pessoas com vasta experiência em direito da propriedade intelectual, designadas pelo Lord Chancellor e que funcionam como um tribunal de apelação. A sua decisão, em regra, não é passível de recurso) ou para o *High Court*.
Neste caso, Elizabeth Emanuel apelou, em 16 de Fevereiro de 2002, para a *Appointed Person* e a parte contrária, em 4 de Março de 2003, requereu que a apelação fosse remetida para o *High Court*, não tendo esta pretensão obtido sucesso (v. Decisão da *Appointed Person* (David Kitchin QC), de 27 de Junho de 2003, proferida no processo BL O/196/03, in: *http://www.ipo.gov.uk/tm/t-decisionmaking/t-challenge/t-challenge-decision-results*).

[972] Decisão da *Appointed Person* (DAVID KITCHIN), de 16 de Janeiro de 2004, proferida no processo O/017/04, in: *http://www.ipo.gov.uk/tm/t-decisionmaking/t-challenge/ t-challenge-decision-results*, pp. 16 e s., nm. 43.

significativa do público, que ela continuava, pessoalmente, envolvida no desenho e fabrico daqueles produtos. Este dado impunha, na opinião da *Appointed Person*, a submissão de uma questão prejudicial ao Tribunal de Justiça para esclarecer se se deve entender que uma marca registada é susceptível de enganar o público no sentido do art. 12.°, n.° 2, al.ª *b*) se, por um período a seguir à transmissão juntamente com a empresa que produz os produtos a que ela respeita, o uso da marca em relação a esses produtos é susceptível de enganar o público levando-os a acreditar, contrariamente aos factos, que uma determinada pessoa tem estado envolvida no desenho e fabrico desses produtos[973].

Este caso, como já tivemos oportunidade de referir noutro local[974], gerou grande expectativa quanto à decisão judicial – a primeira do Tribunal de Justiça, diga-se, na matéria –, pois do respectivo sentido resultaria a possibilidade, ou impossibilidade, prática de transmitir marcas patronímicas: marcas cuja aquisição é apetecível precisamente por atraírem compradores dos produtos com base no prestígio do nome associado à marca, sendo já sabido que o Tribunal de Justiça excluiu a deceptividade (v. *infra* 3.2.1.1.3.2.).

O caso citado acabou por ser decidido pela *Appointed Person* (Professor Ruth Annand), em 3 de Novembro de 2006, no sentido de não considerar procedentes os pedidos de recusa do registo da marca «Elizabeth Emanuel» e de caducidade do registo da marca «ELIZABETH EMANUEL»[975].

---

[973] Decisão da *Appointed Person* (DAVID KITCHIN), de 16 de Janeiro de 2004, proferida no processo O/017/04, in: *http://www.ipo.gov.uk/tm/t-decisionmaking/t-challenge/ t-challenge-decision-results*, p. 20, nm. 53. Caso a resposta a esta questão não fosse francamente afirmativa, a *Appointed Person* indagava que outros elementos devem ser tomados em consideração para determinar se uma marca é propícia a induzir o público em erro no seguimento do uso feito pelo titular da marca ou com o seu consentimento e, assim, passível de caducidade nos termos do art. 12.°, n.° 2, al.ª *b*) DM e, em especial, se seria relevante que o risco de engano fosse susceptível de diminuir com o decurso do tempo.

[974] MARIA MIGUEL CARVALHO, «A cessão de marcas patronímicas e a proibição de deceptividade das marcas – Acórdão do Tribunal de Justiça (Terceira Secção) de 30.3.2006, Proc. C-259/04», in: *Cadernos de Direito Privado*, n.° 14, Abril/Junho 2006, p. 56. Cfr. também KITCHIN, DAVID/LLEWELYN, DAVID/MELLOR, JAMES/MEADE, RICHARD/MOODY-STUART, THOMAS/KEELING, DAVID, *Kerly's* ..., cit., p. 355, nm. 13-058.

[975] V. Decisão proferida no processo O/317/06, in: *http://www.ipo.gov.uk/tm/t-decisionmaking/t-challenge/t-challenge-decision-results*.

3.2.1.1.3.2. Nos sistemas mistos: coordenação com a proibição de engano da marca causado pela transmissão

Nos sistemas mistos, e em especial no Código da Propriedade Industrial português, para poder haver transmissão válida da marca é necessário que dessa não resulte susceptibilidade de induzir em erro o público, quer quanto à proveniência dos produtos ou serviços marcados, quer quanto aos caracteres essenciais para a sua apreciação pelo público.

A expressão que referimos é a que consta do nosso Código, não coincidindo integralmente nem com a do Regulamento sobre a marca comunitária, que se refere à marca que possa «induzir o público em erro, nomeadamente sobre a natureza, a qualidade ou a proveniência geográfica dos produtos ou serviços para os quais foi registada" (art. 17.º, n.º 4 do RMC), nem de resto com a norma italiana que é, todavia, a mais parecida (v. art. 23.º, n.º 4 do *CPIit.*).

Não obstante as diferentes redacções[976], parece-nos que todas se reconduzem essencialmente a um mesmo requisito que é a proibição

---

[976] Como tivemos oportunidade de referir noutro local («A transmissão da marca», *cit.*, pp. 208 e ss.), o RMC não suscita quaisquer dúvidas quanto ao carácter meramente exemplificativo do elenco do art. 17.º, n.º 4. O mesmo não se pode dizer, *prima facie*, da norma portuguesa, onde é referido que a transmissão é possível "se tal não for susceptível de induzir o público em erro quanto à proveniência do produto ou do serviço ou dos caracteres essenciais para a sua apreciação". No entanto, cremos que, atendendo ao conceito indeterminado utilizado («caracteres essenciais para a sua apreciação»), acabamos por chegar ao mesmo resultado, pois aí poderão caber a natureza, a qualidade, a proveniência geográfica ou outros aspectos que sejam susceptíveis de influenciar a decisão económica dos consumidores.

Repare-se ainda que a fórmula utilizada no RMC é mais coerente com a *ratio* do preceito – corolário do princípio da verdade – e com a que é adoptada noutras normas que se integram no mesmo. Referimo-nos à previsão do impedimento absoluto de registo de sinais enganosos e da caducidade do registo de marca supervenientemente deceptiva. Em todas essas disposições o legislador comunitário refere-se à susceptibilidade de induzir o público em erro, nomeadamente/por exemplo, sobre a natureza, qualidade ou a proveniência geográfica dos produtos ou serviços – v. arts. 7.º, n.º 1, al.ª *g*), 17.º, n.º 4 e 51.º, n.º 1, al.ª *c*) RMC.

No nosso Código, a redacção do art. 262.º, n.º 1 afasta-se da dos arts. 238.º, n.º 4, al.ª *d*) e 269.º, n.º 2, al.ª *b*).

Por outro lado, quer na legislação comunitária, quer na legislação nacional, o engano relevante é o que deriva da transmissão, mas no RMC essa previsão é mais clara ("devido a essa transmissão"). No art. 262.º, n.º 1 do CPI ela também está prevista, pois é afirmado que "os registos de marcas são transmissíveis *se tal* não puder induzir o público em erro

de indução do público em erro no que respeita a aspectos que sejam susceptíveis de influenciar o seu comportamento económico, o que, naturalmente, sucede quando estejam em causa caracteres essenciais para a sua apreciação do produto ou serviço marcado e que, muito frequentemente, têm a ver com a qualidade ou a proveniência geográfica dos produtos.

Além desta norma, existe, como temos insistentemente referido, outra – inserida, em termos sistemáticos, noutro plano da lei – que prevê a extinção do direito conferido pelo registo da marca por caducidade, quando pelo uso que tiver sido feito da marca pelo seu titular ou por terceiro com o seu consentimento, esta se tiver tornado susceptível de induzir o público em erro (deceptividade superveniente) – art. 269.°, n.° 2, al.ª b) do CPI e art. 51.°, al.ª c) do RMC.

Temos então de proceder à delimitação do âmbito normativo de cada uma delas, tendo, porém, presente que a disposição que prevê a extinção do direito conferido pelo registo da marca respeita a um evento superveniente ao registo. Isto significa que, no caso de transmissão da marca, temos de distinguir consoante essa respeite a uma marca registada ou a um pedido de registo de marca, pois, nesta última hipótese, não há lugar, evidentemente, à aplicação da norma que prevê a extinção dos direitos conferidos pelo registo da marca pelo simples facto de aquele ainda não existir[977]. Por conseguinte, a questão da coordenação das duas disposições normativas só surge quando estamos perante uma cessão de marca já registada. Centrando-nos nesta hipótese devemos atender à diferente *causa* do engano.

Com efeito, a norma que regula a transmissão da marca atribui a causa da susceptibilidade de induzir em erro o público à própria transmissão, enquanto que a disposição que estipula a caducidade do registo de marca que, posteriormente ao registo, se tornou enganosa, se refere ao uso

---

(...)" (itálicos nossos). A expressão «tal» refere-se à transmissão do registo da marca ou do pedido de registo de marca (*ex vi* art. 262.°, n.° 3 do CPI).

Finalmente, no RMC é estatuída de forma expressa a hipótese de sanação do impedimento pela limitação do registo aos produtos ou serviços para os quais a transmissão da marca não seja enganosa. O mesmo não sucede no nosso Código.

[977] Não obstante, esta hipótese tem de ser conjugada com a norma que regula a deceptividade originária da marca. Efectivamente, se se tratar de uma marca transmitida antes do registo, haverá lugar à aplicação dos impedimentos de registo, nomeadamente o impedimento absoluto de registo de sinais enganosos (v. *supra* Parte I).

que o titular da marca, ou alguém com o seu consentimento, tiver feito daquele sinal[978].

Por isso, como é referido nas Directrizes do IHMI[979], "(...) não se pode fazer especulações sobre o uso futuro da marca por parte do novo titular. Em particular, não pode tomar-se em consideração uma possível mudança na qualidade dos produtos vendidos sob a marca. Só há motivo para colocar objecções à inscrição da cessão *se a marca* pode induzir em erro *por si mesma* em relação com o novo titular" (itálicos nossos).

Assim, em princípio, se a causa da susceptibilidade da indução em erro estiver no acto da transmissão (*v.g.*, porque a marca contém uma referência à proveniência geográfica, susceptível de influenciar a escolha dos consumidores, e o novo titular vai produzir os produtos na sua fábrica localizada num diferente ponto geográfico), essa não é válida: é nula por violar uma disposição legal imperativa (art. 262.º, n.º 1 *ex vi* art. 294.º do CC), não produzindo efeitos *ab initio*, i.e., não se transmitindo a titularidade da marca.

Daqui decorre, à partida, que o registo da marca não será afectado, quer porque a titularidade se mantém no cedente, quer porque o pedido de averbamento da transmissão deverá ser recusado.

Todavia, em princípio, só haverá recusa de averbamento se tal resultar *manifestamente* dos *documentos que estabelecem a cessão.*

No caso do Regulamento sobre a marca comunitária, o art. 17.º, n.º 4 preceitua que só é relevante a susceptibilidade de indução em erro que se deduza manifestamente do documento comprovativo da cessão apresentado, juntamente com o pedido de inscrição da transmissão.

No Código da Propriedade Industrial não é estabelecida esta exigência[980]. Por isso, pergunta-se: nos casos em que não resulte de modo evidente

---

[978] No mesmo sentido, cfr. CARLOS FERNÁNDEZ-NÓVOA, *Tratado...*, cit., p. 537.

[979] V. n.º 4.4.7.1. das Directrizes relativas aos procedimentos perante o IHMI (marcas, desenhos e modelos), parte E, secção 4 – cessão, in: *http://oami.europa.eu/es/mark/marque/directives/e4.htm.*

[980] Em sentido diferente, cfr. JOSÉ MOTA MAIA, *op. cit.*, p. 473, que afirma: "infere-se do disposto no n.º 1 do artigo 262.º, em análise, que, se a transmissão da marca se fizer independentemente do fundo de comércio ou da empresa de que é acessório, e se for manifesto que essa transmissão induzirá o público em erro, como referido na mesma disposição, admite-se que o INPI recusará o registo da transmissão, salvo se os interessados aceitarem limitar o registo da marca aos produtos ou serviços em relação aos quais a marca não seja susceptível de induzir o público em erro (veja-se o n.º 4 do artigo 17.º do Regulamento (CE) N.º 40/94)".

dos documentos apresentados com o pedido de averbamento da cessão da marca que, por causa desta, haverá susceptibilidade de induzir o público em erro, o INPI deve proceder a uma investigação detalhada no sentido de determinar se se cumpre este requisito de validade da transmissão da marca?

Apesar de, à primeira vista, parecer defensável uma resposta afirmativa, dado que o INPI é um instituto público e, por isso, está sujeito às disposições do CPA, designadamente ao princípio do inquisitório (art. 56.º CPA), pensamos que, no caso em apreço, não deve ser esta a solução a aplicar, fundamentalmente por duas ordens de motivos[981].

Primeiro, por razões de ordem prática: se se exigisse a actuação do INPI mesmo nos casos onde não decorra de forma manifesta do documento comprovativo da transmissão da marca que a mesma é susceptível de induzir o público em erro, rapidamente se paralisaria a actividade daquele Instituto, com todas as desvantagens daí advenientes (nomeadamente, incapacidade de cumprimento das competências que lhe foram legalmente atribuídas). Por outro lado, como é que o INPI determinaria o objecto da inquirição?

Segundo, porque existem meios suficientes para postergar as marcas que escapem ao controlo do Instituto, designadamente por não resultarem de forma evidente do documento comprovativo da transmissão.

Nesta hipótese, a transmissão é nula por violação de disposição legal imperativa (art. 262.º, n.º 1 do CPI e art. 294.º do CC). Se o averbamento for efectuado, o mesmo deverá ser cancelado no seguimento da declaração judicial de nulidade da transmissão da marca.

Todavia, pode acontecer que, não obstante a entidade competente para o registo recusar o averbamento da transmissão, por considerar que aquela é susceptível de induzir o público em erro, o cessionário passe, de facto, a usá-la, com o consentimento do titular da marca (cedente).

Neste caso, a transmissão é nula por violar uma disposição legal imperativa, mas o sinal está a ser usado e é susceptível de induzir o público em erro. Aqui cremos que pode também revestir utilidade a norma que prevê a caducidade do registo por deceptividade superveniente[982].

---

[981] Seguimos de perto a exposição que fizemos em «A transmissão da marca», *cit.*, pp. 203 e ss.

[982] MARÍA TERESA ORTUÑO BAEZA (*La licencia de marca*, cit., p. 42) referindo-se ao art. 50.º, n.º 1, al.ª *c*) do RMC [actualmente art. 51.º, n.º 1, al.ª *c*) do RMC], afirma que este "desempenha o papel de segundo controlo a que se submetem as cessões de marcas que tenham superado o controlo do registo de acordo com o artigo 17.4 e que, portanto, foram registadas, assim como para aqueles contratos de cessão cuja inscrição tenha sido

Com efeito, a causa do engano está, originariamente, no acto de transmissão da marca, mas como ela está a ser usada por terceiro com o consentimento do titular da marca, a sanção da caducidade do registo é aqui inteiramente justificada pelo comportamento do titular da marca, se os pressupostos de que depende a sua aplicação estiverem preenchidos. Ainda assim, resta saber se é suficiente e se acarretará a proibição do *uso* da marca ou se, como julgamos, será necessário recorrer a uma acção judicial baseada em concorrência desleal, se estiverem preenchidos os respectivos pressupostos...

Outra situação em que pode ser aplicada a norma que sanciona, com a caducidade do registo, a deceptividade superveniente da marca respeita, naturalmente, à hipótese de, por causa da transmissão válida da marca, o cessionário – agora novo titular da marca – passar a usá-la, directamente ou por terceiro com o seu consentimento, de forma a que ela se torne deceptiva para o público. Neste caso, ele encontra-se na mesma posição em que estava o anterior titular da marca[983].

Como tivemos oportunidade de referir, a temática de que nos ocupamos, no que respeita à marca comunitária, foi já objecto de apreciação por parte do IHMI. Referimo-nos aos casos «Fiorucci»[984] e «Elio Fiorucci»[985].

A factualidade relativa ao primeiro caso, de forma sintetizada, consistiu no seguinte: em 20 de Fevereiro de 2001 foi registada, a favor da sociedade Edwin Co. Ltd., a marca comunitária n.º 367 250, composta pelo sinal «FIORUCCI» para assinalar produtos e serviços das classes 3.ª, 9.ª, 14.ª, 16.ª, 18.ª, 24.ª, 25.ª, 26.ª e 42.ª.

Em 3 de Fevereiro de 2003, Elio Fiorucci apresentou um pedido de declaração de caducidade contra o registo da marca referida, com fundamento em deceptividade superveniente (art. 51.º, n.º 1, al.ª *c*) do RMC).

---

recusada pelo registo, de acordo com o artigo 17.4 e que, não obstante, operaram à margem do registo".

[983] No mesmo sentido, MARÍA TERESA ORTUÑO BAEZA, «La disciplina...», *cit.*, pp. 1450 e s.

[984] V. a Decisão da Divisão de Anulação do IHMI, proferida no âmbito do procedimento de caducidade da marca comunitária «FIORUCCI» (n.º 000367250), em 23 de Dezembro de 2004, disponível para consulta no sítio: *http://oami.europa.eu/LegalDocs/ Cancellation/it/C000367250_418.pdf.*

[985] V. *supra* Parte I, Cap. I, § I., II., 1., 1.1.

Elio Fiorucci é um conhecido designer italiano que iniciou a sua actividade empresarial em 1967[986], tendo registado, em 1972, a primeira marca "FIORUCCI" em Itália, que cedeu, em 1976, à sociedade *Fiorucci S.p.A.*, da qual detinha acções correspondentes a 50% do capital social.

Nos anos seguintes, a referida sociedade obteve o registo de múltiplas marcas compostas pelo sinal "FIORUCCI" em Itália e no resto do mundo. Mas, na sequência de graves dificuldades financeiras, a sociedade *Fiorucci S.p.A.*, no âmbito de uma concordata, acabou por ceder, em 21 de Dezembro de 1990, à sociedade japonesa *Edwin Co. Ltd.* [*Edwin*], todas as marcas e outros sinais distintivos, patentes, modelos, etc.. No âmbito do contrato referido, *Elio Fiorucci* declarava-se disponível para continuar a colaboração criativa no âmbito do estilo e da imagem a favor do titular da marca. O que veio, efectivamente, a suceder, apesar de só ter auferido a remuneração convencionada durante um ano.

Mais tarde, as referidas marcas foram objecto de uma licença de uso concedida, primeiro, à sociedade *Sagittario* (mais tarde denominada, sucessivamente, *Fiorucci S.r.l.; Fiorucci S.p.A., Flash Milano S.r.l.*) e, em 1 de Janeiro de 1991, à *Galleria S.r.l.* Nestes contratos estava também prevista a colaboração de Elio Fiorucci.

Todavia, e apesar do estipulado, a participação activa de Elio Fiorucci foi ficando de lado, até ser totalmente despojado de poderes e/ou funções de controlo sobre o uso das marcas "FIORUCCI", de forma que, em 20 de Novembro de 2001, quando a sociedade *Edwin* concedeu uma licença da referida marca à sociedade *Sagittario/Fiorucci* já não surgia qualquer menção à colaboração de Elio Fiorucci.

Entretanto, Elio Fiorucci tomou conhecimento do registo como marcas comunitárias dos sinais «FIORUCCI» e «Elio Fiorucci» e, insatisfeito com a política empresarial adoptada pelo titular das marcas em apreço, interpôs dois procedimentos, junto do IHMI.

---

[986] A sua actividade esteve ligada à criação e comercialização de colecções de pronto-a-vestir destinadas a um público jovem e irreverente. Como é referido no n.º 19 da Decisão da Divisão de Anulação do IHMI, de 23 de Dezembro de 2004, proferida no procedimento de caducidade da marca em apreço, p. 11, "o auge da carreira de Elio Fiorucci coincide com as décadas de setenta e oitenta, anos em que, além da produção de vestuário, acessórios e objectos diversos, Elio Fiorucci se revela um homem da arte e da cultura, dando vida a múltiplas iniciativas, em Itália e no exterior, no campo da música, da moda (…) em geral. Distinguido com prémios e reconhecimentos, também promoveu actividades de beneficiência".

No que respeita à marca comunitária «FIORUCCI», requereu a declaração de caducidade do registo por deceptividade superveniente, alegando que o comportamento descrito *supra* originou uma significativa deterioração da qualidade dos produtos portadores daquelas marcas, vulnerando a imagem e o estilo dos mesmos e que a marca, usada para produtos e serviços que já não reflectiam a sua intervenção estilística, eram susceptíveis de induzir em erro o público quanto à natureza, qualidade e proveniência dos produtos e serviços.

Todavia, a Divisão de Anulação considerou inviável a pretensão de Elio Fiorucci uma vez que "dos actos em causa não emerge que a marca "FIORUCCI" transmita informações ao público dos consumidores respeitantes às características intrínsecas dos produtos ou à sua origem geográfica" e que "não resulta que o termo "FIORUCCI", de *per se*, dê indicações ao consumidor no que respeita à intrínseca natureza ou às características do produto, nem em relação à sua proveniência geográfica"[987]. Além disso, não foi provado que o público tenha sofrido qualquer engano quer pela cessação da colaboração do estilista, quer pela perda de controlo dos sub-licenciados.

A Decisão da 1.ª Câmara de Recurso, de 25 de Outubro de 2005, na sequência do recurso interposto por Elio Fiorucci, confirmou o entendimento da Divisão de Anulação[988].

No que respeita ao segundo procedimento relativo à marca comunitária «ELIO FIORUCCI», e cuja factualidade descrita é idêntica à que foi indicada a propósito da marca «FIORUCCI», estava também em discussão o cancelamento do registo, com fundamento, além da caducidade por deceptividade superveniente, em nulidade por violação do direito ao nome.

A Divisão de Anulação considerou verificar-se o último fundamento referido e, por isso, nem chegou a analisar a eventual deceptividade superveniente da marca, embora não fosse de esperar uma mudança relativamente à decisão proferida no âmbito do procedimento relativo à marca comunitária «FIORUCCI».

---

[987] V. Decisão da Divisão de Anulação do IHMI, proferida no âmbito do procedimento de caducidade da marca comunitária «FIORUCCI», em 23 de Dezembro de 2004, *cit.*, p. 10, n.16.

[988] V. Decisão da 1.ª Câmara de Recurso do IHMI, proferida em 25 de Outubro de 2005, no âmbito do procedimento R 0207/2005-1, in: *http://oami.europa.eu/LegalDocs/BoA/2005/it/R0207_2005-1.pdf.*

Por exorbitar manifestamente do objecto do nosso estudo não vai ser aqui analisada a bondade das decisões da Divisão de Anulação no que respeita à violação do direito ao nome e da 1.ª Câmara de Recurso, de 6 de Abril de 2006[989], nem o Acórdão do TPI, de 14 de Maio de 2009, proferido no âmbito deste processo que anulou a decisão da 1.ª Câmara de Recurso referida na medida em que contém um erro de direito na interpretação do art. 8.°, n.° 3 do *CPIital*.[990]

### 3.2.1.1.3.3. Considerações conclusivas

Em todas as decisões que acabamos de referir estavam em causa situações em que tinha havido *transmissão* de marca, embora a deceptividade decorresse, não do acto de transmissão, mas de factos supervenientes ao mesmo. Além disso, e não por acaso, os problemas foram suscitados por cessões de marcas *patronímicas* correspondentes ao que se tem designado de *marcas de criadores de gosto e da moda*.

Afirmamos que tal ocorreu «não por acaso» porque, e na sequência do que referimos *supra*, a transmissão deste tipo específico de marcas suscita (*rectius*, pode suscitar), no que respeita à deceptividade superveniente, um particular problema quanto à conjugação da possibilidade de transmitir a marca com o limite derivado da proibição de engano (superveniente) dos consumidores.

Para ser possível que o registo de marcas deste tipo fique sujeito à declaração de caducidade por deceptividade superveniente têm, naturalmente, de estar preenchidos os pressupostos da previsão normativa em apreço. Tal implica, nomeadamente, que se determine se o consumidor pode ser induzido em erro por uma marca composta pelo nome de um conhecido estilista[991] no sentido de acreditar que aquele produto foi criado

---

[989] V. Decisão da 1.ª Câmara de Recurso, de 6 de Abril de 2006, proferida no procedimento R 0238/2005-1 (in: *http://oami.europa.eu/LegalDocs/BoA/2005/it/R0238_2005-1.pdf*).

[990] Acórdão do TPI (5.ª Secção), de 14 de Maio de 2009, proferido no âmbito do proc. T-165/06, que opôs Elio Fiorucci ao IHMI, ainda não publicado mas disponível no sítio da Internet: *http://curia.europa.eu/jurisp/cgi-bin/form.pl?lang=pt*. V. ainda *supra* Parte I, Cap. I., § I., II., 1., 1.1.

[991] Este primeiro aspecto refere-se à existência de uma marca *intrinsecamente* deceptiva ou, para quem o admita, à diminuição (significativa e não comunicada ao público) da qualidade (ou outras características relevantes) dos produtos assinalados com a referida marca. Dado que em nenhum dos casos foi discutida a questão da diminuição da

e/ou concebido por aquela pessoa, se existe um risco suficientemente grave (ou sério) de erro e se este tipo de engano é relevante para a aplicação da norma.

Importa, pois, determinar se este tipo específico de marcas – constituído pelo nome de uma pessoa (muito conhecida como criador de roupas) – pode, *por si só*, levar o público a pensar que os produtos assinalados (vestuário), provêem de uma empresa em que participa o estilista cujo nome surge na marca e/ou que os mesmos revestem uma determinada qualidade.

Porém, e além disso, é ainda necessário que exista um risco *suficientemente grave* de engano (v. *infra* 4.).

Ora, em todas as decisões referidas a linha seguida – unívoca e em sentido negativo – foi idêntica à que foi já declarada pelo Tribunal de Justiça, no âmbito do caso «Elizabeth Emanuel», e de acordo com a qual "o titular de uma marca que corresponde ao nome do criador e primeiro fabricante dos produtos que ostentam essa marca não pode, *devido apenas a esta particularidade*, ser privado dos seus direitos com o fundamento de que a referida marca induz o público em erro, na acepção do artigo 12.º, n.º 2, alínea b), da Directiva 89/104, especialmente quando o fundo de comércio associado à referida marca tenha sido cedido com a empresa que fabrica os produtos que a ostentam" (itálicos nossos)[992].

A resposta negativa, comum a todos os casos decididos, de forma quase velada[993] – a que não será alheio o «constrangimento» relativamente à teoria das funções jurídicas da marca – assenta, precisamente, na ideia da *lawful deception*, ou seja, de que esse engano, por um lado, é inevitável, mas, por outro lado, desaparece com o tempo e de que o consumidor médio tem consciência que este tipo de marcas é objecto de contratos de transmissão e está familiarizado com a prática do *merchandising*.

Para além do que acaba de ser referido, as marcas compostas pelo nome de criadores de moda muito conhecidos podem originar um outro problema que tem a ver com a eventual relevância, para efeitos de aplica-

---

qualidade dos produtos marcados, e atendendo ao entendimento *supra* referido (v. 2.1.), vamos deter-nos unicamente sobre a *deceptividade intrínseca*.

[992] V. n.º 2 da parte decisória do Acórdão do TJ, de 30 de Março de 2006, proferida no proc. C-259/04 (*Col.* 2006-3 (B), pp. I-3110 e ss.).

[993] Sendo a excepção a este carácter velado as decisões do IHMI citadas a propósito do caso «Fiorucci».

ção da norma em apreço, da susceptibilidade de indução em erro quanto à proveniência empresarial[994].

Sem adiantar muito sobre o ponto, que será referido *infra* de forma mais detalhada[995], sempre se dirá que a partir do momento em que se admite a transmissão destes sinais e, inclusivamente, a transmissão parcial da marca, sem cuidar do eventual risco de erro quanto à proveniência empresarial, não se pode, mais tarde, permitir que o titular originário do sinal possa impedir o terceiro, com quem negociou, de o usar, com o referido fundamento, já que isso feriria os mais elementares princípios do Direito, constituindo um *venire contra factum proprium*[996].

### 3.2.2. *Actuação indirecta do titular do registo de marca: o uso por terceiro com o consentimento do titular*

A utilização indirecta da marca em sentido lato respeita à utilização deste sinal por parte de um sujeito diferente do titular, mas que lhe apro-

---

[994] Por isso, entendemos não ser inteiramente correcta a fundamentação invocada no procedimento de caducidade da marca comunitária «FIORUCCI», que parece cingir o âmbito de aplicação da norma em causa às hipóteses em que a marca transmita informações ao público dos consumidores em relação às *intrínsecas características dos produtos ou à sua origem geográfica* (v. n.º 16 da Decisão da Divisão de Anulação do IHMI, de 23 de Dezembro de 2004, *cit.*, consultada no sítio: *http://oami.europa.eu/LegalDocs/BoA/ 2005/it/R0238_2005-1.pdf*). Com efeito, a referida decisão parece confundir dois aspectos da aplicação da norma que prevê a caducidade do registo com fundamento em deceptividade superveniente. Um respeita ao carácter intrínseco à marca do engano (e que já referimos *supra*, v. 2.). Outro concerne à determinação do engano relevante, designadamente à luz do elenco exemplificativo adoptado na norma.

Na nossa opinião nos casos de marcas de criadores de gosto e de moda o eventual risco de engano resulta da composição do próprio sinal, muito embora tal não seja suficiente para se considerar, sem mais, aplicável a caducidade do registo se ocorrer a sua transmissão e se mais tarde o titular do patronímico deixar de ter ligações com o titular da marca. Para que tal possa suceder será necessário não só que o erro quanto à proveniência empresarial seja relevante (v. *infra* 6.), como que se verifique um risco *suficientemente grave* de engano, o que, atendendo ao que é referido no texto, dificilmente sucederá.

[995] O problema será analisado, de forma mais detalhada, *infra* a propósito da determinação do carácter taxativo ou exemplificativo da enumeração da norma (v. 6.).

[996] No mesmo sentido, v. o n.º 39 das conclusões apresentadas pelo advogado-geral DAMASO RUIZ-JARABO COLOMER, em 19 de Janeiro de 2006, no âmbito do processo «Elizabeth Emanuel», proc. C-259/04 (*Col.* 2006-3 (B), pp.I-3092 e ss.). No mesmo sentido, cfr., entre outros, FABIENNE DAIZÉ, *op. cit.*, pp. 124 e s. e JÉROME PASSA, *op. cit.*, pp. 211 e s.

veita (*v.g.*, para evitar a caducidade por falta de uso). É o que pode acontecer quando a marca é usada no âmbito de um grupo de sociedades[997].

Atendendo em especial às alterações verificadas no que respeita aos modos de produção e de distribuição dos produtos ou prestação de serviços já referidos *supra*[998], compreende-se que a caducidade do registo possa ser declarada quando a utilização da marca não seja realizada directamente pelo titular do registo mas, indirectamente, através de um terceiro a quem o titular do registo tiver consentido o uso, se por causa dele, a marca se tiver tornado deceptiva.

O caso mais frequente, na prática, respeitará ao uso da marca por licenciados. Vamos por isso analisá-lo[999].

### 3.2.2.1. A hipótese de licença de marca

O contrato pelo qual o titular[1000] de uma marca registada[1001] (licenciante) autoriza a outra pessoa (licenciado) o uso desta, durante um certo período de tempo[1002] e normalmente mediante retribuição, suscita alguns problemas no que tange à susceptibilidade de engano dos consumidores.

Com efeito, mais do que na cessão de marca, uma vez que pelo contrato de licença não é transmitida a titularidade da marca[1003], podem sur-

---

[997] Para maiores desenvolvimentos sobre as marcas de grupo, cfr. PRISCILLA PETTITI, *Il marchio di gruppo*, Giuffrè, Milano, 1996.

[998] V. Introdução, III.

[999] Não nos referiremos à utilização da marca por usufrutuário porque tal implicaria uma análise da natureza jurídica do direito de marca e da possibilidade de direitos reais sobre bens incorpóreos que excede, manifestamente o âmbito do nosso estudo.

[1000] Sobre a legitimidade para celebrar com terceiros contratos de licença de marca de quem não sendo titular do direito de marca tem direitos de uso sobre a mesma, cfr. ANTONIO RONCERO SÁNCHEZ, *El contrato de licencia de marca*, Civitas, Madrid, 1999, pp. 187 e ss.

[1001] O contrato de licença pode também incidir sobre um pedido de registo de marca ou até sobre uma marca não registada. Sobre a possibilidade de licença de marca livre (marca não registada), cfr., entre outros, ANTONIO RONCERO SÁNCHEZ, *op. cit.*, pp. 197 e ss. e MARIA TERESA ORTUÑO BAEZA, «Contratos ligados a la propiedad industrial. Licencia de marca. Franquicia», in: *Contratos internacionales* (Dirs. Alfonso L. Calvo Caravaca/Luís Fernández de la Gándara; Coord. Pilar Blanco-Morales Limones), Editorial Tecnos, Madrid, 1997, pp. 1512 e s.

[1002] Embora possa, tal como o registo da marca, durar indefinidamente.

[1003] Como MARIA TERESA ORTUÑO BAEZA sublinha, "a partir das definições de carácter amplo, parece clara a diferença entre o contrato de licença e o de cessão de marca"

gir aqui problemas de deceptividade causados pelo uso do mesmo sinal por pessoas diferentes. Designadamente, pode-se colocar a questão de (poder) existir engano quanto à proveniência empresarial dos produtos ou serviços assinalados com a mesma marca e/ou quanto à qualidade dos produtos ou serviços marcados.

Se atendermos ao facto de, tradicionalmente, se ter reconhecido como única função da marca tutelada juridicamente a de indicação da origem empresarial, entendida em sentido estrito[1004], fácil será intuir as dificuldades que a admissibilidade desta figura negocial suscitou, na senda, aliás, do que sucedia com o sistema de transmissão da marca já referido *supra*[1005].

### 3.2.2.1.1. *A proibição de engano dos consumidores como fundamento da inadmissibilidade da licença de marca*

Como acabamos de referir, são fundamentalmente dois os riscos que podem existir para o consumidor por causa da licença de marca. Por um lado, uma vez que circulam produtos (ou são prestados serviços) assinalados com uma mesma marca, mas provenientes de empresas diferentes, existe o perigo de engano quanto à origem empresarial. Por outro, mesmo que o primeiro não releve[1006], poderá existir engano quanto à qualidade dos produtos ou serviços assinalados com a mesma marca.

---

mas, acrescenta que "esta diferença entre ambas as figuras que parece tão clara na teoria pode não o ser tanto na prática" (*La licencia…*, cit., p. 168). Sobre estas aproximações e diferenças, cfr. ainda KENETH L. PORT/JAY DRATLER, JR/FAYE M. HAMMERSLEY, ESQ./ /TERENCE P. MCELWEE/CHARLES R. MCMANIS/BARBARA A. WRIGLEY, *Licensing intellectual property in the information age*, 2.ª ed., Carolina Academic Press, Durham, North Carolina, 2005, p. 9.

[1004] Sobre este entendimento, cfr. LUÍS M. COUTO GONÇALVES, *Função distintiva*, cit., pp. 25 e ss. e *infra* § III.

[1005] No mesmo sentido, ANTONIO RONCERO SÁNCHEZ, *op. cit.*, pp. 53 e ss.

Este dado foi, especialmente, acentuado pela doutrina e jurisprudência norte-americanas. Apesar de o *Trade Marks Act* de 1905 não conter nenhuma previsão relativa à licença, atendendo à função jurídica da marca, a licença era proibida "excepto se incidental relativamente a uma transmissão da empresa ou property em conexão com a qual ela era usada" (Macmahan Pharmacal Co. V. Denver Chemical Co, 113 F, 468, 474-475 (8 th Cir. 1901), *apud* NEIL J. WILKOF/DANIEL BURKITT, *Trade mark licensing*, Sweet & Maxwell, London, 2.ª ed., 2005, p. 79, esp. nota 7 e J. MCCARTHY, *op. cit.*, § 18:39, p. 18-60, nota 2).

[1006] A relevância deste tipo de erro será analisada *infra* (v. 3.2.2.1.3.).

O entendimento em sentido estrito da função indicadora da origem empresarial dos produtos ou serviços marcados impediu, durante muito tempo, a admissibilidade dos contratos de licença de marca, uma vez que isso implicava aceitar que fossem colocados no mercado produtos ou serviços assinalados com a mesma marca, embora provenientes de empresas diferentes[1007].

Todavia, necessidades práticas obrigaram a uma reconsideração do problema[1008-1009]. Importava, pois encontrar uma forma de admitir o contrato de licença de marca. O expediente utilizado, como veremos, foi exigir o controlo pelo licenciante da natureza e da qualidade dos produtos ou serviços do licenciado, assinalados com a marca licenciada, de forma a assegurar ao consumidor que, fosse quem fosse que produzisse o produto marcado, aquele teria a sua qualidade controlada por uma única entidade. A admissibilidade da licença de marca, a par de outros factos, contribuiu, por conseguinte, para um novo entendimento da função indicadora da origem empresarial[1010] e até mesmo para uma nova teoria das funções jurídicas da marca, que referiremos *infra* (§ III.).

---

[1007] Entre nós, cfr. JOSÉ GABRIEL PINTO COELHO, «O problema da admissibilidade da "licença" em matéria de marcas» in: *RLJ*, ano 94.°, n.ºs 3208, 3209, 3210, pp. 289, 305, 321, respectivamente.

[1008] JOSÉ GABRIEL PINTO COELHO, «O problema da admissibilidade...», *cit.*, n.° 3210, p. 323.

[1009] Sobre as vantagens que a licença proporciona quer ao licenciante (sobretudo o interesse pecuniário ligado às *royalties*; a expansão para outros mercados geográficos e o incremento da notoriedade do sinal), quer ao licenciado (que aproveita a notoriedade da marca, poupando nos custos de desenvolvimento e divulgação de marca própria), cfr., entre outros, STEPHEN P. LADAS, *op. cit.*, pp. 1127 e s.; ALBERTO CASADO CERVIÑO, «Relieve del controle en la licencia de marca», in: ADI, Tomo IX, 1983, p. 126 e, entre nós, CARLOS OLAVO, «Contrato de licença de exploração de marca», in: *ROA*, ano 59, I, 1999, p. 93.

[1010] Entre nós, LUÍS M. COUTO GONÇALVES (*Função distintiva*, cit., p. 224) defende que "a função distintiva da marca já não significa, necessariamente, a garantia de uma origem *empresarial*, (empresa única, sucessiva ou controlada, à qual se ligam os produtos ou serviços marcados), mas significa, sempre, a garantia de uma origem *pessoal* (pessoa à qual se atribui o *ónus* pelo uso não enganoso dos produtos ou serviços marcados).

A função distintiva da marca é, hoje, mais ampla e pode ser assim *redefinida*:

*A marca, para além de indicar, em grande parte dos casos, que os produtos ou serviços provêm sempre de uma empresa ou de uma empresa sucessiva que tenha elementos consideráveis de continuidade com a primeira (no caso de transmissão desvinculada) ou ainda que mantenha com ela relações actuais de natureza contratual e económica (nas hipóteses da licença de marca registada usada ou da marca de grupo, respectivamente),*

A outra causa de engano da licença radicaria na possibilidade de os produtos ou serviços distinguidos com a mesma marca revestirem qualidade diferente. Mais uma vez, o expediente utilizado para contornar este problema foi a exigência do controlo pelo licenciante da natureza e da qualidade dos produtos ou serviços assinalados pelo licenciado[1011].

O recurso a este expediente é fácil de entender. Como tivemos oportunidade de referir noutro estudo[1012], quando o titular da marca explora ele próprio este sinal, por força das regras inerentes a um mercado de livre concorrência, é do seu interesse não proceder a alterações (pelo menos não proceder a alterações significativas), no sentido de diminuir a qualidade dos produtos (ou serviços) em que utiliza aquela marca. Nesta medida, o interesse do titular da marca coincide com o interesse do público consumidor em não ser enganado, designadamente, quanto à qualidade dos produtos (ou serviços) que adquire, com base em experiências anteriores positivas em relação a determinadas marcas, ou às ideias de prestígio e qualidade veiculadas por formas diversas.

Quando o titular da marca a licencia pode acontecer que o interesse imediato dos licenciados – a obtenção do maior lucro possível – os faça "cair em tentação"[1013], procurando aumentar os proveitos pela diminuição da qualidade dos produtos, que prejudica o interesse do licenciante – que vê o seu bom nome, o *goodwill* da sua marca afectado –, mas prejudica, igualmente, os consumidores, que adquiriram o produto ou serviço marcado, por julgarem que aquele – por ser assinalado com *aquela* marca –, revestia determinadas características, sendo, desta forma, defraudados.

Atendendo a esta necessidade de tutela dos interesses do licenciante, é pacífico o *direito* que este tem de controlar a natureza e a qualidade dos produtos (ou serviços) do licenciado, distinguidos com a marca licenciada. Mas mais do que isso, e desta feita considerando o interesse dos consumidores em não serem induzidos em erro, chega-se mesmo a defender a existência de uma verdadeira *obrigação* do licenciante proceder a este controlo.

---

*também indica, sempre, que os produtos ou serviços se reportam a um sujeito que assume em relação aos mesmos o ónus pelo seu uso não enganoso*".

[1011] MARÍA TERESA ORTUÑO BAEZA (*La licencia...*, cit., p. 274) afirma que foi o exercício do controlo pelo licenciante sobre a actuação do licenciado o mecanismo através do qual a doutrina foi admitindo a validade da concessão de licenças sobre a marca, bem como a sua celebração com carácter não exclusivo.

[1012] MARIA MIGUEL CARVALHO, *Merchandising...*, cit., p. 268.

[1013] CARLOS FERNÁNDEZ-NÓVOA, *Tratado...*, cit., p. 550.

Como veremos em seguida, inicialmente, alguns ordenamentos jurídicos previam expressamente a obrigação de controlo como condição de validade dos acordos de licença. Noutros, apesar de não estar expressamente prevista na lei essa obrigação, a mesma era reivindicada pela doutrina e/ou jurisprudência.

No âmbito do direito comunitário, quer a Directiva de marcas, quer o Regulamento sobre a marca comunitária prevêem a licença de marca sem estabelecer expressamente a referida obrigação do licenciante controlar a qualidade dos produtos ou serviços assinalados com a sua marca pelo licenciado e esta orientação influenciou a regulamentação da matéria nos Estados-membros que, de uma forma geral[1014], também não a prevêem expressamente. Está, no entanto, consagrada a possibilidade de declarar a caducidade do registo de marca que se tenha tornado deceptiva, após o registo, no seguimento do uso feito da mesma pelo titular ou *por terceiro com o seu consentimento*.

Para melhor compreendermos a importância da norma que prevê a caducidade por deceptividade superveniente, vamos, em primeiro lugar, analisar como é que a obrigação de controlo foi (ou é) prevista como requisito de admissibilidade da licença. Em seguida, e porque, na maioria dos ordenamentos jurídicos, a admissibilidade da licença de marca já não é contestada, vamos averiguar, atendendo em especial ao sistema instituído no plano comunitário, *et pour cause* nos ordenamentos jurídicos dos Estados-membros, se (e, sendo o caso, como) a obrigação de controlo surge como requisito para a manutenção do direito de marca.

### 3.2.2.1.2. *O controlo da natureza e da qualidade dos produtos ou serviços do(s) licenciado(s) pelo licenciante como requisito de validade do contrato de licença de marca*

De algumas das primeiras leis que admitiram o contrato de licença de marca decorria, como dissemos, que a sua validade dependia da observância, por parte do licenciante, de uma obrigação de controlar a natureza e a qualidade dos produtos ou serviços assinalados, com a sua marca, pelo licenciado.

Referimo-nos, em especial, à legislação de marcas do Reino Unido e dos EUA, que – com o objectivo de se adaptarem às práticas negociais

---

[1014] A excepção, como será referido *infra*, respeita ao ordenamento jurídico italiano (v. 3.2.2.1.2.).

que estavam a forçar os Tribunais a aceitar, em determinadas condições, os acordos de licenças de marca – se afastaram das disposições da *common law* e, respectivamente, do *Trade Marks 1905* e do *Act of February 20, 1905* e passaram a admiti-los com a condição de existir um controlo, pelo licenciante, da natureza e da qualidade dos produtos ou serviços assinalados com a marca em questão pelo licenciado. A concretização desse requisito foi, porém, diferente num e noutro ordenamento jurídico[1015].

No que respeita ao Reino Unido, o § 28 do *Trade Marks Act* de 1938 instituiu o sistema conhecido como *registered user*.

> De acordo com este sistema, o titular da marca e a pessoa que se pretendia inscrever como *registered user* deviam requerê-lo, por escrito, ao director do Registo devendo, para esse efeito, juntar uma declaração do titular ou de uma pessoa autorizada para actuar em seu nome. Além disso, deviam prestar informações, designadamente sobre a relação que existia entre ambos, o uso autorizado, o controlo que o licenciante pretendia exercer, etc.
>
> Se a entidade competente para o registo, mediante a informação que lhe fosse disponibilizada, considerasse que o uso da marca pelo *registered user* contrariaria o interesse público recusava a inscrição[1016].
>
> Como a doutrina destacava, o registo era autorizado, pelo menos, em três casos específicos: quando o titular controlava o uso (especialmente, se o usuário fosse uma sociedade-filha da empresa titular), quando os produtos assinalados eram fabricados sob licença de patente do titular; e quando um acordo entre as partes prescrevesse *standards* de qualidade para os produtos marcados[1017].

Todavia, mesmo na hipótese de não ter sido solicitada a inscrição como *registered user*, a doutrina acabou por defender que o contrato de

---

[1015] Como é referido *infra*, apenas no *Trade Marks Act* (1938) do Reino Unido estava previsto um *exame* da marca, a realizar no momento da apresentação do pedido de registo da licença, relativamente à (in)existência de alguma cláusula contratual que estabelecesse a obrigação de controlo.

[1016] O mesmo sucederia se entendesse que existia *trafficking* da marca (§ 28 (5) e (6)), isto é, se a marca fosse negociada como bem autónomo, e sem ter fundamentalmente em vista a identificação da mercadoria em que o titular da marca estava interessado (T. A. BLANCO WHITE/ROBIN JACOB, *Kerly's...*, cit., p. 258, nm. 13-30).

[1017] Cfr. T. A. BLANCO WHITE/ROBIN JACOB (*Kerly's...*, cit., p. 258, nm. 13-31) que acrescentam que "presumivelmente estes três tipos de controlo são igualmente apropriados para marcas de serviços".

licença poderia ser considerado válido na condição de se provar que não havia engano dos consumidores[1018-1019].

Com o *Trade Marks Act* de 1994 a filosofia subjacente à regulamentação desta matéria mudou consideravelmente[1020]: o requisito da inscrição no registo mantém-se, mas a sua finalidade já não tem a ver com o controlo de qualidade adequado para evitar o engano do público[1021], mas sim com a publicitação da existência do contrato de licença.

Relativamente ao direito norte-americano, como tivemos oportunidade de referir, o *Trade Marks Act* de 1905 não regulava a licença. Porém, quer a doutrina, quer a jurisprudência defendiam que os contratos de licença só poderiam ser admitidos com a transmissão da empresa titular da marca.

Atendendo às necessidades da realidade económica e à ideia de que a marca desempenhava uma função indicadora da qualidade[1022], esta exigência foi sendo interpretada, a partir da década de '30 do séc. XX, de forma cada vez mais flexível, passando a admitir-se a licença se o licen-

---

[1018] No caso «Bostitch», (in: *Reports of patent, design and trade mark cases*, 1963, n.º 8, pp. 183 e ss.) o tribunal teve de decidir o que acontecia quando o licenciado, apesar de poder ser inscrito como *registered user*, não o tivesse sido, tendo declarado que o acordo de licença era válido. Para maiores desenvolvimentos sobre este caso, cfr. T. A. BLANCO WHITE/ROBIN JACOB, *Kerly's...*, cit., pp. 254 e s., nm. 13-24.

[1019] A inscrição no registo como *registered user*, por um lado, não era condição de validade do acordo de licença, como referimos no texto e, por outro lado, não correspondia (nem podia corresponder) a uma garantia pelo Registo que o titular exercesse, de facto, o controlo do uso da marca (cfr. WHITE/ROBIN JACOB, *Kerly's...*, cit., p. 258, nm. 13-31). Não obstante, a inscrição como *registered user* permitia ao titular da marca retirar algumas vantagens, designadamente, do uso efectuado pelo *registered user* para o efeito de evitar a caducidade do registo da marca por falta de uso.

[1020] Relativamente à mudança de filosofia do TMA'94, cfr., entre outros, CHRISTOPHER MORCOM/ASHLEY ROUGHTON/JAMES GRAHAM/SIMON MALYNICZ, *op. cit.*, p. 241 nm. 11.8; DAVID KITCHIN/DAVID LLEWELYN/JAMES MELLOR/RICHARD MEADE/THOMAS MOODY-STUART/DAVID KEELING, *Kerly's Law...*, cit., nm. 13-086, p. 361.

[1021] No que respeita à manutenção, ou não, da exigência do controlo v. a referência ao caso «Scandecor» *infra* 3.2.2.1.3. e 6.

[1022] Atribuindo esta ideia a um equívoco, cfr. KEVIN PARKS, «"Naked" is not a four-letter word: debunking the myth of the "quality control requirement" in trademark licensing», vol. 82 *TMR* (1992), pp. 531 e ss. Este autor defende que o artigo de SCHECHTER («Rational basis of trade-mark protection», in: *Harvard Law Review*, vol. 40, pp. 813 e ss., reimpresso em 60 *TMR* (1970), pp. 334 e ss.), habitualmente indicado como fonte desta função de garantia de qualidade, não foi entendido correctamente.

ciante controlasse a qualidade dos produtos/serviços oferecidos pelo licenciado sob a marca licenciada[1023].

Esta prática explica por que é que com o *Lanham Act* (1946) passou a ser admitida a licença de marca, desde que o licenciante controlasse a qualidade dos produtos ou serviços assinalados com a referida marca pelo licenciado. Todavia, essa previsão não está formulada expressamente na referida lei, já que em nenhum preceito se refere «licença», «licenciado» ou «licenciante»[1024], resultando antes da interpretação que a doutrina e a jurisprudência fazem dos §§ 5 e 45[1025].

Com efeito, o § 45[1026] define «related company» como qualquer pessoa cujo uso da marca é controlado pelo titular da marca em relação à natureza e à qualidade dos produtos ou serviços em relação aos quais a marca é usada[1027] e a doutrina entende que o licenciado, cujos produtos ou serviços são submetidos ao controlo da qualidade pelo licenciante, é considerado *related company*, o mesmo sucedendo nos acordos celebrados no âmbito de grupos de sociedades.

Por outro lado, o § 5[1028] preceitua que quando uma marca registada (ou um pedido de registo de marca) é ou pode ser usada legitimamente[1029]

---

[1023] Cfr. J. THOMAS MCCARTHY (*op. cit.*, vol. II, § 18:39, pp. 18-61 e s.) que refere várias decisões jurisprudenciais em que foram admitidas licenças de marcas.

[1024] ALBERTO CASADO CERVIÑO, «La licencia de marca en el derecho norteamericano: el requisito del control», extracto de la tesis doctoral, Universidad de Santiago de Compostela (Facultad de Derecho), Santiago de Compostela, 1983, p. 13. No mesmo sentido, cfr., entre outros, NEIL J. WILKOF/DANIEL BURKITT, *op. cit.*, p. 78, nm. 5-01.

[1025] As normas referidas são complementadas pelo § 33 *Restatement (Third) of Unfair Competition*.

[1026] 15 USC § 1127.

[1027] ALBERTO CASADO CERVIÑO («Relieve del controle en la licencia de marca», cit., p. 128), referindo-se à § 45 *Lanham Act*, afirma que "em virtude desta disposição uma «Related Company» é aquela pessoa que controla não o uso da marca, mas a natureza e qualidade dos produtos ou serviços sobre os quais se usa a marca. Em consequência, e em conformidade com a secção 45 da Lei, não é preciso controlar a marca *per se*, mas apenas a natureza e a qualidade dos produtos ou serviços (…)"..

[1028] 15 USC § 1055.

[1029] Mas alguns autores entendiam que estes acordos não só iam contra a teoria da função indicadora de origem, como, através dos mesmos, poderiam infringir-se as disposições norte-americanas reguladoras da livre concorrência. Para responder a estas críticas foi introduzida, na versão final dos §§ 5 e 45, a palavra «legitimamente» que não aparecia nos projectos elaborados desde 1938. Mas, com a reforma de 1988, este termo desapareceu do § 45 por se considerar redundante em relação ao estabelecido no § 5.

por *related companies*, tal uso reverterá a favor do titular (ou do requerente) do registo, e não afecta a validade da referida marca ou do seu registo, sempre que a mesma não seja usada de modo a enganar o público.

A licença de marca que opera sem o controlo, pelo licenciante, da natureza e da qualidade dos produtos (ou serviços) assinalados com a referida marca pelo licenciado equivale à chamada *naked license* e pode levar ao "abandono" da marca (§ 14[1030]), e, subsequente, cancelamento do registo (§ 45[1031])[1032].

Não obstante, quer a doutrina mais recente, quer a jurisprudência[1033] têm exigido uma maior flexibilização do requisito do controlo, não faltando quem vaticine o futuro desaparecimento deste requisito numa legislação de marcas moderna[1034].

Com efeito, alguma doutrina questiona a subsistência do requisito de controlo como forma de admitir as licenças de marcas, fundamentalmente, porque tal obrigação traduz um tratamento discriminatório relativamente aos titulares de marcas não licenciadas, sobre quem não impende qualquer obrigação de manutenção da qualidade[1035] e que não é justificado por qualquer interesse dos consumidores[1036]. Por outro lado, a apreciação que os tribunais têm feito relativamente ao controlo considerado suficiente suscita muitas críticas, uma vez que, além de ser raro exigirem que se cumpra efectivamente esse controlo, bastando-se com a previsão contratual do mesmo, a (necessária) apreciação casuística conduz a diferentes decisões[1037].

---

[1030] 15 USC § 1064.

[1031] 15 USC § 1127.

[1032] Cfr., por todos, J. THOMAS MCCARTHY, *op. cit.*, § 18-48 e ss., pp. 18-74 e s.

[1033] Cfr. ELIZABETH C. BANNON («The growing risk of self-dilution», in: 82 *TMR*, 1992, pp. 577 e ss.) que se refere, em especial, a duas decisões dos tribunais norte-americanos: Taco Cabana International Inc. v. Two Pesos Inc., 19 USPQ2d 1253, 1259 (CA 5 1991); 23 USPQ2d 1081 (1992) [v. também excertos de U.S. Trademark Association's Brief, 82 *TMR* 440 (1992)] e Penta Hotels Ltd. v. Penta Tours Reisen GmbH, 9 USPQ2d 1081, 1108 (D Conn 1988), para demonstrar até onde os tribunais estão, actualmente, a ir para encontrar provas suficientes do controlo.

[1034] KEVIN PARKS (*op. cit.*, pp. 558 e s.) defende a eliminação deste requisito, invocando que desse facto, por um lado, resultariam vantagens quer para os licenciantes, quer para os consumidores, e, por outro, não adviriam quaisquer efeitos negativos para a protecção dos consumidores que continua a existir fora do direito de marcas.

[1035] KEVIN PARKS, *op. cit.*, pp. 536 e s.

[1036] MARÍA TERESA ORTUÑO BAEZA, *La licencia...*, cit., p. 284.

[1037] KEVIN PARKS (*op. cit.*, pp. 541 e ss.) refere-se ainda à equidade, à realidade e ao conceito de "mãos sujas" para justificar a natural erosão do requisito do controlo da qualidade.

Polémica à parte, a maioria da doutrina norte-americana[1038] continua a defender como requisito de validade do contrato de licença o controlo da qualidade pelo licenciante e a jurisprudência, ainda que esporadicamente, tem-no confirmado[1039].

Mesmo no âmbito de alguns dos ordenamentos jurídicos cujas legislações não previam, expressamente, esta obrigação de controlo a cargo do titular, a doutrina e a jurisprudência chegaram a exigir a sua observância como requisito de validade do acordo de licença. Foi o que sucedeu, *v.g.*, na Alemanha.

Aqui, na vigência da *Warenzeichengesetz*, o § 8 não referia, expressamente, a licença. Não obstante, a doutrina maioritária[1040], entendia que,

---

[1038] Nesse sentido, cfr. ELIZABETH C. BANNON (*op. cit.*, p. 589) que afirma que hoje a tendência para um requisito menos estrito do controlo de qualidade parece estar a esbater-se.

[1039] É o caso, por exemplo, da sentença do Ninth Circuit Court of Appeals, de 6 de Maio de 2002, proferida no caso Barcamerica International USA Trust v. Tyfield Importers Inc.; Cantine Leonardo Da Vinci Soc. Coop., a.r.l. e George Gino Barca, 2002 WL 850825 (289 F. 3d 589).

Este caso respeitava ao uso da marca "Leonardo Da Vinci" para vinhos. Esta marca estava registada desde 1972, em Itália, para assinalar vinhos a favor da Cantine Leonardo da Vinci Soc. Coop. A.r.l. que, a partir de 1979, passou a vender vinhos com a referida marca nos EUA e, desde 1996, através de um distribuidor exclusivo – Tyfield Importers Inc.

Ao requerer o registo da marca nos EUA teve conhecimento de que a mesma estava registada neste país para distinguir os mesmos produtos, desde 1984, a favor de Barcamerica International USA Trust. Investigou e concluiu que a Barcamerica há muito não vendia vinhos com aquela marca nos EUA e que tinha "abandonado" a marca. Por isso, intentou uma acção com vista ao cancelamento do registo da marca inscrita a favor da Barcamerica em 1997. A Barcamerica defendeu-se alegando que, em 1984 e depois em 1988, celebrou um contrato de licença sobre a referida marca com a Renaissance Vineyards. No entanto, nenhum dos contratos de licença continha qualquer cláusula relativa ao controlo da qualidade dos produtos assinalados com a referida marca pelo licenciante e a única medida de controlo efectivamente tomada consistiu, de acordo com o testemunho do director da Barcamerica, numa ocasional prova do vinho efectuada por este e na confiança na reputação da Renaissance como produtora de vinhos.

O *District Court* considerou a marca "abandonada" pelo facto de a licença ter vigorado sem controlo (*naked license*) e a decisão foi mantida pelo *Court of Appeal*.

[1040] Cfr., por todos, ADOLF BAUMBACH/WOLFGANG HEFERMEHL, *Warenzeichenrech*, cit., p. 523 que consideram a licença de marca um contrato legalmente atípico. Acrescente--se ainda que, de acordo com a doutrina maioritária, a licença de marca não tinha eficácia real, mas obrigacional. Como teremos oportunidade de referir *infra*, com a *MarkenG* a situação sofreu alterações significativas.

à luz do disposto no § 26 *WZG*[1041], da função indicadora da origem empresarial que fundamenta o direito de marcas, e ainda da aplicação das normas relativas à concorrência desleal (§ 3 *UWG*), era necessário, para que o contrato de licença fosse válido, que fossem adoptadas as medidas de controlo pelo licenciante adequadas para evitar o engano dos consumidores[1042].

Todavia, esta solução não foi aplicada de forma generalizada. Por um lado, o modo como foi fundamentada a tese exposta levou à redução do seu âmbito de aplicação às hipóteses de indicações de origem empresarial qualificadas (*qualifizierte betriebliche Herkunftsangabe*)[1043]. Por outro, atendendo talvez à gravidade da consequência – perda do direito de marca –, foi recusada, maioritariamente, a caducidade do registo, graças a uma interpretação literal da norma em questão (§ 11 (I) (3) *WZG*)[1044].

Apesar da reforma do direito de marcas alemão, que prevê agora expressamente a licença de marca (§ 30 *MarkenG*)[1045], embora sem consagrar a obrigação de controlo do licenciante, esta doutrina permanece válida, com base no § 3 UWG (proibição de indicações incorrectas sobre as circunstâncias comerciais aptas para provocar a aparência de uma oferta especialmente favorável)[1046]. Devemos, no entanto, recordar que na *Mar-*

---

[1041] O § 26 *WZG* sancionava as indicações falsas que induzissem em erro sobre a origem geográfica, qualidades ou valor. Sobre esta norma, cfr., ADOLF BAUMBACH/WOLFGANG HEFERMEHL, *Warenzeichenrech*, cit., § 26, pp. 842 e ss.

[1042] Só nos casos de a marca nunca ter sido utilizada pelo licenciante, mas apenas pelo licenciado, e nos casos em que o licenciado utilizasse a marca para um tipo de produtos diferentes daqueles para os quais o licenciante a utilizava, não era exigido o cumprimento da obrigação de controlo (MARÍA TERESA ORTUÑO BAEZA, *La licencia…*, cit., p. 275).

[1043] ANTÓNIO RONCERO SÁNCHEZ, *op. cit..*, pp. 225 e s.

[1044] Cfr. a síntese de ADOLF BAUMBACH/WOLFGANG HEFERMEHL, *Warenzeichengesetz*, cit., pp. 573 e ss.

[1045] A doutrina maioritária entende que existem licenças com eficácia real (*dingliche Markenlizenz*), previstas no § 30 *MarkenG*, e licenças com eficácia meramente obrigacional (*schuldrechtliche Markenlizenz*), que podem ser celebradas ao abrigo da liberdade contratual das partes. Cfr., por todos, KARL-HEINZ FEZER, *Markenrecht*, cit., pp. 1320 e ss., nms. 6 e ss.

[1046] Da perspectiva do direito da concorrência alemão, a licença de marca só será válida quando o licenciado ofereça produtos de qualidade igual aos do licenciante (Neste sentido, MARÍA TERESA ORTUÑO BAEZA, *La licencia…*, cit., p. 276). Para o garantir, pode ser necessário, atendendo às circunstâncias de cada caso, o exercício de um controlo sobre a actuação do licenciado. Cfr. KARL-HEINZ FEZER, *Markenrecht*, cit., nm. 51, p. 1338.

*kenG* está, igualmente, prevista a caducidade do registo por deceptividade superveniente (§ 49, Abs. 2, Nr. 2).

Também o nosso ordenamento jurídico, quando passou a contemplar expressamente a licença de marca, não estabeleceu a obrigação de o licenciante controlar a qualidade e a natureza dos produtos oferecidos sob a mesma marca pelo licenciado.

Recordamos que a previsão relativa à licença de marca foi introduzida no art. 119.º do CPI'40 pelo DL n.º 27/84, de 28 de Janeiro[1047], mas nada foi referido a respeito do controlo.

PINTO COELHO, em momento anterior e quando defendia, precisamente, uma alteração legislativa no sentido de passar a ser admitido o contrato de licença de marca, entendia que esta devia ser possível quando existissem relações ou convenções entre o titular da marca e os terceiros que ele autoriza a utilizá-la, que assegurassem o controlo efectivo da marca, procurando-se, desta forma, evitar o engano do público[1048].

O CPI'95 alterou significativamente o regime jurídico previsto anteriormente para a licença, apesar de apenas regular escassos aspectos do mesmo (v. art. 213.º e arts. 30.º e 31.º), não incluindo a obrigação do licenciante controlar a qualidade e natureza dos produtos assinalados com a sua marca pelo licenciado.

Essas alterações, na nossa opinião, resultam da preocupação em seguir o modelo adoptado na Directiva de marcas justificando, especialmente, quer a eliminação da condição de não induzir em erro o público quanto à sua proveniência ou aos caracteres essenciais para a sua apreciação[1049] (que não consta do texto da Directiva), quer a inclusão da pre-

---

[1047] O § 1.º do art. 119.º passou a estipular que "o titular do registo de marca pode, por contrato escrito, conceder a outrem licença para a explorar, a título gratuito ou oneroso, em certa zona ou em todo o território português, para todos ou parte dos produtos ou serviços, *se isso não puder induzir o público em erro quanto à sua proveniência ou aos caracteres essenciais para a sua apreciação*. A utilização da marca feita pelo licenciado será considerada como feita pelo titular do registo" (itálicos nossos).

V. ainda os §§§ 2.º, 3.º e 4.º, com a redacção introduzida pelo DL n.º 40/87, de 27 de Janeiro, e o art. 121.º do CPI'40.

[1048] JOSÉ GABRIEL PINTO COELHO, «A admissibilidade....», *cit.*, n.º 3210, pp. 322 e s.

[1049] Referindo-se a esta omissão no âmbito do projecto do CPI'95, cfr. JOSÉ DE OLIVEIRA ASCENSÃO que afirmava que "no n.º 1 [do art. 223.º] é eliminado um trecho essencial daquele art. 119.º [do CPI'40], que estende à licença a mesma preocupação de defesa do consumidor que vimos vigorar para a própria marca", defendendo que o mesmo

visão do art. 216.°, n.° 2, al.ª *b*) (que corresponde ao disposto no art. 12.°, n.° 2, al.ª *b*) da DM), relativa à possibilidade de o registo caducar se, após a data em que tiver sido efectuado, a marca se tornar susceptível de induzir o público em erro, nomeadamente acerca da natureza, qualidade e origem geográfica desses produtos ou serviços, no seguimento do uso feito pelo titular ou *por terceiro com o seu consentimento*, para os produtos ou serviços para que foi registada[1050].

No que respeita, especificamente, ao controlo da natureza e da qualidade dos produtos ou serviços assinalados pelo licenciado com a marca

---

deve ser reposto («O projecto de Código da Propriedade Industrial e a lei de autorização legislativa», in: *RFDUL*, vol. XXXVI, 1995, p. 59).

CARLOS OLAVO («Contrato de licença de exploração de marca», *cit.*, p. 100), referindo-se ao CPI'95, então em vigor, afirmava que a restrição que anteriormente constava do CPI'40, deveria continuar a aplicar-se às licenças de exploração de marca na medida em que constitui um afloramento do princípio da verdade das marcas. Assim, segundo o autor citado, o INPI poderia "recusar o averbamento de licença que possa induzir o público em erro quanto à proveniência do produto ou do serviço a que a marca se destine ou aos caracteres essenciais para a apreciação desse produto ou serviço" e "com base no artigo 216.°, n.° 2, alínea *b*), (...) caso esse uso enganoso seja da responsabilidade do licenciado, o licenciante pode resolver o contrato".

Apesar de concordarmos que o limite da proibição de engano do público devia estar expressamente previsto também no que respeita à licença de marca, não compartilhamos inteiramente o raciocínio de CARLOS OLAVO neste ponto no que respeita aos poderes do INPI (diga-se, porém, que o referido autor em *Propriedade industrial*, cit., p. 142, já omite a referência aos poderes do INPI). Sobre esta questão v. *infra* 3.2.2.1.3.

Assim, entendemos que naqueles casos em que é *evidente*, logo no momento do averbamento da licença que a marca (porque tem um significado, p.e., quanto à proveniência geográfica, que é susceptível de influenciar o comportamento económico dos consumidores, se o seu uso for autorizado para um sujeito que não produz os produtos assinalados com a marca no local evocado por aquele sinal) é susceptível de induzir em erro o público dos consumidores – o que raramente sucederá – o contrato de licença não é válido, por violação do disposto no art. 280.°, n.° 2 do CC ("é nulo o negócio contrário à ordem pública, ou ofensivo dos bons costumes").

Na hipótese de não resultar de forma evidente do contrato de licença a susceptibilidade de indução em erro do público, o contrato é naturalmente nulo e, por conseguinte, o averbamento da licença pode ser cancelado na sequência da eventual declaração de nulidade do contrato. Todavia, independentemente desta, uma vez que pelo uso que é feito da marca pelo licenciado a mesma passa a ser deceptiva, pode vir a ser declarada a caducidade do registo da marca se os restantes pressupostos do art. 269.°, n.° 2, al.ª *b*) do CPI estiverem preenchidos.

[1050] O alcance desta alteração vai ser analisado, de forma detalhada *infra*, para já convém apenas adiantar que no actual Código a situação é idêntica à descrita (v. arts. 264.°, 32.°, 30.° e 269.°, n.° 2, al.ª *b*)).

do licenciante, apesar de a lei nada referir em termos obrigacionais, parecia pressupor a previsão contratual (v. art. 213.º, n.º 1 do CPI'95[1051]).

---

[1051] O art. 213.º, n.º 1 do CPI'95 estabelecia que "o titular do registo de marca pode invocar os direitos conferidos pelo registo contra o licenciado que infrinja *uma das cláusulas do contrato* em especial no que respeita ao seu prazo de validade, à identidade da marca, à natureza dos produtos ou serviços para os quais foi concedida a licença, à delimitação da zona ou território ou à qualidade dos produtos fabricados ou dos serviços prestados pelo licenciado" (itálicos nossos).
Esta norma visava proceder à transposição do disposto no art. 8.º, n.º 2 da DM ("o titular de uma marca pode invocar os direitos conferidos por essa marca em oposição a um licenciado que infrinja uma das disposições do contrato de licença, em especial no que respeite ao seu prazo de validade, à forma abrangida pelo registo sob que a marca pode ser usada, à natureza dos produtos ou serviços para os quais foi concedida a licença, ao território no qual a marca pode ser aposta ou à qualidade dos produtos fabricados ou dos serviços fornecidos pelo licenciado"), mas, por um lado, atendendo à técnica legislativa adoptada não o conseguiu fazer inteiramente, e, por outro, agora por seguir *ipsis verbis* a DM, dá a entender que o elenco da norma é exemplificativo, entendimento que não acompanhamos. Criticando a redacção da norma portuguesa, cfr. PEDRO SOUSA E SILVA, *Direito comunitário*, cit., p. 243; LUÍS M. COUTO GONÇALVES, *Função distintiva*, cit., p. 201, nota 389.
Recentemente, o TJ pronunciou-se sobre esta questão, no Acórdão, de 23 de Abril de 2009, no âmbito do proc. C-59/08, que opôs a COPAD S.A. à Christian Dior Couture, a Vincent Gladel, na qualidade de administrador judicial da Société industrielle de lingerie (SIL) e à Société Industrielle de Lingerie (SIL) (ainda não publicado, mas disponível na Internet no sítio: *http://curia.europa.eu/jurisp/cgi-bin/form.pl?lang=pt*), tendo afirmado que "(...) resulta da própria redacção do artigo 8.º, n.º 2, da directiva que a referida lista tem efectivamente carácter exaustivo" (n.º 20).
A possibilidade que se pretende consagrar no art. 8.º, n.º 2 da DM respeita ao exercício do direito de marca nos casos em que o licenciado ultrapasse os limites do consentimento que lhe foi prestado pelo titular da marca, porque tal actuação do licenciado, por um lado, deve ser equiparada àquela de qualquer sujeito a quem falte autorização e, por outro, não deve sujeitar o licenciante, que não conferiu autorização de uso fora de determinados limites, ao esgotamento do seu direito ou mesmo à declaração de caducidade do registo da sua marca por uso enganoso (neste sentido, cfr. LUÍS M. COUTO GONÇALVES, *Função distintiva*, cit., p. 202). Por isso, concordamos com a diferenciação, sustentada por ANTONIO RONCERO SÁNCHEZ (*op. cit.*, p. 236), entre *limites da licença* e *obrigações do licenciado*, bem como com a restrição, em regra, da faculdade prevista na norma em análise à violação, pelo licenciado, dos *limites* à autorização concedida, já que, a hipótese de incumprimento, pelo licenciado, de obrigações contratuais, e dentro dos limites da licença concedida, em princípio, originará apenas responsabilidade contratual e, eventualmente, a resolução do contrato de licença. É esta a tese que nos parece conseguir o melhor equilíbrio dos interesses em jogo, visado pela norma da Directiva.
No âmbito do presente estudo interessa-nos, especificamente, o controlo de qualidade (eventualmente) previsto no contrato de licença, cingiremos, por esse motivo, a nossa

De qualquer modo, mesmo que não existisse cláusula contratual nesse sentido, a doutrina concordava que o licenciante tinha o *direito* de proceder

---

atenção a este aspecto. A este respeito, não podemos deixar de concordar ainda com Antonio Roncero Sánchez (*op. cit.*, p. 238) que salienta que as cláusulas contratuais relativas à qualidade dos produtos ou serviços licenciados tanto podem representar limites à autorização concedida, como constituir meras obrigações impostas ao licenciado, pelo que a possibilidade de o licenciante usar o seu *ius prohibendi* dependerá, no caso concreto, de estar em causa um verdadeiro limite à autorização que concedeu (caso em que é possível) ou de estar diante de um incumprimento de uma obrigação contratual a cargo do licenciado (p.e., não ter adquirido a matéria-prima especificada no contrato de licença).

Os moldes simplificados em que expusemos a questão, escondem, porém, que esta, na prática, nem sempre se apresenta tão linear. Na verdade, pode verificar-se uma sobreposição das duas situações. Pense-se na violação de uma cláusula contratual que obrigava o licenciado a adquirir a matéria-prima X, porque era a única que permitia assegurar o nível de qualidade Y dos produtos assinalados com a marca licenciada e que o licenciado não respeitou tal cláusula e colocou no comércio produtos, distinguidos com a marca licenciada, mas de qualidade muito inferior à dos restantes produtos marcados (pelo licenciante e/ou outros licenciados). Cremos que aqui, além da violação de uma obrigação contratual do licenciado, está em causa uma actuação por parte deste fora dos limites do consentimento do titular da marca – o licenciante autorizou o uso da marca pelo licenciado relativamente a determinados produtos que respeitassem o padrão de qualidade que definiu no contrato – e, por esse facto, deve-se permitir que o licenciante reaja, não só contra o incumprimento contratual, mas também contra a lesão do seu direito de marca. No mesmo sentido, cfr. Antonio Roncero Sánchez, *op. cit.*, p. 240.

Afastamo-nos, pelo exposto, quer da posição dos autores que admitem sempre que a violação de uma cláusula do contrato de licença atinente à qualidade dos produtos ou serviços assinalados com a marca licenciada permita que o licenciante recorra ao seu *ius prohibendi* (parece ser o caso de Carlos Olavo, «Contrato de licença…», *cit.*, pp. 109 e s.), quer da opinião dos autores que a excluem em absoluto (como é o caso de Pedro Sousa e Silva, *Direito comunitário*, cit., p. 242).

Com efeito, Pedro Sousa e Silva afirma, para corroborar a exclusão da violação de cláusulas relativas à qualidade dos produtos que "caberá ao titular escolher criteriosamente licenciados idóneos, estabelecer mecanismos contratuais eficazes para controle [*sic*] da qualidade, prever reacções céleres e sanções contratuais adequadas para o incumprimento daquelas prescrições. Se o não fizer, apesar de ter a possibilidade de controlar essa qualidade, não é justo facultar-lhe uma tutela reservada para as situações, mais graves, de contrafacção pura e simples (…)".

Mas esta afirmação, da nossa perspectiva, depara com três ordens de dificuldades. A primeira é que não explica por que é que o legislador comunitário (e os legisladores dos Estados-membros) se refere expressamente à qualidade. A segunda, mais grave, é que esquece que, independentemente da tutela jurídica da função de qualidade da marca (que teremos oportunidade de analisar *infra* – v. § III.), o legislador não pode ser (completamente) indiferente à lesão dos interesses dos consumidores (que estará em causa, independentemente da previsão contratual do controlo e mesmo da efectivação dessas medidas pelo licenciante, quando o licenciado, desrespeitando o contrato de licença, coloque produtos no mercado, assinalados com a marca licenciada e de qualidade significativamente inferior...). No mesmo sentido, cfr. CARLOS OLAVO, «Contrato de licença...», *cit.*, pp. 109 e s.

Finalmente, tal argumento parece estar em contradição com o fundamento, avançado pelo próprio autor, para a aplicação da norma à violação de algumas cláusulas do contrato de licença e não aplicação relativamente a outras, e que corresponde, *grosso modo*, à que acima referimos e defendemos: o *ius prohibendi* do titular da marca pode ser exercido quando tiverem sido ultrapassados os *limites* estabelecidos no contrato de licença e estes referem-se, necessariamente, ao *consentimento* do licenciante (i.e., a utilização da marca licenciada consentida é a que está dentro dos *limites* da autorização concedida...), aliás, como se poderá constatar já em seguida, é o próprio autor que fala de de*limitação*.

Ora, a este propósito, PEDRO SOUSA E SILVA, respondendo à questão que colocara – relativa à determinação do que distingue as limitações do primeiro tipo (que, na opinião do autor citado, são as únicas que beneficiam da tutela do direito das marcas): prazo de validade da licença, identidade da marca, natureza dos produtos e território no qual a aposição da marca é autorizada das restantes limitações contratuais –, afirma: "as cláusulas do primeiro tipo *delimitam a esfera do consentimento* do titular – que já *não existe*, decorrido que seja o prazo, ou que *nunca existiu*, se a marca usada é diversa, se os produtos são diferentes, ou se é outro o território da aposição do sinal. Já as outras cláusulas se destinam, meramente, a *disciplinar uma actividade abrangida por tal consentimento* – que *existe* e continuará a existir até ao termo ou resolução do contrato. Fora da esfera do consentimento do titular, o licenciado actua como um contrafactor; quando assim não sucede, trata-se apenas de um contraente inadimplente".

Parece-nos que deste raciocínio terá de derivar a necessidade de considerar que se um licenciado colocar no mercado produtos, assinalados com a marca licenciada, que não correspondam aos padrões qualitativos fixados no contrato, o titular da marca pode lançar mão do seu direito de marca. Ao invés, se estiver em causa apenas a violação de uma obrigação contratual sem que seja posta em causa a qualidade do produto marcado, o licenciante só poderá reagir ao incumprimento contratual.

Assim, não consideramos acertada a abordagem do TJ no âmbito do caso «Copad», *cit.* Neste caso estava em causa a violação de uma cláusula do contrato de licença celebrado entre a Dior e a SIL para o fabrico e a distribuição de produtos de «corsetterie» de prestígio sob a marca «Christian Dior» que preceituava que «a fim de manter a notoriedade e o prestígio da marca, o licenciado compromete-se a não vender a grossistas, colectividades, negociantes de saldos, sociedades de venda por correspondência ou ao domicílio, salvo se a isso for previamente e por escrito autorizado pelo titular da marca, e tomará todas as medidas para que esta regra seja respeitada pelos seus distribuidores ou retalhistas».

O TJ – depois de ter assumido o carácter exaustivo do art. 8.°, n.° 2, da DM – considerou que esta norma deve ser interpretada "(...) no sentido de que o titular da marca pode invocar os direitos conferidos por esta última contra um licenciado que viole uma

a esse controlo[1052], embora não existisse propriamente um dever do licenciante nesse sentido[1053]. Da nossa parte, defendemos que do regime jurí-

---

cláusula do contrato de licença que proíba, por razões ligadas ao prestígio da marca, a venda a negociantes de saldos de produtos como os que estão em causa no processo principal, na medida em que se demonstre que esta violação, devido às circunstâncias particulares do litígio no processo principal, lesa o estilo e a imagem de prestígio que conferem aos referidos produtos uma aura de luxo" (n.º 37). O entendimento to TJ parece ter assentado na não exclusão da cláusula do âmbito de aplicação do art. 8.º, n.º 2, da DM por considerar que a violação de uma cláusula daquele tipo pode lesar a aura de luxo dos produtos de prestígio, afectando assim a sua qualidade (v. n.ºs 30 e 31 do Acórdão, cit.).

Cremos, porém, que se trata de violação de uma obrigação contratual, mas não dos limites da licença pelo que a questão passaria a colocar-se apenas em termos de esgotamento ou não esgotamento do direito de marca.

O art. 264.º do Código, actualmente em vigor, alterou a redacção da norma anterior, estipulando que "o titular do registo de marca pode invocar os direitos conferidos pelo registo contra o licenciado que infrinja *qualquer cláusula, ou disposição, do contrato de licença*, em especial no que respeita ao seu prazo de validade, à identidade da marca, à natureza dos produtos ou serviços para os quais foi concedida a licença, à delimitação da zona ou território ou à qualidade dos produtos fabricados ou dos serviços prestados pelo licenciado" (itálicos nossos).

No entanto, a redacção actual é tanto ou mais criticável do que a adoptada no CPI'95. Com efeito, agora parece estar ainda mais vincado o carácter exemplificativo do enunciado legal quanto às cláusulas cuja violação permite ao licenciante exercitar o seu *ius prohibendi* (repare-se que não só é referido "em especial", mas também se refere à infracção de "*qualquer* cláusula, ou disposição, do contrato de licença" (itálicos nossos). Como referimos, não cremos que o elenco deva ser exemplificativo, mas antes taxativo. Adoptando claramente um elenco taxativo, v. o art. 22.º, n.º 2 do RMC. No mesmo sentido, v. o Acórdão do TJ, proferido no caso «Copad», *cit.*

[1052] CARLOS OLAVO («Contrato de licença de exploração de marca», *cit.*, p. 106) extraía este direito quer do regime da locação (art. 1038.º, al.ª *b*) CC), quer da garantia da propriedade em geral (art. 1305.º CC *ex vi* art. 1303.º, n.º 2 CC e art. 257.º CPI'95). Cfr. ainda LUÍS M. COUTO GONÇALVES (*Função distintiva*, cit., pp. 205 e s.) que, com base na caracterização da licença (onerosa) como contrato de locação, admite que "nos casos *mais graves*, em que o licenciado fosse exclusivamente responsável pelo uso enganoso da marca no que respeita à qualidade dos produtos ou serviços, o licenciante pudesse resolver o contrato", não obstante não estar previsto, contratualmente, o controlo da qualidade dos produtos/serviços do licenciado, assinalados com a marca do licenciante. Acrescente-se ainda que o autor citado ressalva a hipótese de a responsabilidade pelo uso enganoso ser também imputável ao licenciante [v. *ult. op. cit.*, p. 206, nota 400, onde afirma que "o caso muda de figura se a responsabilidade pelo uso enganoso puder ser repartida com o licenciante (v.g., o total desinteresse deste pelo *exame* ao modo como a marca é usada sem que o licenciado tenha colocado algum entrave ao exercício desse direito)"].

[1053] CARLOS OLAVO, «Contrato de licença de exploração de marca», *cit.*, p. 106.

dico previsto, e em especial do art. 269.º, n.º 2, al.ª *b*) do CPI'95, parecia decorrer um *ónus* relativamente ao licenciante de proceder a esse controlo, independentemente daquele estar previsto no contrato[1054].

Como referimos, a previsão do CPI'95 e do Código actualmente em vigor (que mantém substancialmente a regulamentação do anterior), tal como as leis dos restantes Estados-membros, foram fortemente influenciadas pela orientação estabelecida na Directiva de marcas e no Regulamento a este propósito. E, de facto, no plano comunitário apesar de esta temática ter assumido, desde sempre[1055], relevância, a obrigação de controlo acabou por não ser consagrada de forma expressa.

Concretizando a ideia expressa no *Mémorandum* sobre a criação de uma marca comunitária – que assumia a necessidade de explicitar as condições de admissibilidade da licença, defendendo que o requisito para a validade de tal contrato consistia em não enganar o público sobre as características essenciais do produto, o que, em regra, exigiria que o licenciante controlasse a qualidade do produto e as modalidades de utilização

---

[1054] A propósito do art. 269.º, n.º 2, al.ª *b*), afirmámos (*Merchandising*..., cit., p. 270) que este preceito acaba por penalizar o licenciante da marca, na medida em que lhe retira a protecção jurídica que lhe seria reconhecida, se ocorrer uso, *in casu* por terceiro (o licenciado) *com o seu consentimento*, susceptível de induzir o público em erro, nomeadamente quanto à *natureza* e/ou *qualidade* dos produtos ou serviços marcados.

[1055] Com efeito, a licença estava prevista desde o Ante-projecto, mas aqui não era feita qualquer referência à obrigação de controlo de que nos temos vindo a ocupar (v. art. 24.º do *Avant-Projet de Convention relatif a un droit européen des marques*, texts élaborés par le groupe de travail «Marques», 1973). Não obstante, era estipulado que a marca europeia caducava quando, no seguimento de uma alteração das circunstâncias ou no seguimento de uma transmissão ou concessão de licença, acontecesse, após o seu registo, que o seu uso para os produtos ou serviços para os quais ela está registada poderia enganar o público num dos Estados contratantes" (art. 112.º do *Avant-Projet, cit.*).

Na proposta de Directiva e de Regulamento apresentada em 1980 já só aparece a referência ao uso ("in consequence of the use") nos arts. 14 (2) e 39 (1) (c). Não obstante, no comentário desses artigos é referida a expressão "à luz de circunstâncias" que surgem apenas após o registo (v. «New trade-mark system for the Community – proposed Directive and Regulation, in: *Bulletin of the European Communities, Supplement 5/80*, pp. 16 e 69 e Proposition d'une premiere Directive, cit., in: COM (80) 635 final/2, de 27/11/1980, pp. 7 e 56 e ss.). A omissão da referência à transmissão e à licença poderá ser justificada pela opinião expressa no *Mémorandum*, cit., p. 35, de acordo com a qual "a caducidade da marca comunitária prevista no ante-projecto de 1964 parece ser uma sanção excessiva. Uma regra que preveja a nulidade da cessão sem tocar na validade da marca em si mesma tem em conta, excepto em casos excepcionais, os interesses das partes contratantes e os do público".

da marca pelo licenciado[1056] –, a Proposta de Regulamento sobre a marca comunitária, de 1980[1057], previa expressamente no n.º 3 do art. 21.º a obrigação de "o titular da marca comunitária (...) assegurar que a qualidade dos produtos manufacturados ou os serviços prestados pelo licenciado é a mesma da dos produtos manufacturados ou dos serviços prestados pelo titular"[1058].

---

[1056] *Mémorandum sur la création d'une marque communautaire, adopté par la Comission le 6 juillet* 1976, in: *Bulletin des Communautés Européenes, Supplément* 8/76, n.º 150, p. 36. Além disso, previa ainda, no n.º 151 da p. 36, que "atendendo ao interesse dos consumidores em serem informados da proveniência real dos produtos cobertos pela licença ou a identidade do titular da marca concedida parece necessário exigir que a menção da licença seja aposta sobre o produto". Uma nova referência ao engano surge no n.º 153 da p. 36 quando, referindo-se à possibilidade de licença parcial (quanto aos produtos ou serviços), é afirmado que "a licença parcial parece, efectivamente, indicada em numerosos casos, tanto por motivos de racionalização como de especialização. Se se produzirem erros sobre a proveniência em razão de uma conexão económica estreita entre os produtos, os interessados poderiam invocar o princípio geral segundo o qual a licença não deve conduzir a um engano do público".

[1057] A licença está prevista quer na Proposta de Directiva, quer na Proposta de Regulamento (arts. 7.º e 21.º, respectivamente). Todavia, como é referido no texto, só em relação à Proposta de Regulamento surge a referência à obrigação de controlo (art. 21.º, n.º 3). As propostas podem ser consultadas em: «New trade-mark system for the Community – proposed Directive and Regulation, in: *Bulletin of the European Communities, Supplement* 5/80.

Estava também prevista a caducidade por deceptividade superveniente, mas afastando-se da redacção do Anteprojecto e do texto definitivo, o art. 39.º, n.º 1, al.ª c) não especificava se o uso enganoso relevante poderia ser feito pelo licenciado.

[1058] Essa obrigação é abertamente assumida na explicação do artigo onde é referido que "o titular da marca comunitária pode exigir ao licenciado que forneça produtos de uma qualidade específica, *e de facto ele tem a obrigação de o fazer*, em virtude do Artigo 21 (3), se ele próprio fornece os mesmos produtos ou serviços que o licenciado. Esta norma ajuda a proteger os consumidores evitando o fornecimento de produtos ou serviços na Comunidade de qualidade inferior aos produtos ou serviços legitimamente oferecidos sob a mesma marca. Uma acção por responsabilidade pode ser intentada contra o titular da marca que não respeite as normas do Artigo 21 (3) se um licenciado fornecer produtos ou serviços de qualidade inferior e uma terceira parte sofrer danos por causa disto" («New trade-mark system for the Community – proposed Directive and Regulation, in: *Bulletin of the European Communities, Supplement* 5/80, p. 64 [itálicos nossos]).

Todavia, como CARLOS FERNÁNDEZ-NÓVOA sublinhara (*El sistema comunitario...*, cit., p. 278, nota 64), "o princípio do controlo tinha um significado meramente programático porque o número 3) do artigo 21 da Proposta de Regulamento de 1980 não fixava as consequências jurídicas do incumprimento da obrigação de controlo por parte do titular da marca". Além disso, "(...) ao glosar o número 3) do artigo 21, a Exposição de Motivos

Mas, na Proposta de 1984, por força do Parecer do Comité Económico e Social[1059], a obrigação tornou-se mais leve[1060], acabando mesmo por ser suprimida na Proposta de 1988, que acolheu a sugestão da delegação francesa e adaptou-se ao conteúdo da Directiva de marcas que, como referimos, não a contemplou expressamente.

O sentido desta supressão parece ter sido o de transferir esta responsabilidade da entidade competente para a inscrição da licença no registo para o titular da marca[1061-1062]. De facto, se é ao licenciante que aproveita

---

da Proposta fazia várias pontualizações: indicava, por um lado, que o dever de controlo deveria restringir-se ao caso em que o titular da marca comunitária fabricasse ou prestasse os mesmos produtos ou serviços que o licenciado; e defendia aparentemente, por outro lado, que o incumprimento do dever de controlo por parte do licenciante não teria que se repercutir sobre os efeitos da marca comunitária, mas apenas sobre a responsabilidade civil do titular da marca" (*ult. op. cit.*, pp. 278 e s.).

[1059] V. Parecer do Comité Económico e Social (in: *JO* C 310, de 30/11/1981, p. 25) onde se sustenta que o titular de uma marca não pode ser obrigado a assegurar que o licenciado fabrica produtos «de uma qualidade igual» à dos produtos que ele mesmo fabrica, pois, muitas vezes, o direito nacional, bem como as condições de produção e de consumo diferentes, tornam necessária uma diferenciação dos produtos. Assim, quer o fabricante, quer o licenciante deve ter apenas de vigiar que as suas instruções, que visem assegurar a manutenção das normas de qualidade no quadro da produção do produto sem licença, sejam respeitadas.

[1060] Passando a exigir-se que "o titular da marca comunitária tome as medidas adequadas para assegurar que o licenciado fabrique produtos ou forneça serviços de uma qualidade conforme às suas instruções" (art. 21.º, n.º 3 na redacção que consta da *Proposition modifiée d'un Reglement du Conseil sur la marque communautaire,* COM (84) 470 final, de 31 de Julho de 1984, p. 32).

[1061] MARÍA TERESA ORTUÑO BAEZA (*La licencia…*, cit., p. 295), refere que com a supressão referida, pretendia-se deixar nas mãos do licenciante a decisão quanto ao exercício de um controlo sobre a produção do licenciado e o grau do mesmo, decisão esta que será adoptada atendendo à marca e ao tipo de produto a que se refere a licença, dando-se assim uma resposta do legislador comunitário à complexidade e variedade do actual sistema pós-industrial.

[1062] O TJ, no Acórdão, de 22 de Junho de 1994, proferido no âmbito do proc. C-9/93, entre *IHT Internationale Heiztchnik GmbH, Uwe Danzinger* e *Ideal-Standard GmbH, Wabco Standard GmbH*, refere-se expressamente a esta questão afirmando que "na hipótese da licença, o licenciante tem a *possibilidade* de controlar a qualidade dos produtos do licenciado inserindo no contrato cláusulas que obriguem esse a respeitar as suas instruções e que lhe dêem a faculdade de se assegurar do respeito das mesmas" (v. n.º 37 do Acórdão citado, in: *Colect.* 1994-6, pp. I-2848) [itálicos nossos].

Aliás, no número seguinte acrescenta que "o elemento determinante é a possibilidade de um controlo sobre a qualidade dos produtos e não o exercício efectivo deste controlo"

o uso feito da marca pelo licenciado (*v.g.*, para o efeito de evitar a declaração de caducidade do registo por falta de uso da marca), deve ser dele, também, a responsabilidade daquele uso, designadamente quando, por causa do mesmo, a marca se torne deceptiva. É isso, de resto, que justifica a manutenção da norma que prevê a caducidade por deceptividade superveniente na versão final e com a referência expressa ao *terceiro com o seu consentimento*.

Por outro lado, a inexigibilidade de o controlo estar previsto no contrato de licença, para efeitos de inscrição da licença no registo, parece inserir-se numa tendência mais alargada de que é exemplo a Recomendação conjunta relativa às licenças de marcas adoptada pela Assembleia da União de Paris para a Protecção da Propriedade Industrial e pela Assem-

---

e que "(…) se o licenciante tolera a fabricação de produtos de má qualidade quando tem meios contratuais de o impedir, deve assumir a responsabilidade de tal situação".

Refira-se, no entanto, que no caso *sub judice* não estava em questão nenhum contrato de licença. Os factos deste litígio são, resumidamente, os seguintes: até Julho de 1984, a marca «Ideal Standard», que assinalava artigos sanitários e instalações de aquecimento, estava registada na Alemanha e em França a favor, respectivamente, da *Ideal Standard GmbH* e da *Ideal Standard SA*, ambas filiais do grupo *American Standard*.

Todavia, naquela data, a *Ideal Standard SA* cedeu a referida marca para o sector das instalações de aquecimento para a França, Tunísia e Argélia à sociedade francesa *Société Générale de Fonderie* que, posteriormente, a cedeu a outra sociedade francesa – *CiCh* – sendo certo que nenhuma destas tinha qualquer vínculo com o grupo *American Standard*.

A *IHT Internationale Heiztechnik GmbH* começou a importar para a Alemanha, e a comercializar nesse mercado, instalações de aquecimento com a marca «Ideal Standard», fabricadas em França pela *Cich*.

A *Ideal Standard GmbH* – que era, como referimos, a titular da marca «Ideal Standard», na Alemanha, para assinalar artigos sanitários e instalações de aquecimento, apesar de ter cessado, em 1976, o fabrico e comercialização de instalações de aquecimento – accionou-a judicialmente por contrafacção da marca e lesão do seu nome comercial.

A acção foi julgada procedente pelo *Landesgericht Dusseldorf*. A *IHT* recorreu para o *Oberlandesgericht Dusseldorf* que submeteu ao TJ a seguinte questão prejudicial: "existe restrição ilícita ao comércio entre Estados-membros na acepção dos artigos 30.º e 36.º, no caso de ser proibida a uma filial, que opera num Estado-membro A, de um fabricante estabelecido num Estado-membro B, a utilização, a título de marca, da denominação Ideal Standard, em virtude do risco de confusão com uma marca da mesma origem, quando este fabricante utiliza legalmente esta denominação no seu país de origem com base numa marca que aí é protegida, adquirida por cessão e que pertencia originariamente a uma sociedade-irmã da empresa que se opõe no Estado-membro A à importação de mercadorias com a marca Ideal Standard?" (v. n.º 12 do Acórdão, *cit., Col.* 1994-6, pp. I-2841). O TJ respondeu negativamente (v. n.º 59 do Acórdão *cit., Col.* 1994-6, pp. I-2855).

bleia Geral da Organização Mundial da Propriedade Industrial, na 35.ª série de reuniões das Assembleias dos Estados membros da referida Organização, que decorreram entre 25 de Setembro e 3 de Outubro de 2000[1063]. Com efeito, o art. 2.º, n.º 7 da Recomendação a que nos referimos estabelece que "nenhum Estado membro poderá exigir o cumprimento de requisitos diferentes dos mencionados nos parágrafos 1) a 6) em relação à inscrição de uma licença perante um Instituto. (...)". E acrescenta três exemplos de requisitos que não podem ser exigidos, de entre os quais destacamos o segundo: "a apresentação do contrato de licença ou de uma tradução do mesmo"[1064].

A alteração da previsão na normativa comunitária referida pode ser considerada como a resposta implícita desse ordenamento jurídico e dos Estados-membros que o seguiram, à questão, levantada por WILKOF e BURKITT, "(...) de saber se o controlo de qualidade é um assunto de aplicação pública ou privada", que, "é uma outra forma de perguntar se o controlo de qualidade visa, afinal, a protecção do público contra o engano, ou promover o valor da propriedade da marca do licenciante"[1065].

Em Itália, porém, o legislador, apesar de ter previsto a caducidade por deceptividade superveniente, afasta-se da regulamentação comunitária e quer na *legge marchi* de 1992 (art. 15.º)[1066], quer no *CPI* actual-

---

[1063] V. a Recomendação citada, in: *ADI*, Tomo XXI, 2000, pp. 1113 e ss. ou na Internet, no sítio: *http://www.wipo.int/about-ip/es/development_iplaw/doc/pub835.doc*. Sobre esta Recomendação, cfr. ÁNGEL GARCÍA VIDAL, «La recomendación...», pp. 1217 e ss.

[1064] Nas notas explicativas preparadas pela Secretaria Internacional (e que surgem no mesmo documento da Recomendação conjunta) é afirmado que "o efeito deste parágrafo [7] é que, para os fins da inscrição de uma licença perante o seu Instituto, um Estado membro *pode não exigir* que o requerente dê informação adicional à que se pode exigir em virtude do parágrafo 1) ou apresente qualquer documento adicional, por exemplo, documentos que demonstrem a existência de cláusulas de controlo da qualidade (...)" [itálicos nossos]. Cremos, no entanto, que atendendo a que tal formulação colide directamente com a letra do n.º 7 do art. 2.º (que preceitua que "*nenhum* Estado membro *poderá exigir* o cumprimento de requisitos diferentes dos mencionados nos parágrafos 1) a 6) em relação à inscrição de uma licença perante um Instituto" [itálicos nossos]), constituirá, provavelmente, uma gralha, devendo ler-se: «um Estado membro *não pode exigir* que...». Aliás, erro idêntico, embora a propósito do art. 4.º, n.º 2 já tinha sido destacado por ÁNGEL GARCIA VIDAL, «La recomendación...», *cit.*, p. 1224.

[1065] NEIL J. WILKOF/DANIEL BURKITT, *op. cit.*, nm. 6-20, p. 112.

[1066] A *Legge Marchi* de 1992 regulava expressamente a licença de marca, o que até então só esporadicamente havia sucedido (sobre estas previsões anteriores, cfr. REMO FRANCESCHELLI, *Sui marchi di Impresa*, 4.ª ed., Giuffrè Editore, Milano, 1988, pp. 379--380). Por conseguinte, deixou de se colocar a questão da aplicação directa ou analógica

mente em vigor (art. 23.°), estabelece como condição para a licença que desta não resulte "(...) engano naqueles caracteres dos produtos ou servi-

---

do regime jurídico previsto relativamente à cessão da marca, que tanto dividira a doutrina italiana.

Com efeito, na vigência da Lei de 1942, onde a cessão da marca surgia regulada no art. 15.°, acolhendo o sistema da transmissão da marca vinculada à transmissão do estabelecimento (ou ramo) a que aquela se achava ligada, divergindo neste ponto do art. 2573.° C.C., uma parte da doutrina entendeu que a licença era admissível desde que ligada à transmissão do estabelecimento (ou ramo) a que a marca estivesse ligada (cfr., por todos, TULLIO ASCARELLI, *Teoria della concorrenza e dei beni immateriali*, 3.ª ed., Giuffrè Editore, Milano, 1960, p. 475).

No entanto, alguns autores, interpretando restritivamente o conceito de transmissão de forma a excluir do mesmo a licença, admitiam-na sem a exigência de transmissão do estabelecimento ou ramo do estabelecimento a que estava ligada (cfr., por todos, ADRIANO VANZETTI, «Cessione...», cit., pp. 442 e ss. e MARIO ROTONDI, *Diritto industriale*, 5.ª ed., CEDAM, Padova, 1975, pp. 147 e s.). Outros ainda sustentavam, com base na divergência entre o art. 2573.° CC e o art. 15.°, que este último era inconstitucional já que a primeira norma não se referia à licença e, por conseguinte, a admissibilidade desta dependeria unicamente do princípio da tutela dos consumidores (cfr., por todos, REMO FRANCESCHELLI, «Saggio su la cessione dei marchi», in: *RDComm.*, 1948, Parte prima, pp. 26 e ss.).

A partir dos anos'70, como é referido por NADIA ZORZI (*Il marchio come valore di scambio*, CEDAM, Padova, 1995, p. 178), a posição defendida por PAOLO AUTERI (em *Territorialità...*, cit.) determina uma reconsideração e um aprofundamento das teses até então defendidas.

PAOLO AUTERI diferenciava dois tipos de licença. Um primeiro em que o licenciado usa a marca para distinguir produtos por ele fabricados ou seleccionados de modo independente, e um segundo – licença *tout court* – em que o licenciado usa a marca para distinguir produtos fabricados segundo as instruções e sob o controlo do licenciante (*Territorialità...*, cit., pp. 306 e ss.). Ao primeiro tipo eram aplicáveis os requisitos estabelecidos para a cessão da marca, isto é, a transmissão conjunta do estabelecimento e a exclusividade (*Territorialità...*, cit., pp. 308 e ss.).

No que respeita ao segundo tipo a admissibilidade tinha de ser determinada com base nos princípios fundamentais do direito de marca, à luz das suas funções (*Territorialità...*, cit., pp. 316 e ss.), ou seja, tinha de se determinar como podia ser compatível com a função do instituto o uso da marca para produtos não provenientes do estabelecimento do titular. A resposta a este problema assentava numa concepção extensiva do conceito de fonte: "a marca distingue os produtos provenientes da empresa do titular, entendendo por empresa a actividade de produção e/ou de comércio que tem no empresário-titular, i.e., no poder de regulamentação e de controlo por ele exercitado, o factor de unidade. Isto permite compreender na fonte do produto também aquela actividade de produção que se desenvolve, senão no estabelecimento, segundo as directrizes e sob o controlo do titular" (*Territorialità...*, cit., p. 318).

Então a validade deste tipo de licença dependia de três condições. Primeira, que o licenciante exercesse uma actividade de produção ou de comércio que tivesse por objecto os produtos a que a marca se referisse. Segunda, que o contrato assegurasse ao licenciante

ços que são essenciais para a apreciação do público"[1067] (n.º 4 dos artigos referidos).

Além disso, relativamente às licenças não exclusivas, preceitua que estas são admitidas desde que "o licenciado se obrigue expressamente[1068] a usar a marca para distinguir produtos ou serviços iguais àqueles correspondentes colocados no comércio ou prestados no território do Estado com a mesma marca pelo titular ou por outros licenciados" (n.º 2 dos artigos citados).

---

o poder de regulamentar, juntamente com o uso da marca, as operações atinentes à preparação do produto, na medida em que fosse necessária para a realização dos produtos em conformidade com aqueles idealizados e fabricados no seu estabelecimento. Terceira, que o contrato assegurasse ao licenciante um poder de controlo sobre a actividade do licenciado para garantir a observância na preparação do produto das regras técnicas estabelecidas (*Territorialità...*, cit., pp. 319 e ss.).

Como referimos, a partir de então a doutrina passa a diferenciar a licença exclusiva da licença *tout court*. No que respeita ao primeiro tipo de licença, defende-se a aplicação analógica dos requisitos fixados pela lei relativamente à transmissão da marca (ou seja, transmissão conjunta do estabelecimento ou ramo do estabelecimento e uso exclusivo). No que concerne ao segundo tipo de licença, recusa-se a aplicação da disciplina legal da transmissão (NADIA ZORZI, *Il marchio come valore di scambio*, cit., pp. 180 e ss.) e tende-se a exigir a possibilidade de o licenciante controlar a qualidade dos produtos ou serviços asinalados pelo licenciado (cfr. MAURIZIO AMMENDOLA, *Licenza di marchio e tutela dell'avviamento*, Padova, CEDAM, 1984, pp. 225 e ss.).

Todavia é o próprio PAOLO AUTERI («La licenza di marchio e il merchandising», in: *Segni e forme distintivi – La nuova disciplina* (ADRIANO VANZETTI/GIUSEPPE SENA), Giuffrè Editore, Milano, 2001, p. 159 nota 4) que sublinha que a distinção na doutrina [subsequente a *Territorialità...*, cit.] entre os tipos de licença, que se baseia unicamente no carácter exclusivo ou não exclusivo do direito conferido ao licenciado, provoca parcialmente um mal-entendido do significado da distinção que o Autor propusera em *Territorialità*, porque, em regra, também com a licença exclusiva as partes perseguem a finalidade que caracteriza o tipo individualizado no texto.

[1067] Sobre as diferentes interpretações doutrinais do significado desta proibição do n.º 2 do art. 15.º anteriormente à alteração legislativa de 1992, v. *supra* 3.2.1.1.1.

[1068] GIUSEPPE SENA (*Il diritto...*, cit. p. 172) sublinha que esta norma "se refere ao conteúdo obrigatório da relação, isto é, à obrigação *contratual* do licenciado e ao correspondente direito do titular, (...)" (itálicos nossos). Cfr. ainda ADRIANO VANZETTI/CESARE GALLI (*La nuova legge marchi*, cit., p. 104) que sustentam que "o significado complexo da disposição em questão (...) parece então ser o de prestar uma espécie de defesa avançada – porque operante já no plano do conteúdo do contrato – contra uma particular hipótese de engano, que não é peculiar às licenças não exclusivas, mas às quais este tipo contratual pode facilmente dar lugar, e que ocorre", como é referido *infra*, "sempre que com uma mesma marca sejam colocados no comércio produtos *substancialmente* diferentes que são, porém, *aparentemente* iguais".

O alcance desta norma tem sido discutido na doutrina italiana sobretudo quanto à determinação da existência, para as licenças não exclusivas, de requisitos de validade mais rigorosos do que para as licenças exclusivas.

Alguns autores, sublinhando a divergência entre a previsão normativa italiana e a da Directiva de marcas, apresentam duas alternativas: ou a norma da Directiva é aplicável directamente, ou o art. 23.°, n.° 2 do *CPIital.* é interpretado de forma a entender-se que o que este determina já decorreria substancialmente do princípio da proibição de engano prevista no n.° 4 do mesmo artigo[1069].

Por outro lado, alguns autores defendem que, quando a licença dê lugar à circulação, no mesmo mercado, de produtos provenientes de várias empresas – seja porque a licença é não exclusiva, seja porque a licença, sendo exclusiva, respeita a produtos afins daqueles assinalados pelo titular da marca e/ou pelos outros licenciados – só será admissível se o contrato previr o controlo pelo licenciante de que os produtos comercializados com a referida marca apresentam tais características e qualidade[1070].

### 3.2.2.1.3. *O controlo da natureza e da qualidade dos produtos ou serviços do(s) licenciado(s) pelo licenciante como requisito para a conservação do direito de marca*

Como referimos, o controlo pelo licenciante sobre o uso da marca pelo licenciado foi o mecanismo através do qual a doutrina, a jurisprudência e mesmo algumas leis de marcas foram admitindo a validade da concessão de licenças sobre estes sinais distintivos.

Hoje, com a aceitação generalizada da validade das licenças de marcas e sem que seja estabelecida, na maioria dos ordenamentos, uma *obrigação* de controlo pelo licenciante do uso da marca licenciada, impõe-se apreciar o significado desta omissão deliberada, extraindo as respectivas consequências.

---

[1069] NADIA ZORZI, *Il marchio come valore di scambio*, cit., pp. 202 e 223 e ss. e, no mesmo sentido, entre outros, GIAMPAOLO DALLE VEDOVE, *Circolazione del marchio...*, cit., p. 227. Sublinhe-se ainda que a autora citada refere que pode acontecer que, se instado para o efeito pelo TJ, o legislador italiano tenha de alterar a lei.

[1070] PAOLO AUTERI, «La licenza di marchio...», *cit.*, p. 166. O autor refere que esta regra se deduz do princípio que informa o direito de marcas comunitário e nacional, segundo o qual a marca é tutelada, pelo menos em sede principal, na sua função de indicação de proveniência e do facto de a licença ser admitida em termos mais amplos do que a transmissão.

Para isso importa recordar que a jurisprudência, quando a legislação exigia (exige) o referido controlo, foi revelando uma tendência para flexibilizar este requisito, que raramente considerou não estar preenchido[1071], de forma que mesmo nos ordenamentos em que (ainda) está previsto legalmente seja reclamada por alguma doutrina a sua supressão[1072].

Por outro lado, e atendendo em especial ao direito comunitário, nem a Directiva de marcas, nem o Regulamento sobre a marca comunitária prevêem expressamente tal obrigação, embora contemplem a possibilidade de caducidade do registo de marca que se tenha tornado, supervenientemente, deceptiva no seguimento do uso feito dela pelo titular ou *por terceiro com o seu consentimento*, abrangendo, naturalmente, o uso feito pelo(s) licenciado(s) (arts. 12.º, n.º 2, al.ª b) e 51.º, n.º 1, al.ª c), respectivamente).

Da conjugação destas duas situações – não imposição de uma obrigação de controlo e previsão da caducidade do registo – parece resultar que o controlo pelo licenciante do uso feito da marca pelo licenciado deixa de relevar enquanto requisito de validade do contrato de licença[1073], passando a ser contemplado como pressuposto da manutenção do registo da marca licenciada.

Como referimos *supra*, daqui decorre uma mudança no papel a desempenhar pela entidade administrativa competente para o registo: não lhe cabe apurar, aquando da inscrição da licença, se há, ou não, susceptibilidade de indução em erro; se está prevista, ou não, uma cláusula contratual relativa ao controlo por parte do licenciante, até porque, mesmo que tal cláusula exista, tal facto não garante, por si só, que o controlo vai ser efectivamente exercido, nem que o controlo estabelecido seja suficiente[1074] para evitar o engano do público[1075].

---

[1071] Foi isso que aconteceu na Grã-Bretanha, quando a lei estabelecia aquele requisito (cfr. Neil J. Wilkof/Daniel Burkitt, *op. cit.*, p. 111, nm. 6-18) e é ainda o que acontece nos EUA, como tivemos ocasião de referir *supra* (v. 3.2.2.1.2.).

[1072] Cfr., por todos, na doutrina norte-americana, Kevin Parks, *op. cit.*, pp. 558 e s.

[1073] No que respeita à validade do contrato de licença e, não obstante a omissão da referência expressa à proibição da susceptibilidade de indução em erro dos consumidores no art. 264.º, entendemos, como já tivemos ocasião de referir, que, por força do princípio da verdade da marca, o contrato de licença pode ser declarado nulo, nos termos do art. 280.º, n.º 2 do CC.

[1074] Por outro lado, como Carlos Fernández-Nóvoa (Fundamentos..., cit., pp. 353 e s.) afirma, a atribuição daquela incumbência à entidade competente para o registo sobrecarregava-a e obrigar ao exame das medidas contratuais de controlo numa fase em que seria mais difícil ajuizar da sua eficácia prática não parece ser a melhor solução. Por isso,

Entendeu-se, por conseguinte, que a melhor garantia de que o titular mantém o controlo sobre a utilização da marca, conseguindo-se com isso evitar o engano do público, é fazê-lo interessar-se realmente nisso[1076]. O expediente utilizado foi, por um lado, fazer depender a conservação do seu direito de marca da utilização feita do sinal, quer directamente, quer através de terceiros com o seu consentimento. Assim, se, no seguimento do uso feito da marca por um licenciado, aquela se tornar deceptiva, poderá haver lugar à caducidade do registo, em prejuízo dos interesses do seu titular[1077]. Por outro lado, associam-se algumas vantagens à existência da previsão contratual de cláusulas referentes à qualidade dos produtos ou serviços assinalados, pelo licenciado, com a marca do licenciante[1078].

Atendendo a este quadro, pensamos que o controlo da natureza e da qualidade dos produtos ou serviços assinalados pelo licenciado é um *ónus* que incumbe ao licenciante[1079]. Daí que, em termos práticos, seja aconselhável que estes não só incluam no acordo de licença uma cláusula relativa a esse controlo, como o exercitem efectivamente, sob pena de perderem o direito de marca.

---

o referido autor defendia que "parece mais oportuno arbitrar medidas que permitam às partes interessadas alegar que o licenciante não exercita efectivamente o controlo de qualidade dos produtos ou serviços distribuídos sob a marca licenciada", sendo "recomendável considerar a falta de controlo por parte do licenciante como causa de caducidade da marca registada; causa que poderia ser aduzida pela parte interessada mediante o exercício de uma acção declarativa de caducidade da marca perante os tribunais ordinários" (*ult. op. cit.*, p. 354).

[1075] No mesmo sentido, cfr. ANTONIO RONCERO SÁNCHEZ, *op. cit.*, p. 227, nota 58.

[1076] Neste sentido, cfr., entre outros, MARÍA TERESA ORTUÑO BAEZA, *La licencia...*, cit., p. 295 e, relativamente à mudança de filosofia do *TMA'94*, cfr., entre outros, CHRISTOPHER MORCOM/ASHLEY ROUGHTON/JAMES GRAHAM/ SIMON MALYNICZ, *op. cit.*, p. 241 nm. 11.8; DAVID, KITCHIN/DAVID, LLEWELYN/JAMES, MELLOR/RICHARD, MEADE/THOMAS, MOODY-STUART/DAVID, KEELING, *Kerly's...*, cit., nm. 13-086, p. 361.

[1077] E, se for o caso, dos restantes licenciados o que pode suscitar questões de responsabilidade muito relevantes, mas que não são aqui abordadas por exorbitarem do tema deste estudo. Evidenciando este problema, cfr., entre nós, LUÍS M. COUTO GONÇALVES, *Função distintiva*, cit., p. 221, nota 443.

[1078] *V.g.*, o não-esgotamento do direito do titular da marca em determinadas situações. A esta possibilidade já nos referimos *supra* (v. 3.2.2.1.2.).

[1079] Neste sentido, relativamente ao direito de marcas espanhol, cfr., entre outros, PILAR MARTÍN ARESTI, «Licencia», in: *Comentarios a la Ley de Marcas* (Rodríguez-Cano/ /Garcia Cruces González), Editorial Aranzadi, Cizur Menor (Navarra), 2003, p. 778.

Este enquadramento jurídico da licença de marca, no qual já não é discutida a admissibilidade deste contrato, transfere os problemas que o mesmo suscita para um momento posterior que tem a ver com a conservação do direito de marca. As dúvidas surgem agora, fundamentalmente, no que toca à articulação da admissibilidade da licença sem que para o efeito seja estabelecida qualquer condição substancial com a previsão da caducidade por deceptividade superveniente.

Neste contexto importa, em especial, determinar se uma marca licenciada sem controlo – cuja admissibilidade (já) não é discutida na maioria dos ordenamentos jurídicos dos Estados-membros da União Europeia – pode ser considerada *inerentemente* susceptível de enganar os consumidores, implicando a caducidade do registo da marca.

Uma marca licenciada sem que seja exercido qualquer controlo pode dar origem a duas situações distintas. Uma primeira em que o licenciado, aproveitando a ausência de controlo pelo licenciante, cede "à tentação", já referida, de obter o máximo de lucro o mais rapidamente possível, conseguindo-o à custa da diminuição da qualidade ou alteração pejorativa das características dos produtos (ou serviços) marcados evocados pela própria marca[1080]. Numa outra situação, o licenciado, não obstante a falta de exercício de controlo pelo licenciante, continua a oferecer produtos ou serviços com a mesma qualidade ou com as mesmas características sob a marca licenciada.

A hipótese referida em primeiro lugar não suscita grandes problemas, já que será tratada tal e qual como se a diminuição de qualidade ou a alteração pejorativa das características dos produtos ou serviços tivesse sido efectuada, directamente, pelo titular da marca, ou seja, se se verificarem todos os requisitos poderá haver lugar à declaração de caducidade do registo da marca. O mesmo não se pode, porém, dizer relativamente à segunda possibilidade aventada.

Com efeito, aqui o possível engano apenas poderá respeitar à proveniência empresarial. A previsão normativa relativa à deceptividade superveniente contém um elenco exemplificativo, ao qual teremos oportunidade de nos referir mais detalhadamente *infra* (v. 6.). Todavia, desse carácter exemplificativo resulta, desde já, que, apesar de a referência à «prove-

---

[1080] A precisão introduzida prende-se com o facto de, na nossa opinião e como já tivemos o ensejo de referir, apenas o engano que resulte intrinsecamente da marca relevar para efeitos de aplicação da norma que prevê a caducidade por deceptividade superveniente (v. *supra* 2.).

niência empresarial» não constar, expressamente, da referida norma, a sua relevância, para o efeito de aferir a susceptibilidade de indução em erro, não pode ser excluída sem mais. Importa, pois indagar se o facto de serem colocados no mercado produtos (ou serviços) iguais, assinalados com uma mesma marca, mas provenientes de diferentes empresas (do titular e/ou do(s) licenciado(s)), implica a caducidade do registo da marca licenciada com base em deceptividade superveniente[1081].

A constatação de que a lei (quer nacional, quer comunitária) não faz depender a admissibilidade da licença de qualquer condição substancial específica[1082] implica que, à partida, deva ser excluída a deceptividade superveniente com base, única e exclusivamente, na susceptibilidade de indução em erro quanto à proveniência empresarial. A partir do momento em que se admitem as licenças de marcas isso implicará que um produto assinalado com uma determinada marca pode não provir da empresa titular da marca, mas de outra por aquela autorizada.

De resto, esta solução é coerente com duas possibilidades já referidas e relativamente às quais se colocava também a questão de o erro quanto à proveniência empresarial constituir um engano relevante, quer para o efeito de ser recusado o registo como marca, quer para o efeito de não poder haver transmissão da marca. Referimo-nos, por um lado, à hipótese de ser registada uma marca confundível com outra anterior, se se tiver obtido o consentimento do titular da marca prioritária. Se se permitir esses registos confundíveis, não existirá fundamento para, mais tarde, os fazer caducar com base em engano quanto à *proveniência empresarial*[1083].

Por outro lado, pensamos na possibilidade de livre transmissibilidade de marcas constituídas por sinais patronímicos (p.e., Giorgio Armani, Valentino, etc.), relativamente às quais tivemos oportunidade de constatar que, uma vez transmitidas, o eventual erro sobre a proveniência empresa-

---

[1081] Vamos cingir a análise ao caso de o titular da marca a licenciar. Na Parte I já tivemos oportunidade de referir a hipótese de alguém pretender registar como marca um sinal confundível com uma marca anteriormente registada, tendo para tal obtido o consentimento do titular da marca prioritária (v. *supra* Cap. I, § I., II., 2.).

[1082] Aplicam-se, naturalmente e como já referimos, os requisitos de validade de qualquer negócio jurídico.

[1083] O que pode suceder, como veremos *infra*, é que pelo uso que vier a ser feito das marcas registadas se verifique a susceptibilidade de indução em erro, p.e., quanto à proveniência geográfica ou quanto à qualidade, sujeitando-os à declaração de caducidade com fundamento em deceptividade superveniente. No mesmo sentido, cfr. M. NOGUEIRA SERENS, «Aspectos…», *cit.*, p. 587.

rial não implica, sem mais, nem a invalidade do contrato, nem a declaração de caducidade do registo da marca[1084].

Atendendo ao que acaba de ser dito, pensamos que o caso de licença não integra automaticamente a previsão da norma que prevê a caducidade do registo por deceptividade superveniente pelo mero facto de o titular da marca a licenciar sem que seja previsto e/ou sem que seja exercido qualquer controlo sobre a natureza e a qualidade do produto (ou serviço) assinalado com a referida marca pelo licenciado. Para que ocorra, nestes casos, deceptividade superveniente será necessário que, em concreto, os produtos ou serviços comercializados com a marca licenciada sejam, p.e., de origem geográfica ou de composição (se relevante) diferente dos que são oferecidos pelo titular da marca e/ou outros licenciados e que é indiciada pelo significado conceptual da marca.

Não se verifica aqui, por conseguinte, nenhum regime específico. Na licença é tutelado, fundamentalmente, o interesse do titular da marca em desfrutar do valor económico da mesma. Todavia, a sua admissibilidade deixa de ser possível quando estiver em causa a tutela do interesse público em evitar que os consumidores sejam enganados.

Para terminar, cumpre referir que a questão em apreço – a relevância da deceptividade quanto à proveniência empresarial no seguimento do licenciamento de uma marca sem o referido controlo – já foi submetida ao Tribunal de Justiça, mas a resposta do Tribunal do Luxemburgo foi inviabilizada pelo acordo a que as partes, entretanto, chegaram[1085].

### 3.2.2.2. A utilização pelo distribuidor

As hipóteses de utilização da marca com consentimento do titular não se cingem ao caso, que acabamos de analisar, da licença de marca, embora esta seja, provavelmente, a hipótese mais frequente na prática.

Outro caso, também muito usual, tem a ver com a utilização da marca por terceiros com o consentimento do seu titular em moldes diferentes que, por isso, suscitam uma abordagem jurídica distinta. Referimo-nos à utilização da marca no âmbito dos contratos de distribuição.

Com efeito, na sequência da revolução comercial operada, e já referida na Introdução, a par da distribuição directa, os produtores recor-

---

[1084] V. *supra* 3.2.1.1.3.1. e 3.2.1.1.3.2.
[1085] Referimo-nos ao caso «Scandecor» que é referido *infra* (v. 6.).

rem, cada vez mais, a sistemas de distribuição indirecta (integrada ou não integrada)[1086], concretizada através dos chamados «contratos de distribuição».

Estes negócios jurídicos caracterizam-se por, através deles, o produtor consentir que uma pessoa juridicamente independente – o distribuidor – comercialize os produtos assinalados com uma marca (muito conhecida) sob determinadas condições. Essas condições têm a ver, como PINTO MONTEIRO sublinha, com o facto de os distribuidores se vincularem contratualmente ao cumprimento das instruções e orientações de política comercial que lhe sejam dirigidas pelo produtor, bem como de se sujeitarem ao seu controlo e fiscalização, o que se justifica com vista à sua integração numa determinada rede comercial[1087].

Como dizíamos, a utilização da marca em sede de contratos de distribuição é diferente da que analisámos relativamente aos contratos de licença. Nestes últimos, a autorização dada ao licenciado refere-se à aposição da marca num produto que ele fabrica ou à sua utilização para distinguir serviços por este prestados. Nos contratos de distribuição o que está em causa é a *comercialização* de um produto que, em princípio, já está assinalado com uma determinada marca.

Não se trata de autorizar alguém a apor a marca em produtos por si fabricados, mas antes de regular a forma (as condições) como determinadas pessoas podem comercializar os produtos já assinalados com uma marca pelo produtor[1088]. Afastamo-nos, por isso, da doutrina que sustenta que, nestes casos, há uma licença *implícita* de utilização da marca[1089], pois cremos que não existe aqui qualquer licença de marca; como referíamos, o que há é uma regulamentação das condições para a comercialização dos produtos que têm aposta a marca.

---

[1086] Sobre a importância da distribuição, cfr., entre outros, ANTÓNIO MENEZES CORDEIRO, *Manual de Direito Comercial*, 2.ª ed., Almedina, Coimbra, 2007, pp. 651 e ss.

[1087] ANTÓNIO PINTO MONTEIRO, *Direito comercial...*, cit., pp. 71 e s.

[1088] O interesse do produtor na distribuição indirecta reside, precisamente, na transferência do risco da comercialização para o distribuidor. Para este último o recurso à distribuição indirecta prende-se com a obtenção de uma posição mais favorável no mercado relativamente aos seus concorrentes. Sobre estas vantagens, cfr., entre outros, MARIA HELENA BRITO, *op. cit.*, p. 13 e ANTÓNIO PINTO MONTEIRO, *Direito comercial...*, cit., p. 61.

[1089] E que corresponde, *grosso modo*, à posição perfilhada por quem adopta uma concepção ampla de licença no sentido de abarcar quer a autorização de apor a marca em produtos por si fabricados, quer de utilizar a marca comercialmente. Cfr. ALBERT CHAVANNE/JEAN-JACQUES BURST, *op. cit.*, p. 613.

O que acaba de ser dito é comprovado nos principais contratos de distribuição.

Desde logo, na agência que é o contrato pelo qual uma das partes se obriga a promover por conta da outra a celebração de contratos em certa zona ou determinado círculo de clientes, de modo autónomo e estável e mediante retribuição[1090].

Como é realçado por PINTO MONTEIRO, "o contrato de agência, ao contrário do que, equivocamente, poderia julgar-se, não confere, por si só, ao agente poderes para celebrar contratos. Este limita-se a fomentar a sua conclusão e a prepará-los, mas não lhe cabe a celebração dos contratos que promove, excepto se lhe tiverem sido concedidos os indispensáveis poderes para tal (…)"[1091]. Significa isto que o agente terá por objectivo a promoção da celebração de contratos de compra e venda entre o principal e os adquirentes dos produtos daquele, podendo eventualmente representar o principal, se para tal estiver legitimado, mas não tem autorização para assinalar, ele próprio, produtos com a marca do principal.

No contrato de concessão comercial, o concessionário obriga-se a comprar ao concedente determinados produtos para revenda, submetendo-se a determinadas condições[1092]. O concessionário revende os produtos que já estão assinalados com a marca do concedente[1093], pelo que também aqui não é ele que apõe a marca nos produtos.

Relativamente ao contrato de franquia – que Pinto Monteiro define como sendo o "contrato pelo qual alguém (franquiador) *autoriza* e *possibilita* que outrem (franquiado), mediante *contrapartidas*, actue comercialmente (produzindo e/ou vendendo produtos ou serviços), de modo estável, com a *fórmula de sucesso do primeiro* (sinais distintivos, conhecimentos, assistência…) e surja aos olhos do público com a sua *imagem empresarial*, obrigando-se o segundo a actuar nestes termos, a respeitar as

---

[1090] V. art. 1.º do DL n.º 178/86, de 3 de Julho, com as alterações entretanto introduzidas.

[1091] ANTÓNIO PINTO MONTEIRO, *Contrato de agência* – Anotação, 3.ª ed. Actualizada, Almedina, Coimbra, 1998, p. 37.

[1092] Sobre estes contratos cfr. MARIA HELENA BRITO, *op. cit.*, *passim* e ANTÓNIO PINTO MONTEIRO, *Direito comercial* …, cit., p. 108.

[1093] A afirmação cinge-se, naturalmente, aos casos em que o produto vendido tem uma marca. Não desconhecemos, porém, que pode haver distribuição de produtos sem marca. A referência a produtos com marca decorre não só do âmbito do presente estudo, mas também porque, como refere MARIA HELENA BRITO, "na generalidade dos casos, a concessão comercial refere-se a produtos de marca, por ser em relação a estes que mais se justificam as preocupações do fabricante em manter o prestígio e a qualidade, através da imposição de condições de venda" (*op. cit.*, p. 30).

*indicações* que lhe forem sendo dadas e a aceitar o *controlo* e *fiscalização* a que for sujeito"[1094] – importa proceder à diferenciação de vários tipos[1095].

Com efeito, relativamente à franquia de produção (em que o franquiado produz os bens que vende com a marca do franquiador) e à franquia de serviços (em que o franquiado presta um serviço sob a insígnia, nome comercial e marca do franquiador) existe sempre, na nossa opinião, uma licença de marca (aplicando-se, por conseguinte, o disposto *supra* em 3.2.2.1.)[1096]. O mesmo não sucede necessariamente, nem em regra, no caso da chamada franquia de distribuição (em que o franquiado vende os produtos assinalados com a marca do franquiador)[1097].

Finalmente, também se verifica a mesma situação no que respeita aos contratos de distribuição selectiva. Através destes o produtor acorda em fornecer os seus produtos, assinalados com uma marca muito prestigiada, exclusivamente aos revendedores por si seleccionados em função de rigorosos requisitos de qualidade e estes comprometem-se a vendê-los observando uma determinada política definida pelo produtor[1098].

---

[1094] ANTÓNIO PINTO MONTEIRO, *Direito comercial* ..., cit., p .121.

[1095] Sobre as modalidades do contrato de franquia, cfr., entre nós, MARIA DE FÁTIMA RIBEIRO, *O contrato de franquia – franchising. Noção, natureza jurídica e aspectos fundamentais de regime*, Almedina, Coimbra, 2001, pp. 212 e ss.

[1096] No mesmo sentido, cfr. MARIA DE FÁTIMA RIBEIRO, *op. cit.*, pp. 162, 213, e nota 604 na p. 222.

[1097] Como MARIA DE FÁTIMA RIBEIRO refere (*op. cit.*, pp. 162 e s.), "(...) na maior parte dos contratos de franquia de distribuição, a licença de marca está claramente afastada pela presença de uma cláusula de abastecimento exclusivo, que proíbe expressamente ao franquiado a aposição da marca em causa a produtos que não lhe sejam fornecidos pelo franquiador e/ou por fornecedores por este indicados, produtos estes que, quando chegam às mãos do franquiado, já ostentam essa mesma marca; ou, ainda que a não ostentem, sempre se entenderia que o franquiado só está autorizado a apor essa marca nos produtos que lhe são fornecidos pelo franquiador – directa ou indirectamente –, pelo que, mesmo nesta situação, não existe uma licença de marca em sentido próprio".

[1098] ANTÓNIO PINTO MONTEIRO, *Direito comercial...*, cit., p. 114. O autor citado assinala ainda que nada impede que o revendedor comercialize outros bens concorrentes, mas só pode adquirir os produtos junto do fabricante ou de outro revendedor seleccionado e não beneficia de qualquer direito de exclusivo, podendo ter que confrontar-se com um outro revendedor selectivo da mesma marca a operar perto de si.

ANTÓNIO PINTO MONTEIRO distingue ainda este tipo de distribuição da chamada «distribuição autorizada», que "exprime uma (ainda) *menor* integração do distribuidor na rede do fabricante" e relativamente à qual quer os critérios de selecção dos revendedores autorizados, quer o controlo pelo fabricante são inferiores (*Direito comercial...*, cit., p. 115).

Além do exposto, é preciso ter presente que pelo facto de o produtor ter transmitido os produtos assinalados com aquele sinal distintivo ao distribuidor esgota o seu direito de marca[1099], pois é aqui que está o primeiro acto de comercialização dos produtos[1100].

---

[1099] O esgotamento respeita ao poder de o titular da marca proibir ou restringir a circulação do produto marcado originariamente colocado no mercado por si ou por terceiro com o seu consentimento. Nessa medida, como TOMAS DE LAS HERAS LORENZO destaca, o princípio do esgotamento da marca é um limite ao direito de exclusão que o registo da marca confere ao seu titular: esgotado com o primeiro acto de comercialização, o titular da marca carece já do direito de exclusão para proibir (ou restringir) aos terceiros os ulteriores actos dos produtos da marca autêntica (*El agotamiento del derecho de marca*, Editorial Montecorvo, Madrid, 1994, p. 25).

Como decorre do exposto, o termo "esgotamento" é inexacto, já que o direito não se extingue, simplesmente deixa de abranger os produtos que sejam colocados no mercado. Além disso, como teremos oportunidade de referir no texto, e é salientado por PEDRO SOUSA E SILVA («"E depois do adeus". O "esgotamento" do direito industrial e os direitos subsistentes após a colocação no mercado», in: AA.Vv., *Direito Industrial*, vol. III, APDI//Almedina, 2003, p. 202) mesmo relativamente a estes, o titular da marca dispõe de alguns «direitos residuais», p.e., o de se opor à comercialização de um produto com a marca referida após diminuições significativas da qualidade. Sobre o tema, v. *infra* 3.2.3.

[1100] A colocação dos produtos no mercado pelo titular da marca ou por terceiro com o seu consentimento, em princípio, conduz ao esgotamento do direito de marca, entendido no sentido referido na nota anterior.

Relativamente à comercialização importa referir que, em princípio, apenas serão relevantes os actos pelos quais os produtos entrem no mercado (i.e., passem do circuito interno da empresa do titular da marca para o circuito comercial).

Segundo alguns autores, isso não exige a transmissão da propriedade dos produtos, não obstante ser esta a hipótese mais frequente. Esta interpretação ampla é sustentada, entre outros, por TOMAS DE LA HERAS LORENZO, *op. cit.*, p. 238, e MARIA CRISTINA FERNÁNDEZ FERNÁNDEZ, *Los motivos legítimos que impiden el agotamiento del derecho de marca – el art. 7.2. de la Directiva 89/104/CEE del Consejo, de 21 de diciembre de 1988, relativa a la aproximación de las legislaciones de los Estados miembros en materia de marcas y el art. 36.2 del la Ley 17/2001, de 7 de diciembre, de marcas*, Editorial Comares, Granada, 2005, p. 65

Outros autores defendem a exigência de um acto que transmita a propriedade do produto para um terceiro, independente do titular da marca (cfr., entre nós, PEDRO SOUSA E SILVA, *Direito comunitário...*, cit., p. 73). Esta última posição parece ter colhido apoio no Acórdão do TJ, de 30 de Novembro de 2004, proferido no âmbito do proc. C-16/03, entre Peak Holding AB e Axolin Elinor AB (*Col.* 2004-11, pp. I-11331) que, no n.º 1 da parte decisória, declarou que o art. 7.º, n.º 1 da DM deve ser interpretado no sentido de que não se pode considerar que os produtos que ostentam uma marca foram colocados no mercado no Espaço Económico Europeu, nas suas próprias lojas ou nas de uma sociedade coligada, mas sem os conseguir vender (*Col.* 2004-11, pp. I-11348).

Significa isto que, em princípio[1101], não resulta da lei a necessidade de autorização pelo titular da marca para que os distribuidores possam comercializar aqueles produtos[1102-1103] e, nessa medida, utilizar a marca. O que sucede é que, na prática, estão estabelecidas *contratualmente* determinadas condições de comercialização que, se não violarem disposições legais imperativas, são válidas e, por isso, têm de ser cumpridas, sob pena de responsabilidade contratual.

Se o distribuidor não afixa a marca sobre o produto[1104], recebendo-o já com aquele sinal, tal significa que uma eventual deceptividade superveniente da marca só poderia ter como fundamento ou uma alteração relevante da qualidade *lato sensu* do produto marcado evocada pela marca[1105], ou a própria alteração do significado semântico do sinal.

No entanto, não havendo consentimento do titular da marca[1106], tal actuação não só não poderia conduzir à caducidade do registo da marca,

---

[1101] A ressalva prende-se com as eventuais excepções ao esgotamento do direito que serão referidas *infra* (v. 3.2.3.).

[1102] Cfr. GIORGIO AGHINA (*op. cit.*, p. 88) que refere que quando se diz que o revendedor usa a marca para identificar um dado produto de marca emprega-se o termo «uso» em sentido bem diferente daquele que este mesmo termo assume no contexto da lei de marcas relativamente às faculdades de gozo (uso exclusivo do sinal para distinguir os produtos ou serviços). Falando de «uso» por parte do revendedor, entende-se simplesmente que ele se serve de facto do sinal, tal como o faz de resto qualquer consumidor, para individualizar e indicar os produtos que esse distingue. E, por isso, mesmo na falta de explícita autorização por parte do titular da marca, o revendedor pode utilizar o sinal distintivo de que outra pessoa é titular na venda de produtos de marca que sejam identificados como tal, i.e., como alheios e não próprios (*op. cit.*, p. 89).

No mesmo sentido, cfr., entre outros, PAOLO AUTERI, *Territorialitá...*, cit., p. 304 e MERCEDES CURTO POLO, *La licencia...*, cit., pp. 179 e ss. Esta autora afirma mesmo que o distribuidor encontrar-se-ia em relação à marca na mesma posição que qualquer outro adquirente do bem, já que a possibilidade de usar tal sinal não derivará da concessão de uma autorização pelo titular, mas do mero facto de poder dispor dos produtos (*ult. op. cit.*, p. 181).

[1103] Também aqui se confirma a diferença relativamente à licença: se o licenciado não tiver autorização do titular da marca para apor aquele sinal distintivo nos produtos que fabrica e se, ainda assim, o fizer, será tratado como contrafactor. Na distribuição indirecta tal nunca pode acontecer, porque o produtor decide a quem vende os produtos marcados: é ele que escolhe os distribuidores.

[1104] Não nos referimos nem à franquia de produção, nem à franquia de serviços, pois nestas existirá sempre uma licença de marca aplicando-se o regime referido *supra* em 3.2.2.1.

[1105] V. *supra* 2.1.

[1106] E, em regra, não existirá, pois, normalmente, são inseridas no contrato cláusulas que obrigam o distribuidor a respeitar a qualidade dos produtos e a não prejudicar a ima-

como, naturalmente, poderia suscitar a oposição do seu titular, uma vez que, apesar de o direito do titular da marca já estar esgotado, muito provavelmente, estaríamos perante uma excepção ao esgotamento do direito de marca, como teremos oportunidade de verificar já em seguida.

### 3.2.3. *O uso por terceiro sem consentimento do titular e a excepção ao esgotamento do direito de marca*

Em princípio, as utilizações não consentidas pelo titular da marca que possam tornar a marca supervenientemente deceptiva não acarretam a caducidade do registo da marca. É esta a solução que decorre do requisito subjectivo que temos estado a referir e que exige uma participação activa, mesmo que indirecta, do titular da marca no âmbito da deceptividade superveniente da marca.

Mas estas utilizações não consentidas podem, *de facto*, acarretar consequências negativas do ponto de vista económico para o titular da marca e também para os consumidores. Pense-se, p.e., na comercialização de um produto assinalado com a marca, no qual foram efectuadas alterações, sem o consentimento do seu titular, que tiveram por efeito uma diminuição relevante da qualidade ou uma alteração significativa das características dos produtos ou serviços assinalados com a marca.

Interessa-nos, particularmente, considerar as hipóteses em que tal suceda após o esgotamento do direito de marca, i.e., analisar a possibilidade de utilização do produto assinalado com a marca *posterior* à sua comercialização pelo seu titular ou por terceiro com o seu consentimento[1107-1108],

---

gem da marca. Sobre estas cláusulas no âmbito do contrato de franquia, cfr. MARIA DE FÁTIMA RIBEIRO, *op. cit.*, pp. 191 e ss.

[1107] O consentimento pode ser expresso (não dependendo de forma) ou tácito. Nesse sentido, v. o n.º 1 da parte decisória do Acórdão do TJ, de 20 de Novembro de 2001, proferido no âmbito dos processos apensos C-414/99 a C-416/99, caso «Davidoff e Levi Strauss» (*Col.* 2001-11 (A), pp. I-8759 e s.) que refere que o consentimento pode ser expresso ou estar implícito (o que sucede quando resultar de elementos e de circunstâncias anteriores, contemporâneas ou posteriores à comercialização fora do Espaço Económico Europeu, que, apreciadas pelo juiz nacional, traduzam de forma inequívoca uma renúncia do titular ao seu direito de se opor a uma comercialização no Espaço Económico Europeu), cabendo a prova do consentimento ao operador que invoca a sua existência e não ao titular da marca.

O TJ esclarece ainda que o consentimento não pode resultar do silêncio do titular da marca, nem da falta de comunicação pelo titular da marca de oposição à comercialização no espaço económico europeu[1109], já que, em princípio, o direito de marca estaria, neste caso, esgotado, impedindo o seu titular de proibir o uso da

---

no Espaço Económico Europeu [EEE], nem de nos produtos não constar a proibição de comercialização no EEE, nem sequer da circunstância de o titular da marca ter transferido a propriedade dos produtos que ostentam a marca sem impor reservas contratuais e de, segundo a lei aplicável ao contrato, o direito de propriedade transferido englobar, na falta de tais reservas, um direito de revenda ilimitado ou, pelo menos, um direito de comercializar posteriormente os produtos no EEE.

[1108] O TJ tem considerado neste âmbito a utilização por uma pessoa vinculada com o titular da marca por uma relação de dependência jurídica (p.e., licenciado) ou económica (p.e., empresas do mesmo grupo). V., entre outros, o n.º 5 do sumário do Acórdão do TJ proferido, em 22 de Junho de 1994, no caso «IHT/Ideal Standard», proc. C-9/93, in: *Col.* 1994-6, pp. I-2839.

[1109] O art. 7.º da DM (com a redacção adoptada em conformidade com o art. 65.º, n.º 2, conjuntamente com o n.º 4 do Anexo XVII do Acordo do Espaço Económico Europeu, de 2 de Maio de 1992 – v. *JO* L 1, de 3/1/1994, p. 3) consagra expressamente o esgotamento para produtos comercializados «numa Parte Contratante».

No que respeita à possibilidade de os Estados-membros estabelecerem, nas respectivas legislações nacionais, o esgotamento internacional, o TJ defende que a solução da DM é vinculativa para os Estados-membros, o que significa que estes não podem prever o esgotamento internacional (v., entre outros, o n.º 31 do Acórdão proferido no caso «Silhouette/Hartlauer», em 16 de Julho de 1998, no âmbito do proc. 355/96, in: *Col.* 1998--7, pp. I-4832) e, entre outros, o n.º 22 do Acórdão proferido no litígio entre Sebago e Maison Dubois/GB-Unic, de 1 de Julho de 1999, no âmbito do proc. C-173/98 (in: *Col.* 1999-7, pp. I-1115).

Valorando positivamente esta solução cfr., entre nós, Luís M. Couto Gonçalves, «O princípio do esgotamento do direito de marca», in: *Estudos em Homenagem ao Prof. Doutor Raul Ventura*, vol. II, FDUL, 2003, pp. 201 e s., invocando argumentos históricos e racionais da norma, bem como o elemento teleológico. Luís M. Couto Gonçalves (*ult. op. cit.*, p. 202) acrescenta ainda que "é legítimo que se possa criticar a solução considerando-a incoerente em nome de uma pura lógica técnico-jurídica que atenda, exclusivamente, ao problema essencial de salvaguarda da função distintiva da marca que, (...), não é posta em causa com o princípio do esgotamento internacional. Só que o melhor caminho para resolver o problema não passa pela admissibilidade de disposições nacionais díspares, mas pela alteração da norma comunitária". No mesmo sentido, cfr., entre outros, Gerhard Schricker, «Reflexiones sobre el agotamiento en el derecho de los bienes inmateriales», in: *ADI*, Tomo XX, 1999, pp. 352 e s. e Ángel Garcia Vidal, «El alcance territorial del agotamiento del derecho de marca en la reciente jurisprudência del TJCE (Comentario a las sentencias de 16 de julio de 1998 «Silhoutte», y de 1 de julio de 1999, «Sebago»), in: *ADI*, Tomo XX, 1999, pp. 567 e ss.

Defendendo *de lege ferenda* o esgotamento internacional, cfr., entre outros, José de Oliveira Ascensão, «O projecto ...», *cit.*, p. 57 e Manuel Lobato García-Miján, «El agotamiento del derecho de marca», in: *RDM*, n.º 223, 1997, p. 121.

mesma nos produtos comercializados (v. art. 259.°, n.° 1 do CPI e art. 7.°, n.° 1 da DM).

No entanto, é o próprio legislador que prevê uma excepção ao esgotamento do direito de marca quando existirem *motivos legítimos* que justifiquem que o titular se oponha à comercialização[1110] posterior dos produtos (v. o n.° 2 dos arts. 259.° do CPI e 7.° da DM[1111], respectivamente)[1112].

Um desses casos, exemplificativamente referido na própria norma[1113], respeita à modificação ou alteração do estado dos produtos após a sua colocação no mercado[1114].

---

[1110] Esta referência é muito relevante pois, como PEDRO SOUSA E SILVA assinala («"E depois do adeus...", *cit.*, p. 217), só faz sentido esta limitação se o produto continua em circulação no circuito comercial, em situação de revenda, no estado de novo ou usado, de reimportação, ou de alteração/transformação (seja no estado de novo, seja a título de recuperação ou reconversão, seja ainda quando haja reembalagem dos produtos) e já não para o uso privado (a não ser nas situações designadas de «confusão pós-venda»).

[1111] Referindo-se às diferenças do texto definitivo da DM e dos seus trabalhos preparatórios, cfr. ROBERT KOVAR, «Le reconditionnement des produits marqués – l'importateur et le fabricant plaidant par-devant la cour de justice», in: Melanges offerts à Jean-Jacques Burst, Litec, Paris, 1997, p. 277.

[1112] Frisamos que o desenho da excepção ao esgotamento começou a ser esboçado por via jurisprudencial, tal como o próprio princípio do esgotamento, e que as decisões judiciais assentaram na(s) função(ões) que a marca desempenha e, em especial, sobre a função indicadora da origem do produto, o que implica, segundo o TJ, que o consumidor há-de poder estar seguro de que o produto que lhe é oferecido não foi objecto de intervenções de terceiros que tenham podido afectar o estado original do produto, sem autorização do titular da marca. Neste sentido, v., entre outros, o n.° 7 do Acórdão do TJ, de 23 de Maio de 1977, proferido no proc. C-102/77, entre Hoffmann-La Roche & Co. AG e Centrafarm Vertriebsgesellschaft Pharmazeutischer Erzeugnisse mbH, no caso «Valium», in: *Col.* 1978-12, p. 396, diversas vezes reafirmado (v., entre outros, o n.° 47 do Acórdão do TJ, de 11 de Julho de 1996, proferido no âmbito dos procs. C-427/93 (entre Bristol-Myers Squibb e Paranova A/S), C-429/93 (entre C. H. Boehringer Sohn e outras e Paranova A/S) e C-436/93 (entre Bayer AG e outra e Paranova A/S), relativo ao caso «Bristol-Myers Squibb), in: *Col.* 1996-7, pp. I-3532 e s.).

Para maiores desenvolvimentos sobre a jurisprudência comunitária em matéria de reembalagem, reetiquetagem e substituição de marcas de produtos farmacêuticos, cfr., em especial, THOMAS HAYS, *Parallel importation under European Union Law*, Sweet & Maxwell, London, 2004.

[1113] O carácter exemplificativo é abertamente defendido pelo TJ. V. o n.° 39 do acórdão, de 11 de Julho de 1996, proferido no caso «Bristol Myers-Squibb», *cit*, (in: *Col.* 1996-7, pp. I-3530 e s.) e, entre outros, o n.° 42 do Acórdão, de 4 de Novembro de 1997, proferido no proc. C-337/95, entre Parfums Christian Dior SA e Parfums Christian Dior BV e Evora BV, relativo ao caso «Dior», in: *Col.* 1997-11, pp. I-6048.

### 3.2.3.1. A alteração do estado dos produtos marcados após a sua colocação no mercado

É a lei que refere expressamente a relevância dos casos em que tenha havido alteração ou modificação do estado dos produtos para o efeito de não existir esgotamento do direito de marca (*id est*, para possibilitar ao titular da marca a proibição da sua utilização por terceiros). Porém, nada mais é explicitado, pelo que importa reflectir sobre as condições necessárias para a aplicação desta excepção.

---

[1114] Um outro motivo legítimo para o não esgotamento do direito de marca desenvolvido pela jurisprudência comunitária respeita aos actos de um terceiro, sem o consentimento do titular, que possam lesar a reputação ou o prestígio da sua marca. Este motivo foi discutido no âmbito dos casos «Dior» e «BMW», respectivamente (v. o acórdão, de 4 de Novembro de 1997, proferido no âmbito do caso «Dior», *cit.* (in: *Col.* 1997-11, pp. I-6034) e o acórdão, de 23 de Fevereiro de 1999, proferido no proc. C-63/97, caso «BMW», *cit.*, in: *Col.* 1999-2, pp. 925 e ss.).

No primeiro caso, o Tribunal declarou que o titular de uma marca não pode opor-se, ao abrigo do artigo 7.º, n.º 2, da directiva, a que um revendedor, que comercializa habitualmente artigos da mesma natureza, mas não necessariamente da mesma qualidade que os produtos da marca, a utilize, com os meios habituais no seu ramo de actividade, para anunciar ao público a comercialização posterior dos seus produtos, salvo se se provar que, tendo em consideração as circunstâncias específicas de cada caso, o uso da marca na publicidade do revendedor afecta seriamente a reputação da marca.

No caso «BMW» é admitido como motivo legítimo na acepção do artigo 7.º, n.º 2, da directiva o facto de a marca ser utilizada na publicidade do revendedor de um modo tal que possa dar a impressão de que existe uma relação comercial entre o revendedor e o titular da marca, e nomeadamente que a empresa do revendedor pertence à rede de distribuição do titular da marca ou que existe uma relação especial entre as duas empresas.

Sobre estas decisões, cfr., entre outros, MARIA CRISTINA FERNÁNDEZ FERNÁNDEZ, *Los motivos...*, cit., pp. 199 e ss. Entre nós, no que concerne à primeira decisão (caso «Dior»), cfr. PEDRO SOUSA E SILVA, «"E depois do adeus"...», *cit.*, pp. 224 e ss. e, quanto à segunda (caso «BMW»), cfr. M. NOGUEIRA SERENS, «Aspectos do princípio...», *cit.*, pp. 621 e ss., nota 48.

Recentemente, o TJ apreciou uma vez mais a questão. Referimo-nos ao Acórdão proferido no caso «Copad», *cit.* Aí declarou que "quando a comercialização pelo licenciado de produtos de prestígio, em violação de uma cláusula do contrato de licença, deva, não obstante, ser considerada feita com o consentimento do titular da marca, este último só pode invocar essa cláusula para se opor a uma revenda dos produtos, baseando-se no artigo 7.º, n.º 2, da Directiva 89/104, conforme alterada pelo Acordo sobre o Espaço Económico Europeu, caso se demonstre, tendo em conta as circunstâncias particulares do caso concreto, que essa revenda lesa o prestígio da marca (n.º 60 do Acórdão, *cit.*).

Em primeiro lugar, é indispensável que tenha havido uma *modificação* ou *alteração* no produto.

*Prima facie,* poderíamos pensar que apenas seriam relevantes as alterações pejorativas, ficando de fora as modificações que beneficiassem o produto. Todavia, tal interpretação não se afigura a mais correcta, fundamentalmente por três ordens de razões.

Primeira, a lei não distingue o sentido da modificação, designadamente, não afirma que a modificação relevante é a que diminui a qualidade dos produtos assinalados com a marca[1115].

Segunda, admitir que os terceiros possam alterar os produtos assinalados com a marca, de forma que a sua qualidade resulte melhorada, sem que o titular da marca possa reagir, implica, em termos práticos, onerar o titular da marca, pois também ele terá de alterar os produtos que, directa ou indirectamente, coloca no mercado, de forma a harmonizá-los, em termos qualitativos, com os outros, cuja qualidade foi modificada, e que estão em circulação. Caso não o faça – não obstante não ficar sujeito à declaração de caducidade do registo da marca com fundamento em deceptividade superveniente atendendo a que o terceiro agiu sem o seu consentimento[1116] –, pode suceder que, de facto, os consumidores, após terem experimentado dois (ou mais) produtos assinalados com a mesma marca com características e/ou qualidade diferentes, desistam de confiar naquele sinal distintivo e deixem, pura e simplesmente, de escolher quaisquer produtos assinalados com a mesma, disso se ressentindo o titular da marca.

Terceira, tal hipótese seria até contrária à filosofia do esgotamento. É ao titular da marca que cabe decidir se e *em que condições* coloca os produtos no mercado. É ele que tem o direito à "caracterização do produto"[1117].

Por outro lado, como MARIA CRISTINA FERNÁNDEZ FERNÁNDEZ destaca, a interpretação defendida não é contrariada pela posição assumida pelo Tribunal de Justiça – a propósito da reembalagem de um tipo muito específico de produtos (medicamentos) em relação aos quais, a qualidade, em princípio, não será aumentada com a reembalagem –, e de acordo com a qual desde que a qualidade original do produto não seja diminuída ou prejudicada[1118] não há excepção ao esgotamento do direito de marca.

---

[1115] Neste sentido, cfr. MARIA CRISTINA FERNÁNDEZ FERNÁNDEZ, *op. cit.*, p. 161.

[1116] Para além de, como referimos *supra*, nada obstar a que o titular da marca varie a qualidade dos produtos ou serviços assinalados pela marca, com o limite do que for evocado pelo referido sinal.

[1117] FRIEDRICH-KARL BEIER refere-se, a este propósito, a um direito exclusivo para a caracterização do produto («Evolução e caracteristicas básicas do direito europeu de marcas» (tradução de Isabel Jalles), in: Assuntos Europeus, 1982, p. 27).

[1118] MARIA CRISTINA FERNÁNDEZ FERNÁNDEZ, *op. cit.*, p. 161.

Além disso, não serão relevantes alterações insignificantes, isto é, que respeitem a características não essenciais dos produtos em apreço[1119]. Determinar quais são as alterações que versam sobre características essenciais ou não essenciais é uma questão de facto a ponderar em função da natureza do produto.

Em suma, o titular da marca que tiver procedido, directamente ou por terceiro com o seu consentimento, à comercialização de produtos assinalados com aquele sinal poderá, mesmo assim, reagir judicialmente contra utilizações comerciais posteriores não consentidas se os produtos tiverem sofrido modificações (em qualquer sentido) relevantes que afectem o seu estado original.

### 3.2.3.1.1. *A reembalagem dos produtos assinalados com a marca*

Um outro ponto que importa esclarecer respeita à integração das alterações introduzidas nas embalagens na excepção ao esgotamento do direito de marca[1120].

Em sentido rigoroso, na maior parte dos casos, a embalagem não se confunde com o produto. Por conseguinte, uma alteração da embalagem não implicará, necessariamente, uma modificação relevante do estado original do produto. No entanto, tal poderá suceder e, por isso mesmo, não se estranha que o Tribunal de Justiça tenha tido oportunidade de se pronunciar sobre o problema. Fê-lo, ainda antes da Directiva de marcas, no âmbito de processos sobre importações paralelas de medicamentos[1121]. E continuou a fazê-lo após a aprovação da Directiva[1122].

---

[1119] Neste sentido, cfr., entre nós, PEDRO SOUSA E SILVA, «"E depois do adeus"...», *cit.*, p. 220. Cfr., ainda MARIA CRISTINA FERNÁNDEZ FERNÁNDEZ (*op. cit.*, p. 162) que refere que a não ser assim criar-se-ia uma espécie de direito moral, sobre os produtos marcados, que só deve existir no direito de autor ou de patentes.

[1120] Além da reembalagem o TJ também tem tratado da reetiquetagem (*v.g.*, o Acórdão de 11 de Novembro de 1997, proferido no processo C-349/95, entre Frits Loendersloot e George Ballantine & Son Ltd., in: *Col.* 1997-11, pp. I-6244). Todavia, nos casos de reetiquetagem não existe possibilidade de engano causado pela marca, quer pelo seu significado semântico, quer pelas características e/ou qualidade do produto assinalado e, por isso, não o referiremos.

[1121] Referimo-nos, especialmente, aos Acórdãos proferidos, em 10 de Outubro de 1978, proferido no proc. C-3/78, entre a Centrafarm BV e a American Home Products Corporation, in: *Rec.* 1978, pp. 1823 e ss. e, em 3 de Dezembro de 1981, no âmbito do proc. C-1/81, entre Pfizer Inc. e Eurim-Pharma gmbH, in: *Col.* 1981, pp. 2913 e ss.

Dessa jurisprudência resulta que a modificação, que qualquer reacondicionamento de um produto assinalado com uma marca implica, fundamentará uma excepção ao esgotamento da marca, a não ser que se verifiquem determinados requisitos[1123].

---

[1122] *V.g.*, os Acórdãos do TJ, de 11 de Julho de 1996, proferidos no caso «Bristol-Myers Squibb», *cit.* (*Col.* 1996-7, pp. I-3514 e ss.); nos processos apensos C-71/94, C-72/94 e C-73/94, entre Eurim-Pharma Arzneimittel GmbH e Beiersdorf AG; Boehringer Ingelheim kG e Farmitalia Carlo Erba GmbH, respectivamente, in: *Col.* 1996-7, pp. I-3607 e ss.; e no processo C-232/94, entre MPA Pharma GmbH e Rhône-Poulenc Pharma GmbH, in: *Col.* 1996-7, pp. I-3675 e ss.; de 12 de Outubro de 1999, proferido no processo C-379/97, entre Pharmacia & Upjonh S.A. e Paranova A/S, in: *Col.* 1999-10 (A), pp. I-6954 e ss., e de 23 de Abril de 2002, proferido nos processos C-443/99 e C-143/00, entre Merck, Sharp & Dohme GmbH e Paranova Pharmazeutika Handels GmbH, in: *Col.* 2002-4, pp. I-3745 e ss. e no proc. C-143/00, entre Boehringer Ingelheim e Swingward Ltd. e outros, in: *Col.* 2002-4, pp. I-3762 e ss., respectivamente; de 26 de Abril de 2007, proferido no processo C-348/04, entre as partes referidas no último acórdão citado, e de 22 de Dezembro de 2008, proferido no âmbito do proc. C-276/05, que opôs a The Wellcome Foundation Ltd. à Paranova Pharmazeutika Handels GmbH, no caso «Zovirax». Os dois últimos acórdãos referidos ainda não estão publicados na *Col.*, mas podem ser consultados no sítio: *http://curia.europa.eu/jurisp/cgi-bin/form.pl?lang=pt.*

[1123] Esses requisitos foram fixados pelo TJ nos acórdãos proferidos nos casos «Valium» e «Bristol Myers Squibb», *cit.*

No primeiro caso discutia-se a possibilidade de a *Hoffmann-La Roche*, titular da marca «Valium» para assinalar um determinado medicamento – que comercializava na Alemanha em embalagens de 20 ou 50 comprimidos e 100 ou 250 comprimidos, consoante se destinassem a particulares ou a clínicas, respectivamente, e na Grã-Bretanha em embalagens de 1.000 comprimidos –, se poder opor, invocando o seu direito de marca, à colocação no mercado alemão do mesmo medicamento pela *Centrafarm*, que o adquiria na Grã-Bretanha, onde o preço era inferior ao praticado na Alemanha, colocava-o em novas embalagens de 1.000 comprimidos, apondo a marca «Valium» e a indicação de que eram comercializados pela Centrafarm.

No segundo caso foram apreciados três litígios que opunham à Paranova A/S a Bristol Myers Squibbs, a Boehringer e outras e a Bayer AG e outra, que eram titulares de várias marcas de medicamentos (Acórdãos do TJ, de 11 de Julho de 1996, proferidos no caso «Bristol-Myers Squibb», *cit.* (*Col.* 1996-7, pp. I-3514 e ss.); nos processos apensos C-71/94, C-72/94 e C-73/94).

A Paranova comprou em lotes produtos farmacêuticos assinalados com aquelas marcas nos Estados-membros onde o seu preço era mais baixo e importou-os para a Dinamarca, procedendo à reembalagem dos mesmos que ostentava as marcas com as indicações dos respectivos produtores e com a menção de terem sido importados e reembalados pela Paranova.

Do primeiro acórdão, que data, como já foi referido, de 23 de Maio de 1978, resulta que o titular de um direito de marca pode invocar este direito para impedir que um impor-

Estes requisitos são cumulativos e assentam na necessidade de reembalagem dos produtos marcados[1123bis] (se for demonstrado que o exercício do direito de marca pelo titular, para se opor a esta comercialização, contribui para estabelecer uma compartimentação artificial dos mercados entre os Estados-membros)[1124] e na salvaguarda dos inte-

---

tador comercialize um produto, que foi colocado em circulação noutro Estado-Membro pelo titular ou com o seu consentimento, quando este importador tenha procedido à reembalagem do produto numa nova embalagem na qual a marca tenha sido reaposta, salvo quando: i) se demonstrar que o exercício do direito de marca pelo seu titular, dado o sistema de comercialização por ele aplicado, contribui para estabelecer uma compartimentação artificial dos mercados entre Estados-membros; ii) se demonstrar que a embalagem não pode afectar o estado originário do produto; iii) o titular da marca tenha sido previamente avisado da colocação no mercado do produto reembalado, e iv) for indicado, na nova embalagem, quem procedeu ao reacondicionamento do produto.

O segundo desenvolve a jurisprudência fixada no caso «Valium» e acrescenta mais um requisito ao elenco, a saber: que a apresentação do produto reembalado não seja tal que possa prejudicar a reputação da marca e a do seu titular. Assim, a embalagem não deve ser defeituosa, de má qualidade ou não cuidada (v. n.° 79 do Acórdão «Bristol-Myers Squibb», cit., Col. 1996-7, pp. I-3541 e s.).

[1123bis] No Acórdão do TJ (2.ª Secção), de 22 de Dezembro de 2008, proferido no âmbito do proc. C-276/05, caso «Zovirax», cit., foi declarado que "o artigo 7.°, n.° 2, da Directiva 89/104 deve ser interpretado no sentido de que cabe ao importador paralelo fornecer ao titular da marca as informações *necessárias e suficientes* para lhe permitir verificar que o reacondicionamento do produto sob essa marca é necessário para a comercialização no Estado-Membro de importação"[itálicos nossos].

Além disso, na sequência do Acórdão, de 26 de Abril de 2007, proferido no processo C-348/04, cit., onde fora afirmado que a necessidade de reembalagem aplica-se unicamente ao reacondicionamento propriamente dito e não à forma ou ao estilo de realização deste (v. n.° 39 do Acórdão cit.), o TJ, no caso «Zovirax» – considerando que "uma vez que o modo de apresentação da nova embalagem do produto não é apreciado à luz da condição de necessidade para efeitos da comercialização posterior do referido produto, também não pode ser apreciado em função do critério segundo o qual a infracção ao direito de marca deve ser a mínima possível" (n.° 27) –, declarou que "(...) o artigo 7.°, n.° 2, da Directiva 89/104 deve ser interpretado no sentido de que, quando for demonstrado que o reacondicionamento do produto farmacêutico, através de uma nova embalagem, é necessário à sua comercialização posterior no Estado-Membro de importação, há que apreciar o modo de apresentação dessa embalagem tendo unicamente presente a condição segundo a qual o mesmo não deve ser susceptível de lesar a reputação da marca nem a do seu titular".

[1124] O titular da marca não se pode opor à comercialização em casos de reembalagem se for demonstrado que o uso do direito de marca pelo titular contribui para estabelecer uma compartimentação artificial dos mercados entre Estados-membros.

É o que sucede, por exemplo, quando o titular tiver colocado em circulação, em vários Estados-membros, um produto farmacêutico idêntico em embalagens diferentes e,

resses legítimos do titular da marca (que se concretiza na necessidade de informar previamente o titular da marca da reembalagem[1125]; na demonstração de que a reembalagem não pode afectar o estado original do produto[1126]; na indicação clara[1127] na nova embalagem do autor do reacondicionamento do produto e do nome do seu fabricante e na apresentação do produto reembalado sem prejuízo para a reputação da marca e do seu titu-

---

se não existir esse reacondicionamento dos produtos, o acesso efectivo ao mercado em causa (a uma parte importante do mesmo) seja dificultado devido a uma forte resistência de uma proporção significativa dos consumidores em relação aos medicamentos nos quais foram colocados novos rótulos. Neste sentido, v. a parte decisória do Acórdão, de 23 de Abril de 2002, proferido no âmbito do proc. C-443/99, entre a Merck e a Paranova, *cit.*, *Col.* 2002-4, pp. 3745 e ss.

Neste acórdão estava em discussão a reembalagem de um medicamento para tratamento de hiperplasia prostática benigna, comercializado na Áustria, pela Merck com a marca Proscar, da qual era titular. A Paranova comprou o referido medicamento em Espanha, reembalou-o e colocou-o à venda na Áustria.

A reembalagem consistia numa nova embalagem externa (caixa) com novos anexos traduzidos em alemão com as indicações e precauções de utilização, para além das indicações exigidas para a colocação no mercado austríaco. A Paranova comunicou à Merck a colocação no mercado do medicamento assinalado com a marca Proscar por via de importação paralela e, a pedido desta, forneceu-lhe uma amostra do medicamento reembalado, pedindo que lhe fossem comunicadas eventuais reservas.

A Merck opôs-se à utilização da marca, mas a Paranova defendeu-se, invocando que o medicamento só podia ser comercializado na Áustria se a sua embalagem externa contivesse determinadas indicações em língua alemã e que as autoridades austríacas recomendaram uma reembalagem por substituição da embalagem e não uma simples aposição de rótulos.

[1125] De acordo com a jurisprudência do TJ, o importador paralelo que reacondicionar um medicamento que ostenta uma marca deve previamente informar o titular da marca da colocação à venda do medicamento reacondicionado. Além disso, a pedido do titular da marca, deve fornecer-lhe uma amostra do produto reembalado antes da sua comercialização. V. o n.º 3 da parte decisória do Acórdão «Bristol-Myers Squibbs», *Col.* 1996-7, pp. I-3544 e s.

[1126] É o que sucede quando o importador se tiver limitado a operações que não impliquem qualquer risco de o produto ser afectado (*v.g.*, como o TJ já considerou, no n.º 3 da parte decisória do acórdão «Bristol-Myers Squibb» (*Col.* 1996-7, pp. I-3544 e s.), retirar *blisters*, frascos, tubos, ampolas ou inaladores da sua embalagem exterior de origem e colocação dos mesmos numa nova embalagem exterior, fixação de etiquetas auto-adesivas na embalagem interior do produto; acrescentar outro prospecto ou folheto informativo ou incluir nele um artigo suplementar).

[1127] A impressão destas menções deve ser efectuada de forma a que sejam compreensíveis para uma pessoa com vista e grau de atenção normais (v. n.º 3 da parte decisória do Acórdão «Bristol-Myers Squibb», *Col.* 1996-7, pp. I-3544 e s).

lar[1128]). Uma vez provada a reembalagem, caberá ao importador paralelo demonstrar que observou as "instruções" do "manual para o perfeito importador"[1129] para que possa invocar o esgotamento do direito do titular da marca[1130].

A actuação do Tribunal de Justiça, todavia, tem dividido a doutrina.

Assim, enquanto alguns autores consideram que "a nova jurisprudência do Tribunal manifesta (...) uma incontestável evolução num sentido muito favorável à defesa do interesse do titular da marca e da imagem que se liga a esta"[1131] e que persegue o "objectivo mais claramente afirmado de não sacrificar o direito nacional de marca à primazia sistemática da regra da livre circulação de mercadorias"[1132], outros fazem uma leitura oposta da actuação do Tribunal de Justiça e afirmam que o interesse do titular da marca é preterido em prol do interesse na realização do mercado

---

[1128] A apresentação do produto reembalado seria de molde a causar prejuízo à reputação da marca e do seu titular nos casos, por exemplo, de embalagens defeituosas, de má qualidade ou pouco cuidadas (v. n.º 3 da parte decisória do Acórdão «Bristol-Myers Squibb», *Col.* 1996-7, pp. I-3544 e s.) ou quando a nova embalagem puder afectar o valor da marca, prejudicando a imagem de seriedade e de qualidade inerente a tal produto e a confiança que ele é susceptível de inspirar no público em causa (v. o n.º 45 do acórdão «Dior», *cit.*, *Col.* 1997-11, pp. I-6049).

O carácter exemplificativo das situações em que a apresentação do produto reembalado pode causar prejuízo à reputação da marca referidas no Acórdão «Bristol-Myers» é confirmado pelo próprio TJ, no n.º 44 do acórdão de, 26 de Abril de 2007, proferido no âmbito do proc. C-348/04, entre a Boeringher e outras e a Swingward e outras (ainda não publicado na *Col.*, mas disponível no sítio: *http://curia.europa.eu/jurisp/cgi-bin/form.pl?lang=pt*).

[1129] As expressões são de CARLOS FERNÁNDEZ-NÓVOA, *Fundamentos...*, p. 544.

[1130] No entanto, relativamente ao requisito que impõe que se demonstre que a reembalagem não pode afectar o estado original do produto contido na embalagem é suficiente que o importador paralelo apresente elementos de prova susceptíveis de, razoavelmente, fazer presumir que esta condição está preenchida. O mesmo vale também quanto ao requisito de a apresentação do produto reembalado não ser susceptível de prejudicar a reputação da marca e a do seu titular. E em ambos os casos caberá ao titular da marca demonstrar que a reembalagem afecta o estado original do produto marcado ou pode prejudicar a sua reputação, v. o n.º 53 do Acórdão, de 26 de Abril de 2007, proferido no proc. C-348/04 (Boehringer/Swingward), citado na nota anterior.

[1131] Cfr. GEORGES BONET, «Épuisement du droit de marca, reconditionnement du produit marqué: confirmations et extrapolations», in: Mélanges offerts à Jean-Jacques Burst, Litec, Paris, 1997, p. 83. O autor está a referir-se em particular à obrigação de o importador paralelo ter de tomar várias precauções, que considera muito exigentes, destinadas a proteger o titular «vítima» da reembalagem e da reaposição da marca e a preservar a imagem que o público desse sinal distintivo.

[1132] GEORGES BONET, *op. cit.*, p. 84.

comum e que o titular da marca é uma "vítima sobre o altar da integração do mercado"[1133].

### 3.2.3.1.1.1. O caso específico da reembalagem com substituição da marca

Um caso específico que constitui uma excepção ao esgotamento do direito de marca respeita às situações em que a marca é suprimida do produto em que foi aposta e substituída por outra. Em especial, importa referir se e em que termos pode ser substituída por uma outra marca do mesmo titular[1134], questão que já foi apreciada pelo Tribunal de Justiça.

Antes da Directiva de marcas, a intervenção deste Tribunal surgiu no âmbito do caso «Centrafarm»[1135]. Aí foi decidido que o titular da marca pode impedir a importação paralela se houver mudança da marca original, a não ser que o importador paralelo consiga provar a intenção do titular compartimentar o mercado.

Mais recentemente, no caso «Upjohn/Paranova» este Tribunal voltou a pronunciar-se sobre o tema[1136]. Desta feita, de forma consideravelmente diferente e que vale a pena referir.

No caso em apreço a Upjohn comercializava em vários Estados-membros uma substância antibiótica (clindamicina) que assinalava com marcas

---

[1133] GERHARD SCHRICKER, «Reflexiones sobre el agotamiento...», cit., pp. 351 e s.

[1134] Relativamente à possível substituição da marca originária por outra que não seja do mesmo titular, poderá haver lugar, se os pressupostos estiverem preenchidos, à aplicação da normativa referente à concorrência desleal. Neste sentido, cfr. PEDRO SOUSA E SILVA («"E depois do adeus"...», cit., p. 223) que critica esta solução porque, por um lado, "inscrevendo-se aquele direito do titular no núcleo essencial que deriva da função indicativa da marca, seria mais apropriado que a tutela legal decorresse das disposições especificamente consagradas à defesa deste sinal distintivo. Por outro lado, porque a protecção desse direito à luz da Concorrência Desleal ficará restringida aos casos em que a lesão provenha de um acto de um concorrente do titular, deixando de fora hipóteses verosímeis em que tal lesão seja obra de terceiros não-concorrentes". No entanto, como o autor reconhece, esta solução apresenta interesse prático considerável nos casos relativamente frequentes de certos distribuidores caírem na tentação de assinalar os produtos com a sua própria marca, obliterando a marca originária. Esta situação não se confunde com outra também muito frequente, mas lícita, de comercializar produtos com as chamadas «BOB» (*buyer's own brand*) ou com as «marcas brancas», já que na última hipótese não existe substituição de marcas (*op. cit.*, nota 37 da p. 223).

[1135] V. Acórdão, de 10 de Outubro de 1978, proferido no proc. C-3/78, entre a Centrafarm BV e a American Home Products Corporation, cit., in: Rec. 1978, pp. 1823 e ss.

[1136] V. Acórdão, de 12 de Outubro de 1999, proferido no proc. C-379/97, entre Pharmacia & Upjonh S.A. e Paranova A/S, cit., in: Col. 1999-10 (A), pp. I-6954 e ss.

diferentes. Assim, usava as marcas «Dalacin» na Dinamarca, na Alemanha e em Espanha; «Dalacine» em França e «Dalacin-C» nos restantes Estados-membros.

O recurso a marcas diferentes devia-se ao facto de, por acordo celebrado em 1968 entre o grupo Upjohn e a sociedade American Home Products Corporation, se ter comprometido a limitar a utilização da marca Dalacin à forma «Dalacin-C» ou de outras indicações, como contrapartida da não oposição da American Home Products Corporation à utilização pelo grupo Upjohn da marca «Dalacin» no Uruguai. Todavia, na sequência de dificuldades encontradas pelo grupo Upjohn para obter o registo da marca «Dalacin-C» nalguns países, a American Home Products Corporation concedeu-lhe autorização para nesses utilizar a marca «Dalacin».

A Paranova adquiriu medicamentos assinalados com a marca «Dalacine» em França que comercializava na Dinamarca, com uma nova embalagem em que apunha a marca «Dalacin».

O Tribunal afasta-se neste acórdão da posição que assumira anteriormente – que, recorde-se, consistia em considerar que, em princípio, existe um motivo legítimo para o não esgotamento –, e estabelece como regra o princípio oposto, ou seja, vem agora dizer que, em determinadas circunstâncias (que faz coincidir com as que estabeleceu para os casos de reembalagem com reaposição da marca original e que tivemos ocasião de referir *supra*), pode haver substituição da marca original por uma outra, muito semelhante, do mesmo titular.

Esta equiparação dos casos de reembalagem com e sem substituição de marca é criticada, entre nós, por Luís M. Couto Gonçalves quer por causa da função de qualidade da marca, quer por causa do princípio da proibição do uso não enganoso da marca, resultante do disposto no art. 12.º, n.º 2, al.ª *b*), da Directiva de marcas.

Com efeito, afirma o autor citado, se o produtor de um "mesmo produto o assinala com duas marcas diferentes no país de exportação e no de importação isto significa que não está obrigado a manter a mesma qualidade dos produtos marcados diferentemente. Na hipótese de o importador substituir a marca do país de exportação pela marca do país de importação poderá estar a provocar erro nos consumidores e a diluir o ónus do titular em não fazer, por si ou por terceiro com o seu consentimento, um uso enganoso da marca protegida no país de importação"[1137].

---

[1137] Luís M. Couto Gonçalves, «O princípio do esgotamento...», *cit.*, p. 211.

Concordamos que a função de qualidade que a marca, no plano *económico*[1138], desempenha pode ficar comprometida em tais situações: se, após a importação, os produtos assinalados com a mesma marca tiverem qualidade diferente os consumidores podem ser, de facto, induzidos em erro e, de futuro, tenderão a deixar de adquirir qualquer produto com a marca em questão. Nessa medida, o titular da marca é prejudicado.

No que respeita à caducidade do registo por deceptividade superveniente da marca cremos que não será aplicada nestes casos, pois a utilização feita da mesma não foi realizada nem pelo titular da marca, nem por terceiro com o seu consentimento.

Não obstante, entendemos que o Tribunal de Justiça – que teve o mérito de se distanciar, parcialmente, da opinião sustentada pelo Advogado-Geral nesse processo[1139] e que fora muito criticada pela doutrina por assentar numa "presunção" de que o uso de várias marcas similares para identificar o mesmo produto gerava uma compartimentação do mercado[1140] – lograria, de forma mais satisfatória, o equilíbrio dos interesses em jogo se o juízo de valoração da reembalagem com substituição da marca original por outra similar do mesmo titular fosse baseado não só na indagação relativa a um eventual objectivo de compartimentação dos mercados, mas sobretudo na atendibilidade de eventuais justificações para a adopção de marcas diferentes em Estados-membros distintos e na existência, de facto, de um risco de engano dos consumidores[1141].

---

[1138] Como será referido *infra* (v. § III.) da investigação desenvolvida até ao momento parece não existir nenhuma função *jurídica* de qualidade da marca.

[1139] V. as conclusões apresentadas pelo Advogado-Geral, no âmbito do proc. C-379//97, in: *Col.* 1999-10 (A), pp. I-6970 e s.

[1140] Cfr., entre outros, Maria Cristina Fernández Fernández (*op. cit.*, p. 189) que afirma, a este propósito, que tal interpretação faria reduzir extraordinariamente as faculdades dos titulares de marcas, outorgando um injustificado benefício aos comerciantes paralelos e conclui que este não é um problema de esgotamento, mas de uma incorrecta aplicação do princípio da livre circulação de mercadorias.

[1141] Criticamente sobre a orientação do TJ neste caso, cfr. Luís M. Couto Gonçalves, «O princípio do esgotamento...», cit., p. 210 (= *Manual*..., cit., p. 281), que afirma que "a posição demasiadamente *liberal* do TJ sobre a possibilidade de reembalagem com reposição ou substituição da marca original, efectuada por terceiro não autorizado não deixa, ainda que ao de leve, de ressuscitar o *fantasma* do mau relacionamento entre a jurisprudência comunitária e o direito de marcas" já que revela, segundo o autor, que a preocupação essencial é a de "evitar que o exercício do direito de marca pelo seu titular possa

## 4. A susceptibilidade de o sinal induzir em erro

Voltando aos requisitos de aplicação da norma que prevê a caducidade com fundamento em deceptividade superveniente impõe-se, naturalmente, uma referência ao engano causado ao público dos consumidores.

Com efeito, se, após a data em que o mesmo foi efectuado, a marca "se tornar susceptível de induzir o público em erro" (art. 269.º, n.º 2, al.ª b))[1142], nomeadamente acerca da natureza, da qualidade e da origem geográfica desses produtos ou serviços, no seguimento do uso feito pelo titular da marca, ou por terceiro com o seu consentimento, para os produtos ou serviços para que foi registada, pode ser declarada a caducidade do registo.

Do exposto decorre que, tal como na deceptividade originária da marca, também aqui o legislador não exige a verificação de um engano efectivo, bastando-se com a susceptibilidade de indução em erro. No entanto, e atendendo ao tipo de sanção envolvida, pensamos que faz especialmente sentido a exigência do Tribunal de Justiça de se verificar um risco *suficientemente grave ou sério* de engano. Por conseguinte, no que respeita a este requisito vale o que foi já afirmado a propósito da apreciação do mesmo relativamente à deceptividade originária (v. *supra* Parte I, Cap. I, § II., 3.).

## 5. O consumidor médio como alvo do sinal enganoso

Apesar de a norma em análise se referir ao «público»[1143] tem-se entendido que o referente é o público dos consumidores[1144] relativamente aos produtos ou serviços que a marca assinala.

---

contribuir para estabelecer uma compartimentação artificial dos mercados entre Estados-membros", sem salvaguardar os interesses do titular do direito de marca.

Por isso, o autor citado revela alguma apreensão, sustentando que "a interpretação do tribunal seria mais equilibrada se tivesse sempre em conta, nomeadamente, se a marca, após as alterações causadas pelo importador paralelo, continua a estar em condições de desempenhar, com a mesma intensidade, as suas funções juridicamente protegidas, isto é, a distintiva, a de qualidade e a publicitária".

[1142] Na versão portuguesa da Directiva de marcas e do Regulamento sobre a marca comunitária são utilizadas expressões substancialmente idênticas: se a marca "for propícia a induzir o público em erro" (art. 12.º, n.º 2, al.ª b) da DM), "puder induzir o público em erro" (art. 51.º, n.º 1, al.ª c) do RMC).

[1143] O mesmo sucedendo na DM e no RMC, v., respectivamente, o art. 12.º, n.º 2, al.ª b) e 51.º, n.º 1, al.ª c).

Como tivemos oportunidade de mencionar a propósito do requisito equivalente estabelecido no âmbito da deceptividade originária, o modelo do consumidor estabelecido pelo Tribunal de Justiça no caso «Gut Springenheide»[1145] – i.e., o consumidor medianamente informado, razoavelmente atento e perspicaz – foi estendido aos conflitos relativos ao direito de marcas a partir da decisão «Lloyd». No entanto, como é sublinhado por FERNÁNDEZ-NÓVOA[1146], o referido Tribunal matizou-o sensivelmente num duplo sentido.

Por um lado, reconhece-se que, relativamente às marcas, o grau de atenção e perspicácia do consumidor médio é mais baixo. Por outro lado, importa tomar em consideração o facto de o nível de atenção do consumidor médio ser susceptível de variar em função da categoria de produtos ou serviços em causa.

Não se verificando especificidades relativamente à análise expendida a propósito da deceptividade *ab origine*, remetemos para esse local os desenvolvimentos que se afiguram adequados ao tema (v. *supra* Parte I, Cap. I, § II., 4.).

## 6. A deceptividade sobre características relevantes para influenciar o comportamento económico do consumidor

O fundamento de caducidade que estudamos existe quando, após o registo, as marcas que contêm alguma referência às características e/ou à qualidade do produto ou serviço que assinalam passem a ser susceptíveis de induzir os consumidores em erro. Todavia, tem-se entendido, na nossa opinião com boas razões, que essa susceptibilidade de erro só importa se for relevante para influenciar o comportamento económico dos consumidores. Efectivamente, a razão de ser da norma implica que o engano que

---

[1144] Em sentido diferente, cfr. DAVID I. BAINBRIDGE, *op. cit.*, p. 653, que sustenta que as pessoas susceptíveis de serem induzidas em erro são os consumidores e usuários finais e, se existirem, os intermediários que estiverem em posição de influenciar os consumidores nas suas escolhas.

[1145] Mesmo anteriormente à jurisprudência referida no texto, já se defendia que o público a atender era o do consumidor médio, *v.g.*, o n.º 57 das conclusões apresentadas pelo Advogado-Geral JACOBS no proc. C-87/97, no âmbito do caso «Gorgonzola», consultadas no sítio: *http://curia.europa.eu/jurisp/cgi-bin/form.pl?lang=pt*.

[1146] CARLOS FERNÁNDEZ-NÓVOA, *Tratado...*, cit., p. 282.

se posterga seja aquele susceptível de influenciar a decisão de compra dos consumidores.

Questão mais polémica respeita à determinação dos aspectos sobre os quais o consumidor é susceptível de ser induzido em erro que relevam para efeitos da aplicação da caducidade do registo.

Na verdade, o elenco adoptado na norma que consta da Directiva de marcas (art. 12.º n.º 2, al.ª *b*)), e seguido quer no Regulamento sobre a marca comunitária (art. 51.º, n.º 1, al.ª *c*)) quer nas normas que procedem à transposição da Directiva para o ordenamento jurídico nacional da maioria dos Estados-membros, é exemplificativo como é revelado pela utilização do advérbio «nomeadamente».

Significa isto que, para além da natureza, da qualidade e da proveniência geográfica, poderão relevar outros aspectos para efeitos de deceptividade da marca, designadamente os casos referidos, também a título exemplificativo, a propósito da proibição de registo de sinais enganosos, *v.g.*, a utilidade e «qualidades» (características) do produto ou serviço[1147].

---

[1147] Sublinhamos aqui uma diferença formal entre a norma portuguesa e as normas comunitárias referidas, o mesmo sucede, p.e., com a lei de marcas da Estónia (v. § 53 (1) 2) e com a lei polaca (v. art. 169.º, n.º 1 (iii)).

Na DM e no RMC verifica-se um paralelismo perfeito no que concerne ao aspecto em análise (indicação exemplificativa do objecto do possível engano) entre a previsão do impedimento absoluto de registo e a da caducidade fundamentada em deceptividade superveniente: em qualquer uma dessas o elenco exemplificativo refere o engano quanto à natureza, qualidade ou proveniência geográfica.

Quanto às normas correspondentes no CPI, o elenco exemplificativo consagrado para a caducidade com base em deceptividade superveniente é coincidente com o que consta da DM e do RMC. No entanto, é diferente do que foi plasmado, aquando da previsão do motivo absoluto de recusa de registo, no art. 238.º, n.º 4, al.ª *d*), que, para além da natureza e da proveniência geográfica, se refere às «qualidades» e à utilidade. Por sua vez, este elenco difere do adoptado na DM, aproximando-se do que consta da proibição de registo de sinais exclusivamente descritivos. De resto, esta situação já resultava do CPI'95.

A divergência assinalada não nos parece, porém, revestir grande importância, já que, por um lado, sendo o elenco da DM exemplificativo, parece comportar a referência do engano quer quanto à «utilidade», quer quanto às «qualidades» [ou «características»] do produto ou serviço distinguido com a marca, previstas expressamente na lei portuguesa. Por outro lado, do carácter exemplificativo da norma nacional parece que se pode concluir que também esta compreende a referência do engano à «qualidade» do produto ou serviço assinalado. De resto, a legislação de alguns Estados-membros não refere sequer uma lista de possíveis objectos de engano (*v.g.*, as leis da Finlândia (art. 26.º, n.º 2 da Lei de marcas n.º 7, de 10 de Janeiro de 1964); da Hungria (art. 30.º, al.ª *e*) da Lei XI de 1997, sobre a protecção de marcas e indicações geográficas) e da Suécia (art. 25.º) da Lei de marcas de 1960).

O caso que tem suscitado mais polémica refere-se à possibilidade de fazer relevar neste domínio o eventual erro quanto à proveniência *empresarial* do produto ou serviço marcado.

No Reino Unido, a maioria da doutrina defende esta possibilidade[1148]. E foi neste ordenamento jurídico que surgiu o litígio que originou o primeiro pedido de interpretação do art. 12.º, n.º 2, al.ª *b*) da Directiva de marcas ao Tribunal de Justiça. Referimo-nos ao caso «Scandecor»[1149] que

---

[1148] Neste sentido cfr., entre outros, CHRISTOPHER MORCOM/ASHLEY ROUGHTON/JAMES GRAHAM/SIMON MALYNICZ, *op. cit.*, nms. 7-35 e ss., pp. 195 e ss.; ALISON FIRTH/GARY LEA/PETER CORNFORD, *op. cit.*, nm. 9.17, p. 147; DAVID KITCHIN/DAVID LLEWELYN/JAMES MELLOR/ RICHARD MEADE/THOMAS MOODY-STUART/ DAVID KEELING, *Kerly's...*, cit., nms. 10-123 e ss., pp. 312 e ss.

[1149] Bertil Hjert (BH) e Goran Huldtgren (GH) constituiram, em 1967, uma empresa na Suécia – inicialmente chamada *Uppsala Konstgalleri AB* e, posteriormente, em 1975, *Scandecor International AB* – para a publicação e venda de *posters* e outros artigos semelhantes. Usavam o nome «Scandecor» (resultante de *Scan*dinavian*Decor*) como marca.

O negócio floresceu até ao ponto de se tornar numa das maiores empresas mundiais de *posters*, tendo sido, então, constituídas empresas-filhas locais para actuar como distribuidoras. GH era responsável pelas vendas no Reino Unido (cuja distribuidora era a *Scandecor Ltd.*, empresa-filha da *Scandecor International, AB*), Irlanda, países escandinavos e EUA. BH era responsável pelos países continentais, incluindo a França e a Alemanha.

No Reino Unido foram registadas as marcas «Scandecor» (nominativa), em 1971, titulada pela *Scandecor Ltd.*, e «Scandecor» (mista), em 1976, em nome de *Scandecor International*. Em Setembro de 1978, a *Scandecor Ltd.* cedeu a marca nominativa «Scandecor» à *Scandecor International AB*.

Entretanto BH e GH iniciaram um processo de afastamento. Em 1979 teve lugar uma divisão parcial do grupo: as sociedades-filhas da *Scandecor International* foram vendidas aos seus fundadores – GH adquiriu a *Scandecor Marketing AB* (uma empresa sueca), que, por sua vez, adquiriu as sociedades-filhas locais dos países em que GH era responsável pelas vendas, incluindo a *Scandecor Ltd*. Uma aquisição semelhante ocorreu por BH relativamente à *Scandecor Trading AB*.

A *Scandecor International AB*, que continuou a contar com os dois sócios, era a titular das marcas registadas em diferentes países e indicou a *Scandecor Marketing* como única distribuidora oficial dos produtos da *Scandecor International* nos países da responsabilidade de GH.

Todavia, em 1984 a relação empresarial terminou: GH vendeu as acções que tinha da *Scandecor International* a BH, mas quer a *Scandecor Marketing*, quer a *Scandecor Ltd.* mantiveram-se como distribuidores exclusivos dos *posters* e outros produtos da *Scandecor International AB* e passaram a ser licenciados exclusivos no que respeita aos calendários e molduras que começaram a produzir e comercializar.

Em 1994, com a falência da *Scandecor International AB*, a *Scandecor Development AB* adquiriu as suas marcas registadas, entre outros bens da primeira, e proibiu a *Scande-*

não chegou a ser apreciado pelo Tribunal do Luxemburgo em virtude de as partes do litígio terem, entretanto, chegado a um acordo.

Todavia, a prática seguida no IHMI não tem sido favorável à relevância do erro quanto à proveniência empresarial do produto ou serviço para efeitos de sujeição à caducidade com fundamento em deceptividade superveniente da marca.

---

*cor Ltd.* de continuar a usar a palavra «Scandecor» como parte do seu nome em relação à venda de *posters* e calendários.

Em 1996, BH através de uma empresa – *Phantherex Publishing AB* – compra a *Scandecor Development AB* e termina o acordo de distribuição com a *Scandecor Marketing*. Em 1997, a *Scandecor Marketing* declara a impossibilidade de chegar a um acordo quanto ao uso da marca «Scandecor». Em consequência, a *Scandecor Development* intenta uma acção contra as empresas *Scandecor Marketing AB* e *Scandecor Limited* com fundamento em violação das suas marcas registadas. A *Scandecor Ltd.* responde pedindo a caducidade das marcas, alegando que deixaram de ser distintivas. Ambas as partes invocaram *passing off*.

O *High Court* (Lloyd J.) recusou a caducidade dos registos mas considerou que a *Scandecor Ltd.* tinha legitimidade para prosseguir com os seus negócios com o nome existente. Ambas as partes recorreram.

O *Court of Appeal* (Sir Stephen Brown P., Otton e Mummery L. JJ.) decidiu que as marcas deviam ser extintas por caducidade do registo. A *Scandecor Development* recorreu.

A *House of Lords* (Lord Nicholls of Birkenhead, Lord Steyn, Lord Hobhouse of Wood-Borough, Lord Millett, Lord Scott of Foscote) rebateu a maior parte dos fundamentos do *Court of Appeal* e remeteu um pedido de decisão prejudicial ao Tribunal de Justiça, na sequência de ter ficado provado que, no caso do litígio, existia a chamada *bare licence* (licença sem controlo).

As questões, sugeridas por *Lord Nichols of Birkenhead*, foram as seguintes: i) uma marca é considerada susceptível de enganar o público no sentido do art. 12.º, n.º 2, al.ª *b)* se a origem dos produtos assinados pela marca for uma *bare exclusive licence*; ii) qual o significado de "empresa" no art. 2.º da DM; iii) pode uma empresa invocar o direito de usar o próprio nome ao abrigo do art. 6.º, n.º 1, al.ª *a)* da DM.

Podemos adiantar que a opinião sustentada por *Lord Nichols of Birkenhead* foi no sentido de recusar que a existência de uma licença sem controlo gere, por si só, deceptividade da marca (v. n.ᵒˢ 41 e ss. da opinião que pode ser consultada na Internet, no sítio: *http://www.publications.parliament.uk/pa/ld200001/ldjudgmt/jd010404/scande-1.htm*).

Na sequência, porém, do acordo a que as partes, entretanto, chegaram, este litígio acabou por não ser resolvido pelo Tribunal de Justiça.

As decisões judiciais relativas a este caso foram publicadas em [1998] F.S.R., pp. 500 e ss. (High Court of Justice); [1999] F.S.R., pp. 26 e ss. (Court of Appeal) e [2002] F.S.R. 7 (House of Lords). Esta última pode também ser consultada na Internet, no sítio indicado *supra*.

Para maiores desenvolvimentos sobre este caso, cfr., entre outros, L. BENTLY/B. SHERMAN, *Intellectual property law, cit.*, p. 901.

Com efeito, apesar de reconhecer o carácter exemplificativo do elenco do art. 51.º, n.º 1, al.ª c) do Regulamento sobre a marca comunitária, no entendimento do IHMI "o mesmo implica que toda a valoração seja, comummente e apenas, limitada às *informações veiculadas pelo sinal relativas às características dos produtos ou serviços* em termos, por exemplo, de materiais de fabrico do produto ou proveniência de uma localidade que não corresponde àquela da efectiva produção. O instituto abrange, assim, todas as situações em que a concreta fruição da marca seja tal que determine um engano para os consumidores sobre as características dos produtos ou serviços assinalados que, no juízo dos adquirentes, assumam um relevo significativo e que sejam entendidas no modo agora indicado. A este respeito, a transmissão de que o sinal possa ter sido objecto não reveste um alcance decisivo"(itálicos nossos)[1150].

Menos transparente, embora não deixando dúvidas quanto à recusa de deceptividade superveniente, foi a posição do Tribunal de Justiça no Acórdão proferido no caso «Elizabeth Emanuel». De facto, limita-se a afirmar que "o titular de uma marca que corresponde ao nome do criador e primeiro fabricante dos produtos que ostentam essa marca não pode, devido apenas a esta particularidade, ser privado dos seus direitos com o fundamento de que a referida marca induz o público em erro, na acepção do artigo 12.º, n.º 2, alínea *b*) da Directiva 89/104, especialmente quando o fundo de comércio associado à referida marca tenha sido cedido com a empresa que fabrica os produtos que a ostentam"[1151].

Na nossa opinião, atendendo ao elenco exemplificativo da norma, não se pode, sem mais, recusar relevância ao erro quanto à proveniência empresarial dos produtos ou serviços assinalados por uma marca.

---

[1150] V. o n.º 16 da Decisão da Divisão de Anulação do IHMI, proferida no âmbito do procedimento de caducidade da marca comunitária «FIORUCCI», em 23 de Dezembro de 2004, p. 10 (in: *http://oami.europa.eu/LegalDocs/Cancellation/it/C000367250_418.pdf*). Sobre este caso v. *supra* 3.2.1.1.3.2.

Esta interpretação foi confirmada pela 1.ª Câmara de Recurso, a quem coube apreciar o recurso da Decisão referida no texto (v. Decisão da 1.ª Câmara de Recurso, de 25 de Outubro de 2005, no procedimento R 0207/2005-1, disponível na Internet no sítio: *http://oami.europa.eu/LegalDocs/BoA/2005/it/R0207_2005-1.pdf*., n.os 12 e ss., pp. 6 e ss.).

[1151] V. n.º 2 da parte decisória do Acórdão *cit.*, in: *Col.* 2006-3 (B), pp. I-3110 e ss. Criticamente sobre a utilização da expressão «fundo de comércio», cfr. MARIA MIGUEL CARVALHO, «A cessão...», *cit.*, p. 50, nota 5. Sobre os inconvenientes da utilização da expressão referida, cfr. ORLANDO DE CARVALHO, *op. cit.*, pp. 7 e ss., nota 3.

Porém, reconhecer a possibilidade de relevância do erro quanto à proveniência empresarial não significa que a caducidade seja efectiva e necessariamente aplicável, já que para que tal suceda será preciso que se verifiquem os restantes pressupostos da norma. Designadamente, é necessário que esse erro derive intrinsecamente da marca e, se isto suceder, é ainda preciso que exista ou um engano efectivo ou um risco suficientemente sério de engano dos consumidores e que o factor sobre o qual recai o engano seja apto para influenciar o comportamento económico dos consumidores.

Ora, parece-nos que serão muito poucas as hipóteses de deceptividade superveniente relativamente à proveniência empresarial que resultem do uso feito, pelo titular ou por terceiro com o seu consentimento, *de uma marca que contenha, em si, uma tal referência*[1152].

---

[1152] E entre esses não nos parece incluir-se o exemplo relativo à marca «Bonita» referido por M. NOGUEIRA SERENS («Aspectos do princípio...», *cit.*, p. 666), no qual, na nossa opinião, apenas poderia estar em causa um erro deste tipo.

O exemplo do autor citado a que nos referimos é o seguinte: "um fabricante de cerveja, estabelecido em Espanha, registou nesse país e também em Portugal, a marca "Bonita". A cerveja contradistinguida com esta marca é, durante vários anos, importada para Portugal por um empresário português, que se encarrega da sua distribuição no mercado nacional; em certo momento, esse empresário português passa a produzir, ele próprio, cerveja, em Portugal, contradistinguindo-a com a marca "Bonita", mercê da autorização (licença) do seu titular".

Segundo M. NOGUEIRA SERENS (*ult. op. cit.*, p. 667) neste caso existiria deceptividade superveniente relativamente à origem *geográfica* do produto: "Com efeito, quando a cerveja "Bonita" passava a ser fabricada em Portugal, continuando, porém, a ser contradistinguida com a marca que já a contradistinguia quando era fabricada em Espanha, existiria o risco de o público ser induzido em erro sobre a origem geográfica dessa cerveja, é dizer, o risco de ela continuar a ser escolhida na convicção de que era (*rectius*: continuava a ser) importada quando, na realidade, era fabricada em Portugal".

Não concordamos, todavia, com esta afirmação. A marca «Bonita» nada diz quanto à sua proveniência geográfica. Assim, o único engano possível, como referimos, seria o que respeitasse à proveniência *empresarial*. Todavia, cremos que nem este relevará para efeitos de aplicação do regime jurídico da marca supervenientemente deceptiva, dado que a marca, *in se*, nada refere também no que respeita a este aspecto. De resto, a não ser assim seriam inúmeros os registos de marcas expostos, sem mais, à caducidade com fundamento em deceptividade superveniente atendendo sobretudo aos fenómenos, cada vez mais frequentes, de deslocalização das empresas.

O caso mudaria de figura no que respeita ao possível engano quanto à proveniência geográfica se a marca, p.e., redigida numa língua estrangeira – e entendida pelos consumidores como fazendo referência à proveniência geográfica do produto assinalado, sendo esse facto susceptível de influenciar a decisão de compra dos consumidores – assinalasse

Na verdade, o caso paradigmático será o das marcas patronímicas e, por isso, dissemos anteriormente que «não por acaso» foi no âmbito de um tipo específico destas – as marcas dos criadores do gosto e da moda – que surgiram os casos apreciados pelo Tribunal de Justiça («Elizabeth Emanuel») e pelo IHMI («Fiorucci»)[1153].

Estas marcas contêm uma referência à proveniência empresarial e até à qualidade[1154] dos produtos ou serviços assinalados, colocando especiais problemas de deceptividade quando, posteriormente ao registo, a pessoa cujo nome é evocado pela marca deixa de participar, de alguma forma, na concepção e/ou fabrico dos produtos assinalados com aquele sinal.

Porém, o facto de existir esse risco de engano não implica necessariamente a aplicação da caducidade. Isto deve-se sobretudo ao facto de ser questionável se, nesses casos, e apenas com base no significado semântico da marca, os consumidores são susceptíveis de ser induzidos em erro e, se esse risco existir, se se trata de um risco suficientemente grave.

Como *Lord Nicholls of Birkenhead* afirmou na opinião apresentada no caso «Scandecor»[1155], as mudanças sócio-económicas que tiveram lugar no séc. XX – a maior mobilidade laboral e dimensão das empresas; o menor cariz pessoal das empresas; a maior frequência da transmissão de empresas e de partes delas; e, atendendo ao crescente valor das marcas, a prática comum da licença de marcas – provocaram uma adaptação do Direito de marcas a esta realidade, de que se destaca o relaxamento, já referido, das proibições relativas à licença, que tinham na sua base a constatação de que se fossem permitidas a marca tornar-se-ia, em determinadas circunstâncias, inevitavelmente deceptiva[1156].

No entanto, como o autor citado afirma, determinar se o uso da marca é potencialmente enganoso depende da mensagem que a marca dirige aos consumidores, sendo certo que também esta mensagem sofreu alterações com o decorrer do tempo. Neste contexto, sublinha que, por um lado, actualmente, os consumidores percebem que existe sempre a possibilidade de a empresa mudar de mãos e, por outro, o risco de al-

---

produtos que provinham do local geográfico evocado pela marca e, posteriormente, fosse transmitida a uma empresa que os passasse a produzir num local geográfico diferente.

[1153] V. *supra* 3.2.1.1.3.2.
[1154] No mesmo sentido, cfr. GIUSEPPE SENA, *Il diritto...*, cit., p. 105, nota 3.
[1155] V. os n.os 12 e ss. da opinião *cit.*, consultada na Internet no sítio: *http://www.publications.parliament.uk/pa/ld200001/ldjudgmt/jd010404/scande-1.htm*.
[1156] V. n.º 13 da opinião citada na nota anterior.

teração do padrão de qualidade existe sempre, mesmo que não ocorra transmissão[1157].

A interpretação que fazemos da norma que prevê a caducidade com fundamento em deceptividade superveniente é, de resto, coerente com a opção – que pode ser criticada, mas que é a que resulta da lei – relativa a outros aspectos, dos quais resulta, de forma algo contraditória, diga-se, com a principal função jurídica que tem sido reconhecida à marca (i.e., a função distintiva por referência à origem empresarial), que, afinal, são várias as situações em que é admitida legalmente a coexistência de marcas confundíveis. Pensamos, p.e., na possibilidade de registo de marcas confundíveis com consentimento do titular da marca anteriormente registada[1158] e em diversas hipóteses de uso plúrimo de uma marca.

---

[1157] V. n.º 22 da opinião citada.

[1158] Embora também aqui possa haver lugar à aplicação do regime jurídico da marca supervenientemente deceptiva.
Referindo-se a esta hipótese ainda na vigência do CPI'95, M. NOGUEIRA SERENS («Aspectos do princípio...», cit., pp. 587 e ss.) afirmava: "não cabe (...) dúvida de que, no quadro do nosso actual direito, a marca, à qual falta a novidade (por ser igual ou semelhante a outra anteriormente registada para contradistinguir os mesmos produtos ou serviços ou produtos ou serviços semelhantes), não é havida, só por isso, como (*intrinsecamente*) deceptiva. Para ser assim considerada, tornando-se, por conseguinte, insusceptível de registo mesmo que haja autorização do titular da marca anterior(mente registada), a marca posterior, exactamente porque cria riscos de confusão sobre a proveniência empresarial dos respectivos produtos ou serviços, há-de ser susceptível de induzir o público em erro *sobre a qualidade* desses mesmos produtos ou serviços. Na hipótese de dois (ou mais) empresários usarem marcas iguais para contradistinguir os respectivos produtos ou serviços – supondo, é claro, que se trata dos mesmos produtos ou serviços ou de produtos ou serviços semelhantes –, não se pode excluir que cada um deles ofereça no mercado produtos ou serviços com um padrão de qualidade diferente; e, se o fizerem, o risco de o público ser induzido em erro sobre a qualidade dos produtos ou serviços, decorrente da sua indução em erro sobre a sua proveniência empresarial, é inevitável: satisfeito com a qualidade do produto ou serviço contradistinguido com uma determinada marca, o consumidor, pretendendo repetir essa sua experiência aquisitiva, voltará a dar a sua preferência ao produto ou serviço contradistinguido com a marca em causa, mas, ao fazer assim, pode, afinal, estar a adquirir um produto ou serviço com um padrão de qualidade diferente. Essa deceptividade das marcas – *deceptividade superveniente*, diga-se, e que atinge tanto a marca que foi objecto do primeiro registo como a(s) marca(s) que o titular desse registo autorizou que fosse(m) registada(s) a favor de terceiro(s) –, que ocorre no seguimento do uso que delas fazem os seus titulares, implicam a caducidade dos respectivos registos (art. 216.º, n.º 2, alínea b), CPI (...))".

Na nossa opinião o resultado, porém, só será este se as marcas disserem algo sobre a referida qualidade. Nos restantes casos, i.e., quando a marca «nada diga» sobre a quali-

O regime jurídico da marca supervenientemente deceptiva pode, por conseguinte, revelar-se insuficiente nalgumas situações atendendo aos requisitos de que depende a sua aplicação. Por isso, admitimos que, em casos particularmente graves, se possa recorrer à nulidade do registo com fundamento em contrariedade à ordem pública (art. 33.°, n.° 1, al.ª c)).

## 7. A comunicação da alteração ao público dos consumidores

A maioria da doutrina tem defendido a inaplicabilidade do regime jurídico da marca supervenientemente enganosa quando existir comunicação da alteração ao público dos consumidores[1159].

NOGUEIRA SERENS diferencia a relevância da comunicação da alteração ao público dos consumidores consoante a deceptividade resulte intrinsecamente da marca ou não. No primeiro caso considera que não é possível sanar o carácter enganoso ínsito à marca pela comunicação das alterações ocorridas ao público dos consumidores, precisamente porque a deceptividade é inerente à marca. Na hipótese de marcas intrinsecamente não deceptivas admite a relevância dessa comunicação pelo facto de, nesse caso, o engano não derivar da marca, mas de factores externos a este sinal.

Em linha de princípio tendemos a concordar com a diferenciação efectuada pelo autor citado. O facto de o engano derivar *intrinsecamente* da marca parece impedir que o mesmo "desapareça" pela sua comunicação ao público.

Todavia, a pedra de toque da aplicação do regime jurídico da marca deceptiva reside na susceptibilidade de indução em erro do consumidor. Ora, esta poderá, ou não, existir dependendo não apenas da deceptividade intrínseca do sinal, mas de todas as circunstâncias do caso concreto. É, portanto, uma questão de facto a determinar casuisticamente.

---

dade do produto ou serviço, estaremos perante aquilo a que M. NOGUEIRA SERENS («Aspectos do princípio...», cit., pp. 667 e s.) chama «deceptividade induzida»; o engano que resulta de anteriores experiências aquisitivas; que resulta da «aura» da marca. E este, porque não resulta intrinsecamente da marca, não é relevante para o efeito de aplicação do regime jurídico da marca supervenientemente deceptiva.

[1159] Abordámos, brevemente, esta questão a propósito das eventuais alterações pejorativas da qualidade de um produto ou serviço assinalado com uma marca *supra* (v. 2., esp. 2.1.2.3.).

Por esse motivo consideramos que, à partida, não se pode excluir que a comunicação das alterações aos consumidores não possam relevar para efeitos de impedir a aplicação da caducidade do registo da marca intrinsecamente deceptiva. Isso dependerá de, no caso *sub judice*, ser provado que a comunicação das alterações torna a marca insusceptível de induzir em erro o público dos consumidores, o que, de resto, poderá ser mais fácil no caso de deceptividade *superveniente* do que na hipótese de deceptividade *originária* atendendo ao uso que já tiver sido feito da marca[1159bis].

## 8. Síntese

A caducidade por deceptividade superveniente da marca depende, em termos substantivos, de este sinal distintivo, após o registo, se ter tornado *intrinsecamente* deceptivo por causa do uso que dele tiver sido feito, pelo seu titular ou por terceiro com o seu consentimento, em relação aos produtos ou serviços que visa assinalar e, por esse motivo, susceptível de induzir o consumidor médio em erro.

Do estudo efectuado resulta que, para o efeito da caducidade do registo da marca, apenas releva a indução em erro relativamente a aspectos que possam influenciar o comportamento económico dos consumidores,

---

[1159bis] Cremos que existem razões que podem justificar uma diferença de regime neste ponto entre a marca originariamente enganosa e a marca supervenientemente enganosa.

Com efeito, no momento do registo, em que o sinal intrinsecamente deceptivo pode nem sequer ter sido usado, é difícil admitir outra solução que não seja a de repudiar eventuais esclarecimentos contidos, p.e., no rótulo dos produto.

Diferentemente, no que respeita à declaração de caducidade estamos perante uma marca que no momento do registo era válida, mas entretanto passou a ser intrinsecamente deceptiva. Como referimos, o legislador, atendendo à gravidade da sanção, exige, além do elemento objectivo (deceptividade intrínseca superveniente), um elemento subjectivo, i.e., exige que a marca se tenha tornado enganosa no seguimento do uso efectuado pelo seu titular directa ou indirectamente. Assim, entendemos que a correcta valoração dos interesses em jogo permite defender que se pode diferenciar a situação de um empresário que, diminuindo significativamente a qualidade do produto assinalado com a sua marca, nada diz, continuando a apor o referido sinal (caso em que se justificará a caducidade se existir susceptibilidade de indução em erro) daquela outra em que o empresário comunica ao público a alteração introduzida. Esta é, de resto, uma solução que incentiva o empresário a proceder de forma transparente e leal na linha do ónus que a norma consagra.

o que pode não suceder nalguns casos em que sejam devidamente comunicadas ao público as alterações que tenham ocorrido.

Da exclusão da relevância do engano que não seja intrínseco à marca (*maxime* o que deriva de publicidade enganosa na qual surja uma marca intrinsecamente não deceptiva) concluímos que não existe nenhuma obrigação, no âmbito do direito de marcas, de o titular de uma marca manter a qualidade *lato sensu* dos produtos ou serviços assinalados, a não ser nos casos em que a marca seja expressiva dessa qualidade.

A interpretação restritiva da norma que prevê a caducidade por deceptividade superveniente, em diversos aspectos referidos, implica que a mesma apresente um escasso interesse prático quer para os concorrentes, quer para os consumidores, o que é consentâneo com a sua rara utilização[1160].

Assim confirmamos a ideia que a norma em apreço visa tão-somente garantir que uma situação que, se existisse no momento do pedido de registo, conduziria à sua recusa ou à nulidade do registo efectuado, não possa continuar a grangear a referida tutela jurídica por, supervenientemente, se ter verificado a aquisição de carácter deceptivo. E esta solução é o resultado de uma determinada opção político-legislativa.

Pretendeu-se afastar do acesso e da manutenção do registo de marcas aqueles sinais que, sendo expressivos, sejam deceptivos para os consumidores. O legislador – que confere uma grande liberdade ao titular da marca, quer no momento da composição do sinal que se pretende registar, quer posteriormente ao registo, designadamente, no que tange à utilização que seja feita da marca registada – quis, em homenagem ao princípio da verdade, impor um limite a essa liberdade. Mas esse limite, como sempre decorreu da formulação negativa do princípio da verdade, não obriga o titular a, pela marca, dizer o que quer que seja e muito menos a verdade [o que se percebe, já que se assim não fosse, os interessados deixariam de utilizar marcas (registadas)]; apenas proíbe que, se se optar por uma marca

---

[1160] Todavia, importa ter presente que, para além do facto de a maior parte dos casos de engano ser proveniente, não da marca, mas de causas extrínsecas a este sinal distintivo (*v.g.*, a publicidade), existem outras vias, não apenas mais eficazes, mas também funcionalmente mais adequadas, para lograr a postergação da susceptibilidade de indução em erro dos consumidores. Sobre estas v. *supra* Parte I, Cap. II, 3., esp. 3.2.2. e ss.

Não perfilhando a tese da relevância da deceptividade intrínseca da marca, mas coincidindo na análise das razões da escassa utilização da norma (espanhola), cfr. ÁNGEL MARTINEZ GUTIÉRREZ, *La marca engañosa*, cit., p. 140.

*expressiva*, esta contenha *in se* referências susceptíveis de induzir em erro o consumidor.

A questão da manutenção da qualidade dos produtos ou serviços assinalados com uma qualquer marca foi assim, deliberadamente, relegada para a esfera dos interesses do próprio titular da marca e, no que respeita aos concorrentes e consumidores, para outros domínios legislativos que visam precisamente tutelar os seus interesses.

Com efeito, atendendo ao valor que a marca representa (ou pode representar) hoje no activo das empresas, é natural que o seu titular tenha um relevante interesse económico em assegurar que a mesma apenas seja utilizada em produtos ou serviços que mantenham o respectivo padrão de qualidade e/ou características. É do seu interesse que a marca mantenha o seu valor no mercado, o que não sucederá quando os consumidores, de facto, deixem de poder confiar naquela.

O que acaba de ser dito é reforçado pelo facto de no direito de marcas existir uma referência a (eventuais) cláusulas contratuais que determinem a qualidade dos produtos ou serviços marcados, mas que respeitam à necessidade de proteger o interesse económico do titular da marca nos casos em que este a tenha licenciado (v. art. 264.º), situação em que, como referimos, o seu direito não se esgota, podendo reagir contra tais utilizações da marca.

Do exposto, e confrontando estes resultados com os da investigação realizada na Parte I podemos, por um lado, assinalar o paralelismo ou «simetria perfeita»[1161] que se verifica entre a deceptividade originária e superveniente da marca: em ambos os casos apenas relevará a deceptividade *intrínseca* à marca.

Por outro lado, destacam-se dois aspectos que diferenciam a deceptividade superveniente da originária. Um, respeitante ao momento em que surge o carácter enganoso da marca: anterior (ou no momento do) ao registo ou posteriormente a este. Outro, concernente à relevância, ou não, do uso feito do sinal. À irrelevância do uso que seja feito do sinal no que respeita à apreciação da deceptividade originária que, inclusivamente, pode ainda não ter sido iniciado nesse momento, contrapõe-se a necessidade de a aquisição superveniente de carácter enganoso pela marca ter ocorrido no seguimento do uso feito daquele sinal pelo seu titular ou por terceiro com o seu consentimento.

---

[1161] M. NOGUEIRA SERENS, «Aspectos do princípio...», *cit.*, p. 669.

Assim, o regime jurídico da marca supervenientemente deceptiva acaba por não ter a importância que alguns autores, sobretudo italianos, lhe atribuem, fundamentalmente, pela interpretação estrita dos requisitos de que depende a sua aplicação. Porém, mesmo que não se concorde com a referida interpretação, pode suceder que o papel central que se lhe pretende reconhecer possa não ser exacto dependendo o mesmo, em grande medida, dos efeitos que a declaração de caducidade do registo de tal marca produza. É o que vamos passar a analisar.

## § II. A DECLARAÇÃO DA CADUCIDADE DO REGISTO DE MARCA SUPERVENIENTEMENTE ENGANOSA

O registo de uma marca que, pelo uso que dela tiver sido feito pelo titular ou por terceiro com o seu consentimento, se tiver tornado deceptiva é cancelado se for declarada a caducidade do mesmo.

Daqui decorre, como de resto já tivemos oportunidade de referir, que a caducidade do registo da marca é bem diferente da caducidade do direito civil já que, por um lado, não opera *ipso facto*, nem *ipso iure*[1162] e, por outro, não só admite interrupção, como é sanável em determinadas circunstâncias.

---

[1162] Com efeito, a doutrina portuguesa, em regra, tem considerado a automaticidade como uma característica essencial da caducidade. Neste sentido cfr., entre outros, GALVÃO TELLES, *Manual dos contratos em geral*, 4.ª ed., Coimbra Editora, Coimbra, 2002, p. 381; LUÍS ALBERTO CARVALHO FERNANDES, *Teoria geral do direito civil*, vol. II, Universidade Católica, Lisboa, 2001, p. 452; CARLOS ALBERTO DA MOTA PINTO (por António Pinto Monteiro/Paulo da Mota Pinto), *Teoria geral do direito civil*, cit., p. 630. Cfr., ainda, PEDRO ROMANO MARTÍNEZ (*Direito das obrigações*, Associação Académica da Faculdade de Direito de Lisboa, Lisboa, 2003, p. 189) que também refere que a caducidade opera automaticamente, mas ressalva o caso dos "(…) contratos em que, por lei ou convenção, vigora o regime de renovação automática, a caducidade não opera *ipso iure*, pois carece de uma prévia denúncia para obstar a essa renovação automática", adiantando que "é isso que ocorre, nomeadamente no domínio do arrendamento e do contrato de trabalho. Nestes casos, é a denúncia que desencadeia a caducidade, na medida em que esta não opera de *per si*".

Diferentemente, no que concerne à caducidade do registo de marca, exceptuados os casos de expiração do prazo de duração e de falta de pagamento de taxas, o CPI impõe que a mesma carece de ser declarada pelo INPI (art. 37.º, n.º 2 e art. 270.º, n.º 9).

Esclarecidos os requisitos substanciais de que depende a aplicação da caducidade, pretendemos reflectir sobre alguns aspectos da sua eventual declaração norteados pelo objectivo de aferir a adequação da mesma às possíveis finalidades do legislador relativamente à postergação das marcas supervenientemente enganosas do registo. Para isso iremos considerar, em primeiro lugar, a possibilidade de arguição deste tipo de caducidade, seguida de aspectos processuais relevantes de que destacamos a legitimidade activa e concluindo com uma referência aos efeitos da declaração de caducidade do registo de uma marca enganosa.

Referimo-nos, em especial, ao Código da Propriedade Industrial e ao Regulamento sobre a marca comunitária, sendo certo que muitas das diferenças que existam entre estes (e até em relação à legislação de outros ordenamentos jurídicos, mencionada sempre que oportuno) podem ser justificadas pelo facto de a Directiva de marcas ter mantido a liberdade dos Estados-membros em relação à regulamentação dos aspectos processuais[1163].

## 1. Hipóteses de arguição deste tipo de caducidade

O pedido de declaração de caducidade do registo de uma marca com fundamento em deceptividade superveniente pode ser invocado no âmbito de um procedimento intentado com essa finalidade (i.e., por via principal). Esta hipótese decorre quer do Código da Propriedade Industrial, quer do Regulamento sobre a marca comunitária (v. os arts. 269.º, n.º 2, al.ª b); 270.º e 51.º, n.º 1, al.ª c), respectivamente).

Além dessa, existe ainda a possibilidade de o pedido de declaração de caducidade surgir no âmbito de uma excepção peremptória apresentada na contestação do réu – na sequência de uma acção, interposta pelo titular do registo da marca supervenientemente deceptiva, para anular o registo de marca posterior conflituante com a sua –, originando um pedido reconvencional (arts. 486.º e ss., esp. 487.º, n.os 1 e 2, 493.º, n.º 3 e 501.º do

---

[1163] V. o 6.º Considerando da DM que estabelece que "os Estados-membros continuam (…) a ter toda a liberdade para fixar as disposições processuais relativas (…) à caducidade (…) das marcas adquiridas por registo (…); que os Estados-membros mantêm a faculdade de determinar os efeitos da caducidade (…)".

Código de Processo Civil e, no que tange à marca comunitária, arts. 51.°, n.° 1, al.ª c) e 100.°, n.° 1 do RMC)[1164].

No Código da Propriedade Industrial esta hipótese parece estar prevista apenas para a marca obstativa ao registo que não seja usada[1165], porém, cremos que a solução deve ser a mesma no que respeita à marca supervenientemente deceptiva, porque é isso que decorre da aplicação do Código de Processo Civil.

Ilustre-se a afirmação com o seguinte exemplo.

A é titular da marca registada «Sedanatur» para distinguir têxteis. B solicita e obtém[1166] o registo da marca «Cedanatur» para distinguir o mesmo tipo de produtos. A – que, após o registo da sua marca, passou a aplicá-la em têxteis que não são de seda natural –, intenta uma acção judicial com vista à declaração de anulação do registo titulado por B, com fundamento em violação do seu direito de marca[1167].

Cremos que B pode apresentar o competente pedido de declaração de caducidade junto do INPI (art. 270.°) e, com o comprovativo de ter sido iniciado este processo, pode requerer ao juiz que declare a suspensão da instância até que a causa prejudicial seja decidida[1168]. Se a caducidade vier a ser declarada pelo INPI, o registo de A é cancelado e, deixando de existir o fundamento ou a razão de ser da causa de pedir, a acção é julgada improcedente (art. 284.°, n.° 2 do CPC).

Por razões que se prendem com o objecto do nosso estudo, vamos cingir a análise ao procedimento administrativo conducente à declaração de caducidade.

---

[1164] Esta hipótese será, provavelmente, a mais frequente na prática. Cfr. JOSÉ ANTONIO GARCÍA-CRUCES GONZÁLEZ, «Caducidad», *cit.*, p. 877.

[1165] Porque o legislador português acolheu, no art. 266.°, n.° 3 CPI, o disposto no art. 11.°, n.° 1 da DM, como foi referido *supra*, v. Parte II, Cap. I, § II., 1., 1.1.

[1166] O mesmo sucederia, de resto, se estivesse em causa a recusa do pedido de registo.

[1167] Em princípio, o titular de uma marca registada tem o direito de anular o registo (posterior) de uma marca que contenha, em todos ou alguns dos seus elementos, "reprodução ou imitação, no todo ou em parte, (...) [da sua marca] para produtos ou serviços idênticos ou afins que possa induzir em erro ou confusão o consumidor ou que compreenda o risco de associação com a marca registada" (arts. 239.°, n.° 1, al.ª *a*) e 266.°, n.° 1, do CPI). No que respeita à marca comunitária, v. o art. 53.°, n.° 1 do RMC.

[1168] V. arts. 276.°, n.° 1, al.ª *c*), 279.° e 284.° do CPC.

## 2. Aspectos procedimentais da declaração de caducidade do registo de marca supervenientemente enganosa

### 2.1. *Competência para a declaração da caducidade*

Diferentemente do que sucede noutros ordenamentos jurídicos onde a declaração da caducidade do registo da marca é judicial[1169], em Portugal, divergindo do que está contemplado para a declaração de nulidade[1170], optou-se por estabelecer um sistema administrativo, ou seja, essa competência é atribuída a um ente público – *in casu* o INPI –, embora seja possível a intervenção judicial no caso de ser interposto recurso da decisão administrativa proferida[1171].

O Regulamento sobre a marca comunitária, combinando os dois sistemas referidos, atribui competência para apreciar o pedido de declaração de caducidade do registo ao ente público responsável pela sua concessão e/ou aos tribunais (sistema misto)[1172-1173].

---

[1169] É o que sucede em Espanha relativamente às causas de caducidade *stricto sensu* (v. art. 55.º, n.º 1, al.ª *e*) *LME*), e em Itália (v. art. 122.º do *CPIital.*).

[1170] A declaração de nulidade do registo compete, como já foi referido, aos Tribunais de Comércio, v. *supra* Parte I, Cap. II, 2., 2.1.

[1171] Esse acto administrativo é passível de recurso para o Tribunal de Comércio de Lisboa (arts. 39.º, al.ªˢ *a*) e *b*) e 40.º, n.º 1) e da sentença por este proferida cabe recurso, nos termos da lei geral do processo civil, para o Tribunal da Relação de Lisboa. Do acórdão da Relação não cabe recurso para o Supremo Tribunal de Justiça, sem prejuízo dos casos em que este é sempre admissível (art. 46.º, n.º 2. V. ainda o disposto no art. 678.º, n.ºˢ 2 a 6 do CPC).

[1172] O art. 56.º, n.º 1, al.ª *a*) do RMC estabelece que o pedido pode ser apresentado ao IHMI, caso em que será apreciado por uma divisão de anulação (art. 134.º, n.º 1 do RMC), excepto se um órgão judicial de um Estado-Membro tiver decidido de um pedido com o mesmo objecto e a mesma causa entre as mesmas partes e se essa decisão já tiver transitado em julgado (art. 56.º, n.º 3 do RMC).
Na hipótese de o pedido ser integrado na contestação de uma acção de violação da marca, a competência, em princípio, será do tribunal de marca que estiver a julgar a acção principal (art. 100.º do RMC).

[1173] Este é também o sistema seguido no Reino Unido (v. § 46 (4) (a) (b) do *TMA*).
Na Alemanha o sistema é diferente porque existe a possibilidade de, previamente à acção judicial prevista no § 55 *MarkenG* ser intentado um procedimento no *DPMA* (v. § 53, Abs. 1). Sobre este sistema, cfr. KARL-HEINZ FEZER, *Markenrecht*, cit., nm. 1 e ss., pp. 1527 e ss.

A escolha de um destes sistemas, como tivemos oportunidade de referir noutro local[1174], parece-nos ter a ver mais com razões de eficácia e celeridade do que propriamente com a segurança do sistema, já que, como vimos, esta estará sempre assegurada pela possibilidade de intervenção de uma autoridade judicial[1175].

No caso de Portugal talvez a morosidade, sobejamente conhecida, dos tribunais seja a principal justificação para a atribuição desta competência ao INPI, que remonta ao CPI'40. Todavia, talvez se justificasse uma diferenciação entre as causas de caducidade, seguindo o exemplo da lei de marcas espanhola[1176], já que enquanto a declaração de caducidade do registo com fundamento na expiração do seu prazo de duração ou na falta de pagamento de taxas se afigura simples, o mesmo pode não suceder relativamente às restantes causas de caducidade e, em especial, no que respeita à deceptividade superveniente da marca, que implica valorar factos que não constam do registo como tal.

### 2.2. Legitimidade activa

Esclarecido que, entre nós, o pedido de declaração de caducidade tem de ser apreciado pelo INPI, cumpre determinar quem tem legitimidade para apresentar o referido pedido, aspecto muito relevante para aferir o real interesse do recurso à caducidade do registo da marca supervenientemente deceptiva.

---

[1174] MARIA MIGUEL CARVALHO, «Da caducidade...», *cit.*, p. 202, que seguimos de perto.

[1175] Em sentido próximo, relativamente ao sistema (misto) dinamarquês, cfr. JENS JAKOB BUGGE/PETER E. P. GREGERSEN, «Requeriment of use of trade marks», in: [2003] 7 *EIPR*, p. 321.

[1176] BEGOÑA CERRO PRADA («Caducidad», in: *Comentarios a la Ley y al Reglamento de Marcas* (coord. Carlos González-Bueno), Thomson/Civitas, 2003, pp. 557 e s.), referindo-se ao sistema acolhido em Espanha (que diferencia a competência em função da causa da caducidade), afirma que, enquanto que na falta de renovação e na renúncia estão em causa fundamentos de caducidade que se referem à «dimensão do registo» da marca e, por isso, operam automaticamente quando se verificam as condições de que depende, cabendo a sua declaração à *Oficina Española de Patentes e Marcas*, nas restantes causas de caducidade não está em causa a «dimensão do registo» da marca, mas o sinal enquanto valor que opera no mercado relativamente a certos produtos e serviços e, por isso, a declaração de caducidade competirá aos tribunais que apreciam se as circunstâncias previstas na lei se verificam.

O art. 37.º, n.º 2 do Código da Propriedade Industrial atribui essa legitimidade a «qualquer interessado», afastando-se do regime previsto para a arguição da nulidade do registo na medida em que não refere a legitimidade do Ministério Público[1177].

Por outro lado, a interpretação do conceito de «qualquer interessado» pode beneficiar do recurso ao Código do Procedimento Administrativo que estabelece, no art. 53.º, n.º 1, que «têm legitimidade para iniciar o procedimento administrativo e para intervir nele os *titulares de direitos subjectivos ou interesses legalmente protegidos,* no âmbito das decisões que nele forem ou possam ser tomadas (...)» (itálicos nossos).

Da conjugação destas normas parece resultar que não basta afinal ter um qualquer interesse. É preciso algo mais: ou ser titular de um direito subjectivo ou o seu interesse estar legalmente protegido[1178].

Isto parece querer significar que terão legitimidade activa para intentar um pedido de declaração de caducidade de uma marca registada com fundamento em deceptividade superveniente, por serem titulares de um interesse legalmente protegido pela norma, os concorrentes do titular desse sinal[1179-1180].

---

[1177] Em Itália a legitimidade activa é reconhecida exclusivamente a quem tiver interesse (art. 122.º, n.º 1 *CPIital.*) e oficiosamente ao Ministério Público, embora a sua intervenção não seja obrigatória.

[1178] Explicitando este requisito v. o art. 56.º da *Ley de Marcas* espanhola que reconhece legitimidade para o exercício da acção judicial de caducidade a qualquer pessoa ou a qualquer agrupamento constituído legalmente para a representação dos interesses de fabricantes, produtores, prestadores de serviços, comerciantes ou consumidores que sejam afectadas ou ostentem um *direito subjectivo ou um interesse legítimo.*

O nosso legislador afasta-se do disposto no art. 56.º, n.º 1, al.ª *a)* do RMC. Este preceito parece bastar-se com a «capacidade para comparecer em juízo» de qualquer pessoa para o efeito de lhe reconhecer legitimidade para requerer a caducidade. Observando também esta diferença relativamente ao ordenamento espanhol, cfr. BEGOÑA CERRO PRADA, *op. cit.*, p. 921, que a minimiza em termos práticos já que não parece que alguém que careça de certo interesse particular ou colectivo vá exercitar uma acção em defesa do interesse geral (*op. cit.*, p. 922).

[1179] No mesmo sentido, JORGE MANUEL COUTINHO DE ABREU, *Curso...*, cit., pp. 369 e s.

No mesmo sentido, relativamente ao ordenamento jurídico italiano, cfr. GABRIELE ANTONINI/ALFONSO TORDO CAPRIOLI, *op. cit.*, p. 326. No que respeita à legislação francesa, cfr. ALBERT CHAVANNE/JEAN-JACQUES BURST, *op. cit.*, p. 594 que afirmam que, em princípio, tem legitimidade um concorrente do titular da marca, embora aventem a possibilidade de ser invocado um direito moral, o que acontece, por vezes, segundo os mesmos autores, com as associações.

O mesmo sucede, na nossa opinião, com os consumidores que tenham esse interesse. Isto não significa, porém, que, na prática, estes legitimados façam uso de tal prerrogativa atendendo aos custos e burocracia implicados. Daí que assuma especial relevância a possibilidade de se recorrer à acção popular neste domínio.

No Regulamento sobre a marca comunitária reconhece-se expressamente legitimidade activa a «qualquer pessoa singular ou colectiva bem como (...) qualquer agrupamento ou organismo constituído para representação dos interesses de fabricantes, produtores, prestadores de serviços, comerciantes ou consumidores (...) que, nos termos da legislação que lhe é aplicável, tenha capacidade para comparecer em juízo» (art. 56.º, n.º 1, al.ª a) do RMC). E a doutrina tem interpretado esta disposição no sentido de se tratar de uma verdadeira acção popular exercitável *quivis ex populo*[1181]. A mesma via tem sido seguida noutros ordenamentos jurídicos[1182].

Entre nós, como já tivemos oportunidade de referir, esta possibilidade não está expressamente prevista no Código da Propriedade Industrial. Todavia, a LAP atribui o direito de acção popular às associações e fundações defensoras dos interesses previstos no artigo 1.º, *independentemente de terem ou não interesse directo na demanda*, desde que tenham personalidade jurídica; não exerçam qualquer tipo de actividade profissio-

---

[1180] Em sentido contrário, cfr Luís M. Couto Gonçalves, *Função distintiva*, cit., p. 223, que afirma que "(...) os concorrentes não podem, directamente, invocando, exclusivamente, o respectivo interesse específico, pedir a caducidade do registo da marca, porque a norma do art. 216.º, n.º 2, al.ª *b*) apenas lhes confere um interesse difuso e não há apoio legal para que lhes seja reconhecida (como acontece com os consumidores) a titularidade do direito de acção popular (...)", podendo, no entanto, recorrer à concorrência desleal para fazer cessar o uso enganoso (*ult. op. cit.*, p. 223).

[1181] Neste sentido, cfr., entre outros, Manuel Domínguez García («Solicitud de caducidad o de nulidad», in: *Comentarios a los Reglamentos sobre la Marca Comunitaria* (Coords. Alberto Casado Cerviño/M.ª Luísa Llobregat Hurtado), vol. I (arts. 1-74), 1.ª ed. revista, Alicante, Universidad de Alicante, 1996, p. 615) que sustenta que as acções fundamentadas em causas de nulidade absoluta ou de caducidade, quanto ao bem juridicamente protegido, excedem os particulares interesses privados expandindo-se aos interesses privados gerais de determinados grupos ou categorias de pessoas, aos bons costumes e à ordem pública económica, podendo ser exercidas por qualquer pessoa singular ou colectiva legitimamente interessada, assim como por qualquer agrupamento representativo de interesses de grupo qualificado (*class action*) em função do rol de operador no mercado.

[1182] V., p.e., a Alemanha (§ 55, Abs. 2, Nr. 1 *MarkenG*) e a Espanha (art. 59.º, al.ª *a*) *LME*).

nal concorrente com empresas ou profissionais liberais; e incluam expressamente nas suas atribuições ou nos seus objectivos estatutários a defesa dos interesses em causa no tipo de acção de que se trate (arts. 2.°, n.° 1 e 3.° LAP). No caso das associações de consumidores é a própria Lei de Defesa dos Consumidores que, como já tivemos o ensejo de referir, lhes reconhece expressamente esse direito (art. 18.°, n.° 1, al.ª d) da LDC)[1183].

Uma vez que a caducidade do registo da marca nacional – e, nalguns casos, também da marca comunitária – é declarada no âmbito de um procedimento administrativo, importa ainda indagar se o INPI (e o IHMI) tem legitimidade para *oficiosamente* promover a caducidade do registo de marca supervenientemente deceptiva.

No que respeita à marca nacional, do disposto no Código da Propriedade Industrial parece resultar a impossibilidade de o fazer[1184]. Com efeito, o art. 37.°, n.° 2 preceitua que «as causas de caducidade não previstas no número anterior – ou seja, as que não respeitem à expiração do prazo de duração, nem à falta de pagamento de taxas – apenas produzem efeitos se invocadas por *qualquer interessado*. E a solução não é diferente em sede de marca comunitária[1185].

Todavia, cremos que, atendendo à fundamentação da caducidade nos casos que analisamos, se justifica a possibilidade de conhecimento oficioso desta causa de caducidade[1186], embora se reconheça que, na prática, tal dificilmente poderá suceder.

---

[1183] Admitindo o recurso à acção popular, cfr. JORGE MANUEL COUTINHO DE ABREU, *Curso...*, cit., p. 370 e LUÍS M. COUTO GONÇALVES, *Função distintiva*, cit., p. 223.

[1184] De forma diferente, em Espanha (v. art. 59.°, n.° 1 *LME*) é atribuída legitimidade à *Oficina Española de Patentes y Marcas* para intentar a competente acção judicial (neste ordenamento, recorde-se, a apreciação das causas de caducidade *stricto sensu* competem aos tribunais). ALFREDO ÁVILA DE LA TORRE («Legitimación», in: *Comentarios a la Ley de Marcas* (Rodríguez-Cano/García Cruces González), Editorial Aranzadi, Cizur Menor (Navarra), 2003, p. 919) comentando esta norma afirma que "poderia dizer-se que a Administração actua na defesa dos interesses do mercado. Tratar-se-ia de procurar uma maior transparência e segurança «eliminando» do sistema concorrencial os sinais distintivos que não se adaptem à legalidade vigente".

[1185] Nesse sentido, v. as Directrizes relativas aos procedimentos perante o Instituto de Harmonização do Mercado Interno (marcas, desenhos e modelos), Parte D, Secção 2: procedimentos de anulação, normas substantivas – versão final: Novembro de 2007, p. 3, que podem ser consultadas no sítio da Internet: *http://oami.europa.eu/es/mark/marque/pdf/cancellation-ES.pdf*.

[1186] Cfr., no mesmo sentido, MANUEL DOMÍNGUEZ GARCÍA (*op. cit.*, p. 615) que considera que o procedimento poderá e deverá ser iniciado oficiosamente pelo IHMI, a partir

## 3. Efeitos da declaração de caducidade do registo

### 3.1. *Âmbito de aplicação da caducidade: o cancelamento total ou parcial do registo*

Tal como vimos suceder com a nulidade, também a declaração de caducidade pode abranger a totalidade dos produtos ou serviços a que se refere o registo da marca, caso em que haverá cancelamento total do registo. Mas «quando existam motivos para a caducidade do registo de uma marca, apenas no que respeita a alguns dos produtos ou serviços para que este foi efectuado, a caducidade abrange apenas esses produtos ou serviços» (art. 269.°, n.° 6 do CPI). No mesmo sentido, o Regulamento sobre a marca comunitária prevê, no art. 51.°, n.° 2, que "se a causa de extinção só se verificar em relação a uma parte dos produtos ou serviços para os quais a marca comunitária foi registada, a perda dos direitos do titular só será declarada em relação aos produtos ou serviços em causa".

A solução legal referida, imposta pelo art. 13.° da Directiva de marcas, é coerente com a razão de ser da caducidade com fundamento em deceptividade superveniente – se não existe susceptibilidade de indução em erro relativamente a determinados produtos ou serviços, não faz sentido a declaração de caducidade do registo no que a esses respeita.

### 3.2. *Eficácia da declaração de caducidade*

Como vimos, a caducidade só produz efeitos depois de declarada em processo que corre os seus termos no INPI (art. 270.°, n.° 9).

Apesar de não constar expressamente do Código da Propriedade Industrial[1187], pensamos que a decisão que declara a caducidade deve fixar a data da produção dos seus efeitos que, em regra, coincidirá com a data do seu pedido, mas também pode ser anterior, a pedido das partes, reportando-se ao momento em que se tenha verificado o facto que causou a deceptividade superveniente.

---

do momento em que aprecie a existência de indícios racionais sobre a eventual caducidade de uma marca comunitária

[1187] Ao contrário do que sucede no RMC (art. 55.°, n.° 1) e, p.e., na *MarkenG* (§ 52, Abs. 1).

Da necessidade de a caducidade, para produzir efeitos, carecer de ser declarada pelo INPI/IHMI podem decorrer alguns problemas. Por um lado, considerando que o registo da marca é válido, esta pode (continuar a) ser usada pelo seu titular enquanto o procedimento administrativo correr. Por outro lado, sendo declarada a caducidade, importa determinar se esta tem eficácia *erga omnes* e se a marca poderá continuar a ser usada por terceiros ou até pelo seu (anterior) titular.

Focalizando a nossa atenção sobre a primeira questão referida, importa lembrar que decorre do Código do Procedimento Administrativo a possibilidade de o INPI, oficiosamente ou a requerimento dos interessados, ordenar as medidas provisórias que se mostrem necessárias, se houver justo receio de, sem tais medidas, se produzir lesão grave ou de difícil reparação dos interesses públicos em causa (art. 84.º, n.º 1 do CPA).

Não obstante, não cremos que seja possível o recurso a esta disposição legal uma vez que, como vimos a propósito dos efeitos de declaração de nulidade e analisaremos *infra* relativamente à caducidade, se o alcance da decisão do INPI que declara a caducidade do registo de marca se cinge ao registo, não abrangendo o uso da marca, o mesmo parece suceder com uma eventual medida provisória que visasse fazer cessar o uso da marca registada supervenientemente deceptiva.

Assim, a única hipótese de conseguir, antes da decisão final relativa à caducidade, a proibição do uso da marca (ainda registada) consiste em requerer, judicialmente, a aplicação de uma providência cautelar se estiverem preenchidos os pressupostos do art. 381.º do Código de Processo Civil[1188]. Todavia, o recurso a este expediente implica que seja intentada uma acção declarativa[1189] que não se baseará em nenhuma disposição do direito de marcas (que não contém nenhuma proibição de uso de marca), mas com grande probabilidade no instituto da concorrência desleal e/ou no diploma legal que reprime as práticas comerciais desleais ou no Código da Publicidade.

No que respeita à segunda questão colocada, sublinhamos que nem o Código da Propriedade Industrial, nem o Regulamento sobre a marca comunitária se referem expressamente ao efeito *erga omnes* da declaração

---

[1188] O art. 381.º preceitua no n.º 1 que "sempre que alguém mostre fundado receio de que outrem cause lesão grave e dificilmente reparável ao seu direito, pode requerer a providência conservatória ou antecipatória concretamente adequada a assegurar a efectividade do direito ameaçado".

[1189] V. arts. 383.º, n.º 1 e 389.º, n.os 1, al.ª *a*) e 2 do CPC.

de caducidade. No entanto, tal como referimos relativamente aos efeitos da declaração de nulidade, existem dados nos dois corpos normativos que permitem inferir que, em ambos, o legislador optou por lhe conferir eficácia absoluta a partir do averbamento da decisão ao registo.

Com efeito, o Código da Propriedade Industrial faz depender de averbamento as decisões que extingam direitos privativos (art. 30.º, n.º 1, al.ª e)) para que as mesmas produzam efeitos em relação a terceiros (art. 30.º, n.º 2), sendo que, antes do averbamento, essas decisões podem ser invocadas entre as próprias partes ou seus sucessores (art. 30.º, n.º 3).

O mesmo sucede no âmbito da marca comunitária, já que o Regulamento prevê que "a decisão do Instituto relativa ao pedido de extinção ou de nulidade da marca será objecto de uma menção inscrita no registo, logo que seja definitiva" (art. 57.º, n.º 6 do RMC).

Esta solução é, além disso, adequada se atendermos a que com a caducidade se pretende pôr termo a situações que, se afectassem a marca no momento do registo, impediriam o registo e se este tivesse sido efectuado acarretariam a sua nulidade.

Não obstante, e tal como frisámos *supra* a propósito da nulidade da marca originariamente deceptiva, também aqui cremos que a consideração da eficácia *erga omnes* ou *inter partes* do cancelamento do registo, por si só, de pouco servirá para garantir os interesses protegidos pela norma, exigindo estes, sobretudo, a simultânea proibição de uso da marca originariamente deceptiva[1190].

Ora, este aspecto, como decorre do 6.º Considerando da DM, não é regulado em termos imperativos pela Directiva de marcas e isso mesmo foi explicitado pelo Tribunal de Justiça no acórdão proferido no caso «Cottonelle»[1191]: "o artigo 12.º, n.º 2, alínea b), da directiva relativa às marcas deixa às legislações nacionais a incumbência de determinar se, e em que medida, deve ser proibido o uso de uma marca cujo registo

---

[1190] No mesmo sentido, cfr. JÉROME PASSA, *op. cit.*, p. 210, que afirma que "a caducidade não parece, no entanto, verdadeiramente responder aqui a um objectivo de protecção da clientela contra uma fraude uma vez que, não mais do que a nulidade da marca deceptiva, a caducidade da marca tornada enganosa não impede que o antigo titular continue a explorar no comércio para designar os produtos ou serviços a respeito dos quais ela é enganosa, contrariamente ao que, por vezes, é sustentado pela doutrina. Como o direito de marca não se analisa numa autorização de exploração do sinal, a caducidade, que tem por único efeito fazer desaparecer o direito exclusivo, não impede em si mesma o antigo titular de continuar a utilizar o sinal".

[1191] Sobre este caso, v. *supra* Parte I, Cap. II, 3., 3.2.1.

caducou para o seu titular"[1192]. E, entre nós, como referimos *supra*, não foi acolhida[1193], restando o recurso a outras disposições normativas como, por exemplo, a concorrência desleal e a legislação que reprime as práticas comerciais desleais, se estiverem preenchidos os respectivos pressupostos.

## § III. A PREVISÃO NORMATIVA DA CADUCIDADE DO REGISTO DE MARCA SUPERVENIENTEMENTE ENGANOSA E AS SUAS CONSEQUÊNCIAS RELATIVAMENTE ÀS FUNÇÕES DA MARCA

Analisado o regime jurídico da marca deceptiva importa referir as suas implicações[1194] no que respeita à teoria das funções jurídicas da marca quer porque alguns autores extraem deste – e, em especial, da previsão da *caducidade* do registo de marcas supervenientemente deceptivas –, um apoio significativo ao reconhecimento da tutela jus-normativa[1195] da chamada função de garantia de qualidade da marca, quer porque outros se apoiam, em grande medida, no mesmo para procederem à re-interpretação daquela que tem sido, tradicionalmente, a função jurídica essencial da marca: a função distintiva por referência à proveniência empresarial dos produtos ou serviços assinalados, quer ainda por ser invocado a propósito da tutela jurídica autónoma de uma função comunicativa da marca.

---

[1192] V. o n.º 31 do Acórdão cit., *Col.* 1996-11, pp. I-6061.

[1193] V. *supra* Parte I, Cap. II, 3., 3.2.2.

[1194] Por razões que se prendem com o objecto desta dissertação não vamos analisar detalhadamente a teoria das funções da marca. Para uma súmula do nosso pensamento, cfr. MARIA MIGUEL CARVALHO, *Merchandising*..., cit., pp. 207 e ss.

Para maiores desenvolvimentos sobre a função distintiva e indicações bibliográficas, cfr. LUÍS M. COUTO GONÇALVES, *Função distintiva*, cit., *passim* e, do mesmo autor, de forma mais sucinta, «Função da marca», in: AA.VV., *Direito Industrial*, vol. II, APDI, Almedina, 2002, pp. 99 e ss.

[1195] A função juridicamente reconhecida à marca é a função económico-social típica que lhe é atribuída pelas normas de um determinado ordenamento jurídico (ADRIANO VANZETTI, «Funzione e natura giuridica del marchio», in: *RDComm.*, anno LIXm, 1961, Parte prima, p. 17).

Assente que a marca, *de facto*, desenvolve, a maior parte das vezes, não só uma função distintiva, mas também uma função publicitária (ou atractiva) e uma função de garantia de qualidade[1196], importa determinar se as mesmas são *juridicamente tuteladas*[1197], sem esquecer que essa eventual protecção é justificada por razões de política-legislativa[1198].

A coincidência, tradicionalmente afirmada, entre a função distintiva da marca (*Unterscheidungsfunktion*) e a função distintiva indicadora de origem ou de proveniência (*Herkunftsfunktion*) afastou, inicialmente, o reconhecimento *jurídico* da função de garantia de qualidade da marca[1199].

Como VANZETTI afirmava, distinguir consiste em separar com a mente um objecto de um outro, estabelecendo a diferença entre eles, o que pressupõe a subsistência de constantes elementos de identidade do produto marcado. Assim, existem duas possibilidades teóricas: ou a marca distingue indicando que os produtos ou serviços marcados apresentam sempre a mesma qualidade (seja boa ou má); ou a marca distingue indicando que os produtos ou serviços assinalados com a mesma marca são provenientes (têm origem) de uma mesma empresa (que é titular da marca), podendo inclusivamente desconhecer-se a sua identidade[1200-1201].

---

[1196] A formulação referida deve-se, fundamentalmente, a HERMANN ISAY, «Die Selbständigkeit des Rechts an der Marke», in: *GRUR*, 1929, pp. 26 e ss. Alguma doutrina refere ainda a função condensadora do *goodwill*, cfr., por todos, CARLOS FERNÁNDEZ NÓVOA, *Tratado...*, cit., pp. 76 e ss.

[1197] Como refere ADRIANO VANZETTI («Funzione e natura...», *cit.*, p. 22), "para determinar qual seja a função *juridicamente* tutelada, aquela que é atribuída à marca pela vontade da lei, não basta ter em consideração estas (...) funções que *na prática* desenvolve, mas será necessário verificar exactamente se a lei tutela, pela atribuição em determinadas condições de um direito absoluto ao uso de uma marca, o exercício de (...)" alguma dessas (itálicos nossos).

[1198] ANTONIO RONCERO SÁNCHEZ, *op. cit.*, pp. 34 e ss.

[1199] E afastou a tese da função distintiva do produto ou serviço *in sé*, como tivemos oportunidade de referir em *Merchandising de marcas...*, cit., pp. 209 e ss.

[1200] O problema, entretanto, deixou de estar tanto no possível anonimato, mas cada vez mais no facto de os titulares das marcas deixarem de produzir quaisquer bens, limitando-se a gerir a aposição dessa marca, VITO MANGINI, «Logo, no logo?... Ovvero la perduta innocenza della proprietà intellettuale», in: *Studi di Diritto Industriale in onore di Adriano Vanzetti – Proprietà Intellettuale e Concorrenza*, Tomo II, Giuffrè Editore, Milano, 2004, p. 935 e ainda ADRIANO VANZETTI, «I marchi nel mercato globale», in: *RDI*, 2002, I, n.º 3, p. 95.

[1201] Afastando o pressuposto da distinção «substancial» (i.e., identificação e diferenciação) e propondo a sua substituição pela distinção «formal» (i.e., indicação e diversi-

A opção favorável à *Herkunftsfunktion* esteve presente desde as primeiras leis de marcas no séc. XIX. Embora, como é sabido, praticamente desde esse momento, a mesma tenha deparado com obstáculos a um entendimento estrito, impondo-se, por conseguinte, sucessivas re-interpretações do seu significado[1202].

Por outro lado, na maioria dos ordenamentos jurídicos foi recusado o reconhecimento de uma função *jurídica* directa e autónoma de garantia de qualidade da marca.

O regime jurídico da marca enganosa serviu também para que, na sequência da crise da função distintiva, alguns autores passassem a afirmar a tutela jurídica autónoma de uma função comunicativa da marca[1203], onde cabem quaisquer informações veiculadas por aquele sinal, designadamente relativas à origem, à qualidade ou ao carácter sugestivo do produto ou serviço.

Como dizíamos, a previsão da caducidade com fundamento em deceptividade superveniente da marca registada tem sido vista por muitos autores quer como uma forma de recuperar o significado da função distintiva da proveniência do produto ou serviço (seja através de um novo entendimento desta função, seja pela sua diluição na função comunicativa da marca), quer como um corolário do reconhecimento jurídico da função de garantia de qualidade da marca (individual). Vamos referir sucintamente essas posições confrontando-as apenas com os resultados da investigação desenvolvida, com a finalidade de determinar se o regime jurídico da marca enganosa e, em especial, a referida previsão de caducidade, permitem tais conclusões.

---

ficação) cfr., entre outros, FERDINANDO CIONTI, *La funzione propria del marchio*, Giuffrè Editore, Milano, 2004, p. IX e, do mesmo autor, *La funzione del marchio*, Giuffrè Editore, 1988, p. 96. O autor citado afirma que a marca distingue formalmente a unidade do produto e substancialmente o produto, já que a distinção formal comporta a distinção substancial.

[1202] Sobre estas cfr. LUÍS M. COUTO GONÇALVES, *Função distintiva,* cit., pp. 40 e ss. e, muito resumidamente, v. *infra* 1.

[1203] Sobre a função comunicativa da marca, cfr. MICHAEL LEHMAN, «Rafforzamento della tutela del marchio attraverso le norme sulla concorrenza sleale», in: *RDI*, 1988, I, pp. 27 e ss.; «Il nuovo marchio europeo e tedesco», in: *RDI*, 1995, I, n.° 6, pp. 276 e ss. e *infra* 1. Esta função da marca está muito ligada à análise económica do direito de marcas referida *supra* na Introdução (III.).

## 1. O papel do regime jurídico das marcas deceptivas na (re)interpretação da função distintiva e na afirmação da função comunicativa da marca

A função distintiva entendida como indicação aos consumidores que os produtos ou serviços, de um mesmo género, assinalados com uma mesma marca, provêm do mesmo produtor, i.e., a garantia de que os produtos ou serviços marcados têm a mesma origem, qualquer que ela seja, apesar de ultrapassar a questão do anonimato para o público da maioria das marcas, esbarrou, como referimos, com outros obstáculos.

Esses obstáculos respeitavam, nomeadamente, à transmissão desvinculada da marca e à admissibilidade do uso simultâneo de uma marca por mais de uma pessoa, conduzindo à re-interpretação por parte da doutrina[1204] da função indicadora da origem de modo a referir-se a "(...) elementos consideráveis de continuidade com a empresa de origem ou ainda que com esta tenha ligações actuais de natureza contratual ou *económica*"[1205].

A função de indicação de origem referida encontrou forte apoio ao nível comunitário, não apenas nos textos normativos (nomeadamente no preâmbulo da Directiva de marcas[1206]), mas também na actuação do Tribunal de Justiça, inclusivamente anterior à Directiva[1207-1208-1208*bis*].

---

[1204] Defendendo a impossibilidade de se continuar a defender a função de indicação de origem à luz da transmissão da marca independentemente do estabelecimento e da concessão de licenças de utilização da marca a várias entidades, cfr. JOSÉ DE OLIVEIRA ASCENSÃO, «As funções da marca e os descritores (metatags) na Internet», in: *Direito Industrial*, vol. III, APDI/Almedina, 2003, p. 7 [= in: *Estudos de Direito do Consumidor*, Centro de Direito do Consumo, n.º 4, 2002, p. 102].

[1205] ADRIANO VANZETTI, *Marque et droit économique*, p. 89 apud LUÍS COUTO GONÇALVES, *Função distintiva*, cit., p. 216.

[1206] V. 11.º Considerando da DM e o 8.º Considerando do RMC. Criticamente sobre a referência, em especial, no âmbito do RMC, cfr. GIUSEPPE SENA, «Confondibilità in astratto e in concreto», in: *Il diritto industriale*, n.º 1/2007, p. 58.

No âmbito dos trabalhos preparatórios, v. o n.º 68 do *Mémorandum sur la création d'une marque communautaire*, cit., p. 20.

[1207] O Tribunal de Justiça no acórdão proferido, em 22 de Junho de 1976, no proc. C-119/75, que opôs a Société Terrapin (Overseas) Ltd. à Société Terranova Industrie CA Kapferer & Co. (*Rec.* 1976, pp. 1039 e ss.) referiu no n.º 6 que a função essencial da marca consiste em garantir aos consumidores a identidade de origem do produto. Esta menção à função de indicação de origem viria a ser completada pelo Acórdão proferido no caso

Todavia, o protagonismo e a subsistência do significado da função de indicação de origem foi também posto em causa pela existência de normas

---

«Valium», cit. Aqui o Tribunal afirmou que "a função essencial da marca, (...) é a de garantir ao consumidor ou ao utilizador final a identidade de origem do produto marcado, permitindo-lhe distinguir sem confusão possível esse produto dos que têm uma outra proveniência", e acrescentou que "essa garantia de proveniência implica que o consumidor ou o utilizador final possa ter a certeza que um produto marcado que lhe é oferecido não foi objecto, num estádio anterior à comercialização, de uma intervenção, operada por um terceiro sem autorização do titular da marca, que tenha atingido o produto no seu estado originário" (v. n.º 7 do Acórdão «Valium», cit., Col. 1978-12, p. 396).

Mais tarde, no n.º 13 do Acórdão proferido, em 17 de Outubro de 1990, no caso «Hag II» (in: Col. 1990-9, pp. I-3758) reafirma a jurisprudência anterior explicitando que a marca deve "constituir a garantia que todos os produtos que a têm aposta foram fabricados sob o controlo de uma empresa à qual pode ser atribuída a responsabilidade pela sua qualidade".

[1208] Posteriormente à adopção da Directiva, mas seguindo a mesma linha jurisprudencial referida na nota anterior, v., por todos, o n.º 48 do acórdão, de 12 de Novembro de 2001, proferido no proc. C-206/01, que opôs o Arsenal Football Club plc a Matthew Reed, no caso «Arsenal», cit., (in: Col 2002-11 (A), pp. I-10316), onde é afirmado que "a função essencial da marca é garantir ao consumidor ou ao utilizador final a identidade de origem do produto ou do serviço designado pela marca, permitindo-lhe distinguir, sem confusão possível, este produto ou serviço de outros que tenham proveniência diversa. Com efeito, para que a marca possa desempenhar o seu papel de elemento essencial do sistema de concorrência leal que o Tratado pretende criar e manter, ela deve constituir a garantia de que todos os produtos ou serviços que a ostentam foram fabricados ou prestados sob o controlo de uma única empresa à qual pode ser atribuída a responsabilidade pela qualidade daqueles".

Questionando a adequação do seguimento da jurisprudência "formulada num momento em que as marcas desempenhavam um papel muito diferente no sistema da UE" e que decorria da necessidade de compatibilizar o exercício do direito de marca com o princípio da livre circulação de bens num direito de marcas europeu contemporâneo, cfr. ILLANAH SIMON, «How does the "essential function" doctrine drive european trade mark law? – What is the essential function of a trade mark?», in: IIC, 2005, n.º 4, pp. 401 e ss., esp. pp. 408 e ss.

[1208bis] No entanto, recentemente, o TJ proferiu um acórdão – referimo-nos ao caso «L'Oréal» já citado - que poderá ser interpretado no sentido de marcar um reposicionamento do referido Tribunal nesta matéria. No n.º 58 do acórdão é afirmado: "O Tribunal já teve ocasião de declarar que o direito exclusivo previsto no artigo 5.º, n.º 1, alínea a), da Directiva 89/104 foi concedido com o objectivo de permitir ao titular da marca proteger os seus interesses específicos como titular dessa marca, ou seja, assegurar que esta possa cumprir as suas funções próprias, e que, assim, o exercício deste direito deve ser reservado aos casos em que o uso do sinal por um terceiro prejudica ou é susceptível de prejudicar as funções da marca (acórdãos de 12 de Novembro de 2002, Arsenal Football Club, C-206/01,

que protegem ultramerceologicamente as marcas de prestígio e pela possibilidade de se licenciar marcas não usadas.

Com efeito, e para além da abertura à protecção jurídica da função publicitária de algumas marcas[1209], no que respeita à função distintiva os dados referidos repercutem-se em termos de impossibilitar continuar a falar de garantia de origem *empresarial* [1210].

A solução, proposta por alguma doutrina, para resgatar a função distintiva consistiu em referi-la à garantia de origem *pessoal*[1211] justificando-a, fundamentalmente, com a norma que prevê a caducidade por deceptividade superveniente da marca. Assim, *"a marca, para além de indicar, em grande parte dos casos, que os produtos ou serviços provêm sempre de uma empresa ou de uma empresa sucessiva que tenha elementos consideráveis de continuidade com a primeira (no caso da transmissão desvinculada) ou ainda que mantenha com ela relações actuais de natureza contratual e económica (nas hipóteses de licença de marca registada usada ou da marca de grupo, respectivamente), também indica, sempre, que os produtos ou serviços se reportam a um sujeito que assume em relação aos mesmos o ónus pelo seu uso não enganoso"*[1212].

Outros autores integram a função distintiva na chamada função comunicativa da marca salientando a especial importância da (nova) previsão de caducidade da marca.

---

Colect., pp. I-10273, n.º 51; de 16 de Novembro de 2004, Anheuser-Busch, C-245/02, Colect., pp. I-10989, n.º 59, e de 25 de Janeiro de 2007, Adam Opel, C-48/05, Colect., pp. I-1017, n.º 21). *Entre essas funções incluem-se não só a função essencial da marca, que é garantir aos consumidores a proveniência do produto ou do serviço, mas também as suas outras funções, tal como a que consiste em garantir a qualidade desse produto ou desse serviço ou as de comunicação, de investimento ou de publicidade*" (itálicos nossos). A apreciação crítica desta decisão não é aqui feita, quer por não se integrar no objecto do nosso estudo, quer pelo facto de o acórdão ter sido proferido em data posterior à apresentação desta dissertação.

[1209] Sobre este ponto cfr. MARIA MIGUEL CARVALHO, *Merchandising...*, cit., pp. 216 e ss., esp. 223 e ss.

[1210] Assim, entre nós, LUÍS M. COUTO GONÇALVES, *Função distintiva*, cit., p. 224 e LUÍS MIGUEL PEDRO DOMINGUES, «A função da marca e o princípio da especialidade», in: AA.VV., *Direito Industrial*, vol. IV, APDI/Almedina, Coimbra, 2005, p. 487.

[1211] Entre nós é a posição de LUÍS M. COUTO GONÇALVES, *Função distintiva*, cit., p. 224.

Criticamente sobre esta posição, cfr. JOSÉ DE OLIVEIRA ASCENSÃO, «As funções da marca...», *cit.*, pp. 7 e s. [= in: *Estudos do Direito do Consumidor*, cit., p. 102].

[1212] LUÍS M. COUTO GONÇALVES, *Função distintiva*, cit., p. 224.

Desta perspectiva, a marca opera, essencialmente, como um instrumento de comunicação, i.e., é o veículo para transmitir uma mensagem. As diversas funções que a marca pode, de facto, desenvolver, correspondem aos diversos possíveis componentes de tal mensagem, incluindo a indicação de origem[1213].

Segundo GALLI, "a noção de origem (...) configura-se essencialmente como uma *posição de responsabilidade* que o titular da marca assume para os produtos ou serviços que sejam colocados em circulação com a marca em questão em relação ao conteúdo de tal mensagem"[1214] e as alterações legais introduzidas no direito de marcas italiano faz com que o «elemento cardeal» do sistema passe a ser a proibição de engano do público que pode originar a caducidade[1215], donde conclui que, na nova lei, as normas que proíbem o engano constituem uma forma de garantia directa de conformidade ao conteúdo da mensagem associada à marca[1216].

Em ambos os casos a relevância extraída da previsão de caducidade com fundamento em deceptividade superveniente resulta de os autores que a sustentam partirem do pressuposto – que, como resulta do exposto *supra*,

---

[1213] Neste sentido, cfr., por todos, CESARE GALLI, *Funzione del marchio...*, *cit.*, pp. 150 e s. No mesmo sentido, cfr., entre nós, JORGE MANUEL COUTINHO DE ABREU, *Curso...*, cit. p. 364 e J. P. REMÉDIO MARQUES, *op. cit.*, pp. 424 e s.

[1214] CESARE GALLI, *Funzione...*, cit., p. 151 = «Protezione del marchio...», *cit.*, p. 665. No mesmo sentido, cfr., já anteriormente, e entre outros, ANSELM KAMPERMAN SANDERS/SPYROS M. MANIATIS, «A consumer trade mark: protection based on origin and quality», in: *EIPR*, 1993, 11, p. 411.

Em sentido próximo, cfr., entre nós, J. P. REMÉDIO MARQUES, *op. cit.*, p. 424 que afirma: "a *função indicadora de proveniência ou de origem* assume, hoje, um outro protagonismo: uma vez que o legislador conferiu uma especial importância às *marcas deceptivas* (art. 269.º/2, alínea *b*), do CPI), a *função distintiva* volve-se numa função cujo conteúdo é o de garantir a *conformidade do produto com as mensagens que o sinal comunica* ao público, por isso mesmo que é suposto pensar-se que todos os produtos marcados identicamente promanam de um único *sujeito* (ainda que este não coincida com o fabricante ou com as entidades licenciadas que comercializam os produtos ou prestam os serviços) que desfruta de um qualquer *poder jurídico* (contratual) de ingerência quanto ao *controlo* da qualidade, características, natureza ou origem geográfica dos produtos ou serviços.

Se o sinal comunica uma proveniência ou origem constantes (...), a lei garante a *manutenção dessa constância*; se o sinal comunica outras mensagens, ele não deixa de garantir a substancial constância e homogeneidade técnica, merceológica e qualitativa do produto onde o sinal foi aposto, pois a lei garante que estas mensagens sejam verídicas e se mantenham como tal durante o tempo de vida do sinal (...)".

[1215] CESARE GALLI, *Funzione...*, cit., pp. 152 e s. [= «Protezione...», *cit.*, p. 669].
[1216] CESARE GALLI, *Funzione...*, cit., p. 158 [= «Protezione...», *cit.*, p. 674].

não cremos ser exacto – de que a norma não se cinge aos casos de deceptividade intrínseca da marca[1217].

Do resultado a que a investigação desenvolvida sobre o tema nos conduziu – limitação à deceptividade que resulte *intrinsecamente* da marca também no caso da norma que prevê a caducidade do registo de marca supervenientemente enganosa – resulta que esta norma não tem o alcance que os autores citados lhe atribuem, já que esta disposição apenas poderá ter serventia no que tange às marcas *significativas*. Determinar o significado actual da função distintiva da marca é uma tarefa de que não nos ocuparemos por não caber no escopo deste estudo. Sublinhamos, no entanto, que há um ponto em que o regime jurídico da marca enganosa pode apoiar a tese da função de indicação de origem[1218]: quando a invocação das normas que proíbem o engano puder servir para evitar a coexistência no mercado de duas marcas expressivas confundíveis para produtos semelhantes ou afins[1219].

## 2. O regime jurídico da marca enganosa e a função de garantia de qualidade da marca

A existência de uma função de garantia de qualidade autónoma juridicamente reconhecida é sustentada por alguma doutrina[1220]. Entre nós,

---

[1217] É essa a posição sustentada expressamente por LUÍS M. COUTO GONÇALVES, *Manual...*, cit., pp. 328 e ss. e por CESARE GALLI. Este último autor defende que o engano proibido por esta norma (que prevê a caducidade) respeita a todas as hipóteses em que as reais características do produto ou serviço assinalado não correspondam às expectativas que esta mensagem suscita no público e impõe o ónus ao titular do sinal que queira evitar as sanções previstas na lei de, alternativamente, manter constantes tais características ou mudá-las apenas depois de ter alterado a mensagem associada à marca (*Funzione...*, cit., pp. 155 e ss. [= «Protezione...», cit., pp. 670 e ss.]).

[1218] No mesmo sentido, cfr. GUSTAVO GHIDINI, *Profili evolutivi ...*, cit., pp. 156 e 157.

[1219] Com efeito, a possibilidade de coexistirem marcas confundíveis para assinalar produtos ou serviços iguais ou idênticos constitui um golpe profundo na tese da função de indicação de origem. Nesse sentido, cfr., entre outros, ADRIANO VANZETTI, «La funzione distintiva del marchio oggi», in: *Segni e Forme Distintive – La nuova disciplina* – Atti del Convegno (dir. Adriano Vanzetti/Giuseppe Sena), Giuffrè Editore, Milano, 2001, pp. 3 e ss.

[1220] Neste sentido, cfr., entre outros, ÁNGEL MARTINEZ GUTIÉRREZ, *La marca enganosa*, cit., pp. 35 e s.

No caso dos Estados-Unidos essa é a posição da doutrina e jurisprudência maioritárias. Cfr., por todos, J. THOMAS MCCARTHY, § 3:10, pp. 3-18 e ss.

COUTINHO DE ABREU[1221] sustenta esta tese invocando em seu apoio o regime jurídico das marcas colectivas de certificação e, relativamente às marcas individuais, a previsão da caducidade com fundamento em deceptividade superveniente.

Atendendo ao âmbito do presente estudo não aprofundaremos, como referimos, os fundamentos contra ou a favor do reconhecimento jurídico desta função[1222], limitando-nos a extrair as consequências da investigação desenvolvida no que respeita à marca enganosa[1223].

Do estudo realizado resulta que não existe uma obrigação de manutenção da qualidade dos produtos ou serviços assinalados pela marca[1224], mesmo que esta seja matizada referindo-se a uma constância relativa. Esta omissão é intencional, como parece decorrer, em especial, das alterações da redacção da norma relativa à licença de marca (mais precisamente, quanto à previsão ou não de uma obrigação a cargo do licenciante de controlar a qualidade dos produtos ou serviços do licenciado) no âmbito do Regulamento sobre a marca comunitária[1225].

Por outro lado, não existe uma proibição, no âmbito do direito de marcas, de diminuir a qualidade dos produtos ou serviços assinalados com uma marca.

Com efeito, a existência de uma *obrigação* de manutenção qualitativa merceológica implicaria um sistema completamente diferente do que vigora entre nós e na generalidade dos ordenamentos jurídicos[1226]. Desig-

---

[1221] JORGE MANUEL COUTINHO DE ABREU, *Curso...*, cit., p. 368.

[1222] Especificamente sobre a função de garantia de qualidade, embora referida aos ordenamentos jurídicos alemão e estado-unidense, cfr. AXEL FUNK, *Die Qualitätsfunktion der Marke im Recht der USA und nach dem neuen deutschen Markengesetz*, VVF, München, 1995.

[1223] Todavia, importa referir que, no que respeita à marca colectiva de certificação, concordamos com COUTINHO DE ABREU quanto ao reconhecimento jus-normativo da função de garantia de qualidade. Cfr. MARIA MIGUEL CARVALHO, «Marcas colectivas – breves considerações», *cit.*, p. 223.

[1224] GIOVANNI MASSA (*Funzione attrattiva e autonomia del marchio,* Jovene Editore, Napoli, 1994, p. 146) refere que mesmo que esta existisse não seria suficiente para a transformar em garantia sobre a qualidade do produto, pois "(...) a tutela do consumidor deve considerar-se como elemento extrínseco da função do sinal, colocado pelo legislador como limite externo à utilização da marca, limite que, em extrema síntese, é sempre dirigido a impedir que o titular da marca abuse do seu direito causando dano ao público".

[1225] V. *supra* Parte II, Cap. II, § I., 3., esp. 3.2.2.1.2.

[1226] Neste sentido, cfr. LUÍS M. COUTO GONÇALVES que sublinha que, desde logo, os interesses a proteger, em primeira linha, teriam de ser os dos consumidores, o direito de

nadamente, porque pressuporia uma entidade competente para avaliar a qualidade e as características dos produtos ou serviços marcados relativamente à qual não é feita qualquer referência no direito de marcas[1227] e essa entidade não será, seguramente, o INPI (o mesmo valendo para o IHMI), não só porque tal incumbência não parece susceptível de ser integrada no âmbito das suas atribuições, mas sobretudo porque do registo não constam quaisquer dados relativamente às características merceológicas e muito menos à qualidade dos produtos ou serviços marcados[1228].

Do exposto resulta que, não obstante o interesse, cada vez maior, na certificação de produtos e serviços[1229], a verdade é que essa certificação não tem lugar no domínio do direito de marcas no que tange à marca individual[1230]. O que existe aqui é um *ónus* de não o fazer, sem que seja dado

---

marca deixaria de ter natureza privada e de ser livre e exclusivo e os produtos e serviços deveriam sujeitar-se ao controlo de qualidade (*Função distintiva,* cit., p. 109).

[1227] Ao contrário do que sucede relativamente às marcas de certificação de cujo regime jurídico resulta uma separação permanente e institucional entre o titular da marca e os seus usuários, justificada precisamente pela função de garantia de qualidade destas marcas. Referindo-se às marcas de garantia, cfr. RITA LARGO GIL (*Las marcas de garantia*, Editorial Civitas, Madrid, 1993, p. 99) que destaca ainda o controlo em relação ao uso da marca que a lei impõe ao titular de uma marca desta índole.

Relativamente ao significado da omissão desta obrigação de controlo do uso da marca individual, em sentido diferente cfr. GIORGIO FLORIDIA, «Il marchio e le sue funzioni nella legge di riforma», in: *Il Diritto Industriale*, n.º 4/1994, p. 327. Este autor afirma que "também a marca individual, na medida em que funda uma expectativa de qualidade do produto, põe a obrigação de não desiludir ilegitimamente tais expectativas. A diferença é que a marca individual assume de facto e com o uso um seu específico significado juridicamente relevante de garantia qualitativa do produto, enquanto a marca colectiva nasce com este escopo e consequentemente o significado de garantia qualitativa que exprime é pré-determinado mediante a formalização das específicas [características] merceológicas às quais os utentes da marca devem ater-se".

[1228] No mesmo sentido, cfr. CARLOS FERREIRA DE ALMEIDA (*Contratos II*, cit., p. 100) que sublinha que "do registo das marcas individuais apenas consta a classe dos produtos ou serviços que a marca se destina a marcar, não havendo lugar para a menção de características ou qualidades específicas desses produtos ou serviços (...)".

[1229] Como tivemos oportunidade de referir noutro local, é inegável que a competitividade das empresas, que operam num mercado global, é hoje fortemente influenciada por factores como o respeito pelo ambiente e saúde e segurança de produtos e/ou serviços. Daí o recurso crescente a sinais que permitam aos consumidores diferenciar, e preferir, os produtos (ou serviços) que os observem (MARIA MIGUEL CARVALHO, «Marcas colectivas...», *cit.*, p. 216.).

[1230] No mesmo sentido, LUÍS M. COUTO GONÇALVES (*Função Distintiva*, cit., pp. 109 e ss.)

conhecimento desse facto ao público, quando a marca, *pelo seu significado*[1231], evoque uma determinada qualidade *lato sensu*[1232]. É este o resultado da previsão normativa da caducidade com fundamento em deceptividade superveniente.

Esta solução não significa, por um lado, que se recuse relevância, no plano económico, à deterioração qualitativa significativa dos produtos ou serviços assinalados com uma marca (significativa ou não). Se tal ocorrer, os consumidores deixarão de confiar na marca e, desiludidos, deixarão de adquirir os produtos ou serviços assinalados com a mesma[1233]. Daqui decorre que o risco de aplicação desta sanção de facto será o maior incentivo para que o titular da marca se abstenha de introduzir alterações pejorativas significativas nos produtos ou serviços marcados.

Por outro lado, também não excluímos a sua relevância noutros domínios do Direito que, de resto, revestirão maior importância para o consumidor[1234]. Pensamos em especial no domínio dos contratos de con-

---

[1231] O exemplo referido por JORGE MANUEL COUTINHO DE ABREU (*Curso...*, cit., p. 368, nota 76) – autor que, como foi referido, sustenta a existência de uma função de garantia de qualidade directa e autonomamente tutelada pelo direito no que tange (também) às marcas individuais – é precisamente o de uma marca sugestiva: "imagine-se um produtor de fios de seda marcados com "Filseda". O *mesmo* produtor passa em certa altura a fabricar com a mesma marca (e sem qualquer advertência ao público) fios de polipropileno. A marca tornou-se deceptiva e sujeita a caducidade".

[1232] Por isso, apesar de concordarmos com LUÍS M. COUTO GONÇALVES quando sustenta que a função de qualidade é uma função derivada da função distintiva e que é pelo facto de a marca indicar uma origem que é possível aguardar um determinado nível qualitativo dos produtos e serviços, não podemos anuir completamente com a afirmação de que "esta expectativa do consumidor, face ao art. 12.º n.º 2 al.ª *b*) da DM, já não é uma mera expectativa de facto desprovida de garantia jurídica. A confiança do consumidor em relação a uma determinada qualidade dos produtos ou serviços marcados não pode ser preterida de modo arbitrário. A garantia de qualidade derivada por referência a uma origem implica para o titular o *ónus* de garantir o uso não enganoso da marca quanto à qualidade". Com efeito, decorre da aplicação dos pressupostos da caducidade fundamentada em deceptividade superveniente, designadamente no que respeita ao carácter enganoso intrínseco à marca, que essa afirmação só se aplica nestas circunstâncias; quando a marca não for significativa não há qualquer expectativa protegida juridicamente no âmbito do direito de marcas.

[1233] Como WILLIAM CORNISH/DAVID LLEWELYN (*op. cit.*, p. 587, nm. 15-23) afirmam neste caso a marca transforma-se num «sinal de aviso».

[1234] Como CARLOS FERREIRA DE ALMEIDA sublinha, mesmo que se admitisse a função jurídica de qualidade, ter-se-ia de determinar os seus efeitos jurídicos na eventualidade de divergência entre as qualidades efectivas e as qualidades esperadas nos bens de uma

sumo. Todavia, uma vez que este tema não cabe na economia do presente trabalho, não o exploraremos, limitando-nos a lembrar que no caso de marcas *significativas* pode considerar-se, se for o caso, que das mesmas pode resultar uma declaração negocial de conformidade[1235].

Em suma, no domínio do direito de marcas a previsão da caducidade por deceptividade superveniente não altera a posição sufragada até aqui pela maioria da doutrina de que não existe relativamente às marcas individuais uma garantia jurídica de qualidade da marca, mas uma mera expectativa do consumidor a esse respeito derivada da função distintiva da marca[1236].

---

determinada marca. "A caducidade da marca", como o autor afirma, "ficaria aquém do que a própria tese sugere: a garantia de qualidade" (CARLOS FERREIRA DE ALMEIDA, *Contratos II*, cit., p. 102).

[1235] Assim, J. P. REMÉDIO MARQUES, *op. cit.*, pp. 425 e ss., que admite que a mesma seja subsumível à promessa pública, desde que o titular da marca tenha actuado com consciência da declaração ínsita na mensagem veiculada pelo sinal.

Cfr. ainda CARLOS FERREIRA DE ALMEIDA (*Texto e enunciado na teoria do negócio jurídico*, vol. II, Almedina, Coimbra, 1992, pp. 1065 e ss.) que admite que as marcas significativas constituam promessas públicas de garantia de qualidade.

[1236] R. W. HOLZHAUER, «Jenever and jumping wild cats – the scope of trade mark protection in economics and in law», in: AA.VV., *The economics of Intellectual Property* (edited by Ruth Towse/Rudy Holzhauer), vol. III, Edward Elgar, Cheltenham/Northampton, 2002, p. 419.

# CONSIDERAÇÕES CONCLUSIVAS

1. Do estudo das normas relativas ao impedimento, à nulidade e à caducidade do registo de uma marca individual enganosa previstas no Código da Propriedade Industrial resulta a confirmação do reforço do princípio da verdade da marca.

Esse reforço opera quer pela previsão, introduzida em 1995, da caducidade do registo de uma marca na hipótese de deceptividade superveniente da mesma, quer pela maior amplitude do impedimento absoluto de registo como marca de sinais enganosos, *et pour cause*, da invalidade do registo efectuado em violação desta disposição, por mor da transposição das disposições imperativas da Directiva de marcas (arts. 3.°, n.° 1, al.ª *g*) e 12.°, n.° 2, al.ª *b*) da DM).

2. O impacto da integração destas normas – cuja razão de ser se prende, primordialmente, com a necessidade de tutelar o interesse público, mas que também encontra justificação à luz da protecção dos concorrentes e dos consumidores – num domínio legislativo centrado sobre os interesses dos titulares das marcas é significativo. Porém, não permite alcançar o resultado que alguns autores têm defendido relativamente à teoria das funções jurídicas da marca.

2.1. Com efeito, a análise efectuada do regime jurídico da marca enganosa originária (Parte I) e da marca enganosa superveniente (Parte II) permitiu-nos concluir que o legislador, recorrendo a uma previsão paralela, prossegue o mesmo objectivo: excluir o acesso e a manutenção no registo de sinais que, em qualquer momento, sejam *intrinsecamente* deceptivos.

O legislador – que confere uma enorme liberdade ao titular da marca, nomeadamente, no que tange à escolha do sinal que pretende registar – quis, em homenagem ao princípio da verdade, impor um limite a essa liberdade. Mas esse limite, continua a ser formulado em termos negativos, i.e., não obriga o titular da marca a, através desse sinal, "dizer" o que quer que seja e muito menos a verdade (como referimos, se assim não fosse, perder-se-ia grande parte do interesse de utilizar marcas *registadas*). Apenas o impede de, optando por uma marca *expressiva*, escolher uma que contenha, *em si mesma*, indicações susceptíveis de induzir em erro o consumidor médio daqueles produtos ou serviços. E isto quer a deceptividade se verifique no momento do registo, caso em que haverá lugar à recusa do pedido (e, se o registo for concedido, sujeição à declaração de nulidade), quer a marca adquira o carácter enganoso supervenientemente ao registo pelo uso que dela tiver sido feito pelo seu titular ou por terceiro com o seu consentimento, hipótese em que se aplicará a caducidade do registo, se os respectivos pressupostos estiverem preenchidos.

Além disso, a exigência do carácter intrínseco da deceptividade referida nas normas *sub judice*, e, especialmente, na que prevê a caducidade por deceptividade superveniente da marca, exclui a obrigação de o titular da marca manter a qualidade dos produtos ou serviços assinalados com a mesma. Significa isto que, exceptuados os casos de marcas expressivas, o ónus da manutenção da qualidade dos produtos ou serviços marcados foi, deliberadamente, relegada para a esfera de interesses do titular da marca.

Esta norma não constitui, pois um argumento suficiente para justificar a existência quer de uma função jurídica autónoma de garantia de qualidade da marca, quer de uma função comunicativa da marca. E, por outro lado, limita sensivelmente o alcance da reinterpretação da função distintiva da marca assente no princípio do uso não enganoso, já que os autores que a sustentam baseiam-se na relevância da deceptividade não intrínseca da marca.

2.2. Por outro lado, do regime jurídico consagrado no Código da Propriedade Industrial resulta que a preocupação do legislador ao regular a questão da deceptividade das marcas se cinge à dimensão do *registo*.

2.2.1. Apesar de ser desejável, como assinalámos, uma alteração legislativa no que respeita ao procedimento de exame dos pedidos de registo de marcas, no sentido de evitar a publicação de pedidos de registo de sinais manifestamente enganosos e os inconvenientes que daí advenham, a tentativa de expurgar as marcas intrinsecamente deceptivas do registo está bem patente no Código.

Com efeito, o leque de legitimados para a reclamação do pedido de registo de sinal enganoso, para a arguição da nulidade do registo efectuado

em violação do impedimento absoluto de registo e da caducidade do registo com fundamento em deceptividade superveniente – que, além de "qualquer interessado", pelo recurso à LAP, parece permitir, *v.g.*, a intervenção através de uma acção popular das associações de consumidores – espelha o interesse em descobrir o eventual carácter enganoso da marca.
2.2.2. Todavia, os efeitos da recusa, da declaração de nulidade e de caducidade cingem-se ao registo, não abrangendo o *uso* da marca (livre). Isto significa que os meios previstos no direito de marcas de pouco servirão para uma efectiva tutela dos interesses subjacentes à proibição de (registo) de marcas enganosas.

3. Além disso, a interpretação restritiva que tem sido feita dos requisitos de aplicação das normas em apreço pelo Tribunal de Justiça, designadamente, exigindo que se verifique um risco grave ou suficientemente sério de engano dos consumidores, compromete o interesse prático de estes e os concorrentes recorrerem às faculdades previstas no Código da Propriedade Industrial relativamente ao *registo* da marca.

4. No entanto, a aplicação de outras disposições normativas, no Código da Propriedade Industrial (concorrência desleal) e fora dele (*v.g.*, as normas que reprimem as práticas comerciais enganosas, incluindo a publicidade enganosa), sempre que os respectivos pressupostos se verifiquem, pode permitir alcançar o resultado desejado: a proibição de utilizar marcas enganosas.

Assim, só a complementaridade das soluções consagradas nos diferentes diplomas legais pode garantir, de uma forma efectiva, a protecção dos interesses que justificam a proibição da utilização e registo das marcas enganosas.

# BIBLIOGRAFIA *

ABREU, JORGE MANUEL COUTINHO DE – *Curso de Direito Comercial*, Vol. I (Introdução, actos de comércio, comerciantes, empresas, sinais distintivos), 6.ª ed., 2006
—— – *Da Empresarialidade – As Empresas no Direito*, Coimbra, 1996
ABRIANI, NICCOLÒ/COTINO, GASTONE/RICOLFI, MARCO – *Diritto Industriale*, CEDAM, Padova, 2001
AGHINA, GIORGIO – *La Utilizzazione Atípica del Marchio Altrui*, Giuffrè Editore, Milano, 1971
ALCES, PETER A./SEE, HAROLD F. – *The Commercial Law of Intellectual Property*, Little, Brown and Company, Boston/New York/Toronto/London, 1994
ALEXANDRE, ISABEL – *Provas Ilícitas em Processo Civil*, Almedina, Coimbra, 1998
ALMEIDA, ALBERTO FRANCISCO RIBEIRO DE – «Indicações de proveniência, denominações de origem e indicações geográficas», in: AA.VV., *Direito Industrial*, Vol. V, APDI//Almedina, Coimbra, 2008, p. 9
—— – «Denominações geográficas», in: AA.VV., *Direito Industrial*, Vol. III, APDI//Almedina, Coimbra, 2003, p. 275
—— – «Denominações geográficas e marca», in: AA.VV., *Direito Industrial*, Vol. II, 2002, p. 341
—— – «Indicação geográfica, indicação de proveniência e denominação de origem (os nomes geográficos na Propriedade Industrial)», in: AA.VV., *Direito Industrial*, Vol. I, APDI/Almedina, Coimbra, 2001, p. 5
—— – *Denominação de Origem e Marca*, Coimbra Editora, Coimbra, 1999
ALMEIDA, CARLOS FERREIRA DE – *Contratos II – Conteúdo, contratos de* troca, Almedina, Coimbra, 2007
—— – *Direito do Consumo*, Almedina, Coimbra, 2005
—— – *Texto e Enunciado na Teoria do Negócio Jurídico*, Vol. II, Almedina, Coimbra, 1992
—— – *Os Direitos dos Consumidores*, Coimbra, Livraria Almedina, 1982
ALMEIDA, MOITINHO DE – *Publicidade Enganosa*, Arcádia, Lisboa, 1974
ALONSO ESPINOSA, FRANCISCO J. – «Las prohibiciones de registro en la Ley 17/2001, de 7 de diciembre, de marcas», in: *RDM*, n.° 245, 2002, p. 1185
AMARAL, DIOGO FREITAS DO – *Curso de Direito Administrativo*, Vol. II, Almedina, Coimbra, 2001

---

* São referidas apenas as obras citadas na dissertação.

AMMENDOLA, MAURIZIO – «I segni divenuti di "uso comune" e la loro inappropriabilità come marchi», in: *Studi di diritto industriale in onore di Adriano Vanzetti – Proprietà intellettuale e concorrenza*, Tomo I, Giuffrè Editore, Milano, 2004, p. 1
—— – *Licenza di Marchio e Tutela dell'Avviamento*, Padova, CEDAM, 1984
ANFOSSI-DIVOL, JOAN – *L'usage et l'enregistrement, éléments essentiels de l'harmonisation du droit des marques – une approche comparative des droits franco-communautaire et des Etats-Unis d'Amérique*, Presses Universitaires de Strasbourg, Strasbourg, 2003
ANTILL, JUSTINE/JAMES, ALLAN – «Registrability and the scope of the monopoly: current trends», in: [2004] 4 *EIPR*, p. 157
ANTONINI, GABRIELE/CAPRIOLI, ALFONSO TORDO – «Cessione del marchio e decettività», in: *Rivista di Diritto dell'Impresa*, 1996, Tomo II, pp. 293 e ss.
AREAN LALÍN, MANUEL – «Definición y protección jurídica de las indicaciones geograficas», in: *ADI*, Tomo XIV, 1991-92, p. 67
ASCARELLI, TULLIO – *Teoria della Concorrenza e dei Beni Immateriali*, 3.ª ed., Giuffrè Editore, Milano, 1960
ASCENSÃO, JOSÉ DE OLIVEIRA – «Questões problemáticas em sede de indicações geográficas e denominações de origem», in: AA.VV., *Direito Industrial*, Vol. V, APDI/Almedina, Coimbra, 2008, p.69 [=in: *RFDUL*, Vol. XLVI, n.º 1, 2005, p. 253]
—— – «Concorrência desleal: as grandes opções», in: AA.VV., *Nos 20 anos do Código das Sociedades Comerciais – Homenagem aos Profs. Doutores A. Ferrer Correia, Orlando de Carvalho e Vasco Lobo Xavier*, Vol. I (Congresso Empresas e Sociedades), Faculdade de Direito da Universidade de Coimbra, Coimbra Editora, Coimbra, 2007, p. 119
—— – «As funções da marca e os descritores (metatags) na Internet», in: *Direito Industrial*, Vol. III, APDI/Almedina, 2003, p. 5 [= in: *Estudos de Direito do Consumidor*, Centro de Direito do Consumo, n.º 4, 2002, p. 99]
—— – *Concorrência Desleal*, Almedina, Coimbra, 2002
—— – «A marca comunitária», in: AA.VV., *Direito Industrial*, Vol. II, APDI/Almedina, Coimbra, 2002, p. 5
—— – «Marca Comunitária e Marca Nacional – Parte II – Portugal», in: AA.VV., *Direito Industrial*, Vol. II, APDI/Almedina, 2002, p. 39
—— – «O projecto de Código da Propriedade Industrial e a lei de autorização legislativa», in: *RFDUL*, Vol. XXXVI, 1995, p. 35
—— – *Direito Comercial*, Vol. II (Direito industrial), Lisboa, 1994
AUTERI, PAOLO – «La licenza di marchio e il merchandising», in: *Segni e Forme Distintivi – La nuova disciplina* (ADRIANO VANZETTI/GIUSEPPE SENA), Giuffrè Editore, Milano, 2001, p. 157
—— – «Cessione e licenza di marchio», in: *La riforma della Legge Marchi* (a cura di Gustavo Ghidini), CEDAM, Padova, 1995, p. 85
—— – *Territorialità del Diritto di Marchio e Circolazione di Prodotti «original»*, Giuffrè Editore, Milano, 1973
BAINBRIDGE, DAVID I. – *Intellectual Property*, 6.ª ed., Pearson Longman, Harlow (England)//New York, 2006
BANNON, ELIZABETH C. – «The growing risk of self-dilution», in: 82 *TMR*, 1992, p. 570

BARBERO CHECA, JOSÉ LUÍS – «El Acuerdo ADPIC (TRIPS) y las marcas», in: *Los Acuerdos ADPIC (TRIPS), TLT y Protocolo del Arreglo de Madrid y su incidencia en la legislación española,* Grupo Español de la AIPPI, 1998, p. 42

BAUMBACH, ADOLF/HEFERMEHL, WOLFGANG – *Warenzeichengesetz und Internationales Wettbewerbs- und Zeichenrecht,* 12.ª ed., Verlag C. H. Beck, München, 1985

—— – *Wettbewerbs- und Warenzeichenrecht,* 8.ª ed., C. H. Beck'sche Verlagsbuchhandlung, München/Berlin, 1960

BAYLOS CORROZA, HERMENEGILDO – *Tratado de Derecho Industrial (Propiedad Industrial. Propiedad Intelectual. Derecho de la Competencia Economica. Disciplina de la Competencia Desleal),* 2.ª ed. actual., Civitas, Madrid, 1993

BEEBE, BARTON – «The semiotic analysis of trademark law», in: 51 *UCLA Law Review* (2004), p. 621

BEIER, FRIEDRICH-KARL – «Evolução e caracteristicas básicas do direito europeu de marcas» (tradução de Isabel Jalles), in: Assuntos Europeus, 1982, p. 7

BEIER, FRIEDRICH-KARL/KNAAK, ROLAND – «The protection of direct and indirect geographical indications of source in Germany and the European Community», in: *IIC,* Vol. 25, n.º 1/1994, p. 1

BENTLY L./SHERMAN, B. – «The impact of european geographical indications on national rights in member states», in: 96 *TMR* (2006), p. 850

—— – *Intellectual Property Law,* 2.ª ed., Oxford University Press, Oxford/New York, 2004

BIRD, ROBERT C. – «Streamlining consumer survey analysis: an examination of the concept of universe in consumer surveys offered in intellectual property litigation», in: 88 *TMR* (1998), p. 269

BODENHAUSEN, G. H. C. – *Guia para la aplicación del Convenio de Paris para la protección de la propiedad industrial revistado en Estocolmo en 1967,* BIRPI, 1969

BOGSCH, ARPAD – «Conflitto fra denominazioni di origine e marchi», in: *RDI,* 1978, I, p. 189

BONE, ROBERT G. – «Enforcement costs and trademarks puzzles», in: 90 *Virginia Law Review* (2004), p. 2099

BONET, GEORGES – «Épuisement du droit de marca, reconditionnement du produit marqué: confirmations et extrapolations», in: Mélanges offerts à Jean-Jacques Burst, Litec, Paris, 1997, p. 61

BOTANA AGRA, M. – «El registro del nombre de un tercero como marca – Comentario a la sentencia del Tribunal Supremo de 10 de junio de 1976 (Sala Tercera) (Caso «Winston Churchill»)», in: *ADI,* Tomo 4, 1977, p. 255

BOUBÉE, ISABELLE MARTEAU-ROUJOU DE – *Les Marques Déceptives – droit français, droit communautaire, droit comparé,* Collection du C.E.I.P.I. 36, Litec, Paris, 1992

BOUVEL, ADRIEN – *Principe de Spécialité et Signes Distinctifs,* LITEC, Paris, 2004

BRAUN, ANTOINE – *Précis des Marques,* 3.ª ed., Maison Larcier, Bruxelles, 1995

BRITO, MARIA HELENA – *O Contrato de Concessão Comercial,* Almedina, Coimbra, 1990, p. 1

BROWN, JR., RALPH S. – «Advertising and the public interest: legal protection of trade symbols», in: 108 *The Yale Law Journal* (1999), p. 1619 [= 57 *The Yale Law Journal* (1948), p. 1165]

BUGGE, JENS JAKOB/GREGERSEN, PETER E. P. – «Requeriment of use of trade marks», in: [2003] 7 *EIPR*, p. 309
BUHL, CAROLINE – *Le Droit des Noms Geographiques*, Collection du C.E.I.P.I. 42, Paris, Litec, 1997
BUSSE, RUDOLF – *Warenzeichengesetz*, 2.ª ed., Walter de Gruyter & Co., Berlin, 1939
BUSSE, RUDOLF/STARCK, JOACHIM – *Warenzeichengesetz nebst Pariser Verbandsübereinkunft und Madrider Abkommen*, 6.ª ed., Walter de Gruyer, Berlin/New York, 1990
CALBOLI, IRENE – «Expanding the protection of geographical indications of origin under TRIPS: "old" debate or "new" opportunity?», in: *Marquette Intellectual Property Law Review*, Vol. 10, n.º 2, p. 181
─── – «Trademark assignment "with goodwill": a concept whose time has gone», in: *Florida Law Review*, Vol. 57, 2005, p. 771
CARTER, STEPHEN L. – «The trouble with trademark», in: 99 *The Yale Law Journal* (1990), p. 759 [= in: *The economics of intellectual property* (ed. Ruth Towse/Rudi Holzhauer), Vol. III, Edward Elgar, Cheltenham/Northampton, 2002, p. 373]
CARVALHO, AMÉRICO DA SILVA – *Direito de Marcas*, Coimbra Editora, Coimbra, 2004
CARVALHO, MARIA MIGUEL – «A aferição da deceptividade originária da marca à luz da jurisprudência recente do Tribunal de Comércio de Lisboa», texto elaborado para os *Estudos em Homenagem a Carlos Ferreira de Almeida* (em curso de publicação).
─── – «"Novas" marcas e marcas não tradicionais», in: AA.VV., *Direito Industrial*, Vol. VI, APDI/Almedina, 2009, p. 217
─── – «A transmissão da marca», in: AA.VV., *Direito Industrial*, Vol. VI, APDI/Almedina, Coimbra, 2009, p. 183
─── – «Marcas Colectivas – Breves Considerações», in: AA.VV., *Direito Industrial*, Vol. V, APDI, Almedina, Coimbra, 2008, p. 215 [= in: AA.VV., *Estudos em Homenagem ao Prof. Doutor Manuel Henrique Mesquita* (org. Diogo Leite de Campos), *Stvdia Ivridica* 95, Universidade de Coimbra, Coimbra Editora, 2009, p. 341]
─── – «O conceito de publicidade enganosa», in: *Nos 20 anos do Código das Sociedades Comerciais – Homenagem aos Profs. Doutores A. Ferrer Correia, Orlando de Carvalho e Vasco Lobo Xavier*, Coimbra Editora, Coimbra, 2007, p. 675
─── – «A cessão de marcas patronímicas e a proibição de deceptividade das marcas – Acórdão do Tribunal de Justiça (Terceira Secção) de 30.3.2006, Proc. C-259/04», in: *Cadernos de Direito Privado*, n.º 14, Abril/Junho 2006, p. 43
─── – «A marca descritiva apreciada pelo Tribunal de Justiça no Acórdão Postkantoor», in: *SI*, Tomo LIII, n.º 300, Setembro-Dezembro 2004, p. 509 [= "La marca descriptiva apreciada por el Tribunal de Justicia en la Sentencia «*Postkantoor*»", in: *ADI*, Tomo XXV, 2005, p. 695].
─── – «O uso obrigatório da marca registada», in: AA.VV., *Estudos em comemoração do 10.º aniversário da licenciatura em Direito da Universidade do Minho* (coord. António Cândido Oliveira), Universidade do Minho/Almedina, Coimbra, 2004, p. 651
─── – «As marcas e a concorrência desleal no novo Código da Propriedade Industrial», in: *SI*, Tomo LII, n.º 297, Setembro-Dezembro 2003, p. 525
─── – «Da caducidade do registo de marca por falta de uso», in: *ADI*, Tomo XXIV, 2003, p. 195
─── – *Merchandising de Marcas (A comercialização do valor sugestivo das marcas)*, Almedina, Coimbra, 2003

CARVALHO, NUNO PIRES DE – *The TRIPs Regime of Trademarks and Designs*, Kluwer Law International, The Hague, 2006

CARVALHO, ORLANDO DE – *Critério e Estrutura do Estabelecimento Comercial*, Vol. I (O problema da empresa como objecto de negócios), Coimbra, 1967

CASADO CERVIÑO, ALBERTO – *Derecho de Marcas y Protección de los Consumidores – El tratamiento del error del consumidor*, Editorial Tecnos, Madrid, 2000.

—— – *El Sistema Comunitario de Marcas: normas, jurisprudência y práctica*, Editorial Lex Nova, Valladolid, 2000

—— – «La licencia de marca en el derecho norteamericano: el requisito del control», extracto de la tesis doctoral, Universidad de Santiago de Compostela (Facultad de Derecho), Santiago de Compostela, 1983

—— – «Relieve del controle en la licencia de marca», in: ADI, Tomo IX, 1983, p. 125

CASANOVA, MARIO – *Impresa e Azienda (Le Imprese Commerciali)*, Torino, UTET, 1974

CAUPERS, JOÃO – *Introdução ao Direito Administrativo*, 8.ª edição, Âncora Editora, Lisboa, 2005

CAVAZZA, CHRISTIAN – «Latte fresco e concorrenza sleale: il marchio "Frescoblu"», in: *Giurisprudenza Commerciale*, 31.6., Novembre-Dicembre 2004, p. 732/II

CERRO PRADA, BEGOÑA – «Caducidad», in: *Comentarios a la Ley y al Reglamento de Marcas* (coord. Carlos González-Bueno), Thomson/Civitas, 2003, p. 551

CHAVANNE, ALBERT/BURST, JEAN-JACQUES – *Droit de la Propréte Industrielle*, 4.ª ed., Dalloz, Paris, 1993

CHORÃO, LUÍS BIGOTTE – «O conceito de concorrência desleal – evolução legislativa», in: AA.VV., *Concorrência Desleal*, Almedina, Coimbra, 1997, p. 165

—— – «Notas sobre o âmbito da concorrência desleal», in: *ROA*, ano 55, III, Dezembro 1995, p. 113

CIONTI, FERDINANDO – *La Funzione Propria del Marchio*, Giuffrè Editore, Milano, 2004

—— – *La Funzione del Marchio*, Giuffrè Editore, 1988

CLARK, ROBERT/SMYTH, SHANE – *Intellectual Property Law in Ireland*, 2.ª ed., Tottel Publishing, Haywards Heath, 2005

COELHO, JOSÉ GABRIEL PINTO – «O problema da admissibilidade da "licença" em matéria de marcas» in: *RLJ*, ano 94.°, n.os 3208, 3209, 3210, pp. 289, 305, 321

—— – «O problema da conversão da marca em denominação genérica», in: *RLJ*, ano 93.° (1960-61), n.os 3181 e ss., p. 245

—— – *Lições de Direito Comercial*, 1.° vol., Lisboa, 1945

COLLINS, HUGH – «The unfair commercial practices directive», in: *ERCL*, Vol. 1 (2005) n.° 4, p. 417

—— – «EC Regulation of unfair commercial practices», in: *The forthcoming EC Directive on unfair commercial practices – Contract, consumer and competition law implications* (ed. Hugh Collins), Kluwer Law International, The Hague/London/New York, 2004, p. 1

CORDEIRO, ANTÓNIO MENEZES – *Manual de Direito Comercial*, 2.ª ed., Almedina, Coimbra, 2007

CORNISH, WILLIAM/LLEWELYN, DAVID – *Intellectual Property: patents, copyright, trade marks and allied rights*, 5.ª ed., Sweet & Maxwell, London, 2003

CORREIA, A. FERRER – *Lições de Direito Comercial*, Vol. I, Universidade de Coimbra, 1973

CORTE-REAL, ANTÓNIO – «The Budweiser Case in Portugal», in: [2002] 1 *EIPR*, p. 43

CUÑAT EDO, VICENT – «Los contratos sobre la marca comunitaria», in: *Marca y diseño comunitarios* (ALBERTO BERCOVITZ RODRIGUEZ-CANO), Aranzadi, Pamplona, 1996, p. 147

CURTO POLO, MERCEDES – «Articulo 47 – Transmisión de la marca», in: AA.VV., *Comentarios a la Ley de Marcas* (Rodríguez-Cano/Garcia-Cruces González), Editorial Aranzadi, Cizur Menor (Navarra), 2003, p. 741

––––– – *La Cesión de Marca mediante Contrato de Compraventa*, Editorial Aranzadi, Cizur Menor (Navarra), 2002

DAIZE, FABIENNE – *Marques et Usurpation de Signes de la Personnalité*, LITEC, Paris, 2006

DALLE VEDOVE, GIAMPAOLO – *Circolazione del Marchio e Trasparenza del Mercato*, CEDAM, Padova, 1997

DE LA FUENTE GARCIA, ELENA – *El Uso de la Marca y sus Efectos Jurídicos*, Marcial Pons, Madrid, 1999

DE LAS HERAS LORENZO, TOMAS – *El Agotamiento del Derecho de Marca*, Editorial Montecorvo, Madrid, 1994

DE LA TORRE, ALFREDO ÁVILA – «Legitimación», in: *Comentarios a la Ley de Marcas* (Rodríguez-Cano/García Cruces González), Editorial Aranzadi, Cizur Menor (Navarra), 2003, p. 917

DENK, CLAUS-MICHAEL – *Täuschende Marken: rechtsvergleichende Untersuchung zum deutschen, amerikanischen und französischen Recht* (Schriftenreihe rechtswissenchaftliche Forschung und Entwicklung, 16), 1981, München, Verlag V. Florentz

DI CATALDO, VINCENZO – *I Segni Distintivi*, 2.ª ed., Giuffrè Editore, Milano, 1993

DIAMOND, SIDNEY A. – «The historical development of trademarks», in: 65 *TMR* (1975), p. 265

DIAS, JOSÉ EDUARDO FIGUEIREDO/OLIVEIRA, FERNANDA PAULA – *Noções Fundamentais de Direito Administrativo*, Almedina, Coimbra, 2005

DINWOODIE, GRAEME – «The rational limits of trademark law (2000), in: *U.S. intellectual property: law and policy (2002), plus 2005 postscript* (ed. H. Hausen), Edward Elgar Publishing, 2006, consultado no sítio da Internet: *http://works.bepress.com/cgi/viewcontent.cgi?article=1027&context=graeme_dinwoodie*

––––– – «Reconceptualizing the inherent distinctiveness of product design trade dress», in: *North Carolina Law Review*, Vol. 75, January 1997, n.º 2, p. 471

DOEPNER, ULF/HUFNAGEL, FRANK-ERICH – «Towards a european consumer? Protection against misleading advertising in Europe», in: 88 *TMR* (1998), p. 177

DOGAN, STACEY L./LEMLEY, MARK A. – «Trademarks and consumer search costs on the Internet», in: 41 *Houston Law Review* (2004), p. 777

DOMINGUES, LUÍS MIGUEL PEDRO – «A função da marca e o princípio da especialidade», in: AA.VV., *Direito Industrial*, Vol. IV, APDI/Almedina, Coimbra, 2005, p. 447

DOMÍNGUEZ GARCÍA, MANUEL – «Solicitud de caducidad o de nulidad», in: *Comentarios a los Reglamentos sobre la Marca Comunitaria* (Coords. Alberto Casado Cerviño//M.ª Luísa Llobregat Hurtado), Vol. I (arts. 1-74), 1.ª ed. revista, Alicante, Universidad de Alicante, 1996, p. 615

DRESCHER, THOMAS D. – «The transformation and evolution of trademarks – from signals to symbols to myth», in: 82 *TMR* (1992), p. 301

DUARTE, PAULO – «O conceito jurídico de consumidor segundo o art. 2.º/1 da Lei de Defesa do Consumidor», in: *BFDUC*, Vol. LXXV, 1999, pp.649

DWORKIN, GERALD – «Unfair competition: is it time for European harmonization?», in: *Intellectual Property in the new millennium – essays in honour of William R. Cornish* (edited by D. Vaver and L. Bently), Cambridge University Press, 2004

ECONOMIDES, NICHOLAS S. – «Trademarks», in: *The new palgrave dictionary of economics and the law*, 1998, p. 601 [= *The economics of intellectual property* (ed. RUTH TOWSE/RUDI HOLZHAUER), Vol. III, Edward Elgar, Cheltenham/Northampton, 2002, p. 287]

―― – «The economics of trademarks», in: 78 *TMR* (1988), p. 523

EICHMANN, HELMUT – «The present and future of public opinion polls in litigation in Germany – Part one», in: *IIC*, Vol. 31, 4/2000, p. 408

EICHMANN, HELMUT – «The present and future of public opinion polls in litigation in Germany – Part two», in: *IIC*, Vol. 31, 5/2000, p. 530

EZQUERRA UBERO, JOSÉ JAVIER – *La Jurisprudencia «Cassis-Keck» y la Libre Circulación de Mercancías – Estudio de derecho internacional privado y derecho comunitario*, Marcial Pons, Madrid/Barcelona, 2006

FEINBERG, ROBERT – «Trademarks, market power and information», in: *The economics of intellectual property* (ed. Ruth Towse/Rudi Holzhauer), Vol. III, Edward Elgar, Cheltenham/Northampton, 2002, p. 432

FERNANDES, LUÍS ALBERTO DE CARVALHO – «A nova disciplina das invalidades dos direitos industriais», in: *ROA*, Ano 63, Tomo I/II, Abril 2003, p. 95 [= in: AA.VV., *Direito Industrial*, Vol. IV, APDI/Almedina, Coimbra, 2005, p. 73]

―― – *Teoria Geral do Direito Civil*, Vol. II, Universidade Católica, Lisboa, 2001

FERNÁNDEZ FERNÁNDEZ, MARIA CRISTINA – *Los motivos legítimos que impiden el agotamiento del derecho de marca – el art. 7.2. de la Directiva 89/104/CEE del Consejo, de 21 de diciembre de 1988, relativa a la aproximación de las legislaciones de los Estados miembros en materia de marcas y el art. 36.2 del la Ley 17/2001, de 7 de diciembre, de marcas*, Editorial Comares, Granada, 2005

FERNÁNDEZ-NÓVOA, CARLOS – «El debatido carácter engañoso de la marca «Elizabeth Emanuel» [Comentario a la Sentencia del Tribunal de Justicia de las Comunidades Europeas (Sala Tercera) de 30 de marzo de 2006, asunto C-259/04, *Emanuel* (Rec. 2006, págs. I-3089 y ss.)], in: CARLOS FERNÁNDEZ-NÓVOA/FRANCISCO JAVIER FRAMIÑÁN SANTAS/ÁNGEL GARCÍA VIDAL, *Jurisprudencia Comunitaria sobre Marcas* (2006), Editorial Comares, Granada, 2008, p. 57

―― – *Tratado sobre Derecho de Marcas*, 2.ª ed., Marcial Pons, Madrid/Barcelona, 2004

―― – *Tratado sobre Derecho de Marcas*, 1.ª ed., Marcial Pons, Madrid/Barcelona, 2001

―― – *El Enriquecimento Injustificado en el Derecho Industrial*, Marcial Pons, Madrid, 1997

―― – *El Sistema Comunitario de Marcas*, Editorial Montecorvo, Madrid, 1995

―― – *Fundamentos de Derecho de Marcas*, Editorial Montecorvo, Madrid, 1984

―― – "El grado de atencion del consumidor ante las marcas (comentario a la sentencia del Tribunal Supremo (Sala Tercera) de 11 de julio de 1980: caso «Albert Rothschild, S.A.»)", in: *ADI*, Tomo 8, 1982, p. 157

―― – *La Protección Internacional de las Denominaciones Geográficas de los Productos*, Editorial Tecnos, Madrid, 1970

FEZER, KARL-HEINZ – *Lauterkeitsrecht – Kommentar zum Gesetz gegen den unlauteren Wettbewerb (UWG)*, (Herausgegeben von Professor Dr. Karl-Heinz Fezer), Band 1 (§§ 1-4 UWG), Verlag C. H. Beck, München, 2005
—— – *Markenrecht*, Verlag C. H. Beck, München, 2001
FIRTH, ALISON/LEA, GARY/CONFORD, PETER – *Trade Marks: law and practice*, 2.ª ed., Jordans, London, 2005
FLAQUER RIUTORT, JUAN – «Contribución al estudo de la marca patronímica», in: *ADI*, Tomo XVI, 1994-95, p. 245
FLORIDIA, GIORGIO – «Il marchio e le sue funzioni nella legge di riforma», in: *Il Diritto Industriale*, n.º 4/1994, p. 325
FOURGOUX – «Marques, publicité et tromperie», in: *Gazette du Palais*, 1967, 1.er Semestre, p. 2
FRAMIÑAN SANTAS, JAVIER – «El carácter distintivo en el sentido del art. 7.1B) del Reglamento (CE) del Consejo, de 20 de diciembre de 1993, sobre la marca comunitária [Comentario a la sentencia del tribunal de justicia (sala tercera) de 15 de septiembre de 2005, asunto C-37/03 P, BioID AG/OAMI, Rec. 2005, págs. I-7975 y ss.]», in: CARLOS FERNÁNDEZ-NÓVOA/ÁNGEL GARCIA VIDAL/FRANCISCO JAVIER FRAMIÑAN SANTAS, *Jurisprudencia comunitaria sobre marcas – Comentarios, recopilación y extractos sistematizados, 2005*, Editorial Comares, Granada, 2007, p. 121
FRANCESCHELLI, REMO – «Il marchio dei creatori del gusto e della moda», in: *CI*, quarto anno, 3, 1988, p. 780
—— – *Sui Marchi di Impresa*, 4.ª ed., Giuffrè Editore, Milano, 1988
—— – «Cimiteri e fantasma di marchi», in: *RDI*, 1974, I, pp. 5 e ss.
—— – «Saggio su la cessione dei marchi», in: *RDComm.*, 1948, Parte prima, p. 1
FRASSI, PAOLA – «È possibile un nuovo approccio alla materia della cessione dei marchi? L'esempio francese e comunitario», in: *RDI*, 1989, I, p. 264
FUNK, AXEL – *Die Qualitätsfunktion der Marke im Recht der USA und nach dem neuen deutschen Markengesetz*, VVF, München, 1995
GALGANO, FRANCESCO – "Il marchio nei sistemi produttivi integrati: sub-forniture, gruppi di società, licenze, «merchandising»", in: *CI*, terzo anno, 1, 1987, pp. 173 e ss.
GALLI, CESARE – «Protezione del marchio e interessi del mercato», in: *Studi di diritto industriale in onore di Adriano Vanzetti – Proprietà intellettuale e concorrenza*, Tomo I, Giuffrè Editore, Milano, 2004, p. 661
—— – *Funzione del Marchio e Ampiezza della Tutela*, Giuffrè, Milano, 1996
GALLOUX, JEAN-CHRISTOPHE – *Droit de la Propriété Industrielle*, 2.ª ed., Dalloz, Paris, 2003
GARCÍA-CRUCES GONZÁLEZ, JOSÉ ANTONIO – «Caducidad», in: *Comentarios a la Ley de Marcas* (Rodríguez-Cano/García Cruces González), Editorial Aranzadi, Cizur Menor (Navarra), 2003, p. 859
GARCÍA-MIJÁN, MANUEL LOBATO – «El agotamiento del derecho de marca», in: *RDM*, n.º 223, 1997, p. 117
GARCÍA PÉREZ, RAFAEL – «El concepto de consumidor en la jurisprudência alemana sobre publicidad enganosa (Comentario a la sentencia del *Bundesgerichtshof* de 20 de octubre de 1999, caso «Orient-Teppichmuster»)», in: *ADI*, Tomo XXII, 2001, p. 619
—— – «Obstáculos a la libre circulación de mercancías generados por las normas sobre competencia desleal de los Estados Miembros (Comentario a la Sentencia del Tribu-

nal de Justicia de las Comunidades Europeas de 13 de enero de 2000, «Estée Lauder/ /Lancaster»), in: *ADI*, Tomo XXI, 2000, p. 451

GARCÍA VIDAL, ÁNGEL – «El *secondary meaning* de un signo como consecuencia de su uso en una marca compuesta [Comentario a la sentencia del TJCE (Sala Segunda) de 7 de julio de 2005, asunto C 353/03, *Société des produits Nestlé SA y Mars UK Ltd.*, Rec. 2005, pags. I-6135 y ss.]», in: CARLOS FERNÁNDEZ-NÓVOA/ÁNGEL GARCIA VIDAL/FRANCISCO JAVIER FRAMIÑAN SANTAS, *Jurisprudencia comunitaria sobre marcas – Comentarios, recopilación y extractos sistematizados, 2005*, Editorial Comares, Granada, 2007, p. 109

—— – «El uso de la marca ajena con una finalidad diferente de distinguir productos o servicios», in: *ADI*, Tomo XXIII, 2002, p. 337

—— – *El uso descriptivo de la marca ajena*, Marcial Pons, Madrid/Barcelona, 2000

—— – «La recomendación conjunta de la Unión de Paris y la OMPI sobre licencias de marcas», in: *ADI*, Tomo XXI, 2000, pp. 1217 e ss.

—— – «El alcance territorial del agotamiento del derecho de marca en la reciente jurisprudência del TJCE (Comentario a las sentencias de 16 de julio de 1998 «Silhoutte», y de 1 de julio de 1999, «Sebago», in: *ADI*, Tomo XX, 1999, pp. 567 e ss.

GERMAIN, KENNETH B. – «Trademark registration under Sections 2 (a) and 2 (e) of the Lanham Act: the deception decision», in: 66 *TMR* (1976) p. 97

GEROULAKOS, P. – «Observaciones de terceros», in: AA.VV., *Comentarios a los reglamentos sobre la marca comunitaria* (Alberto Casado Cerviño, M.ª Luisa Llobregat Hurtado), Vol. I (arts. 1-74), 1.ª ed. revista, Alicante, Universidad de Alicante, 1996, p. 387

—— – «Retrait. Limitation et modification de la demande», in: AA.VV., *Comentarios a los reglamentos sobre la marca comunitaria* (Alberto Casado Cerviño, M.ª Luisa Llobregat Hurtado), Vol. I (arts. 1-74), 1.ª ed. revista, Alicante, Universidad de Alicante, 1996, p. 503

GHIDINI, GUSTAVO – *Profili Evolutivi del Diritto Industriale – Proprietà intellettuale e concorrenza*, Giuffrè Editore, Milano, 2001

—— – «Note sulla decadenza del marchio per decettività», in: *La riforma della Legge Marchi* (a cura di Gustavo Ghidini), Padova, CEDAM, 1995, p. 153

—— – «Decadenza del marchio per «decettività sopravvenuta», in: *RDI*, 1993, Parte I, p. 211

GHIDINI, GUSTAVO/GUTIERREZ, BIANCA MANUELA – «Marchio decettivo e uso decettivo del marchio», in: *Il Diritto Industriale*, n.° 2/1994, p. 128

GIELEN, CHARLES – «Harmonisation of trade mark law in Europe: the first trade mark harmonisation directive of the European Council», in: [1992] 8 *EIPR*, p. 262

GIUDICI, SILVIA – «Il problema della decettività del marchio», in: *Nuova Giurisprudenza Civile Commentata*, 1994, Parte Prima, p. 54

GOEBEL, BURKHART – «Geographical indications and trademarks in Europe», in: 95 *TMR* (2005), p. 1165

—— – «Geographical indications and trademarks – the road from Doha», in: 93 *TMR* (2003), p. 964

GÓMEZ-SEGADE, JOSÉ ANTONIO – «Fuerza distintiva y «secondary meaning» en el derecho de los signos distintivos», in: *Estudios sobre marcas*, (coords. José Justo Navarro Chinchilla/Ramón José Vázquez García), Editorial Comares, Granada, 1995, p. 345

[= «Unterscheidungskraft und "Secondary Meaning" im Kennzeichenrecht», in: *GRUR Int.* 12/1995, p. 944]
—— – «Notas sobre el derecho de información del consumidor», in: *Revista Jurídica de Cataluña*, n.º 3, 1980, p. 699
GONÇALVES, LUÍS M. COUTO – «O uso da marca», in: AA.Vv., *Direito Industrial*, Vol. V, APDI/Almedina, Coimbra, 2008, p. 369
—— – «Marca tridimensional», in: *Nos 20 anos do Código das Sociedades Comerciais – Homenagem aos Profs. Doutores A. Ferrer Correia, Orlando de Carvalho e Vasco Lobo Xavier*, Vol. I, Faculdade de Direito da Universidade de Coimbra, Coimbra Editora, Coimbra, 2007, p. 139
—— – *Manual de Direito Industrial – Patentes, marcas, concorrência desleal*, Almedina, Coimbra, 1.ª ed., 2006 e 2.ª ed., 2008
—— – «Marca olfactiva e o requisito da susceptibilidade de representação gráfica – Ac. do Tribunal de Justiça, de 12.12.2002, P. C-273/00», in: *Cadernos de Direito Privado*, n.º 1, Janeiro/Março 2003, p. 14
—— – «O princípio do esgotamento do direito de marca», in: *Estudos em Homenagem ao Prof. Doutor Raul Ventura*, Vol. II, FDUL, 2003, p. 195
—— – «Invalidade do registo da marca», in: *Estudos em Homenagem a Francisco José Velozo*, Universidade do Minho/Associação Jurídica de Braga, 2002, p. 349
—— – «Função da marca», in: AA.Vv., *Direito Industrial*, Vol. II, APDI, Almedina, 2002, p. 99
—— – *Função Distintiva da Marca*, Almedina, Coimbra, 1999
—— – «Imitação de Marca», in: *Scientia Ivridica*, Tomo XLV, 1996, n.os 262/264, p. 335
—— – «Conversão da marca na denominação usual do produto ou serviço», in: *ADI*, Tomo XIV, 1991-92, p. 197
GONZÁLEZ VAQUÉ, LUÍS – «La noción de consumidor *normalmente informado* en la jurisprudencia del Tribunal de Justicia de las Comunidades Europeas: la sentencia *Gut Springenheide*», in: *Derecho de los Negocios*, Año 10, n.º 103, Abril 1999, p. 1
GUGLIELMETTI, GIANNANTONIO – «Una norma di controversa interpretazione: L'art. 11 Legge Marchi», in: *Riv. Dir. Civ.*, 1980, I, p. 186
GUGLIELMETTI, GIOVANNI – «Cosmetici e marchio ingannevole», in: *RDI*, 1998, I, p. 424
HAAN, SARAH C. – «The "persuasion route" of the law: advertising and legal persuasion», in: 100 *Columbia Law* Review, 2000, p. 1281
HACKER, FRANZ – § 49, in: *Markengesetz* (PAUL STRÖBELE/FRANZ HACKER/IRMGARD KIRSCHNECK), 8.ª ed., Carl Heymanns Verlag, München, 2006, p. 1311
HANDLER, MICHAEL – «The distinctive problem of european trade mark law», in: [2005] 9 *EIPR*, p. 306
HASSAN, SANDRO – «Ramo d'azienda, cessione di marchio e licenza: alcuni problemi aperti sull'art. 15 LM», in: *RDI*, 1987, I, p. 151
HAYS, THOMAS – *Parallel importation under European Union Law*, Sweet & Maxwell, London, 2004
HEATH, CHRISTOPHER – «Geographical indications: international, bilateral and regional agreements», in: *New frontiers of intellectual property law* (eds. Christopher Heath/ /Anselm Kamperman Sanders), IIC Studies, Max Planck Institute for Foreign and International Patent, Copyright and Competition Law, Hart Publishing, Oxford, 2005, p. 97

HENNING-BODEWIG, FRAUKE – «A new act against unfair competition in Germany», in: *IIC*, Vol. 36, 4/2005, p. 421

—— – «International protection against unfair competition – art. 10bis Paris Convention, TRIPS and WIPO Model Provisions», in: *IIC*, 2/1999, Vol. 30, p. 166

HENNING-BODEWIG, FRAUKE/KUR, ANNETTE – *Marke und Verbraucher – Funktionen der Marke in der Marktwirtschaft*, Band I (Grundlagen), V.C.H., Weinheim/Bassel//Cambridge/New York, 1988

—— – *Marke und Verbraucher* – Funktionen der Marke in der Marktwirtschaft, Band II (Einzelprobleme), VCH, Weinheim/Bassel/Cambridge/New York, 1989

HENNING-BODEWIG FRAUKE/SCHRICKER, GERHARD – «New initiatives for the harmonisation of unfair competition law in Europe», in: [2002] 5 *EIPR*, p. 271

HIDAKA, SEIKO/TATCHELL, NICOLA/DANIELS, MARK/TRIMMER, BONITA/COOKE, ADAM – «A sign of the times? A review of key trade mark decisions of the European Court of Justice and their impact upon national trade mark jurisprudence in the EU», in: 94 *TMR* (2004), p. 1105

HOLZHAUER, R. W. – «Jenever and jumping wild cats – the scope of trade mark protection in economics and in law», in: AA.VV., *The economics of Intellectual Property* (edited by Ruth Towse/Rudy Holzhauer), Vol. III, Edward Elgar, Cheltenham//Northampton, 2002, p. 415

HÖRSTER, HEINRICH EWALD – *A Parte Geral do Código Civil Português – teoria geral do direito civil*, Almedina, Coimbra, 1992

HOWARTH, W. C. – «Are trademarks necessary?», in: 60 *TMR* (1970), p. 228

INGERL, REINHARD/ROHNKE, CHRISTIAN – *Markengesetz*, 2.ª ed., Verlag C. H. Beck, München, 2003

ISAY, HERMANN – «Die Selbständigkeit des Rechts an der Marke», in: *GRUR*, 1929, p. 23

JACOBY, JACOB – «The psychological foundations of trademark law: secondary meaning, genericism, fame, confusion and dilution», in: 91 *TMR* (2001), p. 1013

KEELING, DAVID T. – «About kinetic® watches, easy banking and nappies that keep a baby dry: a review of recent european case law on absolute grounds for refusing to register trade marks», in: [2003] *I.P.Q.*, n.° 2, p.131

KELLER, ERHARD – § 2, in: *Gesetz gegen den unlauteren Wettbewerb (UWG) mit Preisangabenverordnung – Kommentar* (Herausgegeben von Dr. Henning Harte-Bavendamm//Dr. Frauke Henning-Bodewig), Verlag C. H. Beck, München, 2004, p. 493

KITCHIN, DAVID/LLEWELYN, DAVID/MELLOR, JAMES/MEADE, RICHARD/MOODY-STUART, THOMAS/KEELING, DAVID – *Kerly's law of trade marks and trade names*, 14.ª ed., Sweet & Maxwell, London, 2005

KLEIN, NAOMI – *No Logo – O Poder das Marcas* [título original: *No Logo (2000)*], traduzido por Pedro Miguel Dias, Relógio D'Água Editores, Lisboa, 2002

KNAAK, ROLAND – «Der Schutz geographischer Angaben nach dem TRIPS-Abkommen», in: *GRURInt.*, 1995, n.os 8/9, p. 642

KÖHLER, HELMUT – § 3, in: BAUMBACH/HEFERMEHL, bearbeitet HELMUT KÖHLER/JOACHIN BORNKAMM, *Wettbewerbsrecht – Gesetz gegen den unlauteren Wettbewerb, Preisangabenverordnung*, 23.ª ed., Verlag C. H. Beck, München, 2004, p. 152

KOVAR, ROBERT – «Le reconditionnement des produits marqués – l'importateur et le fabricant plaidant par-devant la cour de justice», in: Melanges offerts à Jean-Jacques Burst, Litec, Paris, 1997, p. 273

KUR, ANNETTE – «Harmonization of the trade mark laws in Europe: results and open questions», in: *RDI*, 1996, I, p. 227

LADAS, STEPHAN P. – *Patents, Trademarks, and Related Rights – national and international protection*, Vol. II, Harvard University Press, Cambridge, Massachusetts, 1975

LANDES, WILLIAM M./POSNER, RICHARD A. – *The Economic Structure of Intellectual Property Law*, The Belknap Press of Harvard University Press, Cambridge, Massachusetts and London, England, 2003

—— – «Trademark law: An economic perspective», in: 30 *J. L. & Econ.* (1987), p. 265

LARENZ, KARL – *Metodologia da Ciência do Direito* (tradução de JOSÉ LAMEGO), 3.ª ed., Fundação Calouste Gulbenkian, Lisboa, 1997

LARGO GIL, RITA – *Las Marcas de Garantia*, Editorial Civitas, Madrid, 1993

LEA, GARY – «Master of all they survey? Some thoughts upon official attitudes to market survey evidence in U.K. trade mark practice», in: *I.P.Q.*, 2/1999, p. 191

LEHMAN, MICHAEL – «Il nuovo marchio europeo e tedesco», in: *RDI*, 1995, I, n.º 6, p. 267

—— – «Rafforzamento della tutela del marchio attraverso le norme sulla concorrenza sleale», in: *RDI*, 1988, I, p. 19

LEIBLE, STEPHEN – «Competencia desleal y derecho de la Unión Europea. ¿Hacia dónde nos dirigimos?», in: *ADI*, Tomo XVI, 1994-95, p. 345

LEIGHTON, RICHARD J. – «Using (and not using) the hearsay rules to admit and exclude surveys in Lanham Act false advertising and trademark cases», in: 92 *TMR* (2002), p. 1305

LEITÃO, ADELAIDE DE MENEZES – «Direito da publicidade e concorrência desleal – um estudo sobre as práticas comerciais desleais», in: AA.VV., *Direito Industrial*, Vol. IV, APDI/Almedina, Coimbra, 2005, p. 267

—— – *Estudo de Direito Privado sobre a Cláusula Geral de Concorrência Desleal*, Almedina, Coimbra, 2000

—— – «Estudo sobre os interesses protegidos e a legitimidade na concorrência desleal», in: *RFDUL*, Vol. XXXVII, 1996, n.º 1, p. 43

LEMA DEVESA, CARLOS – «Motivos de denegación absolutos», in: *Comentarios a los Reglamentos sobre la Marca Comunitaria* (Coords. Alberto Casado Cerviño/M.ª Luísa Llobregat Hurtado), Vol. I (arts. 1-74), 1.ª ed. revista, Alicante, Universidad de Alicante, 1996, pp. 63 e ss.

—— – «Causas de nulidad absolutas», in: *Comentarios a los Reglamentos sobre la Marca Comunitaria* (Coords. Alberto Casado Cerviño/M.ª Luísa Llobregat Hurtado), Vol. I (arts. 1-74), 1.ª ed. revista, Alicante, Universidad de Alicante, 1996, p. 583

LEVY, MARC C. – «From genericism to trademark significance: deconstructing the de facto secondary meaning doctrine», in: 95 *TMR* (2005), p. 1197

LIBERTINI, MARIO – «Indicazioni geografiche e segni distintivi», in: *RDComm.*, anno XCIV (1996), parte prima, p. 1033

LIEFELD, JOHN P. – «How surveys overestimate the likelihood of consumer confusion», in: 93 *TMR* (2003), p. 939

LITMAN, JESSICA – «Breakfast with Batman: the public interest in the advertising age», in: 108 *The Yale Law Journal* (1999), p. 1717

LOON, NG-LOY WEE – «Time to re-think the ever expanding concept of trade marks? Re-calibrating Singapore's Trade Mark Law after the controversial US-Singapore FTA», in: [2008] *EIPR*, 4, pp. 151 e ss.

MACHADO, J. BAPTISTA – *Introdução ao Direito e ao Discurso Legitimador*, Almedina, Coimbra, 1995

MAGELLI, SILVIA – «Marchio e nome geografico», in: *Studi di diritto industriale in onore di Adriano Vanzetti – Proprietà intellettuale e concorrenza*, Tomo II, Milano, Giuffrè Editore, 2004, p. 909 [=*Il futuro dei marchi e le sfide della globalizzazione* (AA.VV.), Università degli Studi di Parma, 1/2002, Padova, CEDAM, p. 55]

MAIA, JOSÉ MOTA – *Propriedade Industrial*, Vol. II (Código da Propriedade Industrial Anotado), Almedina, Coimbra, 2005.

MALLOY, ROBIN PAUL – «Law and market economy: the triadic linking of law, economics, and semiotics», in: *International Journal for the Semiotics of Law*, Vol. 12, 1999, n.º 3, p. 285

MANGINI, VITO – «Logo, no logo?... Ovvero la perduta innocenza della proprietà intellettuale», in: *Studi di Diritto Industriale in onore di Adriano Vanzetti – Proprietà Intellettuale e Concorrenza*, Tomo II, Giuffrè Editore, Milano, 2004, p. 935

—— – «Il marchio nel sistema dei segni distintivi», in: *Trattatto di Diritto Commerciale e di Diritto Pubblico dell'Economia* (diretto da Francesco Galgano), Vol. V (Il marchio e gli altri segni distintivi/La proprietà industriale nel mercato comune), Padova, CEDAM, 1982

MARASÀ, GIORGIO – «La circolazione del marchio», in: *Rivista di Diritto Civile*, Anno XLII, n.º 4, 1996, p. 477 [= in: AA.VV., *Commento tematico della legge marchi*, G. Giapichelli Editore, Torino, 1998, p. 95]

MARCO ARCALÁ, LUÍS ALBERTO – «Causas de nulidad absoluta», in: *Comentarios a la Ley de Marcas* (Rodríguez-Cano/García-Cruces González), Editorial Aranzadi, Cizur Menor, Navarra, 2003, p. 805

—— – «Prohibiciones absolutas», in: *Comentarios a la Ley de Marcas* (Dirs. Alberto Bercovitz Rodríguez-Cano/José Antonio Garcia-Cruces González), Aranzadi, Cizur Menor (Navarra), 2003, p. 131

—— – «Prohibiciones absolutas», in: *Comentarios a la Ley de Marcas* (Dirs. Alberto Bercovitz Rodríguez-Cano/José Antonio Garcia-Cruces González), 2.ª ed., Aranzadi, Cizur Menor (Navarra), 2008, p. 147

—— – *Las Causas de Denegación de Registro de la Marca Comunitaria*, Tirant lo Blanch, Valencia, 2001

—— – «La tipificación de la falta de carácter distintivo como motivo de denegación en la nueva Ley Española de Marcas», in: *ADI*, Tomo XXII, 2001, p. 111

MARQUES, J. P. REMÉDIO – *Biotecnologia(s) e Propriedade Intelectual*, Vol. II (*Obtenções vegetais, conhecimentos tradicionais, sinais distintivos, bioinformática e bases de dados, direitos da concorrência*), Almedina, Coimbra, 2007

MARTÍN ARESTI, PILAR – «Licencia», in: *Comentarios a la Ley de Marcas* (Rodríguez-Cano/ /Garcia Cruces González), Editorial Aranzadi, Cizur Menor (Navarra), 2003, p. 757

MARTÍNEZ GUTIÉRREZ, ÁNGEL – «Brevi note sul giudizio di ingannevolezza», *RDI*, 2002, parte II, p. 68

—— – *La Marca Engañosa*, Estudios de Derecho Mercantil (dir. JUAN LUÍS IGLESIAS), Civitas, Madrid, 2002.

—— – «La inducción a error de la marca como consecuencia de su consolidación en el mercado (comentario a la Sentencia del Tribunal Supremo de 2 de junio de 1998)», in: *RDM*, n.º 239, Enero-Marzo 2001, p. 231

MARTÍNEZ, PEDRO ROMANO – *Direito das Obrigações*, Associação Académica da Faculdade de Direito de Lisboa, Lisboa, 2003

MASSA, GIOVANNI – *Funzione Attrattiva e Autonomia del Marchio*, Jovene Editore, Napoli, 1994

MASSAGUER, JOSÉ – *Comentario a la Ley de Competencia Desleal*, Civitas, Madrid, 1999

MATHELY, PAUL – *Le Nouveau Droit Français des Marques*, Editions du J.N.A., Paris, 1994

MAYR, CARLO EMANUELE – *L'Onere di Utilizzazione del Marchio d'Impresa*, CEDAM, Padova, 1991

MCCARTHY, J. THOMAS – *Trademarks and Unfair Competition*, 4.ª ed., Vol. 1, West Group, 1997

—— – *Trademarks and Unfair Competition*, 4.ª ed., Vol. 2, West Group, 1997

—— – *Trademarks and Unfair Competition*, 4.ª ed., Vol. 5, West Group, 1997

MICHLIT, HANZ-W. – «A general framework Directive in Fair Trading», in: *The forthcoming EC Directive on unfair commercial practices – Contract, consumer and competition law implications* (ed. Hugh Collins), Kluwer Law International, The Hague//London/New York, 2004, p. 43

MIDDLEMISS, SUSIE/PHILLIPS, JEREMY – «Bad faith in european trade mark law and practice», [2003] 9 *E.I.P.R.*, p. 397

MILLER, ARTHUR R./DAVIS, MICHAEL H. – *Intellectual Property – patents, trademarks and copyright in a nutshell*, 3.ª ed., West Group, St. Paul, Minn., 2000

MOLLET-VIÉVILLE, T. – «Absolute grounds for refusal», in: *European community trade mark: commentary to the European Community Regulations* (coord. Mario Franzosi), Kluwer Law International, The Hague/London/Boston, 1997, p. 183

MONTEIRO, ANTÓNIO PINTO – *Direito Comercial – Contratos de Distribuição Comercial* (Relatório), Almedina, Coimbra, 2002

—— – *Contrato de Agência – Anotação*, 3.ª ed. Actualizada, Almedina, Coimbra, 1998

MONTEIRO, JORGE SINDE – «Análise económica do direito», in: *BFDUC*, LVII, 1981, p. 245

MONTIANO MONTEAGUDO – «Confusión, error y engaño en el Derecho de marcas: el caso «Puma»», in: *Revista General de Derecho*, año LVI, n.° 666, Marzo 2000, p. 2353

MORAIS, FERNANDO DE GRAVATO – *Contratos de Crédito ao Consumo*, Almedina, Coimbra, 2007

—— – *União de Contratos de Crédito e de Venda para o Consumo*, Almedina, Coimbra, 2004

MORCOM, CHRISTOPHER/ROUGHTON, ASHLEY/GRAHAM, JAMES/MALYNICZ, SIMON – *The Modern Law of Trade Marks*, 2.ª ed., Butterworths, London/Dayaton, OH, 2005

MOREIRA, SÓNIA – «O dever pré-contratual de informação (algumas questões relativamente aos seus pressupostos)», in: *SI*, Tomo LI, Setembro-Dezembro 2002, n.° 294, p. 515

MORRI, FRANCESCA – «La Corte di Cassazione torna ad ocuparsi del tema della decettività del marchio», in: *La Nuova Giurisprudenza Civile Commentata*, anno XIII, parte prima, 1997, p. 784

MOSCONA, RON – «What really maters: the designer's name or the name on the label?», in: [2007] 4 *EIPR*, p. 152

NERVI, ANDREA – «Le denominazioni di origine protetta ed i marchi: spunti per una ricostruzione sistemática», in: *RDComm.*, anno XCIV (1996), parte prima, p. 961

O'CONNOR, BERNARD – *The Law of Geographical Indications*, Cameron May, 2004

OHLY, ANSGAR – «La nueva ley alemana contra la competencia desleal (UWG) en la encrucijada entre el derecho comunitario, el derecho constitucional y la liberalización» (trad. RAFAEL GARCÍA PÉREZ), in: *ADI*, Tomo XV, 2004-2005, p. 227

OLAVO, CARLOS – *Propriedade Industrial*, Vol. I (Sinais Distintivos do Comércio – Concorrência Desleal), Almedina, Coimbra, 2.ª edição, actualizada, revista e aumentada, 2005

—— – «Contrato de licença de exploração de marca», in: *ROA*, ano 59, I, 1999, p. 87

OLIVEIRA, NUNO MANUEL PINTO – *Contrato de Compra e Venda – Noções Fundamentais*, Almedina, Coimbra, 2007

ORTUÑO BAEZA, MARÍA TERESA – «La disciplina reguladora de la cesión de la marca en la ley 17/2001: cuestiones relevantes», in: *RDM*, n.º 258, 2005, p. 1379

—— – *La Licencia de Marca*, Marcial Pons, Madrid/Barcelona, 2000

—— – «Contratos ligados a la propiedad industrial. Licencia de marca. Franquicia», in: *Contratos internacionales* (Dirs. Alfonso L. Calvo Caravaca/Luís Fernández de la Gándara; Coord. Pilar Blanco-Morales Limones), Editorial Tecnos, Madrid, 1997, p. 1505

OTERO LASTRES, JOSÉ MANUEL – «La definición legal de marca en la nueva Ley Española de Marcas», in: *ADI*, Tomo XXII, 2001, p. 195

—— – «La autorización del anterior titular de la marca y la protección de los consumidores», in: *ADI*, Tomo III, 1976, p. 285

PALAU RAMIREZ, FELIPE – *La Obligación de Uso de la Marca*, Tirant Lo Blanch, Valencia, 2005

—— – «El consumidor medio y los sondeos de opinión en las prohibiciones de engaño en derecho español y europeo a raíz de la Sentencia del TJCE de 16 de julio de 1998, AS. C-210/96, «GUT SPRINGENHEIDE», in: *ADI*, Tomo XIX, 1998, p. 367

—— – «Los sondeos de opinión como instrumento probatorio del engaño en los procesos por competencia desleal», in: *Revista General de Derecho*, año LII, n.º 618, marzo 1996, p. 2235

PAPANDREOU, A. G. – «The economic effect of trademark», in: 44 *California Law Review* (1956), p. 503 [= in: *The economics of intellectual property* (ed. RUTH TOWSE/RUDI HOLZHAUER), Vol. III, 2002, Cheltenham/Northampton, Edward Elgar, p. 291]

PARKS, KEVIN – «"Naked" is not a four-letter word: debunking the myth of the "quality control requirement" in trademark licensing», Vol. 82 *TMR* (1992), p. 531

PASSA, JEROME – *Droit de la Propriété Industrielle*, Tome 1 (Marques et autres signes distinctifs. Dessins et modèles), L.G.D.J., Paris, 2006

PASTER, BENJAMIN G. – «Trademarks – their early history», in: 59 *TMR* (1969), p. 551

PATTISHALL, BEVERLY W./HILLIARD, DAVID C./WELCH II, JOSEPH N. – *Trademarks and Unfair Competition – deskbook*, 2.ª ed., LexisNexis, 2003

PAÚL, JORGE PATRÍCIO – «Breve análise do regime da concorrência desleal no novo Código da Propriedade Industrial», in: *ROA*, ano 63, Abril 2003, I/II, p. 329

—— – *Concorrência Desleal*, Coimbra Editora, Coimbra, 1965

PÉREZ GONZÁLEZ, AMELIA – «Arbitraje», in: *Comentarios a la Ley de Marcas* (Rodríguez--Cano/Garcia Cruces González), Aranzadi, Cizur Menor (Navarra), 2003, p. 445

PEROT-MOREL, MARIE ANGELE – «Les difficultés relatives aux marques de forme et a quelquer types particuliers de marques dans le cadre communautaire», in: *RDI*, 1996, Parte I, p. 247

PERUGINI, MARIA ROBERTA – «Epilogo del caso Cotonelle», in: *RDI*, 1996, Parte II, p. 247

PETTITI, PRISCILLA – *Il Marchio di Gruppo*, Giuffrè, Milano, 1996

PHILLIPS, JEREMY – «Trade mark law and the need to keep free – intellectual property monopolies have their limits», in: *IIC*, 4/2005, p. 389

PHILIPS, JEREMY/SIMON, ILANAH – «Conclusion: what is use?», in: AA.VV., *Trade mark use* (ed. Jeremy Philips/Ilanah Simon), Oxford University Press, Oxford, 2005, p. 343

—— – «Introduction», in: AA.VV., *Trade Mark Use* (ed. Jeremy Philips/Ilanah Simon), Oxford University Press, Oxford, 2005, p. 3

PHILIPS, JEREMY/COLEMAN, ALLISON – «Passing off and the "common field of activity"», in: *The Law Quarterly Review*, Vol. 101, 1985, p. 242

PINTO, CARLOS ALBERTO DA MOTA (por ANTÓNIO PINTO MONTEIRO/PAULO MOTA PINTO), *Teoria Geral do Direito Civil*, Coimbra Editora, Coimbra, 4.ª ed., 2005

PNG, I. P. L./REITMAN, DAVID – «Why are some products branded and others not?», in: 38 *J. L. & Econ.* (1995), p. 207 [= in: *The Economics of Intellectual Property* (ed. RUTH TOWSE/RUDI HOLZHAUER), Vol. III, Edward Elgar, Cheltenham/Northampton, 2002, p. 355]

POLLAUD-DULIAN, FREDERIC – *Droit de la Propriété Industrielle*, Montchrestien, Paris, 1999

PORT, KENETH L./DRATLER JR., JAY/HAMMERSLEY, ESQ., FAYE M./MCELWEE, TERENCE P./ /MCMANIS, CHARLES R./WRIGLEY, BARBARA A. – *Licensing Intellectual Property in the Information Age*, 2.ª ed., Carolina Academic Press, Durham, North Carolina, 2005

RAVÀ, TITO – *Diritto Industriale*, Vol. Primo (*Azienda, segni distintivi, concorrenza*), 2.ª ed., UTET, 1981

RIBEIRO, MARIA DE FÁTIMA – *O Contrato de Franquia – Franchising. Noção, natureza jurídica e aspectos fundamentais de regime*, Almedina, Coimbra, 2001

RICHTER JR., MARIO STELLA – «I segni registrabili», in: *Commento Tematico della Legge Marchi*, G. Giapichelli Editore, Torino, 1998, p. 159

RICOLFI, MARCO – «La circolazione del marchio», in: AA.VV., *Diritto industriale – proprietà intellettuale e concorrenza*, 2.ª ed., G. Giappichelli Editore, Torino, 2005, pp. 139 e ss.

—— – «I fatti costitutivi del diritto al marchio, I soggetti», in: AA.VV., *Diritto Industriale – Propriétá intellettuale e concorrenza*, G. Giappichelli Editore, Torino, 2001, p. 72

—— – *I segni distintivi – diritto interno e comunitario*, G. Giappichelli Editore, Torino, 1999.

ROBERTS, KEVIN – *Lovemarks – O futuro além das marcas*, (trad. Mónica Rosemberg), M. Books do Brasil Editora Ltda., S.Paulo, 2005

ROBLES MORCHON, GREGORIO – *Las Marcas en el Derecho Español (adaptación al derecho comunitario)*, Estudios de Derecho Mercantil (Dir. JUAN LUÍS IGLESIAS), Editorial Civitas, Madrid, 1995

RODRIGUES, LUÍS SILVEIRA – «Defesa do consumidor e direito industrial», in: AA.VV., *Direito Industrial*, Vol. III, APDI/Almedina, Coimbra, 2003, p. 255

—— – «Direito Industrial e Tutela do Consumidor», in: AA.VV., *Direito Industrial*, Vol. II, APDI/Almedina, Coimbra, 2002, p. 257

RODRÍGUEZ-CANO, ALBERTO BERCOVITZ – *Introducción a las Marcas y Otros Signos Distintivos en el Tráfico Económico*, Aranzadi, Navarra, 2002

ROMERO MELCHOR, SEBASTIÁN – «La sentencia "Lancaster" ¿un *lifting* de la noción de consumidor normalmente informado en la jurisprudencia del Tribunal de Justicia de las Comunidades Europeas?», in: *Gaceta Juridica de la Unión Europea y de la Competencia*, n.° 209, Septiembre/Octubre 2000, p. 63

RONCERO SÁNCHEZ, ANTONIO – *El Contrato de Licencia de Marca*, Civitas, Madrid, 1999

RÖSLER, HANNES – «The rationale for european trade mark protection», in: [2007] *EIPR*, n.° 3, p. 100

ROTONDI, MARIO – *Diritto Industriale*, 5.ª ed., CEDAM, Padova, 1975

ROUBIER, PAUL – *Le Droit de la Propriété Industrielle*, Vol. 2, Éditions du Recueil Sirey, Paris, 1954

ROVAMO, OSKARU – *Monopolising Names? The protection of geographical indications in the European Community*, IPR Séries A:4, October 2006, consultado no sítio: *http://ethesis.helsinki.fi/julkaisut/oik/julki/pg/rovamo/monopoli.pdf*

RUSTON, GERALD – «On the origin of trademarks», in: 45 *TMR* (1955), p. 127

SAIZ GARCIA, CONCEPCIÓN – *El Uso Obligatorio de la Marca Registrada (nacional y comunitaria)*, Tirant lo Blanch, València, 1997

SÁNCHEZ-CALERO GUILARTE, JUAN – «Articulo 17 – cesión», in: *Comentarios a los Reglamentos sobre la Marca Comunitaria* (ALBERTO CASADO CERVIÑO/M.ª LUISA LLOBREGAT HURTADO), Vol. I (arts. 1-74), Universidad de Alicante, 1996, p. 219

SANDERS, ANSELM KAMPERMAN – *Unfair Competition Law – the protection of intellectual and industrial creativity*, Clarendon Press, Oxford, 1997.

SANDERS, ANSELM KAMPERMAN/MANIATIS, SPYROS M. – «A consumer trade mark: protection based on origin and quality», in: *EIPR*, 1993, 11, p. 406

SCALISI, VINCENZO – «Inefficacia – Diritto Privato», in: *ED*, Vol. XXI, 1971, p. 322

SCHECHTER, FRANK I. – «The rational basis of trademark protection», in: *Harvard Law Review*, Vol. XL, 1926-1927, p. 813

SCHMIDT, LUTZ G. – «Definition of a trade mark by the european trade marks regime – a theoretical exercise?», in: *IIC*, Vol. 30, n.° 7/1999, p. 738

SCHMIDT-SZALEWSKY, JOANNA/PIERRE, JEAN-LUC – *Droit de la Propriété Industrielle*, 2.ª ed., LITEC, Paris, 2001

SCHRICKER, GERHARD – «Reflexiones sobre el agotamiento en el derecho de los bienes inmateriales», in: *ADI*, Tomo XX, 1999, p. 347

—— – «Concorrenza sleale e tutela dei consumatori», in: *RDI*, Parte I, 1974, p. 89

—— – «Benutzungszwang im Markenrecht – Rechtsvergleichende Betrachtungen zur Einführung des Benutzungszwangs in das deutsche Warenzeichengesetz», in: *GRUR Int.*, 1/1969, p. 14

SCHRICKER GERHARD/LEHMAN, MICHAEL – «Werbung und unlauterer Wettbewerb», in: *Handbuch des Verbraucherrechts* (herausgegeber Arbeitsgemeinschaft der Verbraucher, Deutscher Gewerkschaftsbund), 1 vom 23.August 1977, Gruppe 180, Luchterhand, Neuwied, 1977, p. 1

SCHÜNEMANN, WOLFGANG B. – § 3, in: *Gesetz gegen den unlauteren Wettbewerb (UWG) mit Preisangabenverordnung – Kommentar* (Herausgegeben von Dr. Henning Harte-Bavendamm/Dr. Frauke Henning-Bodewig), Verlag C. H. Beck, München, 2004, p. 554

SEMPRINI, ANDREA – *Marche e Mondi Possibili – Un approcio semiotico al marketing della marca* (Impresa, Comunicazione, mercato – collana diretta da Giampaolo Fabris), Milano, Franco Angeli, 1993
SENA, GIUSEPPE – *Il Diritto dei Marchi – marchio nazionale e marchio comunitário*, 4.ª ed., Giuffrè Editore, Milano, 2007
——— – «Confondibilità in astratto e in concreto», in: *Il diritto industriale*, n.° 1/2007, p. 58
——— – *Il Nuovo Diritto dei Marchi – marchio nazionale e marchio comunitario*, Giuffrè Editore, Milano, 1994
——— – «Ancora sulla decettività del marchio», in: *RDI*, 1994, II, p. 5
——— – «Veridicità e decettività del Marchio», in: *RDI*, 1993, Parte I, p. 333
SENDIM, PAULO MELERO – «Uma unidade do direito da propriedade industrial?», in: *Direito e Justiça*, Volume de Homenagem ao Prof. Doutor Manuel Gonçalves Cavaleiro de Ferreira, Vol. II, 1981/86, p. 161
SERENS, M. NOGUEIRA – *A Monopolização da concorrência e a (re-)emergência da tutela da marca*, Almedina, Coimbra, 2007
——— – «Aspectos do princípio da verdade da marca», in: *BFDUC*, Volume comemorativo, Coimbra, 2003, p. 577
——— – «A proibição da publicidade enganosa: defesa dos consumidores ou protecção de (alguns) dos concorrentes», in: *Comunicação e Defesa do Consumidor – Actas do Congresso Internacional organizado pelo Instituto Jurídico da Comunicação da Faculdade de Direito da Universidade de Coimbra, de 25 a 27 de Novembro de 1993*, Coimbra, 1996, p. 229
——— – «A «vulgarização» da marca na Directiva 89/104/CEE, de 21 de Dezembro de 1988 (*id est*, no nosso direito futuro)», Separata do número especial do Boletim da Faculdade de Direito de Coimbra – «Estudos em homenagem ao Prof. Doutor António de Arruda Ferrer Correia» – 1984, Coimbra, 1995.
——— – «Marcas de forma – parecer», in: *CJ*, ano XVI, Tomo IV, 1991, p. 59
SILVA, EVA SÓNIA MOREIRA DA – *Da responsabilidade pré-contratual por violação dos deveres de informação*, Almedina, Coimbra, 2006
SILVA, JOÃO CALVÃO DA – *Responsabilidade Civil do Produtor*, Almedina, Coimbra, 1990.
——— – «La publicité et le consommateur», separata de *Travaux de l'Association Henri Capitant*, Tomo XXXII, 1981, Paris (1983), p. 191
SILVA, PAULA COSTA E – «Meios de reacção à concorrência desleal», in: AA.VV., *Concorrência Desleal*, Almedina, Coimbra, 1997, p. 99
SILVA, PEDRO SOUSA E – «"E depois do adeus". O "esgotamento" do direito industrial e os direitos subsistentes após a colocação no mercado», in: AA.VV., *Direito Industrial*, Vol. III, APDI/Almedina, 2003, p. 201
——— – *Direito Comunitário e Propriedade Industrial – o princípio do esgotamento dos direitos*, Coimbra Editora, Coimbra, 1996.
SIMON, ILLANAH – «How does "essential function" doctrine drive european trade mark law? – What is the essential function of a trade mark?», in: *IIC*, 2005, n.° 4, p. 401
SMITH, EDWARD – «Dyson and the public interest: an analysis of the Dyson trade mark case», in: [2007] *EIPR*, 11, pp. 469 e ss.
SORDELLI, LUIGI – *Marchio e «Secondary Meaning»*, Giuffrè, Milano, 1979
SOUSA, MIGUEL TEIXEIRA DE – *A Legitimidade Popular na Tutela dos Interesses Difusos*, LEX, Lisboa, 2003

SPADA, PAOLO – «Introduzione», in: AA.VV., *Diritto industriale – proprietà intellettuale e concorrenza*, G. Giappichelli Editore, Torino, 2001, p. 3

SPOLIDORO, MARCO SAVERIO – «Il consenso del titolare e gli accordi di coesistenza», in: *Segni e forme distintive – La nuova disciplina*, Atti del Convegno Milano 16-17 giugno 2000 (Scritti di Diritto Industriale, collana diretta da Adriano Vanzetti e Giuseppe Sena), 2001, Giuffrè Editore, Milano, p. 191

STATEN, TUNISIA L. – «Geographical indications protection under the TRIPS Agreement: uniformity not extension», in: *JPTOS*, Vol. 87, March 2005, n.° 3, p. 221

STRÖBELE, PAUL – «Absolute Eintragungshindernisse im Markenrecht – Gegenwärtige Problem und künftige Entwicklungen», in: *GRUR* 7/2001, pp. 663 e ss.

STRÖBELE, PAUL/HACKER, FRANZ/KIRSCHNECK, IRMGARD – *Markengesetz*, 8.ª ed., Carl Heymanns Verlag, München, 2006

STRÖBELE, PAUL/HACKER, FRANZ – *Markengesetz*, 7.ª ed., Carl Heymanns Verlag KG, Köln/Berlin/Bonn/München, 2003

TATO PLAZA, ANXO – «Marca enganosa, competencia desleal y libre circulación de mercancías», in: *CJPI*, n.° 16, pp. 37 e ss.

TELLES, GALVÃO – *Manual dos Contratos em Geral*, 4.ª ed., Coimbra Editora, Coimbra, 2002

TONI, ANNA MARIA – "La decettivita' (solo italiana) del marchio «Cotonelle»", in: *Il Diritto Industriale*, n.° 10/1996, p. 804

TORSEN, MOLLY – «Apples and oranges (and wine): why the international conversation regarding geographic indications is at a standstill», in: *JPTOS*, January 2005, p. 31

TROLLER, ALOIS – *Précis du Droit de la Propriété Immatérielle* (traduction française par Kamen Troller et Vladimir J. Vesely), Éditions Helbing & Lichtenhahn, Bale et Stuttgart, 1977

VAN INNIS, THIERRY – *Les Signes Distinctifs*, Larcier, Bruxelles, 1997

VANZETTI, ADRIANO – «La funzione distintiva del marchio oggi», in: *Segni e Forme Distintive – La nuova disciplina* – Atti del Convegno (dir. Adriano Vanzetti/Giuseppe Sena), Giuffrè Editore, Milano, 2001, p. 3

—— – «I marchi nel mercato globale», in: *RDI*, 2002, I, n.° 3, p. 91

—— – «Commento alla direttiva sul ravvicinamento delle legislazioni degli stati membri in materia di marchi d'impresa», in: *Le Nuove Leggi Civili Commentate*, anno XII, 1989, p. 1428

—— – «La repressione della pubblicità menzognera», in: *Rivista di Diritto Civile*, Anno X, 1964, parte prima, p. 584

—— – «Volgarizzazione del marchio e uso di marchio altrui in funzione descrittiva», in: *RDComm.*, 1962, parte prima, p. 20

—— – «Funzione e natura giuridica del marchio», in: *RDComm.*, anno LIXm, 1961, Parte prima, p. 16

—— – «Cessione del marchio», in: *RDComm.*, 1959, Parte Prima, p. 385

—— – «Equilíbrio d'interessi e diritto al marchio», in: *RDComm.*, 1960, parte prima, p. 254

VANZETTI, ADRIANO/DI CATALDO, VINCENZO – *Manuale di Diritto Industriale*, 5.ª ed., Giuffrè Editore, Milano, 2005

VANZETTI, ADRIANO/GALLI, CESARE – *La Nuova Legge Marchi*, 2.ª ed. act., Giuffrè Editore, Milano, 2001

VASCONCELOS, PEDRO PAIS DE – *Teoria Geral do Direito Civil*, 3.ª ed., Almedina, Coimbra, 2005

VIDA, ALEXANDER – *La Preuve par Sondage en Matiere de Signes Distinctifs (étude comparative des droits allemand, américain et français)*, LITEC, Paris, 1992

VIGIER, CLAUDETTE – *Le dépôt et l'enregistrement des marques de fabrique, de commerce et de service selon la loi du 31 décembre 1964*, Collection du C.E.I.P.I., Paris, Litec, 1980

VISINTINI, GIOVANNI «Decadenza del marchio per decettività sopravvenuta. L'esperienza italiana e inglese a confronto», in: *Diritto del Commercio Internazionale*, 12.3, Luglio-Settembre, 1998, p. 791

VITORINO, ANTÓNIO DE MACEDO – «Visão integrada da concorrência desleal», in: AA.VV., *Concorrência Desleal*, Almedina, Coimbra, 1997, p. 127

VON GAMM, OTTO-FRIEDRICH FRHR. – *Warenzeichengesetz*, C. H. Beck'sche Verlagsbuchhandlung, München/Berlin, 1965

WADLOW, CHRISTOPHER – «Unfair competition in Community Law (Part 1): the age of the "classical model"», in: [2006] 9 *EIPR*, p. 433

—— – «Unfair competition in Community Law (Part 2): harmonisation becomes gridlocked», in: [2006] 9 *EIPR*, p. 469

—— – *The law of Passing Off*, Sweet & Maxwell, London, 1990

WALMSLEY, MIKE – «Too transparent? ECJ rules Dyson cannot register transparent collection chamber as a trade mark», in: [2007] *EIPR*, 7, pp. 298 e ss.

WHITE, T. A. BLANCO/JACOB, ROBIN – *Kerly's Law of Trade Marks and Trade Names*, 12.ª ed., Sweet & Maxwell, London,1986.

WILKOF, NEIL J./BURKITT, DANIEL – *Trade Mark Licensing*, Sweet & Maxwell, London, 2.ª ed., 2005

ZORZI, NADIA – «Cessione, licenza e merchandising di marchio», in: AA.VV., *I contratti del commercio, del'industria e del mercato finanziario* (dir. Francesco Galgano), Tomo Secondo, UTET, Torino, 1995

—— – *Il Marchio come Valore di Scambio*, CEDAM, Padova, 1995

—— – *La Circolazione dei Segni Distintivi*, CEDAM, Padova, 1994

—— – «La circolazione vincolata del marchio: il segno come indicatore di provenienza?», in: *CI*, 1992, n.° 1, ottavo anno, p. 373

# ÍNDICE

Modo de citar .................................................................................... 9
Principais abreviaturas ..................................................................... 11

## INTRODUÇÃO

I. Objecto da investigação ............................................................... 15
II. Sistematização adoptada .............................................................. 17
III. A proibição das marcas enganosas e a fundamentação da tutela jurídica das marcas ............................................................................................ 18

## PARTE I
## A MARCA ENGANOSA ORIGINÁRIA

### CAPÍTULO I
### O impedimento absoluto de registo como marca de sinais enganosos

§ I. **Enquadramento do impedimento absoluto de registo como marca de sinais enganosos** ............................................................................. 37

I. Os impedimentos absolutos de registo da marca em geral e o impedimento de registo de sinais enganosos em especial ............................. 41
   1. Os impedimentos absolutos de registo em geral ........................ 41
   2. O impedimento de registo da marca enganosa em especial ....... 82
      2.1. Breve excurso histórico ......................................................... 82
      2.2. A delimitação entre o impedimento absoluto de registo de marca enganosa e o de marca descritiva ........................................ 86
         2.2.1. O impedimento absoluto de registo de marcas descritivas ........... 86
         2.2.2. Cotejo do âmbito de aplicação dos impedimentos de registo de sinais enganosos e de sinais descritivos ......................................... 87
            2.2.2.1. As marcas constituídas por nomes geográficos inexactos ....... 90
      2.3. O impedimento de registo de sinal enganoso e o impedimento de registo de sinal contrário à ordem pública e aos bons costumes ......................... 98

2.4. O impedimento de registo de sinal enganoso e o impedimento de registo dos sinais previstos na al.ª *a)* do n.º 4 do art. 238.º CPI .......................... 100
3. Os interesses protegidos pela consagração dos impedimentos absolutos de registo ............................................................................................................. 103
4. Síntese ..................................................................................................... 113

II. Os impedimentos relativos de registo em geral e o impedimento absoluto de registo de sinais enganosos em especial ............................................................ 114
   1. Delimitação do âmbito de aplicação do impedimento absoluto de registo como marca de sinais enganosos relativamente a alguns impedimentos relativos de registo ...................................................................................................... 115
      1.1. Os sinais patronímicos ........................................................................ 115
      1.2. Os sinais que constituem infracção de direitos de autor ou de direitos de propriedade industrial ............................................................................. 124
         1.2.1. Denominações de origem e indicações geográficas ..................... 125
   2. O risco de confusão do consumidor e a susceptibilidade de engano do consumidor: delimitação dos conceitos ..................................................................... 135
   3. Síntese ..................................................................................................... 143

§ II. **Requisitos de aplicação do impedimento absoluto de registo de sinal enganoso** ............................................................................................................. 144
   1. A deceptividade intrínseca do sinal ............................................................. 145
   2. A deceptividade do sinal relativamente aos produtos ou serviços para os quais é pedido o registo como marca ...................................................................... 156
   3. A susceptibilidade de o sinal induzir em erro ............................................... 158
   4. O consumidor médio como alvo do sinal enganoso ..................................... 166
   5. A deceptividade sobre características relevantes para influenciar o comportamento económico do consumidor .................................................................... 176
      5.1. O requisito da relevância do objecto do engano para influenciar o comportamento económico do consumidor ............................................................. 176
      5.2. Os possíveis objectos do engano ......................................................... 179
   6. Irrelevância de indicações complementares verdadeiras ............................. 196
   7. Síntese ..................................................................................................... 200

§ III. **A recusa do pedido de registo como marca de sinal enganoso** ab origine..... 201
   1. Análise da eventual deceptividade do sinal no âmbito do processo de registo da marca ....................................................................................................... 201
      1.1. Momento da apreciação do (eventual) carácter deceptivo do sinal pela entidade administrativa competente para o registo .................................. 201
      1.2. Arguição do impedimento absoluto de registo de sinais enganosos por terceiros ................................................................................................... 206
      1.3. Análise da eventual deceptividade do sinal objecto do pedido de registo ... 211
         1.3.1. O exame desenvolvido pela entidade administrativa competente para a concessão do registo ........................................................... 211
         1.3.2. Possíveis meios de prova do carácter (não) enganoso do sinal ..... 216

2. O despacho de recusa do registo como marca de sinal enganoso ............... 217
3. Possibilidades de reacção do requerente do registo e dos terceiros ............ 220
4. Síntese .................................................................................................. 222

CAPÍTULO II
**A invalidade do registo de marca enganosa *ab origine***

1. A nulidade do registo de marca enganosa originária........................................ 226
   1.1. Justificação dogmática da nulidade ..................................................... 226
   1.2. Pressupostos da nulidade do registo de marca enganosa *ab origine* ....... 229
2. Alguns aspectos procedimentais relativos à declaração de nulidade do registo de marca enganosa originária................................................................. 234
   2.1. Entidade competente para declarar a nulidade do registo de sinais enganosos *ab origine*............................................................................ 234
   2.2. Legitimidade activa para arguir a nulidade do registo de sinais enganosos *ab origine*............................................................................. 236
   2.3. A análise por parte da entidade competente do carácter deceptivo do sinal ............................................................................................... 241
3. A declaração de nulidade do registo de marca enganosa ............................... 246
   3.1. Âmbito de aplicação da nulidade do registo de marca enganosa............ 246
   3.2. Efeitos da declaração de nulidade do registo de marca enganosa............ 247
      3.2.1. Eficácia absoluta da declaração de nulidade ............................... 248
      3.2.2. Efeitos da declaração de nulidade do registo de marca enganosa sobre o uso posterior do sinal ..................................................... 254
         3.2.2.1. O recurso às normas que reprimem a concorrência desleal .... 259
         3.2.2.2. O recurso à lei de defesa do consumidor............................. 268
         3.2.2.3. O recurso à proibição das práticas comerciais desleais......... 270
4. Síntese .................................................................................................. 278

PARTE II
**A MARCA ENGANOSA SUPERVENIENTE**

CAPÍTULO I
**Enquadramento do fundamento da caducidade do registo de marca enganosa**

§ I. *Os fundamentos da caducidade do registo das marcas supervenientemente enganosas*................................................................................................ 285

1. A necessidade de extinguir o registo de marca supervenientemente deceptiva...................................................................................................... 285
2. A caducidade como forma de extinção do registo de marca supervenientemente deceptiva...................................................................................... 290

§ II. *A caducidade do registo de marcas em geral e de marcas supervenientemente enganosas em especial* .................................................................................. 291

1. A caducidade do registo de marcas em geral..................................................... 292
   1.1. Caducidade do registo da marca por falta de uso..................................... 295
   1.2. Caducidade do registo da marca por vulgarização.................................... 308
   1.3. Caducidade do registo da marca devido a deceptividade superveniente (remissão)................................................................................................ 312
2. Considerações conclusivas da comparação dos fundamentos específicos de caducidade do registo de marcas........................................................................ 313
   2.1. Interesses subjacentes aos fundamentos de caducidade do registo de marcas ..................................................................................................... 313
   2.2. A relevância do comportamento do titular da marca................................ 316

CAPÍTULO II
**A marca supervenientemente enganosa no âmbito do direito de marcas**

§ I. *Requisitos de aplicação da caducidade do registo de marca supervenientemente enganosa* .................................................................................................... 317

1. O engano superveniente ao registo motivado pelo uso que o titular (ou que o terceiro com o seu consentimento) tiver feito da marca................................... 317
2. A alteração deceptiva relevante ......................................................................... 319
   2.1. A alteração qualitativa enganosa dos produtos ou serviços assinalados com a marca ............................................................................................ 320
      2.1.1. Âmbito de aplicação formal........................................................... 322
      2.1.2. Âmbito de aplicação material ........................................................ 330
         2.1.2.1. Diminuição significativa das características e/ou qualidade dos produtos ou serviços assinalados com a marca............... 330
         2.1.2.2. Alteração não momentânea......................................................... 330
         2.1.2.3. Falta de comunicação ao público das alterações ..................... 331
         2.1.2.4. Relevância das alterações introduzidas (remissão) ................. 332
   2.2. A alteração do significado do sinal........................................................... 333
      2.2.1. A alteração do significado semântico............................................ 333
      2.2.2. A alteração do significado simbólico da marca............................ 338
      2.2.3. Apreciação crítica ........................................................................... 341
3. O uso da marca................................................................................................... 347
   3.1. Perspectiva objectiva sobre o uso da marca relevante para a aplicação da norma que prevê a caducidade por deceptividade superveniente........ 348
      3.1.1. A utilização da marca em publicidade........................................... 350
         3.1.1.1. Utilização publicitária de marca enganosa............................... 351
         3.1.1.2. Utilização da marca em publicidade enganosa........................ 352
   3.2. Perspectiva subjectiva sobre o uso da marca relevante para a aplicação da norma que prevê a caducidade por deceptividade superveniente................................................................................................................. 357

3.2.1. Actuação directa do titular do registo da marca ........................... 358
3.2.1.1. A hipótese de transmissão da marca......................................... 358
    3.2.1.1.1. A opção por um dos sistemas possíveis de transmissão da marca e a proibição de engano dos consumidores ........... 359
    3.2.1.1.2. A admissibilidade da transmissão parcial da marca......... 370
    3.2.1.1.3. Relevância da norma que estabelece a caducidade do registo das marcas que supervenientemente se tenham tornado deceptivas................................................................... 374
        3.2.1.1.3.1. Nos sistemas de livre transmissibilidade.................... 374
        3.2.1.1.3.2. Nos sistemas mistos: coordenação com a proibição de engano da marca causado pela transmissão ................ 378
        3.2.1.1.3.3. Considerações conclusivas ........................................ 385
3.2.2. Actuação indirecta do titular do registo de marca: o uso por terceiro com o consentimento do titular............................................ 387
    3.2.2.1. A hipótese de licença de marca ............................................. 388
        3.2.2.1.1. A proibição de engano dos consumidores como fundamento da inadmissibilidade da licença de marca ............ 389
        3.2.2.1.2. O controlo da natureza e da qualidade dos produtos ou serviços do(s) licenciado(s) pelo licenciante como requisito de validade do contrato de licença de marca............. 392
        3.2.2.1.3. O controlo da natureza e da qualidade dos produtos ou serviços do(s) licenciado(s) pelo licenciante como requisito para a conservação do direito de marca...................... 412
    3.2.2.2. A utilização pelo distribuidor ................................................ 417
3.2.3. O uso por terceiro sem consentimento do titular e a excepção ao esgotamento do direito de marca ................................................. 423
    3.2.3.1. A alteração do estado dos produtos marcados após a sua colocação no mercado................................................................. 426
        3.2.3.1.1. A reembalagem dos produtos assinalados com a marca.... 428
            3.2.3.1.1.1. O caso específico da reembalagem com substituição da marca............................................................... 433
4. A susceptibilidade de o sinal induzir em erro.............................................. 436
5. O consumidor médio como alvo do sinal enganoso .................................... 436
6. A deceptividade sobre características relevantes para influenciar o comportamento económico do consumidor ............................................................... 437
7. A comunicação da alteração ao público dos consumidores.......................... 445
8. Síntese ........................................................................................................ 446

§ II. *A declaração da caducidade do registo de marca supervenientemente enganosa* ........................................................................................................ 449

1. Hipóteses de arguição deste tipo de caducidade............................................. 450
2. Aspectos procedimentais da declaração de caducidade do registo de marca supervenientemente enganosa ...................................................................... 452
    2.1. Competência para a declaração da caducidade..................................... 452
    2.2. Legitimidade activa................................................................................ 453

3. Efeitos da declaração de caducidade do registo.................................... 457
   3.1. Âmbito de aplicação da caducidade: o cancelamento total ou parcial do registo................................................................................................ 457
   3.2. Eficácia da declaração de caducidade.................................................. 457

§ III. *A previsão normativa da caducidade do registo de marca supervenientemente enganosa e as suas consequências relativamente às funções da marca* ....... 460

1. O papel do regime jurídico das marcas deceptivas na (re)interpretação da função distintiva e na afirmação da função comunicativa da marca .................... 463
2. O regime jurídico da marca enganosa e a função de garantia de qualidade da marca .................................................................................................... 467

**CONSIDERAÇÕES CONCLUSIVAS** ................................................................ 473

**BIBLIOGRAFIA** ................................................................................................. 477